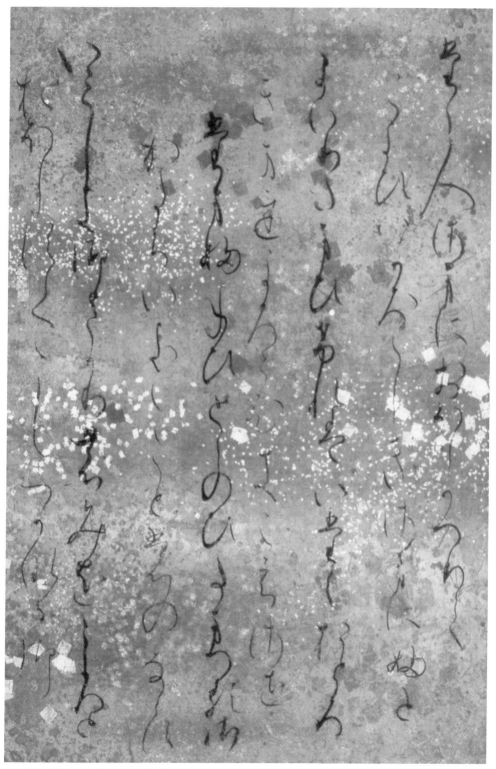

국보 《겐지 이야기 그림 두루마리》 〈방울벌레〉 제2단 부분. 사서 제4지. 필자 불명. 헤이안시대

메이유본《겐지 이야기》

〈기리쓰보〉

후지와라노 데이카가 정정(整定)한 청표지본 계통에
속하는 책. 데이카 자손이며 전국시대 가인 레이제
이 다메카스의 자식 메이유가 쓴 사본. 데이카의 필
체를 흉내내어 썼다.

이 글은 기리쓰보 앞머리 1~3행 본문이다.

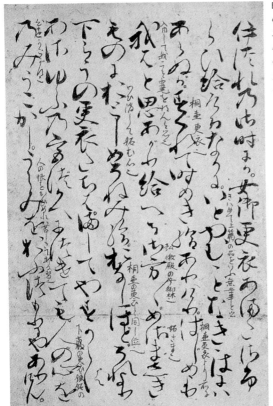

〈불법〉 사서 제3~4지

〈불법〉 사서 제1~4지

불법은 히카루 겐지가 가장 사랑한 부인 무라사키
의 죽음을 그린 《겐지 이야기》의 절정. 금은박으로
그린 해송·나비·물결, 금은가루로 노을을 표현하는

오시마본《겐지 이야기》
〈환술사〉
청표지 계통의 사본. 아스카이 마사야스가 슈
코 다이묘 오우치의 요청으로 1481년에 썼다.
이 글은 환술사 앞머리 1~3행 본문이다.

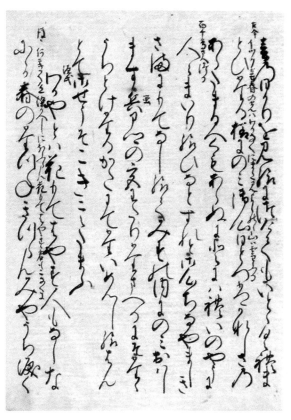

등 용지에도 아낌이 없다. 제4지 34~36행에는
무라사키, 41~42행에는 히카루 겐지, 44~46행
에는 아카시의 노래가 나온다.

〈불법〉사서 제1~2지

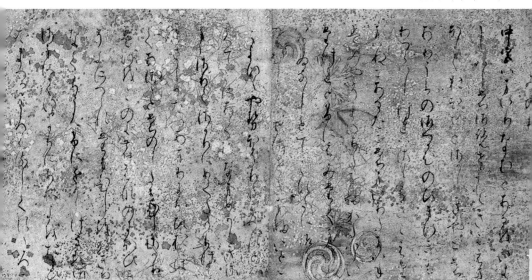

(←제2지) (제1지→)

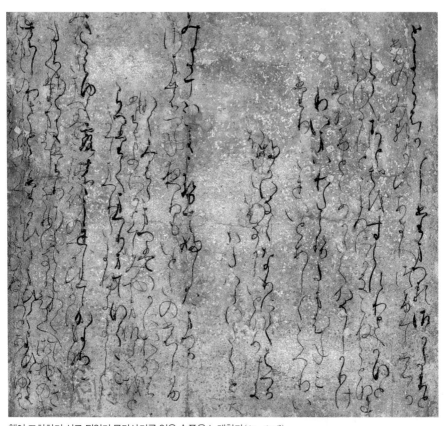

행이 교차하며 서로 뒤엉켜 무라사키를 잃은 슬픔을 노래한다(63~69행)

가을바람에 잠시도 머물지 못하고
떨어지는 이슬의 덧없음
그 누가 풀잎에 맺힌 이슬의 운명이라고
외면할 수 있으리.
사람의 목숨 또한 그렇듯 허망한 것을

겐지 이야기 우쓰세미 부분

제3화 우쓰세미(空蟬)

제4화 박꽃(夕顔)

제5화 어린 무라사키(若紫)

제6화 잇꽃(末摘花)

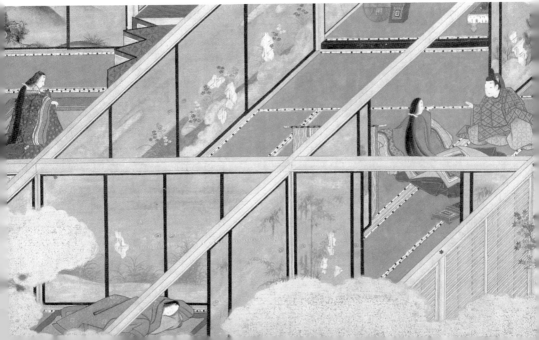

잇꽃

제7화 단풍놀이(紅葉賀)

제8화 꽃잔치(花宴)

단풍나무

제9화 아오이(葵)

제10화 비쭈기나무(榊木)

제11화 꽃 지는 마을(花散里)

제12화 스마(須磨)

제13화 아카시(明石)

제14화 물길잡이(澪標)

제15화 쑥밭 (蓬生)

제16화 관문(關屋)

제17화 그림겨루기(繪合)

제18화 솔바람(松風)

소나무

제19화 새털구름(薄雲)

제20화 나팔꽃(朝顔)

나팔꽃

제21화 무희(乙女)

World Book 292
紫式部
源氏物語
겐지 이야기 I
무라사키 시키부/추영현 옮김

동서문화사

디자인 : 동서랑 미술팀

겐지 이야기 I · II · III
차례

겐지 이야기 I

겐지 이야기 II

겐지 이야기Ⅲ

천년을 이어오는 일본의 마음 《겐지 이야기》

영국의 동양학자 아서 웨일리가 《겐지 이야기》를 1925년부터 1933년에 이르러 영문으로 옮겨 펴내자, 11세기 들어서며 일본에 이처럼 훌륭한 장편소설이 탄생했다는 사실에 영미는 물론 온 세계 문학을 사랑하는 독자들이 큰 감동을 받았다. 웨일리의 번역은 스콧 몽크리가 옮긴 프루스트의 《잃어버린 시간을 찾아서》 문체에서 깊은 영향을 받았기에 독자들은 겐지 이야기에 더욱 큰 관심을 갖게 되었다고 생각된다. 그러나 본디 《겐지 이야기》에는 프루스트와 공통되는 부분이 있었기에 역자의 문체 또한 비슷해진 것이며 무라사키 시키부가 아득히 먼 옛날에 쓴 이 작품은 하나의 모더니즘소설이었기에 21세기 독자들에게도 극찬을 받고 있는 것이리라.

《겐지 이야기》가 모더니즘소설로서 일컬어지는 이유는 여러 가지를 꼽을 수 있다. 먼저, 대하소설 구조였기 때문에 사회 전체를 표현했고 온갖 인간군상을 보여준다. 덧없이 지나가는 시간이 주제가 되어 그 순간들에 집착하고 도시와 인간 사이의 관계에 주목했다. 언어를 중요시하면서 소설 속 인물들이 읊조리는 시, 그리고 인용된 시와 그 시대 문자들과의 병용에 따른 다문체성. 여성론과 언어론에 따른 평론적 성격의 혼용 또한 들 수 있다.

마지막 권 제목인 《구모가쿠레(雲隱)》는 그 제목 자체만으로도 기발하다고 할 수 있다. '구름 속으로 숨는다는 의미'의 광활한 열린결말. 지적이면서도 유희적인 방법을 이용한 인간 탐구라 할 수 있다. 서구인이 아직 연애 그 자체를 발전시키지 못한 시대, 먼 고대에 이토록 세련된 연애소설이 일본에서 쓰여졌다는 사실은 존경하지 않을 수 없다.

모계가족적인 일본 고대 사회는 유교와 불교 사상에 영향을 받은 여성들의 취미가 궁정문화를 한껏 발달시켰다. 게다가 귀족들은 고대 색채가 짙은 이상을 따르며 불교적 종말론에 의해 인생을 채색했다. 그러한 시대 상황에 무라사키 시키부라는 한 천재가 나타나 기적을 만들어낸 것이다.

《겐지 이야기》는 오늘날까지 일본 고전문학의 으뜸 걸작으로 일컬어진다. 고교 시절, 나는 그 사실이 아무래도 이상하게만 생각되었다. "바람둥이인 히카루가 끊임없이 여성에게 손을 대는 이야기잖아? 그런 이야기가 으뜸 걸작이라니!" 그래서 일단 줄거리부터 읽어보니 꽤 선정적인 연애가 그려지고 있었다. "계모에 대한 사랑? 생령(生靈)*1이 되는 애인? 어떻게 이런 일이 있을 수 있어?" 내가 《겐지 이야기》를 읽게 된 계기는 이런 통속적인 흥미 때문이었기도 했다.

책을 읽기 시작해 맨처음 마음이 끌린 것은 히카루에게 사랑받는 여성들이었다. 자기에게 주어진 상황을 받아들이고 그 속에서 상처받고 방황하기도 하면서 각오를 정하고 행동하는, 그런 굳세고 야무진 사람들에게 감동을 느꼈다. 히카루를 재미있는 사람으로 여기게 된 것은, 나중에 바람둥이라는 한마디로만 치부할 수 없는 다양한 얼굴이 보이기 시작하면서부터였다. 이를테면, 딸이나 양녀를 정략결혼시키는 정치가로서의 냉정한 얼굴, 초로에 들어서서 보이는 노쇠와 쇠약함에는 오히려 인간적인 매력마저 느껴졌다.

고전이라고 하면, 낡고 지루한 이야기라는 인상을 가지고 있는 사람이 많을 것이다. 그러나 이 작품에는 생생한 인간 드라마를 읽는다는 느낌으로 다가가 보기 바란다. 《겐지 이야기》가 걸작으로 일컬어지는 까닭을 조금이라도 느끼게 된다면 더 바랄 것이 없겠다.

《겐지 이야기》를 읽고 느끼기 위해서

《겐지 이야기》가 만들어진 지 어느덧 천년이 흘렀다. 이 이야기의 무엇이 천년이라는 시공을 뛰어넘은 힘을 가지고 있었을까? 그리고 우리 독자는 천년도

---

*1 생령(生靈) : 살아있는 사람의 원령.

더 전에 만들어진 이 작품에서 무엇을 얻으려고 했을까? 이를 한마디로는 답할 수 없지만 《겐지 이야기》 작품 그 자체를 읽는 행위 속에 이런저런 답을 찾는 열쇠가 숨어 있을지도 모른다.

그러나 《겐지 이야기》는 54첩에 걸친 대장편이고 누구나 쉽게 읽을 수 있는 글이 아니다. 먼저 여기에서는 작품 전체의 뼈대를 대강 파악하도록 한다.

오늘날에는 일반적으로 54첩을 다음과 같은 3부 구성으로 이해한다. 즉 제1부는 기리쓰보~등나무 속잎, 제2부는 풋나물1~승천, 제3부는 향내 나는 분~꿈속 다리 이렇게 나눌 수 있다.

제3부 가운데 다리공주부터 꿈속 다리까지가 우지(宇治) 10첩이다. 아주 간결하게 저마다의 내용을 소개하자면 제1부는 히카루 겐지가 세상에 이름을 알리며 출세하는 이야기이다. 수많은 여성들과 연정을 나누다 히카루 겐지가 준태상 천황 지위에 오른다는 행복한 결말로 끝난다. 제2부는 히카루 겐지 늘그막의 이야기이며 온갖 사건이 일어나는 가운데 겐지와 주변 사람들의 고뇌가 펼쳐진다. 무라사키가 세상을 떠나고 겐지가 출가를 결심하는 장면에서 이야기가 끝난다. 제3부는 히카루 겐지가 세상을 떠난 뒤의 세계로 주로 가오루, 니오미야와 여성들을 둘러싼 사랑이야기를 그려내면서 인간 존재의 생명소멸 근원적 슬픔과 절망을 마침내 깊게 들여다본다.

제1부를 중심으로 몇 가지 주목한 부분을 언급하면, 먼저 히카루 겐지의 다양한 사랑이다. 수많은 여성들이라고 바꿔 말할 수도 있다. 마음에 든 여성을 중심으로 읽는 행동은 선택하기 쉬운 방법이지만 다양한 사랑을 비교하거나 한 여성과 다른 여성의 관계에 주목하면서 읽으면 훨씬 그 세계가 깊어진다. 따라서 히카루 겐지가 죄를 기반으로 하면서 어떻게 이름을 알리고 출세를 하느냐는 문제도 흥미롭다. 스마(須磨)로 유배를 가는 전개는 드라마틱해서 눈길을 끈다. 《겐지 이야기》 이전의 작품에서도 출세는 중심 주제였지만 《겐지 이야기》는 그것이 단순이 정치 세계에 국한된 이야기가 아니라 겐지와 많은 여성들의 관계와 관련되는 부분에서 독창성이 드러난다. 또 와카나 한시문을 통한 표현의 묘미를 차분히 음미하는 것 또한 《겐지 이야기》에서만 느낄 수 있는 풍부한 독서법이다.

그런데 《겐지 이야기》는 오늘날 이야기 문학의 대표로 불리지만 이는 그 시절 이야기의 보편적인 모습이었다는 뜻은 아니다. 오히려 《겐지 이야기》는 그

즈음 상식으로 보면 이야기로서는 완전히 새로운, 굳이 이단이라고도 할 수 있는 기나긴 이야기이리라. 주인공의 출세로 끝나지 않는 이야기라는 것만으로도 알 수 있다. 그러나 그 남다른 독창성으로 시대를 뛰어넘어 이야기 문학의 대작으로서 자리잡는다. 달리 말하여 그저 보편적인 이야기였다면 시대를 넘어 사랑받는 힘을 가지지 못했으리라 할 수 있다. 따라서 《겐지 이야기》에서 헤이안(平安)시대 귀족의 생활 모습을 있는 그대로 볼 수 있기를 기대하는 것은 바람직하지 않다. 그보다는 히카루 겐지를 포함한 수많은 등장인물들의 때와 장소에 따른 행동거지에서 보편적인 진실을 찾아내는 것이 무엇보다 중요하다고 할 수 있다. 그것이 고전을 읽는 이유이기도 하다.

우리 시대의 독자는 안타깝게도 헤이안시대의 생활을 실제로 느낄 수는 없지만 그 대신 시대가 가로막고 있기에 시대 안에 묻혀있어 보이지 않았던 문제까지 꿰뚫어 볼 수 있으며 거기서 인간의 보편적인 문제를 마주할 수가 있다. 그리고 이 이야기 자체가 헤이안 귀족 사회라는 틀을 넘어서서 사람의 인생이란 무엇이냐? 이 영원한 과제를 우리 미래의 독자들에게도 질문을 하리라.

500명의 등장인물이 그려내는 인간 군상

《겐지 이야기》에는 500명에 이르는 인간 군상이 그려진다. 수많은 사람들이 저마다의 생각에 따라 복잡하게 뒤얽혀서 행동하는 상황에서는, 대부분 혼돈에 빠져 종잡을 수 없고, 따라서 그 상황을 정확하게 문장으로 표현하는 것은 매우 어려운 일로 생각된다. 그런데 《겐지 이야기》에서 독자는 부자연스러움을 느끼는 일이 없고, 앞뒤의 기술에서 모순을 찾아볼 수도 없으며, 막힘없이 흘러가는 인간 군상을 읽어낼 수 있다. 《겐지 이야기》의 전권은 그러한 물 흐르는 듯한 이야기 전개로 일관한다. 어떻게 이것이 가능했을까? 물론 문필가인 무라사키 시키부의 뛰어난 글 솜씨가 바탕을 이루고 그것은 우리의 이해를 초월하는 재능일 가능성이 높지만, 좀 더 깊이 들어가서 그 수수께끼를 풀어본다면 가장 먼저 깨닫게 되는 것은, 저마다의 등장인물에 대해 그 인물상이 미리 상세하고 명확하게 설정되어 있다는 사실이다.

둘째, 등장인물이 어떤 장면에서 무엇을 생각하는가에 대해, 무라사키 시키부는 깊이 생각을 거듭하고 있음을 알 수 있다. 앞에서 설정한 인물상을 지닌 인물이, 이 장면에서는 무슨 생각을 할까에 대해 무라사키 시키부는 꼼꼼하게 생각했다. 그 깊이를 헤아릴 수 없을 정도이다. 게다가 시키부는 철저히 생각한 바에 따라서, 그 인물이 이야기 속에서 살아 움직이듯이 행동하게 한다. 그 결과, 등장인물의 행동에 독자가 부자연스러움을 느끼는 일이 없다.

무라사키 시키부의 날카로운 인간 관찰력

무라사키 시키부는 5백명에 이르는 모든 등장인물의 마음속을 속속들이 들여다보고 있는 듯하다. 게다가 그 마음이나 그것을 바탕으로 한 행동에 대해, 어떤 경우에는 따스하면서도 엄격한 비판의 시선을 보내고, 어떤 경우에는 따스한 공감의 눈길을 보낸다. 등장인물들은 작가 상상의 세계에서, 시키부가 생각하는 대로 춤을 추고 있는 느낌이다. 그러한 등장인물들은 시키부에게 자유자재로 조종되는 가운데, 기뻐하고, 슬퍼하고, 때로는 거짓말도 하면서 인간관계의 아름다운 무늬를 차례차례 그려나간다. 《겐지 이야기》는 전체적으로 그렇게 한 올 한 올 짜낸 인간 군상의 이야기이다.

시키부는 등장인물의 마음과 그들이 짜내는 인간 군상을 마음속에 또렷하게 떠올리고 있었음이 분명하다. 그리고 그 사람의 마음과 인간 군상은 시시각각 생동감 넘치게 움직이고 있다. 시키부는 사람 마음의 움직임과 인간 군상의 흐름을 영상처럼 떠올릴 수 있는 능력을 갖춘 사람이었으리라. 그러한 작가 능력은 《겐지 이야기》를 집필하면서 키우게 된 것으로는 생각되지 않는다. 아마도 그녀의 실생활 속에서 키워나갔으리라.

세계문학사상 일본의 마음으로 평가받는 《겐지 이야기》 한국 최초 완역판을 펴내면서 일문학의 거장 김소운 선생 유정 선생 박순녀 선생의 지도와 격려를 받았음을 밝힌다. 삼가 깊은 감사를 올린다.

추영현

기리쓰보*1

　어느 천황의 시절이었던가. 여어(女御) 또는 갱의(更衣)*2라 불리는 많은 후궁들 가운데, 비록 귀족 신분은 아니지만 천황의 애틋한 총애를 받는 갱의가 있었다. 궁중생활을 시작할 때부터 내로라하는 부모형제의 권세를 등에 업은 여어들은 그녀를 눈엣가시처럼 여기고 낮춰보았다. 하물며 그 여인과 신분이 같거나 그보다 지체 낮은 갱의들은 더더욱 그러했다.

　침전에서 발그레한 얼굴로 물러나오는 아침이나, 잇달아 그 혼자만 부르심을 받는 밤은, 주위를 맴돌며 보고 들어 잔뜩 시기하는 다른 후궁들의 원망이 쌓인 탓인지 그녀는 조금씩 몸이 쇠약해지고 마음까지 약해져서 핼쑥한 얼굴로 친정집을 찾곤 했다.

　그럼에도 천황께서는 더더욱 이 여인에게만 마음이 끌리시는지, 남들의 비난도 아랑곳하지 않으시더니 마침내 대대손손 성덕을 전할 역사 위에 오점을 남기기에 이르렀다.

　고관이나 전상관(殿上官)*3들도 거북하여 천황께서 부디 하루 빨리 눈을 뜨시기만 바라면서도 얼마 동안은 못 본척 무심한 얼굴로 고개를 돌릴 만큼, 갱의를 그토록 절절히 아끼고 사랑하셨다.

　세상에서는 이토록 황제의 총애를 받은 양귀비 때문에 당나라가 어지러워진 게 아니냐며 수군거렸고, 한 여인으로 말미암아 천하의 재앙이 오리라 하

＊1 기리쓰보(桐壺) : 궁정 후궁에 있는 숙경사(淑景舍)의 별칭이다. 가운데 뜰에 오동나무를 심은 데서 비롯된 이름이다.《겐지 이야기》제1권은 이곳을 거처로 한 후궁 갱의(更衣)의 이야기로부터 시작된다. 이 후궁이 바로 겐지(원씨(源氏))의 생모이다. 이 권에서 겐지의 나이는 12세 때 치른 성인착의식(成人着衣式) 시절까지 드러난다.

＊2 여어(女御) 또는 갱의(更衣) : 황후와 중궁 다음가는 여관(女官). 천황의 침소 시중을 들었다. 여어의 계급이 높았으며, 갱의는 사위(四位) 아래로서 여어보다 한 계급 낮다.

＊3 전상관(殿上官) : 궁중 정전(正殿)에 오를 수 있는 사(四)위·오(五)위 이상 관원. 당상관(堂上官).

기에까지 이르렀다. 양귀비가 죽임당한 마외역(馬嵬驛)*⁴이 다시 나타날지도 모른다는 소문 속에 하루하루 힘겹게 견디던 갱의는 오직 더할 수 없이 살뜰 하신 천황의 애정에 기댈 수밖에 없었다.

그녀의 아버지인 대납언(大納言)*⁵은 이미 세상을 떠난 뒤였지만 어머니가 지체 있는 집안 딸로 견식도 높았기에 그즈음 세력이 강하고 호사스러운 여느 가문 못지않게 훌륭한 보호자가 될 수 있었다. 그러나 든든한 후원자가 없는 갱의는 무슨 일이 있을 때면 의지할 곳이 없어 쓸쓸한 얼굴이었다.

그래도 천황과 전생의 인연이 깊었던지, 더없이 아름다운 황자(皇子)가 이 여인에게서 태어났다. 천황께서는 남달리 사랑해온 여인이 낳은 귀한 아들을 어서 보고 싶으신 마음에 서둘러 갱의 모자를 궁중으로 불러들이셨다. 어린 황자의 얼굴은 비할 데 없이 아름다웠다. 천황의 제1황자는 우대신(右大臣)*⁶ 딸인 홍휘전 여어 소생으로 외척이 매우 막강한지라, 의심할 바 없는 미래 황태자로서 세상 사람들 존경을 한 몸에 받고 있었다. 그러나 갱의의 황자가 더없이 아름다운지라 천황께서는 제1황자를 황실 장자(長子)로서만 소중히 여기시고, 갱의의 황자는 온 마음을 다한 사랑스러운 아들로서 귀히 여기셨다.

처음부터 갱의는 여느 조정여관(朝廷女官)들이 하듯이 천황 곁에서 시중을 드는 낮은 신분은 아니었다. 그 자신은 최고 귀녀(貴女)라 해도 손색없을 만큼 훌륭한 여인이었다. 그러나 천황께서 무척 총애하시는 나머지, 늘 곁에 두고자 하여 청량전(淸涼殿) 전상(殿上)에서 궁중음악을 연주하는 행사가 있을 때에는 가장 먼저 그녀를 편전(便殿)으로 부르시는가 하면, 때로는 천황께서 아쉬움 가득하여 잡으시는 바람에 갱의는 밤을 보내고도 아침에 거처로 돌아가지도 못한 채 그대로 이튿날 밤까지 머무르는 일이 잦아지자 사람들이 안타까이 여기기도 했다.

황자가 태어난 뒤로 천황이 갱의를 더욱 아끼고 사랑하셨기에, 어쩌면 이 황자를 동궁(東宮)으로 책봉하시지나 않을까 싶어, 제1황자의 생모인 여어는 의심을 품게 되었다. 이 여인은 천황께서 젊으신 시절에 궁으로 들어온 가장 첫

---

*4 마외역(馬嵬驛) : 당나라 현종(玄宗)이 안사의 난을 피했을 때 양귀비가 살해당한 곳.
*5 대납언(大納言) : 태정관(太政官)의 차관. 우대신 다음의 고관으로 국사에 참여, 가부(可否)를 아뢰고 선지(宣旨)를 전달했다.
*6 우대신(右大臣) : 태정관의 장관. 상위직인 좌대신과 함께 나랏일을 통할했다.

여어였다. 이 홍휘전 여어가 내비치는 불만과 원망의 말들은 천황도 그저 지나 치실 수가 없었고, 이 여어에게 미안하다는 마음도 넉넉히 가지고 계시었다.

천황의 깊은 사랑을 믿으면서도, 이를 나쁘게 말하는 이들과 어떻게든 흠을 들추어내려는 자들로 들끓는 궁중에서, 약한 몸에 뒤를 받쳐줄 든든한 집안도 없는 고독한 신세의 갱의는 사랑을 받으면 받을수록 그 고통은 더해만 갔다.

그녀가 머무는 궁전은 청량전에서 가장 멀리 떨어진, 대궐 안 동북쪽 그늘 진 기리쓰보(桐壺)였다. 이곳으로 가려면 여어와 갱의들의 궁전 회랑(廻廊)을 지나야만 했다. 기리쓰보에는 날마다 천황께서 드셨으므로 그 모습을 늘 지켜 보고 있어야 하는 대궐 여인들의 원망이 나날이 겹겹으로 쌓여 가는 것도 마 땅했다. 갱의가 부름을 받아 청량전에 갈 때에도, 부름이 몹시 잦다 여긴 후궁 들은 갱의가 지나가는 궁전과 궁전을 잇는 다리나 복도 곳곳에 오물을 뿌려놓 아 갱의를 마중하거나 배웅하는 궁녀들 옷자락을 더럽히는 생각지도 못한 해 코지를 하곤 했다. 또 어느 때는 반드시 지나야 하는 복도 문을 이쪽저쪽에서 잠가 버려 갱의와 궁녀들을 해질 무렵까지 안에 가두고 괴롭히는 일도 한두 번이 아니었다.

이처럼 수없이 많은 시달림을 받아 갱의가 낙심하는 것을 보시고 천황께서는 한결 더 불쌍히 여기시어, 청량전에 붙은 후량전(後凉殿)에 살던 다른 갱의를 여느 곳으로 옮겨가게 하시고는 그곳을 기리쓰보 갱의의 휴식실로 내주시었다. 억지로 다른 곳으로 옮겨야만 했던 이들의 원망은 어느 후궁보다도 더 깊어만 갔다.

갱의의 황자가 세 살 되던 해 하카마 착의식(着衣式)*7이 치러졌다. 앞서 치 러진 제1황자의 의식 못지않은 화려한 준비를 위한 비용이 궁정에서 지출되었 다. 세간에선 그 일에 대해서도 이러쿵저러쿵 비난이 쏟아졌지만 나날이 빛을 더하는 황자의 미모와 총명함이 남달라 궁중 여인들도 황자만은 나쁘게 생각 하지 못했다.

사람들은 하늘이 내려준 듯한 이 어린 황자를 보고, 이런 인물도 인간세상 에 태어나는가 놀라워했다.

*7 하카마 착의식(着衣式) : 하카마는 바지. 어린 아이에게 처음 바지를 입히는 의식. 이 무렵엔 3세에 거행했다.

그해 여름 황자의 생모인 갱의는 몸이 조금 아파서 친정에 가려 했으나 천황께서는 이를 좀처럼 허락지 않으셨다.

그녀 몸이 허약했기에 자주 어딘가 불편해서 천황께서는 그리 놀라지 않으시고 이렇게만 말리셨다.

"좀 더 궁중에서 쉬어 본 다음에 그리하구려."

그러나 병은 갈수록 심해지더니, 겨우 대엿새 만에 무척 쇠약해져서 중환이 되었다. 어머니의 울음 섞인 호소로 마침내 갱의에게 귀가 명령이 내려졌다.

이럴 때도 곳곳에서 어떤 끔찍한 저주가 도사리고 있을지 모르니 황자에게 재앙이 미쳐서는 안 된다는 배려에서, 황자는 궁중에 머무르게 한 채 남몰래 생모인 갱의만 궁을 나서게 되었다.

말리고 싶었으나 모든 일에는 한계가 있었다. 더는 막을 길도 없고 천황이라는 자리 때문에 배웅도 마음대로 할 수 없는 그 심정은 말로 표현할 수 없을 만큼 고통스러울 뿐이었다.

본디 반들반들 윤기 흐르는 피부에 더없이 아름다웠던 갱의는 수척하게 야위었다. 마음으로는 천황과의 헤어짐을 깊이 슬퍼하면서도 어떤 말도 하지 못한 채, 오늘이라도 사라져버릴 듯했다. 그 모습을 보신 천황께서는 눈물을 흘리시며 분별없이 이런저런 약속을 해주셨지만, 갱의는 변변한 대답조차 하지 못했다. 힘없는 눈길은 허무함만을 담아 의식마저 없어 보였다. 여느 때보다 한결 가냘픈 모습으로 누워만 있었다. 천황께선 마음이 아픈 나머지 어찌할 도리 없이 그저 바라만 보고 계셨다.

갱의를 위해 특별히 손수레를 타도 좋다는 선지를 내리고도 갱의의 방으로 돌아가 그녀를 보자 손을 붙잡고는 쉬이 놓지 못하셨다.

"저승길도 함께 하자고 그렇게 굳은 약속을 했건만, 나 홀로 남겨두고 가면 안 되오."

눈물을 떨구며 매달리는 폐하의 모습에 갱의도 마음이 찢어지는 듯했다. 그녀는 끊어질 듯한 숨을 참고 가까스로 말했다.

이별의 말 남기고 홀로 떠나는 저승길
그 아픔 떠올리면 어떻게라도 살고 싶습니다.

분별력을 잃은 천황께서는 차라리 이대로 곁에 두고 나중이야 어떻게 되든 마지막까지 지켜보고만 싶다는 생각이 드셨다. 그러나 옆에서 끊임없이 채근하는 소리가 들려왔다.

"오늘부터 시작하기로 한 불공 준비가 끝나, 신통력 있는 스님들이 벌써 사가에서 기다리고 계십니다. 오늘 밤부터 불공을 드려야 합니다."

이에 천황께서는 내키지 않은 마음을 억누르며 어쩔 수 없이 퇴궁을 허락하셨다. 천황께서는 그날 밤 외로움과 불안함에 휩싸여 뜬눈으로 밤을 지새우셔야 했다.

갱의의 사가로 보냈던 칙사가 돌아올 시각이 멀었는데도 신경이 쓰여 견딜 수가 없다며 몇 번이나 말씀하셨다.

한편, 갱의의 사가에 도착한 칙사는 슬퍼하며 우는 사람들의 목소리를 들었다.

"어제 밤에 돌아가셨습니다."

낙담한 칙사는 궁으로 돌아와 이 말을 전했다.

이 소식을 듣고 깊은 슬픔에 잠긴 천황께서는 망연자실하여 거처에서 좀처럼 나오시지 않게 되었다.

그런 중에도 천황께서는 어린 황자를 곁에 두고 얼굴을 보고 싶다고 여기셨지만, 어머니를 여읜 황자가 궁에 머무는 일은 그 예가 없었기에, 어쩔 수 없이 사가에 보내기로 하셨다.

어린 황자는 아직 철이 없어 무슨 일이 일어났는지도 알지 못한 채, 울부짖는 궁녀들과 하염없이 눈물만 흘리는 천황폐하를 그저 이상하다는 듯한 얼굴로 바라보았다. 평범한 부모자식 사이 이별도 슬픈 법인데, 어머니를 잃은 것조차 알지 못하는 어린 황자의 모습은 말할 수 없이 안쓰러웠다.

아무리 아쉽고 미련이 남아도, 모든 일에는 끝이 있으므로 갱의의 유해는 예법대로 화장했다.

갱의의 어머니는 자신도 딸과 함께 연기가 되어 하늘로 사라지겠다며 쓰러질듯 울다가, 화장터로 가는 시녀들 수레에 매달리듯 올라탔다. 오타기[愛宕]*8 화장터에서는 엄숙하게 장례가 치러지고 있었다. 한창 식이 진행되는 그

---

*8 오타기[愛宕] : 교토 북서부, 뒷날 '아타고'라 읽었음.

곳에 오신 어머니 마음은 그 얼마나 슬펐으랴.

"허무한 주검을 눈으로 보면서도, 아직 살아 있는 듯 느껴지는 마음이 어찌나 괴로운지. 차라리 재가 된 모습을 본다면 이제 정말 세상을 떠났다고 생각할 수 있을 것만 같아서……."

이렇게 담담히 말하면서도, 가는 길에 수레에서 떨어져버릴 듯이 몸부림치며 울어대는 어머니 모습에, 시녀들은 안타까운 마음에 어떻게 해야 할지 곤란해 했다.

궁중 칙사가 장례식장을 찾았다. 갱의에게 삼위(三位)를 추서하셨다. 칙사가 그 어명을 읽을 때 어머니는 울컥 슬픔이 치밀어 올랐다. 삼위라면 여어(女御)에 들어맞는 위계이다. 살아생전 여어란 소리조차 듣지 못했음을 너무도 안타까워하신 천황께서 한 단계나마 지위를 올려주고자 내린 어명이었다. 그러나 이 일로 갱의를 살아있을 때보다 더 미워하게 된 후궁들이 많았다.

그런 가운데에서도 세상 도리를 아는 이들은 고인의 아리따움이나 너그럽고 모나지 않았던 성품을 미워할 수는 없었다며 새삼 떠올리고는 했다.

천황 곁에서 시중 드는 궁녀들은, 눈에 거슬릴 만큼 천황의 아낌없는 사랑을 받은 갱의를 괴롭히고 질투하기도 했었다. 하지만 누구보다 정이 많았던 갱의의 인품을 떠올린 궁녀들은 그녀를 그리워했다. '죽은 뒤에야 사람은 그리워지는 법'이란 옛 시는 이런 예를 말하는 듯싶다.

슬픔 속에서도 시간은 흘러, 이레마다 열리는 불사(佛事) 때에도 천황께서는 갱의의 사가에 마음을 담아 조문 칙사를 보내셨다.

그렇게 하루하루 흐름에 따라, 천황께서는 더욱 견딜 수 없이 슬픈 마음에 궁녀들 처소에도 발길을 끊고, 오직 눈물로만 밤낮을 보내게 되셨다. 슬퍼하시는 모습을 배알한 사람들까지 눈물로 소매를 적시는 나날이 이어지다가, 어느새 이슬이 내리는 가을이 찾아왔다.

"죽어서도 사람 마음을 어지럽히는 그 얄미운 여자. 하물며 폐하께서는 그래도 미련이 남아 있으시고 말이야."

홍휘전 여어는 사뭇 호되게 험담을 했다.

천황께서는 첫째 황자를 보셔도 갱의가 남기고 간 아들이 무척 눈에 밟히시는 듯 허물없는 시녀나 자신의 유모들을 그 집으로 보내시어 황자가 어찌 지내는지 보고케 하시었다.

제법 세찬 가을바람이 불어 쌀쌀해진 어느 저녁, 여느 날보다 더 갱의와 어린 황자가 그리워지신 천황께서는 유게이〔靭負〕 명부(命婦)*9라는 궁녀를 갱의의 사가로 보내셨다.

명부를 보내시고 천황께서는 아름다운 달이 뜨는 밤 밖으로 나와 깊은 생각에 잠기시었다.

"이런 달밤엔 연회를 열어 악기를 연주하곤 했었지. 그이의 거문고 소리가 아름답게 울리고 흥얼거리는 노랫소리는 몹시도 뛰어나 내 마음을 울렸건만." 그런 갱의의 모습이 천황 눈앞에 어른거려 좀처럼 사라지지 않았다. 하지만 환상은 '어둔 밤 언뜻 잠든 꿈에서 보는 일'보다 더 덧없었다.

명부는 세상을 떠난 대납언 집에 이르러 수레가 큰 문으로 들어가기도 전에 벌써 말로 그려낼 수 없는 쓸쓸한 분위기를 맛보았다. 갱의의 어머니는 비록 남편을 먼저 저세상으로 보낸 신분이지만 황자를 낳은 하나뿐인 딸을 생각해 겉으로 보기에 초라함이 없도록 의젓하게 체면을 갖추며 살았다. 그러나 자식을 잃은 안주인의 울적한 나날이 이어지면서부터 어느덧 뜰의 잡초가 제멋대로 무성하게 자라버렸다. 더욱이 태풍이 지나간 뒤라 잡초는 쓰러지고 뜰은 무참하게 황폐해져서 어쩐지 스산한 느낌마저 들었다. 달빛만이 웃자란 잡초도 마다 않고 뜰을 비추었다. 남쪽 사랑방에 명부를 맞으러 나온 안주인은, 어떤 말도 꺼내지 못할 만큼 애통함에 가슴이 미어지는 듯했다.

"딸자식을 먼저 보낸 어미가 목숨을 부지하는 운명이 그저 괴롭기만 하온데, 어사께서 누추한 집에 안개긴 들판을 지나 몸소 왕림해 주시니 몹시 황송할 따름이옵니다."

그러고는 참을 수 없다는 듯 흐느껴 울었다.

"이 댁을 찾아뵈면 몹시 애처롭고 측은해서 넋이 나—갈 것만 같아지더라고 언젠가 전시(典侍)가*10 천황마마께 아뢰는 걸 보았습니다. 뭐라 말할 수 없이 안타까워서 마음이 미어질 것만 같다는 이야기에 저처럼 비천한 여자도 참으

---

*9 유게이 명부(채부(靭負)의 명부(命婦)) : 유게이(채부(靭負))는 화살통(筒)을 등에 지고 궁중을 지키던 자, 명부는 후궁여관(後宮女官). 따라서 부형이나 남편이 유게이이기 때문에 그런 이름이 붙었다.

*10 전시(典侍) : 내시사(內侍司) 차관. 천황 측근에 근무하면서 후궁의 모든 일을 맡았다.

로 애절하기 그지없었습니다."

명부는 이렇게 말한 다음 마음이 조금 가라앉자 천황의 분부를 전했다.

'얼마 동안은 꿈이 아닐까 했지만, 가까스로 마음을 달래봐도 깰 수 없는 현실임을 깨달으니 슬픔을 멈출 길이 없소. 이런 때엔 어떻게 하면 좋은지 서로 이야기라도 나눌 사람이 있으면 좋겠는데, 그러지도 못하니 답답하기만 하오. 남의 눈에 띄지 않게 이따금 대궐로 들어오도록 하오. 어린 아들을 오랫동안 보지 못하니 걱정이 깊어가고, 눈물은 마를 날이 없구려. 황자를 일찌감치 궁으로 들여보내고, 그대도 함께 오도록 하오.'

"폐하께서는 말씀을 다 맺지도 못하신 채, 눈물을 보이셨습니다. 다른 이들에게 약한 모습을 감추시려 애쓰시는 마음이 딱하기만 해서 끝까지 듣지 못한 채 그저 어림짐작으로 이렇게 찾아뵈었습니다."

그리고 천황의 편지를 전했다.

"눈물이 앞을 가려 잘 보이지 않습니다만, 너무나 과분하고 고마운 말씀을 빛 삼아 읽어보겠습니다."

갱의의 어머니는 편지를 읽었다.

'시간이 흐르면 이 아픔도 희미해지리라 여기며 지냈는데, 날이 가면 갈수록 슬픔은 커지기만 하니 이 어찌된 노릇이란 말이오. 어린 황자가 어떻게 지내고 있을까 걱정만 하며 돌봐주러 가지 못해 슬픔은 더 클 따름이오. 나를 죽은 사람이 남기고 간 유품이라 여기며 황자를 데리고 와주시오.'

그런 이야기가 자상하게 적혀 있었다.

미야기 뜰에 [궁성야(宮城野)] 휘휘 부는 차디찬 이슬바람아

밤새 모두 꺾이려나 가냘픈 그 싸리꽃

끝에는 이런 시도 곁들였는데, 모친은 눈물이 앞을 가려 마저 다 읽을 수가 없었다.

"제 목숨이 이토록 끈질김을 괴로워하며 '타카사고(高砂)의 늙은 소나무처럼 아직도 살아 있다.' 여겨질까 부끄럽습니다. 그러면서도 궁중을 드나들기에는 너무 염치 없고 조심스러운 일도 많을 듯합니다. 황송한 말씀을 받자왔습니다만 입궁은 어려울 듯합니다. 다만 어리신 왕자마마께서는 아비를 보고 싶어 정

에 이끌리시는지 하루 빨리 궁에 가기를 바라는 마음을 보이시온즉 저는 측은하여 어찌 할 바를 모르겠습니다. 이런 말씀은 다른 분들 앞에서 올리지 말고 기회가 있을 때 가만히 여쭈어 주십시오. 남편과 딸을 먼저 보낸 불운한 사람이 어린 황자를 모시는 것은 짐짓 좋은 일이 못 될 터이니 그저 날마다 불안하기만 할 따름이옵니다."

황자는 이미 잠자리에 들었다.

"잠에서 깨실 때까지 기다려 어린 황자를 뵈옵고 지내시는 형편도 상세히 보고드리고 싶습니다만, 천황께서 제가 서둘러 돌아오기를 기다리고 계실 터인즉 낮에 다시 오겠습니다."

명부는 일어설 채비를 했다.

"자식 잃은 어미 마음의 슬픈 어둠 한 귀퉁이나마 밝아지는 이야기를 털어놓을 수 있도록 공식 어사로서가 아니라 편히 쉬실 겸 이따금 가볍게 들러주십시오. 전에는 반가운 일로 곧잘 오시곤 했는데, 이런 슬픈 칙사로서 뵙게 되다니 그저 안쓰러울 따름입니다. 이 모두가 제가 너무 오래 산 탓이겠지요. 죽은 아이는 나면서부터 부모에게 앞날의 희망을 찾아준 아이였습니다. 돌아가신 대납언은 죽음이 다가오는 순간까지 간절한 마음으로 유언을 남겼습니다.

'아이를 궁에 들이려 했던 내 뜻을 이루어 주시오. 내가 죽었다고 포기해서는 안 되오.'

든든한 후견인도 없이 궁으로 들어가느니 차라리 보내지 않는 게 낫다는 걸 알면서도 오직 죽은 남편의 유언을 지키고자 아이를 천황폐하께 바쳤습니다.

그런데 천황폐하께서는 넘치는 사랑을 주셨고, 아이는 황공하게도 아낌없는 총애를 받았지요. 그 애는 여느 후궁들에게 몹쓸 짓을 당하면서도 어떻게든 천황폐하를 온 마음을 다해 모셔왔습니다. 그러나 후궁들의 질투가 더욱 심해져 괴로움이 쌓였는지 급작스럽게 목숨을 잃고 말았습니다.

이제는 황송해야 할 천황폐하의 총애가 외려 원망스러운 심정이니, 슬픔에 이성을 잃은 어미의 한탄이려니 여겨주십시오."

이런 이야기를 미처 다 하지 못하면서 갱의의 어머니는 눈물을 흘리며 울먹였다. 그러는 사이 밤은 더욱 깊어갔다.

"천황마마께서도 그렇게 말씀하십니다. '사람들이 눈을 찌푸리고 질투할 만큼 한결같이 그 사람을 사랑한 까닭은 오래오래 함께 하지 못할 인연이었기에 그랬던 듯 싶다. 슬픈 운명이 기다리는 인연이었나 보오. 나는 사람들에게 조금이라도 고통을 주는 일은 하지 않았다고 자신했지만, 그 사랑으로 말미암아 여인에게 짊어져선 안될 원한을 주었으며, 끝내 가장 소중한 것을 잃고 잘못을 바로잡을 기회마저 놓쳐버린 참으로 못난 사람이 되었소. 전생의 약속이 어떤 것이었는가 알고 싶네.' 그런 말씀을 하시며 눈물이 삼키셨습니다."

서로 이야기에 끝이 없었다. 명부는 울먹이면서 서둘러 돌아갈 채비를 했다.

"이미 밤이 깊었습니다. 오늘 안으로 여쭈어야 해서 이만 돌아가 보겠습니다."

밤하늘 달도 산등성이로 넘어갈 무렵 맑디맑은 하늘 아래 서늘한 바람이 불어오고, 애끓는 마음 돋우는 벌레소리가 몹시 구슬퍼 선뜻 발길이 내키지 않았다.

방울벌레처럼 목이 쉬도록 울고 또 울어도
기나긴 밤 내 눈물 멈출 줄 모르고 흐르는구나

이처럼 시를 읊으며 명부는 수레에 오르기를 망설였다.

저 벌레 울음소리로 가득한 풀밭으로 덮어진 집
하늘에서 내리신 이슬로 슬픔은 깊어지누나

갱의의 어머니는 여관을 시켜 이런 말을 전하게 했다. 그리고 아기자기한 선물 같은 것을 할 때가 아니었으므로 고인의 유품 삼아, 도움이 될까 싶어 남겨 두었던 옷 한 벌과 머리를 올릴 때 쓰는 빗과 비녀, 떨잠을 함께 명부에게 건네주었다.

젊은 여관들은 갱의의 죽음을 슬퍼함은 물론 궁중에서 고독에 잠겨 지내시는 천황마마의 형편도 생각해 어린 황자를 데리고 속히 궁으로 오시라며 재촉하고는 했다.

갱의의 어머니는 그래도 망설였다.

"저처럼 늙고 상서롭지 못한 몸이 황자를 모시고 가면, 아마도 황자의 평판에 큰 흠이 될 것입니다. 그렇다고 해서 황자와 잠시라도 떨어져 있으면 걱정

이 되어 어찌할 바를 모르겠습니다."

어머니는 이렇게 말하며 좀처럼 황자를 궁에 보내려 하지 않았다.

궁중에 돌아온 명부는, 저녁 때 모습 그대로 여전히 침실에 드시지 않은 천황마마를 측은히 여겼다.

천황께서는 가운데 뜰에 한창 피어난 가을 화초를 바라보시며 기품 어린 여관 네댓과 이야기를 나누고 계시었다.

이 무렵 천황께서는 백낙천의 장한가(長恨歌) 그림을 밤낮없이 보셨다. 장한가는 현종과 양귀비의 사랑을 바탕으로 쓴 시로, 데이지노인〔정자원(亭子院)〕*¹¹이 그린 그림에 이세(伊勢)*¹²와 쓰라유키〔관지(貫之)〕*¹³의 시가 곁들여져 있었다. 그 밖에 일본 문학, 중국 문학 가리지 않고 애인과 이별한 사랑의 슬픔을 읊조린 것이라면 무엇이나 흠뻑 빠져 읽으셨다.

천황께서는 명부에게 매우 자세히 갱의의 친정에 대해 물으셨다. 명부는 하나같이 오직 가엾기 짝이 없었다고 가만가만 말씀드린다. 갱의의 어머니로부터 온 편지는 이러합니다.

'분에 넘치는 말씀에 황송해 어찌해야 좋을지 모르겠나이다. 이처럼 황공한 분부를 받으니 죽은 사람이 살아 있다면 해서 마음은 다시 어두워지고 생각은 흩어질 뿐입니다.'

매섭고 거센 바람 막아주신 큰 나무 시들어 버렸네
나무 뒤에 피해 있던 어린 싸리꽃 홀로 어찌 살아가려나

천황을 쉬이 믿지 못하는 마음이 구구절절 노래로 씌어 있었지만, 천황은 그저 그 어머니가 슬픔에 겨운 심정을 읊었겠거니 너그러이 보시었다.

"나는 이렇게 흐트러진 모습은 보이고 싶지 않다."

---

*11 데이지노인〔정자원(亭子院)〕: 제59대 우다천황(宇多天皇, 867~931)의 별호. 픽션인 《겐지 이야기》에는 역사상 실존 인물이 가끔씩 등장한다.

*12 이세(伊勢): 전주(前註) 우다천황의 황자를 낳은 여인으로 헤이안 시대〔평안시대(平安時代)〕일류 여류가인(女流歌人)(?~939?).

*13 쓰라유키〔관지(貫之)〕: 헤이안 시대〔평안시대(平安時代)〕유명 가인(歌人)(868?~945?).

천황께서는 애써 아픔을 참으셨지만 참으로 힘드신 듯했다. 기리쓰보 갱의가 처음 궁에 들어 왔을 때의 일이 어렴풋이 떠올라 한결 더 우울해 하셨다. 그 무렵에는 잠시 헤어지는 일조차 못할 노릇이었는데, 이렇게 홀로 목숨을 이어가고 있는 자신이 위선자처럼 느껴지셨다.

"죽은 대납언의 유언을 어기지 않고 실천한 부인에게 줄 보답으로 그에 어울리는 지위로 올려주리라 늘 생각했는데 덧없는 꿈이 되고 말았다."

천황은 이렇게 말씀하시면서 갱의의 어머니를 끝없이 가엾이 여기셨다.

"허나, 시간이 지나 황자가 자라면 모친에게도 그에 따르는 기쁜 일이 오겠지, 그러니 오래도록 살아 있으라 당부하는 수밖에."

그런 말씀도 하셨다.

명부는 갱의의 모친이 보내온 선물을 어전에 펼쳐 놓았다.

이것이 당나라 환술사(幻術師)가 저세상 어딘가의 양귀비를 만나 얻어온 옥잠(玉簪)이었다면, 천황께서 이렇게 생각하시는 것도 무리는 아니었다.

죽은 이 찾아주는 환술사가 그 어딘가 있다면
그 넋이 어디로 갔는지 알 수 있으려나

그림에서 보는 양귀비는 제아무리 훌륭한 화공이 그린 것이라도 표현에 한계가 있어 그녀의 아름다움을 온전히 담아내지는 못하였다.

태액지(太液池)의 연꽃과 미앙궁(未央宮) 버들 정취를 닮았다는 양귀비가 화려한 당나라 옷은 입은 모습은 참으로 아름다웠겠지만 곱고도 매혹스러웠던 갱의의 자태야말로 꽃잎 빛깔에도 새소리에도 비할 수 없다.

'하늘에서는 비익조(比翼鳥),*14 땅에서는 연리지(連理枝)*15 되리라' 두 분은 늘 영원한 사랑을 맹세했으나, 운명은 그 한 분에게 일찍이 죽음을 드리우고 말았다.

---

*14 비익조(比翼鳥) : 암수의 눈과 날개가 각각 하나씩이어서 짝을 짓지 않으면 날지 못한다는 전설상의 새.

*15 연리지(連理枝) : 뿌리가 다른 나뭇가지가 서로 엉켜 마치 한나무처럼 자라는 현상이다. 매우 희귀한 현상으로 남녀 사이 혹은 부부애가 진한 것을 비유하며 예전에는 효성이 지극한 부모와 자식을 비유하기도 하였다. 당나라 시인 백거이(白居易)가 '장한가(長恨歌)'에서 당현종과 양귀비의 사랑을 비익조와 연리지에 비유한 것으로도 유명하다.

가을바람 소리나 벌레소리에 천황께서 슬픔을 느끼시고 계실 적에, 홍휘전 여어가 오래도록 천황을 찾아 뵙지도 않으면서, 달빛이 아름답다 하여 늦도록 음악 연주회를 열어 즐기시는 것을 천황께서는 마땅찮게 여기시었다.

요즈음 천황의 마음을 잘 알고 있는 전상관(殿上官)이나 천황을 가까이에서 모시는 여관들도 누구나 홍휘전 여어의 태도에 좋지 못한 마음을 품었다. 본디 홍휘전 여어는 고집 세고 자존심이 강한 여인으로, 갱의의 죽음은 자신과 상관도 없다는 듯한 태도를 보였다. 차마 더는 볼 수 없어 달마저 숨어버렸다.

구름 위 떠다니는 달마저 눈물로 흐리는데
풀밭 속 오두막에서 지새는 밤은 그 얼마나 어둡겠는가.

'가을 등불 심지 돋우고 아직 잠들지 못하니'

장한가의 현종이 노래했듯, 천황께서는 밤이 깊어 바짝 올린 등불 심지가 남김없이 타들어갈 때까지 잠을 이루지 못하셨다. 우근위부(右近衛府) 사관이 숙직자 이름을 부르는 것으로 보아 밤 한 시쯤 되었으려나.

사람들 눈을 피해 침실에 드신 뒤에도 눈조차 붙이지 못하셨다.

아침 잠에 깨어나서도 갱의가 살아있을 때 잠자리를 함께 하며 날이 밝은 줄도 모르던 일을 떠올리시며 갱의와 사랑을 나누던 지난날들이 가슴에 사무치게 그리워 아침 정무를 게을리 하곤 하셨다.

아침식사도 그저 수저만 대실 뿐, 청량전에서 드시는 점심은 손을 대시기는 커녕 거들떠보지도 않으셨다. 천황폐하의 상심하신 모습에 식사를 맡은 시중들은 남자든 여자든 모두 근심어린 얼굴로 한탄했다.

"참으로 큰일입니다."

"분명 전생에서부터 이렇게 될 약속이 있었던 거겠죠. 천황께서는 갱의 때문에 많은 이들에게 비난과 원망을 받으셨지만, 조금도 괘념치 않으시고 갱의에 대한 일이라면 도리마저 잊으셨지요. 갱의가 세상을 떠난 오늘도 이처럼 세상일을 버리신 듯하니 정말 큰일입니다."

사람들은 다른 나라 황제들의 예까지 들어가며 수군거리며 내내 탄식하였다.

시간이 흐르고 마침내 갱의의 황자가 궁으로 돌아왔다.

세상 사람이라 여겨지지 않을 만큼 전보다 더 아름답게 자라나, 혹시 일찍이 세상을 떠나는 것은 아닐까 천황폐하를 불안하게 만들었다.

이듬해 봄, 동궁을 결정할 때에도 천황에서는 어떻게든 갱의의 황자를 동궁으로 책봉하고 싶었으나 후견인도 없고, 그처럼 순서를 어지럽히는 일은 모두가 받아들일 리 없으니 오히려 황자에게 나쁜 일이라 생각하시고는 아무런 내색도 하지 않으셨다.

"저토록 아끼시지만 세상일에는 모두 한계가 있기 마련이니 그렇게는 못하시는 거겠죠."

사람들이 떠들어대는 이야기에 홍휘전 여어도 드디어 마음을 놓았다.

황자의 외조모는 낙담한 나머지 위로의 말도 듣지 않고 시름에 잠겨 그저 부처님께 빌기만 했다.

"하루라도 빨리 내 딸, 죽은 사람들 곁으로 가고 싶구나."

이렇게 바라는 마음이 지나치게 컸던 탓인지 외조모는 끝내 돌아가시고 말았다.

천황에서는 한없이 슬퍼하셨다.

황자가 여섯 살 되던 해의 일이었으니, 할머니의 죽음을 이해한 황자도 깊은 슬픔에 잠겨 눈물을 흘렸다. 이제까지 기나긴 시간 동안 가까이서 황자를 키우며 정을 쌓아온 만큼, 황자를 홀로 남겨두고 떠나는 게 가슴 아프다고 거듭 말하며 외조모는 숨을 거두었다.

그때부터 황자는 궁에서만 머무르게 되었다. 일곱 살이 되어 처음으로 글 읽기 강의를 받는 의식을 치렀는데, 유례를 찾지 못할 만큼 총명하여 천황에서는 어쩐지 그의 앞날이 두렵기까지 하셨다.

"지금은 이 아이를 누구도 미워할 수 없으리라. 어미가 없다는 것만으로도 모두 어여삐 여기거라."

천황에서는 그렇게 말씀하시고, 낮에 홍휘전에 드실 때에도 황자와 함께 오셔서 때로는 옥으로 꾸민 발 안에까지도 함께 데리고 들어가셨다. 제아무리 용맹한 무사요 원수라 하더라도, 그 모습을 한 번 보기만 하면 웃음이 절로 지어질 어여쁘신 황자였기에 여어도 냉정하게 내칠 수는 없었다. 이 여어에게는 황녀가 둘 있었지만, 황자의 아름다움에는 견줄 수 없었다. 다른 여어나 갱의들도 이 황자를 보면 낯을 가리지 않고 마음을 열어주었다. 황자는 어린 나이에도 촉촉하게 윤기가 흐르고 보는 이로 하여금 주눅이 들 만큼 기품이 서려서, 모두 마음을 터놓을 수 있는 즐거운 놀이 상대로 호의를 품었다.

정규 학문인 한학은 물론, 거문고나 피리 연습을 할 때에도 황자는 하늘 높이 울려 퍼지는 절묘한 소리를 내며 궁중 사람들을 크게 놀래키곤 했다.

이렇게 황자의 이야기를 늘어놓다 보면 지나치게 빼어나서 사뭇 입을 다물고 싶어질 정도였다.

그 무렵 천황께서는 조정을 찾은 고려사람 가운데 관상을 잘 보는 이가 있다는 소문을 들으셨다. 궁에 관상 보는 사람을 초대하는 일은 우다 천황의 유언으로 금지되었기에 천황께서는 남몰래 황자를 그들 숙소인 홍로관으로 보내셨다. 황자의 후견인인 우대변이 자기 아들인 듯 꾸며 황자를 데리고 나갔다.

관상가는 황자를 보자마자 신기하다는 듯 자꾸만 고개를 갸웃거렸다.

"이 아이는 앞으로 나라의 주인이 되어, 가장 높은 자리인 제왕에 오를 상입니다. 그러나 제왕이 되면 나라가 혼란에 빠지고 백성들이 고통받는 일이 생길 듯하군요. 그렇다고 국가의 기둥이 되어 천하의 정치를 보좌할 상이냐 하면 또 그렇지도 않습니다."

우대변은 학문이 높은 뛰어난 학사였기에, 관상가와 황자가 주고받는 대화 내용에 매우 흥미로워했다. 한시를 지어 주고받으며 관상가는 헤어짐의 슬픔을 표현했다.

"오늘내일 돌아갈 때가 되어, 이런 참으로 귀한 상을 지닌 분을 만날 수 있었던 기쁨이 오히려 제게 헤어짐의 슬픔을 안겨 주는군요."

황자는 그 말을 듣고 깊은 정취가 느껴지는 시를 지어 그에 화답했다. 그러자 관상가는 이를 온갖 말로 칭송하며 여러 진귀한 물건들을 헌상하였다.

조정에서도 관상가에게 여러 물건을 내리셨다. 천황께서는 이 일을 함구하셨지만, 자연스레 세상에 전해졌고, 동궁의 할아버지인 우대신은 의심을 하기에 이르렀다.

"대체 무슨 생각으로 관상을 보게 하셨단 말인가."

지혜로운 천황께서는 관상가의 말이 있기 전부터 이미 황자의 미래를 내다보시고, 동궁으로 삼길 꺼려하셨다. 그래서 거의 비슷하게 점친 관상가에게 그 가치를 인정하시게 되었다.

천황은 왕자를 사품(四品) 이하 무품친왕(無品親王)으로서, 아무런 힘도 없는 황족으로는 두고 싶지 않았다. 당신의 대(代)도 언제 끝나게 될지 모르니 앞으로 홀로 살아갈 수 있는 자리를 이 아이에게 마련해 주어야 한다. 신분을 신하로 낮추어 나라의 기둥이 되게끔 하는 일이 가장 좋으리라 여기셔서 그렇게 정하신 뒤로는 전보다도 많은 학문을 권하셨다.

모든 일에 빼어나고 총명한 황자를 보실 때마다 신하로 삼는 것이 못내 아깝다는 생각이 드시곤 했으나, 친왕으로 삼으면 천황이 되려는 야심을 품었다는 의심을 받기 쉽다고 여기셨다. 신수점을 잘 친다는 이에게 물어보시어도 이런 답신(答申)을 하기에 앞으로 성인식(成人式)*¹⁶을 치르면 미나모토 성〔원성(源姓)〕을 내리시고 겐지〔원씨(源氏)〕라 부르기로 하셨다.

세월이 흘러도, 천황께서는 기리쓰보 갱의와의 슬픈 사별(死別)을 잊으실 수가 없었다. 위안이 될까 하여 아름답기로 소문난 여인을 후궁으로 불러들여도 그저 수심에 찰 뿐이다.

"세상에 그녀와 견줄 만한 사람이 이다지도 없단 말인가."

그럴 즈음, 선제(先帝)*¹⁷의 넷째 황녀로 누구나 아름답다고 감탄하는 여인을 어머님 되시는 대비(大妃)께서 소중히 여기신다는 말을, 천황 측근에 봉사하는 전시(典侍)가 귀띔해 드렸다. 전시는 선제의 궁중 사람으로 황후궁에도 자주 드나들었기에 황녀의 어린 시절을 잘 알며, 요즈음도 먼발치에서 얼굴을 뵐 기회가 잦았다.

"소인은 3대에 걸쳐 천황폐하를 모셔왔으나 돌아가신 갱의님과 닮으신 분은 이제껏 뵌 적이 없사옵니다. 하오나 대비마마의 따님이신 아씨야말로 그분을 꼭 닮으시고 마치 쌍둥이처럼 자라셨지요. 세상에 다시없을 만큼 아름다운 분이십니다."

정말일까. 천황께서도 어느덧 마음이 흔들리셔서 선제의 황후께 아씨의 입궐을 간절히 요청하시었다.

"큰일이로군. 홍휘전 여어가 몹시 심술궂어 기리쓰보 갱의를 괴롭히고 무시해서 그처럼 무참한 최후를 맞게 한 불길한 전례가 있거늘."

---

*16 성인식(成人式) : 겐부쿠〔원복(元服)〕라 하여, 남자가 성인이 된 표시로 머리 모양을 바꾸고 옷을 갈아입고 머리에 관을 얹던 의식. 대개 11~16세에 행했다.
*17 선제(先帝) : 천황의 종형(從兄) 또는 숙부(叔父).

이렇게 두려워하며 쉽사리 결정 내리지 못하시던 대비께서는 어느 날 병이 들어 그만 숨을 거두시고 말았다.

천황께서는 그 뒤, 아씨가 홀로 외로이 산다는 말을 들으시고, 정중하고도 따뜻하게 그녀가 궁으로 들어오기를 권하셨다.

"입궁하면, 내 황녀와 다름없이, 부모와 같은 마음으로 돌보아주마."

황녀의 시중을 드는 시녀들과 후견인, 오빠인 병부경도 이렇게 생각하였다.

'이처럼 외롭고 쓸쓸히 지내시는 것보다, 입궁하시는 게 더 마음의 위로가 되실 터이다.'

마침내 넷째 황녀는 궁으로 들어가게 되었다. 이분이 후지쓰보 여어이다.

전시의 말대로 아씨 용모와 몸가짐은 놀라우리 만큼 기리쓰보 갱의를 닮으셨다. 그러나 이분은 그 신분에 티 한 점 없이 모든 면에서 훌륭하기만 하여 누구도 헐뜯을 말을 찾지 못했다. 그래서 거리낌없이 자유로이 행동할 수 있었기에 불편한 일이 없었다.

기리쓰보 갱의는 후궁들은 누구도 그녀를 인정하려 들지 않고 미워하기만 했는데, 폐하께서는 지나치다 싶을 만큼 아껴주셨다. 폐하께서는 죽은 갱의를 잊지 않으셨지만 어느 틈엔가 후지쓰보에게서 위안을 받으시며 마침내 마음을 주시는 듯했다. 세상살이란 이런 것이 아닐까.

겐지께서는 늘 천황마마 곁을 떠나지 않으시니 천황을 섬기는 여어들이 얼굴을 감추기 힘들어 곤란해했다.

다른 여어들 또한 후지쓰보 여어보다 자신들이 뒤떨어진다고 생각했다. 하나같이 아름답긴 하지만 나이 많은 여어들 사이에서 홀로 젊고 어여쁜 후지쓰보는 무척 쑥쓰러워하며 얼굴을 보이려 하지 않았으나 차츰 익숙해지면서 전처럼 숨어서만 계시지 않았다.

어머니 얼굴을 기억하지 못하는 겐지에게 전시가 말했다.

"후지쓰보 여어님께서는 참으로 돌아가신 어머님을 많이 닮으셨습니다."

이리하여 겐지의 어린 마음에도 후지쓰보 여어를 '그리운 분'으로 여기며 마음에 담게 되었다. 그래서 이렇게 생각하셨다.

'늘 저분 곁에 있고 싶구나. 나를 좀 더 가까이 여기시고 허물없이 대해주시면 좋을 텐데.'

폐하께서도 두 사람을 더없이 사랑스럽게 여기셨기에 후지쓰보 여어에게 간곡히 부탁하셨다.

"그 아이를 서먹서먹하게 대하지 마시오. 이상하다 여겨질 만큼 당신은 이 아이 어미를 닮았다오. 무례하다 여기지 말고 귀여워해 줘요. 이 아이 눈매며 생김새가 제 어미를 꼭 닮았으니, 이 아이와 당신은 마치 부모 자식으로 보이는구려."

천황께서 이렇게 말씀하시니 겐지도 어린 마음에 꽃이며 단풍잎이며 예쁜 것을 보면 먼저 이 아씨한테 드리고 싶어 했고 세상에 둘도 없이 잘 따랐다.

그런 다정한 모습을 보니 홍휘전 여어는 또다시 후지쓰보 아씨를 질투하게 되면서 기리쓰보 갱의에 대한 오랜 원망이 되살아나 겐지마저 좋게 보지 않았다.

폐하께서 세상에 둘도 없는 미모라고 여기고, 사람들 사이에서도 평판 높은 후지쓰보 아씨의 기량에 견주어서도 겐지의 아름다움은 더욱 돋보이며 비할 바 없이 사랑스러웠으므로, 세상 사람들은 누구랄 것 없이 히카루군(光君) 그러니까 '빛나는 황자마마' 불렀다. 또 후지쓰보 아씨 또한 겐지 황자와 함께 황제의 총애가 남달라 이쪽은 '빛나는 해님 아씨' 이렇게 불리게 되었다.

천황께서는 겐지의 사랑스럽고 어린 모습을 언제까지나 그대로 두고 싶어 하셨으나 겐지는 12세 되는 해 드디어 성인식을 올리게 되었다. 그 식의 준비 하나하나를 천황께서 몸소 지시하셨다. 지난해 동궁의 성인식을 자신전(紫宸殿)에서 거행했을 때의 화려함에 뒤지지 않도록 성대히 치러졌다. 식을 마친 뒤 여기저기 마련된 향연에서도 가장 좋은 것만을 쓰도록 친히 지시하셨다.

"내장료나 곡창원에서 공식행사 규정대로 따른다면, 소홀해질 수 있으니 이 식만큼은 남달리 신경 쓰도록 하시오."

청량전(淸凉殿) 동쪽 뜰 앞 사랑방에 옥좌를 놓고, 그 앞에 예식 주인공인 황자의 자리 관례를 진행하는 좌대신 자리가 마련되었다. 낮 세 시에 겐지가 그 자리에 앉았다.

뒷머리를 두 갈래로 나누어 귀언저리에서 고리로 만든 동형(童形)*18 예발(禮髮)을 한 겐지의 얼굴, 그토록 사랑스런 모습과 깨끗한 장밋빛 두 뺨을 성

---

*18 동형(童形) : 귀족의 성인식 이전 몸차림. 머리를 땋지 않은 어린아이 모습.

인의 머리 모양으로 바꾸려니 참으로 아까워 보였다.

머리 손질을 맡은 사람은 대장경(大藏卿)이었는데, 아름다운 머리를 짧게 자르며 무척 안타까워 했다. 천황께서는 그 어미인 갱의가 이 식을 보았다면 어떠했을까 이렇게 생각하시며 참을 수 없는 슬픔을 억누르고 계시었다.

성인식이 끝나고 먼저 휴식소로 물러나 겐지는 옷을 갈아입은 뒤 다시 나와 뜰 위에서 절을 올렸다. 참례한 관원들은 모두 그 조그만 몸에 공경(公卿)의 아름다움이 배어 있어 감격의 눈물을 흘렸다.

더구나 천황께서는 누구보다 깊은 감개를 참으려 애쓰시는 듯했다. 잊고 있었던 그 옛날 죽은 갱의와의 추억들이 다시금 살아나 마음 속에 슬픔이 치밀어 올랐다.

'이렇게 어린 나이에 성인식을 치르면 어른스럽지 못해 기품없이 보이지 않을까.'

천황께서는 속으로 걱정하셨지만, 성인식을 치른 겐지는 깜짝 놀랄 만큼 훌륭하고 아름다워 한결 더 빛을 발하고 있었다.

겐지의 성인식을 맡았던 좌대신에게는 부인인 황녀와의 사이에 낳은 따님이 하나 있었다. 동궁으로부터 딸을 후궁으로 달라는 바람이 있었지만 답을 망설였는데 이는 딸을 처음부터 겐지의 배필로 드리고 싶은 마음이 있었기 때문이다. 좌대신은 천황의 뜻도 이미 물어 알고 있었다.

"이제 성인식도 올렸고 달리 후견인도 없으니, 오늘 밤 함께 보내게 하면 좋겠군."

그런 말씀이 있었으므로 좌대신은 준비를 서둘렀다.

오늘의 근시소(近侍所)*19에서 열린 술자리에, 겐지는 친왕들 다음 자리에 앉았다. 대신이 자기 딸 이야기를 언뜻 내비쳤으나 아직은 어리기만 한 겐지는 무어라고 답해야 할지 몰랐다.

천황의 분부를 받은 여관이 대신을 부르러 오고 대신이 어전으로 나아가자 폐하를 모시는 명부(命婦)가 이날의 하사품을 건네주었다. 큼직하게 마름한 하얀 속옷과 어의(御衣) 한 벌로, 이는 예부터 정해진 품목이다. 어주(御酒)를 내리시며 천황께서 노래를 읊으셨다.

---

*19 근시소(近侍所) : 무사들 대기실.

어여 머리 땋아 줄 때 함께 땋아 넣었느냐
오랜 세월 변치 않을 그 마음을

좌대신의 딸과 결혼하는 것까지 담아서 부르신 노래였다.

땋아 올릴 때 이 마음 함께 넣었으니
보라빛 옷 입은 그 마음만 바래지 않는다면

이렇게 노래로 답한 대신은 청량전 층계를 내려와 공손히 절했다. 그때 천황께서 좌마료(左馬寮)*20의 말(馬)과 장인소(藏人所)*21의 매(鷹)를 내리시었다. 그런 뒤 관원들은 계단 앞으로 나가서 관등(官等)에 따라 저마다 하사품을 받았다. 이날 잔치의 도시락과 바구니에 담긴 과자 등은 모두 우대변(右大辯)이 분부를 받들고 마련한 것이었다. 일반 관리들에게 내리시는 도시락과 비단을 넣은 상자가 동궁 성인식 때보다 더 많았다.

그날 밤, 겐지는 궁에서 물러나와 좌대신 집으로 갔다. 좌대신은 다시없을 만큼 훌륭한 혼례의식을 갖추고 사위를 맞았다. 아직 어린 사위의 모습은 참으로 사랑스러웠다.

겐지보다 나이가 많은 좌대신의 딸은, 자기에 견주어 지나치게 어린 짝이 자신과 어울리지 않는 것만 같아 부끄럽고 풀이 죽은 듯했다.

좌대신은 큰 세력을 지닌 데다가 아씨의 어머니인 부인은 천황 누이였으므로 어디를 봐도 훌륭한 집안이었는데, 이번에 천황의 귀여운 아드님이신 겐지를 사위로 맞아들였으니, 동궁 외조부이며 앞으로 관백(關白)*22으로 지목될 우대신의 세력은 상대가 안 될 만큼 압도당했다.

좌대신은 본처와 첩에게서 낳은 자식들을 여럿 거느렸다. 황녀와의 사이에 낳은 아들은 지금 장인소장(藏人少將)으로 젊고 아름다운 귀공자였다. 우대신

---

*20 좌마료(左馬寮) : 관마(官馬) 사육과 조련을 관장한 기관.

*21 장인소(藏人所) : 궁중의 의식, 기타 대소잡사(大小雜事)를 맡아 보던 기관.

*22 관백(關白) : 천황을 보좌하여 국사를 집행하는 중직. 이 직위를 겸한 자는 태정대신 위에 위치했다.

은 좌대신과의 사이가 그리 좋지 못했으나 그 장인소장을 다른 사람에게 보낼 수가 없어 누구보다 아끼고 소중히 여기는 넷째 딸의 사위로 삼았다. 좌대신이 겐지를 아끼는 것 못지않게 장인소장 또한 우대신의 귀한 사위로서 사랑을 받았다는 사실은 좋은 짝이라 할 만큼 아름다운 일이었다.

천황께서 겐지를 곁에서 떼어놓으려 하지 않았기에 마음 편히 한가롭게 처가에 가서 지낼 수도 없었다. 겐지는 후지쓰보 아씨가 이루말할 수 없을 만큼 아름다워서, 그런 이를 자기의 아내로 삼고 싶다고 생각하곤 했다. 아씨 같은 여인은 달리 없을 게다. 좌대신 따님은 귀염받고 자라난 어여쁜 귀족 딸임은 틀림없지만, 겐지는 후지쓰보 여어 대한 연정으로 괴로울 뿐이었다.

악기를 연주하며 풍류를 즐길 때나 후지쓰보 여어의 거문고 소리에 맞춰 피리를 불 때, 겐지는 남몰래 그 선율에 마음을 담았고, 희미하게 들려오는 후지쓰보 여어의 가냘픈 목소리에 쓸쓸한 마음을 달래었다. 그것만으로도 겐지에게 궁중생활은 행복이고 기쁨이었다. 대엿새는 대궐에 있고 사흘은 대신 댁에 머무르며 궁궐과 처가를 틈틈이 오가는 것을, 좌대신은 아직 어리기에 그렇겠거니 나무라지 않고 오히려 사위 시중을 들고자 법석을 떨었다. 좌대신은 딸과 사위를 특별히 훌륭한 여관(女官)에게 시중을 들게 했고, 사위가 좋아할 만한 잔치를 열기도 하며 정성을 다했다.

궁중에서는 어머니가 살던 기리쓰보 궁전을 겐지에게 내주고, 그곳에서 시중들던 여관들이 겐지를 그대로 모시게 해주시었다. 어머니의 친정집은 천황께서 수리를 맡는 관청인 내장료(內匠寮)에 분부를 내리셔서 둘도 없이 훌륭하게 고쳐지었다. 본디 쓰키야마[築山]*23가 있는 아담한 뜰이 딸린 집이었는데 이번에 연못도 좀 더 넓혀 주시었다. 이곳이 이조원(二條院)이다. 겐지는 이런 곳에서 자신이 마음속으로 늘 꿈꾸던 아내와 함께 살 수 있었으면 바라며 한숨을 내쉬었다.

'빛나는 황자'라는 이름은 홍로관에서 만난 고려 관상인이 겐지의 아름다움과 지성을 칭송하며 지은 이름으로 전해지게 되었다.

---

*23 쓰키야마[築山] : 인위적으로 만든 작은 동산.

하하키기*1

   히카루 겐지, 히카루 겐지 그 이름은 많은 사람들 입에 오르내리며 굉장하고 화려해보이지만, 실은 이래저래 사람들에게 비난을 받는 실수도 적지 않았던 듯하다. 게다가 이런 사랑이야기들이 뒷날까지 전해져 바람둥이라 가볍게 여겨지지나 않을까 걱정하며 사람들 눈에 띄지 않도록 조심했던 일까지 알려지게 될 줄이야. 사람들은 왜 그토록 남의 말하기 좋아하는지 모르겠다.

   그래도 겐지는 나름대로 사람들 눈을 신경 쓰며 성실하고 조심조심 행동했기에 화려하고 사람들의 호기심을 불러 일으킬만한 이야기는 그렇게 없었다. 호색소설에 나오는 가타노 소장이 듣는다면 코웃음 칠 이야기이다.

   17세 아직 중장(中將)이었던 시절. 주로 궁에서 지내면서 가끔씩만 처가인 좌대신 댁에 가다 보니 궁에 애인이 있는 게 아닐까 의심을 받았지만, 겐지는 그렇게 충동적으로 가볍고 노골적인 관계를 싫어하는 성품이었다. 하지만 그와 달리 어렵고 노력을 많이 기울어야 하는 사람에는 마음을 빼앗기는 결점이 있었다.

   장마가 지루하게 이어져 하루도 맑은 날이 없던 오월, 행동을 삼가라는 점괘에, 겐지는 대궐에서 지내는 시간이 길어졌다.

   좌대신 댁에선 이토록 뜸하게 오는 사위가 섭섭하면서도 한편으로는 기다려지기도 하여 옷을 새로 지어 보내는 등 조금도 소홀히 하지 않았다.

   그리고 좌대신 댁 아들들도 궁에 올 때면 겐지의 방으로 찾아와 이야기를 나누곤 했다.

---

*1 하하키기(帚木) : '하하키기'란, 멀리선 똑똑히 보이나 가까이 가면 사라진다는 전설의 나무. 편의상 '대싸리'로 번역한 대목도 있다. 이 권은 겐지가 17세 때 여름 이야기.

그 가운데 좌대신과 황녀 사이에서 태어난 두중장(頭中將)*²은 겐지와 가장 친해서, 놀이를 하든 장난을 치든 누구보다도 스스럼없이 사이좋게 지냈다.

두중장도 우대신 넷째딸의 사위로 더없이 소중히 여겨졌으나, 우대신 댁은 어쩐지 답답하고 짜증이 나 자주 들르지 않았다. 본디부터 다정다감한 바람둥이였다.

두중장은 친가의 자기 방을 아름답게 꾸며놓고 겐지가 드나들 때마다 밤낮없이 함께 학문을 이야기하며 음악도 즐겼다. 그럴 때면 두중장은 겐지와 어디든 엇비슷하게 함께 다녔다. 그러다보니 자연히 허물이 없어지고 서로 마음속 깊은 이야기도 나눌 수 있는 가까운 사이가 되었다.

장맛비가 아침부터 내려서 서늘한 저녁, 전상관인(殿上官人) 처소에도 사람이 그리 보이지 않고, 기리쓰보 처소도 여느 때와 달리 느긋하게 조용한 분위기여서 겐지는 등불을 가까이 켜놓고 앉아 여러 서적들을 보고 있었다. 그런데 책을 꺼낸 문갑에 있던 알록달록한 색지에 쓰여진 편지를 본 두중장은 그것을 몹시 보고 싶어했다.

"정 그렇다면 보여도 괜찮은 편지만 보여주겠네. 남 보기 민망한 것도 있으니 말이야."

겐지가 좀처럼 보여주려 들지 않자 두중장이 원망스럽다는 듯 채근했다.

"민망하다 싶은 것을 보여주십시오. 평범한 편지라면 나도 꽤 주고받으니까 군이 필요 없어요. 특별한 편지 말입니다. 당신의 냉담함을 원망한다든지 저녁에 와 달라 부탁하는 편지를 보여주시면 재미있겠는데요."

실은 정말 비밀스럽고 소중한 편지는 누구든 쉽게 볼 수 있는 문갑에 넣어둘 리도 없고, 여기 있는 편지는 그럴 만한 것이 못되니 보아도 무관했다. 그래서 겐지는 두중장에게 편지를 건넸다. 두중장은 조금씩 읽어보고는 말한다.

"가지각색이군요."

그러면서 상상만으로 이 사람일까 저 사람일까 편지를 보내 온 사람이 누군지 맞히려 한다. 정확히 짚어내는 것도 있는가 하면 전혀 다른 사람 편지를 그 사람의 것이 아니냐고 추궁하기도 한다. 그럴 때마다 겐지는 슬며시 웃으면서도 지나치게 많은 것을 알려주기를 피하며, 어떻게든 말을 돌렸다.

---

*2 두중장(頭中將): 장인소(藏人所) 장관. 정원 2명인데 그 가운데 근위부 출신 장관을 일컫는다. 궁중의 크고 작은 사무를 담당했다.

"그대야말로 여자들 편지를 수두룩하게 가졌을 테지. 그걸 보여줄 수 있겠는가. 그렇다면 이 문갑에 있는 편지를 모두 보아도 좋네."

"당신이 볼 만한 대단한 것은 없을걸요."

어느새 두중장은 여자에 대한 생각을 말하기 시작했다.

"완벽하고 결점이 없다고 여겨지는 여자는 아주 드물다는 사실을 저는 이제 깨달았어요. 겉으로는 빈틈없고 글도 술술 잘 쓰며 이쪽에서 하는 말을 이해하는 척 할 수 있는 여자는 꽤 많은 듯합니다. 그러나 진정으로 재능있는 여인을 골라내자면 합격권에 드는 사람이 그다지 없지요. 오히려 자기가 좀 안다고 득의양양해서 남을 멸시하는 염치 없는 여자만 많지요. 부모 그늘 안에서 애지중지 고이 자랄 때는 보잘것없는 재능도 과장되어 이런 소문은 들은 남성이 사랑에 빠지는 일도 있겠지요. 또 아름다우며 마음씨 고운 여자의 젊고 천진난만한 나이 때는 거문고나 노래처럼 풍류 가득한 놀이를 어깨너머로 보고 배워서 자연스레 익히기도 합니다. 그리고 중매를 서는 사람은 좋은 점만 말하고 결점은 숨기기 때문에, 직접 보지 않는 한 그것이 거짓이라 이쪽도 멋모르고 단정할 수는 없잖아요? 결혼한 다음 차츰 거짓이 드러나 실망하지 말란 법은 없죠."

두중장이 이렇게 말하고 탄식하자, 겐지도 마음속으로 수긍이 되는 게 있는지 미소를 지었다.

"하지만 칭찬할 만한 점이 하나도 없는 여자가 어디 있겠소?"

"그렇게 못난 여자라면 그 누가 속겠습니까. 칭찬할 만한 점이 하나도 없는 못난 여자와 몹시 훌륭해서 감탄할 만한 여자는 그 수가 비슷하지 않겠습니까. 신분이 높은 집안에서 태어난 여자는 주위에서 귀히 여길 테니 눈에 띄지 않을 것이고, 그러다보면 자연히 좋은 점만 보이지 않겠습니까.

중류계급 여자는 성품이나 개성, 사고방식을 쉽게 알 수 있으니 여러 면에서 뚜렷하게 위아래를 가릴 수 있겠지요. 게다가 그보다 낮은 계급 여자들은 그런 걱정을 할 필요조차 없습니다."

두중장이 제법 여자를 잘 아는 척 하자, 겐지는 호기심이 일었다.

"중류니 하류니 이런 계급은 무얼 기준으로 하는 것이오? 상중하를 어떻게 나눈단 말이오? 좋은 집안에서 태어나도 계급이 낮아져 사람대접을 못 받는 이와 평범한 집안에서 태어났는데도 출세하여 3위 이상의 직위에 올라 사치스럽게 집안을 꾸미고 남에게 지지 않으려 애쓰는 사람. 이런 사람들은 어떻게 계급을 나눈단 말이오?"

이런 질문을 하는 데 좌마두(左馬頭)*³와 도식부승(藤式部丞)*⁴이 점괘가 좋지 않아 집안에만 머무르는 겐지와 함께 있으려 찾아왔다. 풍류객으로 유명한 데다 입담도 있는 사람들인지라 두중장은 기꺼이 둘을 반가이 맞이하며 여인 품평에 끼워주었다. 그리고 점잖지 못한 말도 많이 나왔다.

"아무리 출세해서 부자가 된다 해도 상류계급이 아니었던 사람은 평판이 다른 법이지요. 또 본디 좋은 집안사람이 연줄을 잃고 몰락하여 과거의 영광이 사라지면, 마음이야 옛날처럼 귀족적이라 해도 생활이 그에 따라주지 않으니 남들 보기 민망한 일도 생기지 않겠습니까. 그러니 출세를 한 사람이나 몰락한 사람이나 어느 쪽이든 중류라 해야 할 것입니다.

지방행정에만 관계하는 '수령(受領)'처럼 뚜렷하게 중류계급으로 정해진 사람들 사이에도 여러 계급이 있어서, 요즘은 좋은 여자를 찾아내기가 수월해졌죠. 웬만한 상류보다 평판도 괜찮고 성품도 좋아 안락하게 사는 4위 계급 쯤 되는 집안사람들이 오히려 탈이 없지요. 무엇 하나 부족함이 없으니 마음껏 돈을 들여 집을 꾸미고 고이 키우는 딸도 눈부시게 자라는 예가 많지요. 궁에 들어와 폐하의 승은을 입고 생각지도 않은 행운을 잡은 여자들도 그런 중류 집안이 많지 않습니까."

좌마두가 이렇게 말했다.

"아무튼 돈이 있어야 한다 그 말이로군."

겐지가 웃었다.

"당신답지 않은 소리를 하시는구려."

두중장이 충고하듯 말했다. 좌마두는 말을 이었다.

"유서 깊고 세상의 평판도 좋은 고귀한 집안 규수(閨秀)가 잘못된 가르침을 받아 버릇이 없고 몸가짐이 단정치 못하다면 논외 아니겠습니까. 어찌 자라면 저렇게 될까 정나미가 떨어지지요. 그와 달리 지체에 걸맞은 빼어난 규수라 하더라도 그건 마땅한 것이기에 그리 놀랍지 않지요. 그보다 더 좋은 집안 여인

---

*3 좌마두(左馬頭) : 관마(官馬) 관리 기관인 좌마료(左馬寮) 장관.
*4 도식부승(藤式部丞) : 도(藤)는 사람 성씨. 식부승은 국가의 의식(儀式)·고과(考課) 등을 관장한 식부성(式部省) 중견 관리.

은 우리로서는 쳐다보지도 못할 상류층이니 그것은 말하지 않기로 하죠. 이런 일도 있습니다. 세상에 그런 집이 있었나 무시 받을 만큼 허름한 집에 뜻밖의 사랑스런 여인이 살고 있다면, 그거야 말로 놀랄 일이 아니겠습니까. 뜻밖이었다는 사실은 남자의 마음을 끄는 힘이 됩니다. 늙은 부모는 흉측하게 살찐 데다, 오라비도 풍채가 칠칠치 못해 그 딸도 보나마나라며 멸시했는데, 알고 보니 기품도 넘치고 노래솜씨도 제법 그럴싸하다면 이상적인 여자 부류엔 못 들겠지만 진지하게는 아니더라도 꽤 흥미를 끌지 않을까요?"

좌마두는 동의를 재촉하듯 도식부승을 건너다보았다. 요즘 젊은 남자들 사이에 매우 평판이 좋은 자기 누이들을 떠올리며 그걸 넌지시 말하는 뜻을 눈치챈 식부승은 아무런 대꾸도 하지 않았다.

'그래봤자 상류계급에도 그렇게 훌륭한 여자는 흔치 않은데.' 겐지는 이렇게 생각하는 모양이다. 보드랍고 하얀 옷 위에 하카마는 입지 않고 노오시[직의(直衣)]*⁵만 걸치고 팔걸이에 기대어 앉은 겐지는 여느 때보다도 아름다워, 여인이 보았다면 넋을 잃을 것 같았다. 이 분에게는 제 아무리 높은 계급 여인이라도 상대로는 부족하리라 느껴졌다.

여러 사람 이야기를 예로 들면서 좌마두가 말했다.

"연애 상대로는 문제가 없다 해도, 실제 자기 아내로 삼자면 합격할 만한 여자는 없는 법이지요. 남자도 마찬가지입니다. 나랏일을 보며 세상을 떠받칠 만한 제목을 고를 때에도 정말 뛰어난 기량을 지닌 사람을 찾기란 쉽지 않지요. 그러나 아무리 총명한 사람이라 해도 한두 사람만으로 정치를 할 수는 없으니, 상관은 부하의 도움을 받고 부하는 상관을 따라야 크고 넓은 일들을 해나갈 수 있습니다. 하지만 한 집안 주부가 될 사람은 하나이니 선택하자면, 반드시 갖추어야 할 자격을 몇 가지 들 수 있지요.

이 점이 좋으면 저런 점이 나쁘고, 하나가 취할 만하면 하나는 취하기 어렵고, 이것저것 재보고 이쯤이면 참고 살만 하겠다 싶은 여자도 많지 않으니 말입니다. 괜한 호기심에 장난삼아 많은 여자를 비교해보는 악취미는 없지만, 이 여자야말로 내 아내라고 정하면 평생 함께 할 마음으로 까다롭게 찾는 거죠.

---

*5 노오시[직의(直衣)] : 도포 비슷한 남자 평복.

때문에 뒷날 애써서 바로 잡거나 할 필요가 없도록, 처음부터 자신의 취향에 맞을 듯한 여자는 없을까 고르는 탓에 좀처럼 연이 닿지 않습니다.

완전히 마음에 드는 것은 아니지만 인연이 있으니 부부가 된 것이라며, 인연을 소중히 하고 그 여자와 헤어지지 않으려는 남자는 성실하게 보입니다. 버림받지 않는 여자도 어딘가 좋은 점이 있어 그런가보다 싶어 고상하게 보이죠. 하지만 어떻게 된 일인지, 지금까지 많은 남녀관계를 보아왔지만 상상을 초월할 정도로 멋지고 이상적인 남녀관계는 본 적이 없습니다. 저희 같은 사람들도 그런데 두 분처럼 신분이 높은 분들이 더없이 귀한 선택을 할 때는 어떤 분이 그 자리에 어울릴는지요.

보기에 밉살스럽지 않은 여인으로 자존심도 있고, 편지를 쓸 때 얌전한 문장만 골라서 은은한 먹빛으로 글을 써 호기심을 불러 일으키고 좀더 확실한 답을 받으려는 사나이를 초조하게 만든 다음, 목소리라도 들어보려 가까이 다가가면 너무나 희미해서 사라질 듯한 목소리로 답하는 그런 여자가 자신의 결정을 교묘히 감춰서 남자의 옳은 판단을 그르치게 하는 거랍니다. 나긋나긋하고 인정 있는 여자인가 하면 지나치게 유순하고, 또 재치를 보이면 바람기가 있지 않나 불안해지지요. 그런 건 선택의 가장 큰 관문이 되지요. 아내로서 무엇보다 중요한 자격은 남편을 섬기는 일인데, 정취에 집착해서 별 거 아닌 일상에 노래를 읊으며 취미에 빠져버리면 없느니만 못하지 않겠습니까. 그렇다고 부지런하기만 한 여자는 푸석푸석한 머리를 귀 뒤로 넘기고 화장도 안 하고 차림새도 돌보지 않으면서까지 살림에만 몰두하니 그 또한 곤란하겠죠.

좋고 나쁘고를 떠나 남자는 입궁을 해서 관청 동료나 선배들에게 보고 들은 이야기가 수두룩한데 그걸 남한테 말할 수는 없지요. 그러니 이 이야기를 어서 나를 이해해주는 부인에게 들려주고 싶다, 그렇게 생각하면 밖에서도 홀로 웃음이 나오고 때로는 눈물겨워지기도 합니다. 그런가 하면 다른 사람의 일로 화가 나서 생각할 일이 많아 마음이 복잡할 때, 이야기를 해도 내 아내가 이런 마음을 알아줄 리 없다는 생각에 옆을 보며 괜스레 웃어보기도 하고, 나도 모르게 '아아' 한숨이 나오기도 합니다. 그때, '어머, 왜 그러세요?' 아내가 나를 얼빠진 표정으로 쳐다본다면 너무 실망스럽지 않겠습니까. 그리고 어린아이 같아서 믿음직스럽지는 못한 부인은 차츰차츰 남편의 가르침에 나아져 갈테니 그런 모습에 만족을 느끼는 법이지요. 함께 있을 때는 귀여운 모습에 결점마저 눈에 잘 들어오지 않겠지만, 남편이 집을 떠났을 때에 일을 부탁하면 무엇을 할 수 있겠어요. 쉬운 일이건 중요한 일이건 주부로서 할 일도 혼자서는 아무것도 못하며, 가르쳐준 재주밖엔 부릴 줄 모르는 그런 여자한테 아내로서의 믿음을 가질 수 없지요. 그러니 평소에 애교가 없어 마음에 들지 않던 여자라도 무슨 일이 있을 때 믿음직스럽게 일을 잘 처리한다면 오히려 그쪽이 좋은 아내지요."

여러 방면에서 지식이 풍부한 좌마두도 어떤 여인이 좋고 나쁜지 결정할 수 없는지 깊은 탄식만 내뱉았다.

"그러나 이제 집안이나 외모는 따지지 않으렵니다. 성격에 큰 문제만 없다면 성실하고 순진한 여자를 아내로 삼아야 하겠지요. 거기에 조금이라도 견식이라도 있다면 얼마간 결점이 있더라도 만족해야지요. 그래야 안심할 수 있답니다. 질투가 심해 남자 마음을 불편하게 하지만 않는다면 표면적인 애정은 뒷날 자연히 생겨납니다. 부끄러워하면서 눈길을 끌고 남편에게 원망의 말을 하고 싶을 때에도 아닌 척 참고, 겉으로는 태연히 굴면서 인내심이 한계에 달하면 사무치는 노래를 읊으며 애절한 사연을 쓴 편지와 추억이 깃든 물건을 남겨두고 깊은 산속이나 바닷가로 떠나버리는 여자도 있다고 하더군요.

어렸을 때에는 시녀들이 그런 이야기를 읽는 걸 들었는데 그때마다 너무 가엾고 불행한 여자의 마음에 감동하여 눈물을 흘리곤 했었습니다.

이제 생각하면 그 여자가 한 짓은 경박하고 부자연스러워요. 눈앞의 일이 힘들다고 자기를 사랑하는 남자를 버리다니요. 원망스러운 일이 있다고 남자의 사랑을 못 믿겠다는 듯이 집을 나가버리더니 남편에게 부질없는 근심을 하게 만들고, 그런 식으로 남자를 시험하다가 끝내 돌이킬 수 없는 파국에 이르게 된답니다. 참으로 딱한 노릇이지요.

주위에서 훌륭한 사람이라며 칭찬을 받아 기가 살아서는 자칫 출가를 하기도 합니다. 그때는 지저분한 미련을 버리고 깨끗이 세상에 대한 미련을 버린 기분이지만, '정말 안되셨군요. 큰 결심을 하셨습니다' 아는 사람이 찾아와 이렇게 말하고, 머리 속에서 떠나지 않는 남자가 그 말을 듣고 울었다는 이야기가 들려오면 하인이나 늙은 여관들이 '바깥양반은 저다지도 당신을 생각하고 계신데도 젊은 몸으로 여승이 돼버리시다니 애석해라' 그런 소리를 들으면 짧게 자른 앞 머리카락을 만지작거리며 그제야 후회하며 눈물을 흘리곤 합니다.

참아도 한 번 눈물을 흘리면, 그 뒤로는 막을 수 없습니다. 불제자가 되어서도 이런다면 부처님도 그 미련을 못내 미워하시게 되겠지요. 세속에서 지낼 때보다도 어중간한 마음으로 한 출가가 죄업이 더욱 깊으니 도리어 지옥에 떨어질지도 모릅니다. 또 부부의 연을 끊지 못하고 여승이 되기 전에 남편이 데려오더라도, 자기를 버리고 집을 나갔던 아내라는 사실을 그가 잊어버리도록 하기는 어려운 노릇일 테지요. 싫든 좋든 함께 있으면서 어떤 경우에도 서로 용서해주면서 사는 게 진실한 부부가 아닐까요?

한 번 그런 일이 있은 뒤로는 진실한 부부애를 돌이키기란 힘든 일입니다. 또 남자의 마음이 좀 멀어졌다고 집을 나간다는 건 참으로 어리석지요. 남편이 변해도 처음 만났을 때의 추억을 떠올리며 이렇게 될 운명이었다고 여겨야지요. 무슨 일에도 침착하게 보아 남자한테 다른 애인이 생겼을 경우라도, 도무지 모른 체하는 얼굴은 하지 말고 감정을 상하지 않을 만큼만 원망한다면, 그것으로 다시 애정을 회복할 수도 있는 법이지요. 남자의 버릇은 아내가 하기 나름으로 고쳐진답니다.

남자한테 지나치게 자유를 허용하면 남자로선 자신을 믿어주는 그 마음가짐이 귀엽기는 하지만, 아내를 가벼이 여기게 되지요. 강가에 매두지 않은 배가 바람 부는 대로 떠다니듯이 아내의 간섭을 받지 않는 바람기는 남자에게는 도리어 재미가 없습니다. 안 그래요?"

그러자 두중장은 끄덕였다.

"아름답고 사랑스러워서 마음을 준 사람이 기댈 수 없고 바람을 피우는 것 같다면 그거야 말로 큰일 아닙니까? 자신만 마음을 변하지 않고 상대를 너그러이 봐준다면 언젠가 돌아오지 않겠느냐 생각했는데 또 그렇지도 않더군요. 잘못이 있어도 넓은 마음으로 감싸주는 게 좋지요."

두중장은 말하면서 자기 누이와 겐지가 여기에 해당할 것이라는 생각이 들었는데, 겐지가 눈을 감은 채 아무 말도 하지 않아 아쉽고도 서운하게 느껴졌다. 좌마두는 여자에 대한 품평 박사라도 된듯 열변을 토했다. 한편 두중장은 좌마두에게 좀더 이야기를 듣고 싶어서 자꾸만 맞장구를 쳤다.

"이번에는 다른 일에 비유해서 생각해 보죠. 목수가 여러 물건들을 자유자재로 만드는 데 잠깐 가지고 놀 장난감이나 일정한 형식이 필요치 않은 물건이라면 좀 재치를 부려 독특하게 만드는 게 재미있구나 싶어서 좋지요. 하지만 중요하고 형식이 정해진 물건을 훌륭하게 만들어내자면 명인이 아니고선 안되는 노릇이지요. 궁중화실에 솜씨좋은 화가가 여럿 있습니다만, 밑그림만 보고 누구 그림이 좋은지 나쁜지 얼핏 알아보기 힘듭니다. 하지만 인간이 볼 수 없는 봉래산이라든지 창해대어(滄海大魚), 당나라에만 있는 무시무시한 짐승을 그리는 사람들은 제멋대로 과장한 그림으로 사람을 놀라게 하는데, 그것은 실지와는 거리가 멀어도 그런대로 용납되지요. 보통의 산이나 물의 흐름을 사실적으로 그린 그림은 자기들이 늘 보고 있는 아름다운 집이나 사물처럼 실물과 똑같이 여겨지기도 하고, 우리들 가까이에 있는 그리 높지 않은 산이나 나무를 울창하게 그려서 정적의 정취를 내거나, 또는 사람이 머무는 저택 안을 충실하게 그리는 경우에는 능필이다 졸필이다를 단번에 구별할 수 있는 법입니다. 글씨도 그렇지요. 깊이가 없고 이쪽저쪽 선을 길게 긋는데다가 기교를 부린 건 얼핏 보기엔 재미있지만, 그에 비해 성실히 공들여 쓴 글씨는 볼품은 없어도 잘 비교해 보면 기교만으로 쓴 글씨보다는 나아보이는 법입니다. 작은 일이라도 그런데 사람 마음을 얻는 일에 그저 기교로 흥미롭게 보이려는 사람은 영원한 사랑을 가질 수 없다고 저는 생각합니다. 감정이 풍부하고 여자를 밝히는 사나이라고 여기실지 모릅니다만 가식적인 애교는 싫습니다. 좀 경박하긴 하지만 전에 있었던 일을 좀 이야기할까요?"

좌마두는 바싹 다가와 앉았다. 어느새 겐지도 눈을 뜨고 듣고 있었다.

두중장은 좌마두의 견해를 존중한다는 태도를 보이면서 턱을 괴고 상대를 마주보고 있었다. 스님이 세상의 도리를 설법하는 자리와 비슷한 분위기라 좀 우스워보이기도 하지만 이런 자리에서는 저마다 지닌 비밀을 이야기 해야 되는 법입니다.

"한참 전 일인데, 아직 하찮은 관리시절이었습죠. 저에게 애인 하나가 있었습니다. 외모는 아주 보잘것없는 데다 젊은 나이에 바람기도 있어서 이 여자하고만 평생을 살 생각은 없었지요. 신붓감으로 생각은 했지만 부족한 듯해서 달리 정을 통하는 여자도 있었지요. 그런데 어찌나 질투를 부리는지 싫증이 나서 이러지 말고 가만히 놔두지 못하겠느냐 싶다가도, 이렇게 시끄럽게 굴면서 나 같은 걸 어째서 이리도 따르는가 가엾어지는 때도 있어서, 자연스레 몸가짐을 조심하게 되었습니다. 그 여자는 내가 할 수 없는 일이라도 이 사람을 위해서라면 노력하게 만들고 제가 부족한 면이 있어도 수치스러움을 느낄 수 없도록 조심하는 성격이었죠. 어떻게든 빈틈없이 제 시중을 들어주며 기분 상하게 하지 않으려는 마음에서 그다지 오기도 겉으로 드러내지 않게 되었습니다. 저한테만은 유순한 여자가 되어 못생긴 외모 때문에 저한테 타박맞을까봐 공들여 화장을 하고, 이 얼굴로 남을 만나면 남편의 낯을 깎는다 생각하곤 방문객이 있어도 삼가고 접근하지 않았습니다. 아무튼 지혜로운 아내였기 때문에 함께 살면서 영리함에 마음이 끌리기도 했습니다만 오직 한 가지 질투벽, 그것만은 여자 자신도 어찌할 수 없는 고약한 버릇이었습죠.

그 무렵 전 이렇게 생각했지요. 나를 공경하며 따르는 여자이니 무섭게 겁을 주면 잔소리도 줄어들고 버릇도 고쳐지겠지. 이젠 그 질투를 견디어낼 재간이 없다, 싫어서 죽겠다는 태도로 나가면 이만큼 나를 사랑하는 여자이니 말을 알아 들을 것이다. 그런 생각으로 냉혹하게 대하면서 여느 때처럼 여자가 질투를 할 때, '이렇게 심하게 질투를 하니 아무리 깊은 연분으로 맺어진 부부 사이라 해도 나는 갈라설 결심을 해야겠소. 이 관계를 깨뜨려도 좋다면 지금과 같은 못된 억측을 얼마든지 해도 좋아. 앞으로 부부 생활을 계속할 생각이면 좀 괴로운 일이 있더라도 참고 신경 쓰지 않도록 하여 질투하지 않는 여자가 된다면 난 당신을 다시 사랑할는지도 모르고, 내가 남 못지않게 출세하여 어엿한 관리가 될 즈음해선 당신은 훌륭한 나의 정부인(正夫人)이 될 게 아닌가.' 제법 그럴듯하다고 스스로 생각하면서 들떠 있었죠. 그러자 여자는 살며시 웃으면서, '당신의 초라한 시절을 꾹 참고 언젠가는 출세하리라 기다린다는 것은, 무척 긴 세월이 될지도 모르지만 저는 고통이라고는 생각지 않아요. 그것보다 당신의 변한 마음을 꾹 참으면서 좋은 남편이 돼주시길 바라는 건 기다릴 수 없는 일이니, 이제 갈라설 때가 된 듯하군요.' 그렇게 분한 듯이 말하니 이쪽도 화가 나지 않겠습니까. 그래서 험한 말을 했더니 여자도 자제할 줄 모르는 성격이라서, 저의 손을 끌어다가 손가락 하나를 꽉 깨물지 뭡니까. 저는 '아파, 아프다니까' 소리를 지르고 어떻게든 버릇을 고치려 '이런 상처까지 입은 나는 부끄러워 얼굴을 들 수 없어. 당신이 말한 대로 난 미천한 하급관리밖에 안되는데 이런 취급을 받으니 남처럼 살 수 없다. 이렇게 된 이상 스님이라도 될거야.' 그런 말로 겁을 준 뒤 '이제 그만 이별이야.' 아픈 손가락을 움켜쥐고 그 집에서 나와 버렸지요.

그대와 나눈 사랑의 세월 손꼽아 헤아려 보면
그대의 숨은 질투 하나뿐일까요
"버림받아도 나를 원망치는 못하겠지."
이 말에 그제야 눈물을 글썽이며 여자가 노래했습니다.

당신의 숱한 바람을 마음속으로 헤아렸네
끝내 인내의 끈이 끊겨 오늘이 이별할 때 아니온지요.

그러더니 지지 않고 이렇게 말했습니다. 저는 속으로는 헤어질 생각이 없었지만 여러 날이 지나도록 편지 한 장 보내지 않은 채 자유로운 생활을 했습죠. 가모신사〔하무신사(賀茂神社)〕의 임시제사 때 열리는 음악회가 궁중에서 있던 날은 진눈깨비가 내리는 밤이었지요. 행사가 끝나 돌아갈 곳을 생각하니, 그 여자의 거처밖엔 없지 않겠습니까. 대궐 숙직실에서 자기에도 초라하고, 또 연애를 풍류유회로 아는 궁방(宮房) 여관(女官)을 찾아가기도 남부끄러운 일로 여겨졌답니다. 그래서 그 여인이 어떻게 생각하고 있을까 형편도 살필 겸 좀 겸연쩍기는 합니다만, 눈이 내리는 밤 찾아주는 친절로 여자의 원망은 사라지리라 생각했지요. 그래서 어스레한 등불을 벽 쪽으로 세워놓고 따스하고 보드라운 솜을 많이 넣은 옷을 커다란 바구니에 넣어 걸고, 휘장 끈을 걸어 놓은 것을 보니, 이건 꼭 오늘밤에는 찾아오리라 기다렸다는 눈치가 보입니다. 그렇게 짐작했으니 저는 의기양양해졌습니다. 그러나 아내는 보이지 않았습니다. 몇몇 궁녀들만이 집을 지키고 있었는데, 바로 그날 밤 친정아버지 집으로 이사 갔다지 뭡니까. 매력적인 노래도 읊어 두지 않았으며 재치 있는 말 한 마디도 남기지 않고, 표 나지 않게 쓱 가버렸으니 저도 기분이 나빠져 버렸습니다. 시끄럽게 질투를 한 것도 나로 하여금 정이 떨어지게 하려는 것이었나, 울적하기 짝이 없어서 이런 생각도 했습니다. 그렇지만 저를 위해 준비해 두고 간 옷가지들이 이전보다 신경써 두었더군요. 자기와 헤어진 뒷날까지 돌봐주고 간 셈이니까요. 그녀가 어찌 나와 헤어질 수 있겠느냐고 저는 자만심에 빠져 그 뒤 편지를 보내기 시작했습니다만 그녀는 저한테 돌아올 생각은 없지만 전혀 알지 못할 곳에 숨어버리려고도 하지 않으며, 어디까지나 반항적인 태도도 취하지 않고 '이전과 같은 생활은 참을 수 없습니다. 생활태도를 바꾸어 일부일

부(一夫一婦)의 길을 택하겠노라 한다면 마음을 바꿀 수도 있습니다.' 그런 소리를 하지 않겠습니까. 저는 그녀가 저를 잊지못하리라 자만에 빠져 있었기에 그러겠다고 약속도 하지 않은 채 고집을 부렸지요. 그러다 그 여인은 몹시 괴로워 하다가 그만 죽고 말았으니 저는 자책을 안 할 수가 없습니다. 아내로서 그만한 사람이 없었는데, 오늘도 그 여자 생각이 납니다. 풍류놀이건 진지한 문제건 어떤 이야기라도 상대가 되었고, 또 집안일은 무슨 일에나 능통했습죠. 옷 만드는 솜씨는 다쓰타히메[입전희(立田姬)]*6와 직녀만큼 훌륭했고요."

그렇게 이야기한 좌마두는 사뭇 죽은 아내를 그리워하는 얼굴이었다.

"옷 만드는 일을 미루더라도 부부의 길을 영원히 함께 가는 직녀였으면 좋았을 것을. 다쓰타히메도 우리한텐 필요한 신(神)이거든. 사나이한테 초라한 옷을 입혀두는 아내도 안되지요. 이러니 어질고 착한 아내는 얻기 힘들다는 말이 나오지."

두중장은 손가락을 깨물었다는 여자를 칭찬해 마지않았다.

"그즈음에 또 다른 여자가 하나 있었는데요. 신분도 더 괜찮고, 제법 재주가 많아 노래도 읊고, 솜씨 좋게 편지도 쓰며, 거문고도 꽤 잘 다루는 여인이었죠. 용모도 뛰어나서 조금 전 말한 질투 많은 여인집에 주로 머물며 이쪽으로 가끔씩 다니던 시절에는 무척 마음에 들었습니다. 그런데 질투 많은 그 여자가 죽은 뒤로 어찌 할까 고민했지요. 아무리 새삼스레 슬퍼한들 죽은 건 어쩔 도리가 없으니까요. 곧잘 이 여자한테 다녀보니 어째 체면치레가 심하고 논다니[풍류녀(風流女)]를 표방하는 점이 싫어서, 평생의 배필로 삼자는 생각은 쑥 들어가고 말았습니다. 나와의 사이가 좀 뜸해질 즈음해서 이미 다른 연애 상대가 생긴 모양이더군요. 시월 밝은 달밤에 제가 대궐을 나와 돌아가려는 참에 어느 전상관이 와서 저의 수레에 함께 탔습니다. 저는 그날 밤은 대납언(大納言) 댁에 가서 묵을 작정이었지요. 가는 길에 그 사람이, '오늘밤 나를 기다리는 여자가 있어 마음에 걸려서 잠깐 들러야겠네.' 그러지 않겠어요. 내 여자네 집도 그 길목이었는데, 무너진 흙담 사이로 연못물이 보이고 뜰 안에 달빛이 비치니 나도 잠깐 들러야겠다는 생각이 들어 그 사나이가 내린 곳에서 저도 내렸지요. 그런데 그 사나이가 들어가는 데가 바로 내가 가려 하는 집이었다

---

*6 다쓰타히메[입전희(立田姬)] : 가을을 다스리는 여신. 염색 솜씨가 뛰어남.

는 말입니다. 미리 약속을 했었나보지요. 사나이는 들뜬 마음으로 흥분한 듯, 대문 가까운 방 툇마루에 걸터앉아 제법 멋을 부리며 달을 쳐다보더군요. 하얀 국화꽃이 활짝 피어있는데 그 위로 바람이 소소히 불어 단풍이 우수수 떨어지니 참으로 아름답더군요. 그때 남자가 품에서 젓대를 꺼내 불기 시작했죠.

'아스카이에 묵을 지어다. 지붕, 구유, 그늘마저 좋구나……'

젓대를 불다 사이사이 노래를 하더군요. 여자는 미리 음색이 곱게 육현금을 조율해 놓았는지, 노랫소리에 맞추어 멋들어지게 합주를 했습니다. 그야말로 아름다운 화음이었지요. 발 너머에서 들려오는 〈아스카이〉 음률은, 여자 손으로 부드럽게 퉁기는 육현금의 현대적이고 화려한 음색과 어우러져 청명한 달빛과 실로 그윽한 조화를 이루었습니다. 남자는 감격에 겨워 발 가까이로 다가가더군요.

'이 뜰의 낙엽은 아직 누구도 밟은 흔적이 없구려. 그대의 연인은 참 냉정도 하여라.'

이렇게 빈정거리고는 국화를 꺾어 노래하더이다.

육현금 소리도, 달빛도 곱고 청아한 집이거늘
그대의 야속한 사람을 붙잡아두지는 못하였구려

'이거, 실례가 많았소.'

이렇게 말하고는 또 곰살맞게 농을 걸더군요.

'한 곡 더 부탁하리다. 이렇게 들어줄 이가 있을 때에는 아낌없는 솜씨로 줄을 퉁겨야지요.'

그러자 여자는 짐짓 목소리를 꾸며 이렇게 읊조립니다.

초겨울 찬바람 타고 들어오는 당신의 거센 피리 소리
그 음에 걸맞은 모진 소리하는 그대를 어느 누가 말로 잡아둘 수 있으리

짜증스러운 내 마음도 모르고 맞장구를 치더니, 이번에는 쟁을 반섭조에 맞추어 현대식으로 긁어대니 그 소리가 뛰어나지 않다고는 할 수 없어도, 어쩐지 부끄러워 어찌할 바를 모르겠더군요. 어쩌다 친밀해진 시녀가 한없이 요

염하고 바람기가 있다면 가볍게 사귀는 상대로는 재미도 있겠지요.

그러나 평생을 다니며 인생의 반려로 삼기에 그런 여자는 너무 요염하여 위험하기도 하고 곧 싫증이 나는 법이지요. 좀 지나치다 싶어서 그날 일을 빌미로 그 여자와는 헤어졌답니다.

그런데 이 두 여자를 견주어 생각해보면, 젊은 시절이었지만 논다니 쪽은 믿을 수 없는 여인임을 알고 있었습니다. 이제 이만한 연배가 된 저로서는 그 시절보다도 더 천박하고 경솔한 게 싫어질 테지요. 애처로운 싸리잎의 이슬이며 떨어질 듯한 가는 댓잎의 싸락눈처럼 아리따운 애인을 두고 싶다는 생각을 지금 당신들은 하겠지만, 저의 나이까지는 그렇죠, 한 7년만 있으면 잘 아시게 될 겁니다. 제가 미리 말씀드리는데 풍류를 좋아하는 다정다감한 여자는 조심하십시오. 삼각관계를 들키면 남편의 질투 때문에 저지른 일이라곤 합니다요.”

좌마두는 두 귀공자에게 충고의 말씀을 드렸다. 여느 때처럼 두중장은 끄덕거린다. 살며시 미소를 띤 겐지도 좌마두 말에 진리가 있을 법하다고 느꼈거나, 두 가지가 모두 의미없는 이야기라고 웃어넘겼는지도 모른다.

“나도 어리석은 사람의 이야기 하나 할까?”

두중장은 이렇게 머리말을 놓고서 말하기 시작했다.

“내가 남몰래 여인이 있었는데 어디서나 볼 수 있는 흔한 사람이라 관계가 길게 가리라곤 생각지 못했는데 차츰 익숙해지면서 좋은 점이 보여 마음이 끌리게 됐더란 말이요. 가끔씩밖엔 가지 않았지만 아무튼 여자도 나를 신뢰하게끔 되었어. 사랑한다면 원망을 가질 만도 하기에 나 자신도 자책을 느낄 때가 있었지만 그 여자는 아무 말이 없었소. 한참 만에 만나도 꼭 참고 늘 드나드는 사람처럼 대해 오는 게 가여워서, 안심 시킬 여러 약속을 했지요. 아버지도 없는 사람이라 어느 때에는 나밖에 의지할 데가 없다는 모습을 보여 어쩐지 측은한 여자였지요. 그렇게 얌전하기만 하기에 오랫동안 찾아가지 않았지요. 그런데 뒤에 알게 된 일인데 아내가 사람을 통해 거북한 소리를 그 여인에게 전했다 하더이다. 그런 가엾은 일이 있는 줄도 몰랐고 속으론 잊지 않았으면서도 편지 한 장 쓰지 않은 채 오랫동안 가지도 않았거든요. 나와 그녀 사이에 아이도 있었지만 여자는 몹시 외로워하고 그런 관계로 고민하더니 심부름꾼을 시켜 패랭이꽃을 보내왔더랍니다.”

두중장은 눈물이 그렁했다.

"어떤 편지?"

겐지가 물었다.

"뭐 대수로운 건 아니오."

산골짜기 집 울타리 모두 황폐해지더라도

가끔은 찾아와 정을 나누어주면 좋으련만 패랭이꽃 같은 당신의 어린 딸에게

그제야 생각이 나서 찾아갔더니 예전처럼 아무 거리낌 없이 맞아주기는 했지만 수심에 찬 표정으로 밤이슬에 흠뻑 젖은 뜰을 바라보면서 풀벌레 소리 못지않은 작은 소리로 숨죽여 울고 있었네. 그 여자의 모습이 마치 옛이야기처럼 보이더구먼.

가을꽃들 앞 다투어 피어나니 아름다운 꽃을 가리기도 쉽지 않은데

그래도 나는 오직 하나 패랭이꽃 너만을 좋아하누나

아이 이야기는 좀 미뤄두고 '활짝 핀 뒤에는 아내와 나의 침상처럼 소중한 패랭이꽃이여'란 옛 노래처럼 아내를 사랑하는 마음을 먼저 읊어 그 어미의 마음을 달래주었네.

당신을 맞이하는 침상도 그곳을 닦는 내 소맷자락도

눈물 젖어 축축한데 비바람까지 몰아쳐 서글픈 가을이 되었구려

그런 노래를 덧없이 읊조리면서도 맞대놓고 나를 원망하는 기색도 없이 홀쩍 눈물을 흘리곤 부끄럽다는 듯이 숨어버렸습니다. 그렇게 지내다 보니 편안한 마음이 들어 내가 안심하고 돌아와 또 얼마 동안 연락을 하지 않자 원망스런 마음마저 꺼진 듯 없어지고 말았지요. 아직 살아 있다면 무척 고생하고 있을 테지요. 나를 사랑한다며 좀더 꽉 붙잡고 떨어지지 않는 성품이었다면 그런 비참한 꼴을 당하게는 하지 않았을 겁니다.

그 어미가 패랭이꽃이라고 한 아이가 귀여워서, 어떻게든 찾아내려 했지만 여태 만날 길이 없군요. 이건 조금 전 이야기에도 나온 못미더운 여자와 같겠지요. 아닌 체한 얼굴을 하고도 마음속으론 원망하고 있었음을 모르고 이쪽에선 어디까지나 사랑했다는 건 말하자면, 이 또한 짝사랑이라 할 수 있겠지요. 이젠 잊으려합니다만, 저쪽에서는 아직 잊지 못하고 오늘도 가끔씩은 괴롭고 슬픈 감회에 잠기리라 생각해요. 이런 여자는 남자에게 영원한 사랑을 바라지 않는 태도로 나와, 확실히 완전한 아내가 될 수는 없지요. 그래서 곰곰이 생각하면, 좌마두가 이야기한 질투 많은 여자도 추억으로선 좋을지 모르나 아내로선 참을 수가 없어요. 자칫하면 아주 싫어지고 말 거요. 육현금을 잘 뜯는 재주 많은 여인도 바람이라는 죄목이 있고요. 내가 말한 여자도 본심을 잘 보여주지 않는 결점이 있습니다. 어느 것이 가장 좋다고 말할 수 없음은 인생만사 또한 마찬가지지요. 몇몇 여자에게서 좋은 점을 취하고 나쁜 점을 빼버린 그런 여자가 어디에 있을까요. 길상천녀(吉祥天女)*7를 애인으로 삼을까 해도, 절의 향 냄새 때문에 안 되겠다고 할 테니 별수 없거든."

두중장이 그렇게 말하자 모두들 웃었다.

"도식부승도 재미있는 이야기가 있을 테지. 어디 한번 듣고 싶은걸."

두중장이 말했다.

"저희들이야 미천한 계급이니 흥미를 가지실 만한 일이 어디 있겠습니까."

식부승은 이야기를 꺼려했으나 두중장이 빨리빨리 하라면서 재촉하는 바람에 마침내 입을 열었다.

"어떤 이야기를 하면 좋을까, 이런 일이 있습지요. 아직 문장생(文章生) 시절의 일인데, 저는 어느 똑똑하다는 여자를 만났습니다. 아까 좌마두님이 이야기하셨듯이, 그 여자는 관청 사무의 의논 상대도 되어 주었고, 제 처세에 도움되는 것도 가르쳐주곤 했습니다. 학문같은 건 웬만한 박사(博士)*8도 부끄러워할 정도여서, 저 같은 사람은 학문에 대해선 그녀 앞에서 입도 벙긋 못할 지경이었습니다. 내가 어느 박사네 집에 학문을 배우러 다니던 시절, 그에게 딸이 여럿 있다는 소문을 듣고 기회를 노려 그 가운데 한 명에게 접근해 만났던 것

*7 길상천녀(吉祥天女) : 중생에게 복덕을 주는 여신.
*8 박사(博士) : 궁중의 교수.

입니다. 그 아버지인 박사가 우리 관계를 알자 곧 술잔을 건네며 백낙천의 결혼에 관한 시를 읊어 주었는데, 실은 저는 그리 내키지 않았지요. 오직 스승을 존중하는 마음에서 그 관계는 유지했습니다. 저쪽에서는 저를 몹시 친절히 대해 주고 뒷바라지도 잘 해주었습니다. 밤에 자리에 들었을 때에도 저한테 도움이 될 만한 이야기를 해주고 관리로서의 마음가짐 같은 것도 말해 주고는 했습니다. 편지는 모두 얌전하게 쓴 필체이고요. 가나(假名) *⁹ 따위는 한 자도 섞이지 않았지요. 좋은 글월을 자주 받고 보니 헤어질 수 없어 그냥 다녔지요. 요즘도 스승의 은혜라는 걸 그 여자한테서 느낍니다만, 그런 마누라를 두는 것은 학문이 얕은 인간이나 실수투성이 생활을 하는 자에게는 감당할 수 없는 노릇이라고 그때는 생각했죠. 두 분처럼 훌륭하신 귀공자님네에겐 만만히 볼 수 없는 스승 마누라 같은 건 필요 없겠지요. 반대로 저희들로서는 학문이 부족하고 재능 없는 여자라도 마음에 들었으면 그만이고, 전생인연이라는 것도 있으니, 남자는 정해진 규칙이 없는 듯합니다."

도식부승이 입을 다물려 하자 두중장은 이야기를 계속시키려고 한마디 했다.

"거 재미있는 여자로군그래."

그러자 부추기는 말임을 알면서도 식부승은 신이 나서 이야기한다.

"그렇게 하여 그 여자한테 한참 동안 발길을 끊었다가 그 근처에 볼일이 있어 갔던 참에 들러보니까, 여느 때 드나들던 거실 안에는 못 들어오게 하고 휘장 너머로 자리를 마련해 놓고 앉히지 않겠습니까. 화가 나서 싫은 소리라도 하려는 건가, 바보같기는 하지만 그런 짓을 한다면 헤어지기에 안성맞춤인 기회라고 생각했습니다. 그렇지만, 똑똑한 여자라 경솔하게 질투 같은 것은 하지 않고 이치를 따져서 생각하기에 원망의 말도 안 하더군요. 그러면서 퉁명스러운 목소리로 말했지요. '요 몇 달 동안 감기에 걸려서 마늘을 복용하고 있습니다. 그래서 저는 냄새가 고약하여 뵐 수가 없습니다. 휘장 너머로라도 무슨 볼일이 있으시면 말씀하십시오.' 이렇게 제법 의젓하더란 말입니다. 싱거워서 어찌 대꾸를 하겠습니까. 저는 그저 '잘 알았습니다' 말을 남기고 돌아오려 했습지요. 하지만 좀 서운했던지, '이 냄새가 없어질 즈음 다시 들러주세요.' 커다란

---

*9 가나(假名) : 일본 문자.

소리로 말하는데, 대꾸도 않고 오는 것은 미안하지만 우물쭈물할 수도 없는 처지였지요. 왜냐하면 그 사이에도 마늘 냄새가 코를 찔러 참을 수가 없어서 저는 빠져나올 구실만 생각했거든요. 그래서 이런 노래를 건넸지요.

　거미를 보면 내가 온다는 것을 알 수 있을텐데
　마늘 냄새가 사라지거든 오라니 이 무슨 말이오

"무슨 그런 핑계가 다 있소."
　이렇게 말하고 재빨리 달아나려 했지만, 그 여자가 곧장 사람을 시켜 답으로 노래를 주지 않겠습니까.

　매일 밤 서로 만나는 사이라면,
　마늘 냄새 나는 대낮인들 부끄러울 게 뭐겠어요

"그러더군요. 노래 쯤은 쉽게 짓는 똑똑한 여자였습죠."
　식부승의 이야기는 조용히 끝났다. 귀공자들은 어이가 없어서 손톱을 퉁겨 보이면서 식부승을 나무랐다.
"거짓말 말게."
"좀더 재미난 이야기를 하라고."
"이보다 더 희한한 이야기가 또 있을까요."
　좌마두가 뒤를 이어 이야기를 했다.
"남자나 여자나 수박 겉핥기 식 지식밖에 없는 사람일수록 그 얼마 안되는 지식을 송두리째 남에게 보이려고 드는 게 잘못이죠. 삼사오경(三史五經)처럼 딱딱한 학문을 너무 깊이 파고 드는 것도 질색이지만 말이죠. 여자라고 해서 사회의 모든 일에 대해서 지식이 없어도 된다는 뜻이 아닙니다.
　일부러 학문을 배우지는 않더라도, 조금이라도 재능있는 사람이라면 귀로나 눈으로 여러 가지를 배울 수 있지요.
　지식 있는 여자는 자기도 모르는 사이에 한문자를 많이 쓰죠. 여자끼리 쓰는 편지에도 반 이상이나 한문자가 섞인 걸 보면 '정이 없어 차갑고 여성스럽지 않아 보이는구나.' 아쉬운 느낌이 들어요. 쓴 사람은 그런 기분으로 쓰지는 않았겠지만, 읽을 적에는 딱딱하고 한자어 때문에 어색한 느낌을 주지요.

이는 귀부인들에게도 곧잘 있는 일이지요. 가인(歌人)*10이라는 사람이 노래에 사로잡힌 나머지 어려운 고사(故事) 따위를 가사 속에 끌어넣고, 그런 상대를 할 겨를이 없을 때에 읊어 보내는 건 곤란한 일이지요. 답가를 안 하면 예의가 아니고 또 하지 못하면 수치스럽고 딱한 일입니다. 궁중 연회 날처럼 서둘러 집을 나설 때는 노래고 뭐고 신경 쓸 겨를이 어디 있습니까. 그럴 때에 창포의 훌륭한 뿌리와 관련된 멋진 노래를 읊어보내거나, 9월 국화연(菊花宴) 때 지을 시 생각에 골몰해 있을 때 남이 생각하는 국화의 노래를 짓더라도, 경우만 맞으면 진가를 인정받을 수 있는 노래일지언정, 지금 보내면 거들떠보아 주지도 않는다는 것을 모르고 보내오면, 자연 그 사람은 멸시를 받게끔 됩니다. 무슨 일에나 때와 장소가 있기 마련인데, 그걸 깨닫지 못하는 사람은 차라리 풍류를 내걸지 않는 게 무난하겠지요. 알고 있는 것을 모른 체하고, 말하고 싶은 게 있어도 기회를 한두 번 드린 뒤에 말하면 좋으리라 믿습니다."

이런 말을 좌마두가 하는 동안에도, 겐지는 마음속으로 오직 한 사람 그리운 이를 생각하고만 있었다. 후지쓰보는 부족한 점도 없고 재기(才氣)가 겉도는 편도 아닌 훌륭한 귀공녀라고 수긍하면서도, 그분을 떠올리면 여느 때처럼 가슴이 괴로움으로 찢어질 듯했다. 어떤 여자가 좋은지 결정하지 못한 채 급기야는 잡담까지 하며 아침을 맞이했다.

오늘에야 날씨가 좋아졌다. 겐지는 이렇게 궁중에만 있는 것도 좌대신 댁 사람에게 미안한 생각이 들어서 그곳으로 갔다. 유서 깊은 귀족 집안이라서, 기품 넘치고 흐트러진 모습이 없었다. 겐지는 부인이 어젯밤 이야기에서 나온 아내로 삼을 만한 여인이라고는 생각하면서도, 오늘도 처음과 다름없이 예의 바르게만 구는, 허물없이 지내려 들지 않는 부인을 불만스럽게 생각했다. 중납언(中納言) 부인과 중무(中務)의 젊고 착한 시녀들과 농담을 나누었는데, 더위 때문에 실내복만 걸친 겐지를 본 그녀들은 아름답다고 생각하며 눈을 떼지 못했다. 좌대신도 그곳으로 나왔다. 실내복 차림임을 보자 휘장을 사이에 두고 자리에 앉아서 이야기하려고 했다. 그러자 겐지가 낯을 찡그리며 말했다.

---

*10 가인(歌人) : 와카(和歌)를 짓는 시인.

"더운데 무얼."

그러자 시녀들이 웃었다.

"조용히."

겐지는 시녀들을 제지하고 팔걸이에 기대앉았다. 그런 태도에서도 기품이 엿보였다.

어둑어둑해질 무렵에 겐지의 가신(家臣)들이 찾아왔다.

"오늘밤은 나카가미[中神]*11님이 지나시는 길이라서, 대궐에서 곧장 이리 와서 주무시면 안 되옵니다."

"그런가, 나카가미는 언제나 피하도록 하고 있지. 하지만 이조원(二條院)도 같은 방위이니 어디로 가면 좋을지 모르겠구나. 나는 이제 피곤해서 잠이나 자련다."

그러면서 겐지는 침실로 들어갔다.

"그대로 주무시면 좋지 못하옵니다."

그러면서 기의태수[기이태수(紀伊太守)] 집을 말했다.

"나카가와[중천(中川)] 근처이온데 요즈음 새로 지었고, 강물도 뜰에 끌어들이고 하였으니 거기라면 시원하실까 합니다."

"거 매우 좋을 듯싶구나. 몹시 고단하니 수레째 들어가는 곳으로 하자꾸나."

겐지가 말했다. 숨겨진 애인의 집은 얼마든지 있을 터이나, 오래간만에 들어왔다가 잘못된 방향 때문에 다른 여자한테로 간대서야 부인에게 미안하지 않나 싶은 모양이었다. 기의태수를 불러다가 묵으러 간다고 말했더니, 그는 승낙을 했으나 이렇게 말했다.

"가신인 이요태수[이예태수(伊豫太守)] 댁에 일이 생겨서 그 가족들이 저희 집에 와 있어요. 좁은 집에 사람이 많아 실례될까 걱정입니다."

그러면서 폐를 끼칠까봐 걱정하는 것을 겐지가 듣고 말했다.

"그렇게 사람이 많은 집이 좋단 말이야. 여인네들 거처가 먼 곳은 밤이 무섭거든. 이요태수네 가족이 있는 방 휘장 뒤면 된다니까."

농담을 섞으며 이렇게 말했다.

"주무실 곳이 편하셔야 할 텐데."

---

*11 나카가미[中神]: 음양도(陰陽道)에서 말하는 천일신(天一神). 이 신령은 북으로부터 동·남·서로 도는데, 이 신령이 있는 방위를 '막혔다'고 하며, 신령이 하늘로 올라가면 사방이 '트인다'고 한다. 막힌 방위를 회피하는 것을 방위기피(方位忌避)라고 한다.

기의태수는 이 일을 알리려 하인을 집으로 보냈다.

겐지는 사람들 눈에 띄지 않게 미행을 하고 싶었기에 좌대신에게도 말하지 않고 친한 가신만 따르게 했다. 너무 급하지 않느냐고 기의태수가 불평하는 것을 다른 가신들은 귀에 담지 않고 침전을 위해 동쪽 사랑방을 치우도록 하여, 그곳에 숙박 준비를 하였다.

지방관 집치고는 물줄기를 끌어들여서 꾸미노라 정성을 들인 뜰이었다. 일부러 시골집 같은 사립문 울타리도 치고, 뜰에 심은 나무들도 잘 가꾸어져 있었다. 시원한 바람이 불고 어디선가 벌레 울음소리 반딧불이 수없이 날았다.

겐지의 수행자들은 회랑 밑으로 흘러나오는 물을 보면서 술을 마시고 있었다. 기의태수가 주빈(主賓)을 좀더 잘 대접하기 위해 돌아다니고 있을 즈음 홀로 있던 겐지는 집 안을 바라보면서, 전날 밤 사람들이 셋으로 나눈 계급 가운데 그 중류층에 드는 집일 것이리라 생각하며 그 이야기를 떠올렸다. 기품 넘친다는 평판이 있는 이요태수의 딸은 기의태수 여동생이기도 하지만 겐지는 흥미를 느껴 어느 쪽 사랑방에 있을까 귀를 기울였다.

그러자 이 사랑방 서쪽으로 연결된 방에서 여자 옷자락 스치는 소리가 들리고, 아주 젊고 아리따운 목소리로 작게 말하는 인기척을 느꼈다. 겐지를 배려하느라 조심하는 듯 어색해보였다. 처음에는 그 앞의 격자창이 열려 있었는데 기의태수가 조심성 없다고 꾸짖어 이젠 모두 닫았기 때문에, 빨간 불빛이 장지 틈에서 이쪽으로 비칠 뿐이었다.

겐지는 가만가만 다가가서 안을 들여다보려 했지만, 그럴 만한 틈새는 없었다. 얼마 동안 서서 듣고 있노라니까, 장지 저편 가운뎃방에 모여 있는 듯싶은 나직한 속삭임은 겐지를 화제 삼고 있었다.

"일찌감치 아씨를 부인으로 맞았으니 적적도 하실 거야. 하지만 숨어서 다니는 데도 꽤 많다지."

이런 말에 겐지도 가슴이 철렁했다. 도리에 어긋난 연애를 자기가 하고 있다는 것을 남이 알고 뭐라 뭐라 말한다면 어찌 하나 싶었다. 그러나 화제는 흔히 있는 소문뿐이어서 끝까지 들어볼 흥미가 일지 않았다. 좀 다르긴 하지만 식부경*12 딸에게 나팔꽃을 건넸을 때의 노래도 이야기하기는 했다. 때때로 노래

---

*12 식부경(式部卿) : 식부성 장관.

를 부르며 너무 한가롭게 마음 편히 지내시는 분 같기도 하지만 만나면 다른 사람 못지 않은 훌륭한 여인이겠거니 겐지는 생각했다.

기의태수가 등롱을 가져와 사랑방을 밝게 하고 나서, 주빈에게는 과자를 드렸다.

"대궐 같은 우리 집 휘장조차 둘렀으니' 그런 노래가 있잖나? '천황마마 오소서. 우리 사위 삼고지고' 이런 노래를 알지 못한다면 집주인의 실수가 아닐까."

"풍류객이 못 돼서 황송합니다."

기의태수는 쩔쩔매며 툇마루에 엎드려 있었다. 겐지는 툇마루 가까운 잠자리에 낮잠 자듯 모로 누웠다. 수행자들도 모두 잠들어 조용해졌다.

기의태수에게는 귀여운 아이들이 여럿 있었다. 대궐에서 심부름을 하는 아이로 겐지가 아는 얼굴도 있다.

툇마루 언저리를 오가는 그 속에는 이요태수의 아들도 있었다. 몇몇 녀석 가운데 특별히 의젓한 열두어 살 난 아이도 있다. 누가 누구의 아들인지 겐지가 물어보았다.

"지금 막 지나간 아이는 돌아가신 위문독(衛門督)의 막내아드님으로 귀염을 받았었습니다만, 어려서 부모님을 여의고 손위 누이의 인연으로 이렇게 저희 집에 머물고 있답니다. 미래를 위해서도 좋은 일이라 궁궐 시동으로 내보내고 싶습니다만, 그것도 누이만으론 뜻대로 되지 않나 봅니다."

기의태수가 이렇게 대답했다.

"가엾구나 저 애 누이가 자네의 계모가 되는가?"

"그렇습니다."

"어울리지 않는 어머니를 모셨군그래. 그 사람 일은 폐하께서도 아시고 '궁중 근무를 시키겠다더니 그 딸은 어찌 되었느냐?' 언젠가 이렇게 말씀하셨지. 누가 어떻게 되는지 인생은 알 수 없군그래."

겐지는 제법 어른스럽게 말했다.

"졸지에 그렇게 되었지요. 사람이란 예나 오늘이나 앞날은 알 수 없는 법이지만, 그 가운데 여자의 운명만큼 덧없는 건 없습니다."

그런 소리를 기의태수는 했다.

"이요태수는 아껴줄 테지. 주군처럼 생각할 게 아닌가."

"글쎄올시다. 혼자만의 주군이랄깝쇼. 아껴주긴 하지만 너무 무른듯해서 저는 싫습니다."

"하지만 자네 같은 새내기한테 이요태수가 양보해 주지는 않을걸. 그는 나이는 먹었어도 풍채가 아주 훌륭하지 않은가."

그런 이야기를 하다가 겐지가 물었다.

"그 사람들은 어디에 있지?"

"다들 아래채로 쫓아버렸습니다만, 미처 못 가고 남아 있는지도 모르겠습니다."

기의태수가 말했다.

잔뜩 술 취한 가신들은 다들 마루 위에서 잠들어버렸지만, 겐지는 쉽사리 잠이 오지 않았다. 독수공방이라 생각하니 눈이 멀뚱멀뚱하기만 했다. 이 방 북쪽 장지 저편에 인기척 나는 곳은, 기의태수가 말한 그 여자가 조용히 살고 있는 방이리라, 겐지는 생각했다. 가엾은 여자라고 아까부터 느끼던 참이라, 가만가만 일어나 다가가서 장지 너머로 귀를 기울였다.

그 아우 목소리가 들려왔다.

"누나, 어디 계셔요?"

조금 쉰 듯하나 고운 목소리이다.

"나 여기서 잔다. 손님은 주무셨니? 가까워서 어쩌나 싶었는데, 이젠 안심했다."

잠자리에서 말하는 목소리가 둘이 꼭 닮은 것으로 보아 남매임을 알 수 있었다.

"마루방에서 주무셔요. 소문난 그 얼굴을 보았어요. 정말 아름답게 생긴 분이에요."

한결 소리를 낮추어 말했다.

"낮이라면 나도 한번 보고 싶은데."

잠에 취해 말하며 그 얼굴을 이불 속으로 끌어넣은 모양이다. 좀더 듣고 싶은데 겐지는 아쉬운 느낌이 들었다.

"난 툇마루 가까이 가서 잘 게요. 아, 어두워."

소년은 등불 심지를 돋우어놓았다. 여자는 장지 바로 뒤에서 자는 모양이었다.

"중장*13은 어딜 갔지. 오늘밤은 누가 곁에 있어주지 않으면 어째 마음이 안 놓이는구나."

한층 낮은 아랫방 쪽에서 궁녀가 말했다.

"중장은 이제 목욕탕에 들어갔는데요. 곧 오겠다고 했어요."

그 궁녀들도 모두들 잠들었을 무렵에, 겐지가 문고리를 벗기고 당겨보니 장지는 거침없이 열렸다. 저쪽 편에는 문고리가 없었다. 그 바로 옆에 휘장이 쳐져 있었다. 몽롱한 불빛에 옷상자가 어수선하게 놓여 있는 게 보였다. 겐지는 그 속을 헤치듯 걸어갔다.

조그마한 여자가 홀로 잠자고 있었다. 겐지는 꺼림칙하면서도 얼굴을 덮은 옷을 손으로 끌어젖혔는데, 그때까지도 여자는 아까 불렀던 궁녀인 중장이 온 줄만 알고 있었다.

"당신이 중장을 불렀기에(자기도 중장이니 자기를 불렀다고 핑계댄 것), 나는 내 사모의 정이 통한 줄 알았소."

재상중장(宰相中將)인 겐지가 말을 꺼냈으나, 여자는 가위눌린 듯이 무서워서 '아' 소리를 지르려 했다. 하지만, 잠옷이 얼굴을 덮어서 소리가 나오지 않았다.

"잠깐의 호기심이라고 당신은 생각하시겠지만 그렇지 않아요. 오래 전부터 당신을 사모하고 있었다오. 그 말씀을 드리려고 이런 기회를 기다렸지요. 그러니 모두 전생인연이 이끄는 것인 줄 믿어줘요."

어조는 부드러웠다. 신령들도 이 사람에겐 관대해야 할 것 같은 아름다운 모습의 그를 보고 대놓고 나무랄 수도 없다.

"낯선 사람이 이런 곳으로."

그러면서도 여자는 한심스럽기 짝이 없다고 생각했다.

"사람을 잘못 찾으셨나 봅니다."

겨우 숨결보다도 낮은 소리로 말했다. 그 놀란 모습이 애처로우면서도 귀엽기도 했다.

"잘못 찾을 리가 있겠소. 사랑하는 사람의 직감으로 당신인 줄 알고 왔는데도 당신은 모른 체하시오. 예사 난봉꾼이 하는 그런 실례를 나는 안 합니다.

---

*13 중장 : 여기서는 궁녀인 중장(中將)을 가리킨 말.

중장(여기서는 궁녀인 중장(中將)을 가리킨 말내 마음을 조금만 들어주시기만 하면 그걸로 족하겠소.”

그러면서 겐지가 아담한 여자를 두 팔로 껴안고 장지께로 나오는데, 아까 중장으로 불린 듯한 궁녀가 저쪽에서 왔다.

“이봐요.”

겐지가 불러 세우자, 이상한 듯 더듬으며 다가오는 궁녀의 얼굴에까지 겐지의 의복에 밴 향내가 물씬 풍겨왔다. 궁녀 중장은 이것이 누구인지 또 무슨 일인지도 알았다. 어찌 된 일인지 한심스럽고 걱정스럽기 짝이 없지만 뭐라 거역할 도리도 없었다. 예사 사나이라면 있는 힘을 다해서 저항도 해볼 수 있겠지. 그러나 떠들어대어 여러 사람에게 알리는 것도 부인에게는 불명예가 되니 하지 않는 게 좋을지도 모른다. 이렇게 생각하고 울렁이는 가슴으로 따라온 것인데, 재상중장 겐지는 이 궁녀중장을 완전히 무시하고 있었다. 겐지는 여자를 자기 사랑방으로 안고 가서 내려놓은 다음 장지문을 닫으면서 말했다.

“새벽녘에 마중 오도록 해라.”

여자는 겐지의 말을 듣기만 해도 궁녀중장이 어떻게 생각할까 죽도록 고통스러웠다. 땀을 주르륵 흘리며 괴로워하는 여자를 동정하면서, 겐지는 여자의 마음이 움직일 만큼 정성스레 말했다. 그러나 여자는 인간의 도리에 어긋난 사랑에 따르려 들지 않는다.

“이런 무리한 말씀을 현실로 들을 줄은 몰랐습니다. 미천한 몸이옵니다만, 멸시해도 좋다고 하시는 그 심정을 저는 깊이 원망하옵니다. 저희네 계급과 당신 계급과는 매우 다르옵니다.”

이렇게 말하고는 힘으로 자기를 정복하려는 사나이를 증오하는 모습은, 겐지로 하여금 충분히 반성케 하는 힘이 있었다.

“난 아직 여인네에게 계급이 있는지 어떤지를 알지 못하오. 처음 겪는 일이라오. 보통의 정이 많은 남자로 대하면 섭섭하오. 당신 귀에도 들어갔겠지만, 나는 무턱대고 사랑에 빠져 모험 같은 것을 한 적이 없소. 그럼에도 전생 인연은 강한 힘으로 나를 당신한테 보내고, 그래서 난 당신한테 이런 수모를 당하고 있는 거요. 당신 처지로선 마땅하다 하겠지만, 그토록 난 사랑에 눈이 멀었다오.”

겐지는 정색하며 여러 가지로 달래보았지만, 여자의 냉정한 태도는 조금도 달라지는 빛이 보이지 않았다. 일세(一世)의 미남일수록, 그 사람의 애인은 안심할 수 없는 법, 매몰찬 여자로 보여도 할 수 없는 노릇이라고 여자는 생각하는 성싶었다.

지극히 약한 사람이 기를 쓰고 강한 척하는 것은 나긋나긋한 대(竹)와 같아서 오히려 꺾기가 더욱 힘들었다. 참으로 우는 모습이 가련했다. 측은하기는 하지만 이대로 헤어진다면 두고두고 후회하리라고 겐지는 생각했다.

이제는 아무리 멋대로 생각한들 헤어날 수 없는 잘못을 저질렀다고 여자가 슬퍼하는 것을 보고 겐지가 말했다.

"왜 그토록 내가 밉게만 보이오? 꼭 결혼하지 않은 아가씨처럼 당신이 슬퍼하니 섭섭하군."

"아직 제가 결혼을 하지 않았을 즈음, 그러니까 아버님의 딸로서 있었을 무렵에 이렇게 당신의 열정으로 사랑을 받았더라면, 그것이 저의 그릇된 판단이라 하더라도 언젠가는 좋은 일이 있으리라 여겼을지도 모르옵니다마는 이젠 모두 틀렸습니다. 저한테는 사랑도 다 쓸데없지요. 그러하오니 부디 없었던 일로 돌려주세요."

여자는 흐느끼며 이렇게 말한다. 슬픔에 잠긴 여자를 겐지는 그럴 만도 하다고 이해했다. 그는 진심으로 위로의 말을 해주었다.

닭 울음소리가 들려왔다. 가신들도 일어나서 부리나케 명령을 내렸다.

"늦잠을 잤구나, 어서 수레를 준비해라."

"여자의 집에 잘못 들어오신 경우와는 다르지 않습니까. 일찍 돌아가실 필요는 조금도 없습니다."

그렇게 말한 사람은 기의태수였다.

겐지는 또 다시 이런 기회를 만들어낼 수 없으리라는 생각과, 앞으로 어떻게 서신을 주고받을 것인가, 아무래도 주고받을 수 없을 듯하다는 생각으로 가슴이 조마조마했다. 중장이 여자를 모시러 와 어쩔 줄 몰라하던 겐지는 여자를 놓아주려다가도 다시 붙잡더니 말했다.

"어떻게 하면 당신과 편지를 주고받을 수 있을까. 어디까지나 쌀쌀맞은 당신에 대한 원망도 사랑도 걷잡을 수 없는 내가, 오늘 밤 일만을 언제까지나 그리워하면서 울어야 하는 것일까."

이렇게 말하며 우시는데 이루 말할 수 없이 아름다웠다. 새벽 닭마저 자꾸 울어대니 조급한 마음으로 시를 읊었다.

그대의 박정한 대접에 원망스런 마음을 채 말하지 못했는데
벌써 동녘 하늘이 밝아 새벽닭 계속 울어대니 어찌 이 몸 일으킬 수 있으랴

여자는 자신의 처지와 용모, 나이를 생각하니 너무도 어울리지 않아 수치스럽고, 분에 넘치도록 고마운 집착과 하룻밤 상냥히 대해 주셨는데도 마음이 움직이지 않으니, 오히려 평소에는 세련되지 못해 싫다고 가벼이 여겼던 늙은 남편이 자꾸 떠올랐다. 어쩌면 어젯밤 일을 남편이 꿈에라도 보지 않았을까 생각하니 두려움에 몸이 오그라드는 듯싶었다.

한심한 내 처지를 탄식하며 눈물짓느라 잠 한숨 못자고 맞은 아침
새벽닭 우는 소리에 내 울음소리 또한 높아지는구나

그렇게 말하는 사이 날이 밝아오자 겐지는 여자를 장지문께까지 전송했다. 안방에 있는 사람이나 이쪽 툇마루 쪽 사람이나 모두들 일어나서 웅성대기 시작했다. 장지문을 닫고 돌아서는 겐지는 그 한 겹 장지문이 넘을 수 없는 장벽처럼 느껴졌다.

평상복을 입고 몸맵시를 가다듬은 겐지가 툇마루 높은 난간에 기대어 있는 모습을, 옆방의 낮은 칸막이 위로 엿본 궁녀는 겐지의 눈부신 미모가 몸속에 배어드는 것만 같았다. 희미하게 남아 있는 달이 이지러질 때, 고요한 하늘빛이 만물을 맑게 비추었다. 색다른 정취를 느끼게 하는 여름 새벽이었다. 아무도 알지 못할 감정을 마음에 품은 겐지는 몹시도 쓸쓸한 새벽녘 풍경이구나 싶었다. 소식 하나 제대로 전할 방법도 없지 않으냐 싶어 이끌리는 심정을 주체하지 못한 채 그 자리를 떴다.

집에 돌아와서도 겐지는 쉽사리 잠들지 못했다. 다시 만날 수나 있을까 싶어 슬픔을 되새기며, 자유로운 몸이 아닌, 남의 아내인 저 사람은 이 밖에도 여러 번민들이 있으리라고 측은해했다. 빼어난 여자는 아니지만 좋은 인상을 넉넉히 갖춘 중류계급이다. 그래서 경험이 많은 남자가 하는 말은 믿을만 하구

나. 여자 품평을 하던 밤의 이야기가 떠올랐다.

요즘 겐지는 줄창 좌대신 댁에 있었다. 그 뒤로 아무 말도 해 보내지 않은 것은 여자의 처지로 얼마나 괴로운 일일까. 나카가와(중천(中川))의 여자가 측은해져서 자나 깨나 마음에 걸려 괴로운 나머지, 겐지는 기의태수를 불렀다.

"저번에 본 중납언네 아이를 나한테 보내주지 않겠는가. 귀여운 아이라서 내 곁에 두고 부려볼까 하네. 내가 대궐에도 보내 줄 터이니."

"그런 좋은 일이 또 있겠습니까. 그 애 누이와 의논하겠습니다."

뜻하지 않게 그 사람이 말끝에 나온 것만으로도 겐지의 가슴은 설렜다.

"그 애 누이는 자네 아우를 낳았나?"

"그렇지도 않습니다. 2년 전에 아버지의 아내가 되었습니다만, 죽은 그녀 아비가 원하지 않던 결혼을 한 모양이지요. 불행하다는 소리를 들었습니다."

"가엾군. 평판이 자자한 아가씨였는데 참말로 어여쁜가."

"글쎄올시다. 못생긴 편은 아닌가봅니다. 나이 먹은 자식과 젊은 계모는 친해서 안 된다고들 하지 않습니까. 저는 그 옛말을 따르고 있어서 자세한 것은 알지 못합니다."

기의태수는 이렇게 대답했다.

기의태수는 대엿새 뒤에 그 아이를 데려왔다. 짜임새 있는 얼굴은 아니지만, 풍채가 우아해서 귀족 자제다운 데가 있었다. 가까이에 불러다가 겐지는 스스럼없이 이야기를 하였다. 그 아이는 어린 마음에도 아름다운 겐지님의 은총을 받을 수 있게 된 처지를 기뻐했다. 그 누이에 대해서도 겐지는 자세히 들었다. 대답할 수 있는 일만 전하고 태도를 삼가는 어린 아이에게 겐지는 비밀을 털어놓기가 거북했다. 그렇지만 제법 그럴싸하게 거짓을 보태어 이야기해주자, 그런 일도 있었는가, 어린 마음에 아슴푸레 알면 알수록 뜻밖이었으나, 소년은 더 깊이 파고들려 하지 않았고 겐지의 편지를 누이에게 전해 주었다.

여자는 어이가 없어서 눈물을 흘렸다. 동생이 어찌 생각할까 상스럽기도 했으나, 그렇다고 편지를 되돌려줄 수는 없으니 얼굴을 가리고 편지를 펼쳤다. 길게 쓴 사연 끝에 이렇게 쓰여 있었다.

꿈만 같던 덧없는 만남을 다시금 꿈에서나마 보고픈데
한탄하며 잠 못 이루는 밤이 또 지나는구나

"이 그리움을 어찌 달래면 좋으리오. '꿈에서도 못 보네, 잠들지 못하니'라는 시구가 바로 나를 말하는 듯하구려."

눈이 부실 만큼 멋들어지게 쓰인 필적을 여자는, 눈물이 앞을 가려 차마 읽지 못했다.

수령의 아내가 된 처지인데다, 이제는 또 겐지의 사랑을 받아 뜻하지 않은 인연이 새로 더해진 자신의 슬픈 운명을 생각하며 여자는 다시 엎드려 울었다.

이튿날 고기미(小君)*¹⁴는 겐지가 자신을 불렀다고 나서면서 누이에게 답장을 달라고 했다.

"그런 편지를 받아야 할 사람이 없다고 말씀드려라."

누이가 말했다.

"실수가 없도록 하라고 하셨는데, 그런 답변은 드릴 수가 없어요."

동생이 하는 말로 미루어, 겐지께서 비밀을 모두 동생에게 털어놓은 듯했다. 그렇게 생각되자 여자는 겐지가 미워서 견딜 수가 없었다.

"그런 소릴 하는 게 아니야. 어른들 이야기를 어린애가 하면 안 돼. 거절을 못하겠다면 그 댁으로 안 가면 되지."

"오라고 불렀는데, 가야 해요."

동생은 이렇게 대꾸하더니 그대로 가버렸다.

마음씨 좋은 기의태수는 이 계모가 부친의 아내임을 애석해하며, 조금이라도 위로가 될까 싶어 고기미를 친절히 데리고 다니기로 했다.

고기미가 왔다는 말에 겐지는 거실로 불렀다.

"어제도 온하루 널 기다리고 있었는데, 오지 않았구나. 난 너를 귀여워하는데 그렇게 쌀쌀맞다니."

고기미는 원망의 소리를 듣고는 얼굴을 붉혔다.

"그래, 답장은 어디 있느냐?"

고기미는 사실대로 말하는 수밖에 없었다.

"넌 누나한테 힘을 못 쓰는구나. 답장도 받지 못하다니."

---

*14 고기미(小君): 소년의 애칭.

그렇게 말한 뒤 겐지로부터 다시 새로운 편지를 고기미에게 주었다.

"넌 알지 못하는 듯하지만, 이요의 노인네보단 내가 먼저 누나를 사랑했었단 말이다. 나를 의지할 수 없는 사람이라 여겨서 누나는 저 꼴불견 노인네를 남편으로 삼고는 이제 아랑곳없이 나를 멸시한단 말이다. 하지만 너는 내 편이 되어다오. 누나가 기대고 있는 사나이는 이제 얼마 못 살아."

겐지는 그런 일도 있었던가, 미안한 짓을 하는 누나이구나 이런 태도를 보이는 고기미를 귀엽게 여겼다.

고기미는 계속 겐지 가까이에 있었고, 대궐에도 따라갔다. 겐지는 자기네 의상 담당에게 명해서 고기미 의복을 새로 맞춰주기도 하면서 친어버이나 다름없이 돌봐주었다.

여자는 겐지로부터 자꾸만 편지를 받았다. 그렇지만 동생은 어렸기에 자기가 쓴 편지를 부주의하게 떨어뜨리면 어쩌나, 불운을 타고난 자기인데 또 천박한 연애라는 이름만 얻고 홀로 울어야 하는 처지가 된다면 너무도 비참하지 않느냐는 생각에, 사랑을 얻는 일도 이쪽에서 그 사랑을 받을 만한 자신이 있을 때뿐이니 자기 따위는 히카루 겐지의 상대가 될 수 없다는 생각에서 답장을 쓰지 않았다. 언뜻 본 아름다운 겐지가 머리속에서 떠나지 않았다. 그러나 진실한 감정을 겐지한테 알린다하더라도 그게 무슨 소용이 있겠느냐 괴로워하며 스스로 뉘우치는 그런 여자였다.

겐지는 잠시도 그 사람을 잊을 수가 없었다. 가엾고 불쌍해 그립기도 했다. 여자가 자기와 함께 저지른 과오에 대해 괴로워하던 모습이 눈앞에 선하다. 본능이 하자는 대로 몰래 만나러 가려 해도, 사람 눈이 많은 집이라 그 일이 탄로 나면 난처해진다. 자기를 위해 또 여자를 위해 번민을 거듭할 뿐이었다.

여느 때처럼 다시 줄곧 궁중에 머물러 있던 어느 날, 겐지는 특정 방향을 피해야 하는 날을 핑계삼아 대궐에서 돌아오는 길에 문득 생각난 척하면서 기의태수 집에 들렀다. 기의태수는 깜짝 놀라 이런 인사말을 했다.

"뜰 앞에 흐르는 물 때문에 영광을 받게 되었나봅니다."

고기미에게는 미리 찾아간다는 이야기를 전해 두었으며, 그렇게 약속되어 있었다.

늘 곁에 두고 있는 고기미라서 겐지는 쉽게 불러낼 수 있었다. 여자에게도 편지를 보내두었다. 자기를 만나려고 고심하는 태도는 여자에게 반가운 일이

기는 했지만, 그렇다고 겐지가 하자는 대로 하여 자기가 무엇인지도 모르는 채 애인으로서 만날 생각은 없었다. 꿈이라고 여겨버릴 수도 있는 잘못을 되풀이해서 되겠느냐는 심정이기도 했다. 또한 망상에 젖어 겐지의 애인으로 맺은 인연을 마냥 기다릴 수는 없는 노릇이라고 여자는 마음먹었다. 그래서 동생이 겐지가 머문 사랑방 쪽으로 나가자 곧 이렇게 말하면서 회랑에서 기다리고 있는 중장이라는 궁녀의 방으로 자리를 옮겼다.

"손님이 계신 사랑방에 너무 가까워 실례되는 것 같구나. 난 몸이 좀 아파 허리라도 두드릴까 하니, 먼 곳이 좋겠다."

겐지는 처음 생각해둔대로 찾아온 가신들은 일찌감치 자게하고 여자의 형편을 물으러 고기미를 보냈다. 소년은 누이의 처소를 알지 못했다. 가까스로 회랑의 방을 찾아낸 고기미는 겐지에 대한 누이의 냉혹한 처사를 비난하며 울상이 되어 말했다.

"이런 행동을 하다니 누나, 얼마나 나를 바보 같은 아이로 생각하겠어요?"

"왜 넌 어린애답지 않게 이런 짓을 하지? 어린것이 그런 부탁을 받으면 못쓴단다."

여자는 동생을 꾸짖고 나서 더 말도 붙이지 못하도록 쏘아붙였다.

"기분이 언짢아서 시녀들을 불러 간호를 받고 있다고 그렇게 말씀드리면 좋잖아? 다들 수상히 여긴단 말이다. 이런 데까지 와서 그런 소릴 하면."

그러나 마음속으론 다른 생각을 했다. 이렇게 결혼을 하기 전, 아버지께서 살아 계실 때 자기 집으로 겐지를 가끔씩이라도 맞이할 수 있었다면 나는 행복했을 터인데, 일부러 냉담하게 꾸며보이는 자신을 겐지는 얼마나 분수를 모르는 여자라고 하실까. 그런 생각을 하며 자기 의지로 이렇게 해야만 하는 게 몹시 가슴 아팠다. 이러나저러나 남의 아내라는 속박을 벗어날 수는 없는 이상, 어디까지나 쌀쌀한 태도로 일관하리라고 여자는 마음먹었다.

여자가 어떻게 나올 것인가, 의지하는 사람이 소년이라는 사실을 걱정하면서 겐지가 누워 있는데, 글렀다는 소식을 가지고 고기미가 돌아왔다. 옹졸할 정도로 여자의 냉담함을 알고 겐지는 이렇게 말했다.

"보통 고집이 아니로다. 내가 오히려 부끄러워지는구나."

이렇게 말하는 겐지의 모습을 본 고기미는 안쓰러워 견딜 수가 없었다. 겐지는 잠시 아무 말도 없이 깊게 불만스런 한숨을 내쉬고는 괴로운 듯 수심에 잠겼다.

벌판 오두막집에나 있지 하하키기여 다가서면 환영처럼 사라지는 하하키기
　그 하하키기처럼 무정한 그대여 보고파 찾아가서 어딘지도 모르고 길을 잃
고 헤매었던 나

　겐지는 이 노래에 "뭐라 할 말이 없소이다" 이런 말을 덧붙여 편지를 보냈다.
여자 또한 잠들지 못하고 있었기에 이런 답장을 썼다.

　가난한 오두막집에 난다는 하하키기의 이름이 부끄러워 남모르게 사라져버
리고 싶으나
　있어도 없는 듯한 환상의 나무 그 하하키기 같은 나

　여자는, 겐지가 안쓰러워 잠도 한숨 못 이루면서 편지를 들고 오가는 고기
미의 모습을 사람들이 이상히 여기지는 않을까 걱정했다.
　여느 때처럼 수행인들은 곤히 잠에 빠졌으나, 겐지는 외로운 마음에 홀로
생각에 잠겼다. 여간 방법으로는 안 될 듯한 여자의 강경한 성품이 하하키기
노래와는 달리 사라지기는커녕 오히려 눈에 보이듯 선명하게 마음에 떠올라
부아가 치밀었다. 하지만 한편으론 그렇기 때문에 이토록 마음이 끌리는 것이
라 생각했다. 그렇더라도 너무나 박정한 처사라 에이 모르겠다, 될대로 되라지,
생각은 이러하지만, 아무래도 그리 쉽게 단념할 수가 없어서 고기미에게 말
했다.
　"그 사람이 숨어 있는 곳으로 나를 데려가 다오."
　"머물고 있는 곳이 무척 누추한데다가 안에는 시녀들이 여럿 있는 듯하니,
모시기가 망극하옵니다."
　고기미는 이렇게 말했다. 고기미는 진심으로 겐지의 처지를 안타깝게 여
겼다.
　"그래 좋아, 너만은 나를 버리지 말아다오."
　겐지는 이렇게 말하고 고기미를 옆에 눕게 했다.
　고기미가 젊고 아름다운 겐지의 모습을 진정으로 기뻐하며 훌륭하다 여기
고 있었으니, 겐지 또한 냉담하고 매정한 고기미의 누이보다는 오히려 그 동생
을 더 사랑스럽게 여기는 것일까.

우쓰세미*[1]

잠을 이루지 못하는 겐지는 곁에 누운 고기미에게 말했다.

"사람에게 이토록 미움을 받기는 처음이구나. 오늘밤이야말로 사랑이 얼마나 괴로운지 절실히 깨달았다. 너무도 수치스러워 살고 싶지도 않구나."

고기미는 자기도 모르게 눈물을 흘렸다.

겐지는 그런 고기미를 참으로 사랑스런 아이라 생각했다. 끌어안았던 그녀의 몸이 가녀리고 조그맣게 느껴졌던 것하며, 그리 길지 않았던 머리칼 감촉이 기분 탓인지 이 아이 느낌과 비슷하게 여겨진 것도 그녀에 대한 그리움을 부추겼다.

이 이상 집요하게 주위를 맴돌며 애써 찾아내어 말을 걸면 수치심이 더하리라 여기고는, 내심 너무한 여자라 원망하면서 겐지는 뜬눈으로 밤을 지새고 말았다.

아직 날이 어둑어둑한데 평소와 달리 고기미에게 자상한 말 한마디 건네지 않고 돌아가는 겐지를 보며 고기미는 안타까움을 금하지 못하니, 아쉽고 쓸쓸한 기분이 들었다.

여자도 마음이 꺼림칙했으나, 그 뒤로는 다행스럽게도 겐지에게서 편지가 오지 않았다. 짐짓 진저리가 난 모양이라 여기면서도 이렇게 생각했다.

'만일 이렇게 화가 나신 채로 단념하신다면 나는 얼마나 슬프고 괴로울까. 그렇다고 지금처럼 편지를 자꾸만 보내셔도 곤란하니 이쯤에서 끝내는 것도 좋겠구나.'

그런데도 여전히 마음이 끌리기에 자칫 울적한 상념에 사로잡히곤 했다.

겐지는 지나치게 매정한 여자라 탓하면서도 이대로 있는 것도 생각할 수 없

---

*1 우쓰세미(空蟬): 겐지가 침범하자 옷을 버리고 달아난 여자라서 우쓰세미, 즉 허물을 벗은 매미에 비유했다. 이 권은 문장이 그대로 전권에서 계속된다.

을뿐더러 껄끄럽고 경솔한 처사라 분해하면서 고민했다. 고기미에게 몇 번이나 말했다.

"그 사람의 냉담한 태도에 몹시도 분통이 터져 억지로라도 잊으려 애쓰는데, 마음이 내 말을 듣지 않으니 도저히 단념할 수가 없구나. 괴로워서 견딜 수가 없으니 한 번이라도 만날 수 있게 어떻게든 기회를 만들어다오."

고기미는 당황했지만 이런 일이라도 겐지가 허물없이 의논해주는 게 기뻤다. 어린 마음에도 어떻게든 좋은 기회를 잡아보려고 때를 살폈다.

때마침 기의태수가 임지로 길을 떠났다. 주인 없는 집에서 여자들만 한가로이 지내는 것을 안 고기미는 어느 날, 자기 수레에 겐지를 태우고 길도 잘 보이지 않는 저녁 어둠을 틈타 그를 안내했다.

고기미가 아직 어려 제대로 주선을 할 수 있을지 겐지는 믿음직스럽지 않았다. 그렇다고 느긋하게 기다리고만 있을 수 없어서 눈에 띄지 않는 간편한 차림으로 문이 닫히기 전에 이르고자 서둘러 집을 나섰다.

고기미는 사람들 눈이 없는 문으로 수레를 들이고 겐지를 내리게 했다. 어린아이라서 숙직하는 자들도 특별히 경계를 하지 않으니, 다가와 곰살맞게 말을 걸지 않는 게 오히려 다행스러웠다.

고기미는 겐지를 침전 동쪽 옆문 앞에 세워놓고 남쪽 모퉁이 방 격자창을 일부러 소리나게 두드리고 큰 소리로 부르면서 차양을 내린 방으로 들어갔다.

"그렇게 하면 남들이 사랑방을 들여다보잖아요."

시녀가 잔소리를 한다.

"웬일이야, 오늘은 이렇게 더운데 격자창을 일찍 닫아놓고?"

"낮에 서쪽 별채 아가씨가 오셔서 바둑을 두고 있어요."

시녀는 말했다.

겐지는 그녀들이 바둑판을 가운데 놓고 마주 앉아 있는 모습을 보려고, 열린 문으로 들어서서 쌍바라지와 발 사이에 섰다. 고기미가 열게 한 격자창으로, 밖에서 저녁 햇빛이 아스라이 비쳐들기 때문에 서향(西向)으로 죽 저편 사랑방까지 훤히 보였다. 이쪽 방 발 옆에 세운 병풍도 끝자락이 운 좋게 걷혀 있었다. 보통 때면 눈에 거치적거릴 휘장도 더위 탓으로 거두어 막대기에 걸렸고 등불은 사람들 자리 가까이에 놓였다.

방 한가운데 기둥에 기대어 앉은 듯한 여자가 그리운 그녀일까 싶어 먼저

눈이 간다. 짙은 보랏빛 무늬 홑옷을 껴입고 그 위에 무슨 겉옷을 걸친, 머리 모양새가 가늘어 보이는 아담한 여자이다. 얼굴은 마주 앉은 사람에게도 보이지 않도록 조심하는 듯했다.

손 또한 소매에 가려 잘 보이지 않았다.

동쪽으로 앉은 또 다른 여자는 얼굴이 잘 보였다. 하얀 비단 홑옷을 껴입고 엷은 쪽빛 고우치기*² 비슷한 것을 걸친 채 분홍빛 하카마 끈 매듭 언저리까지 옷깃이 열려 앞가슴이 드러나 있었다. 지극히 단정치 못한 옷차림새이다. 살결이 희고 복스럽게 살이 오른 체형이다. 머리 모양이나 머리카락이 걸린 이마의 생김새가 아름답다. 눈매와 입가에 애교가 있어서 화려한 얼굴이다. 머리숱은 많으나 길지는 않은데, 둘로 갈라 얼굴부터 어깨에 걸친 언저리가 예쁘고, 전체적으로 명랑한 미인으로 보였다. 그래서 그 부모가 자랑하는 것이라 여겨 겐지는 흥미를 느꼈다. 좀 차분한 성격을 덧붙여주었으면 그런 생각도 문득 들었다. 재간은 있어 보인다. 바둑이 끝나고 집을 메워갈 때는 무척 영리해 보이나 또 딜렁이며 법석댄다. 안쪽에 앉은 여자는 조용히 침착한 목소리로 말했다.

"아녜요, 잠깐만. 그 돌을 움직이면 안되죠. 그리고 여기에도 그쪽 집이 있고요."

그러자 앞에 앉은 처녀가 이렇게 말했다.

"이번엔 내가 졌어요. 그렇지, 이쪽 구석을 세어봐야죠."

그러더니 손을 꼽아 열·스물·서른·마흔 그렇게 세는 모습을 보고 있노라니, 수없이 많다는 이요〔이예(伊豫)〕 온천의 목욕통 수도 이 여자는 셀 수 있으리라 생각되었다. 좀 기품이 없어 보인다. 안쪽 여자는 옷소매로 입 언저리를 지나칠 만큼 가리어 얼굴을 보이려 하지 않지만, 눈길을 말끄러미 쏟아 바라보니 옆얼굴을 볼 수 있었다. 조금 부은 듯한 눈매에 콧날도 쪽 뻗었다고는 할 수 없었으며 화사한 구석이란 어디에도 없고, 하나하나 뜯어본다면 못생긴 편이지만 몸매가 사뭇 좋아서 앞에 앉은 아름다운 처녀보다도 남의 시선을 더 많이 끌듯 보였다.

애교있는 화려한 얼굴에 자신감 넘쳐 눈부시게 웃는 처녀는 일반적 견해로

---

*2 고우치기(小袿) : 상류층 여성이 겉에 입는, 소매가 넓고 안을 받친 평상복.

하자면 확실히 미인이다. 경박하다고 생각하면서도 아직 젊은 겐지는 그 여인에게도 관심이 간다. 겐지가 이제껏 알고 있는 여인들은 모두 다 옳고 예절바르고 상냥스레 꾸민 여자들뿐이었다. 이렇게 단정치 못하게 있는 여자의 모습을 엿보는 것은 처음 경험하는 일이다. 훔쳐보는 남자가 있음을 알지 못하는 여자가 가엾기는 하지만 좀더 그렇게 서 있고 싶었으나, 고기미가 툇마루로 나오려 하기에 슬그머니 그곳에서 물러났다. 그리고 쌍바라지 맞은편 회랑 입구 쪽에 서 있으려니까 고기미가 왔다. 미안한 표정이다.

"평소에 오지 않던 사람이 와 있어서 누나 곁으로 갈 수 없었습니다."

"그래, 오늘 밤 안으로 돌려보낼 작정인가. 못 만난다면 재미가 없는걸."

"그렇진 않겠죠. 저 사람이 가고 나면 제가 잘 해보겠습니다."

제법 성공할 자신이 있다는 소리를 했다. 어린애지만 눈치가 빨라 어쩌면 잘 될지도 모르겠다고 겐지는 생각했다. 바둑내기가 이제 끝났는지, 사각사각 소리를 내며 두 여자가 저마다 일어서는 기척이 났다.

"도련님은 어디로 가셨어요. 이 격자창은 닫아버릴 게요."

그러면서 격자창을 딸깍딸깍 안에서 울리게 했다.

"이제 다들 잘 모양이지. 그럼 들어가서 잘해봐."

겐지가 그렇게 말했다. 그러나 고기미는 혼자 있으려고만 하는 누이의 마음을 움직일 수 없음을 아는 터이므로 의논을 하지 않았다. 옆에 사람이 없을 때 겐지를 침실로 이끄리라 마음 먹었다.

"기의태수 여동생도 여기 있느냐. 어디 한번보게 해 주려무나."

"그런 소릴. 격자창엔 휘장을 바싹 세워놨는걸요."

고기미가 이렇게 말했다. 그 말이 맞다. 겐지는 우스워질까봐 보았다는 소리는 안 했다. 그렇긴 하다며 그저 가엾다는 생각에서 한밤까지 기다려야 하는 고통만을 전했다. 이번에 고기미는 옆의 쌍바라지를 열고 들어갔다.

시녀들은 모두 잠이 들었다.

"이 문지방 앞에서 난 자겠어. 바람이 잘 통하니깐."

고기미는 마루방에 깔 것을 깔고 누웠다. 시녀들은 동남쪽 외진 방에 다들 들어가서 자는 모양이다. 고기미를 위해 쌍바라지를 열러 나왔던 동녀(童女)도 거기에 들어가 갔다.

얼마 동안 거짓 잠을 자 보이고 나서 고기미는 그 외진 방에서 비치는 불빛을 펼친 병풍으로 가로막고, 쌍바라지 앞의 어두워진 방으로 겐지를 끌어들였다. 남의 눈에 띄어 창피를 당할까 봐 불안에 떨면서, 겐지는 이끄는 대로 가운데 본채의 휘장 비단끈을 젖히고 안으로 들어서려 했다.

그것은 매우 조심스러운 행동이었지만, 온 집안이 조용히 잠든 시각이라 겐지의 보드라운 옷자락 소리도 귀를 스쳤다.

요즈음 겐지의 편지가 끊어져서 여자는 안심했으나, 오늘도 꿈만 같던 그날 밤의 추억이 못내 그리워, 매일 밤 제대로 잠을 이루지 못하게 된 무렵이었다.

남모를 사랑은 낮 동안 수심에 잠기게 하고 밤에는 잠을 설치는 여자로 만들어놓았다. 바둑 상대를 하던 처녀는 오늘 밤은 여기서 묵겠다며 젊어서 아직 시름없는 이야기를 하다가 잠들어버렸다. 서쪽 별채 아가씨는 천진하게 잘도 잤다. 그런데 겐지가 이 방으로 다가오는 게 아닌가 그의 옷에 피워넣은 향이 은은히 흘러왔을 때, 다른 곳에서 자려던 여자는 알아차리고 얼굴을 들었다. 여름의 얇은 휘장 너머로 사람이 움직이는 게 어두움 속에서도 잘 느껴지는 것이었다. 살그머니 일어나서 얇은 비단 홑옷 하나만 걸친 채 몰래 침소를 빠져나왔다.

방으로 들어간 겐지는 여자가 홀로 자고 있기에 안심했다. 기둥과 기둥을 이은 가로대 밑에 시녀 두어 명이 자고 있었다. 여자가 덮은 이불을 살며시 밀어내고 바짝 몸을 붙여 누웠다. 조심조심 여자의 몸을 더듬으니, 지난번 밤에 안았을 때보다 왠지 풍만한 느낌이 전해지는데도 다른 사람인 줄은 전혀 몰랐다. 그러다가 곤하게 잠이 든 채 깨지 않는 여자의 모습이 아무래도 그 여자하고는 어딘가 다름을 알았다. 이제야 다른 사람임을 깨닫고는 이 한심한 사태에 화가 치밀었다. 하지만 이런 생각이 들었다.

'그렇다고 다른 사람이라 하여 당황하는 모습을 보이는 것도 얼빠진 노릇이고, 무엇보다 이 처자가 이상히 여길 텐데. 새삼스럽게 그 여자를 찾아본들 이토록 나를 피하고 있으니 어차피 소용없겠지. 기껏해야 어리석은 남자라고 웃음거리만 될 거야. 그리고 처자가 그 등불에 보았던 귀여운 여자라면 그리 나쁘지는 않겠지.'

이런 생각 또한 탐탁찮은 평소 그의 바람기 탓이리라.

아가씨가 눈을 떠보니 예기치 않은 일이 벌어져 있어서 놀라고 어처구니없

어하는 표정이었다. 하지만 아직 세상을 모르고 아무런 마음의 준비도 없는 사람치고는 무척 담담해서 못할 짓을 했다는 연민의 정을 자극하는 조신함을 찾을 수 없었다.

처녀치고는 노련하여 신선함도 없고, 이 상황에 여자들이 곧잘 보이는 꺼져 들어갈 듯한 정취도 없었다.

겐지는 여자에게 신분을 들키고 싶지 않았다. 그러나 나중에 이 아가씨가 어쩌다가 이런 일이 벌어졌을까 이리저리 생각한다면 겐지는 별 지장이 없었지만, 그 고집스런 사람이 세상의 이목이 두려워 얼마나 노심초사할까 가엾은 마음에 이렇게 둘러댔다.

"이제까지 점괘에서 안 좋다는 방향을 바꾸느라 몇 번 이 집 신세를 졌는데, 실은 그대가 목적이었소."

눈치 빠른 여자라면 겐지의 참된 목적이 계모라는 점을 알아차릴 법도 하다. 하지만 시건방지긴 해도 아직 나이 어린 처자라 생각이 거기까지는 미치지 못하는 듯 보였다.

겐지는 이 젊은 처자가 곱지 않은 것은 아니나 딱히 마음 끌리는 구석이 있지도 않아서, 그 고집스런 여자의 박정함을 한탄하지 않을 수 없었다.

'그 여자는 어디 숨어서 나를 얼빠진 남자라 경멸하고 있단 말인가. 그토록 매정하고 고집 센 여자는 세상에 또 없을 거야.'

겐지는 이렇게 생각하면서도 잊을 수가 없으니, 그 여자만을 애타게 그리워했다.

한편 이 젊은 처자의 천진난만하고 구김살 없는 표정 또한 사랑스러우니 애정을 담아 자상하게, 결코 이 마음 변하지 않으리라 맹세를 했다.

"사람들에게 거리낌 없이 알려진 사이보다 이렇게 아무도 모르는 은밀한 사랑이야말로 애정이 더욱 깊다고 옛사람도 말했소이다. 그러니 그대도 나를 그렇게 생각해주시오. 나는 세상 이목을 신경 써야 하는 신분이라 마음대로 자유롭게 처신할 수 없는 때도 있소. 그대의 부모가 우리 사이를 허락하지 않으리라 생각하니 벌써부터 마음이 아프구려. 나를 잊지 말고 기다려주구려."

이렇게 듣기 좋은 말들을 늘어놓았다.

"남들한테 이 비밀을 알리고 싶지 않으니 편지도 쉽사리 드리지 못하겠군요."

여자는 순순히 말했다.

"다들 수상해하면 안되므로, 이 집의 꼬마 전상관(殿上官) 있잖소. 그 녀석 편으로 편지를 드리겠으니 조심해야 해요. 이 비밀을 아무한테도 알리지 않도록."

그렇게 말해 두고 겐지는 그리운 애인이 벗어놓고 간 듯한 엷은 옷 하나를 손에 집어들고 나왔다.

옆방에서 잠이 든 고기미를 잡아일으키니, 겐지를 걱정하다가 잠이 들었던 터라 곧 눈을 떴다.

고기미가 쌍바라지를 조용히 열자 나이 먹은 여자의 목소리가 들려왔다.

"게 누구시오."

호들갑스럽게 묻는다. 고기미가 귀찮아하면서 말했다.

"저예오."

"이 밤중에 어디로 가세요?"

참견하길 좋아하는 노파가 이쪽으로 걸어오는 눈치였다.

"잠깐 밖으로 나가는 참이야."

고기미는 짜증이 나 이렇게 말하면서 겐지를 문에서 밀어냈다. 바깥은 새벽 가까운 시각인지라 달빛이 훤했다. 얼핏 노파는 사람 그림자를 보았다.

"또 한 분은 누구?"

그러더니 곧이어 다시 말한다.

"민부(民部 : 관청 명칭) 그 사람인가보군. 퍽도 키 큰 사람이야." 한다. 동료인 키다리 여자를 말하는 모양이다. 노파는 고기미와 민부가 함께 가는 줄 알고 있었다.

"곧 도련님도 저 민부 못지않게 키가 크겠죠."

그렇게 말하면서 겐지가 나간 쌍바라지를 지나 노파도 밖으로 나왔다. 순간 고기미는 난처하였지만 노파를 문께로 다시 밀쳐낼 수도 없고 해서, 맞은편 회랑 입구에 붙어서서 있자니까 겐지 옆으로 노파가 다가왔다.

"오늘밤 어르신 방에 가 보았는가. 난 배가 아파서 방에서 쉬고 있었는데, 와서 봐 달라지 않겠나. 그런데 너무 아파서 견딜 수가 없군."

"그리고는 답도 하기 전에 말을 이었다. 아야, 아야야. 그럼 또 봐요."

노파는 투덜거리더니 황급히 가버렸다. 가까스로 겐지는 그곳을 떠나면서 새삼 모험은 힘든 것이구나 생각했다.

고기미의 수레를 타고 겐지는 이조원으로 돌아왔다.

그는 고기미에게 오늘밤에 있었던 일을 속속들이 이야기했다. 그러다가 '너는 아직 어려서 도움이 안 되는구나' 투덜대고는 그 여자를 비난하고 원망했다. 고기미는 안타까웠지만 무어라 할 말이 없었다.

"그 사람에게 이토록 미움받으니 나 자신이 싫어지는구나. 말이라도 상냥하게 걸어주면 좋으련만. 내가 이요의 개보다 못하다는 말인가……."

섭섭한 듯 이렇게 중얼거렸다.

그러면서도 그 사람이 벗어놓고 간 얇은 겉옷을 품에 안고 잠자리에 들었다.

그 매정한 여자를 투덜투덜 원망하면서도 곁에 누운 고기미에게는 다정스럽게 말했다.

"너는 귀엽고 사랑스러우나 그 박정한 사람의 동생이다 보니, 언제까지 귀여워해줄 수 있을지 모르겠구나."

진지한 얼굴로 말하기에 고기미는 무척 마음이 괴로워 풀이 죽었다.

그렇게 한참을 누워 있었으나 도저히 잠이 올 것 같지 않았다. 서둘러 벼루를 들이라 하여, 늘 품에 지니고 다니는 첩지를 꺼내 연습하듯 글을 흘려 썼다.

매미가 허물만 남겨두고 떠난 나무 아래서
겉옷만 벗어두고 사라진 그대를 잊지 못하는 이내 몸

그 아가씨에게도 무슨 말을 해 보내야 하지 않을까 하다가, 여러 가지 궁리 끝에 편지를 썼으나 고기미 편에 맡기는 일을 그만두었다.

그 얇은 옷은 고우치기(소규(小袿))였다. 정다운 냄새가 그윽이 배어 있는 그 물건을 겐지는 자기 몸 가까이에 두고 늘 그리워하며 바라보셨다.

고기미가 누이한테로 갔다. 누이는 기다렸다는 듯이 고기미를 호되게 야단쳤다.

"깜짝 놀랐지 뭐야. 난 얼른 숨어버리긴 했지만 말이다. 누가 어떤 소문을 낼

지도 모르잖아. 경솔한 행동을 하는 너를 그분이 어찌 생각하실지 모른단 말이다."

겐지와 누이 사이에서 어느 쪽으로나 꾸중만 듣게 되는 것을 고기미는 안타깝게 여기면서, 부탁받은 노래를 꺼냈다. 누이는 그 내용을 유심히 읽었다. 벗어놓고 온 고치기가 보기 흉하게 주름져 있지나 않았을까 걱정하면서도, 그것을 가져간 겐지의 사랑이 가슴에 스미었다. 그녀가 겪는 번민은 복잡했다.

서쪽 별채의 딸은 왠지 수치스러운 기분으로 자기 방에 돌아갔다. 아무도 그 일을 모르니 누구에게 말도 못하고 홀로 수심에 잠겼다.

고기미가 바쁘게 이리저리 드나드는 모습을 볼 때면 행여나 그분의 편지를 받지는 않을까 하여 가슴이 조마조마한데, 겐지에게서는 그 뒤로 아무런 소식이 없었다.

사람이 바뀌어 그리된 일인 줄도 알 리가 없으니 경망스러운 마음도 수심에 잠기는 일이 있는 모양이다.

한편, 끝끝내 고집을 꺾지 않는 여자도 겉으로야 차분하게 평정을 유지하는 것처럼 보이나 겐지의 마음이 진실인 듯 여겨지자, 만약 이 일이 남편 없는 처녀 시절에 일어났다면 얼마나 좋았을까, 상상해본다. 지나간 날을 돌이킬 수는 없으니 겐지를 향한 그리움을 끝내 참지 못하고, 받은 편지의 한쪽에 남몰래 이런 글귀를 적었다.

얇은 매미 날개에 내린 이슬이 나무 사이에 가려 보이지 않듯
나 또한 사람들 눈을 피해 몰래 숨어 그대 향한 애틋한 그리움에 홀로 눈물 지으니

박꽃*¹

겐지가 육조에 있는 연인 집에 은밀하게 드나들던 즈음이었다. 그날도 퇴궁하여 육조로 가는 길에 한숨 돌릴 겸, 중병에 걸려 수계를 받은 대이*² 유모나 문병해야겠다 싶어서 오조에 있는 그녀의 집을 찾았다.

수레가 들어갈 문이 잠겨 있어, 수행원에게 안에 있는 유모의 아들 고레미쓰를 부르라 일렀다.

수레에 탄 채로 고레미쓰를 기다리는 동안 따분하여, 볼품없는 한 길을 바라보고 있자니 유모의 집 옆에 노나무로 울타리를 빙 두른 집이 눈에 들어왔다. 격차창이 네다섯 짝 올라가 있고 새하얀 발이 시원스럽게 쳐져 있었다. 그너머로 이마가 아리따운 여인 몇이 얼핏얼핏 보였다. 여자들 또한 이쪽을 내다보는 듯했다.

서서 돌아다니는 여자들 키를 어림해보니 무척 큰 듯했다.

'어떤 여자들이 모여 있는 걸까?' 겐지는 호기심이 일어났다.

수레도 가능한 눈에 띄지 않도록 간소하게 차렸고, 행차 또한 알리지 않았으니 자기가 누구인지 알 리 없을 거라며 마음 놓고 슬며시 수레에서 얼굴을 내밀어 둘러보았다. 격자창을 포개 올려 훤히 안이 들여다보였는데, 비좁기 짝이 없는데다 언뜻 보기에도 소박한 보잘것없는 집이었다. 그 집을 구석구석 살피면서, 어차피 이 세상은 어디에 살았든 잠시 머무는 곳에 지나지 않으니, 금전옥루나 이 보잘것없는 집이나 마찬가지구나. 이런 생각이 절절하게 들었다.

미늘창처럼 소박한 널울타리에 푸른빛이 또렷한 덩굴이 휘감겼고, 하얀꽃이 저 홀로 즐거운 듯 함박 피었다.

---

*1 박꽃(석안(夕顔)) : 겐지가 17세인 여름부터 시월 상순께까지의 이야기. 박꽃처럼 덧없이 시들어버린 여자의 이야기다. 여자는 19세.
*2 대이(大貳) : 규슈(九州)와 이키(壹岐)·쓰시마(對馬) 두 섬을 관할한 태재부(太宰府) 차관. 그 차관의 부인이었기 때문에 '대이의 유모'라고 한 것이다.

"게 누구 없느냐. 저기 피어 있는 꽃이 무슨 꽃인고?"

겐지가 중얼거리듯 묻자, 그를 호위하는 수행원이 앞으로 나와 무릎을 꿇고 아뢰었다.

"저 흰 꽃은 박꽃이라 하옵지요. 이런 허름한 집 울타리에 피는 꽃이랍니다."

그 말처럼 초라한 오막살이가 많은 이 길거리 이쪽저쪽에, 다 쓰러져가는 집 처마에서도 그 박꽃이 활짝 피어 있었다.

"가엾은 운명을 가진 꽃이구나, 한 송이만 꺾어 오게."

겐지가 말하자 시종은 격자 덧문 안으로 들어가서 꽃을 꺾었다. 제법 멋지게 꾸며진 옆문 어귀에, 노란 명주실로 짠 하카마를 길게 입은 귀여운 어린 시녀가 나와 시종을 부르더니 하얀 부채를 내밀었다. 향기로운 향내음이 진하게 배여있는 부채였다.

"이 부채에 담아서 드리세요. 그냥 손에 들면 볼품 없는 꽃이옵니다."

마침 문을 열고 나온 고레미쓰가 꽃을 받아 겐지에게 드렸다.

"열쇠를 어디다 두었는지 몰라서 아주 실례했소이다. 착한 사람들만 사는 동네이긴 하지만 누추한 길거리에 기다리시게 해서 황송하옵니다."

고레미쓰는 미안해하며 사과의 말을 했다. 곧 수레를 끌어넣게 하고 유모네 집에 들렀다. 고레미쓰의 형인 아사리(阿闍梨),*³ 유모의 사위 미카와태수(三河太守), 딸들이 모두 집에 와 있었는데, 이렇게 겐지가 몸소 문병 와줌을 무척 고마워했다. 여승이 된 대이유모도 일어나 앉아 있었다.

"난 벌써 죽었어도 좋은 인간입니다만, 아직도 이승에 미련을 가지고 있는 건, 이렇게 도련님을 뵈옵는 게 저승에선 바랄 수 없는 일이기 때문입니다. 그나마 여승이 된 공덕으로 병에 차도가 있어서, 이렇게 도련님 앞에 나올 수 있었으니, 아미타(阿彌陀)님의 마중하심도 기꺼이 기다리고 있습니다."

그렇게 말하고는 기운없이 흐느껴 울었다.

"오랜 동안 유모의 병이 차도가 없어서 걱정했는데, 이렇게 여승이 되신 게 안타깝고 유감스럽소. 오래오래 사셔서 내가 출세하는 걸 보아주시오. 그런 뒤 세상을 떠나면 구품연대(九品蓮臺) 가장 높은 세상에서 다시 태어날 수 있지 않겠소? 이승에 조금이라도 한을 남기는 건 좋지 못하니까."

---

*³ 아사리(阿闍梨) : 스승이 될 만한 고승.

겐지는 울먹이면서 말했다. 유모에게는 아이가 부족하고 어리석어도 매우 훌륭하고 완전한 존재로 보이는 법이다. 더구나 자신이 길러낸 주군이 이 세상 그 누구보다도 뛰어난 겐지〔源氏君〕이고 보면, 자기마저 보통사람이 아닌 듯한 자랑을 느끼는 그녀였기에, 겐지한테서 이런 소리를 들으면 그저 고마워 눈물을 흘릴 수밖에 없었다. 아들과 딸은 그런 어머니의 태도가 민망스럽고 안타까워서, 여승이 된 뒤로도 이승에 대한 미련을 보이는 게 아니냐, 속세의 인연이 있었던 분께서 애석하여 우시는 건 또 별문제 아니겠느냐, 그런 뜻으로 옆구리를 찌르고 눈짓을 해가면서 형제들끼리 신호를 주고 받았다. 겐지는 유모가 측은해졌다.

"어렸을 적, 나를 사랑하고 귀여워해줄 사람들이 잇달아 세상을 떠나면서 남들 손을 많이 거치며 자랐으나, 내 진심으로 부모처럼 따른 사람은 유모뿐입니다. 어른이 되고는 성가신 세상 법도가 있어 아침저녁으로 마음대로 찾아갈 수도 없었습니다. 그럼에도 오래도록 뵙지 못하면 왠지 허전하고 쓸쓸해서 견딜 수가 없었습니다. 참으로 자식이 부모를 따르듯 하였으니, '이 세상에 피해 갈 수 없는 사별 따위는 없었으면 좋으련만'이라는 옛 노래 같은 마음으로, 피할 수 없는 사별 따위 절대 없기를 바랍니다."

이렇듯 자상히 말하며 눈물을 훔치는 소맷자락에서 풍기는 향내가 온 방에 넘치도록 가득했다. 이제까지 어미의 모습을 흉물스럽다 여기던 자식들도, 돌이켜보면 행복한 일생이었다고 모두들 눈물에 젖었다.

유모의 쾌유를 비를 가지기도를 이미 올리고 있었으나, 겐지는 다른 기도도 시작하라는 명을 내린 뒤 그 집을 나서려고 고레미쓰에게 초롱을 준비시키면서 아까 그 부채를 보았다. 사용했던 사람의 향내가 진하게 배어 있어 마음이 끌렸다. 부채에는 풍류 넘치는 필체로 노래도 적혀 있었다.

어쩌면 그분 겐지님이 아니실까
하얀 이슬에 젖고 젖으니 한결 아름다운 빛을 더하는 박꽃 같은 모습이

슬쩍 서체를 바꾸어 쓴 필적이 기품 있고 사연이 있을 듯 보였다. 겐지는 뜻밖의 일에 마음이 움직여 고레미쓰에게 물었다.

"이 서쪽 집엔 누가 사는지, 아느냐."

고레미쓰는 주군의 여자를 밝히는 안 좋은 버릇이 또 시작했구나 싶었다.

"한 대엿새 동안 이 집에 머물렀사옵니다만, 병자를 걱정하고 간호를 하느라 바빠서 이웃 사정은 들을 틈도 없었습니다."

고레미쓰는 차갑게 대답을 했다.

"이런 걸 물어서 귀찮다 그거군. 하지만 이 부채가 흥미를 끈단 말일세. 이 근처 일을 자세히 알 만한 사람을 불러다가 물어보게나."

겐지는 그렇게 말했다.

안으로 들어가서 이웃집을 돌보는 사람과 만나고 나온 고레미쓰는 이렇게 보고했다.

"지방청 명예차관의 집이라고 합니다. 집주인은 시골에 가 있고 풍류를 즐기는 젊은 안주인이 있는데, 여관(女官)으로 나가는 자매들이 자주 드나든다 합니다. 하인이라서 세세한 것은 잘 모르는 모양입니다."

그렇다면 아까 그 여자들은 여관으로 나간다는 그들이라 짐작되었다. 그것들이 제법 우쭐해서 버릇없는 희롱을 해 왔구나. 하급 관리에 속하겠지만 자기를 히카루 겐지인 줄 알고 읊은 노래를 보내온 데에 대해서 무슨 대꾸를 해야겠다고 느꼈다. 여자의 인정에는 끌리기 쉬운 겐지의 성격이기 때문이다.

겐지는 품에서 종이를 꺼내 애써 자기 필체가 아닌 듯 꾸며 노래를 지어 수행원에게 들려 보냈다.

가까이 와서 똑똑히 헤아려봄이 어떠하리
어슴푸레한 노을 빛에 언뜻 본 박꽃이 누구인지

여자들은 이제까지 겐지의 모습을 본 적은 없으나 그분이라 확신하고, 추측했던 겐지의 옆얼굴을 보고 가만히 있을 수가 없어서 노래를 지어 불쑥 보냈던 것이다. 그런데 겐지에게서 아무런 회답 없이 시간만 자꾸 흘러가니 체면이 서지 않아 수치스러워하던 참이었다. 그러던 차에 이렇게 일부러 답장을 보내 주었으니 우쭐한 마음에 서로 떠들어댔다.

"그거 참, 뭐라 답장을 쓰면 좋을꼬."

수행원은 경망스러운 여인네들이라고 짜증을 부리며 서둘러 돌아왔다.

행차의 선두를 지키는 자가 밝혀 든 횃불이 어른거리는 가운데 겐지는 유모의 집을 은밀히 빠져나왔다.

이웃집 격자창은 완전히 닫혀 있었다. 격자창 틈새로 새어나오는 반딧불보다 희미한 등잔불이 은은하게 마음을 자극했다.

겐지의 애인인 육조 귀녀(貴女)의 저택은 으리으리했다. 널따란 뜰이 있었으며, 집 내부는 고상하고 아름답게 꾸며져 있었다. 왠지 마음이 편안해지는 기품있는 태도에 끌려 겐지는 박꽃의 모습을 다시 생각할 만한 여유를 가지지 못했다. 이른 아침의 귀환이 조금 늦어서, 햇빛이 비치기 시작할 무렵에 나서는 겐지의 모습은 세상 사람들이 떠들어댈 만큼 아름다웠다.

오늘 아침에도 오조의 그 격자 덧문식 대문 앞을 지났다. 전부터 다니는 길이지만 작은 일로 흥미를 갖기 시작한 뒤로는, 오갈 때마다 그 집이 겐지의 눈길을 끌었다.

며칠 뒤 고레미쓰가 왔다.

"어머니가 아직도 몹시 쇠약하기 때문에 아무래도 그쪽을 비워둘 수가 없어서 늦었습니다."

그런 인사말을 한 다음, 고레미쓰는 겐지에게 무릎을 바짝 가까이 다가가 말했다.

"지난 번 말씀을 하신 뒤, 이웃 사정을 잘 아는 사람을 불러서 물어보았습니다만 자세히 알아내지 못했습니다. 이번 5월께부터 살짝 와서 머무는 사람이 있는 모양이지만, 그게 누군지 집사람들에게도 알리지 않고 있다 합니다. 이따금 저의 집 울타리 사이로 엿봅니다만, 분명 그 집엔 젊은 여자들이 있는데 그림자가 어렴풋이 발 너머로 보입니다. 주인이 없으면 걸치지 않는 옷을 입은 걸로 보아 주인 되는 여자가 하나 확실히 있나봅니다. 어제 저녁 햇빛이 환하게 집 안을 비추고 있을 때, 앉아서 편지 쓰고 있는 여자의 얼굴이 매우 아름다웠습니다. 무슨 생각에 잠겨 있는 듯하더군요. 시녀들 가운데에는 울고 있는 여자도 있었습니다."

겐지는 미소를 띠었는데 좀더 자세히 알고 싶다는 눈치였다. 자중을 해야 할 지체도 지체이지만, 이 젊음과 아름다움을 갖춘 분이 연애에 흥미가 없다면 남이 보더라도 아쉬움이 들리라. 연애할 자격이 없는 성싶은 우리들조차 여자라면 호기심을 느끼는 게 아니냐고 생각하면서, 고레미쓰는 주인을 바라보았다.

"그런 걸 보아 이웃 집안의 비밀을 알지 않을까 기회가 있을 때 이웃 여자한테 편지를 보내 보았습죠. 그랬더니 곧 익숙한 달필로 답장이 왔지 않겠습니까. 꽤 쓸 만한 젊은 시녀도 있는 듯싶습니다."

"자네는 앞으로도 자주 그 집에 대해 알아보도록 하게. 그 여자가 누군지 알아야만 마음이 놓이겠는걸."

겐지는 그렇게 말했다. 예전에 여인을 품평하던 사람들의 말을 빌리자면 집을 봐서는 최하계급에 속한다고 할지도 모르나, 그런 곳에서 뜻밖으로 깊은 정서를 느낄 수 있는 여자를 발견할 수 있다면 그 또한 반가운 일이 아니겠느냐고 생각했다.

겐지는 우쓰세미의 극단적인 냉대가 여인의 마음 같지 않다고 생각하면서도, 시키는 대로 그 여자가 허락하였다면 부당한 잘못을 저지르게 했다는 이유만으로 이미 과거의 일로 묻어버렸을 터이다. 그러나 그녀가 끝까지 고집을 부렸기 때문에 지지 않으려는 반발심이 더욱 커지고 말았다. 그 여자를 잊은 적은 거의 없었다. 이제까지는 우쓰세미 같은 여자가 겐지의 마음을 끄는 적도 없었으나, 저 비 오는 밤의 품평회 뒤로는 온갖 여인들에게 호기심을 느꼈다.

아무런 의심도 품지 않은 채 하룻밤 남자를 못 잊어 하는 또 다른 여자가 가여웠으나 무정한 우쓰세미에게 알려질까 봐 부끄러워, 마침내 희망이 없음을 아는 날까지는 견디어 보리라 해서 그대로 내버려두었던 참인데, 그런 판에 이요태수(이예태수(伊豫太守))가 도읍으로 올라왔다.

이요태수는 먼저 겐지에게 문안을 드렸다. 먼 여행을 한 탓으로 햇볕에 타고 초췌한 이요태수의 풍채는 볼품이 없었다. 그러나 좋은 집안에서 태어난 분이라 얼굴 생김새가 늙어도 기품 있는 지방관으로 보였다. 근무했던 온천 고을 이야기를 듣고 싶었으나 어쩐지 이 사람을 대하면 겸연쩍어지고, 겐지의 마음에 떠오르는 것은 모두 죄스러운 기억뿐이었다. 성실하고 순진하기만 한 사나이와 마주앉아서 꺼림칙하고 못된 심보를 품다니 참으로 미안했다.

남의 아내를 사랑하여 삼각관계를 빚어내는 사나이의 어리석음을 좌마두가 말했는데 그것은 진리라고 생각하자, 겐지는 우쓰세미의 냉담함이 원망스러우

나, 남편을 위해선 존경할 태도라고 느꼈다.

이요태수가 딸을 결혼시키고 이번엔 부인을 데리고 함께 간다는 이야기는 모두 겐지로서는 무심히 넘길 일이 아니었다. 애인이 먼 지방으로 떠난다는 말을 듣자 지루하게 기다릴 수가 없어서 다시 한 번 만나고 싶은 생각에 고기미를 끌어넣어 우쓰세미에게 접근할 방책을 세웠다. 그러나 그런 기회는 상대 여자도 똑같은 목적을 가졌을 때에도 힘든 일인데, 우쓰세미로서는 겐지의 사랑이 자신과 걸맞지 않다는 것을 지나칠 만큼 알고 있었으므로, 더는 죄를 지으려 하지 않았기에 도저히 겐지의 뜻대로 되지 않았다.

그렇기는 하더라도 우쓰세미는, 겐지가 자기를 잊어버리는 일이 너무나 슬퍼서 가끔 띄우는 편지에 다정한 심정을 보여주곤 했다. 아무렇지 않게 쓰는 짧은 글월 속에 가련한 마음을 담은 표현을 쓰기도 하여 그리움을 부추기는 터라, 겐지로서는 쌀쌀맞고 원망스러운 사람이면서도 한편 잊을 수 없는 여자이기도 했다. 또 한 여자는 다른 사나이와 결혼하더라도 마음대로 움직일 수 있는 여자라는 생각에 여러 소문이 들려와도 겐지는 아무렇지도 않았다.

어느덧 가을이 되었다. 겐지 자초한 일이기는 하나, 깊이 번뇌하는 일이 많아져 좌대신 댁에는 거의 발길을 하지 않았다. 좌대신 댁에서는 원망이 이만저만이 아니었다. 육조 귀녀와도 사랑을 얻기 전만큼의 열정을 다시 가지지 못하는 것도 괴로웠다. 겐지는 자기 태도 때문에 여자의 명예가 손상되는 일이 있어서는 안 되겠다고 여겼지만, 그 사람이 미치도록 그립던 예전 마음과 오늘의 마음은 거리가 있었다. 육조 귀녀는 성격이 지나치게 소심했다. 겐지보다는 여덟 살 위인 스물다섯이었으니, 여인으로서는 걸맞지 않는 상대와 사랑에 빠짐으로써 이내 또 버림을 받는 게 아닌가 하는 수심에 잠겨 내내 기다리다가 지새는 밤에는 번민하는 때가 잦았다.

안개 짙은 어느 아침, 귀환을 재촉받고 졸린 듯 탄식하면서 나가는 겐지를 여주인이 배웅하도록, 귀녀의 시녀인 중장이 격자창을 열고 휘장을 옆으로 끌어젖혔다. 그래서 귀녀는 고개를 들어 밖을 내다보았다. 색색으로 핀 정원 화초에 마음이 끌린 듯, 겐지는 걷다 서고 걷다 서고 한다. 참으로 아름답다. 겐지가 낭하 쪽으로 가는데 중장이 시중을 들었다. 중장은 이 계절에 어울리는 연보랏빛 엷은 치마를 곱게 비끄러맨 허리께가 몹시 아리따웠다. 겐지가 돌아보더니 귀퉁이 난간에 얼마 동안 중장을 붙잡아 세웠다. 그렇더라도 주종의 예절을 깍듯이 지키는 태도와 이마에 흐트러진 머릿결의 어여쁜 맵시 등으로 보아, 뛰어나게 우아했다.

아름답게 피어 있는 나팔꽃 같은 여인이여
어찌 꺾지 않고 지나갈 수 있으리 오늘 아침 사랑스런 이 나팔꽃을

"아, 어찌하면 좋으리까."
겐지는 이렇게 말하고 중장의 손을 잡았다. 중장은 당황하지 않고 순간적으로 시녀의 입장에서 여자를 꽃에 비유하여 차분히 노래를 지어 불렀다.

아침 안개도 채 걷히기 전에 돌아갈 길 서두르는 당신
나팔꽃처럼 아름다운 이에게 마음이 있지 않은 듯 보이오만

겐지의 눈길을 살짝 피해 주인의 시녀로서 인사말을 하였다. 소년무사처럼 차려입은 아름다운 한 아이가 바짓가랑이를 이슬에 적시면서 화초를 헤치고 들어가 나팔꽃을 따오기도 했다. 이 가을 뜰은 그림으로 그려보고 싶은 정취가 있었다. 겐지를 먼발치에서 본 사람은 누구나 그 아름다움을 존경했다. 그 정취를 이해하지 못하는 나무꾼이라도 쉴 자리로는 벚나무 그늘을 택함과 같다. 겐지의 아름다움을 아는 사람들은 그 신분에 따라 사랑하는 딸을 겐지의 시녀로라도 보내려 싶어하고, 오라비는 천한 계급이라도 좋으니 자신의 누이를 부디 겐지가 드나드는 집에 들여보내기를 바랐다. 하물며 이 중장처럼 정다운 말 한 마디라도 겐지에게 듣는 시녀들이라면 이런 행복을 어수룩하게 넘기지 않는다. 그러나 겐지의 정부가 된다는 것은 감히 마음먹을 수도 없는 노릇이라, 여주인한테 날마다 오시기만 해도 정말 반가울 텐데 이렇게 늘 안타까워했다.

한편 고레미쓰는 유모의 이웃집 일을 자세히 알아와 겐지에게 여러 이야기를 했다.

"아직 누군지 알아 내지는 못했습니다. 숨어 산다는 사실을 알리지 않으려

고 무척 고심하는 눈치입니다. 한가할 때면 남쪽 높은 창문이 있는 건물에서 머물다, 밖에서 수레 소리라도 나면 젊은 시녀들은 바깥을 내다봅니다. 그 주인인 듯한 여자도 가끔 그쪽에 가지요. 확실히 보지는 못했지만 그 여자는 아주 미인인 듯합니다. 며칠 전, 향도(嚮導) 소리를 앞세우고 지나가는 수레가 있었는데, 그걸 내다본 어린 시녀가 뒷건물 쪽으로 와서 '우근위*⁴님, 어서 내다보세요. 중장님이 한길로 오십니다.' 말하자, 그 궁녀가 나오더니 '얘, 조용히 해라.' 손으로 제지하면서 '아니, 어떻게 그걸 알았지? 어디 내가 좀 내다보마' 그렇게 말하며 앞집으로 가지 않겠습니까. 좁다란 널빤지가 통로라서 서둘러 걸어가는 여자가 옷자락이 걸려서 넘어지기도 하고 다리에서 떨어질 뻔도 하면서 '어머, 이게 무슨 꼴이람?' 그러면서 야단법석을 치더니만 보러 나갈 생각도 집어치운 모양이었습죠. 수레를 탄 사람은 평상복 차림인데 시종들도 함께 내렸습니다. 어린 시녀가 누구누구랑, 누구누구랑 이름을 외쳤는데 그때 나온 이름은 두중장의 시종과 소년무사의 이름이었습죠."

"그 수레 주인이 누군지 확실히 알고 싶다."

어쩌면 두중장이 못 잊어하던 패랭이꽃 노래의 여인이 아닐까 짐작하며 좀더 자세히 알고 싶어하는 겐지의 낯빛을 본 고레미쓰는 웃으며 말했다.

"실은 그 집 시녀를 잘 구슬려서 집안 구석구석을 살펴본 적이 있는데, 제가 그 집 주인이 있음을 알고 있는 데도 저쪽에서는 제법 잘 속인 줄로 생각하고 있습니다. 어린 시녀가 자칫 잘못 말을 하거나 하면 여러 핑계들로 둘러대면서 자기들뿐인 듯 행세하려 했겠지요."

"유모를 문병하러 자네 집에 가면 이웃을 엿보도록 해주게."

겐지는 그런 말을 했다. 비록 임시 거처라고는 하나 저 오조 집에 있는 사람은 하류계급 여자일 텐데, 그 속에서 재미있는 여자를 발견한다면 뜻밖의 행운이 아니겠느냐 싶었다. 겐지의 비위를 맞추기에 바쁜 고레미쓰는 그 자신 또한 호색한으로 남의 연애에 제법 흥미를 느끼는 편이라 이런저런 고심 끝에 겐지를 이웃집 여자한테 다니게끔 만들었다.

여자가 누구인지 알아내려 들지 않으면서 이름도 숨긴 채 겐지는 아주 수수한 옷차림을 하고 수레도 거의 타지 않고 다녔다. 깊이 사랑해야만 그렇게 할

---

*4 우근위(右近衛) : 황궁을 경비하는 근위부는 좌근위부와 우근위부로 나뉘었는데, 여기서는 우근위부 소속 여관(女官)을 가리킨다.

수 있으리라 고레미쓰는 이렇게 생각하며 자기 말에 겐지를 태우고 자신은 걸어서 수행했다.

"제가 이리 볼품없이 걸어다니는 모습을 보면 사람들이 깜짝 놀라겠지요."

그런 소리를 하면서 고레미쓰는 투덜거려 보였다. 맨 처음 박꽃을 꺾으러 갔던 시종과 겐지의 하인이면서 그리 얼굴이 알려지지 않은 어린 무사만 데리고 갔다. 그리고 소문이 나는 것을 꺼려서 이웃집에 들르는 일도 없었다. 그러니 여자 쪽에서도 이상한 생각이 들었다. 심부름꾼이 편지를 가져오면 몰래 뒤를 밟게 하고, 남자가 새벽녘에 돌아가는 길을 따라가 보아도 그쪽에선 이미 알아차리고는 따돌려버렸다. 겐지는 마음 속 깊이 끌려 잠깐의 관계로 그치고 싶은 생각은 없었다. 이것을 명예스럽지 못한 자존심 문제로 고민하면서도 자주 오조로 다녔다.

연애문제에서는 진지한 사람도 잘못을 저지르기 마련인데 겐지는 이제까지 여자 문제로 세상사람들의 비난을 받는 짓을 하지는 않았다. 하지만 이번에 이상할만큼 박꽃 여인에게 정신없이 쏠리고 만 마음만은 달랐다. 헤어질 때나 낮이면 그 사람을 자기 옆에서 볼 수 없다는 고통을 크게 느꼈다. 겐지는 '미친 짓이지, 그럴 만한 가치가 있는 애인이냐.' 이렇게 스스로 반성도 해보았다.

그 여인은 놀라울 만큼 행동이 우아하고 침착하며 사려깊으나 위엄이 있는 사람은 아니었다. 그리고 젊어 보이지만 남자를 도무지 모르는 것도 아닌 듯하다. 그렇다고 해서 귀부인도 아닌 듯한데 어디에 그런 매력이 있는지 고개를 갸우뚱거렸다. 일부러 평소엔 필요없는 사냥복으로 변장을 한 겐지는 얼굴을 전혀 보여주지 않았다. 훨씬 밤이 깊은 뒤에 와서는 날이 밝기 전에 돌아가곤 하기에, 여자 쪽에서는 옛날 미와노가미*⁵ 이야기만 같아서 섬뜩한 기분도 들었다. 그러나 어떤 사람이라는 것은 손의 촉감으로도 알 수 있으므로 젊은 풍류객인 것만은 틀림없으리라 생각했다. 풍류를 즐긴다는 이웃집 오위(五位)가 아닐까 고레미쓰(惟光)를 의심하곤 했지만, 그 사람은 신경 쓰지 않고 길을 오갈뿐이었다. 어찌된 일일까 여자도 보통 연애와는 다른 번민을 했다.

---

*5 미와노가미(삼륜신(三輪神)) : 어떤 여자가 매일 밤 찾아오는 남자 정체를 알기 위해 옷자락에 실을 꿰어 놓고 뒤를 밟았더니, 그 사내는 미와노가미라는 신령이었다는 전설.

겐지로서도 이렇게 진실을 숨기고 언젠가 그녀가 자취를 감추어 버리면 여자가 누구인지 알 도리가 없었다. 그리고 지금 여자가 사는 집은 임시 거처인 것이 분명하니, 어디론가 떠나버린다면 자기는 막막해질 수밖에 없을 듯하다. 어디로 갔는지 모르게 되어 이내 단념할 수 있다면 몰라도 쉽사리 단념할 수도 없는 노릇이다. 세상 눈을 꺼려 가지 못하는 밤이면 그녀가 보고 싶어 견딜 수 없는 고통을 느꼈다. 그래서 이젠 세상에는 누구라 알리지 말고 이조원으로 맞아들이자. 그것을 나쁘게 말하는 사람들이 있다 하더라도 자기는 그렇게 될 전생인연이라고 생각하는 도리밖엔 없다. 이토록 여자에게 마음이 끌린 경험이 과거에 없었던 것을 생각하면, 아무래도 이렇게 될 운명으로 해석함이 옳을 듯하다는 생각이 든 겐지는 여자에게 말했다.

"좀더 마음이 편한 집으로 가서 천천히 이야기를 나누지 않겠습니까?"

"그런 말씀을 하셔도 당신의 모습이 어딘가 신비롭고 보통 사람들과 달라보여 내키지 않습니다."

천진한 목소리로 유가오가 말했다. 겐지는 저절로 미소가 지어졌다.

"그래? 어느 쪽이 둔갑한 여우일까? 한 번 알아보는 게 어떻겠나."

겐지가 정답게 말하자 여자도 차츰 그래도 괜찮을 듯한 기분이 되어갔다. 어떤 결점이 있든간에 이토록 순진한 여자를 사랑하지 않을 수 있을까 겐지는 두중장이 못 잊어 하던 여자가 바로 이 사람인 것만 같았다. 그러나 숨기는 데는 그만한 까닭이 있겠지 싶어서 굳이 묻지는 않았다. 자주 찾아오지 않고 내버려 둔다면 마음이 바뀔지도 모르지만 그렇게 하지만 화가 나는 일이 있어도 갑자기 숨어버릴 듯한 사람으로는 보이지 않았기에 오히려 겐지 쪽에서 다른 여인에게 한눈을 파는 게 더 있을 법한 이야기라는 생각마저 들었다.

8월 보름날이었다. 판자지붕 여기저기 벌어진 틈으로 환한 달빛이 비쳐 들어와서 좁은 집 안의 물건들이 겐지의 눈에 선명하게 드러나 보였다. 벌써 새벽녘이 다 된 시각인 듯했다. 동네 집에서 가난한 남자들이 잠이 깨어 큰 소리로 떠드는 말소리가 들려왔다.

"어, 추워. 올해는 정말 장사가 잘될 자신이 없는걸. 장돌뱅이도 할 수 없을 것 같으니 야단났어. 여보쇼, 옆집 양반. 좀 들어보시구려."

그날그날 생업을 위해 일어나서 슬슬 노동을 하기 시작하는 소리가 가까이에서 들려오자 여자는 부끄러워했다. 자존심이 센 여자라면 죽고 싶도록 창피하게 생각해야 할 테지만 유가오의 태도는 대범했다. 타인에 대한 원망도 자신에 대한 슬픔도 체면 깎이는 수치도 되도록 내색하지 않으려는 것 같다. 자기 자신은 귀족의 자녀답게 규수답게, 비천한 이웃의 대화 내용도 잘 이해하지 못하는 순진한 모습이 부끄러워하는 자태보다는 도리어 호감이 갔다.

디딜방아 소리가 천둥보다 더 무섭게 잠자리 바로 옆에서 들려왔다. 겐지도 정말 너무 시끄럽다 싶었지만 무슨 소리인지는 알지 못했다. 뭔가가 참을 수 없을 만큼 큰 소리를 일으키는 것이려니 생각할 뿐이었다. 그 밖에도 이런저런 요란한 소리가 들려왔다. 흰 삼베 천을 두드리는 다듬이 소리가 여기저기서 희미하게 울렸고 하늘을 날아가는 기러기소리도 들려 왔다. 가을의 애수가 저절로 스며든다.

뜰에 가까운 방이었으므로 옆의 미닫이를 열고 둘은 바깥을 바라보았다. 조그마한 뜰에 아담한 대나무가 서 있는데, 풀 위 이슬은 이런 곳에 있어도 이 조원 뜰 안 동산과 다름없이 반짝이고 있었다. 벌레도 수없이 울었다. 벽 속이나 사람이 사는 곳 가까이에서 운다는 귀뚜라미조차 겐지는 여태까지 먼 데서 우는 소리만 들었었다. 여기서는 어느 벌레나 바로 귓전에 와 앉아서 우는 듯 들리니 색다른 정취로 느끼는 것도, 그녀를 깊이 사랑하는 마음이 무엇이든 좋게 받아들이게 하기 때문이리라. 흰 겹옷에 보드라운 연보라빛 옷을 겹쳐 입은 여인의 모습이 화려하지는 않지만, 날씬하고 어딘가 두드러지게 좋다고 할 만한 구석은 없어도 섬세한 느낌을 주는 미인으로, 말하자면 무척 가냘프고 귀여운 인상을 풍겼다. 그래도 조금은 어른스러웠으면 아쉬운 점이 있긴 하지만 겐지는 그녀를 좀더 깊이 알고 싶은 생각에서 이렇게 말했다.

"자, 어서 갑시다. 이 근처 어느 집에나 가서 내일까지 천천히 이야길 합시다. 이렇게 어두운 밤에 헤어지는 건 괴롭단 말이오."

"어째서 그렇게 급한 말씀을 하시죠?"

박꽃 여인은 대범하게 말했다. 변함없는 사랑을, 죽은 뒤 세상에서까지 계속하자고 겐지가 맹세하는 것을 보고, 아무런 의심도 품지 않고 철석같이 믿으며 좋아하는 순진한 태도는, 세상 일에 익숙한 여자로는 보이지 않는 귀여움이 있다. 겐지는 이젠 누구의 지탄도 거리낄 필요가 없다고, 우근위에게 수행원을 불러 수레를 뜰 안으로 끌어들이게 했다. 여자의 시녀들도 이 남자가 주인을 깊이 사랑함을 알았기에, 누군지는 모르면서도 무척 신뢰했다.

날이 환하게 밝아왔다. 이 집에 닭 우는 소리는 들려오지 않고 현세공덕(現世功德)을 바라는 미타케교*6라도 믿는 것인지, 섰다 앉았다 하면서 매우 분주하게 괴로운 듯 기도하는 어느 노인의 목소리가 들렸다. 겐지는 절실한 느낌이 들었다. 아침 이슬처럼 목숨이 짧은 인간인데, 이승에 무슨 미련이 있어서 기도 같은 걸 할까 싶어 듣고 있었다.

"나무당래도사(南無當來導師)"

이렇게 중얼거리며 절을 하는 듯하다.

"저 소리를 들어보시오. 저 노인들은 내세를 믿으니, 이 세상의 삶이 전부라고 여기지는 않겠지요."

이렇게 말하며 안타까운 마음에 노래를 읊었다.

저 수행자들 기도소리를 불도의 길잡이로 삼아
그대여 내세까지 우리 깊은 사랑의 인연 변치 않기를

중국의 현종 황제와 양귀비가 장생전에서 나눈 사랑의 맹세는 죽음의 이별로 끝나 불길하니, 비익조로 환생하자는 약속대신에 미륵보살이 이 세상으로 오신다는 오십육억 칠천만 년, 오늘로부터 아득하게 먼 미래의 그날까지라 약속했다 하니 참으로 허풍스런 이야기가 아닐 수 없다.

전생의 불운마저 헤아려야하는 박복한 이내 신세
앞날의 맹세 따위 어찌 벌써부터 믿을 수 있으리오

여자는 이렇게 화답했다. 노래를 읊는 재능이 뛰어나지는 않다. 달빛이 산을 넘으려는 어두운 밤에 밖으로 나가기를 주저하는 그녀에게 겐지가 여러 말로 달래어 함께 가기를 권하는 새에, 달도 들어가버리고 동녘 하늘이 훤하게 가을철 먼동이 트기 시작한다.

남의 눈에 뜨일세라 겐지는 떠날 채비를 서둘렀다. 겐지는 여자의 몸을 가벼이 안아서 수레에 태웠다. 우근위 시종도 함께 탔다. 오조에 가까운 황실의 이

----

*6 미타케교(御嶽敎) : 신도(神道)의 하나. 나가노겐(장야현(長野縣))에 있는 미타케진자(어악신사(御嶽神社))를 믿는 데서 나온 이름.

궁(離宮)인 모원에 이르렀다. 불러낸 관리인이 나올 때까지 세워 둔 수레 위로, 넉줄고사리가 무성하게 자란 대문 지붕이 보였다. 울창한 거목이 짙은 그늘을 드리웠다.

안개가 자욱하여 눅눅한데, 수레의 발까지 올려놓은 터라 겐지의 소맷자락이 축축하게 젖었다.

"내 이런 경험은 처음인데, 그리 쉽지만은 않군."

이토록 어두운 새벽길을 헤매인건 처음이구나
옛 사람들도 사랑을 위해 이렇게 헤매였을까

"그대는 이런 경험이 있소이까?"
겐지가 묻자, 여자는 부끄러운 듯 이렇게 노래했다.

이제 저물려는 산자락의 본심도 모르고
다가가는 달은 어쩌면 하늘에서 사라져버릴지도 모르니

"두렵사옵니다."
이렇게 중얼거리며 여자는 정말 무서운 듯 겁먹은 표정을 짓는 터라, 그 좁은 집에서 여럿이 함께 지내는 생활에 익숙한 탓이겠거니 싶어 겐지는 웃음이 나오려 했다.

대문 안에 수레를 넣고 서쪽 별채에 준비를 시키는 동안, 난간에 수레 채를 걸쳐놓고 겐지는 뜰에 있었다. 우근위는 아리따운 정취를 맛보면서, 지난날을 떠올렸다. 직접 나와서 손님 대접을 하는 관리인의 정중하기 그지없는 태도로 보아, 이 풍류객이 누구인지 우근위는 짐작할 수 있었다. 어둑어둑해져서야 집 안으로 들어갔다. 갑작스러운 준비이긴 했지만 사랑방은 그럴듯하게 마련되어 있었다.

"누구나 알 만한 사람이 아무도 수행하지 않았으니 웬일이시옵니까?"
이렇게 말한 관리인은 늘 드나드는 겐지의 하급 케이시〔가사(家司)〕*7의 한

---

*7 케이시〔가사(家司)〕: 가사관리인(家事管理人).

사람이기도 했으므로, 사랑방 가까이 오더니 우근위를 보고 물었다.

"누구든 사람을 불러 오도록 할깝쇼?"

"모처럼 아무도 없는 처소로 여기를 택한 것이니, 너만의 비밀로 해두어라."

겐지는 그렇게 입막음을 시켰다. 죽이 나오긴 했지만 식사 시중들 사람이나 그릇이 제대로 갖춰지지 않아 주어진 대로 참는 수밖에 없었다. 이런 경험이 없는 겐지는 모든 것을 크게 신경 쓰지 않고, 오직 연인과 거리낌없이 이야기를 주고받는 즐거움에 흠뻑 취하려 했다.

겐지는 해가 중천에 올라서야 잠자리에서 일어나 직접 격자창을 들어올렸다. 뜰은 너무 황폐하여 인적조차 없고 멀리까지 한눈에 내다보였다. 오래된 커다란 나무들이 울창히 서 있어 을씨년스럽게 느껴졌다.

뜰 앞 초목은 이렇다 할 아름다움도 없이, 온통 가을 벌판처럼 황량하기만 하다. 연못 또한 물풀로 무성하다. 정말이지 어느새 이렇게 끔찍하고 살벌한 폐원이 되었을까.

별채에 방을 만들어 사람들이 살고 있는 듯한데, 이쪽과는 꽤 멀리 떨어져 있다.

"사람이 발길조차 하지 않는 음산한 곳이 되고 말았구나. 귀신이 살고 있다 해도 나는 건드리지 않겠지."

이렇게 겐지는 중얼거렸는데, 그 얼굴이 아직도 복면에 가려져 있다. 여자가 복면이 답답하고 서먹서먹하다며 싫어하니, 겐지도 이렇듯 깊은 사이가 되었는데 여전히 얼굴을 숨기기가 미안해 처음으로 복면을 벗었다.

어슴푸레한 저녁 얼굴을 보이게 된 것은
지나던 길에 모습을 들켰던 인연덕분이구나

"어떠하오? 하얀 이슬처럼 빛난다는 내 얼굴이."

겐지가 말하자, 여자는 힐긋 곁눈질을 하면서 낮은 목소리로 화답했다.

이슬에 젖어 반짝이듯 빛나던 얼굴
가까이서 보니 그만은 못하여 해질녘이라 잘못 본 듯하오 겐지는 여자의 이런 노래마저 귀여워 보였다.

완전히 모습을 드러내고 마음을 연 겐지는 세상에 둘도 없을 만큼 아름다웠다. 더욱이 장소가 이렇듯 음산한 탓인가 한결 아름다움이 돋보여 귀신마저 매료되지 않을까 불길하기만 했다.

"언제까지나 진실을 털어놓지 않는 게 섭섭해서 나도 누구라는 걸 숨겨 왔지만 이젠 내가 졌소. 자, 이젠 됐겠지. 당신 이름을 말해 주시오. 보통 사람과는 매우 다른 듯하구려."

겐지가 이렇게 말하자 여자가 대꾸했다.

"집도 절도 없는 여자랍니다."

응석을 부리듯 말하며 아직 확실하게 털어놓지 않는 태도조차 아름다워 보였다.

"별수 없군, 내가 잘못했으니까."

겐지는 원망과 영원한 사랑의 맹세를 하면서 시간을 보냈다.

고레미쓰가 겐지가 있는 곳을 알아내 과일들을 준비해서 사랑방으로 보내 왔다. 그는 이제까지 모른 체했다고 우근위가 미워할까봐 가까이 오려 하지 않았다. 고레미쓰는 겐지가 주위 사람들에게 걱정을 끼쳐가면서까지 가는 곳을 감추고, 꼬박 하루를 다 보낼 만큼 열중할 수 있는 여자는 그만한 가치가 있으리라 여겼다. 그리고 마땅히 자기 소유가 될 수 있을 뻔한 여자를, 주군에게 양보한 자기는 정말로 마음이 넓은 사람이라고 질투 비슷한 심정으로 자조도 하고 선망도 했다.

조용한 저녁 하늘을 바라보면서, 안쪽은 어두워 음산하다고 불안해하니 겐지는 툇마루 발을 쳐들고 저녁놀 구름을 함께 보았다. 노을 빛에 물든 얼굴을 바라보며 여자도 이런 곳에 자신이 온걸 신기하게 여기면서 차츰 사소한 걱정과 근심은 잊어버리고 조금씩 마음을 여는 모습이 참으로 사랑스러웠다. 살그머니 겐지 곁으로 다가앉으면서, 이런 곳이 무서워서 못 견디겠다는 모습도 사뭇 귀여워 보였다. 겐지는 격자창을 일찌감치 내리고 불을 밝히도록 했다.

"이제 나는 아무 비밀도 없는데 당신은 아직도 감추고 있으니 서운하구려."

그렇게 겐지는 원망 어린 말을 했다. 천황께서는 분명 오늘도 자기를 부르셨을 터인데 사람들은 어디서 나를 찾을까 상상하면서도 이토록까지 이 여자와 사랑에 빠진 자신이 기이하게 느껴졌다. 육조도 얼마나 고민하고 있을까. 미움

받는 일은 괴로우나 어쩔 수 없는 일이라며 애인에 대한 걱정이 가장 먼저 떠올랐다. 천진하게 남자를 믿고 함께 있는 여자에게 사랑을 느끼는 동시에, 지나치게 높은 자존심으로 스스로 괴로워할 수밖에 없는 육조의 귀녀를 떠올리자, 그 점을 좀 고칠 수만 있다면 겐지는 눈앞의 여자와 견주어보면 생각했다.

밤이 찾아오자 잠든 두 사람 베갯머리에, 소스라칠 만큼 아름다운 여자가 앉아서 이렇게 말했다.

"진정으로 당신을 사랑하고 흠모하는 이 몸을 버리고, 이렇듯 평범하고 보잘것없는 여자를 데리고 다니며 총애하시다니 너무 합니다. 뜻밖의 일이라 분하고 억울하옵니다."

그러면서 겐지 곁에서 자고 있는 여자를 붙잡아 깨우려는 꿈을 꾸었다.

겐지가 가위에 눌린 듯 가슴이 답답하여 눈을 뜨자 갑자기 등잔불이 꺼졌다. 캄캄한 어둠 속에서 불길한 느낌에 칼을 뽑아 머리맡에 놓아두고서 우근위를 깨웠다. 우근위도 무서워서 못 견디겠다는 듯이 가까이 다가왔다.

"회랑(廻廊)에 있는 숙직원들을 깨워 촛불을 켜가지고 오도록 하게."

"어찌 저더러 거기까지 가라 하시옵니까? 이렇게 어두운데."

"어린애 같은 소리."

겐지가 애써 웃으며 손뼉을 치자, 메아리가 되어 울려퍼졌다. 무시무시하기 이를 데 없었다. 그런데도 그 소리를 듣고 달려오는 사람은 아무도 없다.

유가오는 정말 무서운지 오들오들 떨고 있다. 흠뻑 땀을 흘리면서 의식도 있는지 없는지 의심스럽다.

"매우 겁이 많으신 편이라서 괜찮으실지 모르겠사옵니다."

우근위가 말했다. 연약하고 겁이 많은 여자라서 오늘 낮에도 방안을 둘러보지도 못하고 하늘만 바라보던 모습을 생각하자 겐지는 가엾은 마음을 금할 수 없었다.

"내가 가서 사람들을 깨우지. 손뼉을 치니 메아리 때문에 시끄럽군. 잠시 이리로 다가와 앉아 있도록 해."

우근위를 침실 쪽에 앉게 하고서 서쪽 끝 쌍바라지께로 나가 문을 밀치자, 갑자기 회랑에 켜져 있던 불도 꺼졌다. 바람이 조금 불어온다. 이런 밤에 몇 안 되는 시종조차 모두 잠들었다. 이궁(離宮)을 맡은 관리인의 아들로 평소 겐

지가 부리던 젊은 사나이, 그리고 시동이 하나, 예의 수행원들만이 숙직을 했다. 겐지가 부르자 대답을 하고 일어나 나왔다.

"촛불을 켜가지고 오게. 수행원에게 활시위 소리를 내고 자꾸 소리를 쳐서 마귀를 쫓도록 분부하여라. 이런 괴이하고 적적한 곳에서 마음 놓고 자면 쓰겠느냐. 아까 고레미쓰가 왔다고 했는데 어떻게 되었는가."

"오셨사오나 볼일도 없고 하니 새벽녘에 맞으러 오시겠다면서 가셨습니다."

이렇게 겐지와 문답을 한 사람은 경비소에 근무하는 무사라서 익숙하게 활시위를 당겨 소리를 내며 외쳤다.

"불조심, 불조심."

그러고는 부친인 관리인의 거처 쪽으로 갔다. 겐지는 지금쯤 대궐에선 어떻게 하고들 있을까 생각했다. 대궐 숙직 관리가 성명을 확인하는 점호가 이젠 끝나고, 경비소 무사의 숙직 상주가 있을 시각이라 짐작되니 아직 한밤중은 아니었다. 침실로 돌아와서 어둠 속을 손으로 더듬어보니 유가오는 아까처럼 누워 있고, 우근위가 그 곁에 엎드려 있었다.

"어찌된 일이냐. 아무리 겁이 많더라도 심하지 않은가. 이런 빈 집은 도술을 부리는 여우 따위가 나와 사람을 놀래키기 일쑤지만 내가 있으니 걱정할 필요 없소."

겐지는 우근위를 끌어 일으켰다.

"어찌나 두려운지 고개를 들 수 없었사옵니다. 마님께선 괜찮으신지요?"

"자자, 어서 일어나시오."

그러면서 손으로 더듬으니 유가오는 숨도 쉬지 않았다. 아무리 뒤흔들어 보아도 이리 흔들 저리 흔들 도무지 힘이 없었다. 겐지는 앳되고 연약한 사람이라 무슨 마귀에라도 홀려서 이러는 것이겠거니 생각하며 한탄했다. 이윽고 촛불이 왔다.

우근위는 일어설 힘도 걸어갈 힘도 없어보이므로, 겐지는 침실 가까이에 있는 휘장을 끌어당기며 말했다.

"좀더 이리로 가져오게."

주군 침실에 들어가는 무엄한 행동을 해본 적이 없는 경비원은, 방 안으로 들어오려고 하지 않는다.

"이리로 좀 가져오게. 무슨 일이건 장소에 따라 맞게 할 일이야."

촛불을 가까이에 들고 보니, 이 침실 베개 가까이에 겐지가 꿈에서 본 얼굴과 똑같이 생긴 여자가 보이더니 스르르 사라져버렸다. 옛 소설에는 이런 일도 씌어 있지만 실제로 있을 줄은 몰랐다고 생각하니 겐지는 무서운 느낌이 와락 들었다. 그래도 애인은 괜찮을까 이런 불안이 앞설뿐 자신이 어찌되지 않을까 하는 공포심은 덜했다.

"이것 봐요."

겐지는 옆에 누워서 괴이한 잠에서 깨우려 했지만, 유가오의 몸은 이미 싸늘하게 식었고 숨을 거둔지 오래였다. 어떻게 손을 써볼 도리가 없었다. 이런 일에 어찌 대처하면 좋을지 몰랐고 의논할 상대 또한 없었다. 법사라도 있었으면 이럴 때 힘이 되어 주었으리라. 용감한 척 굴기는 했지만, 아직은 어려 눈앞에서 여자가 숨을 거둔 모습을 보고는 어쩔 줄 몰라하며 싸늘한 그녀의 몸을 꼭 껴안고 슬픔에 겨워했다.

"제발 부탁이니 눈을 떠보시오. 내게 이런 시련을 겪게 하지 마시오."

허나 싸늘하게 식은 여자의 몸에는 벌써 죽음의 반점이 나타나고 있었다. 우근위는 이젠 공포심도 사라졌다. 유가오가 죽은 걸 깨닫자 울음을 터뜨렸다. 예전에 자신전(紫宸殿)에 나온 귀신이 데이신코[8]를 위협했으나, 그분의 위엄에 눌려 달아났다는 이야기를 떠올리고, 겐지는 기운을 내려 했다.

"이대로 죽으면 안되오. 밤이라 소리가 더 크게 울리니 조용히 해라."

겐지는 우근위에게 주의를 주면서도 애인과의 만남이 눈 깜짝할 사이에 이렇게 되어버렸다고 생각하니 기가 막힐 뿐이었다. 서둘러 경비원을 불러 일렀다.

"이곳에 귀신에 씌어 고통을 받는 사람이 있으니, 고레미쓰 집에 가서 어서 오라는 분부를 전하라. 또 그 사람의 형인 아사리(阿闍梨)가 있거든 그도 함께 오도록 고레미쓰한테 말하라. 비구니인 그의 어미가 들으면 근심할 터이니 크게 떠들지는 말도록. 그 노인네는 내가 남루한 옷차림으로 남몰래 다니는 것도 야단치며 말리는 사람이야."

그렇게 말하면서도 가슴은 무너지는 듯했다. 애인을 허무하게 죽게 만든 슬

---

*8 데이신코(貞信公) : 후지와라노 타다히라(등원충평(藤原忠平))(880~949). 이 사람이 자신전(紫辰殿) 뒤뜰을 거니는데 도깨비가 패검(佩劍)을 붙잡기에 그 손을 자르려 하자, 도깨비가 달아났다는 전설이 있다.

품도 참을 수 없었지만, 주위에 엄습한 두려움이 뼈에 사무치는 듯했다. 이제 자정이 넘었나보다. 바람은 조금 전보다도 거칠어지고, 그 바람에 울리는 소나무 가지 소리는 이곳이 그들 거목에 깊숙이 둘러싸인 쓸쓸한 낡은 이궁(離宮)임을 새삼스레 느끼게 했다. 어디선가 낯선 새가 쉰 목소리로 울었다. 저게 부엉이라는 새인가 싶었다. 생각해 보니, 마을에서 멀리 떨어져 사람 소리도 들을 수 없는 이런 적막한 곳으로 왜 왔던가, 겐지의 마음속에는 후회가 자꾸만 밀려왔다.

우근위는 정신없이 유가오 곁에 다가앉았다. 그녀는 덜덜 떨다가 그대로 죽어버릴 것만 같았다. 그것이 걱정되어 겐지는 한사코 우근위를 붙잡았다. 한 사람은 죽고 한 사람은 제정신을 못 차리는데 자기 혼자만 멀쩡하다고 생각하니 겐지는 미칠 지경이었다. 불빛은 희미하게 깜박거리고 방 한가운데를 칸막이한 곳에 세운 병풍 위며, 방 안 구석구석이나 어두운 곳이 보이는 이쪽으로, 꼭 무엇인가 뒤에서 저벅저벅 발소리를 내며 다가오는 것만 같았다. 겐지는 고레미쓰가 빨리 와 주었으면 생각뿐이었다. 고레미쓰는 머무를 집을 여럿 가지고 있다보니, 수행원이 이쪽저쪽 찾아다니느라 날이 밝아오기 시작했다. 그 동안 시간은 천일 밤을 지내는 듯 느껴졌다.

마침내 저 멀리서 새벽닭 울음소리가 들려왔다.
"전생에 무슨 인연이었길래 이렇듯 목숨을 건 불행을 겪는 걸까. 내가 자초한 일이라고는 하나, 사랑해선 안될 후지쓰보 님을 비밀리에 사랑한 죄 때문에 이렇듯 지난날은 물론 앞으로도 없을 사건이 일어난 것이겠지. 아무리 숨기려 해도 세상일을 모두 숨길 수는 없으니, 언젠가 천황마마 귀에 들어갈 것은 물론이요, 재밋거리 삼아 사람들 입방아에 오르내리다 경망스러운 도읍의 젊은이들 입에까지 오르내릴게 뻔한 일. 어리석게도 끝내 오명을 뒤집어쓰게 되는 것인가!"
겐지는 이렇게 한탄했다.

그제야 고레미쓰가 나타났다. 밤중이건 새벽이건 겐지가 부르면 어디든 따라다니던 사나이가, 하필 오늘 밤엔 곁에 있어주지 않았고 부르러 사람을 보내도 얼른 오지 않았으며, 뒤늦게 도착한 게 겐지로서는 못마땅했지만 지금

은 침실로 불렀다. 슬픈 고독을 구제해 줄 손은 고레미쓰에게만 있음을 겐지는 알았다. 고레미쓰를 가까이에 부르기는 불렀으나 이제 말하려는 사실이 너무나도 슬픈 일이라 갑자기 말문이 막혔다. 우근위는 이웃집 고레미쓰가 온 것을 알자 처음부터 이제까지, 죽은 마님과 겐지의 만남이 꼬리에 꼬리를 물고 떠올라 울고 있었다. 겐지도 여태껏 강한 사람인 체 그녀를 끌어안고 당당히 있었지만, 고레미쓰가 오자 안도의 숨을 내쉬며 비로소 마음속에서 커다란 슬픔이 울컥 끓어올랐다. 한바탕 실컷 울고 나서 겐지는 망설이듯 말했다.

"괴이한 일이 일어났네. 경악이라는 말로밖에 표현할 수 없는 참담한 일을 당했다네. 사람 몸에 이런 급변이 일어날 땐 절간에 물건을 보내어 독경을 부탁하는 법이라 했으니, 그걸 시키도록 하게. 발원도 올려볼까 해서 아사리도 와달라고 했는데, 그는 어디 있는가?"

"어제 에이잔*9으로 돌아갔습니다. 그런데 이게 웬일입니까. 참으로 이상한 일입니다. 전부터 몸이 좀 불편하셨던가요?"

"그렇지도 않았다네."

슬피 우는 겐지 모습을 보고 고레미쓰도 덩달아 소리를 내어 울기 시작했다. 나이를 먹어 많은 경험을 쌓은 사람이 있으면 이럴 때 힘이 되어 줄텐데. 겐지도 우근위도 고레미쓰도 모두 다 젊은 터라 뭘 어떻게 처리해야 할지 엄두도 내지 못했다. 가까스로 고레미쓰가 이렇게 말했다.

"궁지기에게 진상을 알려줄 필요는 없습니다. 그 사람은 믿을만 하더라도 비밀을 지키지 못할 입이 가벼운 사람이 가족 가운데 분명히 있을 것입니다. 아무튼 이 집에서 나가도록 하십시오."

"하지만 여기만큼 사람이 적은 곳이 또 어디 있나?"

"그건 그렇습니다. 오조 이웃 집으로 돌아가면 시녀들이 슬프다고 법석을 피우겠지요. 다닥다닥 붙은 동네에 그런 소리가 들리면 금세 세상에 알려지고 맙니다. 산속의 절은 죽은 사람 장례를 많이 치르니, 사람 눈을 피하기엔 안성맞춤인가 하옵니다."

그리곤 이모저모 생각하던 고레미쓰는 이렇게 말했다.

---

*9 에이잔(예산(叡山)) : 교토 동북쪽에 있는 히에이잔(비예산(比叡山))의 다른 이름. 이 산에 천태종(天台宗) 총본산인 엔랴쿠지(연력사(延暦寺))가 있다.

"예전에 알고 지내던 시녀가 비구니가 되어 사는 집이 히가시야마*¹⁰에 있사오니 그리로 옮깁시다. 아버지의 유모였던 분인데 이젠 노인이 된 부인이지요. 히가시야마라서 사람들이 많이 가는 곳입니다만 그 집만은 한적합니다."

그렇게 말하고, 밤에서 아침으로 넘어가는 시각 어스름을 틈타 수레를 툇마루까지 들어오게 했다.

겐지가 주검을 수레에 싣기에는 어울리지 않은 것 같아서, 고레미쓰가 돗자리에 말아 수레에 실었다. 아담한 그녀의 주검은 불쾌감을 주지 않았으며 오히려 아름답게 느껴졌다. 탄탄히 말기가 꺼려져 살포시 감쌌더니 돗자리 틈새로 머리칼이 좀 흘러나와 있었다. 그것을 본 겐지는 눈앞이 캄캄해지는 슬픔에 젖어 연기로 바뀌는 마지막 순간까지 따라가려고 했으나, 고레미쓰가 서둘러 말했다.

"마마께서는 이조원으로 가 계시도록 하십시오. 세상사람들이 일어나기 전에."

고레미쓰는 우근위와 함께 유해를 마차에 태웠다. 그리고 자기 말은 겐지에게 주고 자신은 걸어 가려 하카마 끈을 올려매고 떠났다. 마음으로는 퍽 꺼림칙했지만 비탄에 잠긴 겐지를 보고서는 자기야 아무려면 어떠랴 싶었다.

겐지는 허망한 마음으로 망연자실한 채 이조원으로 돌아왔다.

"어디에서 오시는 길이옵니까. 안색이 안 좋아 보입니다."

시녀들이 말했다. 겐지는 곧장 침소로 들어 두근거리는 가슴을 진정시키며 조용히 생각해보지만, 슬픔을 참을 수 없었다.

'어째서 그 수레를 함께 타고 가지 않았단 말인가. 만일 여자가 다시 살아난다면 내가 그 자리에 없음을 무어라 생각할까. 자기를 버리고 떠나버렸다고 얼마나 슬퍼하겠는가.'

이토록 혼란스럽고 애틋한 마음에 설움이 북받쳐 올랐다. 머리가 깨지듯 아프고 열도 있어 괴롭고 기분까지 좋지 않아 어찌할 바를 모르니, 이렇게 약해져서야 나도 그 사람 뒤를 따를지 모르겠다 싶었다.

해가 중천에 올랐는데도 자리에서 일어나지 않자, 시녀들이 이상히 여기고 죽을 끓여 올렸으나, 겐지는 그저 괴롭고 허망한 생각뿐이었다.

---

*10 히가시야마(동산(東山)) : 교토의 가모가와(하무천(賀茂川)) 동쪽에 있는 언덕.

그때 궁중에서 천황의 명을 받은 좌대신의 아들들이 왔다. 어제 겐지의 행방을 알아내지 못한 천황께서 몹시 걱정을 했던 것이다. 겐지는 두중장만 방으로 들였다.

"부정 탄 일이 있어 그러니 잠시 이쪽으로 들게."

두 사람은 발을 사이에 두고 마주했다.

"내 유모였던 여인네가 이번 5월께부터 중병을 앓았는데, 여승이 되고서 그 효험 덕인지 좀 차도가 있었으나 요즘 다시 악화됐다네. 생전에 한 번만 다시 방문해 달라고 하기에, 어릴 적부터 폐를 끼친 사람이 떠나실 길에 원망을 받게 되면 참혹한 일 같아서 문병을 갔다네. 그런데 그 집 하인이 전부터 병을 앓고 있었는데 내가 가 있는 동안에 죽었단 말일세. 나한테 송구스러워서 감췄다가 밤에 살그머니 주검을 밖으로 운반해 냈다는 걸 뒤늦게 나는 알았다네. 대궐에선 신사(神事) 관계로 일이 많으실 시기라서, 그런 부정을 탄 자는 삼가야겠기에 근신하는 중일세. 게다가 오늘 아침께부터 어째 감기가 들었지 머리가 아프고 답답해서 이렇게 실례를 하네."

그런 소리로 겐지는 얼버무리자 두중장이 말했다.

"그럼 그렇게 주상께 아뢰겠네. 어젯밤에도 음악회가 있었는데, 주상께서는 몸소 지시를 내리시면서 이쪽저쪽으로 겐지마마를 찾아내게 하셨지만, 안 계시는 걸 아시자 퍽 언짢아하시는 듯싶었네."

그러더니 돌아가려다가 다시 와서 물었다.

"아니, 그런데 어떤 부정을 타셨다는 말인가? 지금 말씀 같아선 어째 믿어지지 않네그려."

두중장의 말에 겐지는 흠칫 놀라 주춤했다.

"오늘 말한 것처럼 자세히는 이야기 하지 말고, 그냥 뜻밖으로 부정을 탔다고만 아뢰게. 그러니 오늘은 이만 실례하오."

아무렇지도 않은 듯 말했으나, 속으로는 애인의 죽음이 떠올라 겐지는 몹시 우울해졌다. 누구의 얼굴도 보고 싶지 않았다. 심부름하는 장인소(藏人所) 직원을 불러놓고, 다시 두중장에게 이야기한 부정 탄 사정을 천황에게 자세히 아뢰라고 당부했다. 좌대신 댁에도 그런 사정으로 못 간다는 편지를 이미 보냈었다.

날이 저물어 고레미쓰가 찾아왔다. 겐지가 죽은 사람으로 인해 부정을 탔다고 하자 찾아온 사람들도 모두 자리에 앉지 못하고 서둘러 돌아가니, 이조원은 사람들이 많지 않아 한적했다.

겐지는 고레미쓰를 가까이 불러들여 물으며 소맷자락으로 얼굴을 가리고 눈물을 흘렸다.

"어찌 되었느냐. 그래 다시 살아날 가능성은 없더냐?"

그러자 고레미쓰도 눈물을 흘리며 말했다.

"돌아가셨사옵니다. 시신을 마냥 그곳에 놔둘 수는 없습니다. 내일이 마침 장례에 길일이라 제가 아는 고명한 노승에게 장례준비에 만반을 다하라 일러두었습니다."

"함께 따라간 시녀는 어찌 되었느냐?"

겐지의 물음에 고레미쓰가 답했다.

"그 시녀도 살아갈 수 있을지 의문스럽사옵니다. 아씨를 뒤따라가야 한다면서 울부짖고, 오늘 아침에는 계곡에 몸을 던질 듯했사옵니다. '오조 이웃 집 사람들에게 이 일을 알리고 싶다'고 하기에, 마음을 좀 가라앉히고 앞뒤 사정을 고려하고서 알리라고 먼저 만류하였사옵니다."

겐지 또한 우근위가 가엾어 이렇게 말했다.

"나도 마음이 몹시 혼란스러워 죽을 것만 같구나!"

"무슨 말씀을 그리 하십니까. 슬퍼 마시옵소서. 모든 게 전생의 인연이옵니다. 남들이 알까봐 이 몸이 모든 것을 알아서 처리했사옵니다."

고레미쓰가 말했다.

"그래, 나도 운명이라 여기지만 경솔한 연애로 사람을 죽게 했다는 책임을 느낀단 말일세. 자네 누이인 소장 명부에게라도 말하면 안되네. 유모 또한 늘 그런 일을 하면 안 된다고 잔소릴 늘어놓는데 만일 알게 되면 창피해서 내 어디 견디겠는가."

"절의 스님들에게도 잘 이야기를 해두었습죠."

그렇게 고레미쓰가 말하는 것을 듣고야 겐지는 안심한 모양이었다. 밀담을 나누는 모습을 본 시녀들은 수상쩍다는 듯이 말했다.

"어째 좀 이상하네요. 부정을 탔다면서 입궐도 안 하시고, 이렇듯 수군수군하시며 슬퍼하고 계시니. 아무래도 석연치가 않아요."

"장례는 간단하더라도 너무 보기 흉하지 않았으면 좋겠네."

겐지가 말했다.

"아니옵니다. 그리 거창하게 치르지 않는 게 좋을 듯싶사옵니다."

그렇게 반대를 하고, 돌아가려는 고레미쓰를 보자 겐지는 갑자기 또 슬퍼졌다.

"자넨 안 된다고 생각할지 모르나 나는 다시 한 번 주검이 보고 싶단 말일세. 그래야만 이런 울적함에서 헤어날 수 있을 것 같으니, 말을 타고라도 가볼까 하는데."

고레미쓰는 주인의 그런 바람을 어처구니없는 경솔한 짓이라고 여겼지만 달리 어떻게 해볼 도리가 없었다.

"정 그렇게 생각하신다면 별수 없지요. 그럼 얼른 가셨다가 밤이 깊어지기 전에 돌아오시지요."

겐지는 요즘의 은밀한 나들이를 위해 만든 간편복으로 갈아입고 집을 나섰다.

마음이 혼란스럽고 암담하여 견딜 수가 없어 장례를 치르는 절로 가려 집을 나서기는 했으나, 어젯밤의 위험천만한 경험에 넌더리가 났고, 한편으로는 어찌하면 좋을지 망설여지기도 했다.

하지만 그냥 이대로는 슬픔을 견딜 길이 없었다. 화장을 하기 전에 한 번이라도 죽은 이의 시신을 보지 않고는 언제 다시 이 세상에 살던 날의 그 연인의 모습을 만나볼 수 있을까 싶어 슬픔을 참으면서, 늘 데리고 다니는 고레미쓰와 수행원과 함께 길을 나섰다.

밤길이 무척이나 멀게 느껴진다.

열이레 달이 휘영청 떠올랐을 때 가모 강가에 접어들었다. 행차를 알리는 횃불이 희미해지면서 화장터인 도리베노 쪽을 보았다. 여느 때 같으면 스산한 기분이 들었을 터인데 오늘밤만큼은 무섭다는 생각조차 들지 않았다. 겐지는 천 갈래 만 갈래 찢어지는 마음으로 목적지에 다다랐다.

처량한 곳이었다. 사람이 사는 판잣집 옆에 불당이 있었다. 불전 등불이 희미하게 문틈으로 비쳤다. 방 안에서는 한 여자의 울음소리가 나고, 그 방 바깥 언저리에서는 스님 두서넛이 이야기를 나누며 나직이 염불을 외고 있었다. 히가시야마 가까이에 흩어져 있는 여러 절에서 초저녁 회향(回向)을 마쳤는지

조용하기만 했다. 기요미즈*¹¹ 쪽에만 불빛이 흐드러지게 보이고 참배자가 웅성대는 소리도 들려왔다.

주지승의 아들이 근엄한 목소리로 경을 외우는 소리를 듣자 겐지는 눈물이 모조리 말라버리는 게 아닐까 싶을 만큼 울었다.

너와집으로 들어서자, 등잔불 빛은 시신에 닿지 않도록 벽을 향해 있고, 우근위는 시신과 병풍을 사이에 두고 엎드려 있었다. 겐지는 얼마나 괴로우랴 싶은 마음으로 우근위를 바라보았다.

시신은 전혀 흉물스럽지 않고 생전 모습 그대로 귀엽고 사랑스러웠다.

겐지는 시신의 손을 잡고는 목소리를 다하여 한없이 울었다.

"목소리만이라도 다시 한 번 들려주구려. 전생에 무슨 인연이었기에 이런 운명을 맞이한단 말이오. 짧은 시간 내 온 마음을 다해 사랑하였거늘, 그런 나를 버리고 이렇듯 슬픔을 주며 마음을 어지럽히니, 너무하구려."

승려들도 겐지인 줄은 까맣게 모르는 채 이상하다 여기면서 그 비탄에 몸부림치는 모습에 덩달아 눈물을 떨어뜨렸다.

겐지는 우근위에게 말했다.

"어서 함께 이조원으로 가자꾸나."

"오랫동안, 그것도 어릴 적부터 한시도 떨어진 적 없이 신세를 진 주인님과 별안간 떨어져 살아야하는 전 이제 살아서 돌아갈 곳은 없다고 생각하옵니다. 마님은 어떻게 되셨느냐고 물으면, 그 사람들에게 뭐라 말해야 좋을지 모르겠사옵니다. 마님을 잃었을 뿐만 아니라 모두에게 어떻게 말씀드려야 하나 걱정하는 그 일마저도 슬프옵니다."

이렇게 말하면서 우근위는 울음을 그치려 하지 않았다.

"저도 마님의 연기를 따라 저세상으로 가버리고 싶사옵니다."

"자네가 그리 한탄함도 무리는 아니나, 세상은 이렇듯 무상한 것이다. 이별이란 어떤 이유에서든 다 슬픈 일이지. 앞서 죽은 사람이나 뒤에 남은 사람이나 모두 같은 목숨이니 언젠가는 끝이 있는 법이니라. 슬픔을 추스르고 내게 의지토록해라."

그렇게 말하면서 한편으로 이런 말도 했다.

---

*11 기요미즈(청수(清水)): 교토 히가시야마(동산(東山))의 기요미즈데라(청수사(清水寺))가 있는 부근.

"그렇지만 이런 말을 하는 나도 이 아픔으로 어떻게 돼 버릴지 모르겠네."

이 말을 들은 우근위는 이 사람도 기댈 수 없구나 싶었다.

"벌써 새벽이 다 된 듯합니다. 빨리 돌아가셔야 하겠습니다."

고레미쓰가 재촉하는 바람에 겐지는 자꾸만 뒤를 돌아보며 가슴이 슬픔에 막힌 채 귀로에 올랐다. 이슬이 내려앉아 함초롬히 젖은 길에 아침 안개가 자욱이 서리고, 이승이 아닌 저승으로 가는 듯한 쓸쓸함을 느꼈다. 이궁 침실에 다소곳이 누워 있던 유가오가 그날 밤 덮고 잔 겐지 자신의 분홍빛 홑옷에 말려 있던 것을 떠올리며 그 사람과 자기는 무슨 전생인연이었을까, 겐지는 길을 돌아오면서도 이런 생각에 잠겼다. 제대로 말을 몰 수 있을 것 같지도 않아서 고레미쓰가 바짝 옆에 붙어서 걸었다. 가모 강둑에 와서 겐지는 급기야 말 위에서 떨어지고 말았다. 언뜻 정신을 잃은 듯하더니 마음 약한 소리를 했다.

"집도 아닌 이런 곳에서 나는 죽을 운명인가보다. 이조원까진 도저히 갈 수 없을 것 같다."

고레미쓰도 놀라며 당황했다. 자신만이라도 정신을 똑바로 차리고 겐지가 어떤 말을 하더라도, 이렇게 경솔하게 안내하지 않았으면 좋았을 텐데 생각하니 더욱 슬펐다. 냇물에 손을 씻고 기요미즈의 관음보살에 절을 하면서도 어찌해야 할까 번민했다. 겐지도 기운을 내어 마음속으로 염불을 한 뒤 고레미쓰의 도움을 받아 이조원에 다다랐다.

풀방구리에 쥐 드나들 듯 밤마다 드나드는 겐지를 보고 시녀들은 모두들 탄식하고 있었다.

"보기 민망하네요. 요즘은 평소보다 자주 미행을 나가시지만 어제는 안색이 안 좋으셨잖아요? 그러시면서도 또 밖에 나가시니 딱하기도 해라."

겐지는 자신의 말처럼 자리에 들자 끙끙 앓기 시작했다. 사나흘 괴로워 하시더니 그 뒤로는 몹시 쇠약해졌다. 겐지가 몸져누웠다는 소식을 들으신 상감께서도 몹시 비통해하시며 여기저기서 끊임없이 기도들을 올렸다. 특별한 신을 위하는 제사며 액막이・수법(修法) 등 헤아릴 수 없을 정도였다. 무엇에나 뛰어난 겐지 같은 사람은 목숨이 짧은 게 아닐까 하여, 온 천하 사람들이 이 병환에 관심을 가질 지경에 이르렀다.

병상에 있으면서 겐지는 우근위를 이조원으로 데려다가, 가까운 곳에 방도 주며 측근에서 부리는 시녀로 삼았다. 겐지의 병환이 깊어짐에 따라 어찌할 바를 모를 만큼 근심하면서도 그런 심정을 꾹 누르고, 낯선 시녀들 속에서 외로워하는 우근위의 모습을 가엾이 여겨 고레미쓰는 뒷바라지를 잘해 주었다. 겐지의 병환이 좀 차도가 있어 보일 때엔 우근위를 불러내어 일을 시키곤 했다. 그러는 동안에 우근위는 차츰 이조원 생활에 익숙해졌다. 짙은 빛깔의 상복을 입은 우근위는 용모가 빼어나진 않았으나 밉지는 않은 젊은 시녀이다.

"세상에 둘도 없을 짧은 부부의 인연, 그 반쪽인 나도 이제 얼마 살지는 못할 게다. 오랫동안 의지해온 주인을 잃은 자네가 얼마나 외로울까 생각하니, 그나마 나한테 목숨이 붙어 있다면 그 사람 대신 돌봐주리라 했지만, 나도 그 사람 뒤를 따라가야 할 듯싶어서 자네에겐 미안하네."

이렇게 다른 사람에겐 들리지 않게 작은 목소리로 말하고는 심약하게 우는 겐지를 본 우근위는 주인을 잃은 슬픔은 잠시 미뤄두고, 겐지를 걱정했다. 이조원 남녀들은 누구라 할 것 없이 주인의 병환을 슬퍼했다. 대궐에서 온 사람들이 빗발보다도 더 빈번히 다녀갔다. 상감께서 크게 비통해하신다는 말을 들은 겐지는 황송하다는 생각만으로 병을 스스로 이겨내려고 힘쓰게끔 되었다. 좌대신도 할 수 있는 데까지 돌봐주었다. 그리고 이런저런 치료와 기도 덕분인지, 스무 날 즈음 앓은 뒤로 다른 병으로 덧나지도 않고 차츰 차도를 보였다. 부정 탔다고 행동을 삼가야 할 날도 이날 밤으로 끝나기에 겐지는 상감을 뵈러 대궐 숙직소로 나갔다. 외출할 때엔 좌대신이 자기 수레에 태워서 저택으로 모셨다. 앓고 난 사람이다보니 몸조리도 대신이 엄하게 감독했다. 한 동안 겐지는 저승에서 다시 살아온 사람 같았다.

9월 스무 날쯤 겐지는 완쾌되었다. 병을 앓고 나서 안쓰러울 정도로 야위기는 했으나 그 모습이 도리어 요염함 정취를 풍겼다. 툭하면 멍하니 밖을 내다보며 수심에 잠겨 소리내어 울기만 했다. 그 모습을 해괴하게 여기는 사람들이 귀신에 홀린 것은 아닐까. 수군대며 걱정하기도 했다.

그런 어느 한가로운 저녁나절 겐지는 우근위를 불러 속내를 털어놓았다.

"도저히 모르겠구나. 그 사람이 어째서 신분을 숨기려 했는지. 만일 '어부의 자식'이었다 해도, 내가 그토록 사랑했는데 마지막까지 남을 대하듯 숨겼으니 너무도 한스럽구나."

그 말을 들은 우근위가 말했다.

"끝까지 숨기려 하신 건 아니겠지요. 그 짧은 만남에서 대단치도 않은 이름을 언제 밝힐 수 있었겠사옵니까. 처음부터 기이한 인연으로 일이 그렇게 되었사오니, 모든 게 꿈만 같고 현실 같지 않다고 말씀하셨어요. 겐지님이라는 소문은 무성했으나, 직접 이름을 밝히지 않으시니 그 또한 '한때의 노리갯감이라 여기시는 탓, 진정으로 사랑해주시지는 않을 것이다. 그러니 아마도 끝까지 신분을 밝히지 않으실 게야' 이렇게 한스러워하셨습니다."

"우리가 쓸데없는 고집을 피웠구나. 그렇게 숨기려는 뜻은 전혀 없었다. 천황의 꾸중을 비롯해 조심할 것이 많은 신분에다 세상에서 금하는 은밀한 만남을 경험한 적이 없기에 어리석게도 사람들 눈길을 두려워하였구나. 내 장난삼아 여자에게 마음을 둔다 한들 세상이 좁아 주위가 금세 시끄러워지고 이런저런 비난을 쉬이 받는 처지이니라. 그런데 그 우연한 일이 있었던 저녁부터 이상하게도 그 사람을 잊을 수 없어 억지를 써가면서 은밀히 만났는데, 이렇게 된 것도 전생의 인연이다 싶은 게 안타깝고 원망스럽기도 하였느니라. 덧없이 짧은 인연이었는데 어쩌면 그리도 애틋한 마음으로 사랑할 수 있었는지. 그 사람에 대해 좀더 자세히 알고 싶구나. 이제는 아무것도 숨길 필요가 없으니. 이레마다 부처님 그림을 그리게 하여 법회 때 공양을 드리고 있는데, 대체 누구를 위한 공양이라 여기면 좋단 말이야?"

겐지가 이렇게 말하자 우근위가 말을 꺼냈다.

"결코 숨기려는 건 아니었습니다. 다만 자신 입으로 말씀하지 않은 일을, 돌아가시고 나서 제가 떠드는 게 죄송스럽기 때문이옵니다. 부모님께선 일찍 돌아가셨습니다. 아버님은 3위 중장을 지내셨는데, 아씨를 말 그대로 애지중지하셨답니다. 그래서 더욱 자신의 불운을 안타까워하셨는데, 천수마저 다하시지 못했사옵니다. 그렇게 젊은 나이에 부모님을 잃은 뒤 우연한 기회에 아직 소장이셨던 두중장께서 오시기 시작했습니다. 한 3년 동안은 애정 깊은 관계가 계속되었습니다만, 지난해 가을께 그분의 아버님 되시는 우대신께서 으름장을 놓았습니다. 소심한 분이라서 덮어놓고 두려워하여 서쪽 우쿄[우경(右京)]*12 근방에 아씨 유모가 살고 있는 집에 가서 숨으셨습니다. 그런데 그 집도 아주 초라한 집이라서 곤란해지자 변두리로 옮기려 하셨답니다. 그렇지만 올해는

---

*12 우쿄[우경(右京)] : 교토 수도 서쪽 지역.

방위가 나빠대서 피하려 오조의 조그만 집으로 와 계셨는데, 겐지마마께서 오시게 되자, 그 집이 허름해서 거북해 하셨던 듯합니다. 보통 사람보다 훨씬 수줍어하시는 편이라서 수심에 잠겨 남이 알까봐 아무리 괴로운 일, 쓸쓸한 일도 가슴속에 담고 계셨습니다."

우근위의 이야기를 듣고 겐지는 자신의 상상이 들어맞은 것에 만족하면서도 그 상냥스러운 여인이 더욱 그리워졌다.

"아이가 하나 있다던데 간 곳을 몰라서 두중장이 걱정하더군. 그런 어린 아이가 있었던가?"

겐지가 물었다.

"그렇습니다. 지지난해 봄에 낳으셨습니다. 따님인데 참말로 귀여운 분이랍니다."

"그 앤 지금 어디 있지? 남에게는 말하지 말고 나에게 그 아이를 맡겨 주게나. 몹시도 허무한 죽음이라 그 아이를 유품 대신 곁에 두고 싶네. 두중장에게는 뒤에 이야기하겠지만, 그 사람을 그런 죽음으로 몰아간 사람이 나이기에 원망을 들을까 무척 괴롭네. 내 사촌인 두중장의 아이이며, 내 애인이던 사람의 아이이니 내 수양딸로 삼아도 좋을 것 같군. 그 우쿄 유모에게는 이해하기 쉽게 설명해 주고 그 아이를 나에게 데려다주게나."

겐지가 말했다.

"그렇게만 된다면야 좀 좋은 일이겠습니까. 우쿄에서 자라는 건 너무나 가엾사옵니다. 저희 같이 젊은이들은 제대로 시중을 들지 못한다 해서 그쪽으로 보내셨습니다."

우근위는 그렇게 말했다. 고요한 저녁, 하늘빛이 몸에 스며드는 7월이었다. 뜰 안 동산은 낙엽이 지고 벌레 소리도 맥이 없었다. 이제 단풍이 차츰 물들어가는 그림 같은 풍경을 그윽하게 바라보면서, 우근위 난데없이 귀족의 시녀가 된 자신의 운명에 놀랐다. 박꽃이 피던 오조의 집은 생각하기만 해도 부끄러웠다. 겐지는 대숲에서 집비둘기가 신비하게 우는 소리를 듣자 그 이궁에서 새 소리를 듣고 박꽃이 무서워하던 얼굴이 가련하게 떠올랐다.

"나이는 몇 살이었지? 보통 젊은 사람보다 더욱 어리게 보인 것도 이승에서의 인연이 짧아서 그랬을까."

"아마 열아홉이 되셨던가 하옵니다. 저는 아씨의 또 다른 유모의 딸이었는데 삼위중장 대감마님께서 귀여워해주셔서, 아씨와 함께 길러주셨습니다. 그런 걸 생각하오면 아씨께서 돌아가신 뒤에도 뻔뻔스럽게 잘도 살아 있는 듯해 부끄러워집니다. 가냘프신 아씨를 오직 하나 의지할 주인으로서 섬겨왔습니다."

"나는 가냘픈 여자가 좋아. 내가 어리석고 둔하여 재빠르지 못해서 그런지 너무 총명하고 남의 말을 듣지 않는 무심한 여자는 싫더군. 겉으로는 속아주는 체하며 속으로는 조심스럽고, 사랑하는 남자에게 목숨까지도 다 내맡기는 그런 사람이 좋거든. 그런 사람을 내 마음대로 키우며 살고 싶단 말이야."

겐지가 그렇게 말하자, 우근위는 울며 말했다.

"겐지님의 그런 취향에는 딱 들어맞는 분이었는데 안타깝습니다."

하늘에는 어느 샌가 구름이 몰려들고 바람이 차갑게 불었다. 겐지는 가만히 생각에 잠겼다.

어쩌면 저 구름이 사랑하는 이를 태운 연기인가 싶어
쓸쓸한 저녁 하늘마저 그립게 느껴지는구나

이렇게 중얼거렸으나 우근위는 화답의 노래도 올리지 못했다. 오늘 이렇게 겐지와 단둘이 이야기를 나누는 사람이 자기가 아니고 아씨였다면, 생각하니 가슴이 미어져 오는 듯싶었다.

겐지는 오조의 집에서 귀가 따갑도록 들었던 다듬잇돌 소리마저 그리워, 백거이의 〈문야침(聞夜砧)〉 가운데에서 '팔구월 기나긴 밤'이란 구절을 읊조리며 자리에 누웠다.

한편 이요태수 댁에 있는 고기미가 이따금 겐지를 찾아 왔지만 이전처럼 편지를 건네주시는 일은 없었다. 자기의 쌀쌀함에 진저리나셨나 싶어 괴로워 했는데 겐지가 몸져 누웠다는 소문을 듣자 가슴이 무척 아팠다. 게다가 남편 부임지로 함께 떠나야 할 날이 머지않은 점도 걱정이다 보니, 자기를 기억하시는가 궁금해서 편지를 써보냈다.

"병을 앓고 계시다는 소식은 들었으나, 무슨 말을 드려야 좋을지 모르겠습니다."

소식 한 장 없음을 어인 일이냐 묻지도 않는 당신
허망하게 흘러가는 세월에 어찌나 마음이 어지러운지 눈물로 지내는 나

"실로 마스다(益田)이옵니다."
'마스다'란 옛 노래에 나오는 연못 이름이며, 괴롭다 말하는 사람보다 내가 훨씬 더 괴로우니, 사는 보람조차 없다는 뜻을 지닌다.
겐지는 편지가 오다니 희귀한 일이라 여기고는, 우쓰세미에 대한 사랑이 식은 것은 아니어서 답장을 썼다. 아직 병이 완전히 낫지 않아 붓을 쥔 손이 부들부들 떨려 글씨를 흘려 썼으나 필체는 나무랄 데가 없었다.
"사는 보람조차 없다니, 누가 하고 싶은 말인지 모르겠구려."

사랑의 애틋함이란 매미 허물처럼 허망한 것임을 절절히 알았거늘
이런 편지에 또다시 매달리고픈 이내 목숨

"덧없는 노릇이지요."
매미의 허물을 잊지 않고 노래해 주셔서 여자는 미안하면서도 기뻤다. 이렇게 편지에서는 호의를 보이면서도, 우쓰세미는 이보다 더 깊은 관계를 가지려는 생각은 없었다. 이해심이 깊은 정겨운 여자였다는 추억만 겐지의 마음에 남겨놓고 싶었다.
또 다른 한 분 서쪽 별채 아가씨가 장인소장(藏人少將)과 결혼했다는 소문을 들었다. 그건 참 우스운걸, 나와의 일을 알면 소장은 어떻게 생각할까 겐지는 그 남편이 가여웠다. 또 그 우쓰세미의 의붓딸은 어떤 심정일까, 궁금해서 고기미를 시켜 편지를 띄웠다.
'죽도록 그대를 그리워하는 나의 마음을 아시겠소?'

잠깐이라도 처마 끝에 갈대를 묶어 연을 맺은 사이가 아니라면
무슨 이유로 티끌만한 원망 따위 할 수 있으리오

그 편지를 가지가 긴 물억새에 달아 남몰래 보여 주라 했다. 겐지는 실수로 이 편지를 소장이 보았을 때 그 사실을 알아도 자신을 원망하지 않으리라는

자신이 있었다. 고기미는 소장이 없는 틈을 보아 편지가 달린 물억새 가지를 여자에게 보였다. 얄미운 사랑이긴 하지만 자기를 다시 생각해서 편지를 보내왔다는 생각에 미워하지 않았다. 서쪽 별채 아가씨는 몹시 기뻐 서툰 노래이지만 곧바로 회답가를 지어 고기미에게 건넸다.

넌지시 일러주는 편지를 받았사오나
서리 맞은 여린 갈댓잎처럼 내 마음 이미 시들었으니

서툰 실력을 감추려 모양낸 글씨로 쓴 편지는 품위가 없었다. 등불 앞에 앉아 있던 그날 밤 얼굴이 떠오르기도 했다. 바둑판을 가운데 놓고 바르게 앉아 있던 분에게 끌린 마음은 쉽사리 접을 수 없지만 이 분은 기품이라곤 조금도 찾아볼 수 없으며 치장만 화려이 했다는 게 떠오르자 싫은 마음을 감출 수 없었다.

겐지는 유가오의 사십구재를 남몰래 에이잔의 법화당에서 지내도록 했다. 그것은 성대했으며 상류층의 불사로서 온갖 준비를 시켜 갖출 만한 것은 모두 갖추게 하였다. 절간에 바치는 고인의 옷도 새로 지었고 꽤 많은 물건도 시주했다. 불경서사나 새 불상 장식에 비용을 아끼지 않았다. 고레미쓰의 형 아사리는 인격이 높은 스님으로 그가 모든 일을 도맡아했다. 겐지는 자신의 시문 스승인 친숙한 어느 문장박사를 불러다가, 고인을 부처 앞에 부탁드리는 발원문을 쓰도록 했다. 여느 때와는 달리 고인의 이름은 쓰지 않고, 겐지는 죽은 애인을 아미타불 앞에 의탁한다는 의미를 담은 애정어린 글월로 초안을 잡아 보였다.

"이거면 훌륭합니다. 여기에 더 붓을 댈 곳은 없습니다."

박사는 호언장담했다. 솟아 오르는 감정은 가까스로 참았지만 겐지 눈에서는 눈물이 흘러내렸다. 박사는 나중에 이렇게 말했다.

"그 여인은 어떤 사람이었을까. 소문도 들은 적 없는 사람인데, 겐지마마가 저토록 사랑하셨다니 전생의 운이 좋은 사람이로군."

겐지는 몰래 지어둔 여자의 옷을 부여잡고 노래를 읊조렸다.

눈물에 눈물을 흘리며 홀로 묶는 오늘 이 허리끈

저세상에서 그대와 함께 풀며 사랑을 나눌 날은 언제리오

이승에서 49일 동안 헤맨다는 영혼이 어디로 떠나가는가 생각하며 겐지는
반야심경을 외우웠다. 두중장을 만나면 언제나 가슴이 두근거리고, 그 패랭이
꽃에 비쳤다는 아이의 요즘 형편을 알려주고는 싶었으나, 애인을 죽게 한 원망
을 들을까 그만두었다.

오조의 집에서는 여주인이 어디로 갔는지 알 길이 없었으니 찾을 도리도 없
었다. 그 뒤론 우근위마저 소식이 끊기자 이상히 여기면서 늘 걱정하고 있었
다. 확실치는 않지만 찾아오던 사람이 겐지마마 같더라는 이야기에 고레미쓰
가 무슨 소식이라도 가지고 오려나 싶었으나 도무지 모르는 눈치였다. 이제까
지 있었던 일이 마치 꿈만 같았다. 지방관 아들 같은 호색한이 두중장을 무서
워하여 자기 신분을 숨긴 채 그 아비 임지로 데리고 간 게 아닐까 이런 상상
을 하기에 이르렀다. 이 집 주인은 서쪽 우쿄 유모의 딸이었다. 유모의 딸은 셋
이었고, 우근위는 남이었으므로 소식을 전해 주는 배려의 마음이 없다 하여
원망치 않고 모두들 마님을 그리워할 뿐이었다. 우근위로서는 마님을 갑자기
죽게 한 책임자로 지탄받을 일이 못내 괴로웠으며, 겐지로서도 이제 와서 고인
의 정부가 자기였다는 비밀을 남들에게 알리고 싶지 않았다. 그런 관계로 어린
아이 소식도 듣지 못한 채 속마음과 달리 세월만 서로 흘려보냈다.

겐지는 꿈에서나마 유가오를 보고 싶다고 오랫동안 염원했다. 에이잔에서
불공을 드린 다음 날 밤, 그 사람은 이궁에 있었으며, 겐지 머리맡에 와 앉았
던 괴상한 그 여자도 거기에 함께 있는 꿈을 어렴풋하게 꾸었다. 이로 미루어
볼 때, 그 황폐한 집에 살던 요괴가 아름다운 겐지를 사모했기 때문에, 겐지의
애인을 잡아 죽인 게 아닐까 생각되었다. 그러자 겐지는 자신도 매우 위험했음
을 알고 소름이 돋았다.

이요태수는 시월 무렵 시코쿠(四國)*13로 떠나게 되었다. 마누라를 데리고
간다기에 겐지는 보통 때보다도 많은 선물을 보냈다. 그 밖에도 비밀스런 선
물이 있었는데 겸사겸사 우쓰세미(매미 허물)라고 불렀던 엷은 여름옷도 돌려

---

*13 시코쿠(四國) : 일본 혼슈(本州) 동남쪽에 있는 섬.

줬다.

다시 만날 그날까지 그대라 여기고 바라보며 지냈는데
이제는 만날 수 없으니 내 눈물에 소맷자락 젖어서 썩어버리고 말았구려

편지에는 이런저런 자상한 말들이 많이 씌어 있었으나 너무 길어지기에 다 적지는 않겠다.
젠지가 보낸 사람은 돌아갔으나, 우쓰세미는 고기미를 시켜 선물에 대한 화답가를 지어 보냈다.

매미 날개 같은 여름옷을 겨울옷으로 바꿔 입은 이제야 돌려받으니
저를 잊으려는 것만 같아 목 놓아 울 뿐이옵니다

젠지는 아무리 생각해도 다른 여자들에게서는 흔히 볼 수 없는 강경함으로 나를 뿌리친 사람이라 여겨졌다.
오늘은 마침 입동이라, 입동답게 싸늘한 비가 뿌리니 적막하기 이를 데가 없었다. 젠지는 온 하루 상념에 잠겨 이렇게 노래했다.

죽은 여인이나 오늘 길 떠나는 여인이나
가는 길 저마다라 그 행방 알 수 없으니 적적한 가을 해질녘이여

젠지는 이렇게 남몰래 나누는 사랑은 무슨 일이 생기든 괴로운 법임을 몸소 절실히 깨달았다.
구구절절한 이야기는 젠지 자신이 애써 비밀에 부치고 있으니, 안쓰러운 심정에 이제까지 세세하게 이야기하는 것을 피해왔다.
"아무리 천황 자식이라 한들, 그 사람의 모든 것을 속속들이 아는 이가 허물을 모두 덮어주며 완벽한 사람이라 칭찬하는 게 좋은 일일까."
이 이야기를 지어낸 것이라 말하는 사람도 있기에, 어쩔 수 없이 있는 그대로를 이야기했다. 입이 무겁지 못하다는 질책을 벗어나기 어려울 터이지만 말이다.

어린 무라사키*1

겐지는 학질을 앓았다. 이런 저런 액막이도 해보고, 스님들도 기도를 드렸으나 효험이 없었다. 발작하듯 가끔씩 증상이 나타나는 것을 보자 어떤 사람이 이렇게 일러주었다.

"북산 어느 절에 뛰어난 수행승이 있답니다. 지난여름에도 이 병이 유행했는데, 액막이도 효험이 없어서 애먹은 사람들이 큰 도움을 받았지요. 병이 덧나면 힘이 드니 어서 시험해 보시지요."

겐지는 수행승을 집으로 부르려 했으나 그는 이렇게 말했다.

"이젠 늙은 몸이라 허리마저 굽었으니 밖으로 나갈 수 없나이다."

"그럼, 하는 수 없지. 내 은밀하게 찾아가보는 도리밖에."

겐지는 측근 가신 네댓만을 데리고 새벽녘에 교토(京都)를 떠났다. 그곳은 변두리에 있는 꽤 먼 산이다. 3월 그믐날. 교토 벚꽃은 이미 져버렸으나 산길의 꽃은 아직도 한창이라 깊이 들어갈수록 골짜기에 자욱이 서린 봄 안개가 이루 말할 수 없이 그윽하고 아름다웠다. 겐지는 웅장한 광경을 바라보며 이렇게 걷는 경험은 처음이라 모든 게 신기하고 재미나게 느껴졌다. 절간은 매우 정갈했다. 수행승은 높은 봉우리를 등진 암굴 속에 앉아 있었다.

겐지는 굳이 자신이 누구인지 말하지 않았으며 행색도 수수하게 차리고 왔었는데, 그를 맞이한 수행승은 이렇게 말했다.

"아, 이거 황송하외다. 지난번에 저를 부르신 분인 듯한데, 오늘은 현세의 일은 생각나는 것도 거의 없고 기도를 하는 방법도 모두 잊어버렸습니다. 어찌하여 이토록 산속 깊은 곳까지 찾아주셨는지 모르겠소이다."

---

*1 어린 무라사키(야자(若紫)) : 겐지가 18세인 3월 하순부터 겨울까지 이야기. 무라사키(보라빛)의 여성인 후지쓰보 여어(藤壺女御)에 대해 어린 무라사키(와카무라사키) 같은 소녀라는 뜻을 담았다. 또 이 소녀가 커서 무라사키 부인으로 불리게 되므로 그 어린 시절이라는 의미도 담겨져 있을 것이다.

고매한 중은 놀라워하면서도 잔잔한 웃음을 머금고 겐지를 바라보았다. 그러고는 겐지를 본뜬 제웅을 만들어놓고 학질을 그것으로 옮기는 기도를 올렸다. 염불을 할 즈음엔 해가 벌써 높이 솟았다.

겐지는 절을 나와 잠시 산책을 했다. 높은 곳에서 언저리를 둘러보니 이쪽저쪽에 마련된 여러 승방을 한눈에 볼 수 있었다. 꼬불꼬불한 길이 누비는 이 봉우리 바로 아래, 여느 승방과 다름없이 작은 울타리지만 눈에 띄게 아담스레 둘러쳐진 말쑥한 건물과 복도 등이 이어져 있으며, 나무들이 자못 운치 있게 심어진 집이 보였다.

"저긴 누가 사는 곳이지?"

겐지가 물었다.

"어떤 승도가 2년 넘게 숨어 사는 승방이옵니다."

"아, 그렇구나. 그 훌륭한 승도의 집이로군. 그 사람이 내가 온 걸 알게 되면 곤란한걸. 이런 초라한 행색이니."

겐지는 그렇게 말을 했다. 어여쁜 시동 여럿이 뜰에 나와 부처님을 위한 정화수 선반 위 그릇에 물을 담아 꽃을 꽂아놓는 광경도 똑똑히 보았다.

"어라, 저 집에 여자가 보입니다요. 그 승도가 계집을 곁에 둘리가 없는데 누구일까요?"

그런 소리를 하는 수행원도 있었고 언덕배기를 몇 걸음 내려가 엿보는 자도 있다. 예쁜 여자아이와 젊은 아낙네 그리고 심부름하는 어린 시녀도 보였다.

겐지는 절로 돌아가 불공드릴 채비를 하면서, 낮이 되면 또 발작이 일어나는 게 아닐까 싶어 불안했다.

"잠시 기분전환을 하시면서 병환 걱정을 그치시는 게 가장 좋은 방법입니다."

이런 말을 하기에 겐지는 다시 뒷산으로 올라가 이번에는 교토 쪽을 바라보았다. 아득한 저쪽까지 부연 안개가 끼어 산 가까이 있는 나무숲이 아련히 흐려보였다.

"마치 수채화 같구나. 이런 곳에 살면 인간의 더러운 감정 따윈 일어나지 않을 거야."

겐지가 감탄하며 그렇게 말했다.

"이 산 경치는 그리 뛰어난 편이 아닙니다. 지방 바닷가 풍경이나 산의 경치를 보시면 절도 그림 솜씨가 좋아질 겁니다. 후지산〔富士山〕, 그리고 무슨 무슨 산······."

이렇게 떠드는 자가 있는가 하면, 서쪽 여러 영지의 뛰어난 풍경을 말하며 바닷가 마을 이름들을 주절거리는 자도 있었다. 모두들 병에 대한 걱정에서 겐지를 떼어놓으려 애를 썼다.

"가까운 곳이면, 하리마의 아카시 해변이 무척 아름답다고 합니다. 특별히 볼 만한 데가 있는 것은 아니지만, 드넓은 바다를 바라만 보아도 마음이 푸근하게 가라앉는 장소라 합니다. 그 느낌이 다른 곳 풍경과는 남다르다 들었습니다.

하리마 태수였던 사람이 얼마 전 출가하여 신발의(新發意)라 불리는데, 외동딸을 호화로운 저택에서 애지중지 키운다 합니다. 그 신발의(新發意)는 대신의 자손이니 출세할 수도 있었으나, 성정이 몹시 괴팍한 사람이라 대인관계도 기피하니 근위중장 자리를 마다하고, 하리마태를 자청했다 합니다. 그런데 그 지방 사람들도 환대해주지 않자, '내 무슨 면목으로 다시 도읍으로 올라간단 말인가' 그러면서 삭발을 했습니다. 그런데 삭발을 했으면 출가한 사람답게 인가에서 멀리 떨어진 산속에서 살든지 해야 할 터인데 그런 해안에서 호화롭게 사는 일은, 상식 밖이라 여겨지기도 합니다. 그러나 하리마 지방에는 출가한 사람이 은신하여 살기에 알맞은 장소가 도처에 있기는 해도 너무 산속 깊은 골짜기면 인가와 멀어 쓸쓸하니 젊은 아내가 적적해할 터이고, 또 그곳이 자신의 수심을 털어 버릴 수 있는 거처인 듯 보였습니다.

얼마 전 제가 하리마 지방으로 내려갔을 때 근황을 살피러 찾아갔더니, 신발의 도읍에선 실력을 인정받지 못해 불행했으나 시골에서는 태수의 권세와 위광을 업고 드넓은 토지를 사들여 위풍당당한 저택을 지어 살고 있으며 만년을 유복하게 지낼 수 있는 재산도 넉넉히 모은 듯싶었습니다. 내세를 위해 근행에도 정진하니 출가를 해 도리어 품격이 높아진 듯 보였습니다."

"그 딸은 어떤 사람인가?"

"평범한 사람인 듯합니다. 역대 지방관들이 경의를 표하며 구혼하곤 했습니다만, 법사가 좀처럼 승낙하지 않습니다. 자신의 일생이 불우했으니까 딸의 앞날만은 행복했으면 바라고 있거든요. 자기가 죽은 뒤 도로아미타불이 되고, 바라지 않는 결혼을 해야 된다면 차라리 바다에 몸을 던져 죽으라는 유언을 남겼다 합니다."

겐지는 호기심이 생겨 귀를 곤두세웠다. 수행인들이 이렇게 말하며 웃었다.

"용왕의 아내라도 될 만큼 비장한 각오를 지닌 딸이란 말인가? 지나치게 꿈이 커도 곤란하지."

수행원들은 겐지의 말에 웃음을 터뜨렸다. 이런 이야기를 꺼낸 사람은 오늘날 하리마태의 아들로 6위 장인이었는데, 올해 종5위로 승진한 요시키요라는 젊은이였다. 다른 수행인들은 입을 모아 놀려댔다.

"요시키요는 실로 풍류를 좋아하는 남자이니, 그 딸이 신발의 유언을 깨뜨리게 하려는 속셈이겠지. 그래서 신발의 집 주위를 어슬렁거리는 게 분명해."

"아무리 아름다운 처녀라 하더라도 시골뜨기는 시골뜨기일 뿐. 어릴 적부터 그런 곳에서 자랐고, 완고한 양친 밑에서 교육을 받았으니."

"그렇지만 어머니 쪽은 훌륭하다던데. 젊은 시녀와 어린 시녀를 서울의 양가(良家)에 있던 인연으로 뛰어난 사람만 뽑아와 딸을 끔찍하게 아껴 주는 모양이니, 별 수 없는 시골처녀가 된다면 만족하지 못할 게야, 나로선 딸도 훌륭한 가치를 지닌 여자로 생각되는걸."

등등으로 의견이 분분했다.

"어째서 용왕의 아내가 돼야 한단 말인가. 바다 깊은 곳은 빛이 들지 않아 어둡기만 할텐데."

겐지는 그 딸에게 호기심을 느끼는 모양이었다. 평범하지 않은 것에 흥미를 갖는 성미임을 아는 가신들은 겐지의 심정을 꿰뚫어보았다.

"날도 저무는데, 오늘은 병환에 차도가 있는 것 같습니다. 이제 그만 교토로 돌아가도록 하시죠."

그렇게 수행원이 권했으나 절의 성인이 말했다.

"아직 잡귀가 붙어 있을지도 모르니 하룻밤만 더 머무르면서 제가 드리는 기도를 보신 뒤에 돌아가도록 하십시오."

다들 수행승 말에 찬성했다. 겐지도 여행지에서 잠을 자는 일은 처음이라 즐거워하며 이렇게 말했다.

"그러면 내일 날이 밝으면 출발하자꾸나."

산에서는 하루가 매우 길어 심심하니 저녁 안개로 주위가 어스름할 즈음 겐

지는 아침나절 보았던 낮은 울타리 집 근처로 가보았다.

다른 수행원들은 절로 돌려보내고 고레미쓰(惟光)만 데리고 그 산장으로 가서 엿보니, 울타리 바로 앞 서쪽으로 난 사랑채에서 어떤 여승이 불상 앞에 앉아 불공을 드리고 있었다. 발을 빠끔히 올리고 마침 불전에 꽃을 바치는 참이었다. 방 한가운데 기둥 가까이에 앉아서 팔걸이 위에 경전을 놓았는데, 사연이라도 있는 듯, 그것을 읽는 여승은 예사롭지가 않았다. 마흔 살쯤 돼 보이는데 살갗이 매우 희며 우아하고 날씬한 편이지만, 볼 언저리가 풍만하며 눈매가 아름다울뿐 아니라 짧게 자른 머리칼의 단정함이 도리어 긴 머리칼보다도 훨씬 아리따웠다. 곱게 늙은 중년 아낙네가 둘, 그리고 이 사랑채를 드나들며 노는 여자 아이도 몇 있었다. 그 속에 여남은 살로 보이는, 흰 윗도리에 하늘하늘한 미색 옷을 걸치고 저쪽에서 달려온 아이는 조금 전 여럿 본 그 아이들과는 뭔가 다른, 매우 뛰어난 본바탕을 갖추고 있었다. 앞으로 어떤 미인이될까, 어깨에 드리운 머리카락이 부채를 펼친 것처럼 수북하게 물결치듯 흔들렸다. 얼굴은 막 울고 난 듯 손으로 비벼서 발그레했다. 여승이 옆으로 와서 물었다.

"왜 그러니? 어린 시녀들 때문에 골이 났니?"

그러면서 쳐다보는 얼굴이 아이와 닮았기에, 겐지는 이 여인이 아이의 엄마일까 생각했다.

"강아지 아기*²가 참새 새끼를 놓쳐버렸어. 바구니를 엎어놓고서 못 달아나게 해 두었는데."

꽤 화가 난 모양이었다.

"또 그 덜렁쇠가 혼날 짓을 했군요. 못 말리는 아이예요. 참새는 어느 쪽으로 날아갔죠? 잘 길들여서 아주 귀여웠는데. 바깥으로 나갔다가 산새한테 잡혀 무슨 꼴을 당할는지……."

옆에 있던 중년 여자가 그렇게 말하며 우두커니 서 있었다. 머리칼이 흔들리는 뒷모습에서 호감이 느껴지는 여자다. 소납언(少納言)*³ 유모라고 부르는 걸로 보니 이 어여쁜 아이의 시중을 드는 여자인 듯하다.

---

*2 아기 : 동녀(童女)의 애칭.
*3 소납언(少納言) : 태정관 3등관. 상주(上奏)·관인(官印) 관리 등을 맡았다. 여기서는 남편이 이 관직에 있었으므로 그 아내라는 의미에서 이렇게 불렸다.

"아유, 어린애 같기는. 어쩜 이토록 철이 없을까. 내 목숨이 오늘내일하는데, 그런 것은 신경도 쓰지 않고 참새 따위나 쫓아다니니. 살아 있는 생물을 기르는 것은 죄를 짓는 일이라고 그렇게 이따금 말했거늘, 난감하구나."

여승이 이렇게 말하고는 아이를 가까이 불렀다.

"이리 와요."

그러자 어여쁜 소녀는 여승 곁으로 다가와 앉았다. 생김새가 정말 귀엽고 눈썹이 아렴풋이 돋아난 품이나, 어린애답게 머리카락을 자연스레 쓸어올려 드러난 이마는 뛰어나게 아름다웠다. 겐지는 그 소녀가 어른으로 자라 화사하고 아름다운 모습으로 변해 있을 것을 눈에 그려 보았다. 왜 이다지도 이 아이에게 마음이 끌릴까, 그리운 후지쓰보 중궁을 꼭 빼닮았기 때문일까, 이렇게 깨닫는 순간에도 그 사람을 사모하는 마음은 눈물이 되어 뜨겁게 뺨을 적셨다.

여승은 소녀의 머리칼을 쓸어올리면서 말했다.

"너는 빗질하기는 싫어해도 머리칼은 참 아름답구나! 네가 너무 고집이 세고 철이 없어 이 할미는 가엾기도 하고 걱정스럽기도 하단다. 네 나이쯤 되면 이미 어른스러워진 사람도 있는데, 돌아가신 네 어머니는 열 살 남짓에 아버지를 여의었지만, 이미 그때 사물의 도리를 분별할 줄 알았단다. 그런데 너는, 이제라도 내가 너를 두고 죽으면 어떻게 살아가려 하느냐."

몹시도 슬퍼우는 모습에 엿보던 겐지마저 어쩐지 슬퍼졌다. 어린 마음에도 차마 안되었는지, 한참이나 여승 얼굴을 물끄러미 쳐다보다가 그만 고개를 숙였다. 그 바람에 이마에서 흘러내린 반드르한 머리카락이 무척 아름다웠다.

커서 어디로 갈까 상상조차 할 수 없는 여린 풀을 홀로 남겨두고
안개같은 이내 몸 어찌 죽을 수 있으리

여승이 시를 읊자, 곁에 있던 한 시녀가 덩달아 울면서 말했다.

"정말 그렇습니다."

싱그러운 새싹 같은 아씨의 미래도 보시지 못한 채
어찌하여 안개가 먼저 떠난다는 생각할 수 있으리오

이때 승도가 저편 사랑채에서 나왔다.

"문을 너무 활짝 열어놓은 듯싶어요. 오늘따라 이렇게 바깥쪽으로 나앉으시다니 웬일이시오? 산 위 성인으로부터 겐지 중장(源氏中將)께서 학질 액막이를 하러 오셨다는 말을 좀 전에야 들었습니다. 뜻밖의 미행이시라서 나는 알지도 못하고, 같은 산에 있으면서 여태껏 문안도 못 드렸군요."

승도가 말했다.

"아뿔싸! 이런 꼴을 일행들 가운데 누군가가 봤겠구먼."

여승이 그렇게 말하는 소리가 들리더니 발이 내려졌다.

"세상에 평판이 자자한 겐지님을 뵈올 아주 좋은 기회입니다. 속세를 떠난 우리 같은 승려도 아름다운 그분 얼굴을 뵈오면 이 세상 한탄스런 일들을 모조리 잊고 오래 살 것만 같답니다. 저는 먼저 편지로 인사 말씀을 여쭐까 합니다."

승도가 이렇게 말하고 일어서는 기척이 나자 겐지는 돌아갔다.

"참으로 귀여운 사람을 봤군. 그러니 색을 좋아하는 세상의 풍류남들이 이리 몰래 돌아다니다 보물 같은 미녀를 찾아내는 것이구나. 어쩌다 발길을 했는데, 이렇게 뜻하지 않은 보물을 발견했으니."

이렇게 말하니 잠행도 즐거운 듯 보였다.

'그건 그렇고, 그 아름다운 아이는 대체 누구일까. 내 그리운 사람 대신 저 아이를 곁에 두고 아침저녁 위안으로 삼았으면 좋으련만.'

겐지의 마음은 이런 생각으로 가득 차올랐다.

겐지가 쉬는 곳에 승도의 제자가 찾아와 고레미쓰를 불러냈다. 좁은 곳이라 겐지의 귀에도 고스란히 그 이야기가 전해졌다.

"사람을 통해 이곳에 겐지님이 행차하셨다는 이야기를 들었습니다. 놀랐습니다. 문안 인사를 드리러 찾아뵀어야 하지만 제가 이 절에 칩거하고 있음은 잘 알고 계실 터인데도 제게 비밀로 하셨으니 한스러운 마음에 제 쪽에서도 사양했습니다. 제 승방에는 편안한 잠자리도 마련되어 있사온데 참으로 유감스러운 일입니다."

승도의 제자는 이렇게 승도의 말을 전했다. 겐지는 고레미쓰를 시켜 이렇게 대답했다.

"십여 일 전부터 학질에 걸렸는데 이따금 발작이 일어나 참을 수가 없어, 사람들이 일러주는 말을 듣고 갑작스레 이 산을 찾아왔습니다. 이렇듯 고명하신 스님의 기도가 효험이 나타나지 않을 시에는 뒷수습을 하기도 어려울 터이고, 만에 하나 그런 일이 생기면 유명한 고승이니만큼 고충이 한층 더 심할 터. 그 점이 염려스러워 내밀하게 온 것입니다. 곧 그쪽을 찾아뵙겠습니다."

얼마 있다가 승도가 찾아왔다. 인격자로서 존경을 받는 중이긴 하나 귀족출 신인 이 사람을, 가벼운 나그네 행색으로 만나는 일이 겐지로서는 내키지 않았다. 승도는 그동안 지냈던 산속 생활을 이야기한 뒤 겐지가 자신의 집으로 와서 묵기를 간청했다.

"승방이란 어차피 다들 적적하고 초라한 법입니다만, 여기보다는 깨끗하고 물도 흐르는 뜰이 마련돼 있으니 한번 보시기 바랍니다."

겐지는 아직 자기를 본 적 없는 여인네들이 소문만으로 기대할 것을 생각하니 한편으로는 망설여지면서도, 다른 한편으로는 마음이 끌린 소녀에 대한 이야기를 자세히 알고 싶어 승도의 승방으로 옮겨갔다. 주인 말대로, 뜨락 꾸민 모습 하나만 보더라도 여기가 더 우아한 산장이었다. 달이 없는 호젓한 때라 물가에 모닥불을 피우고 등롱을 걸어놓았다. 남쪽으로 난 방을 아름답게 꾸며 겐지를 위한 침실이 마련돼 있었다. 안채에서 흘러오는 훈향과 불전에 태우는 명향(名香) 냄새가 뒤섞여 풍기는 산장에, 겐지의 몸에서 물씬 풍기는 새로운 향기가 얽힌 이 밤을 여자들은 무척 영광스럽게 생각했다.

승도는 인간세상의 무상함과 내세 신앙을 겐지에게 설법했다. 겐지는 자신이 지은 죄가 무서워졌으며 내세에서 받을 벌을 생각하니 그날 무상한 인생에서 멀리 떠난 생활에 자신도 몸을 던지고 싶었으나, 저녁때에 본 어린 귀녀(貴女)의 모습이 마음에 걸려 사뭇 그리웠다.

"여기 머물고 계시는 분은 어떤 분이신가요? 그분에 대한 꿈을 이전에 꾼 적이 있는데, 오늘 문득 생각이 나서 물어보는 것입니다."

겐지가 이렇게 말하자, 승도는 웃으며 대답했다.

"갑작스레 꿈 이야길 하시는군요. 그가 누구인지 아시면 흥이 깨지실 뿐이겠지요. 예전 안찰사 대납언(大納言)은 훨씬 전에 돌아가셨으니 모르시겠군요. 그 사람의 부인이 제 누이랍니다. 혼자 된 뒤로 여승이 되었는데, 요즈음 병이 나서 줄곧 산속에서 생활하는 저를 이렇게 찾아왔답니다."

"그 대납언에게 따님이 있다는 말을 들었는데 그 따님은 어찌되었습니까?

가벼운 마음으로 묻는 게 아닙니다. 진심으로 여쭈어보는 것입니다."

그 소녀가 대납언이 남긴 딸이리라 생각하면서 겐지가 묻자 승도가 대답했다.

"고명딸이 있었습니다. 대납언이 세상 뜬 지도 벌써 십 년이 넘었습니다만, 고인은 이 귀한 딸을 궁중에 들이겠다 하여 끔찍이도 보살피던 중에 그만 별세했습니다. 홀로되신 누이가 키우고 있었는데 누가 다리를 놓았는지 병부경친왕(兵部卿親王)께서 드나드시게 되었는데, 친왕의 정실이 굉장한 권력이 있는 집안 출신이라 어찌나 시끄럽게 구는지, 내 조카는 그런저런 일로 고생만 하다가 끝내 세상을 버렸습니다. 수심에 휩싸이면 병이 난다는 걸 저는 조카를 보고 똑똑히 알았습니다."

그렇다면 저 소녀는 예전 안찰사 대납언 따님과 병부경친왕 사이에 생겨난 아이일 것이라는 사실을 겐지는 깨달았다. 후지쓰보 마마 오라버니의 아이라서 그 사람을 닮았구나 생각하니 한결 마음이 더 끌렸고, 게다가 아주 높은 지체라 더욱 반가웠다. 사랑하는 사람을 믿으려 하지 않는, 의심 많은 여자가 아닌 천진난만한 어린 아이를 자신이 미래 아내로서 가르쳐 키우면 얼마나 즐거울까. 겐지는 그것을 바로 행동으로 옮기고 싶은 심정이었다.

"거 참 애석한 일이군요. 그래 그분에겐 다른 자녀는 없었나요?"

겐지는 좀더 명확하게 저 소녀가 누구인지를 알고 싶어서 넌지시 물었다.

"죽을 무렵에 아이 하나를 낳았습니다. 여자아이지요. 누이는 나이가 들면서, 그 아이 앞날만을 근심하며 살고 있습니다."

이야기를 듣고 있노라니 겐지는 저녁에 본 여승의 눈물이 떠올랐다.

"당돌한 말 같습니다만, 저에게 그 어린 손주따님을 맡기실 수 있겠는지 물어봐 주시겠습니까. 저는 아내에 대해 하나의 이상을 품고 있습니다. 현재 결혼은 했습니다만 부인에게는 좀처럼 마음이 끌리지 않아서, 말하자면 독신이나 다름없는 생활을 하고 있습니다. 아직 나이가 어리니, 상식적으로 생각해서 실례되는 요청이라고 여기실는지요?"

겐지는 부탁했다.

"거 참 좋은 말씀입니다만 아직 너무 어린 탓에 도저히 맡겨 드릴 수가 없습니다. 하기야 여자는 남편의 좋은 지도를 받아 비로소 제 앞가림을 할 수 있게 마련이니, 굳이 아직은 때가 아니라고 생각하지는 않습니다. 아이 할미와 의논

해서 말씀드리도록 하옵지요."

이런 식으로 시원스럽게 말하는 사람이 독실한 스님이니만큼, 젊은 겐지로 선 수줍어서 생각을 편히 털어놓을 수 없었다.

"아미타불이 계신 법당에 갈 시각이 되었습니다. 초저녁 독경을 아직 안했습니다. 끝내고 다시 뵙겠습니다."

이렇게 말하고 승도는 법당 쪽으로 갔다.

고민이 가득한 겐지는 기분도 상쾌하지 못했다. 비가 잠시 내리고 쌀쌀한 산바람이 불더니, 그 무렵부터 폭포소리가 한결 높아진 것 같았다. 조금 졸린 듯한 독경소리가 사이사이 들려왔다. 깊은 산속의 밤은 누구에게나 구슬프고 적막한 법인데, 이런저런 수심에 휩싸인 겐지는 더욱 잠을 이룰 수 없었다. 초 저녁이라고 했지만 실제로는 그 시각보다 더 이슥했다. 인기척이 느껴져 안쪽 방에 있는 사람들도 깨어 있음을 알 수 있었다. 조용히 하려들 조심하는 모양 이지만, 염주알이 궤에 부딪쳐 울리는 소리며, 여자들의 움직이는 옷자락 소리 도 은은히 정답게 들려왔다. 귀족적인 고상함이 깃들어 있다.

겐지는 바로 옆방이기도 해서, 사랑방 안쪽에 세워져 있는 두 개의 병풍 틈 을 빠끔히 열고, 사람을 부리기 위해 부채소리를 냈다. 저쪽에선 뜻밖이었던 모양이나 무시한다고 생각할까봐 한 여자가 무릎걸음으로 다가왔다. 그러곤 장지에서 조금 떨어진 곳에서 말했다.

"이상하네, 내가 잘못 들었나?"

이런 소리가 들리자 겐지가 말했다.

"부처님의 인도는 어두운 곳에서도 절대로 틀리는 법이 없다고 경전에도 나 와 있거늘."

그 목소리가 너무나 젊고 품위 있어 시녀는 대답하는 자신의 목소리를 부 끄러워하며 말했다.

"어느 쪽으로 안내하면 좋을는지 저는 도무지 모르겠습니다."

그러자 겐지는 이렇게 답했다.

"갑작스러운 일이라 무슨 일인지 모르는 것도 마땅하다만."

여린 풀의 새싹처럼 귀여운 그 사람을 보자
나그네 옷소매가 그리움의 눈물에 젖어 마를 새가 없구나

"이렇게 전해주지 않겠느냐."

"그런 노래를 받아도 이해할 만한 분이 여기에는 안 계시지 않는다는 것을 잘 아실 터인데, 대체 누구에게 그 말을?"

시녀가 대답하자 겐지가 말했다.

"이렇게 이야기하면 잘 알 걸세. 그럴 만한 사연이 있으니 헤아려주게."

그러자 시녀는 안쪽 방으로 들어가 여승에게 전했다.

'아니 이런, 겐지님께서 요즘 젊은이들처럼 이런 노래를 보내시다니. 이 아이가 남녀 사이의 정을 알 만한 나이라고 여기시는 것인가. 그건 그렇고 내가 읊은 어린 풀의 노래를 어떻게 들으셨을까.'

여승은 생각이 많았다. 여러 가지로 이상한 일들뿐이라 마음이 혼란스러웠으나 답신이 늦는 일은 실례겠다 싶어서 화답가를 지어 보냈다.

여행길 나그네가 하룻밤 흘린 눈물을
깊은 산속 늘 눈물에 젖어 마르지 않는 이끼에 어찌 비할 수 있으리오

"우리 옷소매의 눈물은 마르지 않는 것임을."

이 편지를 받은 겐지가 말했다.

"이렇게 사람을 가운데 두고 인사를 드린 일은 한 번도 없었습니다. 첫 경험입니다. 결례가 될지 모르오나 직접 만나 진지하게 드릴 말씀이 있습니다."

여승은 그 말을 전해 듣고 말했다.

"그 아이에 대해서 말씀을 잘못 들으신 게지요. 이쪽이 무색하리만큼 고귀하신 분에게 뭐라 대답할 말이 있겠나이까."

그러자 시녀들이 말했다.

"그렇게 답하시면 상대 쪽이 결례라 여기시겠지요."

"정말 그럴지도 모르겠구나. 젊은 사람이라면 부끄러워 어쩔 줄을 모를 테지만, 나 같은 늙은이에게 진심으로 말씀해주시는데 황송한 일이로구나."

이렇게 말하며 겐지 쪽으로 다가갔다.

"갑작스럽게 이런 말씀을 드리니 참으로 경솔하다 여기실 수도 있으나, 들뜬 마음에 가볍게 드리는 말씀이 아님은 부처님도 아실 것입니다."

겐지는 이렇게 말해보았지만, 주눅이 들 만큼 침착하고 고상한 여승의 모습

에 주춤하여 말이 쉽사리 이어지지 않았다.

"이렇게 뜻하지 않은 때에 그렇게까지 말씀해주시고, 저 또한 이런 말씀을 드리오니, 어찌 인연이 깊다 하지 않을 수 있겠습니까."

"처지가 딱하다 들었습니다. 저를 아이의 돌아가신 어머니를 대신하는 사람이라 생각해주실 수는 없으신지요. 저 또한 철없는 시절에 어머니와 할머니를 잃어 사랑 받지 못하고 기댈 곳 없어 이제까지 마음을 못 잡고 지내왔습니다. 그 아이도 저와 같은 처지라 여겨지니, 아무쪼록 저를 아이의 친구로 삼아 주십사 진심으로 부탁드리고 싶었는데, 이렇게 좋은 기회가 달리 없으니, 할머니께서 어떻게 생각하실지 배려치 않고 단호하게 이런 말씀을 드리는 바입니다."

"이 참으로 반가운 이야기입니다만, 뭔가 착오를 하시고 계시지 않나 곰곰이 생각하면 어떻게 대답을 드려야 할지 망설여집니다. 저 같은 사람 하나를 의지하며 자라는 어린 것이 있습니다만, 아직 너무나 어려서 아무리 마음이 너그러우시다 하더라도 장차 마님감으로 기르시는 건 무리한 일이 아닐까 합니다. 저로서는 어찌 응할 도리가 없습니다."

그렇게 여승은 말했다.

"그런 문제는 다 알고 있습니다. 그렇게 고리타분하게는 생각지 마시고, 저의 바람을 진지하게 살펴주십시오."

겐지가 그렇게 말해도, 여승 쪽에서는 아씨가 얼마나 어린가를 알지 못하고 있다는 선입견이 있어서, 겐지의 바람을 문제로 삼지 않았다. 마침 승도가 겐지의 방으로 오는 기척이 나서 겐지는 병풍을 제자리에 고쳐놓고 물러났다.

"아무튼 이렇게 이야기를 한 것만으로도 마음이 든든합니다."

날이 밝자 근행을 행하는 삼매당 쪽에서 죄의 멸함을 바라는 법화참법(法華懺法)*4의 독경 소리가 산바람을 타고 들려왔다. 그 존귀한 목소리가 폭포 소리와 함께 울렸다.

산바람에 실려온 법화참법의 독경 소리를 들으니
번뇌의 꿈에서 깨어나 고마움에 쏟아지는 눈물

---

*4 법화참법(法華懺法) : 《법화경》을 읽으면서 죄를 참회하는 불교 의식.

겐지가 노래를 읊자 승도가 화답가를 읊었다.

이 산수의 울림에 그대는 갑작스레 눈물 흘려 소맷자락을 적시나
오래 살며 근행한 이 마음은 전혀 움직이지 않으니

"저는 이미 귀에 익은 탓이겠지요."

점차 밝아오는 하늘에 아침 안개가 자욱하게 끼어 있고, 어디에서 우는지 알 수 없는 산새들의 우짖음 참으로 가득했다. 이름 모를 나무와 풀과 꽃이 알록달록 뒤섞였고, 비단을 깔아놓은 듯 보이는 곳에는 사슴이 서성였으니, 겐지는 자주 볼 수 없는 풍경에 어젯밤 좋지 않았던 몸마저 개운해지는 듯했다.

성인(聖人)은 옴짝달싹하기도 어려운 늙은 몸이었으나 겐지를 위해 승도의 방에 와서 호신법을 행하기도 했다. 군데군데 꺼질 듯한 목쉰 소리로 다라니경을 외고 있는 모습이 사무치도록 거룩하게 느껴졌다.

교토에서 겐지를 마중하러 온 사람들은 산에 이르자 겐지의 병이 완전히 나은 기쁨을 말했다. 대내어사(大內御使)도 왔다. 승도는 귀한 손님을 위해 맛난 과자를 여러 가지 만들게 하고, 사람을 골짜기까지 보내어 희귀한 요리 재료를 구해와 융숭하게 대접하기에 바빴다.

"올해 동안에는 산거(山居)를 기약한 몸이라, 돌아가실 적에 교토까지 배웅해 드리고 싶지만 그리 할 수 없으니, 제 신세가 원망스러울 따름입니다."

그런 소리를 하면서 승도는 겐지에게 술을 권했다.

"산에도 물에도 무척 애착이 가지만, 상감마마께 심려를 끼쳐드리면 황송하기 그지없는 일이라, 이 꽃이 지기 전에 다시 한 번 찾아오기로 하지요."

도읍으로 돌아가면 궁중 사람들에게 들려드리리
이 산벚꽃의 아름다움 꽃을 흩뿌리는 바람보다 앞서 와 이 꽃을 보라고

노래를 읊는 겐지의 모습과 목소리가 눈부실 만큼 아름다워 이에 승도가 화답가를 불렀다.

삼천 년에 한 번 핀다는 우담바라 꽃 마침내 본 듯 반가워서

깊은 산 벚꽃에는 눈길조차 가지 않으니

그러자 겐지는 살며시 미소를 지으면서 겸손하게 말했다.
"그토록 오랜 세월에 어쩌다가 한 번 핀다는 꽃은 보기가 힘들 테지요. 저와
는 다릅니다."
암굴의 성인은 술잔을 받아들고 울면서 겐지를 바라보았다.

머물며 근행하는 깊은 산속 소나무 문을 오랜만에 열고
아직 본 적 없는 꽃 같은 그대 얼굴을 뵙는 기쁨

성인은 겐지를 보호하는 불법이 담겨 있는 독고(獨鈷)*5를 바쳤다. 그것을
보고 승도는 쇼토쿠(聖德) 태자가 백제로부터 얻으신 금강자(金剛子) 염주에
보옥 장식이 달린 것도 꺼내왔다. 그리고 어딘가 그 무렵 일본 물건 같지 않은,
상자에 담긴 채로 얇은 천 주머니에 싸서 오엽송 가지에 달아맨 것과, 약을 담
은 야청색 유리 보석 항아리 몇 개를 등나무와 벚나무 가지에 매단 것과, 산
사의 귀한 물건도 내놓았다. 겐지는 암굴 성인을 비롯해 윗절에서 불경을 외운
스님들에게 보시할 물품이며 여러 음식을 교토로 사람을 보내 가져오게 했다.
그 물건들이 도착하자 산에서 일하는 막벌이꾼까지도 모두 상당한 선물을 받
아 갔다. 그리고 승도 법당에 염불을 부탁하기 위해 재물을 내놓기도 했다.
　겐지가 산에서 내려가기 전에, 승도는 누님에게 가서 겐지가 부탁하던 이야
기를 했으나 여승은 이렇게 전할 뿐이었다.
　"지금 같아선 무어라 딱히 드릴 말씀이 없습니다. 만일 인연이 있다면 4, 5
년 뒤 다시 말씀해 주셨으면 좋겠습니다."
　지난밤에 들은 바와 똑같은 대답을 승도로부터 전해 듣고, 겐지는 자기 심
정을 이해하지 못하는가 싶어 한탄했다. 겐지는 승도의 심부름하는 소년을 시
켜 편지를 보냈다.

어젯밤 해질 녘 어슴푸레 핀 꽃처럼 아름다운 이를 보아

---

*5 독고(獨鈷) : 스님들이 수법을 할 때에 쓰는 도구의 하나.

오늘 아침 그 아쉬움에 안개처럼 산을 내려가지 못하고 있으니

이 노래에 대한 여승의 답가는 이러했다.

꽃 주위를 떠나기 어렵다는 그 말씀 진심인가요
뿌옇게 안개 서린 하늘이 변하기 쉬운 그대 마음 눈여겨보리니

우아한 필적에 기품 있는 글씨로 담담히 써 있었다.

겐지가 수레를 타려고 할 즈음, 좌대신 댁에서 가신들과 자제들 여럿이 찾아왔다.

"어디로 행차하신다는 말씀 없이 출타하시어 걱정했습니다."

두중장과 좌중변 그리고 다른 사람들이 원망의 말을 늘어놓았다.

"이런 행차라면 기꺼이 동행했을 텐데, 함께 가자 말 한마디 없었으니 너무하구려. 허나 이렇게 멋진 벚꽃그늘에 잠시 발길조차 멈추지 않고 돌아간다면 유감스러운 일이 아니겠는가."

바위 그늘 이끼 위에 모두들 나란히 앉아 술잔을 돌렸다. 앞에 폭포가 흘러 정취가 있는 곳이다. 두중장은 품속에 넣어 온 피리를 꺼내어 한 곡조 뽑았다. 좌중변은 부채를 들고 장단을 맞춰가면서 사이바라를 노래했다.

도요라 절 서쪽 팽나무 아래 샘물에
하얀 구슬 가라앉아 있네
새하얀 구슬 떨어져 있네
함빡 젖고 말았구려

다른 이들에 비하면 나무랄 데 없이 뛰어난 좌대신 댁 자제들이었으나, 나른한 모습으로 바위에 기대어 있는 겐지는 이루 말할 수 없이 아름다워 그 무엇에도 비할 수 없을 정도이니, 다른 어떤 것에도 눈길이 옮겨가지 않았다.

그밖에 피리를 부는 수행원, 시종에게 생황을 건네는 풍류남도 있었다.

승도는 거문고를 들고 와서는 이렇게 간청했다.

"한 곡만 연주해주지 않으시겠습니까? 산새들에게 음악이 무엇인지를 알려

주시면 좋겠습니다."

"아직 병이 나은지 얼마 안 되긴 했지만."

이렇게 말하면서 겐지가 기꺼이 연주를 했다. 한참 즐거운 시간을 보낸 사람들은 이제 모두 자리를 뜨기로 했다. 승도와 동자들은 서운해하면서 눈물을 흘렸다. 집안에서는 늙은 여승과 시녀들이 여태껏 겐지 같은 사람을 만나본 일이 없어 그 천재적인 거문고 소리도 현실의 것이 아닌 듯 느껴졌다.

"무슨 인연으로 이런 말세(末世)에 태어나셔서 까다로운 속박과 간섭을 받으셔야 하는지 슬프기 그지없는구나."

승도도 겐지를 가리켜 이렇게 말하고는 눈물을 닦았다. 병부경친왕 따님은 어린 마음에도 어여쁜 분이라 생각하며 칭찬했다.

"아바마마보다도 멋진 분이야."

"그럼 저분의 따님이 되세요."

시녀가 그렇게 말하자, 고개를 끄덕이면서 그래도 좋겠다는 표정을 지었다. 그 뒤로는 인형놀이를 하든 그림을 그리든 겐지마마를 만들어, 그 위에 예쁜 옷을 입히며 귀여워했다.

도읍으로 올라온 겐지는 입궁을 하여 산에서 지낸 그동안의 일을 상감께 보고했다. 상감은 매우 수척해졌다고 말씀하시며 걱정하셨다. 그리고 성인의 존경할 만한 기도력 등에 대해서도 물으셨다. 겐지가 자세히 말씀드렸더니 이렇게 경의를 표하셨다.

"아사리(阿闍梨)가 될 만한 자격이 있는 듯하군. 명예를 탐내지 않고 수도만 해온 사람일 테지. 그래서 일반 사람에게 알려지지 않았겠지."

좌대신도 마침 대궐에 와 있다가

"저도 영접 나가려 했습니다마는, 미행하실 때엔 도리어 폐를 끼칠 듯싶어 마다했습니다. 하지만 아직 하루 이틀은 조용히 쉬시는 게 좋지 않을까요?"

그러더니 다시 말했다.

"예서부턴 제가 따라가 드리지요."

겐지는 그 집으로 가고 싶은 생각은 없었으나 그리 할 수밖에 없었다. 겐지를 자기 수레에 태우고 좌대신 자신은 뒷자리에 몸을 웅크리고 탔다. 귀여운 딸 때문에 이토록 성의를 다해 대접해주는가 생각하니, 대신의 어버이 된 심정을 겐지는 깊은 감동으로 받아들였다.

퇴궐해 이리로 온다는 걸 미리 이야기했는지 좌대신 댁에서는 모든 준비를 갖추고 있었다. 얼마 동안 가보지 않았던 아름다운 이 집은 겐지 눈에 한결 더 잘 꾸며진 듯 보였다. 겐지 부인은 여느 때처럼 다른 방에 들어가서는 나오려 하지 않았다. 대신이 여러 번 타일러 가까스로 겐지와 한자리에 앉혔다. 아내는 그림에 그려놓은 아씨님처럼 예쁘게 오목조목 차려입고 예의 바르게 가만히 앉아 있는 모습이 단정해 보였다. 산에서 일어난 이틀 동안의 이야기를 할 때 호응을 해주거나 재미있게 대답하면 귀여워 정감을 느낄 수 있을 터인데, 언제까지나 남을 대하듯 수줍어 하니, 세월이 흐를수록 더욱 남처럼 느껴져 겐지는 답답한 마음에 한마디 했다.

"가끔씩은 보통 부부처럼 대해줘요. 병을 오래 앓았으니 좀 어떠냐고 물어볼 수도 있잖소? 새삼스러운 일도 아니지만 나로선 정말 섭섭하구려."

"묻지 않은 게 그리 서운했습니까?"

이렇게 말하면서 옆으로 겐지 쪽을 바라보는 눈매에는 수줍은 듯하면서도 거룩한 아름다움이 깃들어 있었다.

"어쩌다가 말해 준다는 게 고작 그거요? 한심하기 짝이 없군. 찾아주지 않는다, 묻지 않는다 하는 건 우리처럼 기품 있는 부부가 주고받을 말이 아니란 말이오. 정이 없는 남남처럼 대하면 안 된다는 거요. 날이 가면 갈수록 당신은 나를 대놓고 멸시하니, 이렇게 하면 당신의 심사가 고쳐질까, 저렇게 하면 효험이 있을까 여러 시도를 하고 있지만 당신은 점점 더 서먹서먹해지는구려. 글쎄 그것도 좋아. 오래 살다 보면 언젠가는 알게 될 테지."

그렇게 말하고 겐지는 침실 쪽으로 들어갔는데, 부인은 그 모습 그대로 앉아 있었다. 자리에 들기를 자꾸 권해도 들은 체 않는 사람을 두고 겐지는 한숨을 쉬며 베개에 머리를 붙였다. 굳이 애를 써서 부인을 유혹할 마음이 들지 않았을 수도 있다. 그저 고단하고 졸리다는 기색을 해보이면서 이런저런 생각에 빠져들었다.

겐지는 그 할머니가 여린 풀이라 부르던 병부경의 따님이 아리땁게 성장한 모습이 자꾸만 머리에 떠올랐다. 나이 차이 때문에 저쪽 사람들이 그의 제안을 신경 쓰지 않음은 마땅하다. 저쪽에서 그렇게 나온다면 이쪽에서도 적극적으로 나갈 수가 없다. 그러나 무슨 수를 써서라도 내 집으로 데려와서 저 사랑스러운 아이를 마음의 위안 삼아 바라보고 싶다. 병부경친왕은 고상하고 얼굴은 말끔하지만 화려하다거나 아름답다고는 생각하지 않았는데, 어째서 후지쓰보님과 닮아 보였을까. 친왕과 후지쓰보 중궁은 같은 황후의 소생이라서 그럴까. 그런 생각을 하기만 해도, 그 소녀가 더욱 가깝게 느껴져 깊은 인연이 반가워서 어떻게든 자기 바람을 이루어 내겠다고 생각했다.

다음날 겐지는 북산으로 편지를 보냈다. 승도에게 주는 편지에도 어린 아씨에 대한 이야기를 넌지시 비쳐놓았다.

'처음부터 관심도 갖지 않으시고 거절하시니 겁이 나서, 제 생각을 온전히 말씀드릴 수가 없었습니다. 이렇게 다시 말씀드리는 것만으로라도 저의 집념의 정도를 헤아려 주신다면 감사하겠습니다.'

여승에게는 이렇게 썼다. 그리고 어린 아씨에게는 따로 조그맣게 접은 편지를 보냈다.

그 아름다운 산벚꽃이 내 마음에서 떠날 줄을 모르네
온 마음 그곳에 남겨두고 왔건만

"밤사이 바람이라도 불어 꽃이 지지는 않을까 염려됩니다."

이런 내용이었다. 모두들 겐지의 글씨를 아름답다 느낌은 이루 말할 바도 없고, 노인들은 편지 겉을 싼 품을 보고도 감탄했다. 그러나 여승은 이 편지에 뭐라고 답장을 드려야 좋을지 몰라 난처했다.

"지난번 말씀은 먼 앞날의 일이어서 바로 말씀드리지 않아도 좋으리라 믿었사온데, 거듭 편지로 말씀하시니 그저 송구할 따름입니다. 아직 습자(習字) 첫걸음의 노래조차 제대로 이어 쓰지 못하는 아이이기 때문에 실례를 용서하소서."

세찬 비바람에 끝내 저버리고 말 산봉우리의 벚꽃을
피어 있을 때만 마음에 두심은 정녕 변덕이 아니온지

"걱정스럽기 그지없습니다."

이것이 여승이 보내온 답장이었다. 승도가 보내온 편지도 이와 비슷하기에 겐지는 서운한 마음이 들었으나, 2, 3일 뒤 다시 고레미쓰를 북산으로 보내야 겠다고 생각했다.

"소납언 유모라는 사람이 있을 터이니, 그 사람을 만나 내 심정을 자세히 전해주고 오게."

겐지는 그렇게 분부했다. 이에 고레미쓰는 어떤 여자에게나 관심을 가지시는군, 아씨는 아직 너무 어린 것 같던데 생각하면서, 똑바로 본 건 아니었지만 자기도 함께 엿보았던 일을 떠올렸다.

이번엔 오위(五位) 벼슬아치를 시켜서 편지를 보낸 사실에 대해 승도는 송구스럽게 여겼다. 고레미쓰는 소납언에게 면회를 요청하고 곧 만났다. 겐지의 희망을 자세히 전하고 나서 그의 일상생활 태도를 이야기했다. 수다스러운 고레미쓰는 상대를 설득하려는 마음에 이모저모 넉살 좋게 말했으나, 승도도 여승도 소납언도 나이 어린 아씨에 대한 청혼을 어찌 해석해야 할지 그저 아연해할 뿐이었다. 편지에도 간청하는 말이 정중히 씌어 있는데,

"아씨가 연습으로 한 글자씩 쓴 글이라도 꼭 보여주시기 바랍니다."

내 이렇듯 그대를 깊이 생각하는데
어찌하여 그대는 산우물에 그림자마저 비치지 않게 내 곁을 떠나버렸는가

이런 노래가 씌어 있었다. 답신에는 이렇게 씌어 있었다.

그 물을 길어보면 후회한다는 얕은 산우물처럼
그대의 얕은 마음으로 어찌 아씨를 만날 수 있으리오

고레미쓰가 전한 말은 이랬다.

"여승님의 병환이 좀 차도가 보이면 교토 본댁에 돌아가야 하니, 그곳에서 다시 이야기 나누도록 합시다."

겐지는 왠지 미덥지 못한 느낌이 들었다.

후지쓰보마마께서 병이 나셔서 사가로 가셨다. 상감께서 날마다 그리워하심

을 안타까워하면서도, 겐지는 흔치 않은 기회를 잡지 못하면 또 언제 그리운 얼굴을 볼 수 있겠느냐 싶어 그 뒤로 어느 애인에게도 가지 않고 궁중 숙직소에서나 이조원에서나 낮에는 생각에만 잠겨 있고 왕명부에게 도움을 부탁하는 일 말고는 아무것도 하지 않았다. 왕명부가 어떤 방법을 취했던지, 무리하게 잡은 짧은 만남 중에도 주어진 행복이 현실 아닌 꿈처럼 여겨짐이 겐지는 스스로도 한스러웠다.

마마도 지난 어느 밤에 뜻하지 않은 잘못을 저지른 죄악감을 평생 잊을 수 없으리라 생각하고 계셨다. 그런데도 이 이상 죄를 더 짓지 않으리라 굳게 마음을 다지셨던 터인데, 본뜻은 아니지만 또 이런 일을 되풀이하게 되어 몹시 슬퍼하셨다. 그렇게 원망스러운 듯하면서도 상냥하시고, 그렇다고 완전히 마음을 놓으시지 않는 귀부인다운 태도가 겐지에겐 진실로 아름다워 보였다. 누구보다도 뛰어난 여인이구나. 어째서 한 군데 흠집도 없을까, 단점이 있었다면 자기 마음은 이렇게 한사코 끌리지 않았을 터이니 얼마나 편할까 생각하자, 겐지는 이 사람의 존재를 자기에게 알려준 운명마저 원망스러웠다.

그동안 켜켜이 쌓인 애틋한 마음을 어찌 다 말로 하겠는가.

겐지는 오늘 밤이야말로 영원히 날이 밝지 않는다는 '구라부 산'에 묵고 싶은 심정이었지만, 속절없는 여름밤은 짧기도 하여 어느새 날이 밝아오기 시작하니, 이별의 아쉬움만 더하여 차라리 만나지 않는 편이 좋았을 만큼 슬픈 만남이었다.

이제야 겨우 만났건만 또다시 만날 밤 언제 오려나
차라리 감미로운 이 꿈속에서 그대로 사라지고 싶어라

이런 시를 읊조리며 슬픔에 겨워하는 겐지의 모습을 보니, 후지쓰보는 가엾고 마음이 아파 화답했다.

두고두고 뒷날까지 입방아에 오르지 않을까 더없이 모진 이내 신세
비록 영원히 깨어나지 않는 꿈속으로 사라진다 하여도

마마께서 번민하심도 마땅한 일로 너무나 안타깝게 느껴졌다. 겐지가 벗어

둔 겉옷은 왕명부가 모아들고 침소로 들어갔다.

겐지는 이조원으로 돌아와 자리에 누워 눈물로 하루를 보냈다. 편지를 띄워도 여느 때처럼 보시지 않는다는 왕명부 대답 말고는 얻을 수 없음을 몹시 원망하면서, 겐지는 대궐에도 들지 않은 채 2, 3일 동안 방안에만 들어앉아 있었다. 상감께서는 또 병이 난 줄 아시고 걱정하시리라 생각하니, 저지른 죄 때문에 더욱 두려운 마음만 들었다.

마마께서도 자신의 운명을 한탄하시다보니 번민이 계속되고, 그 때문인지 병환에 차도가 없었다. 궁중에서는 끊임없이 어사를 보내 궁안으로 돌아오라 재촉했으나 마마께서는 그대로 친정에 머물러 계셨다. 여느 때보다 몸이 아프신 이유를 생각해 보니 마음에 짚이시는 일이 있었다. 마마께서는 어쩔줄 몰라 홀로 고민하셨다. 더구나 무더운 여름 한철은 아예 일어나시지도 못하고 드러누우신 채 지내셨다.

석 달이 지나자 겉으로도 티가 나서 시녀들도 눈치를 챈 모양이었다. 마마는 피할 수 없는 숙명을 두려워하셨지만 남들은 생각지도 못하는 일이었으므로, 이렇게 되실 때까지 상감께 아뢰지 않으실까 모두 이상해하며 수군거렸다. 마마의 목욕 시중을 들던 유모의 딸이나 왕명부가 이상스레 여긴 적도 있었으나 그 두 사람은 차마 입밖으로 낼 수 없었다. 왕명부는 인간이 제아무리 노력해도 피치 못할 숙명이라는 힘에 아연실색했다. 궁중에는 병환이다, 액막이다 해서 회임의 징조를 미처 알지 못했던 것처럼 상감께 말씀을 올려 놓았다.

누구나 다 그렇게 알고 있었다. 상감께서는 마마를 한결 더 뜨겁게 사랑하시며 전보다 더 자주 어사를 보내시니 마마로서는 신경이 쓰였다. 번민이 끊이지 않는 겐지 중장도 괴이한 꿈을 꾸곤 해몽가를 불러서 풀어보게 하자 생각지도 못한 이야기를 들었다.

"좋은 꿈이긴 하나 불길한 징조가 담겨 있습니다. 그러니 조심해서 행동을 삼가셔야 합니다."

그런 소리를 했다. 겐지는 소문이 날까 걱정되어 이렇게 말했다.

"이건 내 꿈이 아니야. 다른 사람의 꿈을 풀이해 달라고 한 것이지. 이 꿈이 사실이 될 때까진 누구한테도 말하지 말게."

겐지는 점쟁이에게 이렇게 부탁했다. 그 뒤로 어떤 일이 일어날지 애를 태우며 기다렸다. 겐지는 후지쓰보 마마의 잉태 소식을 듣고선 그 꿈이 이 일을 말한 것이 아닐까 여기며 걱정이 되면서도 전보다 더 만나고 싶어져 이런저런 말을 건넸다. 그러나 왕명부는 마마가 잉태하신 뒤로, 불같은 사랑에 목숨도 버릴 듯한 겐지를 안타까워해서 취한 자신의 예전 행동이 가져온 중대한 결과를 깨닫고, 꾀를 써서 겐지가 마마께 접근하지 못하게 막았다. 겐지는 어쩌다가 마마로부터 한 줄도 채 못 되는 답장을 받은 적도 있었으나, 그것조차 이제는 끊기고 말았다.

초가을인 7월이 되자 후지쓰보는 대궐로 드셨다. 총애를 받는 이가 잉태하셨기에 상감의 마음은 더욱 깊이 후지쓰보마마께 쏠렸다. 배가 조금 부푼 듯하고, 입덧 때문에 얼굴이 좀 수척해지셨지만 마마의 아름다움은 전보다도 더 두드러져 보였다. 여전히 상감께서는 밤이나 낮이나 후지쓰보 궁전에만 와 계셨다. 음악놀이를 하기에 알맞은 계절이었으므로 겐지 중장도 늘 거기로 불러내시어 거문고며 피리 연주를 부탁하셨다. 겐지는 차오르는 마음을 지그시 누르고 있었으나, 때로는 참기 어려워하는 것을 마마도 눈치채고 괴로워하였다.

북산에서 요양을 하던 안찰사 대납언 부인은 병에 차도가 있어 교토로 돌아와 있었다. 겐지는 고레미쓰를 보내 교토의 집을 방문케 하고 이따금 편지를 보냈다. 저쪽 태도는 지난봄이나 오늘이나 변함이 없었다. 그것도 그럴 만한 일이었고, 요 몇 달 동안은 지난 몇 해보다도 더한 사랑의 번민으로 겐지는 다른 어떤 일에도 신경을 쓸 수 없었다. 그래서 좀더 적극적으로 나서고자 하는 기색은 보이지 않았다.

가을도 다 지날 무렵, 겐지는 남달리 쓸쓸함을 사무치도록 뼈저리게 맛보았다. 달이 아름답게 뜬 어느 날 밤, 오랜만에 미행을 나가시려 자리에서 일어섰을 때 갑자기 소나기가 쏟아졌다. 겐지가 가려는 곳은 육조 교고쿠(경극(京極)) 근처였으므로, 대궐에서 거기까지는 거리가 먼 듯싶었다. 나이 많은 나무들이 대갓집답게 울창하여 흙담 밖을 지날 때에 그림자처럼 가까이 따라다니는 고레미쓰가 말했다.

"여기가 돌아가신 안찰사 대납언 댁입니다. 일전에 잠깐 이 근처에 왔을 때에 들러보았더니, 그 여승이 병 때문에 몸이 쇠약해 아무것도 생각할 수 없다는 말을 들었죠."

"거 안됐군. 병문안을 갈걸 그랬어. 어째서 진작 그런 말을 안했지? 잠깐 내가 찾아 왔다고 전해주게."

겐지가 그렇게 말하자 고레미쓰는 수행원 하나를 보냈다. 볼일이 있어서 찾아왔다는 말을 먼저 전했으므로, 그 뒤에 다시 고레미쓰가 들어가서 말했다.

"주인님께서 몸소 병문안하러 오셨습니다."

대납언 댁에선 무척 놀란 것 같았다.

"이거 곤란합니다. 요즘은 전보다도 훨씬 쇠약해지셔서 만나뵐 순 없겠지만, 그렇다고 거절하는 것도 예의가 아니고……."

바로 그때 시녀가 남쪽으로 난 사랑방을 깨끗이 치우고 겐지를 맞아들였다.

"누추한 곳입니다만. 호의에 인사라도 드려야 도리라고 생각해서, 그 뜻에 어긋날지는 모르겠습니다만 이런 방이라도 너무 탓하지 마시기를."

시녀가 인사말을 건넸다. 그 말처럼 겐지는 뜻하지 않은 곳에 왔구나 싶었다.

"늘 찾아뵈리라 생각하면서도 매정한 답장만 받았기에 사양했었습니다. 그래서 병환이 이토록 깊어지신 줄도 모른 채 답답한 날만 보냈습니다. 얼마나 걱정이 크시겠습니까."

겐지의 말에 여승은 시녀를 통해 다음과 같이 답했다.

"제 몸이 좋지 않음은 어제오늘 일이 아니라 당연히 여기고 있습니다. 황송하게도 오늘 이렇게 찾아주셨는데, 이 몸은 죽을 날이 머지않아 직접 뵙고 예를 갖출 수도 없으니 유감스러울 따름입니다. 어린 아씨 이야기를 늘 하셨는데, 앞으로 그 마음 변치 않으신다면 세상 물정 모르는 철부지 시절이 지나 어른이 된 뒤에 거두어주시옵소서. 이 몸이 죽어 그 어린 것이 의지할 데 없이 홀로 남을 걸 생각하면 걱정부터 앞서, 그토록 바라는 왕생에 지장이 될 듯합니다."

병상이 바로 가까이에 있어 힘없는 여승의 목소리가 띄엄띄엄 들렸다.

"참으로 고마운 일이군요. 적어도 그 아이가 인사라도 나눌 수 있는 나이라면 좋겠지만."

여승은 이렇게 말했다.

겐지는 여승의 말을 절절한 마음으로 듣고 답했다.

"잠깐의 변덕이었다면 이렇듯 호색한처럼 몰상식한 처신을 할 수 있겠습니까. 전생에 무슨 인연이 있었는지 처음 어린 아씨를 보았을 때부터 이상하리만치 마음이 끌리고 참을 수 없이 사랑스러웠으니, 이 세상의 인연만이 아니라 전생에 무슨 약속이 있었던 듯싶습니다."

그러고는 이어서 덧붙였다.

"이대로 돌아간다면 찾아뵌 보람도 없으니 몹시도 안타깝습니다. 그 귀여운 아씨의 목소리라도 한번 듣게 해주셨으면 합니다."

그러자 시녀가 말했다.

"아씨는 아무것도 모르시고 벌써 주무시고 계시옵니다."

그런데 마침 저쪽에서 다가오는 발소리가 들리더니 어린 아씨가 천진난만하게 이야기하는 소리가 들려왔다.

"할머니, 저 절에 계셨던 겐지마마께서 오셨답니다. 어째서 보러 나오시지 않으세요?"

시녀들은 난처해서 말을 막았다.

"조용히 하세요."

"그렇지만, 겐지마마를 보신 다음에 병이 나았다고 그러셨잖아요?"

아씨는 좋은 생각이라 여기며 말을 하고 있었다. 겐지는 어쩐지 재미있어 이야기를 더 듣고 싶었으나 시녀들이 난처해하는 꼴이 가여워서 못들은 체하고 점잖게 문안의 말을 남기고 나왔다.

'아직 어린아이라던 말은 사실이군. 하지만 내가 제대로 가르칠 자신이 있어.' 겐지는 이렇게 생각했다.

다음날도 겐지는 비구니 앞으로 문안 편지를 정중히 써 보냈다. 여느 때처럼 조그맣게 접은 편지에 이렇게 썼다.

새끼 두루미의 울음소리 듣고 곧장 거기로 가고 싶으나
갈대밭을 헤치고 나아가지 못하는 이 배의 답답함이여

어린아이처럼 쓴 겐지의 편지는 그럼에도 뛰어난 솜씨여서, 그대로 아씨님의 글씨본으로 써도 좋겠다며 시녀들이 말했다. 겐지에게는 소납언 유모가 답장을 썼다.

'문안말씀을 주신 분은 오늘도 목숨이 위태롭다 하여 이제 막 산사로 옮겨 가는 참이올시다. 황송하온 문안말씀 답례는 이승에선 다하지 못할망정 또다 시 여쭐 기회가 있을 것입니다.'

그런 내용이었다.

가을날 해질녘은 더욱 사람이 그리워지는 때라, 비록 얕은 인연이지만 그 사람을 곁에 두고 싶은 겐지의 바람은 짙어져만 갔다. 여승이 '죽을 수 없다' 읊조리던 그 모습이 자꾸만 떠올라서 그리운 한편 자칫 데려다 키우면서 실수라도 할까 두려웠다.

보랏빛 풀 얼른 이 손으로 꺾어 내 것으로 삼고 싶구나
그 그리운 기치풀 뿌리와 이어진 들판의 여린 풀을
시월에 주작원으로 행차가 있을 예정이었다.

그날 향연에서 춤출 사람으로 고귀한 집안 자제들과 상달부, 전상인 가운데 서도 춤에 재주 있는 사람들은 모두 뽑혔다. 그래서 친왕과 대신을 비롯 모두 들 기예를 연습하느라 쉴 틈이 없었다.

겐지는 북산으로 거처를 옮긴 여승에게 오래 소식을 전하지 못한 일이 마음에 걸려, 편지를 써서 사람을 보냈으나 승도에게서만 답신이 왔다.

'지난달 스무날 끝내 소승의 여형(女兄)이 세상을 떠났습니다. 인생의 법칙인 줄 알면서도 슬픔에 잠겨 있습니다.'

겐지는 새삼스레 인생의 덧없음을 느꼈다. 여승이 노심초사하던 어린 아씨는 어찌 되었을까. 그 어린 나이에 할머니를 얼마나 그리워할까 걱정하면서, 자신도 어릴 적 어머니를 여읜 슬픔을 어렴풋이나마 떠올렸다. 겐지는 정중하게 조위 물품을 산사에 보냈다. 그런 때엔 언제나 소납언이 자상한 답장을 보내왔다.

여승의 장례식이 끝나고 가족들이 교토로 돌아왔다는 소식을 듣자 그 얼마 뒤 겐지가 몸소 찾아갔다. 처량할 만큼 황폐한 저택에 많지 않은 식솔이 살고 있으니 어린아이로서는 무서우리라 생각되었다. 예전의 사랑채로 겐지를 맞이하고는 소납언이 울면서 여승께서 눈 감으실 때의 이야기를 꺼냈다. 겐지도 그만 눈물이 그렁해졌다.

"아씨께선 친왕마마 댁으로 가시게 되었습니다만, 어머님 생전에 갖가지 푸대접을 하신 마님이 아직 계시답니다. 차라리 아무것도 모르는 아가씨였음 좋았을 걸 아니면 무엇이나 분별하시는 나이였다면 또 모르겠사온데, 이도 저도 아닌 나이라 그 많은 자녀들 틈에서 홀대를 당하지 않을까 비구니께선 그 점을 늘 걱정하셨습니다. 친왕마마 댁 형편을 살펴보면 그것도 아주 근거 없는 염려는 아니다 싶으니, 마마께서 지나가는 소리로 해주셨던 말씀도 언젠가는 구원의 손길이 되리라고 저희는 생각합니다."

소납언 유모가 말했다.

"어찌하여 이미 여러 번이나 말한 내 마음의 깊은 뜻을 그렇듯 헤아리지 못하고 받아주지 않는단 말이오. 어린 아씨의 철없는 모습마저 귀엽고 참을 수 없이 사랑스럽게 여겨짐도, 나와 아씨가 전생의 인연이 각별히 깊어서라 나는 믿고 있소. 또한 다른 사람을 통하지 않고 직접 내 마음을 아씨에게 전하고 싶소이다."

갈대의 어린 싹이 돋아나는 와카 해변에 청각채는 자라기 어렵듯이
아씨를 만나기가 아무리 어렵다 한들 이대로 돌아갈 내가 아니라오

"애써 찾아왔는데 이대로 돌려보내는 것은 지나친 일이지요."
이렇게 말하니 소납언이 대답했다.
"참으로 황송하옵니다."

솔깃한 말로 접근하는 당신의 속내를 확인도 하지 않고
해초가 파도에 너울거리듯 그 말씀에 덩달아 너울댄다면 앞날이 어찌 되오리까

"그것은 억지스런 말씀입니다."
이렇게 말하는 소납언의 응대가 능숙하여 겐지는 소납언이 뭐라 거절해도 기분이 언짢지 않았다. 겐지가 '어찌 넘을 수 없는 만남의 관문이런가'라는 옛 노래에 빗대어 만나지 않고는 견딜 수 없는 마음을 흥얼거리자, 젊은 시녀들은 넋을 잃고 노랫소리에 빠져들었다.

어린 아씨는 오늘 밤도 할머니가 그리워 우는데, 함께 놀던 어린 시녀들이
말했다.

"평상복 차림의 고귀한 분이 와 계셔. 친왕마마가 오셨나봐."

그러자 어린 아씨는 벌떡 일어나더니 물었다.

"소납언, 평상복 차림으로 오신 분 어디 계세요? 친왕마마예요?"

그러시면서 유모 곁으로 다가오는 목소리가 귀여웠다. 아바마마는 아니지만,
어린 아씨를 깊이 사랑하는 겐지였으므로 가슴이 두근거렸다.

"이리로 와요."

겐지가 말을 걸자, 아바마마가 아니라는 사실을 안 어린 아씨는 아차 실수
했구나 싶어 유모 옆에 바싹 붙어서면서 말했다.

"저쪽으로 가요. 졸려요."

"이제는 달아나거나 숨지 않아도 된답니다. 내 무릎 위에서 잠들어요."

겐지가 이렇게 말했다.

"말씀드린 바와 다름없지요? 아직 아무것도 모른답니다."

어린 아씨는 소납언의 손에 떠밀려 별 생각 없이 그곳에 앉아 있었다. 겐지
는 휘장 안으로 손을 내밀어 더듬어보았다. 부드러운 옷 위로 매끄러운 머리칼
이 늘어져 있고, 그 끝자락이 보들보들 손에 닿는 감촉이 분명 아름다운 머릿
결이었다. 손을 잡자 어린 아씨는 외간 남자가 이렇게 가까이 다가온 게 왠지
불안하고 무서웠다.

"유모 자러가요."

겐지는 아씨가 움츠리려는 손을 따라 휘장 안으로 들어왔다.

"이제 당신을 돌볼 사람은 나이니 미워하지 마시오."

겐지는 그렇게 말했다. 소납언이 난처한 듯 말렸다.

"안 되옵니다, 큰일 날 일이옵니다. 말로 하셔도 소용이 없는 일이온데."

"아무려면, 이렇게 어린 분에게 내가 무슨 짓을 하겠느냐. 다만 세상에 둘도
없는 내 진정을 보여주고 싶을 뿐이니라."

겐지가 말했다.

싸락눈이 내리고 바람은 세차게 몰아치니 마음까지 꽁꽁 얼어붙을 것만 같
은 밤이었다.

"이렇게 적은 식솔이 쓸쓸한 이 집에서 어떻게 사나요."

그러면서 겐지는 눈물을 흘렸다. 이대로 내버려둔 채 물러갈 수는 없었다.

"이제 밤도 으슥한데 문단속들 하시지요. 내가 숙직원이 돼 드릴 테니 시녀 분들은 모두 아씨 방으로 모이십시오."

그렇게 말하고, 겐지는 예삿일처럼 아씨를 장대*⁶ 안으로 껴안고 들어갔다. 모두 뜻밖의 일에 아연해했다. 유모도 걱정은 하면서도 다른 침입자를 다루듯 할 수 없는 상대라서 그저 탄식하며 망연히 바라보고만 있었다. 어린 아씨는 겁에 질려서 어떻게 해야 할지를 모르는 데다 소름이 끼쳐 오들오들 떨었다. 그런 모습도 귀엽기만 한 겐지는 이 조그마한 여자아이를 자신의 홑옷에 둘둘 말아가지고 바싹 붙어 있었다. 이런 행동을 자기 자신도 이상히 여기며 애정이 듬뿍 담긴 이런저런 이야기를 했다.

"저희 집으로 오시면 재미있는 그림이 많고, 인형놀이도 맘대로 할 수 있답니다."

이렇게 아이의 마음을 끄는 이야기를 해주는 겐지의 부드러운 태도 덕분에 어린 아씨는 공포로부터 차츰 벗어났다. 그러나 불안감은 여전하여 선잠으로 뒤척이면서 누워 있었다. 이날 밤은 밤새도록 바람이 휘몰아쳤다.

"참말이지, 손님께서 머무신 덕분에 그나마 마음이 놓였어. 아씨가 결혼할 수 있는 나이라면 정말 좋을 텐데."

시녀들은 속삭였다. 근심스럽기 짝이 없는 유모는 장대 가까이에 붙어 앉아 있었다. 아직 어두웠지만 바람이 조금 잠잠했을 때 집으로 돌아가는 겐지 모습은 진정 사랑하는 이의 곁을 떠나는 모습이었다.

"가엾으신 아씨와 이토록 가까워졌는데 잠깐일지라도 이런 집에서 머무는 게 나로선 너무 걱정스럽소. 내가 사는 집으로 옮겨 드리도록 하겠소. 이런 쓸쓸한 곳에서 생활하시다간 아씨가 신경쇠약에 걸리기에 딱 알맞거든."

겐지가 이렇게 말했다.

"친왕마마께서도 그런 말씀을 하십니다만, 49일은 지낸 뒤 친왕마마 댁으로 돌아갈까 생각합니다."

시녀가 말했다.

"아바마마 댁이라지만 어려서부터 다른 곳에서 자라셨으니 아씨의 나에 대

---

*6 장대(帳臺) : 침전 본채에 한층 높은 대좌(臺座)를 만들고, 네 귀퉁이에 휘장을 드리운 좌석. 귀인의 응접실 또는 침소로 사용했다.

한 마음이나 친밀감과 그리 다르지 않을 거요. 이제부터 함께 있는다고 해서 미래에 지장이 될 리는 없을 것이고 오히려 내 애정이 뿌리를 내려 깊어질 것이요."

이렇게 말하며 어린 아씨의 머리카락을 몇 번이나 쓰다듬고는 뒤를 돌아보며 돌아갔다.

밖에는 아침 안개가 자욱하고 하늘 풍경도 한결 정취가 있는데, 땅에 서리마저 새하얗게 내려 있었다. 사랑하는 사람과 함께 밤을 보내고 돌아가기에 어울리는 아침이라 생각하며 겐지는 어젯밤 일을 그리워했다.

가는 길에 사람들 눈을 피해 은밀하게 드나드는 집이 있었다는 생각이 문득 떠올라 문을 두드려보라 했으나, 소리를 듣고 나오는 이가 없었다. 어쩔 수 없어 수행원들 가운데 목청이 좋은 자에게 노래를 읊으라 일렀다.

동트는 하늘에 안개가 떠다녀 알아볼 수 없으나
그냥 지나치기 어려운 그리운 그대의 집 대문이 있으니

이렇게 두 번이나 노래하자 눈치 빠른 하녀가 나와 노래로 답했다.

걸음을 멈추고 안개 자욱한 이 울타리를 그냥 지나칠 수 없는데
잠기지도 않은 사립문이 무슨 문제리오

이렇게 말하고는 곧바로 안으로 들어가 버렸다. 그리고 아무런 기척도 없었다. 이대로 돌아가는 것도 냉담한 듯했으나, 날이 밝아오니 왠지 멋쩍기도 해서 이조원으로 수레를 몰았다.

귀여웠던 어린 아씨의 모습이 정겹고 그리운 겐지는 아씨 생각을 떠올리며 미소를 머금고 홀로 잠자리에 들었다.

겐지는 해가 높이 떠올라서야 자리에서 일어났다. 어린 아씨에게 편지를 쓰려 했으나, 잠자리를 치루고난 연인들이 그러하듯 쉽사리 편지를 쓸 수 없던 터라 몇 번이나 붓을 놓으며 이리저리 궁리하다가 열심히 썼다. 재미있는 그림도 편지와 함께 넣어 보냈다.

마침 그날 어린 아씨의 집에 아버지인 병부경이 찾아왔다. 여승이 죽어 전

보다 한결 적막함과 황량함이 눈에 띄는 넓고 고풍스런 집에 사람조차 줄어들어 쓸쓸하기 그지없으니, 이렇게 말했다.

"이런 곳에서 잠시인들 어린아이가 어떻게 있겠느냐. 우리집으로 데려가야겠다. 별스럽게 까다로운 곳도 아니다. 유모는 방 하나 얻어서 살면 되고, 어린 아씨는 젊은 애들이 있으니 함께 놀면 좋겠구나."

가까이로 부르자 다가 온 어린 아씨 옷에는 겐지의 향냄새가 깊이 배어 있었다.

"냄새가 좋구나. 하지만 옷은 너무 낡았군그래."

딸을 사랑스런 눈빛으로 바라보았다.

"여태까지도 병든 늙은이하고만 있으니 가끔씩은 큰집으로 보내어 새 어머니와 친해지도록 하는 게 좋다고 말해 왔지만, 할머니가 끝까지 그걸 못하게 하셨으니 큰집에서도 좋게 생각할 리가 없지. 그렇다고 그분이 돌아가시자마자 데려가는 것 또한 마음이 편하지는 않단 말이야."

병부경이 말했다.

"그렇게 서두르실 필요는 없는 줄 아옵니다. 적적하시더라도 한동안 여기에 계시는 편이 좋을 듯하옵니다. 어느 정도 물정을 아실 만한 나이가 된 다음에 모셔 가도 늦지 않을 것이옵니다."

소납언은 그렇게 말하면서,

"밤이나 낮이나 온 하루 할머니가 그리워 울고만 계시니 식사도 잘 드시지 않습니다."

이렇게 한탄도 했다. 아씨는 한결 수척해졌지만 오히려 그 모습이 우아하고 아름다워 보였다.

"어째서 넌 할머니 생각만 하느냐? 돌아가신 분은 어쩔 수 없단다. 그래도 이 아버지가 있지 않느냐."

병부경이 말했다.

날이 저물어 이만 집으로 가시려는 것을 보고 쓸쓸해서 아씨가 울먹이자 병부경도 울었다.

"무엇이든 그렇게 슬퍼만 하면 안 된다. 이제는 집으로 데리고 가야겠다."

병부경은 몇 번이고 타일러 달래 놓고 돌아갔다. 어머니도 할머니도 잃은 앞날이 불안해 우는 게 아니라, 아씨는 어릴 적부터 잠깐도 떨어지지 않고 보살펴주던 할머니가 돌아가셨다고 생각하니 무척 슬퍼서 울었다. 어린 마음에도 슬픔이 꽉 가슴을 메워 놀 상대가 있어도 좀처럼 어울리려 하지 않았다. 그래도 낮에는 밝은 모습을 보이지만 저녁녘에는 풀이 죽어 있었다. 이렇게 지내는 게 오히려 어린 몸에 해가 될까 싶으니 유모도 걱정이 되어 날마다 울고만 있었다.

그날 저녁 고레미쓰가 겐지의 말씀을 전하러 찾아왔다.

"내가 직접 찾아가 말하는 것이 도리이나 궁중에 부름이 있어 갈 수 없게 되었으니 사람을 보내오. 어린 아씨의 가련한 모습이 눈앞에 아른거려 걱정이 이만저만 아니오."

이렇게 겐지는 자신의 뜻을 전하고 고레미쓰로 하여금 밤을 지키도록 했다.

"아! 참으로 너무하시는군요. 잠깐 얼굴을 마주했다고는 하나 인연을 맺은 다음날 들여다보지도 않으시다니. 이 일이 아버님 귀에 들어가는 날에는, 아씨를 모시는 우리 잘못이라 꾸중하실 터인데. 무슨 일이 있어도 절대 겐지 님 일은 입 밖에 내지 않도록 조심하세요."

시녀가 단단히 이야기를 해도 어린 아씨는 그 의미를 알지 못해 아무런 느낌도 없는 듯하니 한심할 뿐이었다.

소납언 유모는 고레미쓰에게 이런저런 슬픈 이야기를 늘어놓았다.

"앞으로 세월이 흘러 어린 아씨의 나이가 차면, 전생의 인연이 깊으니 결혼을 피할 수 없을지도 모르겠습니다. 하지만 지금으로선 어찌 봐도 도무지 격에 맞지 않으니 겐지님께서 아무리 뭐라 열심히 말씀하신들, 그 말씀이 진심이온지 헤아리지 못하여 주저하고 있습니다. 실은 오늘도 병부경께서 찾아오시어, '어린 아씨가 상심하지 않도록 잘 모시 거라. 무분별하게 홀대를 해서는 절대로 아니 되느니라' 말씀하신 일도 이 몸으로서는 몹시 부담이 되거늘, 겐지님께서 이렇듯 여색을 밝히시니 그 처사가 부담스럽기 짝이 없습니다."

유모는 이렇게 말하면서도 마음속으로는 이런 생각을 했다.

'고레미쓰가 어젯밤 겐지님과 어린 아씨 사이에 어떤 사연이 있었으리라 생각하는 것은 아닐까.'

그리고 오해를 하고 있다면 곤란한 터라, 지나치게 한탄하듯 이야기하지는 않았다. 고레미쓰도 둘 사이가 어떻게 돌아가고 있는지 석연치 않았다.

돌아와 겐지에게 그쪽 상황을 보고하자, 겐지는 그 집 형편이 신경 쓰여 견딜 수 없었다. 그러나 하룻밤을 묵었으니 계속 다녀야 할 테지만, 좀 망설여졌다. 자신이 경솔한 행동을 했다고 세상사람들이 비난할까봐 꺼림칙해서 갈 수 없었다. 그래서 아씨를 이조원으로 맞아들이는 게 가장 좋겠다고 생각했다. 편지는 끊임없이 보냈다. 날이 저물면 고레미쓰에게 문안인사를 보냈다.

'볼일이 있어서 가뵙지 못합니다만, 저를 성실하지 못한 놈으로 여기실까 불안합니다.'

이런 편지를 보내왔다.

"병부경께서 내일 갑작스레 데리러 오신다는 전갈이 있어서 바쁩니다. 저희들은 오랫동안 정든 옛집을 떠나는 일도 쓸쓸한 노릇이라 생각합니다."

소납언 유모는 이렇게 짧게 대답만 하고 제대로 상대조차 해주지 않았다. 바느질을 하며 바쁘게 이사 준비를 하는 모습이 또렷하여, 고레미쓰는 서둘러 돌아갔다.

겐지는 그때 좌대신 댁에 머물고 있었으나, 늘 그러하듯 부인은 겐지를 곧바로 만나려 하지는 않았다. 자연스레 겐지는 불쾌해졌고, 육현금을 퉁기며 속요를 요염한 목소리로 흥얼거렸다.

히타치 산골에서 밭을 갈지만
내 어찌 딴 마음 품었으랴
우리 임 산 넘고 들을 건너 비 오는 이 밤에 오셨네

그때 고레미쓰가 돌아오니, 겐지는 가까이 불러 어린 아씨 근황을 물었다. 고레미쓰가 이런저런 상황을 보고하자, 분한 마음에 이렇게 생각했다.

'병부경 댁으로 가버린 다음에 거기서 다시 데려오고자 한다면 나를 호색한이라 여길 것이다. 어린아이를 훔쳐왔다고 세상사람들 비난을 피하기 어렵겠지만 그 집으로 옮기기 전에 시녀들 입을 막아서라도 이조원으로 데리고 와야겠구나.'

마침내 겐지가 명령했다.

"내일 새벽녘에 그리로 가세. 타고 온 수레는 그대로 두고, 수행원 한둘만 준비시키게."

분부를 받고 고레미쓰는 물러났다. 그러고 나서도 겐지는 생각에 잠겨 있었다.

'어찌해야 좋단 말인가. 이 일이 세상에 알려지면 호색한의 지나친 처사라고 말들이 많을 테고. 상대가 남녀 사이의 사랑을 알만한 나이라면, 여자와 마음이 통해 그런다고 사람들이 짐작하는 게 보통이겠지. 그러나 이런 어린아이를 훔쳐왔다가 병부경이 찾아내기라도 한다면 체면도 서지 않고 사뭇 거북살스러울 터인데.'

겐지는 이래저래 걱정스러웠지만, 이렇게 주저하다가 기회를 놓쳐 어린 아씨를 잃으면 후회해도 소용없는 일이 될까봐 날이 채 밝기도 전에, 어둠을 틈타 떠나려했다. 부인은 여전히 떨떠름하고 퉁명스런 표정으로 조금도 곁을 주지 않았다. 겐지는 이렇게만 말하고 서둘러 떠났다.

"이조원에서 급하게 처리해야 할 일이 생각나 잠시 다녀오겠소. 내 곧 돌아오리다."

시녀들도 겐지의 행차를 눈치 채지 못했다. 겐지는 옷도 자기 방에서 갈아입었다.

고레미쓰가 말을 타고 수행했다.

아씨 집의 대문을 두드리게 하니, 사정을 모르는 자가 대문을 활짝 열어준 덕분에 수레에 탄 채 안으로 들어갈 수 있었다. 고레미쓰가 옆문을 두드리며 기침을 하자 소납언 유모가 고레미쓰만 온 줄 알고 나왔다.

"겐지님께서 직접 행차하셨습니다."

고레미쓰가 말했다.

"아씨께서는 벌써 잠자리에 드셨습니다. 어디에서 오시는데 이렇게 일찍이?"

소납언 유모가 물었다. 겐지가 다른 집으로 돌아가던 길에 온 줄로 짐작한 모양이다.

"아씨를 병부경 댁으로 데리고 간다 하니, 그 전에 아씨에게 전하고 싶은 말이 있어 왔소."

겐지가 말했다.

"무슨 말씀이신지요? 눈물의 이별인사라도 나누실겁니까."

소납언 유모는 빈정거리며 웃었다. 겐지가 신경 쓰지 않고 안으로 들어가려 하자, 소납언은 몹시 난처해 하며 구실을 둘러댔다.

"흉물스런 늙은 시녀들이 꼴사납게 자고 있는 터라 곤란합니다."

"아씨는 아직 자고 있겠지요? 내가 깨우지요. 벌써 아침 안개가 자욱이 서린 시각인데 잠들어 있다니."

이렇게 말하면서 침실로 들어서는 겐지를 말릴 도리가 없었다. 천진하게 깊이 잠이 든 아씨를 겐지가 안아 일으키자 아씨는 눈을 떴다. 아씨는 잠에서 덜 깬 탓에 아바마마가 마중하러 오신 줄만 알고 있었다. 겐지는 빗으로 머리카락을 빗어 주고선 말했다.

"어서 갑시다. 아버님 심부름으로 왔습니다."

그제야 어린 아씨는 아버지가 아닌 걸 알자 깜짝 놀라 몸을 떨었다.

"참으로 매정하군요. 나 또한 아버지 같은 사람아닙니까."

이렇게 말하며 겐지는 어린 아씨를 안아 들고 나왔다. 고레미쓰와 소납언 유모가 말했다.

"이 무슨 처사이옵니까?"

"이쪽으로 늘 찾아올 수 없는 게 마음에 걸리니 안심할 수 있는 내 집으로 옮기라 그렇게 일렀는데도 박정하게 아버님 댁으로 간다고 하지 않느냐 그러면 편지도 마음대로 보내지 못하게 될 것이오. 아무튼 누구 한 사람 나를 따라오시오."

겐지가 이렇게 말하니 소납언 유모는 당황하지 않을 수 없었다.

"뭐라 말씀하셔도 오늘은 안 됩니다. 병부경께서 마중하러 오시면 어찌 말씀드려야 하나요. 두 분께서 인연이시라면 어느 정도 시간이 지난 뒤에도 그 마음 변치않아 자연히 맺어질 게 아니겠습니까. 아씨는 아직 너무 어리시니 지금 일어난 일은 어른의 책임이 되니까요."

"그럼 좋아. 지금 따라올 수 없다면 나중에 오도록 하게."

이렇게 말하고 겐지는 수레를 불렀다. 아씨도 일이 심상치 않음을 느끼고는 울음을 터뜨렸다. 소납언 유모는 어찌할 도리가 없었다. 간밤에 꿰맨 아씨 옷을 손에 들고 자신도 옷을 갈아입고선 얼른 수레에 올라탔다.

이조원은 가까운 곳이라, 날이 완전히 밝아오기 전에 다다라서 서쪽 별채에 수레를 세우고 내렸다. 겐지는 아씨를 껴안아 가벼이 내려놓았다.

"꿈 같은 얼떨떨한 기분 속에서 여기까진 따라왔습니다만 저는 어떡하면 좋을는지요?"

소납언 유모는 내리기를 망설였다.

"마음대로 하라고. 이제 아씨는 여기로 왔으니, 유모는 가고 싶다면 보내 주지."

겐지는 꿋꿋했다. 하는 수 없이 소납언 유모도 수레에서 내리고 말았다. 유모는 이 갑작스러운 난동으로 아까부터 가슴이 울렁거렸다. 병부경이 자기를 어떻게 나무랄지 생각만 해도 걱정스럽고 한편으로 아씨의 앞날이 걱정스러웠다. 어머니나 할머니를 일찍 여의는 분은 틀림없이 불행한 사람이라 이렇게 생각되니 눈물이 하염없이 흘러내렸다. 그러나 어쨌든 아씨가 신랑 댁으로 옮기시는 첫날임을 생각해 보기 흉하게 우는 일은 삼가야겠다는 마음에서 가까스로 참았다.

서쪽 별채는 평소에 그다지 사용하지 않는 곳이라 침소도 갖춰놓지 않았다. 겐지는 고레미쓰를 시켜 침소를 마련하고 병풍을 세우라 했다. 휘장 끈을 내리고 바닥에 깔개를 깔면 될 듯싶어 겐지는 여느 때 머무는 동쪽 별채에서 이부자리를 가져오도록 하여 그곳에 잠자리를 만들었다.

어린 아씨는 너무나 불길해서 어떻게 될까 떨고만 있었다.

"유모와 함께 잘래요."

소리내어 울지도 못하고 이렇게 말하는 목소리가 어리게만 느껴졌다.

"이제 당신은 유모와 함께 자면 안 되오."

겐지가 타이르자, 아씨는 나지막하게 울먹이면서 잠이 들었다. 유모는 편안히 잘 수 없는 처지라 그저 울기만 했다.

흰히 밝은 아침 햇빛에 둘러보니 건물이며 실내장식은 말할 나위 없이 훌륭하고, 뜰에 깔아놓은 모래도 구슬 알처럼 반짝여서 아름다웠다. 소납언 유모는 자신이 초라하게 느껴져서 거북했지만, 이 궁전에는 따로 아씨 시중들 사람이 없었다. 그리 친하지도 않은 손님이 오셨을 때 쓰는 사랑채라 남자 무사가 툇마루 밖에 와서 시중들뿐이었다. 그 사람들은 겐지가 새로 맞아들인 여인이 있다는 말을 듣고는 숙덕거렸다.

"누굴까, 몹시도 마음에 드신 분인가 보지."

겐지의 세숫물이며 아침 식사가 이곳으로 운반되었다. 느지막하게 잠에서 깬 겐지는 소납언 유모에게 말했다.

"시녀가 없으면 불편할 터이니 저쪽에 있던 사람 몇을 저녁녘에 불러오게나."

그리고 동쪽 별채에서 어린 시녀를 불러오게끔 했다. 잠시 뒤 귀엽게 생긴 아이들이 몇 명 왔다. 아씨는 아직 옷가지에 둘둘 말린 채 누워 있었는데, 겐지가 억지로 일으켜 앉혔다.

"이렇게 내내 풀 죽은 모습으로 나를 곤란하게 하지 마세요. 진정한 마음이 없다면 어떻게 이리 성의를 다해 보살필 수 있겠습니까. 여자란 마음이 온화하고 고분고분해야 좋은 법입니다."

이렇게 벌써부터 가르치며 버릇을 들이고 있었다. 어린 아씨의 용모는 멀리서 봤을 때보다 가까이에서 보니 훨씬 아리따웠다.

겐지는 자상하고 친근하게 어린 아씨와 이야기를 나누었다. 동쪽 별채에서 재미있는 그림과 장난감을 가져오게 하여 아씨에게 보여주며 마음에 들려 애썼다.

어린 아씨도 서서히 마음을 열고 자리에서 일어나 그림을 보았다. 진회색의 구깃구깃한 상복을 입고 천진난만하게 웃으며 앉아 있는 모습이 너무나 사랑스러워 겐지도 덩달아 미소를 지으며 바라보았다.

겐지가 동쪽 별채로 나간 틈에, 아씨는 침실을 빠져나와 아름다운 뜰 안의 나무로 만든 조산(造山)이며 연못을 발 너머로 내다보았다. 마침 무서리가 내린 화초밭이 그림처럼 아담한데, 평소에 보지 못한 검은 정장을 입은 4위나 빨간 옷을 입은 5위 관원들이 뒤섞여서 드나들고 있었다. 겐지가 말하던 대로 여기는 정말 좋은 집이구나 싶었다. 아씨는 의지할 데 없는 외로운 마음을 달래고자 병풍에 그려진 재미난 그림을 보며 근심을 잊는 듯싶었다.

겐지는 이삼 일 입궁도 하지 않고 어린 아씨의 기분을 맞추려 말상대를 해주었다. 본으로 삼으라는 뜻인지, 옛 노래를 쓰고 그림을 잔뜩 그려 보여주니 하나같이 훌륭한 글씨에 격조 높은 그림이었다.

어린 아씨는 유난히 화려한 필체로 '무사시노라 하면 원망스럽기도 하구나' 이런 글이 씌어 있는 보라색 종이를 손에 들고 보았다. 종이 한쪽에는 조그만 글씨로 이렇게 씌어 있었다.

무사시노 들판 이슬을 헤치고 들어가지 못하여 좀처럼 만날 수 없는
지치풀 같은 그분의 핏줄인 그대여

"당신도 써봐요."

겐지가 말했다.

"아직 잘 쓰지 못하는걸요."

물끄러미 쳐다보면서 이렇게 대답하는 어린 아씨의 얼굴이 천진하고 사랑스러웠다. 겐지는 미소를 띠며 말했다.

"서툴러도 써야지요, 가르쳐 드릴 테니."

몸을 움츠리고 붓을 쥔 모습이 그저 귀엽기만 해서 겐지 자신도 이상스럽게 느껴졌다.

"아이, 망쳤어."

부끄러워 감추려는 것을 억지로 읽어 보았다.

무슨 말씀 하시는지 도무지 모르겠어요
어떤 풀의 핏줄이며 누굴 닮았다는 것인지

미숙하지만 앞으로 능숙해질 솜씨가 엿보이는 부드럽고 큼직큼직한 글씨였다. 돌아가신 여승의 글씨와 닮은 데도 있었다. 유행하는 글씨본으로 가르치면 좀더 잘 쓰리라 겐지는 생각했다. 인형과 집을 만들면서, 이 어린 무라사키 아씨와 노는 일이 겐지에게는 이런저런 수심을 잊게 하는 가장 좋은 방법이었다.

대납언 댁에 남아 있던 시녀들은 병부경이 오셨을 때에 뭐라고 여쭈어야 할지 정말 난처했다. 누구에게도 알리지 말라 겐지가 말했고, 소납언 유모도 거기에 동의해 비밀로 할 것을 신신당부하였기에 소납언이 갑자기 데려가 어딘가에 감춘 것으로 말씀드렸다. 병부경은 낙담했다. 돌아가신 여승께서 아씨가 큰집으로 옮겨가는 일을 몹시 싫어했기에 유모가 독단적인 판단으로 충돌을 피하기 위해서 몰래 멋대로 아씨를 빼돌렸으리라 생각한 병부경은 눈물을 흘리며 돌아가셨다.

"만일 행방을 알게 되면 반드시 내게 알려라."

병부경의 말에 시녀들은 마음이 아팠다.

병부경께서는 승도에게도 사람을 보내 아씨를 찾았으나, 어디로 갔는지 알 수 없었다. 아까울 만큼 아름다웠던 아이의 얼굴이 떠올라 그리움에 슬퍼했다. 병부경 부인은 어린 아씨의 어미를 미워하던 마음을 거두고 아리따운 어린 아씨를 키울 일을 낙으로 삼으려던 차에 물거품이 되자 애석하게 여겼다.

그러는 가운데, 이조원 서쪽 별채에 시녀들이 모였다. 어린 무라사키의 동무가 된 아이들 가운데 대납언 댁에서 온 아이들은 젊은 겐지마마와 어울릴 수 있어서, 동쪽 별채 아이들은 어여쁜 아씨와 함께 놀 수 있어서 기뻐했다.

어린 무라사키는 겐지가 집을 비운 저녁나절엔 여승이 그리워 울기도 했지만, 아바마마 생각은 그리 하지 않았다. 처음부터 드문드문 보던 아바마마였으므로, 이제는 두 번째 아버지로 여기는 겐지와 가깝게 느껴졌다. 겐지가 더욱 밖에서 돌아올 듯싶으면 누구보다도 먼저 마중 나와 이런저런 이야기를 귀엽게 하고, 품속에 쏙 안기어 조금도 멋쩍어하거나 수줍어하지 않았다. 그런 모습이 너무나 사랑스러웠다.

질투하는 마음이 생기어 이런저런 다툼을 하게 되면 남자 쪽에서도 자신의 마음이 변하지 않을까 걱정해야 되고 여자도 남자를 원망하게 되어 자연히 생각지도 못한 일이 일어나게 마련이지만 이 아씨에게는 그런 불안은 조금도 없다. 오직 아름다운 마음의 위안일 뿐이었다. 딸이라 해도 이만큼 크면 아버지가 이렇게까지 가까이에서 돌봐줄 수도 없고, 밤에도 같은 침실엔 들 수 없는 노릇이다. 그래서 겐지는 이렇게 특별한 사이는 세상에 또 없으리라 생각했다.

잇꽃*1

　사랑하고 또 사랑해도 부족하기만한 유가오를 꽃에 내린 이슬처럼 허망하게 앞서 보냈을 때의 슬픔을, 겐지는 오랜 세월이 지난 뒤에도 잊을 수 없었다.

　여기나 저기나 하나같이 마음을 단단히 무장한 채 체면만 차리면서 자신이 더 사려 깊다며 서로 겨루는 여자들 뿐이라 허물없이 모든 걸 맡길 수 있었던 그 사람의 비길 데 없는 귀여움과 사랑스러움이 떠올라 한없는 그리움에 잠겼다.

　'신분은 그리 대단치 않더라도 성품이 사랑스러워 마음을 터놓을 수 있는 여자가 어디 없을까?'

　겐지는 끊임없이 이런 생각을 했다. 조금이라도 뛰어나거나 평판 좋은 여자가 있다는 소문이 들리면 그냥 넘기는 법이 없었다.

　어쩌다 호감 가는 여자에게는 시 한 두 구절을 써 보냈다. 그런 편지를 받고도 마음의 흔들림 없이 쌀쌀맞게 대할 수 있는 여자가 없다는 사실 또한 겐지에게는 한심하고도 실망스러운 일이 아닐 수 없었다.

　그런가 하면 고집 세고 무뚝뚝한 여자는 더없이 진지하고 차가운 나머지 겸손함을 찾아 볼 수 없다. 그렇다고 그런 견실함을 끝까지 지키지도 못해, 그 강경하던 마음가짐이 그만 어느 순간 와르르 무너져, 뜻밖에도 아주 평범한 사내의 아내가 되어버리곤 하여 그만둔 적도 많았다.

　가끔 우쓰세미를 떠올리며 못마땅한 여자라 생각했다. 또 한 사람 이리저리 쉽게 흔들리는 갈대를 닮은 의붓딸에게는 무슨 일이 있으면 편지를 보내 놀래 주기도 하는 모양이었다. 하기야 등잔불 아래 바둑을 두던 지난날의 어린아이 같은 모습을 다시 한 번 보고 싶은 마음도 조금은 있었으리라. 겐지는 한번 인연을 맺은 여자는 그 어떤 여자든 고스란히 잊어버리지 못하는 성품이었다.

*1 잇꽃〔末摘花〕: 겐지가 18세인 봄부터 이듬해 정월까지 이야기. 이 권(卷)은 전권 '어린 무라사키'와 평행으로 진행된다.

좌위문 댁 유모라 하여 대이(大貳) 댁 유모 다음으로 겐지가 총애하던 여자가 있었다. 그녀의 딸이 궁에서 대보(大輔) 명부(命婦)*²로 일했는데 아버지가 왕족의 병부대보여서, 그렇게 불렸다. 대보 명부는 매우 색을 밝히는 젊은 여자로, 겐지도 궁중 숙직소에선 곧잘 불러 시중을 들게 했다. 모친인 좌위문 댁 유모는 병부대보와 헤어져 지금은 지쿠젠(筑前) 태수와 결혼해서 규슈로 내려 갔으므로, 그녀는 아버지가 사는 히타치 친왕 댁에서 궁중 출입을 하였다.

그곳에는 돌아가신 히타치 친왕 만년에 태어나 애지중지 자란 따님이 있었다. 대보 명부와 이야기를 나누다가 그 따님이 아버지가 일찍이 돌아가셔서 홀로 남은 불우한 처지가 되었다는 말을 들은 겐지는 가엾다면서 마음을 쓰셨다. 그 뒤로도 몇 번이나 따님에 대해 물으니 명부가 이렇게 말했다.

"성품이나 용모는 잘 알지 못합니다. 다만 낯을 몹시 가려서 누구도 만나지 않고 집안 깊숙이 들어가 조용히 지내고 있습죠. 제가 찾아뵀을 때도 휘장을 사이에 두고 대화할 정도였으니 말입니다. 오로지 거문고만이 벗이라 하옵니다."

"중국 당나라의 시인 백거이가 거문고와 시, 술이 세 가지 벗이라 하지 않던가. 여자이니 술은 아닐 테지만."

겐지는 이런 농담을 한 뒤 이어서 말했다.

"내 꼭 한번 그녀의 거문고 소리를 듣고 싶구나! 아버지가 음악에 조예가 깊었으니 틀림없이 그 딸도 보통 솜씨는 아니겠지."

"일부러 찾아가서 들을 정도는 아닌 듯하옵니다."

대보 명부는 이렇게 말하면서도 겐지의 마음이 끌리도록 그럴듯하게 이야기했다.

"그렇게 생각할 것은 없지 않은가. 가까운 날에 으스름 달밤을 택해 슬쩍 가보기로 하지. 그때는 자네도 집에서 기다리고 있거나."

명부는 일이 번거롭게 되었다고 생각하면서도, 궁중에서 행사가 그다지 없는 따분하고 한가로운 봄날의 하루를 택해 퇴궁했다.

아버지 대보는 요즘 들어 새 아내 집에 눌러 살고 있는 터라 히타치 친왕 댁에는 이따금 발길을 할 뿐이었다. 명부는 계모의 집에 살기가 어색하여 오히려

---

*2 대보(大輔) 명부(命婦) : 일본 율령제에서 팔성과 신기관의 차관을 대보라 일컬었으니, 여기선 딸인 명부라는 뜻. 명부는 내시사(內侍司) 하급 여관(女官).

친왕의 딸이 있는 집을 가깝게 여기고 자주 들렀다.

겐지는 달빛이 아름다운 열엿새날 밤 명부를 찾아갔다.

"죄송하지만, 모처럼 행차하셨는데 오늘 밤은 거문고 소리가 아름답게 들려오는 날씨가 아니온지라."

명부가 아뢰자 겐지가 말했다.

"그런 말 말고, 아씨에게 가서 한 곡 들려주십사 어디 한번 청이라도 넣어보게. 이대로 돌아가기엔 무척 아쉽네."

할 수 없이 명부는 지저분한 자신의 방으로 겐지를 안내했다. 부끄럽고 죄스럽다 생각하면서도 아씨가 있는 침전으로 갔다. 아씨는 아직 격자창을 올린 채 매화꽃 향기가 그윽한 정원을 바라보고 있었다. 명부는 마침 이때다 싶어 이렇게 말했다.

"오늘 밤 같은 날씨에는 거문고 소리가 사뭇 청아하게 들릴 거라 여겨져 이렇게 들렀습니다. 늘 바빠 드나드느라 느긋하게 거문고 소리를 듣지 못한 게 유감이었습니다."

"거문고 소리를 알아주는 사람이 아직도 있군요. 하지만 궁중에 드나드는 그대처럼 안목 있는 사람에게 들려드릴 만한 솜씨는 아닙니다."

이렇게 말하면서도 어느새 거문고를 끌어당기니 그 모습이 너무도 고분고분하여 명부는 오히려 아씨의 거문고 소리가 겐지의 귀에 어떻게 들릴지 괜스레 걱정스럽고 초조했다.

아씨는 은은하게 거문고를 탔고 그 소리는 겐지에게 그윽하게 들렸다. 그리 뛰어난 솜씨는 아니었지만 거문고는 본디 소리에 깊은 정취가 있는 악기라서 겐지도 어려움 없이 감상할 수 있었다.

'히타치의 태수였던 훌륭하신 아버지가 말년에 얻은 아씨를 고풍스럽고 소중하게 금지옥엽으로 키웠을 텐데, 오늘날엔 옛 정취가 사라져버리고 곳곳이 황량하고 쓸쓸하니 아씨의 마음이 얼마나 슬프고 허망하겠는가. 옛이야기에도 이토록 황량한 곳에는 애절한 사랑 이야기가 얼기설기 얽혀 있거늘.'

이런 생각이 들자 겐지는 아씨에게 말을 붙여보고 싶은 생각이 간절했다. 하지만 지금 바로 말을 걸면 너무 무례하다 여겨질지도 몰라 잠시 망설였다.

명부는 눈치가 빠른 여자였다. 그녀는 겐지에게 연주를 너무 오래 들려주지 않는 게 좋겠다 싶어서 이렇게 말했다.

"아무래도 하늘에 구름이 몰려든 듯합니다. 제 방에 손님이 오기로 했는데 여기에 이러고 있으면 일부러 방을 비웠다 의심받을 수도 있으니 제 방으로 가보겠습니다. 언제 또 한 번 거문고 소리를 들려주세요. 격자창은 제가 내려두겠습니다."

명부는 이렇게 말하고 더 이상 권하지 않은 채 돌아가 버렸다.

"차라리 듣지 않느니만 못하구나. 솜씨가 어떤지 제대로 분간할 새도 없었으니 유감이로다."

겐지가 이렇게 말하는 걸 보니, 아무래도 관심이 가는 듯했다.

"그럴 바엔 좀 더 가까운 곳에서 듣도록 해주게나."

겐지가 부탁해보지만 명부는 그윽하다 여기는 선에서 뒷날을 기약하는 편이 좋겠다는 생각에 이렇게 말했다.

"황송하오나 아씨는 뜻하지 않은 생활에, 꺼져 들어갈 듯 불안하고 침통해하고 계시니, 너무도 애처로운 모습인지라 가까이 모실 수가 없사옵니다."

겐지는 옳은 말이라 여기며, 남녀가 만나자마자 서로를 드러내놓고 가까워지는 것은 신분이 낮은 자들에게나 있을 법한 일이라고 생각했다. 그에 비해 이 아씨는 딱할 만큼 신분이 어엿한 터라 이렇게 덧붙였다.

"이보게, 그래도, 내 마음을 넌지시 전해주구려."

어디 다른 약속이라도 있는 걸까 겐지는 꾹 참고 발길을 돌리려 했다.

"겐지님이 너무 착실하다며 걱정하시는 상감마마를 생각하면 저로선 우스워 못견디겠습니다. 상감마마께서는 오늘 밤처럼 이렇게 몰래 다니시는 모습을 보신 적이 없으시니까요."

명부가 말하자, 겐지는 두서너 걸음을 돌아와 웃으면서 말한다.

"너마저 다른 사람들처럼 내 험담을 해서야 되겠느냐. 이 정도 처사를 무분별한 행동이라 한다면 누구처럼 몸가짐이 나쁜 건 뭐라 변명하겠느냐?"

명부는 겐지가 자신을 바람기 많은 여자라고 단정해 놓고, 이따금 이런 소리를 거리낌 없이 하는 게 창피해서 무어라 대꾸도 하지 못했다.

겐지는 여자가 사는 집의 분위기를 알고 싶어 가만히 뜰로 내려섰다. 반쯤 헐려 조금 남은 울타리 그늘로 다가서자, 거기엔 한 사나이가 늠름하게 서 있었다. 누구일까, 그녀를 짝사랑하는 호색한인가 싶어 어둠 속에 몸을 감추어 지켜보았다.

뜰에 와 있었던 사람은 두중장(頭中將)이었다. 오늘 저녁 겐지와 함께 궁을 나왔는데 겐지가 좌대신 댁에 들르지도, 이조원에 가지도 않으니 어디로 가시는지 궁금해진 두중장이 겐지의 뒤를 밟았던 것이다. 겐지는 볼품없는 말을 타고 사냥복 차림을 한 두중장을 미처 알아차리지 못했다. 생각지도 못한 저택으로 겐지가 들어섰다는 점이 두중장으로서는 자못 의심스러웠다. 그래서 두중장은 발길을 돌리지 못하고 있었는데 거문고를 뜯는 소리가 들려오기에 마음이 끌려 뜰에 서서 겐지가 나오기를 기다리고 있었다.

겐지는 아직 그 남자가 누구인지 알아채지 못하고, 자신 또한 정체를 알리고 싶지 않아 살금살금 돌아가려 했다. 바로 그때 두중장이 다가와 비아냥거렸다.

"자네, 나를 떼어놓고 간 섭섭함에 이렇게 배웅을 나왔다네."

나란히 궁을 나왔거늘 어디론가 사라져
열엿새 밤 달처럼 슬며시 모습 감춘 그대

겐지는 화가 나기는 했지만, 두중장임을 알고 안심이 되었다. 그리고 좀 우습기도 하여 투덜거렸다.

"생각지 못한 장난을 쳤구려."

온 세상 비치는 달빛을 모든 사람들이 볼 수 있다 하여
그 달이 기우는 산까지 어느 누가 쫓아가리오

겐지가 노래를 읊자 두중장이 말했다.

"이렇게 자네 뒤를 밟고 다니겠다면 어쩌겠는가? 솔직히 말해, 이런 은밀한 걸음은 재주 있는 사람을 데리고 다녀야 일이 잘 풀리는 법이거든. 그러니 앞으로는 나를 두고 홀로 가지 않는 게 좋을 걸세. 신분을 숨기며 돌아다니다 보면 생각지 못한 실수를 할 수도 있을 테니."

겐지는 늘 이런 식으로 두중장에게 꼬리를 밟히는 게 못마땅했다. 하지만

죽은 유가오의 딸 행방을 두중장이 아직 찾아내지 못하였기에 그것만큼은 자신의 큰 수확이라 여기고 있었다.

겐지와 두중장은 서로 가야할 곳이 있었으나 농담을 주고 받다보니 헤어지기 아쉬워 함께 수레를 타고, 으스름달밤이 어둑어둑해진 무렵 좌대신 댁으로 왔다. 그들은 길안내꾼들에게 소리를 내지 못하게 하고는 슬며시 들어서서, 사람이 오지 않는 복도 쪽 방에서 노오시[直衣]를 갈아입었다. 그 뒤 아무일도 없었다는 듯 시치미를 떼고 서로 피리를 불어 가며 흥겨워했다.

좌대신은 피리 소리를 듣자 여느 때와 달리 가만히 있지 않았다. 고려 피리를 가져오더니 연주 솜씨가 뛰어난 그는 멋지게 피리를 불었다. 합주하기 위해 거문고도 가져오고, 시녀들 가운데 음악을 할 줄 아는 사람들도 뽑아 함께 음악을 즐겼다.

비파를 잘 켜는 나카쓰카사라는 시녀는 두중장의 추파를 받으면서도 그에게는 넘어가지 않고, 가끔씩 호감을 보이는 겐지를 쉽게 거절하지 못했다. 자연히 이런 이야기가 소문이 나서, 나카쓰카사는 좌대신의 부인께서 자기를 달갑게 여기시지 않는걸 알기에 불편했다. 그래서 오늘도 동료들과는 떨어진 채 방구석에 앉아 있었다. 하지만 겐지를 만날 수 없다면 그것이 더욱 서운하고 괴로웠다.

음악을 들으면서 두 귀공자는 황폐한 저택에서 들었던 거문고 소리를 떠올렸다. 그 보잘것없는 집에서 들으니 그것도 나름 정취가 있다 생각되어 그 여인에 대한 상상이 여러 갈래로 뻗어갔다. 두중장은 이렇게까지 생각했다. 사랑스러운 미인이 그 집 안에서 오랜 세월 세상과 담쌓고 지내다가, 자신을 만나 정인(情人)이 되어준다면 자기는 얼마나 그 사랑에 빠져버릴까. 그러면 세상 사람들의 비난을 받아 좀 난처해지겠지, 그나저나 겐지가 아무 생각없이 그 저택을 찾아가지는 않았을 텐데, 여기까지 생각이 미치자, 두중장은 질투심과 함께 자신의 기대가 위태롭다고 느꼈다.

그 뒤로 두 귀공자는 히타치 친왕의 따님에게 저마다 편지를 보냈지만, 누구에게도 답장은 오지 않았다. 그것이 마음에 걸린 두중장은 저런 집에 사는 여자는 자연의 나무나 풀, 하늘만 바라보아도 감동하여 눈물을 흘릴만큼 마음

이 여릴 법이거늘 아무리 높은 신분이라도 이렇게까지 답장을 주지 않다니, 정말 재미없는 여인이구나 생각이 들었다. 두중장은 사이좋은 벗인 겐지에게 숨기는 일이 없기에 그 이야기도 솔직하게 털어 놓았다.

"히타치 아씨가 그대에게는 재미없는 여인이 답장을 보내던가? 나도 짧게나마 편지를 보냈지만 한마디 대꾸도 없네. 보기 좋게 무시당했지 뭐야."

두중장이 푸념을 늘어놓았다. 생각했던 대로 구애를 했었군, 겐지는 속으로 웃으며 일부러 애매하게 말했다.

"특별히 답장을 받고 싶은 여자가 아니라서 그런지, 난 답장을 받았었는지도 잘 기억나지 않는군."

두중장은 끝내 자신만 무시당했다는 생각에 몹시 분해했다. 처음부터 그리 집착하지 않았던 겐지는 여자의 냉담한 태도에 싫증이 나 그만둘 생각이었는데, 두중장의 이야기를 들은 뒤론 생각이 달라졌다. 이렇게 열심히 마음을 전하는 두중장에게 언젠가 여자의 마음은 기울어지게 될테고 그러면 여자는 저 잘난 체 하는 두중장보다 먼저 관심을 보인 겐지를 나 몰라라 하며 쌀쌀맞게 얕보리라 생각되니 조마조마해졌다. 그래서 대보 명부에게 진지한 태도로 중개를 부탁했다.

"아무리 편지를 띄워도 매정하기 짝이 없단 말이야. 내가 그저 한때 바람기로 그러는 줄 아는 모양일세. 난 여자에게 야박하게 굴지 않는 사람이야. 언제나 상대가 성급하게 나를 배반하고 달아나는데, 세상에는 마치 내가 버린 것처럼 소문이 난단 말일세. 부모형제가 부부 사이를 간섭하지 않는 고독하고 홀가분한 아내를 얻을 수 있다면, 난 아낌없이 사랑해 줄 수 있단 말일세."

"아니에요. 아씨는 마마께서 사랑하실 수 있는 분이 아닙니다. 아주 수줍고 얌전한 성격이라 그런 점은 보기 드문 편이지만요."

명부는 자기가 알고 있는 것을 겐지에게 모두 이야기했다.

"귀부인다운 총명한 데가 없단 말이군. 괜찮다니까, 순진하고 얌전하기만 하면 된다네."

겐지는 이렇게 말하면서 유가오의 얼굴을 떠올렸다.

그 뒤 겐지는 학질을 앓았다. 그리고 다른 이에게 말할 수 없는 사랑 때문에 근심하는 사이 봄과 여름이 훌쩍 지나가버렸다.

가을이 되어 유가오 집에서 들은 다듬이소리가 생각날 즈음, 겐지는 여러 번 히타치 친왕의 따님에게 편지를 띄웠으나 답장은 오지 않았다. 너무나도 무례한 태도를 보이는 여자라 여겨졌지만 두중장에게 질까 싶은 오기가 치밀어 대보 명부에게 어서 중매해 달라고 재촉했다.

"뭐지? 여태껏 이렇게 무례한 여자는 처음이야."

몹시 불쾌해 하며 화를 내는 겐지를 보니 명부도 안타까웠다.

"저는 이 연분이 특별히 좋지 않다고 말씀드리는 게 아니랍니다. 다만 그분이 너무나 수줍어 하다 보니 남자와의 교제를 엄두조차 내지 못하시고, 그래서 답장이 없으리라 생각됩니다."

"그야말로 세상 물정을 모르는 사람이구나. 아직 철이 없는 나이이거나, 부모를 의지해야 하는 몸이라 마음대로 행동하지 못해 그토록 부끄러움을 탄다면 그나마 이해할 수 있겠다만, 그 아씨라면 분별이 확실하리라 생각하기에 편지를 보내는 게 아니겠느냐. 게다가 나 또한 마음이 허전하고 따분한 터라 아씨가 나와 같은 마음으로 편지나 주고받기를 바랄 뿐인데. 이런저런 사랑놀이를 하자는 것이 아니다. 그저 그 황량한 툇마루에서 함께 시간을 보내고 싶을 따름이거늘. 이대로는 납득할 수 없고 내 처지가 한심하기 짝이 없으니, 아씨의 허락이 없으면 없는 대로 자네가 알아서 다리를 좀 놓아보게. 자네가 마음을 졸이거나 언짢을 일은 내 절대로 하지 않겠네."

겐지는 이렇게 말했다. 그는 여전히 모든 여자들에 대한 평판을 관심 없는 듯이 들어 두었다가, 그 가운데 몇몇에게는 특별한 흥미를 가지곤 했다. 그런 겐지에게 대보 명부가 별 뜻 없이 히타치 친왕의 따님 이야기를 했다가 무척 난처해지고 말았다. 아씨의 성품에는 여자다움이라는 건 아예 보이지도 않았기에 쓸데없이 중매를 섰다가 끝내 아씨를 불행하게 만드는 건 아닐까 이런 생각마저 들었다. 하지만 겐지가 진지하게 말을 꺼냈기에 따를 수밖에 없었다.

히타치 태수인 친왕이 살아 계실 때에도, 어진 임금 시대에 남은 친왕으로서 대해주었을 뿐이지 생활은 윤택하지 못했다. 그 시절부터 찾아 오는 사람이라곤 없었다. 더구나 이제는 무성한 풀로 덮혀 황폐해진 저택에 드나드는 사람은 아무도 없었다. 그런 집에 겐지의 편지가 왔으니, 시녀들은 드디어 긴 겨울이 가고 봄이 찾아 왔다며 아씨에게 답장을 쓰라고 권했다.

8월 스무날쯤이었다.

애타게 달이 뜨기를 기다렸지만 아직 하늘에는 별빛만 반짝이고 솔바람 소리만 쓸쓸하게 들려온다. 이런 밤에 그녀는 대보 명부에게 아바마마 이야기를 하며 한참 동안 울었다. 겐지가 찾아오기에 알맞은 기회라고 생각한 대보 명부는 살며시 겐지에게 기별을 했다. 겐지는 지난봄처럼 슬그머니 나타났다. 뒤늦게 황량하게 떠오른 달빛을 쓸쓸한 심정으로 바라보는 여인에게 명부는 거문고를 켤 것을 권유했다. 서툰 솜씨는 아니지만 그녀가 좀더 근대적이고 세련되었더라면, 명부는 엉큼한 짓을 꾸미면서도 도무지 마음이 놓이지 않았다. 사람이 별로 없는 집이라 겐지는 성큼 안으로 들어서서 대보 명부를 불렀다. 대보 명부는 겐지의 행차를 이제야 알았다는 듯 놀란 표정으로 말했다.

"아휴 어쩌면 좋을지, 정말 큰일입니다! 겐지님께서 몸소 찾아오신 듯합니다. 아씨께서 답장을 주지 않는다며 늘 원망하시기에 제 마음대로 어찌할 수 없는 일이라 거절했사온데. 그렇다면 직접 아씨를 찾아가 말하겠다고 하셨거든요. 뭐라 해야 좋을까요. 높으신 분이 어려운 걸음을 하셨는데, 매정하게 돌려보낼 수도 없는 노릇이니 휘장 너머로 말씀만 들으면 어떨지요?"

대보 명부가 이렇게 말하자 그녀는 몹시 수줍어하면서 대답했다.

"전 사람과 이야기할 줄도 모르는걸요."

그러면서 무릎걸음으로 방 안쪽으로 옮겨가는 몸짓이 순진하기 짝이 없었다.

"너무나 어린아이 같군요. 부모님이 보살펴주실 때는 어린 티가 나도 상관없습니다만, 아무리 귀부인이라도 이렇듯 적적하게 지내시면서 아씨처럼 수줍어하시는 건 좀 이상한 듯 싶습니다."

대보 명부는 웃으면서 이렇게 충고를 했다. 그러자 남의 말을 거스를 줄 모르는 아씨는 나직이 말했다.

"대답을 않고 가만히 듣고만 있어도 좋다면 격자창을 내리고 여기에 있겠어요."

"툇마루로 모시는 건 실례예요. 억지스런 행동은 절대로 하지 않으실 겁니다."

대보 명부는 그럴듯하게 말한 뒤 옆방과 이방 사이의 장지를 꼭 닫은 다음, 그 옆방에 겐지가 앉을 자리를 마련했다. 겐지는 좀 부끄러웠다. 처음 만나는 여성에게 무슨 말을 해야 할지 몰랐지만 대보 명부가 도와주리라 믿고 자리에 앉았다. 유모 같은 늙은 여자들은 일찌감치 자기 방으로 돌아가 초저녁잠을 자려 할 무렵이었다. 젊은 시녀 두셋만이 명성이 자자한 겐지마마의 모습을 한 번이나마 보려고 들떠 있었다. 하지만 좋은 옷으로 갈아입은 그녀만은 마음의 동요를 조금도 느끼지 않는 듯했다.

겐지는 본디 더없이 아름다운 분이신데 살짝 화장을 하여 오늘밤은 더욱 눈부시게 보였다. 대보 명부는 겐지의 미모가 그 가치를 알아줄 만한 사람들이 없는 이곳에서 빛나고 있기에 어쩐지 애처로운 기분마저 들었다. 하지만 아씨께선 신중하게 행동하고 대화할 때 실수를 하지 않을 것 같아 안심했다. 마음 속에는 겐지가 책임을 벗어나려고 가엾은 아씨를 더 불행하게 만들지는 않을까 이런 불안함이 여전했다.

겐지는 상대 신분으로 보아, 똑똑한 체하는 여자보다는 좀 순진하더라도 신중한 여자가 오히려 나으리라 생각했다. 그리고 시녀들의 권유로 몇 걸음 자리를 앞으로 옮기자 장지 저편에서 은은한 향냄새가 풍겨왔다. 자기가 상상했던 여인임이 틀림없구나 싶었다. 그러나 오랫동안 사모해 왔다는 말을 아무리 재주껏 늘어놓아도, 답장도 하지 않던 여인에게서 어떤 말도 들을 수는 없었다.

"그래도 그렇지, 이렇게 아무 말씀도 안 하시면 어찌합니까?"

겐지는 탄식했다.

수십 번 그대의 무언을 참았던 탓일까
아무 말하지 말라 않는 게 그나마 다행이라 여기오

"차라리 단념하라 확실하게 말해주시오. 이도저도 아닌 상태는 괴로워 못 견디겠소."

겐지가 이렇게 말하자, 기민하고 눈치 빠른 유모의 딸이 답답한 마음에 보다 못해 아씨 곁으로 다가가, 앳된 아씨의 목소리를 흉내 내어 시를 읊었다.

팔강(八講)의 끝을 알리는 종이 울리듯 연을 끊으려 했는데
이상하게도 괴로워 입이 떨어지지 않네

겐지는 아씨의 목소리가 신분에 맞지 않게 좀 가볍다고 생각했지만 드디어 답을 들어서 기쁜 마음에 이렇게 말했다.

"처음 듣는 응답이라 놀랍기도 하고, 목소리를 들으니 오히려 내가 말을 잃었소이다."

말함이 말하지 않느니만 못하고 생각함만 못하다는 것을 알면서도
그대의 오랜 침묵은 괴로워 견딜 수 없구나

그러고는 뭐라뭐라 두서없이 농담인 듯 진담인 듯 이야기를 건네 봤지만, 아무 보람도 없이 아씨는 그저 묵묵부답이었다. 이렇게 다른 사람들에게서 볼 수 없는 냉대에 겐지는 모멸감과 서운한 느낌마저 들었다.

그래서 겐지는 그녀의 방 장지를 열고 성큼 들어섰다. 대보 명부는 아씨에게 미안했지만 애써 모른 체하고 자기 방으로 돌아갔다. 유모의 딸이라는 젊은 시녀는 겐지의 좋은 평판을 익히 들어왔기에 그를 꾸짖거나 소리를 질러 주인을 지키려 들지는 않았다. 다만 이렇게 아무런 마음의 준비도 없이 하룻밤을 보내야 하는 아씨를 가엾게 여길 뿐이었다.

그저 수줍어 하는 그녀가 겐지 눈에는 너무나 귀여워 보였다. 연애를 시작할 때는 이런 여자도 괜찮다고 생각했다. 오랫동안 홀로 지내며 고풍스럽게 자란 여자는 이렇겠거니 이해하려 했지만 납득이 안 가는 구석도 있었다. 사랑을 나눈 뒤에도 이상하게 애정이 조금도 솟아나지 않았다. 겐지는 그런 감정에 탄식하면서, 아직 날이 새지도 않았는데 돌아갔다.

대보 명부는 일이 어찌될지 밤새도록 걱정스러워서 잠 못 이루며 귀를 기울이고 있었는데 겐지가 나가는 기척을 알았지만 굳이 배웅하지 않고 잠자코 있는 게 좋으리라 생각했다. 그래서 인사도 하지 않았다. 겐지는 조용히 대문을 나섰다.

이조원으로 돌아온 겐지는 다시 잠을 청하면서, 세상은 무슨 일이든 마음대로 되지 않는다고 생각했다. 다만 신분이 신분이니만큼 쉽사리 물러날 수도 없었기에 괴로웠다. 그러는 참에 두중장이 왔다.

"웬 아침잠이 그렇게 많은가. 무슨 까닭이라도 있는 듯하네."

두중장의 말에 겐지는 자리에서 일어나 앉았다.

"독수공방이 너무 편해 그만 늦잠을 자고 말았네. 궁에서 오는 길인가?"

"그렇네, 아직 집에는 가지 않았어. 상감마마께서 주작원(朱雀院)으로 행차하시는 날 부를 주악(奏樂) 담당과 무용 담당을 오늘 뽑는다고 하기에, 대신과 의논할까 해서 나온 참이네. 다시 돌아가봐야 해."

두중장은 몹시 바쁜 모양이었다.

"그럼 함께 가세."

그렇게 말하고, 겐지는 두중장과 함께 죽과 된밥으로 아침을 먹었다. 겐지의 수레가 따로 준비돼 있었으나 두 사람은 두중장의 수레에 함께 올라 탔다.

"아직 졸려 보이네 그려. 방에 무슨 일을 했기에 그런가?" 두중장은 은근히 겐지를 놀렸다.

그날은 결정해야 하는 일이 많아 겐지는 온 하루 궁중에 있었다.

편지라도 보내지 않으면 히타치 아씨가 몹시 가여울 것만 같아 저녁나절이 되어서야 겨우 편지를 썼다. 찾아가지 않고 편지만 보낸 건 빗방울이 떨어지기 시작하여 길을 나서기 불편한데다, 그 집에서 비를 피하고 싶지 않았던 탓이리라.

히타치 아씨 집에서 대보 명부는 아침 안부를 묻는 편지가 올 시각이 훌쩍 지났는데도 소식이 없자 아씨의 처지가 너무 안쓰럽다는 생각에 초조하여 어쩔 줄을 몰랐다. 그러나 아씨는 마음속으로 어젯밤 일을 부끄러워할 뿐, 아침에 와야 할 편지가 해가 진 뒤에야 온 것이 예의에 어긋남은 물론, 지나친 처사라는 것조차 몰랐다. 편지에는 이렇게 씌어 있었다.

그대의 마음이 아직은 저녁 안개 걷히듯 환히 열리지 않았는데 이렇게 비까지 내리니 더없이 우울하구려

"구름이 걷히기를 기다려 찾아가고 싶으나, 이 비가 언제 그칠지 속만 타는 구려."

편지 내용을 보아서는 겐지가 오지 않을 듯해 시녀들은 마음이 아팠다.

"그래도 답장은 쓰세요."

시녀들이 이렇게 권했으나, 아씨는 그저 마음이 혼란스러워 의례적인 화답

가조차 쓰지 못했다.

"서둘러 쓰지 않으면 밤이 깊어집니다."

유모의 딸이 자꾸만 재촉을 했다.

안개긴 마음이라도 그대가 찾아주시길 기다리는 이내 마음

비록 그대 마음이 내 마음 같지 않더라도

아씨는 시녀들이 입을 모아 재촉하기에 해묵어 빛바랜 보라색 종이에 흘려 쓴 글씨가 아니라 힘이 담긴 고풍스러운 서체로 위아래 간격을 가지런히 맞추며 써내려갔다. 겐지는 아씨의 편지는 펼쳐볼 마음도 없기에 그대로 내팽개쳐 두었다. 하지만 아씨가 오늘 밤 찾아오지 않는 자기를 어떻게 여길지를 생각하니 마음이 편치 않았다.

후회스런 일이란 이런 일을 두고 하는 말이리라. 그렇다고 이제 와서 어찌하리오. 겐지는 다짐했다. 그런 여자라도 일이 이렇게 된 이상 마지막까지 버리지 않고 뒤를 돌봐주리라고.

겐지의 이런 속내를 알 리 없는 히타치 친왕 댁에서는 한탄을 금하지 못했다.

밤이 되자 겐지는 퇴궁하여 집으로 돌아가는 좌대신과 함께 갔다.

좌대신은 상감의 주작원 행차를 기대하며 흥이 났고, 사람들도 모였다 하면 그 이야기였다. 저마다 그날을 위해 춤과 노래를 연습하며 하루를 보냈다.

온갖 악기 소리가 평소보다 요란스레 울리며 앞 다퉈 기량을 뽐내니, 여느 때의 관현합주와는 분위기가 달랐다. 피리와 퉁소도 드높은 소리로 연주되고, 귀한 몸임에도 불구하고 당하관이 담당하는 큰북까지 꺼내서 둥둥 두드리며 합주하고 있었다.

이 행차 때문에 겐지도 날마다 쉴 틈이 없었다. 그래도 진실로 그리운 사람에게로 갈 시간은 얼마든지 짬을 낼 수 있었지만, 히타치 아씨에게 가볼 만한 시간은 없었기에 어느덧 그렇게 9월이 지나고 말았다. 행차 날이 다가와 시행 연습을 하느라 떠들썩할 즈음 대보 명부가 궁으로 겐지를 찾아갔다.

"아씨는 어찌 지내고 계신가?"

겐지는 아씨를 불쌍히 여기기는 했다. 대보 명부는 요즘 아씨의 상황을 이야기했다. 그리고 이렇게 말을 이었다.

"너무 매정하십니다. 그분 자신이 아니라 보고 있는 우리가 더 안쓰럽게 느껴집니다."

명부는 곧 울음을 터뜨릴 것만 같았다. 겐지는 명부가 자신이 아씨에게 상처를 줄까 원만하게 거절하려 했는데 일을 이렇게 만든 자신을 꽤나 원망하고 있겠구나. 이런 생각마저 들었다. 또 그 사람이 여느 때처럼 말없이 수심에 잠겨 있으리라 상상하니 너무나도 가여웠다.

"정말 일이 바빠서 그렇네. 책망하지 말게나."

겐지는 탄식하며 말을 이었다.

"그쪽이 어떻게 생각하는지 도무지 말을 안 하니. 좀 곯려 줄 생각도 있었지."

이렇게 말하면서 미소를 지었다. 젊고 아름다운 겐지의 얼굴을 보고 있노라니 대보 명부는 자기도 모르게 미소가 지어졌다. 그녀는 겐지가 사랑 때문에 사람들 원망을 사게 될 젊은 나이기에 여자에게 동정심이 없고 멋대로 구는 것도 마땅하다고 생각했다.

행차 준비가 어느 정도 마무리 되자 겐지는 가끔 히타치 아씨를 찾아갔다. 그러는 가운데 어린 무라사키를 이조원으로 맞아들였다. 겐지는 어린 무라사키를 사랑하는데 몰두해서 육조원 귀녀를 만나는 일조차 뜸해지고 말았다. 아씨를 보러 가는 일은 늘 마음에 두고 있으면서도 귀찮게 느껴졌다.

아직 얼굴도 보여주지 않는 히타치 따님의 정체를 밝히려는 생각도 잊은 채 시간은 유유히 지났다. 어쩌면 겐지가 이 사람을 똑똑히 본다면 좋아하게 될 가능성도 있었다. 어둠 속에서 손으로만 더듬어서 마음이 끌리지 않았을지도 모른다. 이 사람의 얼굴을 한 번쯤 보고 싶구나, 생각했지만 밝은 불빛 아래 만나려니 어쩐지 꺼려졌다.

그래서 아무도 사람이 오지 않는, 아직 밤이 깊지 않은 시각에 겐지는 몰래 찾아가 격자창 틈으로 그녀를 엿보았다.

그러나 그녀의 모습은 보이지 않았다. 몹시 낡았지만 휘장이 단단히 쳐져 있었다. 어딘가 엿볼 데가 없을까 겐지는 툇마루를 이리저리 돌아다녔다. 후미진 방에 사람들이 모여 있었는데 그 방에는 시녀 네댓이 있었다. 밥상이며 식

기는 중국 물건이지만 낡고 지저분해 참으로 초라했다. 아씨의 방에서 물러나온 것들로 그들은 저녁식사를 하고 있었다. 모두들 하나같이 추워보였다. 무엇이라고 꼬집어 말할 수 없이 때 묻고 지저분해진 흰 옷 위에, 그래도 치마 비슷한 것을 허리에 붙들어맸다. 더구나 예스럽게 머리가 이마로 떨어질듯 말듯 빗으로 눌러놓은 모습을 보니 겐지는 내교방*3이나 내시소*4에서 그런 꼴을 한 사람을 본 적이 있었기에 우스웠다. 아씨를 섬기는 시녀가 이런 차림을 하고 있는 줄은 미처 몰랐다.

"어유, 추워. 오래 살다 보니 이런 겨울도 다 만나게 되는구나!"

이러면서 우는 여자도 있었다.

"마마께서 살아 계실 무렵 나는 왜 이 집이 쓸쓸하다고 생각했던지 몰라. 그 무렵보다 더 초라해졌는데도 여전히 참고 일할 수 있잖아요."

그 여자는 소매를 펄럭이며 금세라도 펄쩍 뛸 듯이 떨고 있었다. 하나같이 생활에 대한 노골적이고 거북한 이야기들뿐이었다. 듣기만 해도 부끄러워진 겐지는 그곳을 떠나, 방금 온 것처럼 격자창을 두드렸다.

"어서 오세요."

그러자 그들은 등불을 밝히고 격자창을 열어 겐지를 맞아들였다. 유모의 딸은 궁중 일이 바빠서 요즈음 오지 않는다고 했다. 그 사람이 없으니 어딘가 더욱 어수선해 보였다. 아까 시녀들이 걱정하던 눈은 더욱더 퍼붓기 시작했다. 사나운 하늘 밑에 폭풍이 부는데 불이 꺼져도 다시 켜려는 이가 없다. 겐지는 귀신이 나왔던 언젠가 밤을 떠올렸다. 황폐한 모양새로는 그에 못지않은 집이었지만, 비좁은 방과 그때보다 많은 사람이 그나마 위안이라면 위안이었다. 그러나 무시무시한 밤이어서 불안 속에서 자꾸만 잠이 깼다. 이런 일은 도리어 여자에 대한 애정을 깊게 해주는 법이지만, 상대에게 마음이 끌릴만한 점을 하나도 찾지 못한 겐지는 그저 실망을 느낄 뿐이었다.

마침내 날이 밝았다. 겐지는 제 손으로 격자창을 올리고 앞뜰에 쌓인 눈을 바라보았다. 발자국 하나 없이 눈이 쌓인 길은 온통 하얗고 황량하니 쓸쓸하

---

*3 내교방(內敎坊) : 궁중에서 무희에게 음악과 무용을 가르치던 곳.
*4 내시소(內侍所) : 궁중 온명전(溫明殿)의 다른 이름. 신경(神鏡)을 안치하고 여관(女官)들이 지키던 곳.

기 그지없었다. 이런 아침에 아씨를 남겨두고 돌아서기가 가엾어 한탄했다.

"저 아름다운 하늘의 빛깔을 좀 보시오. 어찌하여 이리도 마음을 열어주지 않는단 말이오."

아직 바깥은 어둑어둑한데, 눈빛을 받은 겐지의 모습이 한결 아름답고 생기 있었기에 나이 든 시녀들은 미소를 머금고 올려다보았다.

"어서 나가보세요. 그렇게 가만히 앉아 계시면 오히려 무뚝뚝하게 보입니다. 여자는 무엇보다 순순해야 좋습니다."

시녀가 채근을 하자 아씨는 내성적이기는 해도 남의 말을 거역하지 못하는 성품이라 매무새를 가다듬고 무릎걸음으로 살며시 밖으로 나왔다.

겐지는 아씨 쪽은 보지 않는 척 밖을 내다보고 있으나 자꾸만 곁눈질을 했다. 자 어떤 여인일까. 이렇게 밝을 때 조금이라도 좋아 보이면 얼마나 기쁠까, 이런 생각 또한 이기적인 마음이리라.

유난히 앉은키가 커서 큰 상체가 눈에 띄었기에 어둠 속에서 생각했던 대로라 가슴이 무너지는 기분이었다. 그다음으로 볼품없는 것은 바로 코였다. 코에서 눈길을 뗄 수 없었다. 마치 보현보살이 타고 다니는 코끼리 코 같았다. 어처구니가 없을 만큼 높고 길게 뻗어 있는데다 끝이 아래로 조금 처졌으며 빨간 게 망측하기 짝이 없었다.

낯빛은 눈이 무색하리만큼 새하얘서 푸른 기마저 돌았다. 이마가 아주 넓은데도 얼굴 아래쪽이 길어 보이는 것은 그 끔찍하도록 긴 코 때문일 터. 비쩍 마른 몸은 마음이 아플 정도로 뼈가 불거져 나왔고 어깨는 가엾으리만큼 울룩불룩해 옷 위로도 드러나보였다.

겐지는 왜 이렇게 모조리 보고 말았는지 후회하면서도 아씨의 희귀한 용모에 자꾸 눈길이 쏠렸다.

곱게 빗은 머리와 얼굴로 흘러내린 머리칼만은 흠잡을 데 없이 아름다워 다른 아씨들한테 뒤지지 않을 정도였다. 검고 긴 머리칼은 겉옷 끝자락까지 흘렀고, 바닥에 닿은 분도 한 자는 넘어 보였다.

그녀의 옷차림까지 말하는 것은 지나치게 경망스러운 듯하지만, 옛소설에도 여자 의복을 맨 처음 이야기하기에 밝혀도 괜찮으리라 생각한다.

빛바랜 분홍색 홑옷 위에 새까맣게 보이는 내의, 거기다 검은 담비털 냄새가 나는 겉옷을 걸쳤다. 모피는 고급스럽고 귀족다웠지만, 젊은 여자에게는 어울리지 않았다. 오히려 눈에 띄어 괴이하기만 했다. 그렇기는 하나, 이런 옷차림이어야만 추위를 견딜 수 있겠구나 싶어 겐지는 그녀가 몹시 불쌍했다.

뭐라 말을 꺼낼 수조차 없었다. 겐지는 그녀와 마찬가지로 자기마저 말 없는 사람이 된 듯싶었다. 그래도 이 사람이 처음부터 내성적인 까닭을 알고 싶기에 여러 질문들을 했다. 소맷자락으로 입을 가리는 모습은 참을 수 없을 만큼 촌스러웠다. 팔꿈치를 펴고 행진하는 의식관(儀式官)의 소매가 떠올랐다. 모처럼 웃음을 띤 여자의 얼굴은 기품도 없고 도리어 추잡해 보였다. 겐지는 한참을 보고 있으니 민망해서 예정보다 일찍 돌아가려 했다.

"돌봐 줄 사람이 아무도 없는 당신인 줄 알면서도 나는 당신과 연을 맺었습니다. 마다하지 말고 필요한 게 있으면 뭐든 말씀하십시오. 그래야 제 마음이 편합니다. 당신이 나를 믿어주지 않으니 정말 원망스럽습니다."

겐지는 이렇게 빨리 돌아가는 것을 아씨 탓으로 돌리며 노래를 읊었다.

처마 끝 고드름은 아침 햇살에 녹아내리는데
땅 위의 살얼음은 어찌하여 그대 마음처럼 녹지 않느냐

이렇게 겐지가 시를 읊어도 아씨는 '후훗' 작게 웃을 뿐 답가를 읊으려 하지 않았다. 그 때문에 민망해진 겐지는 그 집에서 나와버렸다.

중문(中門)의 수레 두는 곳은 구부러져 쓰러질 것만 같았다. 밤과 아침은 달라져 보이는 법인데 여전히 황폐한 모습이라 가슴이 더욱 시렸다. 눈에 띄는 것은 초라하기 짝이 없는 꼬락서니일 뿐이지만 소나무에는 소복하게 눈이 쌓여 있었다. 겐지는 이 소나무가 시골에서 보는 산골짜기 경치 같아서 예전 여자 품평회에서 했던 말을 기억해냈다. 좌마두가 모임에서 '쑥대밭 속의 집'이란 말을 했는데, 그가 말한 그 집이 바로 눈앞에 있는 이 집이 아닐까. 그들이 말한 대로 이런 집에 사랑스러운 여인을 두고 늘 그 사람만 생각한다면 재미날 것이다. 겐지는 생각해선 안 될 사람을 그리워하는 자신의 괴로움을 그런 여인이 위로해 주었으면 생각했다. 하지만 이것은 시적인 풍경에서나 나오는 이야기이지, 남자를 이끌 만한 미색이 전혀 없는 여자라면 나 아닌 누구도 그녀의 남편이 되지 못할 게다. 내가 아니었다면 참을 수 없었겠지. 아무래도 따님의 미래를 걱정하시던 태수의 영혼이 겐지를 이곳으로 인도해 주신 듯했다.

아랫사람에게 감귤 나무에 내린 눈을 털라고 했을 때, 옆의 소나무가 부러운 듯 제 힘으로 눈을 쓰윽 떨어버렸다. 겐지는 이럴 때 대단한 교양은 없더라도, 풍류를 주고받을 만한 사람이 없을까 생각했다.

수레가 지날 문은 아직 닫혀 있었다. 아랫사람이 열쇠를 빌리러 갔더니 아주 나이 많은 하인이 나왔다. 그 뒤를 이어 딸인지 손녀인지, 어린아이와 어른의 중간쯤 되어 보이는 여자가, 어지간히 더럽고 지저분해 보이는 옷을 걸치고, 추위에 떨며 작은 그릇에 불을 넣어 소매 속에 가지고 따라나왔다. 눈 속에 묻힌 문이 노인 손으로는 열리지 않아 그 여자아이가 도왔음에도 여전히 움직이지 않았다. 겐지의 아랫사람이 거들어주자 비로소 문이 열렸다.

문지기 노인의 허연 머리칼을 적신 눈처럼
내 소매도 눈물로 젖었구나

'어린아이들은 헐벗고 늙은이들 몸은 싸늘하다'라는 《백씨문집》의 시구를 흥얼거리다 보니 그 뒤에 이어지는 '비탄이 한기와 함께 코에 스미니 시큰하네'라는 시구와 더불어, 코끝이 빨갛도록 추워 보이던 아씨의 얼굴이 갑자기 떠올라, 겐지는 자기도 모르게 웃음을 터뜨렸다. 두중장이 그 딸기코를 보았다면 얼마나 기발한 비유를 들었을까. 늘 내 뒤를 캐고 다니는 사람이니 조만간 틀림없이 알게 되겠지, 이렇게 생각하면서도 그 또한 어쩔 수 없는 일이라 여겼다.

보통 여자들처럼 평범한 용모였다면 그냥 잊어버릴 테지만, 아씨의 해괴망측한 모습을 낱낱이 보고만 겐지는 오히려 가엾은 마음에 성실하게 편지를 보냈다. 물론 아씨에게 깊은 애정을 보인 것은 아니었다.

담비 털옷을 대신할 비단과 무명 그리고 늙은 시녀들의 옷가지, 문지기 노인에게 줄 선물까지 위아래 가리지 않고 아씨를 시중드는 사람들을 하나하나 신경 쓰며 물건을 보냈다.

이렇게 사소한 생활의 편의까지 살피는데 아씨는 이를 그리 부끄러운 일로 여기지 않으니 겐지는 오히려 편한 마음으로 보살펴 주리라 마음먹었다. 이렇듯 남에게 보이기 어려운 집안 속사정까지 살피며 그녀의 뒤를 돌봐주었다.

아롱거리는 불빛으로 본 우쓰세미의 옆얼굴은 아름답지 못했지만 자태는 매력이 있었으며 우아했다. 이 여인은 그보다 기품이 낮을 턱이 없는 훌륭한 신분의 사람이 아닌가. 그런 점을 생각하면 고상함과 신분은 상관이 없음을 알 수 있었다. 성품이 바르고 도리에 어긋난 일은 하지 않았던 우쓰세미는 끝내 마음을 받아주지 않았지. 겐지는 무슨 일이 있을 때마다 우쓰세미를 떠올리곤 했다.

그해가 모두 끝나갈 무렵, 겐지 숙직소에 대보 명부가 왔다. 겐지는 머리를 빗기는 일을 시킬 때에는 연애 감정이 생기지 않고 그저 농담을 주거니 받거니 할 수 있는 여자를 택하는데, 명부가 곧잘 그 역할을 하곤 했다. 그래서 따로 시녀가 있을 때도 대보 명부는 자주 겐지를 찾아왔다.

"별난 일도 다 있습니다. 말씀드리지 않으면 심술을 부리는 듯싶어 어떻게 해야 할지 몰라 몸소 찾아뵈었습니다."

미소를 띠어 보이면서 대보 명부는 더 이상 말하려 하지 않았다.

"무슨 말이지? 나한텐 감출 게 없지 않은가?"

"아뇨, 저 자신의 문제라면 마마께 의논을 드리겠지만, 이 일만은 어찌해야 할지."

그래도 털어놓지 않자, 겐지는 여느 때처럼 이 여자가 또 능청을 떠는구나 생각했다.

"히타치 아씨께서 이런 걸 보내오셨습니다."

그렇게 말하고 나서야 대보 명부는 편지를 내놓았다.

"그렇다면 더욱 숨길 필요가 없지 않느냐."

편지를 받아드는 겐지의 모습을 보니 대보 명부는 가슴이 무너지는 듯했다. 참빗살나무 껍질로 만든 두툼한 종이에 향내가 짙게 배어 있었다. 글씨가 제법 그럴싸했고 노래는 이러했다.

그대의 불성실한 마음이 견딜 수 없이 괴로우니
내 당의 자락은 늘 눈물로 촉촉하여라

겐지는 왠지 석연치 않다는 표정으로 고개를 갸웃했다. 대보 명부는 보자기 위에 묵직하고 고풍스러운 옷함을 올려서 겐지 앞으로 밀었다.

"이렇게 부끄러운 편지를 어찌 보여드리겠나이까. 허나 아씨가 정초에 겐지님 입으시라 신경 써 보낸 것을 제가 함부로 돌려보낼 수도 없는 노릇이라 그 렇다고 제가 갖고 있기에도 아씨의 뜻을 저버리는 일이라, 어쨌든 보여드리고 나서 결정해야겠기에."

명부의 말에 겐지는 이렇게 답한 뒤 더는 말을 잇지 않았다.

"나 몰래 간직했다면 자네를 원망했겠지. 젖은 옷소매를 더 이상 젖지 않게 위로해줄 이가 없는 외로운 내게는 참으로 반가운 선물이 아니겠느냐."

그리고 겐지는 속으로 이렇게 생각했다.

'정말 어처구니없는 노래로군. 하지만 이 노래야말로 아씨가 온 힘을 다해 지었겠지. 아마 평소에는 유모의 딸이 고쳐주었을 거야. 그녀는 이제 재원에 가 있으니 첨삭을 해가며 가르쳐줄 만큼 교양 있는 시녀가 없는 게지.'

아무리 이야기해본들 소용없는 일이라 여겼다. 아씨가 열심히 노래를 짓는 모습을 떠올리니 안됐기도 하고 우습기도 했다.

"실로 황송하다 함은 이런 노래를 두고 하는 말이겠지."

씁쓸하게 웃으며 편지를 보는 겐지의 모습에 죄송스러워 명부는 얼굴을 붉 혔다.

도무지 봐줄 수 없을 만큼 광택이 사라진 촌스러운 분홍빛 홑옷과 안팎이 비슷한 짙은 다홍색으로 된 평상복이었다. 매우 흔한 옷이란 건 소매만 보아 도 알 수 있었다.

겐지는 한숨을 내쉬면서도 아씨의 편지를 펼쳐 놓은 채 붓을 들어 그 한 구석 에 마음 가는대로 글을 써내려갔다. 그 모습을 대보 명부가 옆에서 들여다보았다.

그리 마음이 끌리는 사람도 아니었거늘
어이하여 잇꽃처럼 코가 빨간 그 사람을 건드렸단 말인가

"색이 짙은 꽃인 줄만 알았거늘."

이런 글을 쓰셨다.

명부는 겐지가 홍화의 다른 이름인 잇꽃을 쓴 데는 무슨 사연이 있으리라 생각했다. 달빛에 언뜻언뜻 보았던 히타치 아씨의 얼굴을 떠올리니 가엾기도 하고 우습기도 했다.

한 번 물들여 희미한 옷처럼 당신의 사랑이 엷더라도
나쁜 소문만은 떠돌지 않게 하소서

"두 분 사이가 참으로 답답하옵니다."

너무도 익숙하게 홀로 흥얼거리는 대보 명부를 보자 겐지는 그리 능숙한 솜씨는 아니지만, 적어도 아씨가 이 정도 노래나마 읊을 수 있다면, 거듭 아쉬워했다. 그러나 아씨의 신분이 신분인지라 그 이름을 더럽히는 나쁜 소문이 나돌면 더 없이 가여우리라는 생각이 들었다. 다른 시녀들이 들어왔기에 겐지는 크게 한숨을 내쉬었다.

"이건 어디 안 보이는 곳에 두어라. 상식 있는 사람이 이런 선물을 하겠느냐."

대보 명부는 어찌하여 이런 것을 보이고 말았을까, 나야말로 눈치가 없는 게 아닐까, 이렇게 생각하고 부끄러워 살며시 방을 나갔다.

다음 날 숙직소로 찾아가니 편지를 건네며 말씀하셨다.

"이보게, 어제 받은 편지의 답장일세. 아무래도 마음에 걸려서."

시녀들이 무슨 일인가 궁금해 했다. 겐지는 속요를 흥얼거리며 돌아갔다.

그저 매화꽃 빛깔 같은
마카사 산의 소녀를 버리고

대보 명부는 무척이나 우스워서 그만 웃음을 터뜨렸다.

"무슨 일인데 혼자 그리 웃어요?"

시녀들이 한마디씩 하며 궁금해 하자 명부가 말했다.

"아무 일도 아니에요. 서리 내린 추운 아침이라 여러분 코가 붉어서 그런가 봐요. 아까 겐지님께서 부르신 노래는 정말 재미있군요."

이 말에 시녀들은 영문도 모른 채 떠들어댔다.

"나 참, 잘도 둘러대는군요. 우리 가운데 코가 빨간 사람이 누가 있다고. 좌근 명부나 히고의 채녀가 있다면 또 몰라도."

대보 명부가 겐지의 답장을 히타치 아씨 집에 보냈더니, 시녀들이 모여들어 감탄하며 보았다.

숱한 밤 만나지 못한 그대와 나이거늘
사이를 갈라놓은 옷을 보내니 그 밤을 더 이어가라는 뜻인가

흰 종이에 아무렇게나 쓴 것이 오히려 운치 있었다.

그믐날 저녁 대보 명부는 친왕댁에서 보내온 옷상자를 도로 가져 왔다 속
에는 흰 옷이며 자줏빛 옷, 그 밖에도 금빛이랑 여러 가지 옷이 들어있었다.

"이쪽에서 보낸 옷이 빛깔이 좋지 못하다고, 비꼬는 의미는 아닐까요?"

한 시녀가 이렇게 말했다.

"하지만 연한 분홍빛이 점잖아 보이지 않나요. 이쪽 호의를 무시하는 뜻은
아닐 테지요."

나이 먹은 시녀들은 그렇게 단정지었다.

"노래만 하더라도, 이쪽에서 보낸 것은 내용에 일리가 있고 격조가 있었습니
다. 그쪽에서 온 답가는 그저 재미만 있었을 뿐이에요."

이렇게 말했다. 아씨 또한 자신이 지은 노래는 여간 고심한 게 아닌 터라, 다
른 종이에도 써서 간직하고 있었다.

정월 초하루에서 며칠이 더 지나자, 늘 그러하듯 남답가*5 행사 준비로 여기
저기서 음악연습을 하느라 떠들썩하고 분주한 나날이 계속되었다. 그런 가운
데서도 겐지는 히타치 아씨의 쓸쓸한 집을 떠올리며 가엾게 여겼다.

칠일째 열리는 계절 연회인 백마절회가 끝나고 밤이 되자 겐지는, 상감 앞을
물러나 그 길로 숙직소에서 머무는 척하고는 밤이 더욱 깊어지기를 기다려 히
타치 아씨를 찾아갔다.

히타치 아씨 집은 평소와 다르게 활기를 띠었고 다른 세상사람들처럼 정월
기분에 들떠 있었다. 아씨도 조금은 여자답게 부드러운 몸짓을 익힌 듯 보였
다. 새해부터는 차츰 이렇게 아씨가 몰라보게 달라지면 좋겠다고 겐지는 은근
히 기대했다.

다음날 아침 겐지는 해가 돋을 때까지 느긋하게 머물다 돌아갈 채비를 했
다. 동쪽 창문을 열었더니 거기서부터 이어진 복도에 지붕이 망가져서 곧바로
햇빛이 비쳐들었다. 조금 쌓인 눈에 반사된 밝은 빛에 방 안 물건들이 하나같

*5 남답가 : 남자들이 발로 땅바닥을 구르며 장단을 맞추어 노래하는 것으로, 정월 14일에 거
행됨.

이 좋아 보였다. 옷을 입는 겐지를 바라보며 누워 있는 그녀의 머리 모양과 다다미에 흘러내린 머리칼은 아름다웠다. 언젠가 이 사람의 얼굴도 아름답게 보이는 날이 있을까, 희망을 걸어보면서 겐지는 격자창을 올렸다. 전에 이 사람을 똑똑히 봤던 눈 내린 새벽녘의 후회가 생각나기에, 이번에는 격자창을 끝까지 위로 올리지 않고 팔걸이에 끌어당겨서 받쳐 놓았다.

겐지가 흐트러진 머리를 손질하자, 시녀들이 낡은 경대와 중국에서 건너 온 빗상자를 통째로 날라왔다. 그러고 보니, 보통 집에서는 보기 드문 남성용 도구가 있는 점도 흥미로웠다.

겐지는 그믐달에 보낸 옷가지를 아씨가 입어서 그나마 남들처럼 보인다는 사실을 미처 알지 못했다. 다만 무늬가 그럴싸하다고 느낀 겹옷만은 어디서 본 기억이 있는 듯싶었다.

"봄이 되었으니까. 오늘은 목소리를 좀 들려주시구려. 꾀꼬리보다도 당신 목소리를 간절히 기다렸소."

겐지가 그렇게 말하니, 그녀는 '뭇새 지저귀는 봄은'이란 노래를 가까스로 나직하게 읊조렸다.

"고맙소. 2년 만에 겨우 보답을 받은 셈이군."

그러고는 자신도 웃으며 화답가를 불렀다. '잊고선 꿈인가 하노라' 옛 노래를 외면서 돌아서는데, 입을 가린 소매 가장자리로 잇꽃 같이 빨간 코가 발그레 내다보였다. 겐지는 보기만 해도 민망스런 코라는 생각이 들었다.

이조원으로 돌아오니 무라사키 아씨가 아직 어린아이 티는 벗지 못했지만 더없이 귀엽고 아름다운 모습으로 겐지를 맞아주었다. 겐지는 똑같은 붉은색인데도 이렇게 고울 수가 있을까 감탄하며 바라보았다. 무늬 없는 연분홍 긴 옷을 곱게 차려입은 천진한 모습이 뭐라 말할 수 없이 귀여웠다.

고풍스런 할머니의 가르침으로 아직 이를 검게 물들이지 않았는데, 이제 처음으로 화장을 하여 눈썹이 선명하게 눈에 띄는 점 또한 어여쁘고 아름다웠다.

'내 마음을 나도 모르겠구나, 왜 이렇듯 점점 골치 아픈 관계에 휘말리는지, 이 사랑스러운 사람을 내버려두고.'

이렇게 생각하면서 여느 때처럼 어린 무라사키 아씨와 인형놀이를 했다.

아씨는 그림을 그리고 색칠을 했다. 무엇이든 쉽게 흥미를 갖고 마음 내키는 대로 그렸다. 겐지도 함께 거들어 주었다. 머리가 아주 긴 여자를 그리고 코에 붉은색을 칠하고 보니, 그림 속 인물인데도 눈살이 찌푸려졌다.

겐지는 거울에 비친 아름다운 자신의 얼굴을 들여다 보았다. 자신의 코끝에다 붉은색을 칠하고 거울을 쳐다보니, 그렇게 아름다운 얼굴에도 빨간 코는 보기 흉했다.

아씨는 그런 겐지의 모습을 보고 자지러지게 웃었다. 겐지가 물었다.

"내 얼굴이 이렇게 변하면 어떨까요?"

"아이, 싫어요!"

아씨는 정말 붉은 물이 들까봐 무척 걱정스러워 했다. 겐지는 닦아내는 척하면서 심각하게 말했다.

"아 큰일이로구나, 아무리 닦아도 지워지지가 않아. 괜한 짓을 했군. 상감마마께서 뭐라 하실지."

그러자 아씨는 빨간 코의 겐지를 몹시 가여워하며 곁으로 가서 닦아주었다. 겐지는 장난삼아 농담을 했다.

"《헤이쥬 이야기》처럼 이 위에다 검정 칠은 하지 마세요. 그나마 빨간 것은 참을 수 있지만 시커메지면 어떡해요."

이런 둘의 모습은 금실 좋은 부부처럼 보였다.

날씨는 무척 화창한데 언제부터인지 자욱하게 낀 안개 사이로 나무들의 가지 끝이 눈에 띄었다. 꽃이 피기를 간절히 기다리는 가운데 매화가 일찌감치 꽃망울을 부풀려 미소 짓고 있었다. 계단을 덮은 지붕 아래 홍매는 해마다 가장 먼저 꽃소식을 전해주니, 벌써 붉은 기가 맴돌았다.

　　붉은 꽃이 피는 매화나무 가지는 정겨우나
　　그 사람의 붉은 코가 떠올라 싫어지는구나

"거 참!"

겐지는 이유도 없이 한숨을 내쉬었다. 이런 여인의 앞날은 어찌될는지.

단풍놀이*1

상감마마의 주작원 행차는 시월 열 며칠에 있을 예정이었다. 이번 행사는 전례가 없을 정도로 각별한 구경거리가 되리라 예상했기에 후궁들은 볼 수 없음을 아쉬워했다. 상감께서도 후지쓰보 여어〔藤壺女御〕가 구경하지 못함을 유감스럽게 생각하시고, 그날 행사와 똑같은 행사를 시악(試樂)이라 하여 그 연습을 어전에서 치르기로 하셨다.

겐지중장은 청해파(青海波)*2를 추었다. 이인무(二人舞)의 상대역은 좌대신댁 두중장이었다. 하지만 남보다 풍채가 뛰어난 귀공자도 겐지 옆에만 서면 벚꽃이 아닌 깊은 산천 평범한 나무에 지나지 않았다. 마침 지는 해의 부드러운 햇살이 선명하게 비치는 가운데 음악 소리가 한층 높아지면서 감흥이 고조되니, 같은 춤을 추는데도 겐지의 발 추임새며 표정 등은 세상에 둘도 없을 정도로 아름다웠다. 춤을 추면서 시구를 읊을 때는 그야말로 부처님이 사신다는 극락의 가릉빈가(迦陵頻伽)의 목청이 아닌가 싶었다.

겐지의 멋들어진 춤을 보고 상감께서는 감격의 눈물을 흘리셨다. 고관들이나 친왕들도 마찬가지였다. 노래가 끝나고 소매가 아래로 내려지자, 기다렸다는 듯이 요란하게 울려 퍼지는 음악 소리에 겐지마마의 뺨이 발그레 물들어, 여느 때보다 빛이 났다. 동궁의 어마마마되시는 여어는 그의 아름다움을 인정하면서도 마음이 평온할 수 없었다.

"신령님이 저 미모에 혹해서 어찌하지 않으실까 싶구나."

이 소리를 들은 젊은 궁녀들은 여어가 한심했다.

후지쓰보 마마는 꺼림칙한 마음만 없었다면 얼마나 더 아름다웠을까 생각하면서도 그저 꿈결 같았다. 그날 밤 후지쓰보 마마는 폐하와 함께 침소에 드셨다.

---

*1 단풍놀이〔紅葉賀〕: 겐지가 18세인 시월부터 19세 가을까지의 이야기.
*2 청해파(青海波): 당악(唐樂)의 하나인 무악.

"오늘 시악은 청해파가 최고였지. 어떻게 생각했소?"

후지쓰보마마는 조심스럽게 짧게 아뢰었다.

"아주 훌륭했습니다."

"두중장도 그리 나쁘진 않았지. 곡조의 의미를 표현한 춤사위와 손짓 등 귀공자의 춤은 훌륭하더군. 지금 시절에 평판이 자자한 춤의 명수들도 잘하긴 하지만 순수하고 아리따운 취향은 보기 힘들거든. 시연의 날 죄다 보고 나면 주작원 단풍놀이 날엔 흥미가 덜할 것 같지만, 그대에게 보이고 싶었다오."

이튿날 아침, 겐지는 후지쓰보마마 앞으로 편지를 보냈다.

"어제 보신 춤은 어떠하셨는지요. 뭐라 말할 수 없이 애틋하고 심란한 마음이 이는 대로 추었습니다만."

사랑하는 마음의 애틋함에
춤사위마저 허황되니
나도 모르게 소맷자락을 흔들고
비밀스런 일에 요동치는 가슴
그대는 아는지 모르는지

"황송하옵니다."

후지쓰보도 어제 눈부시도록 아름다운 겐지의 모습과 얼굴을 본 탓에 가슴속 깊은 곳 본심을 마냥 숨길 수는 없었던 것일까. 답장에는 이렇게 씌어 있었다.

중국 사람이 소맷자락을 휘날리며
추었다는 청해파
다른 나라 일은 모르겠사오나
그대의 춤사위에
절절히 흔들리는 내 마음

"도저히 예사 마음으로는 볼 수가 없었습니다."

오랜만에 받은 짤막한 답신도 겐지로서는 커다란 행복이었다. 중국 노래인 청해파의 기원을 알고 지으신 노래라서, 이제 충분히 황후다운 견식도 갖추셨구나 싶어 겐지는 미소 지으며 편지를 불경 보듯 펼쳐들고 있었다.

행차가 있던 날 친왕은 물론 삼공(三公)과 구경(九卿)을 비롯한 모든 사람들이 수행했다. 이날도 규칙대로 음악을 연주하는 배가 연못을 누볐고, 당악과 고려 춤과 음악이 펼쳐진 성대한 잔치였다.

시연이 있던 날, 저녁 해를 받은 겐지의 모습이 어찌나 아름답던지 두려움을 느낀 상감은 각지의 절마다 재앙을 물리치는 기도를 드리고 독경을 하라 명했다. 그 명을 엿들은 사람들도 당연한 배려라고 동감했다. 그런데 홍휘전 여어만은 겐지를 못마땅하게 여겼다.

"너무 호들갑을 떠는군요!"

악사들로는, 전상인과 신분이 낮은 당하관들 중에서 특히 명수의 평판이 높은 달인들만 뽑아 구성했다. 재상이 둘, 좌위문의 독과 우위문의 독이 좌우 배에 탄 악사들을 지휘한다. 사람들은 진작부터 유명한 춤 선생들을 집으로 모셔 저마다 집에 들어박혀 연습에 열을 올렸다.

악사 마흔 명이 불어대는 음악과 나부끼는 솔바람은 깊은 산바람 소리처럼 장엄했다. 형형색색 가을 단풍잎의 흩날림 속에 청해파 무용수들이 걸어 나왔을 땐, 땅 위에서 그 이상의 아름다움은 두 번 다시 못 볼 듯싶었다. 머리에 꽂은 단풍잎이 바람에 더러 떨어지자, 좌대장이 다가가서 뜰 앞 국화꽃을 단풍잎 대신 끼워주었다.

해가 저물어갈 즈음, 잠깐 내린 소나기는 하늘마저 오늘의 성대한 의식에 감동한 듯했다. 때마침 겐지는 아름다운 모습으로 청초한 국화꽃을 관에 꽂고 숨겨온 춤사위까지 선보였다. 마지막에 춤추며 사라지는 장면에서는 그 아름다움과 훌륭함에 절로 온몸에 소름마저 돋으니, 도무지 이 세상 사람 같지 않았다. 나무 아래나 바위 뒤, 석가산 나뭇잎 그늘에서 그 모습을 훔쳐본 미천한 사람들 가운데에서도 다소나마 멋과 정취를 이해하는 자는 감격에 겨워 눈물을 흘렸다.

승향전 여어가 낳은 제4황자가 추풍락에 맞추어 춤을 추었는데 이 또한 볼

거리였다. 이 두 춤에 크게 감동한 나머지 다른 춤에는 눈길조차 주지 않았다. 이 때문에 오히려 좌흥이 식는 느낌이 들었는지도 모르겠다.

이날 밤 겐지는 종삼위에서 정삼위로 승진했다. 두중장은 정사위 하에서 상이 되었다. 다른 고관들도 그 영향으로 승진하는 자가 많았다. 다들 이 모든 게 겐지 덕택이라 여겼다. 이 세상에서 이토록 남을 기쁘게 해주는 겐지는 전생에 선한 업을 퍽도 많이 쌓은 모양이다.

후지쓰보는 그 무렵 퇴궁하여 사가에 있었다. 여전히 겐지는 혹 만날 기회가 없을까 싶어 상황을 살피는 데 정신이 팔려, 좌대신 댁에는 통 발길을 하지 않으니 원성이 자자했다.

게다가 어린 풀 같은 무라사키 아씨를 찾아내어 집으로 데려온 일을 두고 사람들이 쑤군거렸다.

"이조원에 부인을 맞으셨다나 봐요."

이렇게 고자질을 하니 정실인 아오이 부인은 더욱 마땅치 않아했다. 이조원의 속사정을 알지 못하는 아오이 부인이 속상한 것은 당연하다. 하지만 이럴 때 좀더 솔직하게 보통 여자들처럼 불평이라도 한다면 겐지 역시 숨김없이 모든 걸 털어놓고 위로해주겠지만, 아오이 부인이 당치도 않은 괜한 억측을 하는 게 못마땅하여 겐지는 해서는 안 될 바람을 피우게 되었다.

아오이 부인 자태에는 부족하다 할 만한 결점이 전혀 없다. 하물며 맨 처음 결혼한 분이니 아끼며 사랑하는 자기 마음을 몰라준다면 어쩔 도리가 없었다. 하지만 그녀의 차분하고 신중한 성품으로 언젠가는 오해가 풀려 마음을 열어주리라 기대하고 있었으니, 이 역시 다른 여자들을 대하는 것과는 다른 마음이었다.

이조원의 어린 무라사키 아씨는 겐지와 점점 친숙해졌고 성품과 용모도 나무랄 데가 없었으며, 천진난만하게 겐지를 잘 따랐다.

당분간은 시녀들에게도 아씨 신분을 밝히지 않으리라 마음먹고 아씨를 별채에서 지내게 했다. 방을 신경 써서 예쁘게 꾸미고, 겐지도 아침저녁 찾아가 이런저런 것들을 가르쳐주었다. 글씨본을 써서 습자를 가르치니 마치 다른 곳에 있던 자기 딸이라도 데려온 듯한 기분이 들었다.

집안일을 맡아 하는 곳을 만들고 가신도 따로 명하여, 귀족생활에서 아무런 부족함도 느끼지 않게끔 했다.

그러나 고레미쓰를 제외한 사람들은 서쪽 별채에 사는 사람이 누구인지 수상쩍게 생각하고 있었다. 어린 무라사키는 지금도 가끔씩 여승 할머니가 그리워서 울곤 했다. 겐지가 와 있을 때는 그러지 않았지만, 워낙 그가 다니는 집이 많다보니 가끔씩만 집에서 묵었으며, 해가 저물면 나서곤 했다. 그때마다 무라사키는 늘 울어댔고 겐지는 그런 모습을 귀엽게 보았다. 그래서 그는 2, 3일 동안 대궐에 있다가 좌대신 댁으로 가면, 어린 무라사키가 시무룩해 있는 모습이 어미 없는 아이 같아서, 다른 연인을 보러 가서도 마음이 편하지 않았다. 승도는 그런 보고를 받고 이상했지만 한편으로는 반가웠다. 북산(北山) 절에서 여스님 법회가 있을 때 겐지는 공물을 넉넉하게 보냈다.

겐지는 후지쓰보가 나가 있는 삼조궁의 근황이 궁금하여 찾아가보았다. 왕명부와 중납언, 중무 등 시녀들이 겐지를 대접했다. 남처럼 대하는 무정한 처사라 생각하며 겐지는 씁쓸해했다. 마음을 진정시키고 아무렇지도 않게 세상 돌아가는 이야기를 하고 있는데 마침 병부경이 찾아왔다. 겐지가 왔다는 이야기를 듣고 만나러 온 것이다.

병부경은 우아하고 반듯한 차림새에 부드럽고 매혹적인 분위기를 풍기니, 겐지는 자기가 여자라면 한번 사귀어볼 터인데, 하고 마음속으로 생각했다. 그러자 후지쓰보의 오빠이면서 무라사키 아씨의 아버지인 그에게 더욱 친밀감이 느껴져 세심한 주의를 기울이며 많은 이야기를 나누었다.

병부경도 겐지가 평소보다 한층 친밀하게 속을 터놓자 둘도 없이 훌륭한 사람이라 여기면서, 겐지가 사위인 줄은 꿈에도 모르고 자기가 여자가 되어 사랑을 나누고 싶다는 은밀한 생각까지 품었다.

이윽고 밤이 되자 병부경은 후지쓰보 마마 사랑채로 들어가 버리셨다. 겐지는 부럽기만 했다. 예전엔 상감마마께서 귀여운 아드님인 자기를 곧잘 후지쓰보 마마의 옥렴(玉簾) 속으로 데리고 들어가 주셔서 오늘날처럼 사람을 사이에 두어 말씀을 들어야 하는 게 아니라, 직접 목소리를 들을 수 있었다 생각하니 지금의 후지쓰보 마마가 원망스러웠다.

"자주 문안을 드려야 옳을 줄 아옵니다만 달리 볼일이 없으시면 게을러지게 마련입니다. 분부 있으시면 사양 마시고 시켜주시기 바랍니다."

겐지는 이런 딱딱한 인사말을 하고는 돌아갔다.

왕명부도 방도가 없었다. 후지쓰보 마마의 심중을 넌지시 살펴보니, 당신 운명의 함정은 이 사랑이라고 단정하신 듯싶었다. 겐지를 못 잊는 일이 당신을 파멸케 하는 길임을 예전보다 지금 더욱 강하게 느끼시고 계시니 어찌할 도리가 없었다. 덧없는 사랑이라며 슬퍼하는 쪽은 후지쓰보 마마요, 집착하는 쪽은 겐지마마였다.

무라사키 아씨의 유모인 소납언은 생각했다.

'어쩌면 아씨는 이리도 뜻하지 않은 행운을 잡았는지 모르겠군. 이 또한 돌아가신 할머니께서 아씨의 신세를 어여삐 여기어 부처님께 불공을 드릴 때 늘 가호를 빌었기 때문일까.'

한편 좌대신 댁 아오이 부인 같은 우아한 정부인이 있는데다 이쪽저쪽에 인연을 맺는 여자가 많으니, 아씨가 어엿한 여자로 성장했을 때 성가신 일이 벌어지지는 않을까 걱정되기도 했다. 그러나 이렇듯 겐지가 각별히 아끼고 총애를 하니, 유모인 소납언은 앞날이 든든할 따름이었다.

외가쪽 할머니 상(喪)은 석 달 동안 계속 되었으며, 섣달그믐에 상복을 벗게 했다. 어머니나 다름없는 할머니였으므로 상이 끝난 뒤에도 야단스레 하지 않고 짙지 않은 홍색(紅色)·보라·금빛 등 차분한 빛깔로 예를 갖추었다. 아주 질이 좋은 옷감으로 지은 고우치기(小袿)*³를 입은 설날의 무라사키 아씨는 근대 미인처럼 보였다. 겐지는 궁중의 조배식(朝拜式)에 나가는 참에 잠깐 서쪽 별채에 들렀다.

"오늘부턴 한 살을 더 먹으니 어른스러워져야지요."

겐지는 웃는 얼굴로 말했다. 겐지마마의 얼굴이 더할 나위가 없이 아름다웠다. 무라사키 아씨는 어느새 인형을 꺼내놓고 놀이에 열중하고 있었다. 석 자짜리 앉은선반 두 개에 여러 자잘한 도구들을 놓고, 또 그 밖에 겐지가 선물한 소꿉놀이 집들을 온 방에 늘어놓고 놀았다.

"섣달그믐 밤에 귀신을 쫓는다면서 이누키가 이걸 망가뜨렸어요. 그래서 지

---

*3 고우치기(小袿) : 소매 넓은 예복.

금 고치고 있어요."

아씨는 아주 대단한 일이라도 되는 듯 말했다.

"참으로 불손하였군요. 당장 고치라 해야겠습니다. 오늘은 경하스러운 설날이니 불길한 말을 해서는 안 된답니다. 울어서도 안 되고요."

이렇게 말하고 집을 나서는 화려한 복장의 겐지 모습은 주위를 압도했다. 시녀들이 마루로 나와 그런 겐지를 배웅하자 아씨도 방에서 나와 바라보았다. 그러다 겐지 역할을 하는 인형의 옷을 갈아입혀 궁궐 안으로 들여보내는 흉내를 냈다.

"이제 올해부턴 좀 어른이 되셔야 해요. 열 살이 넘으면 인형놀이를 하면 못쓴다고들 합니다. 이젠 남편도 있으신 몸이니 마님답게 얌전하게 계셔야 해요. 머리 빗는 것조차 귀찮아하시니."

소납언은 놀이에만 열중해 있는 것을 핀잔하려고 잔소리를 하였다. 하지만 어린 무라사키는 속으로 생각하기를 내게는 이미 남편이 있다고, 그렇지, 겐지마마이시지. 소납언들의 남편은 모두 다 못생겼지만 나는 저렇게 아름다운 젊은 사람이 남편이지, 처음으로 그렇게 생각했다. 이는 나이를 한 살 더 먹은 탓인지도 모른다. 이렇게 어린 티가 발 밖까지 나오는 터라 가신이나 무사들은 수상쩍게 여겼으나, 아무도 이름만 부인인 줄은 알지 못했다.

겐지는 궁을 나와 좌대신 집으로 갔다. 여느 때처럼 부인은 높은 데서 바람기 많은 남자를 내려다보는 듯한 서먹서먹한 태도로 겐지를 맞았다.

"새해부터라도 당신이 따뜻한 마음으로 나를 봐준다면 얼마나 기쁠까."

겐지가 이렇게 말했으나, 부인은 이조원에 어떤 여성이 들어와 앉았다는 말을 들은 뒤로는 본댁(本宅)에 둘 만한 여자라면 겐지가 가장 사랑하는 여자일 테고, 이윽고 정실로서 공표할 의향이 있으리라 질투했다. 자존심도 상했다. 게다가 아무것도 눈치채지 못한 듯, 농담을 걸고 왔다갔다 하는 겐지에게 마지못해 대답을 하는 모습은 꽤나 매력적이었다. 부인은 자신이 겐지보다 네 살 위라는 점을 쑥스럽게 여겼지만, 정갈하고 너무나도 아름다운 귀부인이셨다. 겐지도 그 사실을 인정하고 있었다. 겐지는 자신이 누구에게나 다정다감하기 때문에 아무런 흠집조차 없는 아내가 원망하는 어리석은 사람이 되었다고 반성했다. 같은 대신이지만 특히 권세가 대단한 현직 좌대신인 부친과 내친왕인 부인 사이에서 태어난 외동딸이라 그런지 아오이 부인은 자존심이 강했고,

조금이라도 불손한 대접을 받으면 용서하지 않았다. 그러나 상감의 귀여우신 아드님으로 자라난 겐지의 자부심은 그런 것쯤 무시해도 좋다고 생각했다. 이런 일들이 되풀이되면서 부부 사이는 멀어져갔다.

좌대신 또한 겐지의 이런 성의 없는 마음을 내심 못마땅해 하면서도, 막상 겐지를 보면 금세 원망을 잊고 그저 극진하게 대했다.

이튿날 아침 일찍 겐지가 좌대신 댁을 나설 채비를 하는데 좌대신이 겐지를 보러 왔다. 마침 겐지가 옷을 입고 있었기에, 좌대신은 명품으로 명성이 높은 석대(石帶)를 친히 가지고와 바치고 겐지의 옷 뒷자락을 단단히 여며주며 신발마저 신겨주려 하니, 그 보살핌이 정말 눈물겨울 정도였다. 겐지가 말했다.

"궁중에서 정월 연회가 있다고 하니 이 띠는 그때 차기로 합시다."

좌대신은 억지로 차게 했다.

"그땐 더 좋은 물건이 있다오. 이건 그저 조금 색다를 뿐이라오."

이처럼 좌대신은 사위를 보살피는 일에서 사는 보람을 느꼈다. 가끔씩 사위로서 겐지가 드나드는 일만으로도 좌대신은 행복감을 충분히 느끼는 모양이었다.

겐지가 새해 인사를 드릴 곳은 많지 않았다. 동궁·이치노인[一院],*4 그 다음에 후지쓰보 삼조궁으로 갔다.

"오늘은 더 아름다우신 듯하네요. 나이가 드실수록 아름다워지시니."

궁녀들이 이렇게 속삭이는 소리를 휘장 사이로 어렴풋이 들으면서 후지쓰보의 근심은 한층 더 깊어졌다.

출산했어야 할 섣달에 삼조궁 사람들은 이 달은 확실히 채비하여 기다렸으며, 상감께서도 황자녀 탄생을 마음으로 준비하고 계셨다. 그런데 아무 소식도 없이 정월이 다 갔다. 귀신이 출산을 늦추는 게 아니냐고 항간에서 수군거리니 후지쓰보 마마의 마음은 몹시 괴로웠다. 이 일로 해서 태어날 수 없는 누명을 뒤집어쓰는 건가 싶었으며, 이런 번민 때문에 자연히 옥체에도 지장이 생겼다.

겐지는 짚이는 구석이 있어서 임산부인 후지쓰보를 위해 여러 절간에 도를 닦으라고 명했다. 그러는 동안 병환으로 세상을 떠나시면 어쩌나 하는 불안감

---

*4 이치노인[一院] : 두 사람 이상의 상황(上皇)이 있을 때, 먼저 상황이 된 사람. 여기서는 기리쓰보 황후의 부친을 가리킨다.

으로 겐지의 마음은 한층 어두워졌다. 그러던 2월 열 며칟날에 드디어 황자가 탄생하셔서 상감께서도 만족하셨고 삼조궁 사람들도 근심스러운 기색을 떨쳐냈다.

후지쓰보 마마는 더 살고자 하는 당신의 미련이 수치스러웠다. 그러나 홍휘전(弘徽殿) 주변에서 떠드는 저주가 전해졌을 때는 달랐다. 지금 당신이 죽으면 불쌍한 여자라는 비웃음을 살 뿐이라 생각하시면서 아직은 죽어선 안 된다고 애써 꿋꿋하게 버티셨다. 그 덕분에 쇠약하시던 몸도 점점 회복되어 갔다.

상감께서는 새 황자를 한시라도 빨리 보고 싶어하셨다. 겐지도 남모를 부성애로 속을 태우면서 문안드리는 사람이 뜸한 틈을 타서 찾아갔다.

"상감마마께선 아기마마를 보시고 싶어 애태우시니, 먼저 제가 뵈옵고서 근황이라도 아뢰올까 합니다."

그렇게 겐지가 요청하자 후지쓰보 마마가 대답했다.

"갓난아기란 보기 흉한 것이니, 보여드리고 싶지 않습니다."

거기에는 그만한 까닭이 있었다. 바로 황자의 얼굴이 놀라울 만큼 겐지와 닮았기 때문이었다. 황자의 어마마마는 이를 자책하고 고통으로 여기셨다. 황자를 보면 누구나 자신의 잘못을 단번에 알아챌 것 같았다. 아무렇지 않은 일도, 들추어내어 헐뜯으려 드는 게 세상인데 온갖 나쁜 소문과 비판을 받게 될 일을 생각하니, 불행한 사람은 나뿐인 듯싶어 뜨거운 눈물이 왈칵 쏟아졌다.

겐지는 어쩌다가 왕명부가 나왔을 때 여러 가지로 타일러 후지쓰보 마마를 만나게 해달라고 거듭 부탁했지만 아무런 소용이 없었다. 새 황자를 뵈옵게 해달라는 말에는 이렇게 대답했다.

"어째서 그렇게까지 말씀하시는 건가요? 자연스레 그날이 오지 않겠습니까."

무언중에 두 사람은 속사정을 읽는 마음이 따로 있었다. 그런 일은 입 밖에 내어 말할 일이 아니었고, 말로 하기에도 거북한 노릇이었다.

"언제 우리가 서로 만나 얘기할 수 있을까."

왕명부 눈에는 그렇게 우는 겐지가 가엾어 견딜 수가 없었다.

"전생에서 인연이 어쨌기에 이승에서 이렇게 사이가 막힐까. 통 알 수가 없군."

그렇게 겐지는 되뇌었다.

"어마마마도 슬픔에 잠기셨지만, 황자를 못 보는 겐지마마께서는 얼마나 슬프시겠습니까. 이것이야말로 자식 때문에 걱정하는 부모의 심정일까요. 두 분 모두 가엾습니다."

명부가 말했다.

겐지는 의지할 곳도 없이 혼자 슬퍼하면서 돌아가곤 하는데, 후지쓰보 마마는 번번이 겐지가 그러면 주위 사람들이 수상쩍어할 것 같아서 걱정이었다. 그래서 왕명부마저 이전만큼 사랑하지 않으셨다. 눈에 뜨일 것을 꺼리어 아무 말씀도 하지 않으셨지만, 겐지를 동정하는 사람으로서, 후지쓰보 마마가 자기를 미워하시는 것 같아 명부는 서운했다. 일이 이렇게 뜻밖일 수도 있을까 하고, 한심스럽기 짝이 없다고 생각했다.

4월에 황자가 입궁을 하였다. 태어난 지 석 달치고는 꽤 많이 자라 이제 슬슬 몸을 뒤집기도 했다. 놀랍도록 겐지를 쏙 빼닮은 얼굴을 본 상감께서는 진실을 상상조차 못하였기에, 비할 데 없이 아름다운 사람들이란 이렇게 비슷하게 생겼구나 생각하셨다.

상감께서는 새 황자를 더없이 어여삐 여기셨다. 겐지를 매우 총애하셨지만 세상의 비난을 꺼려 동궁으로 책봉하시지 못한 일을 상감께서는 평생의 유감으로 여기셨다. 게다가 겐지가 자라나면서 왕자다운 풍모를 갖출수록 가슴이 아려왔다. 헌데 이렇게 존귀한 여어(女御) 몸에서 겐지만큼 아름다운 황자가 또 탄생하였으니 이야말로 흠 없는 옥이라 하여 더욱 총애하셨다. 그러나 여어로서는 그것 또한 고통이었다. 겐지가 음악놀이 같은 모임에 참가했을 때 상감께서는 아기마마를 안고 나오셔서는 이렇게 말하면서 무척 귀여워하셨다.

"나는 자식이 많지만, 너만은 어릴 적부터 날마다 보아왔다. 그래서 그런지 정말로 닮은 듯하구나. 어린 시절은 다들 이런 것일까."

겐지의 낯빛이 변해갔다. 두려움, 황송함, 기쁨과 뼈저린 슬픔이 한꺼번에 떠올라 눈물이 날 것 같았다. 말을 할 듯 말 듯 입을 오물거리는 모습이 아주 예뻐, 자기 얼굴도 이 얼굴과 빼닮았다고 하니 무척 황송하며 존중해야겠다는 생각도 들었다. 여어께서는 어찌나 양심에 찔리시는지 진땀을 흘리셨다.

겐지는 아기마마를 보자 또 예기치 않은 부성애로 마음이 혼란스러워 곧바로 나오고 말았다.

겐지는 이조원의 자기 방에 누워, 가누기 어려운 아픔을 가라앉힌 뒤에 좌

대신 댁으로 가자고 생각했다. 앞뜰 화단에서 푸릇푸릇 돋아난 새싹들 속에 화사하게 피어 있는 패랭이꽃을 꺾어오라 하여 편지와 함께 왕명부 앞으로 보낸 듯하다. 그 애틋한 마음을 얼마나 절절하게 호소했을까.

패랭이꽃을
사랑스런 내 아들이라 바라보아도
마음은 조금도 편치 않으니
눈물만 하염없이
흐르는구나

아무도 오지 않는 틈을 타서 명부는 그것을 후지쓰보 마마께 보여드리고 아뢰었다.

"이 편지에 대한 답장을 아주 티끌만큼이라도 써주시겠습니까. 이 꽃잎에 쓰시는 만큼, 조금만."

마마께서도 몹시 슬프셨다.

'당신의 옷소매를 눈물로 적신 꽃이라 하니, 정다운 패랭이꽃이군요.'

쓰다 만 글처럼 어렴풋이, 씌어진 편지를 보고 명부는 기뻐하면서 겐지에게 보냈다.

여느 때처럼 답장이 없으리라 생각하고 슬픔에 잠겨 맥없이 있는데 후지쓰보 마마의 답장이 왔다. 가슴이 설레 겐지는 기쁨의 눈물이 쏟아졌다.

겐지는 수심에 잠겨 가만히 누워 있다가 지겨울 때마다 위안처가 되는 서쪽 별채로 가보았다. 흐트러진 머리카락을 매만지지도 않은 채 평복인 우치카케 〔打掛〕*5 차림으로 정겹게 피리를 불면서 방을 들여다보니, 어린 무라사키 아씨는 이슬에 젖은 패랭이꽃같이 귀여운 모습으로 누워 있었다. 참으로 아름다웠다. 애교가 철철 흘러넘칠 듯한 사랑스런 얼굴은 집에 돌아와 기척만 보이고는 곧 나오지 않은 겐지를 원망하듯이 저쪽을 향하고 있었다. 겐지가 방 한 귀퉁이에 앉아서 말을 걸어도 못 들은 척했다.

"이리로 와요."

---

*5 우치카케〔打掛〕: 소매없는 상의.

'바닷가 풀인가요. 보기 힘들게 오시지 않으니' 그러면서 사랑 노래의 한 구절을 읊조리고는 소맷자락으로 입가를 가리는 모습이 세련되고 사랑스러워 보였다.

"그 무슨 섭섭한 소리인지요. 잘도 그런 말을 배웠군요. 하지만 '질리도록 보고 싶다' 하여 아침저녁으로 보는 건 좋지 않다 하였습니다."

겐지는 시녀에게 거문고를 가져오게 해서 무라사키더러 뜯어보라 했다.

"열세 줄 거문고는 가운데 줄이 끊어지기 쉬워 좀 까다롭거든."

그렇게 말하면서, 줄받침을 평조로 내려 조율해서 무라사키에게 주니 더 이상 토라지지 않고 아름답게 거문고를 연주했다. 겐지는 이처럼 올망졸망 작은 사람이 왼손을 뻗쳐 거문고 줄을 누르는 손 모양이 귀여워 그에 맞추어, 자신은 피리를 불며 가르쳤다.

아씨는 총명하여 어려운 가락도 단 한 번에 기억해 냈다. 무슨 일에나 귀여다운 소질이 엿보이는 데에 겐지는 만족했다. 호소로 구세리〔保曾呂俱世利〕라는 이상한 곡명인데, 겐지가 피리로 재미나게 불자 이를 합주하는 거문고 반주자는 아직 어렸으나 박자를 맞게 뜯는 품이 아직은 미숙하지만 앞으로 능숙해질 솜씨를 보여주었다.

불을 밝히고 함께 그림을 들여다보고 있는데, 아까 겐지가 외출할 채비를 하도록 명령해 두어 수행원들이 발 밖에서 재촉하듯 말했다.

"비가 올 듯하옵니다."

그러자 무라사키 아씨는 쓸쓸해지면서 풀이 죽었다. 그림도 보다 말고 고개를 숙인 모습이 귀여워, 겐지는 그녀의 흘러내리는 머리카락을 쓰다듬어주면서 물었다.

"내가 없으면 보고 싶어지나요?"

물으니, 아씨는 고개를 끄덕였다.

"나는 하루라도 당신을 못 보면 보고 싶어 괴롭다오. 하지만 당신은 아직 어리니까 안심이오. 내가 가지 않으면 여러 가지로 심술을 부리며 화내는 사람이 있거든. 난 지금 그쪽으로 갈까 해요. 당신이 어른이 되면 그때는 다른 데로 가지 않겠소. 당신을 행복하게 해주고 싶기에 그대와 함께 오래 살면서 남의 원망을 사지 않으려고 마음먹었소."

이렇게 자상하게 설명하니 아씨는 그만 부끄러워서 아무 대답도 못했다. 어

린 무라사키가 그대로 무릎에 기댄 채 잠 들어버린 모습을 보고, 겐지는 가여운 생각이 들어 무사들에게 말했다.

"오늘 밤은 외출하지 않겠다."

그러자 그들은 저쪽으로 가버렸다. 이윽고 겐지의 저녁밥이 서쪽 별채로 들어왔다. 겐지는 아씨를 일으키며 말했다.

"가지 않기로 했다오."

아씨는 마음을 돌리고 일어나 앉았다. 그리고 함께 식사를 했는데, 어린 무라사키는 여전히 불안한 듯 제대로 먹지를 못했다.

"그럼 주무세요."

아씨는 가지 않겠다는 겐지의 말이 거짓은 아닌가 의심스러워 이런 말을 했다. 겐지는 아무리 그리운 사람이 있다 하더라도 이렇게 귀여운 사람을 두고 감은 도저히 할 수 없는 일이라 생각했다.

이런 식으로 대신 댁에 가는 일이 흐지부지되어 무사들이 좌대신 집에 이 말을 전하자 그쪽 시녀들이 소곤대기 시작했다.

"대체 누굴까요, 정말 어처구니없어요. 무례하잖아요. 지금까지 아무도 본 적 없고 신분도 알려지지 않은데다, 그렇게 겐지님에게 딱 들러붙어서 어리광을 부리는 걸로 봐서는 어차피 교양 있는 고상한 여자는 아니겠지요. 궁중에서 어쩌다 눈에 띤 여자이다 보니, 세상 사람들이 이러쿵저러쿵 말할까봐 감춰둔 게 아닐까요. 아직 철없고 분별없는 어린아이 같다고 겐지님이 말씀하시는 것도 틀림없이 그 때문일 거예요."

상감께서는 겐지에게 그런 여자가 있다는 소문을 듣고는 이렇게 말씀하셨다.

"불쌍하구나. 좌대신이 걱정하고 있다지 않은가. 어린 너를 사위로 삼아주고, 성의껏 섬겨준 호의를 알지 못할 나이도 아닌데, 왜 그렇게 그의 딸을 푸대접하는가."

상감마마께서 말씀하셔도 겐지는 황송하다는 태도만 보일 뿐, 아무런 대답도 하지 않았다. 상감은 아내가 퍽 마음에 들지 않는구나, 하며 가엾게 여기셨다.

"그렇다고 해서 네가 제멋대로 행동하는 남자도 아니고, 여관이나 여어들의 시녀를 연인으로 삼았다는 소문도 없는데, 어째서 그런 비밀을 만들어 장인이

나 아내한테 원망을 사는가."

이렇게 꾸짖으셨다.

상감은 나이가 지긋하셨지만 여전히 미녀를 좋아하셨다. 수라상을 보는 여자나 장인(藏人)이더라도 용모가 고운 자가 궁정에서 환영받는 시대였다. 따라서 궁정에는 미인도 많았는데, 겐지가 그럴 생각이 있었다면 쉽게 애인관계를 가졌을 것이다. 하지만 겐지는 하도 많이 보아서 그런지, 여관들에게 그런 호의를 보인 적은 없었다. 이상하다 싶어 그들이 일부러 농담을 걸어도 겐지는 그저 쌀쌀맞지 않을 정도로 대할 뿐이었다. 어떤 이들은 겐지가 그 이상의 교제를 하려 들지 않음을 불만스러워하기도 했다.

나이도 먹을 만큼 먹은 전시(典侍)*6 가운데, 집안 좋고 재능도 있는데다 사회에서 상당한 존경을 받지만 정분이 지나치게 두터워 눈살을 찌푸리게 하는 여자가 있었다. 왜 그렇게 나이를 먹고서도 바람기가 가시지 않는가 하여 겐지는 야릇한 느낌에 연애 비슷한 농을 걸어보았다. 그랬더니 걸맞지도 않게 응해 오는 것이 아닌가. 한심스럽게 여기면서도 색다른 충동을 느낀 겐지는 그만 관계를 가지고 말았다. 겸연쩍고 걸맞지 않은 늙은 사람과의 정분관계가 소문 날까봐 겐지는 일부러 그녀를 쌀쌀맞게 대했다. 전시는 그런 겐지를 박정하다 하여 슬퍼했다.

전시는 상감의 머리를 빗겨드리는 일을 맡았는데, 머리손질이 끝나자 상감께선 옷을 갈아입으시려고 사람을 부르러 나가셨다. 방에는 아무도 없었고 전시만 남아 여느 때보다도 아름다운 모습으로 앉아 있었다. 오늘따라 그녀는 머리 모양이 요염하고, 옷차림도 화사하고 세련되어 보였다.

참으로 젊어 보이려 애를 쓰는구나 싶으면서도 무슨 생각을 하고 있을까 알고 싶은 마음에, 겐지는 뒤에서 치맛자락을 슬쩍 당겨보았다. 화사한 그림이 그려진 종이부채로 얼굴을 가린 채 돌아보는 전시의 눈은, 눈꺼풀을 팽팽하게 만들려고 일부러 늘어뜨렸지만 거무스레한 주름이 깊게 잡혀 있었다.

이상스레 걸맞지 않는 부채다 싶어 자기 것과 바꾸어서 자세히 들여다보니 새빨간 바탕에 짙은 파랑색으로 숲이 그려져 있었다. 그 옆에는 고풍스러운 글씨지만 달필로, '숲속 풀도 늙어버리니, 말도 놀지 않고 베어가는 사람도 없어'

---

*6 전시(典侍) : 내시소 차관.

라는 노래가 씌어 있었다.

　추잡한 연가 따위는 쓰지 않는 게 좋았으리라, 겐지는 쓴웃음을 지으면서 말했다.

　"그렇진 않지요. '커다란 숲'이야 말로 녹음이 짙은 곳'인 무성한 여름이지요."

　이런 수작을 주고받는 연애 놀이에 걸맞지 않는 상대이다 싶어, 겐지는 남의 눈에 띨까봐 꺼림칙했지만 여자는 전혀 신경쓰지 않았다.

　그대가 오신다면
　타고 온 정든 말을 위해
　풀을 베어 드리겠습니다
　한물 간 잡초이오나
　이미 젊지 않은 저와 함께

　이렇게 말하는 자태가 더없이 색스럽다.

　숲 속 조릿대 밭을
　헤치고 찾아가면
　욕을 듣지나 않을까
　늘 많은 남자들이 그대가
　그리워 모여들거늘

　"일이 성가시게 될 듯하여 이만."

　이렇게 말하며 일어나는 겐지의 소맷자락을 부여잡으며 전시는 말했다.

　"저는 이토록 괴로운 적이 없어요. 이내 버림받는 연애나 하고, 여기서 평생 창피만 당하며 살겠죠."

　그러고는 슬퍼서 못견디겠다는 듯이 울었다.

　"가까운 날에 꼭 가겠소. 늘 그렇게 생각하면서도 실천하지 못할 따름이라오."

　옷을 갈아입고 나오신 상감께서는 장지 사이로 겐지가 소매를 놓으라 하고 나가려 하는 모습을, 전시가 다시 한 번 쫓아와서 '다리기둥 생각은 간절하지만 늙은 몸이 슬퍼라' 하고 말하는 광경까지, 모두 엿보시고 말았다. 상감께서는 이 어울리지 않는 연인들을 보며 어이가 없어 웃음을 참지 못하시면서 전시에게 말씀하셨다.

"연애를 싫어한다고 여관들이 딱하게 여긴 사내도 자네에게만은 그렇진 않았군."

전시는 꽤나 겸연쩍었으나, 그리운 사람을 위해선 무고한 죄마저 모두 뒤집어쓴다는 생각에 변명하려 들지 않았다.

그런 뒤로 궁궐 사람들은 이 관계를 상상 밖의 연애라 하며 쑥덕공론을 펼쳤다. 두중장 귀에까지 그 소문이 들어가자, 그는 겐지의 비밀을 정확하게 짐작하는 자기도 아직 그 일만은 눈치채지 못했던가 싶었다. 그러면서 한편으로는 호기심도 일어, 어느 틈엔가 남자를 밝히는 전시의 정인(情人) 가운데 한 사람이 되었다. 이 귀공자도 흔해빠진 젊은이는 아니었으므로 전시는 겐지의 시원치 않은 사랑을 채우는 기분으로 그와 관계를 맺었는데, 지금도 전시가 그리워하는 사람은 겐지 단 한 사람뿐이었다.

둘 사이는 비밀로 했던 터라 겐지는 알지 못했다. 전시가 겐지를 볼 때마다 원망을 토로하자, 그 나이에 참 가여운 일이니 위로나마 해주어야겠다고 생각하면서도 귀찮아서 그저 세월만 보냈다.

어느 날, 한 차례 소나기가 지나간 뒤 시원해진 저녁 어둠을 틈타 온명전 근처를 산책하는데 전시가 멋지게 비파를 켜고 있었다.

전시는 상감 앞에서도 스스럼없이 남자들 틈에 섞여 관현놀이를 할 만큼 빼어난 비파의 달인이었다. 허나 지금은 무정한 사람을 원망하는 중이라, 그 음색이 실로 애조를 띠었다. 사이바라 중, 야마시로의 오이 키우는 농부에게 청혼을 받고 망설이는 여자의 마음을 읊은 '이대로 농부의 아내가 되어 버릴까' 이러면서 목소리만 어여쁘게 노래하는 게 아무래도 마음에 들지 않았다. 백거이의 시 가운데, 옛날 악주의 배 안에서 노래했다는 여자의 목소리도 이렇듯 아름답게 애조를 띠었을까, 싶은 생각에 겐지는 자기도 모르게 귀를 곤두세워 듣고 있었다. 이윽고 연주를 마친 전시는 몹시 괴로운 표정을 지었다. 겐지 또한 사이바라의 '정자'라는 밀회의 노래를 낮은 목소리로 은밀하게 중얼거리며 다가갔다.

"내 비를 맞았으니 어서 문을 열어주오."

그러자 이어서 유혹의 노랫말이 들려왔다.

"그 문은 닫혀 있지 않으니 얼른 밀고 들어옵소서."

보통 여자와는 다른 듯싶다.

처마 끝으로 들이치는 비에 젖을
찾아오는 이 하나 없는 정자에
야속하게 비만 내리니
누구의 사랑도 받지 못해
눈물에 젖을 뿐

이렇게 노래하며 슬퍼하는 전시를, 겐지는 혼자만 이 여자의 원망을 사야할 이유가 없다는 생각에 어찌하여 이렇듯 집요할까, 넌더리를 냈다.

유부녀는 성가시니
그대의 정자 처마 밑으로는
가까이가지 않으리다
너무 친해져
말썽이 생기지 않도록

이렇게 노래하고는 그대로 발길을 돌리려 했으나, 너무 매몰차다 싶어 여자의 권유에 따르기로 했다. 가벼운 농담을 주고받으면서 때로는 이런 재미를 즐기는 것도 나쁘지 않다고 여겼다.

두중장은 이 현장을 목격하고는 뛸 듯이 기뻤다. 겐지가 매우 성실한 척하며 늘 남만 몰아세우는데다 시치미를 떼고 은밀히 여러 곳을 다니는 게 얄미워, 언젠가는 폭로해주겠다며 진작부터 벼르던 참이었기 때문이다. 이 기회에 겐지를 좀 놀라게 해서 곯려주리라 생각했다. 그래서 잠시 그 자리에 서서 상대를 마음 놓도록 내버려두었다.

쌀쌀한 바람이 불고 밤이 이슥해진 무렵 두중장은 겐지와 전시가 이제 막 잠이 들었으리라 짐작하고, 슬그머니 방 안으로 들어갔다. 자조적인 상념에 묻혀 아직 잠을 이루지 못했던 겐지는 이내 눈을 뜨고 사람이 다가오는 기척을 느꼈다. 겐지는 그가 전시의 예전 정부로, 지금도 전시에게 미련을 둔다는 수리대부(修理大夫) 노인이라고 생각했다. 그 노인에게 이런 부끄러운 꼴을 들킨다면 얼마나 창피할까. 겐지는 몹시 당황해서 겉옷만 얼른 집어들고 병풍 뒤로 숨으면서 말했다.

"이거 당신에게 폐가 되겠는걸. 이만 난 가겠소. 누군가 올 줄 처음부터 알고 있었으면서 날 속여 재우다니."

두중장은 웃음을 꾹 참고, 겐지가 숨은 병풍 옆으로 가서 병풍을 탁탁 접으면서 일부러 호들갑을 떨었다. 나이는 먹었지만 미인형으로 몸매가 날씬한 전시는 전에도 정부들이 이마받이를 할 뻔한 경험이 있었다. 전시는 당황한 가운데 두중장이 겐지를 어떻게 할까봐 걱정되어, 자리 위에 웅크린 채 와들와들 떨고 있었다.

겐지는 자기인 줄 알아채기 전에 얼른 빠져나갈 방도가 없을까 궁리했다. 그러나 이런 어수선한 꼴로 관(冠)도 챙기지 못한 채 줄행랑을 놓는 자신의 뒷모습을 상상하니 창피해서 그냥 주저앉고 말았다. 두중장도 자기를 드러내고 싶지 않아 말이 없었다. 다만 노발대발한 시늉을 하면서 칼을 뽑아들었다.

"아, 여보옷, 여보옷."

전시는 두중장에게 두 손 모아 싹싹 빌었다. 두중장은 터지려는 웃음을 겨우 참았다. 전시는 평소 화려하게 몸단장을 해서 겉으로는 꽤 젊어보였지만 실제 나이는 쉰 일고여덟이었다. 이런 판국에 체면이고 뭐고 집어치우고, 스무 살 안팎의 새파란 귀족 자제 사이에서 안절부절못하는 꼴은 정말 볼만 했다.

짐짓 혼내어 주리라, 자기가 아닌 듯 보이게 하리라 결심한 두중장의 부자연스런 행동은 도리어 겐지에게 자신이 누구인지 알려주고 말았다. 겐지는 두중장이 자기임을 알고 일부러 저러는구나 하는 생각이 들자 될 대로 되라 싶었다. 급기야 두중장임을 확인하자 웃음이 목구멍까지 치밀어 올라왔다.

두중장도 칼을 뽑아 든 팔꿈치를 붙잡고 꼬집자 그만 웃어버렸다.

"이거 정말 이러긴가. 지독한 사람 같으니라고. 내 잠깐 이 옷을 입어야겠네."

겐지가 말했으나, 두중장은 노오시를 놓아주지 않았다.

"그럼, 자네 옷도 벗기겠네."

겐지는 두중장의 허리띠를 잡아당겨 풀어내고 옷을 벗기려 했다. 두중장은 옷을 벗지 않으려 애썼다. 하지만 밀고 당기고 하는 통에 꿰맨 실은 우두둑 뜯기고 말았다. 그러자 두중장이 노래했다.

애써 감춘 염문이
모두 새어버리겠네
서로 잡아당겨
이렇듯 망가진
두 사람 옷 사이로

"이 찢어진 옷을 입고 나가면 쉬이 눈에 띌 테니 자네의 그 바람기가 천하에 알려지겠지."
그러자 겐지는 이렇게 노래했다.

얇은 여름옷을 걸친 자네야말로
감출 수 없다는 걸 알면서
그런 차림으로 와 겁을 주다니
참으로 소견머리 없는 사람이구려

두 사람은 노래를 주고받으며 서로의 허물을 털어버리고 후줄근한 모습으로 나란히 돌아갔다.

겐지는 친구에게 들킨 것을 몹시 분하게 여기며 잠자리에 들었다. 몹시 황당한 전시는 다음날 아침 떨어져 있던 사시누키[指貫]*7와 허리띠를 보내왔다.

두 분이 잇달아 나타났다가
썰물 빠지듯 나란히
돌아가신 아쉬움
아무리 원망해도

---

*7 사시누키[指貫] : 바지.

소용없음을 알면서도

"눈물이 말라 눈물샘마저 바닥나고 말았사옵니다."
이렇게 씌어 있었다. 겐지는 참으로 염치없고 얄미운 여자라 생각했으나, 어젯밤 어쩔 줄을 몰라 허둥대던 전시의 모습이 떠올라 안됐기도 하여 이렇게 써서 보냈다.

거칠게 밀어닥친 파도 같은
그 사람 급습에
마음의 동요는 전혀 없으나
파도를 몰고 온 해변의 그대
내 어찌 원망하지 않으리오

허리띠는 두중장의 것이었다. 자기 것보다는 색이 좀 짙어서 겉옷과 비교해 보니 한쪽 소매 끝이 찢겨나가고 없었다.
'참 나, 이 무슨 꼴이람! 정사에 얼을 빼다 보면 이렇듯 추태를 보이는 일도 많겠지.'
이렇게 생각하며 자중해야겠다고 마음을 고쳐먹었다.
두중장은 궁중의 숙직소에서 그 떨어진 한쪽 소매 끝을 포장하여 겐지에게 보냈다.
'먼저 이걸 꿰매라 하게.'
겐지는 어떻게 두중장이 이것을 갖고 있었을까, 하고 생각하자 약이 올랐다. 두중장의 허리띠가 수중에 없었다면 꽤나 분했으리라 생각하며, 허리띠와 같은 색 종이로 싸서 두중장에게 보냈다.

그대들 사이가
멀어진다면
내게 허리띠를 빼앗긴 탓이라
원망할까 싶어
남색 허리띠엔 손도 대지 않았으니

두중장은 이내 이런 답장을 보냈다.

'당신한테서 빼앗긴 띠처럼 여자와의 사이가 끊겼다고 원망할 작정입니다. 내 어찌 원망하지 않겠습니까.'

정오 때 두 사람은 궁중 대기실에서 만났다. 시치미를 뚝 떼고 앉은 겐지를 보니 두중장은 우스워 견딜 수가 없었다.

이날은 두중장도 공무로 바쁜 날이다 보니 얼굴 표정이 아주 근엄했다. 그러나 어쩌다 서로의 시선이 부딪치면 그들은 빙그레 웃을 수밖에 없었다.

아무도 없는 틈에 두중장이 다가와서 이렇게 물었다.

"세상에 비밀이란 없는 법이죠?"

그러면서 곁눈으로 보고 있다. 우월감을 느끼는 모양이었다.

"천만에, 그보다 모처럼 왔다가 헛다리 짚은 사람이 안됐는걸. 정말 자넨 고약한 친구군."

두 사람은 서로 비밀로 하기로 약속했지만, 얼마 지나지 않아 두중장은 그날 밤 소동을 자주 언급해 겐지를 쓴웃음 짓게 했다. 그것은 그리운 여자 때문에 받는 벌이라고 할 수도 없다. 여자는 그 뒤로도 겐지의 마음을 끌어보려고 여러 수단을 썼으나 겐지는 귀찮아서 이 핑계 저 핑계를 대며 피해 다녔다.

두중장은 누이에게도 그 이야기를 하지 않았으며, 자기만이 겐지를 골탕 먹이는 데에 쓰기로 했다. 유력한 외척을 둔 친왕들도 상감의 총애를 받는 겐지에게는 늘 양보하고 있는 터지만, 이 두중장만큼은 그럴 필요가 없다고 자부해왔다. 두중장은 겐지에게 절대 지지 않으려고 매사에 경쟁심을 보였다. 좌대신의 아들 가운데 두중장과 겐지의 부인만이 황녀 출신 어머니에게서 태어났다. 다만 겐지가 황자라는 점만 다를 뿐, 자기도 최대 권력을 가진 대신과 황녀 사이에서 태어났다. 두중장은 겐지와 다를 바 없는 존귀함이 자기한테도 있는 듯싶었다. 또한 인물도 똑똑하여 무슨 학문에나 능통하고 출중한 귀공자였다. 하찮은 일로 두 사람이 경쟁하다 보니 사람들의 입에 오르내리는 일도 많았다.

칠월에 후지쓰보는 중궁이 되었고, 겐지는 재상이 되었다.

상감은 양위를 할 생각으로 준비에 들어갔다. 양위 뒤에는 후지쓰보가 낳은 황자를 동궁으로 삼으려 하지만, 뒷배를 보아줄 사람이 전혀 없었다. 외가 친척들은 모두 황족이고 황족은 정치에 관여할 수 없으므로 어머니만이라도 중궁이라는 탄탄한 지위에 올려놓아 황자의 뒤를 돌봐주게 하려는 뜻이었다.

일이 이렇게 돌아가자 홍휘전 여어가 자신의 처지를 불안해하는 것은 마땅한 일이었다.

"이제 곧 동궁의 시대가 될 터이니, 동궁을 낳은 어미인 그대는 황태후가 될 게 틀림없소. 그러니 아무 걱정 마시구려."

상감은 홍휘전 여어를 위로했다. 세상 사람들도 동궁을 낳은 지 20여 년이 지난 이 여어를 중궁으로 삼지 않고 후지쓰보를 중궁으로 삼은 일에 대해 말들이 많았다.

의식이 끝난 뒤 궁전으로 드시는 중궁마마 후지쓰보의 수행에는 겐지도 끼여 있었다. 중궁마마이시지만, 이분의 지체는 황후 소생인 황녀였고, 찬란한 보석처럼 황후마마로 추대되었다. 그뿐만 아니라 상감의 총애도 대단해서 모든 조정 관인들이 기꺼이 이 황후를 섬기고자 했다. 전례 없는 호의마저 품은 겐지는 가마를 타신 그리운 모습을 떠올리면서 이제는 더욱 아득하게 멀어져 손이 닿을 수 없는 분이 되고 말았구나 하며 탄식했다. 미칠 듯한 심정이었다.

끝도 없는 마음의 어둠에
슬픈 나머지 눈마저 머는구나
아득히 먼 궁중 사람이 되어
더욱더 만날 수 없는
그대를 보는데도

겐지는 혼잣말처럼 중얼거리고, 애틋한 마음에 몸이 저미는 듯했다.

황자가 세월과 함께 성장하면서 점점 더 겐지를 닮아 구별하기 어려워지니 후지쓰보는 더없이 괴로웠으나, 아직은 이렇다 하게 눈치를 채는 자가 없는 듯하다.

어디를 어떻게 뜯어고쳐도 겐지 못지않은 용모를 지닌 사람이 세상에 또 태어날까. 하지만 세상 사람들은 그 둘이 너무 닮아 해와 달이 드넓은 하늘에서 나란히 빛나는 듯하다고 생각했다.

꽃잔치*1

　이월 스무날이 지나 궁중의 남전(南殿)에서 벚꽃놀이가 있었다. 옥좌 좌우에는 중궁과 동궁의 자리가 마련되었다. 홍휘전 여어는 후지쓰보 마마가 중궁이 되어서 무척이나 언짢았지만, 워낙 구경거리라면 사족을 못 쓰는 편이다보니 동궁 좌석 옆에서 구경했다.

　이날은 화창한 날씨에 하늘은 푸르고 새소리는 영롱했다. 황족들과 상달부 등을 비롯해 시문에 탁월한 이들은 모두 시 짓기에 필요한 운자를 받아 한시를 지었다.

　"봄이란 글자를 받았나이다."

　늘 그러하듯, 아뢰는 겐지의 목소리는 남달리 아름다웠다.

　다음 차례는 두중장이다. 겐지 뒤에서 구경꾼들이 어떻게 그 둘을 비교할지 생각했다면 얼마나 긴장되었을까. 하지만 겉으로는 침착하고 운자를 읊는 목소리마저 당당하니 어디 하나 나무랄 데가 없었다.

　뒤를 잇는 사람들은 하나같이 주눅이 들어 어찌할 바를 모르는 표정이었다. 하물며 당하관들은 상감과 동궁의 학재가 각별히 뛰어난데다 학식이 높은 대소관료들이 즐비한 시절이라 오금을 펴지 못해 넓디넓은 정원으로 나서기가 두려웠다. 운자를 받아 시를 짓는 일은 그리 어렵지 않은데도 모두들 난감한 표정이었다.

　나이가 지긋한 문장박사들은 차림새는 헙수룩해도 이런 일에는 능숙해 보이니, 상감은 과연 대단하다 감동했고 다른 사람들도 흥미롭게 바라보았다.

　상감은 춤곡은 물론이고 모든 일을 빈틈없이 준비했다. 저녁 해가 서서히 기울 무렵 《춘앵전》을 재미있게 본 동궁이 주작원에서 있었던 단풍놀이 때 겐지가 단풍나무 아래에서 추었던 청해파가 떠올라 겐지에게 꽃장식을 하사하며

---

*1 꽃잔치(花宴) : 겐지가 20세 때의 봄 이야기.

부디 춤을 추어달라고 부탁했다. 동궁의 청을 거절하기 어려웠던 겐지는 일어나 천천히 소맷자락을 뒤집는 동작만 맛보기로 보여주었는데, 그 모습이 말로 표현할 수 없이 아름다웠다.

좌대신은 감동한 나머지 평소의 원망스러움도 잊은 채 눈물을 떨구었다.

"두중장은 무엇 하느냐?"

상감께서 말씀하시자 두중장은 겐지보다 정성스럽게 유화원이라는 춤을 추었다. 이런 일이 있으리라 미리 마음의 준비를 했는지 춤이 훌륭하여 상감은 선물로 옷을 하사했다. 사람들은 보기 드문 일을 보게 됨을 영광으로 여겼다. 나중에는 고급관원들도 모두 춤을 추었지만, 차츰 어두워지면서 춤을 잘 추는지 어떤지도 분간할 수 없게 되었다.

시를 공개비평할 때에도 겐지의 작품은 구절마다 찬탄하는 소리 때문에 한 번에 읽어 내리지 못했다. 뛰어난 문장가들도 썩 잘된 작품이라고 칭찬했다. 겐지를 빛으로 여기고 계신 상감마마는 아버지이기 때문에 겐지를 소홀히 대할 리가 없었다. 중전은 겐지의 뛰어난 미모를 볼 때마다, 동궁의 어머님인 여어가 왜 이 사람을 미워하나 의아해하셨으며, 한편으론 또 이런 식으로 겐지한테 관심을 가지는 것도 옳지 않다고 생각하셨다.

그저 다른 이들처럼
아름다운 꽃을 즐기며
바라보기만 하였더라면
이슬만큼의 꺼림칙함도
느끼지 않았을 터인데

이 노래는 후지쓰보 중궁이 마음속으로만 은밀히 읊었을 터인데 어떻게 세상으로 흘러 나왔을까. 밤이 한참 깊어서야 꽃잔치는 끝났다.

삼공(三公)과 구경(九卿)은 다들 퇴궁했으며, 중궁과 동궁마저 환궁하시면서 사방이 조용했다. 밝은 달이 솟아오른 봄밤 대궐 안은 한층 아름다웠다. 취기가 돈 겐지는 이대로 숙직소로 들어가자니 어쩐지 아쉬웠다. 전상관들도 이젠 모두 잠들었을 시각이다. 이런 밤중에 중전을 만날 수 있었으면 좋겠다 싶었다.

겐지는 후지쓰보 처소의 문을 살그머니 살펴보았으나 궁녀를 불러낼 만한 문들도 모두 닫혀져서 어쩔 수 없었다. 탄식하면서도 어떻게든 아쉬운 마음을 만족시킬 수는 없을까 하고 홍휘전 쪽으로 다가갔다. 세 번째 문이 열려 있었다. 여어는 잔치가 끝나는 대로 수청을 들었으므로, 여기엔 궁녀들도 얼마 남지 않은 모양이었다. 이 문짝 안쪽에는 여닫이문도 열려 있는데 인기척은 없었다.

이렇게 조심성이 없을 때 사람들은 그릇된 운명에 발을 들여놓게 된다고 생각하면서, 겐지는 툇마루에 가만가만 올라서서 안을 엿보았다.

다들 깊이 잠이 든 모양이었다. 앳된 귀녀의 목소리로 '으스름 달밤을 따를 것이 없어라' 노래하면서 이 문께로 나오는 사람이 있었다. 겐지는 반가움에 덥석 소매를 붙잡았다. 여자는 주춤하면서 말했다.

"에구머니나, 뉘신지요?"

"그리 놀랄 것 없습니다."

겐지가 이렇게 말하고는 노래를 했다.

밤 깊은 산자락으로 기우는
으스름한 달의 아름다움에 취해
노래하는 그대를 만난 것도
전생의 인연이 아닐는지

그러고는 여자를 안아 올려 홍휘전 차양의 방에 내려놓고 방문을 닫았다. 이 점잖지 못한 침입자의 횡포에 놀란 여자의 모습이 참으로 가련하고 다감해 보였다. 여자는 두려움에 떨면서 말했다.

"여기에 낯선 사람이."

"나는 무슨 짓을 해도 뭐라고 할 사람이 없는 자이니, 그렇게 불러봐야 소용이 없을 거요. 그냥 조용히 있으시오."

목소리를 듣자 여자는 '그렇다면 겐지님이구나' 알아채고 조금은 안심했다. 너무하다 생각했지만, 남녀의 정도 모르는 운치 없는 여자로 보이고 싶진 않았다.

겐지는 평소와 달리 만취한 탓인지, 이대로 여자를 놓아주기가 몹시 아쉬웠다. 여자 또한 어리고 연약하여 매몰차게 거부할 줄을 몰랐으리라. 겐지는 그런 여자가 귀엽고 사랑스러워 시간 가는 줄 모르고 있다 보니 어느덧 날이 밝아 마음이 조급해졌다. 무엇보다 여자는 일이 이렇게 되어 마음이 천 갈래 만 갈래 찢어지는 듯했다.

"부탁이니 누군지 가르쳐 주시오. 이름도 몰라서야 어찌 편지를 보내겠소. 설마 이대로 관계를 끊으려는 생각은 아니겠지요."

겐지가 이렇게 말하자 여자가 노래했다.

이름을 알리지 않으면
어쩌다 내가 이대로
덧없이 죽는다 해도
초원까지 헤쳐가며
무덤을 찾아주지는 않겠지요

이렇게 읊조리는 여자의 모습이 우아하고 요염했다.

"어허, 내가 실수를 했구려."

겐지는 이렇게 말하면서 노래했다.

찾으려 해야 이름도
어디 사는 누구인지도 모르는데
우리 사이가 사람들에게 알려져
소문의 씨앗이 된다면
그 얼마나 성가시겠소

"폐라 여기지 않는다면야 내가 어찌 사양하겠소. 설마 나를 속이려는 생각이오?"

겐지가 말을 채 끝내기도 전에 궁녀들이 일어나 술렁거렸다.

홍휘전 여어를 맞이하기 위해 청량전을 오가는 궁녀들의 기척이 분주해져 몹시 난처해진 겐지는, 오늘은 그만 돌아가야겠다 생각하고, 만남의 징표로 부채만 서로 주고받고 그곳을 나왔다.

겐지의 기리쓰보에는 시녀가 많았으므로 주인이 새벽에 돌아온 소리에 잠이 깬 자도 있었다. 아침에 돌아오는 겐지를 보고 수군덕거리며 자는 척했다.

"참 열심히도 다니시네요."

겐지는 잠자리에 들었지만 잠이 오지 않았다. 인상이 아름다운 여인이었다. 여어의 동생 가운데 하나일 텐데, 숫처녀였으니까 다섯째 아니면 여섯째 아씨인 게 분명하다. 태재수친왕(太宰帥親王) 부인이나 두중장이 사랑하지 않는 넷째 아씨는 미인이란 소릴 들었지만, 오히려 그 여인이라면 재미난 연애를 할지도 모른다. 하지만 여섯째 아씨는 동궁의 후궁으로 들어갈 것이라는 소문이 있으니, 그 여인이라면 유감이라 말할 수밖에 없다. 우대신의 딸들 가운데 누구인지 알기란 무척 어려운 일이다.

그녀는 나와의 인연을 계속 이어나가고 싶어 했는데, 왜 편지를 주고받는 방법에 대해서는 아무것도 가르쳐주지 않았을까, 이런저런 일을 자꾸만 생각하는 것은 여자에게 마음이 끌린다는 징조였다. 어제 벌어진 일만 생각해도, 후지쓰보 주위에서는 이런 일이 일어날 수 없었다. 후지쓰보 침소와 어젯밤 홍휘전 접근이 쉬웠던 일을 비교하면, 그 주인인 여어를 경멸할 수밖에 없었다.

이날은 소연회가 있어서 겐지는 하루종일 쉴 틈이 없었다. 쟁을 연주하는 일을 이날 처음으로 맡아보았다. 오늘 잔치는 어제보다도 분위기는 더 화려했고, 중전은 새벽 시각이 되어서야 남전으로 드셨다. 홍휘전에서 새벽 달빛 아래 만났던 사람이 이젠 대궐에서 나갔을까 하고 겐지의 마음은 그쪽으로 가 있었다. 눈치가 빠른 요시키요[양청(良淸)]와 고레미쓰에게 망을 보게 했는데, 겐지가 숙직소로 돌아가자 이렇게 보고했다.

"어디 있던 수레인지 지금 막 북문으로 몇 대가 나갔사옵니다. 여어님들의 친가분들이 여럿 계셨사온데 그 가운데 4위 소장과 우중변이 서둘러 앞으로 나가 배웅한 것을 보면 아마도 홍휘전에서 퇴궁하는 수레라 여겨지옵니다. 그러고 보니 신분이 꽤나 높은 분들로, 수레는 세 대쯤 되었사옵니다."

이 말을 듣고도 겐지는 가슴이 무너져 내리는 기분이었다.

'어찌해야 그 사람이 몇 째 아씨인지 알 수 있을까. 아버지인 우대신이 눈치를 채고 떠들썩하게 사위로 취급하면 얼마나 곤란할까. 아직 상대의 사정을 잘 알지도 못하는데 일이 그리 되면 어찌하랴. 그렇다고 아무 것도 모른 채 그냥 이대로 있기도 안타깝고. 그럼 어찌해야 한단 말인가!'

겐지는 깊은 생각에 잠겨 누워 있었다.

그사이 이조원의 무라사키 아씨는 얼마나 쓸쓸했을까. 벌써 며칠이나 만나지 못했으니 상심이 클 것이라며 애처롭게 여기기도 했다.

그날 밀회의 징표로 주고받은 부채는 연분홍빛 얇은 종이를 세 겹 바른 것으로, 바탕 빛깔이 짙은 곳에 으스름달이 그려졌고, 밑에 흐르는 물에도 그 그림자가 비치고 있었다. 색다른 것은 아니지만 귀녀가 즐겨 쓴 자국이 여기저기에 남아 있었다.

그 아씨가 '초원까지 헤쳐가며 무덤을 찾아주지는 않겠지요.' 노래하던 아름다운 모습이 눈에 아른거린 겐지는 부채에다 이렇게 써놓았다.

전에는 몰랐네
이 안타까움
으스름달의 행방을
중천에서 놓친 듯
그 사람의 행방 알 길이 없으니

좌대신 댁에 다녀온 지 오래되었다 생각하면서도 겐지는 무라사키 아씨가 걱정되어 위로해주려고 이조원으로 발길을 돌렸다. 무라사키 아씨는 볼 때마다 귀여움 넘치는 여자로 자라고 있었다. 애교가 있으면서도 평범한 여자에게선 볼 수 없는 귀녀다움을 제법 많이 갖추고 있었다. 이상대로 키워 가리라 하는 겐지의 취향에 맞아가고 있었다. 겐지는 가르치는 사람이 남성이므로 다소 얌전한 맛이 줄어들지나 않을까 하는 걱정을 했었다. 그는 요 한 이틀 동안 궁중에서 있었던 일들을 이야기해 주기도 하고, 거문고를 가르쳐 주었다. 날이 저문 뒤에 겐지가 외출하는 게 무라사키의 앳된 마음에 여전히 불만스러웠지만, 이제는 습관이 되어 굳이 말리려 들지는 않았다.

좌대신 댁 겐지의 부인은 여느 때처럼 아예 나오지 않았다. 한참을 자리에 혼자 앉아 심심했던 겐지는, 부인과의 사이에서 한 가닥 쓸쓸함을 느끼며 거문고를 뜯었다. 그러면서 '부드러이 자는 밤은 없으니' 하고 노래를 불렀다.

좌대신이 나와서 흥겨웠던 꽃잔치 이야기를 함께 나누었다.

"나는 이 나이가 되도록 사 대에 걸쳐 천자의 조정을 모셔왔습니다만, 이번처럼 시문의 완성도가 출중하고 춤이며 음악이며 관현의 조화까지 모두 갖춰서 수명마저 늘어나는 느낌을 받은 적은 없었습니다. 요즘은 분야마다 재주가 뛰어난 명인들이 수두룩하다고는 하나, 그대가 각 분야에 조예가 깊어 빈틈없이 지도를 한 덕분이겠지요. 이 늙은이까지 그만 덩실덩실 춤을 추려 했습니다."

"이번 일을 위해 특별히 지휘한 것도 없습니다. 다만 궁정 악사들 가운데, 우수한 사람에게서 참고될만 한 점을 가르쳤을 뿐입니다. 무엇보다도 두중장의 유화원이 뛰어났습니다. 평판이 좋아 후세에 전할 재주라고 생각됩니다만, 거기에 당신이 당대를 예찬하는 의미로 춤을 보여주셨다면, 역사에 길이 남을 성대(聖代)의 자랑이 되었을 것입니다."

이런 이야기를 하고 있었다.

좌중변과 두중장은 난간에 기대어 다시 열심히 합주를 하기 시작했다.

오보로즈키요는 꿈처럼 허망했던 그 밀회의 밤을 생각하면서 깊은 수심에 잠겼다. 우대신이 사월쯤 아씨를 동궁전에 들이려 작심을 하고 있는 터라, 아씨는 그저 어찌할 바를 모르고 마음만 어지러웠다.

겐지 또한 오보로즈키요의 행방을 찾는데 전혀 실마리가 없는 것은 아니나, 자매들 가운데 몇 째 아씨인지조차 모르는데다 평소 자기를 미워하는 우대신 일가와 얽히는 일은 남 보기에도 좋지 않아, 이리저리 궁리만 하다가 삼월 스무날이 지나고 말았다.

3월, 우대신 댁에서 활쏘기대회가 있어 친왕족을 비롯한 많은 고관들을 초대했다. 등꽃잔치도 그날 다시 열기로 했다. 이미 벚꽃 철은 지나버렸지만 '다른 꽃 다 진 뒤에 피어나리'라는 가르침을 받은 덕분인지, 마침 두 그루가 아직까지 곱게 피어 있었다. 외손인 내친왕들의 착상식(著裳式)에 쓴 새로 지은 궁전은 모두 현대풍으로 호화스럽고 아름답게 꾸며졌다.

지난날 궁중 연회에서 만났을 때 겐지도 초대했는데 참석을 하지 않자 우대신은 크게 실망했다. 겐지가 없으면 행사가 빛나지 않을 수도 있다는 걱정에 아들인 4위 소장을 아래 노래와 함께 겐지에게 보냈다.

우리 집에 피어 있는

등꽃이
흔해빠진 색이라면
어찌 그대를
청했겠는가

겐지는 마침 대궐에 있었던 때라 이 말을 상감께 아뢰었다.

"꽤 자신만만하게 읊은 노래로군."

상감은 웃으시며 말씀하셨다.

"일부러 사람까지 보냈으니 어서 가보도록 하여라. 그대의 자매인 내친왕들도 있는 집이니 남 취급하지는 않을 것이다."

겐지는 정성껏 옷을 차려입고 해가 완전히 기울었을 즈음, 우대신이 애타게 기다리는 집에 도착했다.

겐지는 연분홍 중국 비단으로 지은 정장에 빨강과 보라가 뒤섞인 속옷자락을 길게 늘어뜨리고 황자다운 우아한 모습으로 모든 사람들의 경의를 받으며 연회석에 자리했다. 속대 차림을 한 사람들 사이로 들어가자 겐지의 세련된 차림새는 한층 돋보였다.

꽃향기마저 그 아름다운 기세에 눌려 오히려 좌흥이 식는 듯 보였다.

관현놀이 등으로 재미있는 한때를 보내고 밤이 점점 깊어지자, 겐지는 술이 거나하게 취한 척 괴로운 표정을 지으며 넌지시 자리에서 일어났다.

침전에는 첫째와 셋째 황녀가 있었다. 겐지는 동쪽 문으로 가서 문에 기대어 앉았다.

등나무 꽃은 이 건물의 동쪽 모퉁이 주위에 피어 있던 터라, 격자문이 모두 올려져 있고 시녀들도 발 가까이로 나와 있었다. 그 발 아래로 시녀들의 옷자락이 나와 있기도 하니, 발장단에 맞추어 부르는 답가를 할 때처럼 일부러 옷자락을 내민 듯해 오늘밤처럼 개인적인 연회에는 어울리지 않는 듯했다. 이런 때에도 후지쓰보 중궁의 고상함을 떠올리지 않을 수 없었다.

"몸도 별로 좋지 않은데 억지로 술을 권하니 괴롭고 난처할 따름입니다. 죄송하지만 나를 잠시 숨겨주겠소이까?"

이렇게 말하고 겐지는 여닫이문의 발을 머리에 뒤집어쓰듯 밀고 상반신을 방안으로 들이밀었다.

"그건 아니 됩니다. 신분이 낮은 자들이나 고귀한 연고에 의지한다고 들었사온데."

비록 위엄 있는 말투는 아니었으나 평범한 여자는 아니었다. 고귀한 기품이 알알이 느껴졌다. 어디에서 피운 향내인지 매캐할 정도로 방안 가득하고, 옷자락이 스치는 소리도 짐짓 화사하게 들리도록 몸을 움직이는 듯싶었다. 고상하고 그윽한 분위기는 없어도 현대풍의 화려함을 좋아하는 댁이니 고귀한 아씨들이 구경하고자 이 문 너머에 자리하고 있었다.

장소가 장소인지라 더 이상 무례한 행동은 삼가야 했지만 겐지는 호기심을 참지 못하고, 오보로즈키요는 과연 어느 분일까, 설레는 마음으로 이렇게 말했다.

"부채를 빼앗기고 괴로워하네."

일부러 맥 빠진 목소리로 사이바라의 노래를 바꿔 부르고는 아래 중인방에 몸을 기댔다.

"참으로 이상한 고려 사람이네요. 허리띠가 아니라 부채를 빼앗기다니."

이렇게 대답한 사람은 사연을 모르리라. 아무 대꾸도 없이 그저 가끔 한숨을 쉬는 기척이 느껴지는 쪽으로 몸을 가까이하고 휘장 너머로 불쑥 손을 잡고는 어림짐작으로 말했다.

그 새벽녘
어렴풋이 본 달을
닮은 그대
다시금 만날 수 있을까 하여
찾아 헤매고 있거늘

"왜인가요."
안에서 끝내 참지 못하고 이렇게 화답했다.

진정 사랑한다면
달 없어 어두운 밤인들
어찌 헤매리오

곧장 나를 찾아

오지 않으시고

그 목소리는 틀림없이 오보로즈키요였다. 겐지야 물론 뛸 듯이 기뻤을 것이
다.

아오이*1

　기리쓰보 황제가 양위를 하여 치세가 바뀐 뒤로 겐지는 모든 일이 근심스럽고 성가신데다 대장으로 승진하여 신분까지 높아진 탓인지 가벼운 마음으로 야행을 하던 버릇도 삼가게 되었다. 여기저기서 겐지만을 기다리던 여인들은 좀처럼 그를 만날 수 없는 슬픔에 괴로워했다.

　그 때문인지 겐지는 지금도 여전히 자기에게 냉담한 후지쓰보 중궁의 마음을 속절없어했다.

　임금 자리를 물려 준 뒤부터 상황과 중궁은 여염집 내외처럼 살고 계셨다. 이전 홍휘전 여어인 새 황태후는 때라도 쓰시는 건지, 상황 처소로는 오시지 않고 새 천자의 궁전에만 가 계셔 도전해 오는 경쟁자들도 없어서 후지쓰보 중궁의 마음은 퍽 편해 보였다. 때때로 음악놀이 같은 모임을 화제가 될 만큼 화려하게 베풀어 상황마마의 생활은 매우 행복해 보이셨다. 다만 궁에 계신 동궁 뒤를 봐줄 사람이 없자, 그 일을 겐지에게 분부하셨는데, 겐지는 껄끄러우면서도 내심 반가웠다.

　그건 그렇고 육조궁 미야스도코로와 전 황태자 사이에서 태어나신 아씨가 재궁*2으로 뽑히셨다.

　겐지의 애정이 못 미더운 육조궁 미야스도코로는 재궁의 어린 나이를 핑계로 자신도 이세로 내려갈까 마음먹고 있었다.

　"내 동생인 동궁이 그렇게도 사랑하는 사람을 네가 푸대접하다니, 나는 가엾어 못견디겠구나. 재궁은 단순한 조카라기보다는 내 황녀나 다름없다. 어느

＊1 아오이(葵) : 겐지가 22세인 4월부터 23세 정월까지 이야기. 육조궁마마는 29세. 아오이 부인은 26세. 아오이(접시꽃)는 가모신사(賀茂神社) 축제에 참가하는 자들이 머리에 꽂는 식물. 겐지의 첫 번째 아내인 좌대신의 딸은 이 권에서 별세함으로써 '아오이 부인'으로 불린다.
＊2 재궁(齋宮) : 신사(神社)에서 신을 섬기는 여성. 국왕의 딸 또는 그런 자격을 가진 순결한 처녀가 뽑혀서, 이세 신궁(伊勢神宮) 또는 가모신사(賀茂神社)에 근무한다. 뽑히면 여럿이 함께 이세로 내려간다.

모로 보나 육조궁을 존중해야 하지 않겠느냐. 단순한 정분처럼 금세 뜨거워졌다가 말면 세상은 너를 비난할 게다."

상황께서는 겐지를 꾸중하셨다. 겐지도 상황의 말이 구구절절 옳은지라 그저 송구스러워할 따름이었다.

"상대의 명예를 생각하고 어느 사람이나 공평하게 사랑하여, 여자의 원망을 사지 않도록 하게나."

충고하시는 말씀을 들으면서도 만약 상황께서 중궁을 사모하는 떳떳하지 못한 자신의 마음을 아시면 어떻게 될까 하니 무서운 생각이 들어, 황송해하면서 어전에서 물러났다. 상황께서도 육조궁과의 관계를 아시고 그런 말씀을 하신 터이니, 여자의 명예와 자신을 위해 경솔하게 행동할 수 없다 싶어 이전보다도 그 연인을 더욱 존중했다. 하지만 아직도 겐지는 공공연하게 아내로서의 대우는 제대로 하지 않았다.

여자도 나이가 위라는 점이 부끄러워, 군이 부인으로서의 지위를 요구하지는 않았는데, 겐지는 그것을 다행으로 생각하는 듯했다. 여자는 상황께서도 아시고, 모든 사람들이 아는 지금에 와서도 겐지가 성의를 보여주지 않자 그를 원망하고만 있었다.

이런 소문을 들은 식부경친왕(式部卿親王)의 아사가오 아가씨는, 자기만은 어리석게도 겐지의 달콤한 속삭임에 도취되어 이별 뒤에 오는 쓸쓸한 뉘우침 속에 자신을 돌아볼 일은 만들지 않으리라 굳게 마음먹었다. 그래서 이전에는 겐지의 편지에 대해 가끔씩 짤막한 답장이나마 쓰기도 했으나 이제는 쓰지 않았다. 그렇다고 해서 대놓고 반감을 보이거나 멸시하는 것도 아니어서 겐지로서는 반가웠다. 그런 사람이기에 오랜 세월이 지나도 잊을 수 없어 그리움으로 남겠거니 싶었다.

좌대신 댁 아오이 부인은 여러 사람에게 정을 주는 겐지를 미워하면서도, 그가 다른 연애를 그다지 숨기려고도 들지 않기에 원망을 해도 소용이 없겠거니 생각했다. 아무래도 부인이 임신한 몸이다 보니 기분이 언짢고 불안했다.

겐지는 장차 내 자식의 어미가 될 아오이 부인에게 새로운 애정을 느끼기 시작했다. 그리고 자신처럼 기뻐하면서도 불안해하는 장인·장모와 함께 임신한 아내를 어여삐 보살펴 달라고 신불(神佛)께 진심으로 기도를 올렸다. 이런 일이 있는 동안은 겐지도 여유가 없어서, 사랑하지만 찾아가지 못하는 연인의 집이 많았다.

그즈음 가모신사(賀茂神社) 재원*³도 새로 바뀌어 황태후가 낳은 상황의 셋째 아씨가 새 재원으로 정해졌다. 상황과 황태후가 각별히 사랑하시는 황녀였으므로, 예사 사람과 다른 생활로 신에게 들어가게 된 것을 가슴 아파하셨다. 하지만 적당한 사람이 마땅히 없어서 어쩔 수 없었다. 재원이 되는 의식은 규정대로 늘 치르는 제사였지만, 이번엔 매우 성대하게 치러졌다. 재원의 세력이 크고 작음에 따라 이렇게도 되는 모양이다. 목욕재계하는 날에 수행하는 당상관들이 정해져 있었지만 특별히 분부가 내려져, 겐지 우대장도 참가하게 되었다. 수레를 타고 나가며 구경하는 사람들은 그날의 기대에 한껏 부풀어 수행을 영광스럽게 여겼다.

일조 대로는 구경하러 나온 수레와 사람들로 발 디딜 틈조차 없이 가득 찼다. 길 양쪽에 마련된 관람석에는 온갖 취향을 살려 치장한 여인네들의 알록달록한 소맷자락이 발 사이로 내비치니 그 또한 볼거리였다.

좌대신 댁 아오이 부인은 밖으로 나가는 걸 그다지 좋아하지 않았다. 게다가 임신까지 했으니 괴로워서 구경할 생각은 엄두도 내지 못했다.

"소인들만 몰래 구경을 하자니 신명이 나지 않습니다. 아무 인연도 없는 세상 사람들조차 겐지 대장님을 뵙고자 저 먼 시골에서 식솔을 거느리고 이곳까지 올라왔다고 하는데 겐지님의 정부인께서 보지 않으시다니, 너무하십니다."

그러나 이렇게 시녀들이 볼멘소리로 말하는 것을 친정어머니께서 들으시고 말했다.

"오늘 네 기분도 좋아 보이고, 안 나가면 시녀들이 아쉬워할 터이니 어서 나가 보거라."

그래서 갑작스레 아침나절도 훨씬 지나서 아오이 부인은 수행원들을 모아 축제 행렬을 구경하러 나섰다. 그다지 대단치 않은 차림을 하고 나선 데다, 수레가 붐비는 속에 좌대신 댁 수레가 연달아 나왔으므로 어디에 구경할 자리를 잡아야 할지 모를 지경이었다. 귀부인 수레가 여럿 서 있어 구경할 게 없는

───────

*3 재원(齋院) : 재궁(齋宮)과 같으나, 특히 가모신사에 근무하는 재궁을 이렇게 부른다.

구석진 곳을 택해 방해가 되는 수레들은 모두 치우게 했다. 그런데 언뜻 보기엔 갈대지붕을 인 허름한 수레이지만 발 및 휘장의 취향이 매우 고상하고 안쪽으로 다가앉은 사람들의 우아한 옷차림, 땀등거리 자락이 조금씩 흘러나온 듯한 여자아이 윗도리 등 눈에 띄고 싶어하지 않는 귀부인이 왔음을 짐작케 하는 수레 두 대가 있었다.

"이 수레는 다른 수레와 달라서 치울 수 없음을 알아야 해."

그 수레꾼들은 수레에 아예 손대지 못하게 했다. 젊은 수행원들은 술에 흠뻑 취해 사나워져 매우 우락부락했다. 말을 탄 좌대신 댁 늙은 가신들이 그러지 말라며 말렸으나 젊은이들의 폭력을 막을 수는 없었다. 이는 재궁의 생모이신 육조궁마마께서 심심풀이로 몰래 나오신 수레였다. 좌대신 댁 권솔들은 알은 체하지는 않았으나 눈치는 챘다.

"그쯤으로 뽐내나? 우대장님이 역성 들 줄 아나봐."

그렇게 떠드는데, 수행원 속에는 겐지의 하인도 섞여 있었다. 하지만 그는 항의 하면 더욱 일이 번거로워질까봐 모르는 체하고 있었다. 좌대신 집 수레들이 앞을 꽉 막고 있어서 육조궁마마 수레는 아오이 부인의 시녀들이 탄 수레 뒤쪽으로 밀려나 아무것도 볼 수 없게 되었다. 하지만 그것이 서운하다기보다는 이렇게 몰래 밖으로 나온 자신이 누군지를 알면서도 악다구니를 하며 퍼붓는 그 꼴이 괘씸해서 견딜 수가 없었다. 거기에다 수레의 채(轅)를 걸쳐놓은 받침대도 다리가 부러지고, 다른 수레 허리께에 걸쳐 가까스로 중심을 잡고 있는 형편이라서 체통은 말이 아니었다. 육조궁마마는 어째서 이런 곳으로 나왔을까 뒤늦게 후회를 했으나 이제 와서 별도리는 없었다. 그랬기에 구경을 단념하고 돌아서려 했지만 인파에 휩쓸려 헤쳐나갈 수 없을 듯 보였다. 그때 사람들이 외치는 소리가 들렸다.

"저기, 행렬이 온다!"

이 소리를 들으니, 그 박정하고 매몰찬 사람의 행차를 기다리는 여인의 여리고 슬픈 마음은 어찌할 수가 없나 보다.

겐지는 육조궁이 왔으리라는 사실은 전혀 몰랐기에 굳이 들여다볼 까닭도 없었다. 가엾은 육조궁이었다. 미리 알려진 것처럼 화려한 수레에는 겉으로는 시치미를 뚝 떼고 있지만 겐지의 호기심을 끄는 여자도 있었다. 미소를 보이면서 가는 길 언저리에 애인들의 수레도 있었던 듯싶다. 좌대신댁 수레는 한눈에 알 수 있었는데, 이곳을 지날 때 겐지는 아주 근엄한 얼굴로 남다르게 지나 갔다. 행렬 속 겐지 수행원들도 이 수레 앞에서만큼은 경의를 표하고 지나니 육조궁은 모멸감에 비참하기까지 했다.

저만큼 먼발치 언뜻 뵈온 임의 모습
이 몸 서러움을 더더욱 느꼈어라.

그렇게 생각하자 눈물이 주르륵 흘렀는데, 함께 수레에 탄 사람들이 행여나 보기라도 할까봐 육조궁은 몹시 부끄러웠다. 그러면서도 평소보다 한결 아리 따운 겐지의 말 탄 모습을 본 게 이내 후회되기도 했다. 행렬에 참가한 사람들 은 누구나 지체에 걸맞게 아름다운 복색으로 몸단장을 했다. 고관은 고관다 운 옷차림으로 광채를 뿜어냈지만 겐지에 비하면 다들 볼품없었다. 우대장의 임시 수행원인 전상관인 근위위(近衛尉)는 무슨 특별한 행차 때만 일이 있는데, 오늘은 장인이자 우근위위(右近衛尉)를 수행했다. 그 밖의 수행원들도 모두 외 모가 뛰어난 자만을 뽑았는데, 온 세상이 존중하는 겐지의 모습에 초목들마 저 고개를 숙였다.

머리 위까지 윗도리를 뒤집어쓴 여자들과 여승들도 군중 속에서 이리저리 떠밀리며 구경하고 있었다. 평소 여승이 이러면, 출가한 사람이 어째서 저런 짓 을 하는가 추하게 여겼겠지만 오늘만은 그럴 법도 하다. 히카루 겐지를 보려 그러는 것이겠거니 하여 동정심마저 생겼다. 머리까지 옷의 등골을 덩그러니 부풀게 한 하층계급 여자와 노동자 계급 놈팡이들까지도 손을 이마에 얹고 겐 지님을 우러러보았다. 그들은 자신이 웃으면 어떤 우스꽝스러운 얼굴이 되는 지도 모르는 듯 그저 좋아들하고 있었다. 그런가 하면, 겐지의 눈에 차지도 않 는 시시한 지방관의 딸들도 한껏 수레를 단장하고 제법 잘난 체하면서 구경하 는 등, 이런 형형색색으로 일조(一條) 거리는 꽉 차 있었다.

하물며 겐지가 은밀히 발길을 하는 여인네들 가운데는 이렇듯 겐지가 인기 많음을 눈으로 똑똑히 보고 자기는 열 손가락에도 들지 못할 것이라며 남모 르게 깊은 한숨만 짓는 이도 적지 않았다.

관람석에 앉아 있던 식부경은 불길하게 생각했다.

"해가 갈수록 저리 눈이 부시도록 아름다워지시니, 겐지님의 용모를 행여 귀

신들이 흠모하지 않을까 걱정이로다."

아사가오 아씨는 오랜 세월을 끈질기게 편지를 보내는 겐지의 마음 씀씀이가 세상의 여느 남자들과 달라 마음이 솔깃해졌다.

"이토록 열심히 편지를 보내니, 상대가 그저 평범한 남자라도 자칫 마음이 흔들릴 터인데, 하물며 겐지님은 어쩌면 저리도 아름다우실까."

하지만, 더 나아가서 마음을 터놓고 만나보겠다는 생각은 하지 않았다. 젊은 시녀들은 옆에서 듣기가 거북할 정도로 겐지의 용모를 칭찬했다.

다음날 좌대신 집 사람들은 가모제엔 구경하러 나가지 않았다. 누군가가 목욕재계하던 날 수레 자리 다툼에 대해 자세히 일러주었고, 겐지는 육조궁 미야스도코로 마마를 안타깝게 생각하고 아오이 부인의 처사를 못마땅하게 여겼다. 귀부인 자격을 충분히 갖추었으면서도 정감이 모자란 강직한 성격 탓이라고 짐작했다. 자신은 그다지 미워하지 않지만, 한 남자를 사이에 두고 연적에게 질투심으로 눈이 먼 측근들이 여주인의 의사를 받들어 육조궁을 모욕했을 터이다. 견식이 있는 고상한 귀녀인 육조궁은 얼마나 불쾌했을까. 미안한 마음에 겐지는 육조궁 마마를 방문했으나, 재궁이 아직도 집에 있으니 신령 앞에 삼가야 한다는 핑계로 만나주지 않았다. 겐지는 자기 자신마저 원망스러웠다. 현재 육조궁의 심정을 이해하지만 양쪽 다 자기 주장만 하지 말고 마음을 좀 넓게 가질 수는 없는가 하는 탄식이 절로 터져 나왔다.

제삿날 겐지는 좌대신 댁에 가지 않고 이조원에 있었다. 그러고는 거리로 구경하러 갈 생각이었다. 그 뒤 서쪽 별채로 가서 고레미쓰에게 수레를 준비하도록 일렀다.

"여자들도 구경을 나가겠소?"

이렇게 물으면서, 겐지는 어여쁘게 차려 입은 무라사키 아가씨를 미소 지으며 그윽하게 바라보았다.

"당신은 꼭 나와야 해요. 내가 함께 데리고 가지."

여느 때보다도 아름다워보이는 소녀의 머리칼을 쓰다듬어 주면서 말했다.

"오래도록 머리끝을 자르지 않았군. 오늘은 자르기에 좋은 날일 테지."

겐지는 이렇게 말하고는 역박사*⁴를 불러놓고 머리를 자르기에 좋은 시간을 살펴보라 일렀다.

"너희들은 먼저 나가도록 하여라."

곱게 옷을 차려 입은 동녀들을 살펴보니, 귀엽게 가지런히 자른 머리카락이 화려한 겉치마에 늘어져 있는 모양새가 특히 눈에 띄었다.

"그대의 머리는 내가 잘라 드리지요."

겐지는 무라사키 아씨의 머리를 자르기 시작했고 이내 지치고 말았다.

"이거 참, 성가실 정도로 머리숱이 많군요. 이제 얼마나 더 길지. 아무리 머리가 긴 사람도 앞머리는 길지 않다 하지만, 그대처럼 귀밑머리가 전혀 없는 것도 어째 정취가 좀 없어 보이는군요."

이렇게 말하면서도 말끔하게 잘라 다듬고는 '천심(千尋)'이라고 축하하는 말을 내리니, 유모 소납언은 고맙고 기꺼운 마음으로 그들을 바라보았다.

바닥 모를 천길 바다 속
청각처럼
탐스럽게 자라는 그대의 머리
그대의 앞날
나 홀로 보살피리

겐지가 축하의 노래를 읊자, 무라사키 아씨는 이렇게 글을 써내려갔다.

애정이 천길 바다처럼
깊다고는 하나
어찌 알리오
들고나는 파도처럼
여기저기 돌아다니시거늘

노래에서는 아씨의 타고난 재주가 엿보였으나, 정작 본인의 모습은 아직 어

---

*4 역박사 : 달력을 만들고 길흉화복을 점치던 사람.

려 귀엽기만 하니, 겐지는 앞날에 대한 기대로 흐뭇했다.

오늘도 구경꾼들의 수레가 빈틈없이 거리를 메웠다. 마장전 언저리에서 축제 행렬을 보고 싶었으나 마땅한 자리가 없었다.

"여기는 상달부들의 수레가 많아서 번잡스럽구나."

그러면서 겐지는 수레를 가게도 머물게도 할 수 없어 망설였다. 그때 제법 그럴 듯한 부인용 수레에서 한 여자가 부채를 내밀면서 겐지의 수행원을 부르더니 인사를 했다.

"이리로 오시겠습니까. 이쪽 자리를 내드리겠습니다."

어느 집의 멋을 아는 여자가 이러는가 싶기도 하고 사실상 그곳은 좋은 자리여서, 겐지는 그 수레와 나란히 자기 수레를 멈추어 세웠다.

"어떻게 이런 좋은 자리를 차지하셨습니까, 부럽군요."

그러자 고상한 부채 자락을 접어 다음과 같이 써 보내왔다.

'이미 남의 사람이 된 그대인 줄 모르고 오늘 접시꽃 잔치야말로 신이 주신 만남의 기회라고 손꼽아 기다린 허망함이여'

"금줄 속으로 감히 들어갈 수가 없네요."

그제야, 겐지는 늙은 호색녀 원전시(源典侍)의 글씨임을 알아챘다. 나잇값도 못하고 젊은 척하는 여자가 미워 겐지는 비꼬아서 다음과 같이 써 보냈다.

접시꽃으로 치장하고
밀회의 오늘을 기다린
그대 마음이야말로 허망한 것임을
오늘은 누구를 만나도 좋은
접시꽃 잔칫날이거늘

여자는 정말 매정한 말이라 원망하면서도 이렇게 답했다.

오직 보고픈 마음에
접시꽃으로 단장하였으나

만남의 날은 고사하고
이름뿐인 풀잎에 지나지 않으니
그저 섭섭할 따름이오

겐지가 어떤 여자를 함께 태우고 발조차 올리지 않고 온 일을 시샘하는 여인들이 많았다. 목욕재계를 하던 날엔 단정한 모습이었던 겐지가 오늘은 한가롭게 관람차 주인공이 됐으니, 나란히 타고 있을 여자는 보통 사람이 아니리라 상상했다.

원전시 상대로 내로라하는 경쟁자가 나선다 해도 문제되지 않으리라 생각하니 겐지는 좀 기분이 상했다. 그러나 원전시 같은 뻔뻔스러운 늙은여자도 겐지에게 애인이 있음을 알자, 너무나 부끄러워서 함부로 농담조차 걸 수 없었다.

육조궁 마마의 번민은 지난 몇 해 동안 쌓인 수심과는 비교도 되지 않을 만큼 컸다. 겐지가 신뢰할 만한 사람은 아니라고 단정하면서도 이대로 헤어져 재궁을 따라 이세로 가는 것도 불안했다. 거기에는 세상으로부터 버림받은 여자로 보이지 않으려는 체면도 마음 한구석에 있었다. 게다가 무시를 당하며 수레다툼을 한 날의 기억이 있는 한 그렇다고 도읍에서 안심하고 산다는 것도 생각할 수 없는 노릇이었다. 마음을 정하지 못하고 자나 깨나 번민을 하는 탓에, 차츰 마음이 몸에서 떨어져나가 공허한 기분이 들었고 이내 다시 병이 들었다.

겐지는 이세로 가는 일을 결코 찬성할 수 없다고 딱 잘라 말하지 않았다.

"나같이 하찮은 남자를 사랑해 주신 당신께서 내가 싫어져 먼 곳으로 가시는 일은 당연합니다. 하지만 너그러운 마음으로 변함없이 계속 사랑해 주신다면 전세의 인연을 다할 수 있으리라 믿습니다."

이런 소리만 하면서 말렸으므로, 수심이나 풀어볼까 하고 나갔던 강물엔 거센 풍파가 일어 불행을 겪게 되었다.

아오이 부인이 귀신에 홀렸는지 몹시 고통스러워하여 모두들 걱정이 이만저만이 아니었다. 이런 상황에서 겐지는 은밀히 다닐 수가 없었다. 이조궁에도 가끔씩 들렀다. 내외 사이는 다정하지 못했으나 겐지는 아내를 존중했고, 또 임신으로 얻은 병이라서 연민의 정도 더했다. 그리하여 좌대신 댁에서 겐지는 수법(修法)*5 말고도 여러 가지를 시도했다. 온갖 귀신과 산 사람의 원령이 나타나 자신들의 이름을 대는 도중에, 다른 사람에게 옮겨 가라 해도 꿈쩍도 하지 않고 오직 고집스레 부인에게만 착 달라붙어, 괴롭히지도 않고 떠나지도 않는 귀신이 있었다.

영험한 스님의 기도에도 자유로이 쫓을 수 없는 집념으로 보아선 예사 귀신 같지 않았다.

좌대신 댁 사람들은 겐지의 애인을 꼼꼼히 헤아려 보고 그 원혼으로 짚이는 여자를 찾았다. 마침내 육조궁 황태자비와 이조궁 여자는 겐지가 특별히 사랑하는 여자인만큼 부인을 꽤나 원망할 것이라 여겼다. 그래서 귀신의 말로 그 여자를 찾아내려 했지만 얻는 바가 없었다. 귀신이라지만 자기가 키운 아가씨에게 사랑을 남긴 유모라든지, 또는 이 집을 대대로 원수로 보아온 망령이 허약해진 틈을 타서 덤벼드는, 그런 일은 아닌 듯싶었다.

부인은 울기만 하고 가끔씩 가슴이 꽉 막힌 듯 괴로워 신음했다. 다들 부인이 어떻게 될까봐 불안하기만 했다. 상황께서도 계속해서 어사를 보내셨고 기도도 따로 시키셨다. 누구나 그런 공을 입은 부인에게 설마 무슨 일이 있을까 하고 생각했다.

온 세상 사람들이 부인의 병을 안타까워하며 한탄한다는 소문마저 육조궁에게는 불쾌하게 들렸다. 이제까지는 결코 이러지 않았다. 수레 자리다툼에서 비롯된 경쟁심이 결과적으로 그녀에게 큰 원한을 안겨주었음을 좌대신 댁 사람들은 상상도 못할 것이다.

이런 수심은 육조궁의 병을 더욱 도지게 했다. 재궁이 부정을 탄대서 다른 집에 가서 도를 닦기도 했고 그 소식을 들은 겐지는 문제가 있나 싶어서 찾아가 보았다. 육조의 자택이 아닌 남의 집이라서 몰래 만났다. 겐지는 뜻하지 않게 오랫동안 소식이 끊긴 까닭을 육조궁이 이해할 수 있게끔 상세히 설명했다. 그리고 아내의 건강상태에 대해서도 근심 가득한 얼굴로 걱정스레 말했다.

"나는 별로 걱정하지 않지만 장인·장모님이 너무 난리법석을 떠는 바람에

---

*5 수법(修法) : 불법의 기도를 행하는 것.

미안해서, 좀 차도가 있을 때까진 근신해야겠다는 생각뿐이라오. 당신이 너그러운 마음으로 대해 주면 좋겠소."

여자의 태도가 평소보다 심약해 보이자 겐지는 그럴 만하다고 여기면서 깊이 동정하고 있었다. 육조는 의심과 원망을 완전히 풀진 않았지만, 겐지의 아름다운 모습을 아침에 보면서, 이 사람을 떠나 다른 곳으로 갈 수는 없다 생각했다.

그녀는 정실인 데다가 아이라도 낳게 된다면, 그 사람 이외의 여성은 쳐다보지도 않을 것인데, 그때에 가서도 지금처럼 날마다 기다리고 참고 견뎌야 한다면 이내 지쳐버릴진데, 그렇게 그리워하며 가끔씩 만남으로써 아픔만 더해갈 듯한 육조궁에게 다음날 해질녘에 편지가 전달되었다.

'요즈음 차도가 있었지만 또 갑자기 악화될 조짐이 보여, 괴로워하는 모습을 보면서 도저히 나갈 수가 없구려.'

여느 때나 다름없는 핑계로구나 생각하면서도 육조궁은 답장을 썼다.

눈물로 소맷자락만 적시는
괴로운 사랑의 길임을 알면서도
흙탕에 발을 디딘 농부처럼
몸소 사랑의 미로를 헤매는
이내 몸의 어리석고도 속절없음이여

그런 사연이었다. 겐지는 육조궁의 답장을 바라보면서 몇몇 연인들 가운데 글씨를 잘 쓰는 사람이 있구나, 생각했다. 그러면서도 이 세상은 마음대로 되지 않는구나, 성품이나 용모나 교양 등에 저마다 장점이 있어서 버릴 수가 없고, 어떤 한 사람에게만 애정을 쏟을 수도 없는 노릇을 안타깝게 생각했다. 그는 어두워졌는데도 답장을 썼다.

'옷소매가 젖는다는 건 사랑이 깊지 않아서가 아닐까요. 당신께서는 얕은 물에 내려선 셈이지요. 나는 온몸이 흠뻑 젖도록 사랑의 흙탕물에 깊이 빠져들었습니다. 이 답장을 입으로 말씀드리지 못하고, 붓을 빌려서 하게 되니 참으로 고통스럽습니다.'

아오이 부인의 병세는 날이 갈수록 나빠졌다. 육조궁의 저주 탓이라느니 그 아버님인 대신(大臣)의 망령 탓이라느니 하는 소문이 들렸다. 그럴 때마다 육조궁은 저 자신의 팔자를 한탄할 뿐, 남을 저주할 마음은 없었다. 하지만 사람이 근심걱정이 쌓이면 몸에서 떠나기도 한다는 원한이 겐지 부인의 병상 주변에서 얼쩡거릴지도 모른다고 깨닫게 되었다. 수심 가득한 나날이었다고 생각하는 자기 생애에서 여태껏 이번만큼 괴로운 적은 없었다. 재계(齋戒)하던 날에 겪은 굴욕감에서 비롯된 원한이 이젠 자기도 억제할 수 없는 불길이 되어버렸다고 느꼈다.

잠시라도 눈을 붙이면 꿈속에서 아름다운 모습으로 다소곳이 앉아 있는 새 아씨에게 다가가서는, 난폭하게 덤벼들어 마구 쥐어박곤 하면서 현실의 자기로선 생각할 수 없는 사나운 힘을 휘두른다. 이런 꿈은 몇 번이고 되풀이되니 한심스럽기 짝이 없었다. 혼백이 몸에서 스르르 빠져나갔나 싶었다. 육조궁은 까무러칠 때도 있었다. 없는 일도 나쁘게 말하는 게 세상이고, 육조궁은 명예가 손상되는 일이 무엇보다도 괴로웠다. 죽은 뒤에 이승 사람에게 원한의 혼백이 나타나는 건 예사로운 사실이고, 그것도 죄가 얼마나 크면 그럴까 해서 한탄할 일인데, 살아 있는 자신이 그런 악명을 듣게 되는 일도 모두 겐지를 사랑하는 마음 때문이었다. 육조궁은 이제라도 그 사랑을 근본적으로 뿌리 뽑아야겠다고 생각해 애써서 그렇게 하리라고 마음먹지만, 실현하기는 어려운 일임에 틀림없었다.

재궁은 지난해 궁중의 초재원으로 들어갈 예정이었으나 여러 사정이 있어서, 이번 가을에야 들어가시게 되었다. 구월에는 다시 궁중에서 별궁으로 옮겨야 하므로 두 번째 계의 예를 치를 준비를 해야 했다. 그런데 어머니인 육조궁이 요즘은 정신도 기력도 잃고 그저 멍하니 누워만 있는 터라 재궁을 시중드는 사람들은 큰일이라 걱정하며 기도를 올리는 등 여러 의식을 거행했다.

육조궁은 심각할 만큼 위독한 상태도 아니고, 그렇다고 어디가 아픈 것도 아니면서 왠지 모르게 몸이 개운치 않은 나날을 보내고 있었다.

겐지는 매번 사람을 보내 병문안을 하기는 하나, 더욱 애틋한 아오이 부인의 병세가 위중하여 도무지 마음의 여유가 없었다.

한편 아오이 부인은 해산할 때가 아직 이른데도 갑자기 진통을 일으켜 몸부림치기 시작했다. 병이 나으라는 기도 말고도 순산을 위한 기도도 드렸지만, 예의 억척스러운 귀신 하나가 아무리 해도 부인에게서 떨어지지 않았다. 이름을 떨친 스님들도 이런 귀신은 만난 적이 없다면서 난처한 표정이었다. 그래도 법력에 눌렸는지 귀신은 가엾게 서글피 울고 있었다.

"기도를 조금만 늦추어주세요. 우대장님께 말씀드릴 게 있습니다."

그렇게 부인은 입을 열어 말했다.

"저런 소릴 하시다니, 반드시 무슨 까닭이 있나봅니다. 저희들의 짐작이 옳습니다."

시녀들은 그런 말을 하면서 병상 옆에 세워 놓은 휘장 앞으로 겐지를 인도했다. 장인·장모는 이제 목숨이 얼마 남지 않은 딸이 남편에게 무슨 남길 말이라도 있나보다 싶어 자리를 비켜 주었다. 이때 불공드리는 승려가 음성을 낮추어 법화경을 읽기 시작했는데 참으로 고마웠다. 휘장을 열어젖히고 겐지가 안을 들여다보니, 부인은 아름다운 얼굴에 배만 부풀어오른 꼴로 누워 있었다. 누구라도 눈물 없이는 못 볼 모습을 남편인 겐지가 보았으니 애석하고도 슬픈 건 당연한 노릇이었다. 걸쳐 입은 흰 옷 때문에 열이 오른 얼굴은 더욱 화사해 보였다. 풍성한 긴 머리칼은 중간쯤에서 둘둘 말아 베개에 얹어놓았고, 미녀의 이런 모습은 가장 매혹적으로 보였다.

겐지는 아오이 부인의 손을 꼭 잡고 말했다.

"참, 야속하구려. 어찌하여 나를 이리도 힘들게 한단 말이오."

겐지는 더 이상 말을 잇지 못하고 흐느끼며 울었다. 평소에는 그렇게 거북하고 어색하여 다가가기 어려웠던 아오이 부인이 맥없이 풀린 눈으로 겐지를 가만히 올려다보았다. 눈에서 눈물이 방울방울 맺혀 떨어졌다. 그 모습을 본 겐지가 어찌 아오이 부인을 어여삐 여기지 않을 수 있겠는가.

"그렇게 슬퍼하지 말아요. 그토록 위급한 상태는 아닌 것 같소. 예컨대 잘못된다 하더라도 부부란 다음 세상에서도 다시 만날 수 있는 것 아니겠소. 두 분 어른께서도 부모와 자식 사이는 다음 세상에서 특별한 인연으로 다시 만날 수 있다고 하니 굳게 믿고 계시오."

겐지가 위로했다.

"그게 아닙니다. 저는 괴로워서 견딜 수 없으니 잠시 법력을 늦춰달라고 당신에게 부탁하려 했습니다. 저는 이 댁에 나타나려 한 것은 아닙니다만, 상심에 휩싸인 사람의 혼은 정말로 자기 몸을 떠나 구천을 떠도나 봅니다."

원한에 사무쳐 제 몸 떠나
허공을 떠도는 이내 영혼
그대여
속옷자락 묶어
단단히 붙들어주옵소서

이렇게 노래하는 목소리를 듣고 놀랐다. 부인 목소리와는 전혀 달랐다. 겐지는 이게 어찌 된 영문인지 어리둥절해서 곰곰이 생각하고 다시 보았더니, 그건 틀림없는 육조궁의 모습이었다. 너무도 어처구니없는 사태에 놀란 겐지는 지금까지 사람들이 이러니저러니 말들이 많은 것을, 뭇사람들이 하릴없이 떠벌리는 소문이라 상대도 않고 믿지 않았는데, 지금 이렇게 눈으로 똑똑히 보고 나니 세상에 정말 이런 일이 있구나 싶어, 섬뜩하여 육조궁이 꺼려졌다. 참으로 소름끼치는 일이라 생각하면서 채근했다.

"말은 그리 해도, 그대가 뉘신지 모르겠소. 이름을 똑바로 대보시오!"

겐지가 이렇게 말한 다음부터 그 사람은 더욱더 육조궁과 똑같아 보였다. 겐지는 한심스럽다는 말로는 다 말할 수 없는 오한을 느꼈다. 겐지는 궁녀들이 다가오는 인기척에 그런 내색을 들킬까 싶어 가슴이 두근거렸다.

진통으로 몸부림치는 소리가 좀 조용해졌으므로 이젠 좀 아픔이 덜해졌나 보다 하고 친정어머니가 끓인 물을 들여보냈을 때, 그녀는 궁녀의 부축을 받고 일어나더니 이내 아기를 낳았다. 겐지가 기뻐서 어쩔 줄을 몰라 하는데, 다른 사람에게 옮겨 놓았던 귀신들이 흩어지면서 일제히 떠들어댔다. 게다가 아직 후산도 끝나지 않았으므로 적잖이 불안했다. 이때 남편과 양친이 신불 앞에 정성껏 기원을 했다. 그 덕분인지 모든 것은 끝나고, 에이잔(叡山) 주지를 비롯한 승려들은 모두 땀을 훔치면서 의기양양해서 돌아갔다. 많은 사람들이 간병하며 며칠씩 가슴 졸이다가 긴장을 풀고서 이제는 괜찮으리라 안도했다. 도승들이 다시 새 기도를 올리기 시작했으나, 당장은 모두 아기를 보면서 기뻐하고 신기해하며 여유롭게 마음을 달랬다.

기리쓰보 상황을 비롯하여 친왕들, 상달부 등 빠짐없이 출산 축하 선물을 보내, 축하연이 벌어지는 밤마다 사람들의 탄성을 자아냈다. 정말 희귀하고 멋진 선물이었다. 게다가 사내 아이였기에 축하연은 한층 화려하고 시끌벅적하게 치러졌다.

육조궁은 이런 좌대신 댁의 근황을 들으면서 마음이 편치 않았다. 목숨이 위태롭도록 위중하다는 소문이 파다했는데, 용케 순산을 했다고 생각하니 마음이 복잡하기 이를 데 없었다. 그런데 이상한 일이 있으니, 정신이 나간 것처럼 몽롱한 기분을 곰곰 더듬어보고 주변을 돌아보니 호마의식을 치를 때 태우는 양귀비 냄새가 옷에 잔뜩 배어 있었다. 이상하다 싶어 머리를 감고 옷을 갈아입었지만 마찬가지였다. 육조궁은 세상 사람들이 말하는 생령이 진짜 있다는 사실에 슬펐다. 남들이 어떻게 비난할 것인가. 그러나 아무에게도 이야기할 수 없는 일이라 혼자서만 마음속으로 괴로워했다. 이제는 정말 자신의 연애를 청산해야겠다고 결심하자 정신이 더 오락가락했다.

한숨을 돌린 겐지는 생령을 똑똑히 제 눈으로 보고 육조궁 말소리를 들었을 때의 일을 생각하면서도 오래도록 찾아가지 못해 꺼림칙했다. 그러나 육조궁과 만나더라도, 추악한 기억이 마음에 남아 있는 한 예전처럼 그 사람을 대할 수 있을까 하는 의심도 들었다. 이런 고민을 하면서도 육조궁 체면을 손상시키지 않기 위해 편지만은 써 보내었다.

아이를 낳기 전 병세가 무거웠던 점으로 보아, 마음을 놓을 수 없다는 게 양친의 의견이었다. 그렇게 걱정하는 것도 무리가 아니다 싶어, 겐지는 애인들의 집을 남몰래 드나드는 일을 삼갔다.

아오이 부인이 여전히 고통에서 헤어나지 못했기에 겐지도 여느 때처럼 처신할 수가 없었다.

겐지는 어린 아들의 출중한 미모를 진작부터 총애하여 애지중지했다.

좌대신은 딸과 겐지 사이에 아이가 태어나고, 모든 일이 이제 뜻대로 되어가는구나 싶어 무척 기뻤으나, 아오이 부인의 회복이 시원치 않아 걱정이었다. 하지만 그리 중한 병을 앓고 난 뒤이니 회복이 더딤도 무리는 아니다 싶어 크게 걱정하지 않았다.

동궁과 꼭 닮은 아름다운 아기의 눈매를 보고 겐지는 무엇보다도 어린 황태자가 그리웠다. 그는 궁궐로 갈 작정을 했다.

"궁궐에 너무 오랫동안 가보지 못해 황송스러우니, 오늘은 처음으로 당신 곁을 좀 떠날까 하오. 그래서 좀 가까이에서라도 이야기를 하고 싶소. 이건 너무 서먹서먹하구려."

겐지는 부인에게 말을 전했다.

"정말 그렇습니다. 두 분이 체면치레를 할 사이는 아니잖습니까. 마님께서 쇠약하시더라도, 휘장 너머로 이야길 하시면 어떠십니까."

이렇게 시녀가 부인에게 말하고 병상 가까이에 자리를 마련해 겐지는 병실로 들어가서 이야기를 했다. 부인은 이따금씩 대답을 하기는 했지만 아직까지 건강상태가 그리 좋지 않았다. 절망에 빠져 있었을 때를 생각하면 지금은 꿈결 같은 행복 속에 있다고 겐지는 생각했다. 불안감을 금치 못했던 그 무렵 이야기를 하노라니, 마치 죽은 사람같아 보이던 사람이 갑자기 별의별 이야기들을 다 늘어놓던 광경이 눈에 떠오르면서, 참을 수 없을 정도로 역겨운 느낌이 울컥 들었다. 그래서 겐지는 이야기를 끊으려 했다.

"아니 됐소. 하고픈 말은 많으나 아직은 몹시 힘겨운 듯 보이니. 어서, 탕약을 드시구려."

겐지가 이렇듯 자상하게 신경을 쓰니, 시녀들은 언제 또 저런 재주를 익혔을까 하고 감탄하여 마지않았다.

아리땁기 그지없는 사람이 초췌하게 야위어, 꺼질 듯 말 듯 위태롭게 누워 있는 모습이 참으로 애처로웠다. 한 오라기 흐트러짐 없이 베개 맡에 늘어뜨린 머리 또한 세상에 둘도 없이 아름답게 보이니, 오랜 세월 이 사람의 어디가 그리 부족하다고 여겼는지 겐지는 저 스스로도 이상하다 싶어 아오이 부인의 얼굴을 물끄러미 쳐다보았다.

"상황을 잠시 찾아뵙고, 서둘러 퇴궁하여 돌아오리다. 이렇게 늘 격의 없이 볼 수 있으면 좋으련만, 장모님께서 한시도 자리를 뜨지 않으시니 내가 찾아들면 실례가 아닐까 하여 괴로운 걸 참았소이다. 어서 기운을 차려 우리 방으로 돌아오구려. 장모님께서 너무 어린아이 취급하여 회복이 더딘 건 아닌지 모르겠소."

이런저런 말을 하고서 아름답게 치장하고 외출하는 모습을, 아오이 부인은 자리에 누운 채로, 그러나 평소와는 다른 애정 어린 눈길로 배웅했다.

이날은 관리 승진을 임명하는 날이라서 좌대신도 입궁했다. 자제들도 저마다 승진을 바라 마지않은 터라 다들 아버지를 따라 집을 나섰다.

이렇게 온 집안이 호젓하게 비었을 때 갑자기 아오이 부인이 가슴을 쥐어뜯으며 몹시 괴로워하다가, 궁중에 알릴 새도 없이 그대로 숨을 거두고 말았다.

좌대신도 겐지도 서둘러 퇴궁해 집으로 돌아왔다. 이 일로 관리 임명은 미루어졌다. 젊은 부인의 갑작스런 죽음으로 좌대신 댁 사람들은 모두들 우왕좌왕할 뿐, 밤중이라서 에이잔(叡山)의 스님을 부를 사이도 없었다. 이젠 위독한 상태를 벗어났겠거니 하고 다들 마음을 놓았던 차에 죽음이 덮쳐왔으니 누구든 아연실색할 수밖에 없었다.

여기저기에서 조문객이 쇄도하였으나 일일이 주인에게 알릴 처지가 아니라 우왕좌왕했고, 온통 집안사람들의 통곡 소리로 가득했다.

좌대신 내외와 고인의 남편인 겐지는 비탄에 빠져 있었다. 이제까지 잡귀 때문에 일시적인 가사상태에 빠진 적도 한두 번이 아니었기에 진짜 죽을까봐 베개를 고쳐 베게 하지도 않고 2, 3일은 그대로 뉘어둔 채 다시 살아나기를 기다렸으나, 시간은 도리어 아내가 유해(遺骸)로 변해버렸음을 증명할 뿐이었다. 이젠 죽음을 부정할 이유가 아무것도 없다는 사실을 누구나 인정했다.

겐지는 아오이 부인의 죽음이 슬프기도 하지만, 육조궁의 산 귀신 탓이라 생각하니 어처구니없고 망측하여, 남녀 사이란 참으로 혐오스러운 것이라고 실감하지 않을 수 없었다. 그 탓인지 각별하게 지내는 연인들의 조문마저 불쾌하기 그지없었다.

궁궐에서도 슬퍼하시고 사자를 보내셨다. 좌대신은 딸이 죽은 뒤 누리는 영광에 대해 감격에 젖어 눈물을 흘렸다. 사람들의 충고를 따른 소생술은 유해에 애처롭고도 끔찍한 방법이었지만 그런 일까지 해가면서, 모두 딸이 살아 돌아오기를 기다렸다. 그러나 모두가 허사였고 며칠째 그러고 있었다.

마침내 부인을 도리베노(鳥邊野)*6에 보내기로 했다. 이렇게 해서 사람들은 또다시 슬픔에 잠기게 되었다. 좌대신의 사랑하는 따님이자 겐지 부인의 장송식에 참석한 사람들, 염불을 위해 불러 모은 여러 절의 스님들로 넓은 화장터가 꽉 찼다. 상황을 비롯하여 황후·동궁께서 보내신 사신들이 계속 장례식장에 참석하여 조사를 읽었다. 슬픔에 잠긴 좌대신은 일어설 힘조차 없었다.

_____

*6 도리베노(鳥邊野): 교토의 동산(東山) 근처 화장터.

"이 나이에 한창 젊은 딸을 앞세우고 슬픔에 겨운 나머지 제대로 서 있지도 못하다니."

소리내어 우는 딱한 좌대신을 보고 애통해하지 않는 사람은 없었다.

밤을 새가며 북적북적 성대하게 장례를 치르고 나자, 사람들은 허망한 유골만 남겨두고 날이 밝기도 전에 하나둘 돌아갔다.

죽음이란 무상한 세상을 사는 인간에게는 당연지사이거늘, 유가오 말고는 사별한 경험이 없는데다 죽음을 직접 본 적이 많지 않은 탓인지 겐지는 죽은 사람을 애타게 그리워했다.

8월 스무날 새벽달이 훤한 하늘마저 깊은 슬픔에 잠긴 듯했다. 여식의 죽음에 갈피를 못 잡는 좌대신의 모습에, 겐지는 저리 슬퍼하는 것도 마땅한 일이라 생각하면서 안된 마음에 그저 하늘만 올려다보았다. 그러고는 이렇게 노래를 읊었다.

하늘로 피어오른 화장터 연기는
어느 구름 되었는지 모르겠으나
구름 덮인 온 하늘이
너무도 그립구나

좌대신 댁으로 돌아와서도 겐지는 도저히 잠을 이룰 수 없었다. 고인과의 오랜 부부생활을 돌이켜보니 후회되는 일이 한두 가지가 아니었다. 어째서 아내를 사랑하지 못했을까. 아내가 자신을 신뢰해 줬다면 이성으로서 사랑할 수 있지 않았을까 하면서도, 일시적인 충동이 일 때마다 원망받을 죄를 어째서 저지른 걸까. 그래서 아내는 평생 진심으로 마음을 터놓지 못한 게 아닐까 하고 겐지는 뉘우쳤으나 이제는 아무 소용이 없었다. 연회색 상복을 입는 것도 꿈만 같았다. 예컨대 자기가 먼저 죽었더라면 아내는 이보다도 짙은 빛깔의 상복을 입고 한탄했을 거라 생각하니, 겐지의 슬픔은 다시 솟구쳐 올랐다.

아내의 죽음에 정해진
연회색 옷을 입었으나
슬픔의 눈물로 소맷자락 물들어

슬픔 속 깊숙이 잠긴 상복으로
바뀌고 말았구나

　이렇게 읊고 나서 염불하는 겐지의 모습은 그지없이 아리따웠다. 나직이 독
경을 하며 '법계삼매보현대사(法界三昧普賢大士)'를 외는 겐지는 부처님을 섬기
는 승려들보다도 거룩해 보였다. 어린 아들을 보면서 '남겨두고 간 자식조차
없었다면 무엇으로 그대를 추억하리오' 이런 옛 노래가 떠올라 더욱 슬펐다.
이 아기나마 남겨놓고 감을 위안으로 삼아야겠다고 겐지는 생각했다.
　좌대신의 부인이신 내친왕마마는 슬픔에 잠겨 누워버리셨다. 생명마저 위태
로워 보여, 집안사람들은 몹시 당황해서 기도를 올렸다.

　우울한 나날이 그렇게 지나가고, 벌써 사십구재 채비를 하는데도, 내친왕께
서는 전혀 예기치 못했던 일이라 슬퍼하시기만 했다. 아무리 내세울 것 없이
못난 자식이라도 자식을 잃은 부모의 마음은 비통하기 짝이 없는 법인데, 하
물며 그 자식이 아오이 부인이니 애통하여 몸져눕는 것도 마땅한 일이다. 여식
이 하나밖에 없어 늘 허전하고 서운해하던 터라 지금은, 귀중히 여기던 옥구
슬이 깨진 것보다 낙담이 컸다.

　겐지는 이조원에도 한동안 가지 않았다. 불공에만 전념하여 하루를 보냈다.
은밀히 드나드는 여인들에게는 편지만 보냈다. 육조궁 황태자비는 재궁이 좌
위문부(左衛門府)*7 청사에 들어간 터라 한층 엄중해진 재계생활에 상중(喪中)
인 사람이 어찌 드나들겠느냐는 핑계로 편지도 띄우지 않았다. 일찍부터 비관
적으로 보던 인생이 요즈음 와서 한층 더 시들해지면서 장래까지 생각해야
할 몇몇 애인들이 없다면 스님이 되고 말걸, 하고 생각했다. 그럴 때마다 겐지
의 눈에 맨 먼저 보이는 것은 서쪽 별채의 아가씨가 쓸쓸해하고 있는 모습이
었다.
　그는 밤마다 장대(帳臺) 안에서 혼자 잤다. 시녀 여럿이 번갈아 돌아가며 둘
러싸고 앉았지만, 곁에 부인이 없다는 사실은 한없이 쓸쓸한 일이었다. '하필

─────────────
*7 좌위문부(左衛門府) : 궁중 여러 문(門)의 경위(警衛), 행차수행(行次隨行) 등을 관장한 기관.
　위문부 밑에 좌·우 위문부로 나뉘었다.

가을인 이때 헤어지다니' 하는 생각 때문에 겐지는 제대로 잠도 이루지 못했다. 목청이 좋은 승려를 골라 염불을 시켰는데 이런 새벽녘의 심정은 차마 견딜 수 없었다.

늦가을의 외로움이 깊어가는 바람 소리에 뼛속까지 파고들고, 뒤숭숭한 잠자리에 몸을 뒤척이다가 선잠으로 긴 밤을 지새운 어느 새벽이었다. 온통 안개가 자욱한데, 갓 벌어지기 시작한 국화 가지에 몰래 편지를 두고 간 자가 있었다. 때마침 눈치가 있는 사람도 있다 싶어 짙은 청회색 종이를 펼쳐 보니, 육조궁의 필체였다.

'여태껏 소식을 드리지 못한 것은 상중이라 조심하는 마음에서 그런 것이오니, 저의 심정을 이해하실 줄 믿사옵니다. 그분의 생애가 가여워서 듣기만 하여도 눈물겨운 일이온데, 살아남으신 분의 슬픔이야 또 얼마나 클까 싶으니 애잔함을 금치 못하겠습니다. 너무나 고독한 오늘 아침 하늘빛을 보고 있노라니까 그만 붓을 들고 싶기에 몇 자 적었습니다.'

이렇게 적혀 있었다. 여느 때보다도 한층 아름다운 글씨구나 하고, 겐지는 이내 편지를 손에서 내려놓지 못한 채 망연히 들여다보면서, 너무 서먹한 위문 편지가 아니냐는 원망마저 들었다.

그렇다고 편지를 뚝 끊어버리기에는 잔인한 일이고, 그녀의 명예를 손상해서도 안 되겠다 싶어 겐지는 고뇌했다.

죽은 사람은 어차피 수명이 그것 밖에 되지 않았나 싶다. 겐지는 왜 내 눈은 그렇게 육조궁의 생령(生靈)을 똑똑히 봤던걸까 하고 생각했다. 육조궁에 대한 마음은 다시 돌이킬 수 없을 듯싶었다.

재궁이 재계중(齋戒中)인데 폐가 되지 않을까 오래도록 고민한 끝에, 답장을 하지 않으면 너무 무정한 일인 듯해서, 거무스름한 보랏빛 종이에 다음과 같이 썼다.

'퍽 오래도록 뵙지 못했습니다만, 마음으로는 늘 생각하고 있었습니다. 근신 중에 있는 나를 동정해주시리라 믿었습니다. 살아남은 사람에게나 죽은 사람에게나 매한가지로 이슬처럼 덧없는 세상인데, 집착은 어리석은 일입니다. 서운한 일은 죄다 잊어버리십시오. 상중(喪中) 사람의 편지는 보시지 않으리라 생각해서 소식을 전하지 않았던 것입니다.'

육조궁은 마침 자택에 있었던 참이라, 남의 눈을 피해 겐지의 편지를 읽어보고 글이 풍기는 사연을 양심의 가책으로 이내 알아차렸다. 이것도 모두 자신의 팔자 탓이라 여기며 슬퍼했다. 이런 생령의 소문이 전해졌을 때 상황께서는 어떻게 생각하실까. 예전 황태자와는 동기간 중에서도 특히 의가 좋으셨고, 재궁의 앞날에 대해서도 상황께 당부하고 동궁은 세상을 떠나셨다. 그때에 가서는 아버지 노릇을 대신해 주겠다고 하시면서, 대궐에서 후궁생활을 하면 어떠냐고 번번이 말씀하시지 않았던가. 그러나 그것은 있을 수 없는 일이라고 자기는 거부했다. 그럼에도 젊은 겐지와 사랑에 빠졌으니 이러다 끝내 나쁜 평판을 얻게 되지 않을까, 육조궁은 고민을 거듭 하다보니 건강도 점점 나빠졌다.

하지만 육조궁은 우아하고 취미도 고상하기로 오래 전부터 정평이 난 분이었다. 궁중에서 별궁으로 옮길 때에도 정취 있고 새롭게 이것저것 신경 써서 꾸몄기에 관리들 가운데에서도 풍류를 즐기는 이들은 아침저녁으로 사가노의 이슬을 밟으며 별궁을 드나들기가 일과였다는 소문이 자자했다. 이런 소문을 듣고 겐지는 애석하게 생각했다.

"그럴 만도 하지. 어디까지나 우아한 취미가 몸에 밴 사람이니 그 사람이 세상살이에 염증을 느끼고 이세로 내려갔다면 얼마나 서운했을까."

불공을 드리는 일은 이미 모두 끝났지만, 겐지는 사십구일까지는 이 집에 있으리라 마음먹었다. 3위가 된 두중장은 홀로 지내는 겐지를 안쓰럽게 여겨 하루가 멀다 하고 찾아와서 세상 돌아가는 이야기, 진지한 이야기, 또 예전처럼 여인네들 이야기를 하면서 겐지를 위로했다. 특히 원전시 이야기는 아직도 우스갯소리로 화제로 삼았다.

"가엾게, 할머니를 그렇게 욕보이면 쓰나."

겐지는 이렇게 말하면서도 전시의 이야기를 매우 재미있어 했다.

히타치 아가씨와의 으스름달밤 이야기나, 서로의 정사를 들추어내기도 했다. 그러다 끝내는 무상한 세상살이가 덧없고 서글프다면서 눈물을 흘렸다.

소나기가 내리는 쓸쓸한 저녁나절에 두중장은 조금 밝은 쥐색 상복을 차려입어 남자답고 말쑥한 모습으로 겐지의 방을 찾았다.

겐지는 서쪽 별채 출입문 앞 난간에 기대어, 서리가 내려 초목이 시든 앞뜰

을 바라보고 있었다. 바람이 세차게 불고 소나기가 쏴 하고 내리니, 눈물이 비와 다투어 떨어지지는 않을까 싶다.

비가 되었는지 구름이 되었는지
지금은 알 수 없는 그 사람

아오이 부인의 죽음을 한시에 담아 홀로 중얼거리며 턱을 괴고 있었다.
그 모습에 두중장은 생각에 잠겼다.
'내가 여자이고 이분보다 앞서 세상을 떠났다면, 그 혼은 내내 이분 곁을 떠나지 못하리.'
이렇듯 애틋한 기분이 들어 물끄러미 쳐다보면서 가까이에 앉았다. 겐지는 편하게 옷깃을 풀어헤친 모습으로 겉옷고름만 고쳐 맸다. 두중장보다 다소 짙은 쥐색 여름 겉옷에 매끄러운 붉은색 속옷을 받쳐 입은 소박한 상복차림이 오히려 돋보였다.
두중장도 사뭇 처연한 눈길로 하늘을 올려다보았다.

비가 되고 구름이 되는
소나기 머금은 하늘의 뜬구름
어느 게 죽은 자를 태운 연기인 줄
알 수 있으랴

"간 곳을 알 수 없으니."
두중장이 홀로 중얼거리자 겐지가 노래했다.

죽은 아내가 구름 되고
비가 된 하늘마저
소낙비에 갇혀 어두워지니
내 마음처럼
눈물로 세월을 보내는구나

이렇게 읊는 겐지의 모습에서 고인을 그리워하고 슬퍼하는 마음의 깊이를 엿볼 수 있었다. 두중장은 상황의 높으신 뜻과 부친인 대신의 호의, 그리고 혈연관계로 맺은 겐지의 모친이 있다는 사실, 그런 것들이 겐지를 여기에 둘 뿐이지, 그가 자기 누이를 열정적으로 사랑했다고 보지는 않았다. 자기는 그 점을 동정했지만 겐지는 겉보기와는 다른 애정을 아내에게 가지고 있었구나, 하며 이제야 비로소 깨달았다. 그러자 누이의 죽음이 새삼 안타깝게 느껴졌다. 단 한 사람 사라졌을 뿐이지만, 집안의 빛을 송두리째 잃어버린 좌대신 집안 사람들은 누구나 그녀의 죽음을 슬퍼했다.

시들어버린 뜰 앞 동산 화초 속에 피어 있는 용담(龍膽)과 패랭이를 본 겐지는 그것을 꺾어오라 했다. 중장이 돌아간 뒤에, 아기 유모인 재상댁을 시켜 아내의 어머니 앞으로 보냈다.

담장 아래 시든 풀 틈에
홀로 피어 있는 패랭이꽃을 보니
죽은 이가 남기고 간
어린 아들이 그립구나

"그 어미보다 기량이 못하다 보십니까?"
어린 손자가 천진하게 웃는 얼굴은 그야말로 귀엽고 사랑스럽다. 겐지의 편지를 보고 어머니는 부는 바람에 나부끼는 나뭇잎보다 여린 눈물이 뚝뚝 흘러 떨어지는 것을 어쩌지 못했다.

지금도 어린것을 보면
흐르는 눈물에
소맷부리마저 썩어들 만큼
담장 또한 너무 황폐하니
가엾은 패랭이꽃이여

겐지는 홀로 지내기 몹시 따분하고 외로웠다. 아사가오 아씨야말로 이 저무는 날의 사무치는 쓸쓸함을 누구보다 잘 이해해주리라 믿어 의심치 않으니,

날이 어두워졌는데도 편지를 써 보냈다. 가끔 생각났다는 듯이 편지를 보내는 겐지에게 익숙한 터라, 시녀들이 별 생각 없이 아사가오 아씨에게 편지를 보여 주었다.

유난히 호젓한 오늘 저녁
흐르는 눈물에
소맷자락마저 흥건하니
애수에 찬 가을을
많이도 보냈거늘

'시월에는 늘 가을 소나기가 온다'고 한 것처럼.
특별히 공들여 썼는지 겐지의 글씨는 아름다웠다. 이에 무슨 답이든 보내야 한다고 시녀들은 말했고, 아사가오 아씨 자신도 그렇게 생각했기에 답장을 써 보내기로 했다.
"상중이라 근신하고 계시는 모습 충분히 헤아리고 있사오나, 어찌 편지를 보내겠습니까, 애써 삼가고 있었습니다."

가을 안개 자욱할 즈음
부인의 부고를 듣고
비 오는 하늘 올려다볼 때마다
홀로 남은 그대의 슬픔
오죽할까 싶어 마음 졸이니

그렇게만 쓰여 있었다. 흐릿한 말투로 그윽함이 가득 배어 있는 편지였다. 사귈 때보다 결혼하고 난 뒤에 나아보이는 경우는 드문 법인데, 아직 손에 넣지 못한 애인이 하는 일은 속속들이 그의 마음을 끌어당겼다. 쌀쌀맞기는 하지만 그때마다 동정을 아끼지 않는 아사가오 아씨와 영원히 우애를 나눌 수 있을 듯싶었다.
평범한 여자에게는 자신이 가진 재능과 견식이 오히려 방해가 되는 법이니, 서쪽 별채 아씨를 그렇게 가르치고 있지는 않았다. 자기가 돌아가지 않으면 어린 무라사키 아씨가 얼마나 쓸쓸해할까, 마치 어미를 잃은 딸자식을 집에 두고 나온 아버지마냥 겐지는 어린 무라사키를 그리워했다. 그는 그녀가 자신을 원망하지나 않을까, 의심하지나 않을까 하며 불안해 하지는 않았다.

날이 완전히 저물자 겐지는 등불을 가까이 밝히고 마음에 드는 시녀들을 모두 불러 이야기를 나누었다. 중납언 댁이라는 시녀와는 아주 오래 전부터 정인 사이로 지내고 있었다. 그녀는 이번 상중에 자신을 그런 사이로 대해주지 않는 것을, 부인에 대한 겐지의 뜻으로 알고 기쁘게 여겼다. 다만 주종 사이로 이 사람과는 매우 다정하게 이야기를 나누었다.

"요즘에는 누구하고나 날마다 이렇게 함께 지내고 있어서 이제는 이런 생활에 아주 젖어버렸어. 자네들과 함께 지낼 수 없게 된다면 쓸쓸하지 않을까. 아내를 잃은 것 말고도, 인생에는 슬픈 일이 너무 많아."

겐지가 말하자, 울고 있던 시녀들은 더욱 눈물을 흘리며 말을 잇지 못했다.

"새삼 들춰봐야 아무 소용도 없는 불행에 눈앞이 다 캄캄해지는 듯하옵니다. 그 일이야 어쩔 수 없으나, 행여 나리께서 우리를 버리시고 멀리 떠나시지는 않을까 두렵사옵니다."

겐지는 동정 어린 눈길로 시녀들을 돌아보면서 말했다.

"아주 먼 곳으로 갈 사람이 되다니, 그럴 수 있겠는가. 나를 그렇게 가벼운 사람으로 보는가. 두고 보면 알게 될 걸세. 하지만 또 내 목숨이 어떻게 될지, 자신은 없는걸."

그러면서 등불을 쳐다보고 있던 그의 눈에는 눈물이 반짝였다. 죽은 부인이 특별히 귀여워하던 부모 없는 어린아이의 불안해하는 얼굴 표정을 보면서, 그도 그럴 것이라고 불쌍히 여겼다.

"아테키(어린아이의 이름)는 이젠 나한테서만 귀염을 받게 됐구먼."

겐지가 그렇게 말하자 그 아이는 소리내어 울었다. 작달막한 몸에 짙게 물들인 검정 속옷, 검정 한삼에 주황빛 하카마*8를 받쳐 입은 모습이 참으로 앙증맞았다.

"마님을 잊지 않았다면 따분하더라도 참고, 내 어린아이와 함께 살아주게.

---

*8 하카마 : 바지처럼 된 치마.

모두가 뿔뿔이 헤어진다면 그림자뿐만 아니라 옛날 자취도 사라지고 말 게 아닌가. 그리움은 쓸쓸하지 않은가."

겐지가 서로 오래도록 사랑을 지켜 나가자고 했지만, 시녀들은 그게 정말일까, 예전보다 기다리는 날이 더 길어지지나 않을까 불안해했다.

좌대신은 사소한 장신구나, 아오이 부인의 유품으로 간직할 물건들을 겉으로 드러나지 않게 마음을 써가며 시녀들 저마다의 신분에 맞게 빠짐없이 나누어주었다.

겐지는 언제까지 이렇게 집에만 틀어박혀 있을 수 없어 오늘은 상황을 나가 뵙기로 했다. 수레가 준비되고 길안내꾼들이 모여들었을 즈음, 이 집 사람들과 겐지의 작별을 서러워하듯 소나기가 눈물처럼 왈칵 쏟아졌고, 바람이 불어와 나뭇잎이 우수수 떨어졌다. 시녀들은 모두 비통해서 잠시 잊어버렸던 눈물을 폭포수처럼 흘렸다. 가복과 무사들을 오늘 밤부터 겐지가 이조원에서 묵을 것이라 생각하고, 주인을 맞기 위해 모두들 채비를 마쳐놓고 돌아가려는 참이었다. 오늘로 모든 일이 끝나지는 않겠지만 그야말로 참담한 광경이었다. 좌대신도 대부인도 다시금 슬퍼하셨다. 겐지는 대부인에게 편지로 인사말을 전했다.

'상황께서 매우 얼굴을 보고 싶어하시는 듯하니, 이제부터 그리로 올라갈 작정입니다. 잠깐이지만 제가 이렇게 나들이를 하게 되니, 그토록 아픔을 겪으면서도 용케 살아남았구나 하는 기이한 느낌이 듭니다. 직접 뵙게 되면 한층 어지러운 모습을 보여드릴까 싶어 가서 뵙지는 않겠습니다.'

대부인의 마음에는 슬픔이 더하여 눈물로 앞이 흐려지셨으며, 답장도 보내지 않으셨다.

한참만에 겐지의 거실로 대신이 나왔다. 그는 몹시 슬퍼서 우는 얼굴을 소매에 대고 있었다. 그것을 보자 시녀들도 다시 슬픔에 잠겼다. 인생의 비애 속에 싸여 울고 있는 겐지의 모습은 우아하고 아리따워 보였다. 좌대신은 겨우 입을 뗐다.

"나이를 먹으면 자그마한 일에도 곧잘 눈물이 나오는 법입니다만, 딸이 세상을 떠났으니 이제 나는 눈물이 마를 것 같지 않습니다. 내가 이렇게 약한 인간임을 남들에게 보이고 싶지 않기에 상황께도 문안을 드리지 못하고 있습니다. 이야기가 나오면 아침에 제 뜻을 잘 말씀드려 주십시오. 앞으로 살날이 얼마 남지 않았는데 자식을 먼저 앞세운 일이 참으로 원통하여 견딜 수가 없습니다."

마음을 애써 진정시키며 말하는 모습이 무척 괴로워 보였다. 겐지도 몇 번 눈물을 삼키면서 말했다.

"언제 누가 죽을지 모르는 게 인생이라고 알고 있습니다만, 우리가 직접 그 일을 겪으니 그 슬픔을 말로 다 설명할 수가 없습니다. 상황께 어르신네 형편을 자세히 말씀드리면 반드시 헤아려주실 겁니다."

"이제 떠나시도록 하십시오. 소나기가 곧 내릴 듯하니, 그나마 날이 저물기 전에 도착하시길 바랍니다."

좌대신은 서둘기를 채근했다. 겐지가 방 안을 둘러보니 휘장 뒤이며 장지 저편이며, 편히 내다뵈는 곳에 시녀 삼십 명이 군데군데 모여 있었다. 짙은 상복도 있고 엷은 쥐색 상복도 섞여 있었다. 모두가 슬퍼서 앞날이 막막한 듯 기죽은 모습이 가엾게 느껴졌다.

"아기도 여기에 계시니, 저희들끼리는 이쪽에 행차하시는 일이 아예 없으리라고는 생각하지 않으며, 이로써 마음의 위안으로 삼고자 합니다. 하지만 시녀들은 마치 다시는 돌아오지 않을 고향일 뿐이라며 비관하고 있답니다. 고인과 영원히 이별한 슬픔보다도, 늘 가까이 모셨던 세월이 이제 흔적도 없이 사라져버리는 게 아닐까 싶어 시녀들이 한탄하는 것도 무리는 아닙니다. 하지만 그럴 만도 한 게 오래도록 이곳에 계신 적은 없었습니다. 그래도 저는 언젠가 이 집에 행복이 찾아오리라 믿었고, 때로는 적적함을 생각해 보기도 했습니다, 아무튼 오늘 저녁만큼은 매우 쓸쓸하군요."

좌대신은 또 울었다.

"쓸데없는 걱정을 하면서 슬퍼하시는군요. 지금 말씀하신 것처럼 예전에는 제멋대로 밖에 나가 놀고 다니면서 집을 비운 적도 있습니다만, 이젠 나를 두둔해 줄 아내가 없어졌으니 나도 천하태평으로 있을 수만은 없습니다. 곧 다시 방문하도록 하지요."

대신은 이렇게 말하고 나가는 겐지를 배웅하고 나서, 딸 내외가 살던 방으로 들어갔다.

물건들이 놓인 곳이나 실내 장식물들은 달라진 게 없었지만, 휑하니 허전해 보였다. 휘장 앞에는 벼룻돌이 나와 있고, 낙서를 한 종이도 있었다. 좌대신은 눈물을 닦고, 눈을 크게 떠서 그것을 집어들고 읽어 보았다. 그 모습을 젊은 시녀들은 슬펐지만 미소를 지으며 바라보았다. 거기에는 중국시, 일본시 등 심금을 울리는 옛 사람의 작품들이 다양하고 희귀한 서체로 씌어 있었다.

"필체가 정말 일품이구나."

탄식을 하고 좌대신은 물끄러미 허공을 바라보며 수심에 잠긴 듯했다. 겐지가 더 이상 사위가 아니라는 사실이 늙은 대신은 애석해서 견딜 수 없는 모양이었다.

해묵은 베개, 해묵은 이불
그 뉘와 함께 하리오

이 한시 옆에는 다음과 같은 시도 있었다.

죽은 이의 영혼도 슬픔에
차마 떠나기 힘들었으리
둘이 함께 했던 추억 어린
사랑의 침상을
영영 떠나고 싶지 않으리니

또한 '서리꽃 피니'라는 한시 옆에는 이렇게 적혀 있었다.

그대 떠난 뒤
먼지 쌓인 침상에서
눈물 훔치며
쓸쓸히 나 홀로
며칠 밤을 보냈던고

여기에는 언젠가 뜰 앞에서 꺾어다가 겐지가 대부인에게 보낸 시든 패랭이꽃이 끼여 있었다.

좌대신은 부인에게 그것을 보였다.

"내가 이토록 귀여운 자식이 또 있을까 싶을 만큼 사랑했던 그 애는, 나와 오래도록 부녀의 인연을 계속할 수 없는 숙명을 가졌나봐요. 그렇게 생각하면 부녀의 인연을 맺어준 세상이 원망스러워 잊으려고 하지만 날이 갈수록 참을 수 없이 그리워지니 어떻게 하면 좋겠소. 게다가 겐지는 이제 남이 되었으니 아무래도 가슴이 미어져 견딜 수가 없구려. 하루고 이틀이고, 죽 오시지 않는 날에도 나는 그분을 뵙지 못해 가슴이 아팠는데, 이젠 우리 집안 사람이 아니니 어떻게 살아가면 좋겠소."

급기야 좌대신은 소리내어 울기 시작했다. 방에 왔던 나이 많은 시녀들도 그와 함께 목 놓아 울었다. 이 저녁 무렵 집안 광경은 몸이 시릴 만큼 슬펐다. 젊은 시녀들은 이쪽저쪽에 모여 앉아서 자기들끼리 슬픔을 나눴다.

"겐지님이 말씀하시는 듯, 아기마마를 모시는 것으로 그 슬픔을 위로 삼아야 하지만, 그래도 아직은 너무 어리니 참으로 애처로운 유품입니다."

그 가운데는 이렇게 말하는 이도 있었다.

"얼마 동안 친정에 가 있다가 다시 올까 해요."

그렇게 희망하는 여자도 있었다. 그들은 자기들끼리의 작별에 대해서도 꽤나 심각하게 서운해했다.

상황께서는 겐지를 보시더니 걱정스러운 듯 말했다.

"꽤나 수척해졌구나, 날마다 불공을 드린 탓인가 보군."

그러고는 당신 거실에서 식사를 하게끔 하셨다. 겐지는 여러 가지로 위로해주시는 높으신 뜻을 황송하게 생각했다.

중궁전으로 가자, 시녀들은 오랜만에 온 겐지가 신기한 듯 다들 모여들었다. 중궁도 명부의 입을 통해 이렇게 말씀하셨다.

"큰 타격을 받으신 당신은 날이 가도 쉬이 슬픔을 못 잊겠군요."

"덧없는 인생은 이제까지 여러 교훈을 통해 배웠지만 눈앞에 그것이 증명되고 보니 비관적일 수밖에 없습니다. 여러 가지 걱정도 했습니다만, 번번이 고마우신 말씀을 받자와 오늘날까지 이렇게 잘 지내고 있는가 봅니다."

그러면서 겐지는 인사말을 했다. 이런 때가 아니라도 수심에 찬 표정의 겐지는 오늘따라 쓸쓸한 그림자와 함께 더욱 사람들의 동정심을 끌었다. 민무늬 도포에 회색 속옷을 받쳐 입고, 관(冠)은 상중에 쓰는 권영(卷纓)을 쓰고 있는 모습은 아름다운 겐지에게 차분한 맛을 얹어주고, 아리따운 풍취마저 엿보이게 했다. 동궁에게도 오랫동안 소식이 끊겨 죄송하다는 말을 명부를 통해 전하고, 밤이 깊어서야 퇴궐했다.

이조원에서는 방방마다 깨끗이 치우고, 모두들 주인의 귀환만을 기다리고 있었다. 지체 있는 집안 궁녀도 오늘은 다 나와 있었다. 화사하게 차려 곱게 단장한 궁녀들을 본 순간, 겐지는 좌대신댁 시녀들이 풀이 죽은 채 어깨를 나란히 하고 있던 광경이 떠올라, 저들이 불쌍하다고 생각했다. 겐지는 옷을 갈아입고 서쪽 별채로 갔다. 모조리 겨울 장식으로 바꾼 사랑채 내부가 화려하게 눈에 비쳤다. 젊은 궁녀와 동녀들의 옷맵시도 산뜻하여, 소납언 댁의 자상한 마음씨가 엿보였다.

어린 무라사키 아씨는 아리따운 자세로 다소곳이 앉아 있었다.

"오랫동안 만나지 못했더니, 이제 제법 어른스러워졌구려."

휘장의 비단끈을 열어젖히고 얼굴을 보려 하자, 몸을 조금 움츠리듯 수줍어하는 모양새가 한 점 흠잡을 데 없이 아름다웠다. 불빛에 비친 옆얼굴이며 머리 모양이며, 이제까지 가슴속에 소중히 간직한 첫사랑의 모습과 어쩌면 이다지도 닮았나 싶어 겐지는 반가웠다. 다가앉아서 그 동안 못 다한 이야기를 잠시 하고는 이렇게 말했다.

"할 이야기는 산처럼 쌓였지요. 천천히 다 들려주고 싶지만 난 오늘까지 상중에 있던 몸이라 불편할 거요. 저쪽에서 휴식한 뒤 다시 오기로 하지요. 이제부터는 당신하고만 있을 것이니, 나중엔 당신이 귀찮아할지도 모르겠소."

자리를 뜨면서 이런 소리를 하자 소납언 댁은 흐뭇해했으나 아주 안심한 건 아니었다. 훌륭한 애인이 많은 겐지이니, 새 부인이 나타나지 않을까 의심했다.

겐지는 동쪽 별채로 가서 중장댁이라는 시녀에게 발을 주무르게 하면서 잠을 청했다. 이튿날 아침엔 이내 또 좌대신 댁 아기를 돌보는 유모에게 편지를 썼다. 얼마 지나지 않아 저쪽에서 보낸 가엾은 답장 때문에 겐지는 또 한동안 슬펐다. 적적한 홀아비이지만 겐지는 애인들을 찾아다닐 기분도 나지 않았다. 이제는 무라사키 아씨가 어엿한 한 사람의 귀부인으로 성장한 모습을 보니 실질적으로 결혼을 해도 좋을 시기라고 생각했다. 그러나 지난날 두 사람 사이에 나누지 않았던 농담을 가끔씩 걸어봐도, 무라사키는 아직 그 의미를 이해

하지 못했다. 심심한 겐지는 서쪽 별채에만 틀어박혀 무라사키와 글자 맞추기 놀이를 하면서 즐거운 나날을 보냈다. 겐지는 상대 아가씨의 뛰어난 예술적 소질과 총명한 두뇌에 크게 기뻐했다. 다만 육친으로 만족하던 지난날과는 달리, 사랑하면 사랑할수록 더해지는 정은 참을 길이 없어 겐지의 마음은 괴로웠다. 그런 일이 있을 즈음에도 시녀들 눈에는 별다른 기색이 없었지만, 겐지 혼자 일찍 일어나고 아씨는 자리에서 일어나지 않는 아침이 있었다.

"무슨 일이실까. 아씨가 어디 몸이라도 불편하신가봐."

시녀들은 근심스러워했다.

겐지는 동쪽 별채로 갈 때 벼룻집을 휘장 속에 슬그머니 넣어놓았다. 무라사키가 아무도 곁에 없을 때 머리를 내밀고 보니, 머리맡에 접어놓은 편지 한 장이 있었다. 별생각 없이 편지를 펴 보았더니 이렇게 쐬어 있었다.

어찌하여 지금까지
인연도 맺지 않고
남남처럼 지내왔던고
숱한 밤
둘이 함께 잠들었거늘

무라사키는 겐지에게 그런 마음이 있으리라곤 상상도 못했다. 왜 나는 저런 무도한 사람을 지금까지 의지해 왔던가 싶어 한심스럽기만 했다. 겐지는 점심 나절에 와서 안을 들여다보면서 말했다.

"어째 기분이 안 좋아보이는데 무슨 일이라도 있으시오. 오늘은 바둑도 같이 두지 않고 심심하지 않습니까."

그러자 무라사키 아씨는 이불을 깊숙이 덮어 쓰고 말았다. 시녀가 자리를 피해 멀리 물러났을 때 겐지가 다가앉으며 말했다.

"어째서 날 걱정시키시오? 당신은 날 사랑하는 줄 알았더니 그렇지도 않았던 모양이군요. 자, 기분을 푸세요, 다들 이상히 여기니까."

겐지가 자리옷을 들쳐보니 아씨는 땀을 많이 흘려 이마 위 머리카락도 흥건히 젖어 있었다.

"아, 이런. 이거 야단났는걸."

온갖 말로 달래보아도 무라사키 아씨는 진심으로 겐지를 원망하는 듯 한 마디도 대꾸하지 않았다.

"난 이제 당신한테 오지 않으려오. 이런 창피한 꼴을 당하게 하다니."

겐지는 원망하는 말을 하면서 벼룻집을 열어보았으나 답가는 들어 있지 않았다. 하지만 겐지는 무라사키의 그런 태도가 소녀 같아서 불쌍하다는 생각이 들어 하루 종일 곁에 앉아서 위로했으나 아씨는 속마음을 탁 터놓으려고 하지 않았다. 그러나 그런 모습이 한층 이 사람을 사랑스럽게 했다.

그날 밤은 '돼지날 아기떡*9'을 먹는 날이었다. 불행한 일을 겪은 겐지를 생각하여 잔치를 크게 벌이지는 않고, 서쪽 별채에만 곱다란 노송나무 칸막이 도시락에 갖가지 음식을 만들어서 가져왔다. 그것을 본 겐지는 남쪽 사랑채로 와서 고레미쓰를 불러 이렇게 분부했다.

"오늘 밤처럼 떡을 요란하게 준비하지 말고 내일 저녁에 갖다 주게나. 오늘은 일진(日辰)이 좋지 않거든."

겐지가 미소를 띠고 하는 소리에 영리한 고레미쓰는 모든 것을 알아차렸다.

"그러시고말고요. 경사스런 첫 의식은 좋은 날을 택하셔야 합니다. 그럼 오늘 밤 해시(亥時)*10 아기떡 대신 내일 밤 자시(子時)*11 아기떡은 얼마만큼 만들어 드려야 할까요?"

그러면서 진지한 얼굴로 묻는다.

"오늘 밤 3분의 1 정도면 되겠지."

겐지가 대답했다. 고레미쓰는 알겠다는 듯 금세 자리를 떴다. 눈치 빠른 그의 태도에 겐지는 감탄했다. 고레미쓰는 누구에게도 발설하지 않고 거의 손수 하다시피, 주인집에서 떡을 마련했다.

겐지는 아씨의 비위 맞추기에 온갖 신경을 다 쓰면서, 처음으로 보쌈한 사람 다루는 듯 신선한 느낌이 들어 흥미를 느꼈다.

'여태 귀엽게만 여겼는데, 지금의 이 애착에 비하면 그런 감정은 새 발의 피

---

*9 '돼지날 아기떡': 음력 시월 첫째 돼지날[亥日]에 먹는 떡. 지금도 시월 열흘날 행사로 민간에 남아 있다. 이 이야기에서 겐지는, 돼지날 떡은 필요 없고, 다음날인 쥐날[子日]이 결혼 뒤 사흘째 밤이 되니, 사흘째 밤에 먹는 떡을 해달라고 요구했다. 고레미쓰가 얼른 알아채고 아기떡(자병(子餠))이라고 농을 한 것이다.

*10 해시(亥時): 밤 9~11시.

*11 자시(子時): 밤 11~오전 1시.

도 못 되니 사람의 마음이란 참으로 야릇하구나! 이제 하룻밤도 안 보면 못 견딜 것 같으니 말이야.'

고레미쓰는 겐지가 분부한 떡을 밤늦게 들고 왔다. 고레미쓰는 나이 지긋한 소납언이 결혼을 뜻하는 떡을 갖고 들면 아씨가 겸연쩍어 할 듯싶어 이리저리 궁리한 끝에 소납언의 딸 변이란 시녀를 불러내 부탁했다.

"이걸 은밀히 올려주게."

그러면서 향호 상자 하나를 슬쩍 발 안으로 들이밀었다.

"경하를 뜻하는 물건이니 틀림없이 베갯머리에 올려주어야 하네. 조심해서, 절대 함부로 다뤄서는 안 되네."

고레미쓰가 말하니, 변은 이해할 수 없는 말이라 생각하면서 향호 상자를 받아들었다.

"함부로라니, 무슨 말인지 전혀 모르겠군요."

그러자 고레미쓰가 말했다.

"당연하지. 하지만 오늘은 그런 망령된 말은 삼가야 하오. 나도 이제부터는 재수 좋은 말만 골라서 하겠네."

젊은 시녀는 영문도 모르는 채, 주인 침실 머리맡 휘장 밑으로 떡이 든 그릇을 들이밀었다. 이 떡에 대해서는 겐지 자신이 분명히 무라사키 아씨에게 설명했을 것이다.

아무도 눈치채지 못했지만 다음날 아침 그 떡그릇 상자가 밖으로 나오자, 측근 시녀들은 그제야 이해한다는 표정을 지었다. 접시는 언제 준비했나 싶을 정도로 훌륭했고, 떡도 한결같이 정갈했다. 정식으로 결혼식을 올린 겐지의 호의가 고마웠던 소납언은 감격한 나머지 울고 있었다.

"아무리 그래도 우리에게 넌지시 말씀해 주셨으면 좋았을 텐데, 고레미쓰가 우리를 이상하게 생각하지 않았을까?"

시녀들은 이렇게 수군거리고들 있었다.

무라사키와 새 생활을 시작한 뒤로 겐지는 상황께 문후를 드리러 가면서도 가련한 아내 모습을 마음에 그리고 있었다. 보고 싶어 견딜 수 없었고, 신비스러운 변화가 자기 마음에 일어났다고 생각했다. 애인들로부터 너무 오랫동안 연락이 없음을 원망하는 편지도 왔지만, 무심하게 지나칠 수 없는 경우라도 신혼 재미에 빠져 있는 겐지를 움직이지는 못했다.

겐지는 세상사가 귀찮다는 태도를 겉으로 드러내고 있었다. 언제까지 이런 기분이 이어질지는 모르겠지만, 지금과는 아주 딴 사람이 되었다는 점에서 겐지는 애인에게 이런 답장만을 하고 있었다.

홍휘전 황태후는, 동생인 여섯째 아씨가 여전히 겐지를 못 잊어하는 것을 보고 아버님 우대신이 한 말에 대해 크게 분개하셨다.

"그것도 좋은 혼처 같구나. 정부인이 세상을 떠나셨으니, 그분을 새로 사위로 삼는다고 가문의 명예에 누를 끼치는 것은 아니다."

그러고는 궁정으로 들어갈 것을 열심히 권유했다.

"궁녀로 근무해도 차츰 지위가 올라가면 나쁠 것이 없지 않나요."

그 소문을 들은 겐지는 연애 이상의 감정을 그 사람에게 느끼고 있었으므로 애석하기도 했다. 그러나 현재로는 무라사키 아씨를 제외하곤 마음을 나눌 상대가 없었기에 여섯째 아씨가 자기 운명을 따라가는 것도 어찌할 수가 없었다. 인생은 짧으니 가장 사랑하는 한 사람을 아내로 정하고 만족할 수밖에, 누군가에게 원망을 살 만한 원인은 조금도 만들지 않으리라 굳게 마음먹었다. 육조궁의 황태자비와 아오이 부인의 갈등으로 어지간히 넌더리가 났던 모양이다.

육조궁이 매우 안타깝기는 하지만, 함께 살면 정신적으로 화합할지는 의문이었다. 지금과 같은 관계에 만족해 준다면, 고상한 취미를 함께 하는 벗으로서 사랑할 수 있겠다고 겐지는 생각했다. 하지만 헤어지고 싶은 마음은 아예 없었다.

이조궁 무라사키 아씨에 대해 세상사람들은 아직도 알지 못하니 아버님인 병부경에게 빨리 알려드려야겠다고 겐지는 생각했다. 그리하여 소속 관원들에게 성인식 채비를 단단히 할 것을 명해 놓았다.

그러나 이런 호의도 무라사키 아씨로선 결코 반갑지가 않았다. 순수한 신뢰를 배신당한 일은 자신의 인식이 부족해서 그렇다고 깊이 뉘우치고 있었다. 그녀는 눈길도 마주칠세라 겐지를 피했다. 농담을 걸어오면 괴롭기 짝이 없다는 표정을 지었다. 하지만 겐지는 그저 울적하고 수심에 휩싸인 듯, 전과는 딴판이 된 부인의 태도가 되레 아름다우면서 귀여워 보였다.

"오랜 세월 그리 애지중지해 온 보람도 없이, 조금도 마음을 열어주지 않으

니 참으로 박정한 일이로고."

이렇듯 안타까이 여기는 사이 어느덧 그해도 저물었다.

정월 초하루 겐지는 예년처럼 먼저 상황을 알현하고 입궁하여 중궁과 동궁에게도 새해인사를 올렸다. 그러고 나서 대궐을 나와 곧장 좌대신 댁으로 갔다.

좌대신은 해가 바뀐 일에는 아무런 관심이 없었다. 오직 부인과 죽은 딸의 추억을 얘기하며 쓸쓸하고 서글픈 심정으로 지내고 있었다. 그런데 이렇게 일찍 겐지가 찾아주니 그동안 참아온 슬픔에 못내 눈물지었다.

겐지는 나이를 한 살 더 먹어서인지 당당한 관록이 느껴지고 이전보다 더 아름다워졌다.

겐지가 좌대신 앞을 물러나 예전에 거처하던 별채로 가자 시녀들은 모두 신기한 듯 그를 보기 위해 모여들었는데 모두 눈물을 흘리고 있었다. 아기마마를 보니 그사이 훌쩍 커서, 생글생글 웃는 모습도 아버지를 빼닮아 어여뻤다. 눈과 입언저리가 동궁을 빼닮았기에 사람들이 이상해 하지는 않을까 싶어 겐지는 유심히 들여다보았다.

아오이 부인이 살았을 때처럼 새봄을 맞은 방은 단장되어 있었다. 옷걸이에는 새로 지은 겐지의 봄옷이 걸려 있었으나, 여자 옷이 나란히 걸려 있지 않았으니 보기만 해도 적적했다.

그때 시녀가 대부인의 전갈을 전해 왔다.

"오늘은 정월 초하루라 애써 울지 않으려 참았거늘, 이리 들려주시니 도리어 눈물이."

이렇게 쓴 편지와 정성껏 바느질한 옷가지를 올렸다.

"예년처럼 준비하였으나, 요즘 들어 슬픔 탓인지 눈이 점점 더 침침해져 색깔이며 마음에 드실지 모르겠군요. 오늘만이라도 걸쳐보세요."

오늘 꼭 입으라고 한 속옷은 그 색깔과 짜임새가 예사롭지 않으니, 마치 이 세상 것이 아닌 듯 각별했다. 겐지는 장모의 정성을 생각해서 곧바로 갈아입었다. 만약 오늘 오지 않았더라면 장모가 얼마나 섭섭해했을지를 생각하니 참으로 애처로웠다.

겐지는 이렇게 답장을 썼다.

"슬픔에 젖어 지내는 이내 몸에도 봄은 찾아오누나 여기실까 찾아뵈었는데,
보이는 것마다 추억만 가득하니 마음을 다 전할 수가 없습니다."

정월 초하루면
여기에서 새 옷 갈아입기 몇 해던가
올해도 새 옷으로 갈아입으니
가신 님 그리운 마음에
눈물만 쏟아지듯 흐르네

"슬픈 마음을 억누를 수가 없습니다."
장모의 답신은 이러했다.

새해라 하는데
쉬지 않고 흐르는 것은
늙은 어미의
단념하지 못하는
미련의 눈물뿐

이렇게 모두가 여전히 아오이 부인의 죽음을 슬퍼했다.

비쭈기나무*1

재궁이 이세로 내려갈 날이 다가오자 육조궁 미야스도코로의 마음은 어지러웠다. 신분 높은 정부인이라 거북스럽기만 했던 좌대신네 아오이 부인이 세상을 떠난 뒤, 이번에야말로 겐지와 육조궁이 거리낄 것 없이 부부가 될 것이라며 쑥덕공론을 벌였고, 육조궁을 모시는 사람들도 기대에 부풀었다. 그러나 이런 예상과 달리 겐지가 전보다 더 냉담한 태도를 보였으니, 부인이 아플 때부터 겐지가 매정하게 굴었기에 육조궁은 이제 더는 의심할 여지가 없다고 판단했다.

육조궁은 모든 미련을 버리고 이세로 낙향할 결심을 굳혔다. 모친이 재궁을 따라 함께 간 적은 별로 없었지만, 나이가 어리다는 점을 핑계 삼아 육조궁은 연애문제에서 깨끗이 발을 빼고 싶었다.

겐지는 냉정하게만 있을 수는 없었다. 막상 육조궁이 멀리 떠난다 생각하니 애석해서 애정을 담은 편지를 번번이 보내곤 했으나, 육조궁은 겐지를 애인으로 만나는 일은 지금으로서는 상상조차 할 수 없다고 생각했다. 원망스러운 기억만을 가지고 있을 겐지와 냉정하게 갈라질 수도 있지만, 그 사람을 더 많이 사랑하는 자기로서는 그를 보면 마음이 어지러울 뿐이었다. 만나면 만날수록 괴로워질 테니 육조궁은 평정을 잃지 않으려고 했다.

육조궁은 별궁에서 아주 가끔 육조의 자택으로 돌아가기도 했으나 극히 은밀히 움직였기에 겐지는 이를 알아채지 못했다.

별궁은 재궁의 결재소인 만큼 찾고 싶다 하여 쉬이 찾을 수 있는 곳이 아니

---

*1 비쭈기나무(신(榊)): 겐지가 23세인 가을 9월부터 25세 여름까지의 이야기. 신(榊)은 일본에서 만들어낸 글자로, 글자 구성으로 보아 알 수 있듯이 신사(神事)에 관한 신성한 식물을 뜻한다. 육조궁의 딸 재궁은 14세부터 16세까지 시절이다. 기리쓰보 황제는 승하하고, 후지쓰보 중궁은 출가, 겐지는 우대신의 딸 상시와의 관계가 탄로 나서 스마(須磨)로 유배될 위기에 놓이게 된다.

었기에 겐지는 마음을 쓰면서도 무심한 세월만 보냈다.

그럭저럭 지내는 동안, 기리쓰보 상황이 위독하다 할 만큼은 아니어도 용태가 좋지 않을 때가 많고 간혹 증상이 심해지기도 하여 겐지는 더욱 마음의 여유가 없었다. 그러나 육조궁이 자신을 매정한 사람이라 여기지는 않을까, 세상 사람들 귀에 또 그 소문이 들어가지는 않을까 염려스러워 결국은 별궁을 방문하기로 했다.

날짜는 바야흐로 9월 7일 무렵, 육조궁이 이세로 낙향할 날이 머지않았다는 생각에 겐지는 걸음을 재촉했다. 육조궁 또한 이래저래 마음이 분주했다. 겐지한테 '잠시라도 좋으니 보고 싶구려'라는 편지를 종종 받았으나, 어찌할지 몰라 망설여졌다. 그러나 너무 소심하게 구는 것 또한 품위 있는 행동은 아닌 듯하여 발 너머로 잠깐이나마 보자고 은근히 기다렸다.

풀을 헤치고 드넓은 사가노로 들어서니, 서글픈 가을 풍경이 가슴에 사무쳤다. 꽃은 모두 시들고 바짝 마른 띠로 덮인 들판 역시 구슬프기 짝이 없는데, 애처롭게 우는 풀벌레 소리에 솔바람마저 스산하게 불어대고, 무슨 곡인지 모를 만큼 가냘픈 칠현금 소리가 간간이 들려오니 말할 수 없이 우아하고 농염했다.

앞서 가는 부하 여남은 명의 차림새가 단출해 은밀한 행차임을 알 수 있으나, 특별히 정성들여 치장한 겐지의 모습이 사가노의 풍정과 어울려 오늘따라 참으로 아름답게 보이니, 풍류를 아는 부하들은 그저 감복할 따름이었다.

임시궁전은 간단한 섶나무 울타리를 묶어서 큰 울타리로 둘러친 소박한 구조였다. 통나무로 짠 도리이(鳥井)*2는 참으로 장엄하여 신의 봉사자가 아닌 자들을 부끄럽게 했다. 신관인 듯한 사내들이 이쪽저쪽 두서넛씩 몰려서서 기침을 하고, 이야기를 주고받는 모습도 다른 곳에서는 볼 수 없는 광경이었다. 모닥불을 피운 숙직소가 희미하게 보이고 인기척이 없을 만큼 차분한 이런 곳에 수심에 잠긴 사람이 몇 달을 살았다고 생각하자, 겐지는 애인이 애처로워 견딜 수가 없었다.

북쪽 별채 으슥한 곳에 서서 안내를 청하자 음악소리가 그치고 젊은 여자들의 옷자락 스치는 소리가 겹치며 들렸다. 맞이하는 여자가 몇 번 바뀌었지만,

---

*2 도리이(鳥井) : 신사(神社)의 대문.

육조궁 자신이 나서서 만나주지 않자 겐지는 불만스러웠다.

"마음이 내킬 때 그리운 분을 만나려고 불쑥 들르던 시절은 이미 지나갔습니다. 내가 얼마나 세상 눈을 피해 왔는지 동정해 주신다면, 이런 서먹서먹한 대접은 거두어 주시고, 꼭 만나서 말씀을 들어 주기 바랍니다."

겐지가 진지하게 부탁하자, 시녀들도 그 뜻을 받들었다.

"지당하신 말씀입니다. 가엾게도 언제까지나 그렇게 서 계시게 해서 죄송할 따름입니다."

어떻게 하면 좋을지 몰라 육조궁은 망설였다. 결재소에 있는 신관들이 말을 할 수도 있는 일이었고, 면회를 허락한다면 또다시 겐지가 자신을 멸시할까봐 머뭇거렸다. 하지만 그렇다고 해서 언제까지나 냉담하게 대할 수도 없는 노릇이다보니 그녀는 자신에게 지고 말았다. 탄식하면서 사랑방 끝을 무릎걸음으로 다가오는 육조궁 모습은 아리따우면서도 기품이 있었다.

"툇마루에 오르는 것쯤이야 허락해 주실 테죠?"

겐지는 이렇게 말하며 툇마루로 올라앉았다.

때마침 솟아오른 저녁 달빛에 겐지의 모습이 드러나자 그 기품과 아름다움은 비할 데가 없었다.

몇 달이나 발길을 하지 않은 이유를 구차하게 변명하기도 면목 없는 일이라 겐지는 손에 들고 있던 비쭈기나무 가지를 발 안으로 밀어 넣고 말했다.

"이 비쭈기나무의 푸른 잎사귀처럼 변함없는 마음으로 이렇게 지엄한 곳을 찾아왔건만 어찌 이리도 박정하게 대하신단 말이오."

신성한 별궁의 울타리에는
이리 오라 알리는
삼나무도 없는데
어인 연유로
꺾은 비쭈기나무 가지인가

육조궁은 이렇게 노래로 화답했다.

신을 모시는

청초한 소녀가 있다 하여
비쭈기나무 향이 그리워
일부러 찾아가 꺾어왔거늘

이렇게 겐지는 노래했다. 결재소의 위압적인 분위기에 겐지는 발 속에 상체만을 넣고 중인방에 기대고 있었다.

육조궁이 완전히 겐지의 것이었고 정열은 겐지보다도 더 높았던 시절, 겐지는 자신감으로 다져져서 이 사람의 진가를 인정하려 들지 않았다. 그리고 언짢은 사건이 일어났을 때부터 자신의 사랑은 될 대로 되라고 내맡겨두었다. 옛날처럼 서로 이야기해 보니, 갑자기 커다란 힘이 겐지를 붙잡아 육조궁에게로 끌어당겼다. 겐지는 자기가 이 사람을 진실로 좋아했구나 라는 생각이 들자, 옛날이 그리워지고 헤어진 뒤 겪을 쓸쓸함이 절실히 느껴졌다.

겐지는 그만 울음을 터뜨리고 말았다.

여자는 끝까지 감정을 누르려 했지만 그녀도 참을 수 없었는지 눈물을 흘렸다. 그 애처로운 모습을 보자 겐지는 더욱 괴로워서, 이세로 떠나지 못하게 열심히 타일렀다. 이미 달도 지고 적적한 빛깔로 변한 하늘을 올려다보면서 자신의 진심을 알아주지 못한다고 탄식하는 겐지를 바라보니, 육조궁의 쌓이고 쌓인 원망은 이내 눈처럼 사라지는 듯했다. 이제 겨우 체념했기에 다시 동요되지 않게끔 위험한 만남은 애써 피해 왔었다. 아니나 다를까, 예감했던 대로 육조궁의 마음은 어지러울 대로 어지러워지고 말았다.

젊은 두세 사람이 문학적인 분위기에 젖어 가는 풍경을 즐거워한다는 이 뜰은 겐지의 눈에도 우아한 정취를 느낄 수 있었다. 그리운 정이 서로 통한 두 사람의 이야기는 여기에 다 담기가 힘들다. 이제 훤히 밝기 시작한 하늘이 거기 있음도 일부러 만들어놓은 배경인 것만 같았다.

새벽녘 그대와의 이별
늘 눈물에 젖었건만
오늘 아침 이 헤어짐은
더 애틋하고 구슬프구나
가을 하늘처럼

겐지는 이렇게 노래하며 돌아서려다 말고 다시 여자의 손을 붙잡고 한참 동안 발걸음을 떼지 못했다. 9월의 바람이 소소히 불고 목쉰 듯 우는 귀뚜라미 소리가 연인들의 쓸쓸한 이별을 노래하는 듯했다. 아무렇지 않은 사람에게도 애절한 느낌을 주는 늦가을 새벽인데, 두 사람처럼 슬픈 이들에게는 오히려 그 마음을 좋은 노래로 읊을 수 없었다.

가을의 헤어짐은
늘 서러운 것이거늘
들판의 귀뚜라미여
이제 그만 울어라
서러움만 더하니

육조궁이 읊조렸다. 겐지는 이 사람을 영원히 붙들어 맬 수 있었던 실오라기가 자신의 실수로 끊어지고 말았다고 뉘우치면서, 날이 밝자 어두운 낯빛으로 자리를 떴다.

이조원에 도착하기까지 그칠 수 없을 만큼 많은 눈물을 왈칵 쏟아냈다.

여자도 한결같이 냉정할 수는 없었다. 가냘픈 그녀는 이별의 수심을 껴안고 가을 아침을 힘없이 맞이했다. 육조궁은 달빛에 어렴풋이 본 겐지의 모습을 아직도 환영으로 떠올리고 있었다. 오늘 아침에도 젊은 시녀들은 금기로 된 울타리 아래에서, 겐지가 사방으로 물씬 풍겼던 아련한 향기에 대해 입이 마르도록 칭찬하고 있었다.

"대장님을 우러러볼 수 없는 곳이라면 어디든 가고 싶지는 않네요."

이렇게 말하며 다들 눈물지었다.

그날 아침 겐지가 보낸 편지는 전에 없이 자상하고 애정이 듬뿍 담겼으니, 육조궁은 마음이 흔들릴 듯해 불안하기만 한데, 그렇다고 이제 와서 결심을 뒤집는다 한들 소용없는 일이었다.

겐지는 그렇게 생각하지 않아도 사랑의 편지만큼은 과장해서 쓰고는 했는데, 더군다나 평범한 애인으로 삼지 않았던 육조궁이 사랑을 청산해버린 듯 먼 지방으로 가버리려는 참이라서 서운하면서도 가여웠다. 때문에 반성하면서 괴로운 심정으로 편지를 진지하게 썼다. 그런 점이 여자의 마음을 흔들어놓았음이 분명했다. 시녀들 옷부터 그 밖의 여행도구 등 훌륭히 갖춘 선물을 겐지가 보내왔음에도, 육조궁은 기쁘다 생각할 만한 여유가 없었다. 소문난 연애 끝에 결국 버림을 받았다는 사실을 이제야 깨닫고 새삼스레 분노하며 슬퍼했기 때문이다.

재궁은 지금까지 확실하지 않았던 육조궁의 이세행이 드디어 결정되자 무척 기뻐하셨다. 항간에는 모친이 따라간다는 것은 상례에 벗어나는 일이라고 비난하는 사람이 있었는가 하면, 육조궁의 뜨거운 모성애를 동정하는 사람도 있었다. 육조궁이 평범한 사람이었다면 사람들이 이렇게 왈가왈부하지 않고 마음이 편했으리라. 신분이 뛰어난 사람의 행동은 언제나 쉽게 눈에 띄어서 가엾기도 하다.

십육일에 카쓰라가와 강에서 재궁의 몸을 깨끗이하는 결재식(潔齋式)이 있었다. 여느 때보다도 화려하게 식이 행해졌다. 끝까지 배웅하는 장송봉사나, 그 밖에 관가에서 참렬시킨 고관들도 권세가 당당한 사람들만이 뽑혔다. 이 모든 것들은 다 상황께서 후원하신 덕분이었다.
제궁이 별궁을 출발하려는 참에, 뜻하지 않게 겐지의 심중이 담긴 편지가 도착했다.
닥나무 술에 묶인 편지에는 이렇게 씌어 있었다.

말씀 올리기 황송한 재궁께

"천둥신도 서로 사모하는 이들을 갈라놓지 않는 법이라 하였다는데."

이 땅의 수호신이시여
동정심이 있으시다면
사모하면서도 헤어져야 하는
우리 둘 사이를
헤아려주옵소서

"아무리 생각해도 마음을 접을 수 없나이다."
재궁은 너무나 분주하고 황망하여 여별당에게 답장을 대신 쓰라 일렀다.

국토의 신이 드넓은 하늘에서
두 사람 사이를 갈라놓으시려 한다면
먼저 그대의 무심함을
꾸짖으실 터

마지막으로 궁중에서 행하는 의식을 보고 싶었으나, 겐지는 버림받은 사내
가 배웅하러 나가는 모습은 쑥스럽다 생각하며 집에 그냥 있었다. 상감은 재
궁의 성숙한 모습을 생각하면서 미소를 지었다. 나이보다 훨씬 귀녀(貴女) 다
워진 그 모습을 떠올리면 가슴이 뛰었다. 사랑해선 안 될 사람에게 호감을 느
끼는 게 겐지의 습성인데, 고개를 들면 충분히 보았을 재궁의 소녀시절을 지
나친 것이 퍽 애석하게 다가왔다. 그러나 어떻게 되어갈지 알 수 없는 것이 인
생이니, 그는 다시 한 번 그 사람을 자세히 볼 수 있는 날을 기다리고 있었다.

견식이 높고 아름다운 귀부인이라는 평판이 자자한 육조궁과 함께 가는 재
궁의 출발 행렬을 구경하고자 사람들이 들끓었다.

늦은 네 시가 되자 재궁은 대궐로 들어갔다. 재궁의 가마에 함께 탄 육조궁
은, 지난 일을 하나하나 돌아보았다. 대신이던 아버님이 딸을 미래 황후로 삼
고자 동궁 후궁으로 들여보내기 위해 얼마나 호화스럽고도 사치스럽게 대해
왔던가. 그러나 가혹한 운명 끝에 황후 가마가 아닌 가마에 겨우 올라타서야
궁정을 바라보자니 참으로 감개무량했다. 열여섯에 태자비가 되고, 스무 살에
홀몸이 되어, 서른이 되는 오늘 다시 대궐로 들어왔다.

경사스러운 오늘
먼 옛날 그날들을
떠올리지 않으려 애쓰건만
보이는 것마다
이내 마음
서럽게 하는구나

육조궁이 읊은 노래였다. 열네 살인 재궁은 예쁘게 생긴데다가 비단에 곱게 싸여 자라나셨으므로, 이 세상 여인 같지 않을 정도로 아름다우셨다. 재궁아씨의 아름다움에 감격하면서 이별의 빗을 머리에 꽂아주실 때, 상감께서는 슬픔에 못 견디신 듯 힘없이 계셨다.

핫쇼인(八省院) 앞에서 식이 끝나기를 기다리고 있던 재궁 시녀들의 옷소매 빛깔 또한 아름답고 이번만큼은 특히 눈에 띄었다. 젊은 전상관이 다가가서 한 사람 한 사람과 석별의 정을 나누었다.

차츰 어두워져서야 행렬은 움직이기 시작했다. 이조원은 한길에서 다음 한길로 꺾어지는 곳에 있었으므로, 겐지는 절절한 심정으로 노래를 비쭈기 가지에 꽂아서 건넸다.

오늘 나를 버리고 떠나는 그대여
스즈카 강 건널 때 즈음
여울의 잔물결에 그대 소맷자락
어찌 젖지 아니하리

그때는 이미 어두컴컴하기도 했고 분주하기도 했으므로, 다음날 오사카야마(逢坂山) 너머로부터 육조궁의 답장이 왔다.

스즈카 강 여울의 잔물결
내 소맷자락이 젖든 말든
이세에 간 나를
그 누가 헤아려 주리오
그대 역시

담담하게 써 있었지만 필적은 더없이 우아하고 정취가 있었으니, 노래에도 좀 서글픈 마음을 담았으면 좋으련만 하고 겐지는 아쉬워했다.

겐지는 동틀 녘의 안개 자욱한 모습을 바라보면서, 사무치는 마음으로 혼자 중얼거렸다.

그 사람 향한 이세를
그리운 마음으로
바라보려 하니
안개여 올가을엔
오사카 산을 가리지 말게나

그날 겐지는 서쪽 별채에도 건너가지 않은 채 하루 종일 쓸쓸하게 수심에
잠겨 지냈다. 하물며 길을 떠난 육조궁의 마음은 얼마나 속절없고 애틋했을까.

시월에 들어서자 상황의 병환은 더 심해졌다. 이를 안타까워하지 않는 사람
은 아무도 없었다. 상감도 근심한 나머지 행차하셨다. 쇠약해지신 상황께서는
어린 동궁에게 신신당부를 하셨고, 말 끝마다 겐지에 대해서도 언급하셨다.

"내가 살아 있을 때와 마찬가지로 크고 작은 일 상관없이 숨기지 말고 모두
겐지 대장과 의논하시게. 아직 어리기는 하나, 나랏일도 시켜보면 실수 없이
잘 해낼 거요. 반드시 세상을 다스릴 상을 타고 태어난 인물이오. 그 점 때문
에 굳이 친왕으로 삼지 않고 신하로 조정을 보좌하도록 한 것이니, 그런 나의
심중을 거스르지 말아주시오."

마음 깊이 와 닿는 유언이 많았으나, 정치란 무릇 여자가 나서서 왈가왈부
할 것이 못 되니, 이렇게 잠시 언급하는 것만으로도 마음이 꺼려진다.

상감은 무겁고 슬픈 마음에, 절대 상황의 말씀을 거역하지 않겠노라 거듭
맹세했다.

용모도 출중하고 날로 위엄을 갖춰가는 상감을 보며 상황은 기쁘고 듬직하
게 여기셨다. 상감의 행차는 시간이 정해져 있어 서둘러 환궁을 해야 하는데,
얼굴만 잠시 보고 돌아가려 하니 오히려 아쉬움이 컸다.

동궁도 함께 가서 뵈올 작정이었으나 번거로워질까봐 염려하셔서 다른 날
상황을 찾아뵀다. 나이에 비해 어른스럽고 사랑스러운 동궁은 오랜만에 만
나뵙는 기쁨이 앞서서, 지금이 어떤 상황인지 알지 못하시고 천진난만하게 좋
아하시면서 상황마마 앞에서 노시는 모양이 불쌍했다. 그 옆에서 후지쓰보 중
궁이 울고 계시니, 상황은 더욱 슬퍼하셨다. 동궁에게 여러 말씀을 남기셨지만,
어리신 동궁이 그것을 이해하실지 걱정되는 마음에서 막막하고 슬펐다. 그는

겐지에게도 조정에서 나랏일을 볼 때 명심할 일들을 동궁에게 가르쳐서 잘 보좌하라고 거듭거듭 당부하셨다.

　밤이 깊어 동궁은 환궁하셨다. 수행하는 삼공구경의 수호는 상감의 행차와 비슷한 정도였다. 손안의 보배로운 구슬같이 귀하고 소중한 동궁이 돌아가신 뒤 상황은 말로 다 표현할 수 없을 정도로 애통해하셨다. 홍휘전 황태후도 오실 작정이었으나, 중전이 줄곧 상황 곁에 붙어 계시는 게 불만이어서 망설이는 도중에 상황은 승하하셨다.

　인자하시던 상황과 이별한 뒤 꽤나 많은 사람들이 슬퍼했다. 비록 상황으로 물러나 앉았을망정 국사는 예전처럼 처리해 왔으나, 상감은 아직 어리시고 외척인 대신도 인격자는 아니었으므로 관리들은 정권이 당장 상감 쪽으로 완전히 넘어가는 날이면 어떤 세상이 될지 몹시 비관했다. 상황의 총애를 받았던 중궁이나 겐지는 깊이 슬픔에 잠기셨다. 승하 뒤 불공드리는 일은 많은 왕자들 가운데 겐지가 가장 정성껏 했다. 당연한 일이긴 했지만 그런 겐지의 효심에 동정하는 사람들도 많았다. 또 상복을 입은 겐지는 그지없이 정결해 보였다. 지난해와 올해에 걸쳐 불행한 일을 겪으면서 겐지는 차츰 세상을 비관적으로 보게 되면서, 이 기회에 출가할까 했으나 여러 인간관계를 맺은 겐지로서는 생각만 할 수 있는 일이었다.

　사십구재까지는 여어와 갱의들이 모두 상황 처소에 머물렀으나 그날이 지나면 저마다 뿔뿔이 흩어져 다들 친정으로 돌아가야만 했다. 이것은 십이월 스무날 일이다. 이 무렵 쓸쓸한 하늘빛은 세상이 끝나는 듯 어수선해 보였다.

　중전은 누구보다도 깊은 수심에 싸여 있었다. 황태후 홍휘전의 성품을 잘 알고 계신 터라, 그분의 뜻으로 움직이는 당대 이후 어떤 괴로운 대접을 받게 될지 불안한 생각이 앞섰다. 상황의 애정을 듬뿍 받으며 지냈던 지난날을 돌아보면 슬픔은 하염없이 커졌다.

　하지만 언제까지 상황의 처소에 머물 수도 없는 일, 모두들 출궁을 하는 걸음마다 슬픔은 한이 없었다.

　후지쓰보 중궁은 삼조궁으로 돌아가셨다. 오라버니이신 병부경이 마중을 나왔다. 그날따라 눈이 내리고 바람까지 세차니, 상황의 처소는 점차 인기척마

저 희미해져 정적에 휩싸였다. 겐지는 중궁의 처소를 찾아 상황이 살아 있었을 때의 이야기를 도란도란 나누었다.
　눈에 시들어버린 정원의 오엽송과 마른 잎을 바라보면서 병부경은 노래를 읊조렸다.

　뻗은 나뭇가지 그늘이 넉넉하여
　의지하여 기대었던
　아름드리 소나무는 메말랐는가
　솔잎마저 떨어지네
　쓸쓸한 세밑

　그다지 대단한 노래도 아니었지만, 쓸쓸한 겐지의 마음에는 저미도록 스미니 그만 소맷자락을 눈물로 적셨다. 겐지도 살얼음 낀 연못 풍경을 바라보면서 이렇게 화답했다.

　살얼음 낀 연못은
　거울처럼 맑디맑은데
　오랜 세월 정든 상황의 모습
　뵐 길 없으니
　이 슬픔 어찌하리

　겐지의 마음이 그대로 드러난 솔직한 노래였다. 왕명부도 덩달아 이렇게 읊었다.

　한 해도 저물고
　바위틈 샘물도 얼어붙으니
　정든 이의 자취도
　세월과 함께 희미해지네
　이 무슨 허망함인가

그밖에도 이날 많은 노래를 읊었으나 일일이 열거할 만한 노래는 없었다.

많은 고관들이 중궁을 수행했는데, 그런 일은 상황이 계시던 시절과 조금도 다름이 없었다. 그러나 중궁의 마음은 늘 쓸쓸하셨다. 돌아온 친정이 오히려 남의 집 같았으며, 상황을 모시고 난 뒤에 윤허가 없어서 친정살이를 못하신 게 새삼스러웠다.

해는 바뀌었지만 국상 중이라 사람들은 조용하고 차분하게 지냈다. 하물며 겐지는 어떠하겠는가. 마음이 적적하여 이조원에만 틀어박혀 있었다. 상황의 재위 중에는 물론, 양위를 한 뒤에도 겐지의 위세는 변함이 없었으니, 지방 관료를 임명하는 계절이 돌아오면 해마다 대문 앞에 우차와 군중들이 구름처럼 모여들었는데, 올해는 그마저 한산했다. 처소로 침소를 옮기는 숙직 당번의 모습도 거의 보이지 않았다. 친근한 부하들 몇 명만이 한가롭게 어슬렁거리는 것을 보면서, 앞으로는 만사가 이렇게 되리란 생각이 절로 드니 답답하고 서글퍼지는 심정을 어찌할 수가 없었다.

우대신 댁 여섯째 따님은 이월에 상시(尙侍)가 되셨다. 상황이 돌아가시면서 전 상시가 비구니로 입산했기 때문이다. 대신 집안에서는 전폭적으로 후원했고, 그 자신의 타고난 미모와 기질 덕분에 후궁들 속에서 단연 돋보였다. 황태후는 친정에 가 계시는 일이 많아서, 어쩌다 입궐하시게 되면 우메쓰보 궁전을 숙소로 정하셨다. 홍휘전은 평소 거처로 돼 있었다. 그 옆에 있는 등화전(登華殿)은 오랫동안 버려두었지만, 두 궁전이 이어지면서 화려한 처소로 바뀌었다. 상시는 수많은 시녀들을 거느리고 후궁으로 호사스럽게 살면서도 남몰래 겐지만을 그리워했다. 겐지가 몰래 편지를 보내오는 일도 전과 다름없었다. 남의 눈에 띌까봐 두려워하면서도, 겐지는 여느 때처럼 여섯째 따님이 후궁으로 들어간 그날부터 정염을 한없이 불태웠다.

본디부터 욱하는 성격의 태후는 상황께서 살아계실 때에는 자제했지만, 이젠 여러 해 동안 쌓인 원한을 풀 때가 됐다고 굳게 다짐하셨다. 궁중에서는 겐지의 뜻을 거스르는 일을 거리낌 없이 저질렀다. 그런 일은 날이 갈수록 심해졌다. 예기했던 일이긴 했지만 예전에 겪지 못한 불쾌감을 견딜 수 없었던 겐지는 교제도 별로 하지 않았다.

좌대신도 마음이 편하지 않아서 대궐에 나가지 않았다. 죽은 따님을 세자 빈으로 삼자는 이야기가 있었음에도 겐지의 아내로 주었기 때문에 태후는 앙심을 품고 계셨다. 우대신과의 사이는 애초부터 좋지 못했던 데다가, 좌대신은 선황이 살아 계실 때에는 정사를 다소 독단적으로 처리했는데, 이젠 당대 외척인 우대신이 우쭐거리며 뽐내는 꼴이 눈꼴시었다.

겐지는 예나 지금이나 좌대신 댁을 곧잘 찾아가선 첫 번째 부인의 시녀들을 두둔해주곤 했다. 겐지가 아기마마를 그지없이 사랑하자 대신 댁 사람들은 감격했으며, 그 덕분에 아기마마는 더욱 귀염을 받게 되었다. 지난날 겐지는 사회적으로 보고 있노라면 너무나도 행복했고 눈이 핑 돌아갈 지경이었다. 그러나 요즘에는 애인들과도 서로 사정이 있어서 관계가 끊어졌고, 가벼운 밀회도 이젠 겸연쩍었다. 그는 비로소 한가로운 가정의 주인이 된 셈이었다.

병부경친왕의 왕녀가 행복해하자 모두가 축복했다. 소납언은 할머니인 여승이 부처님께 아가씨의 장래를 기도한 열성이 갸륵해서, 그 정성이 통하여 좋은 결과를 얻게 되었다고 생각했다. 아버님이신 친왕도 유쾌한 기분으로 이조원에 드나드셨다. 계모는 정부인의 딸만 행운을 얻자 질투에 사로잡혔다. 사실상 무라사키 부인은 소설에 나오는 의붓딸과 같은 길을 걷고 있었다.

가모(賀茂) 재원(齋院)은 아버지 기리쓰보 상황의 죽음으로 자리에서 물러나고, 그 대신에 식부경친왕의 아사가오 아가씨가 재원이 되었다. 상감의 손녀가 가모의 재원이 되는 일은 드물지만, 마침 적당한 황녀가 없던 탓일 것이다.

겐지는 세월이 많이 흐른 지금도 이 아씨에게 연민을 품고 있었는데, 결혼도 할 수 없는 신성한 직무를 맡게 되자 무척 서운했다. 시녀인 중장댁은 지금도 곧잘 겐지의 심부름을 해주었고 편지도 여전히 보내고 있었다.

겐지는 그 무렵 자신의 불우한 처지는 조금도 개의치 않으면서, 재원과 상시에게 사랑을 한탄하고 있었다. 상감은 상황이 유언하신 대로 겐지를 사랑하셨지만, 젊으신데다가 매우 심약한 분이라 어머니인 황태후와 할아버지인 대신의 결정에 따라 행해지는 일들을 어쩌지도 못하다보니 조정 정사에 불만이 쌓이셨다. 상시는 예전보다도 자유가 없었지만, 겐지와 함께 글월을 나누면서 끊임없이 사랑을 속삭이는 행복감을 맛보았다.

궁중에서 나라의 안녕을 기원하는 오단수법(五壇修法)을 행하게 되어 상감께서 근신하고 계실 때, 겐지는 상시에게 다가갔다. 옛 홍휘전의 작은 방으로 중납언이 인도해 주었다. 중납언은 사람들의 대궐 출입이 잦을 때에 이런 밀회를 자기 손으로 마련했다는 일이 내심 두려웠다. 아침저녁으로 보면서도 싫증이 안 나는 겐지와 오랜만에 만나게 된 상시의 기쁨이 짐작되었다. 여자는 이제 바야흐로 무르익은 청춘의 모습을 보이기 시작했다. 귀부인다운 단정함은 덜했는지 모르겠지만, 아름답고 요염하며 젊어서 남성의 마음을 충분히 끌 만한 힘이 있었다.

어느덧 날이 밝아오니 바로 옆에서 호위를 하던 근위병이 가장된 목소리로 말했다.

"당직을 서는 자이옵니다."

"나 말고도 이 근처에서 은밀하게 여자를 만나는 근위사가 있는 모양이로구나. 심술궂은 동료가 그리 가르쳐주며 일부러 보낸 것이겠지?"

겐지는 이렇게 물어보며 우습기도 하고 난감한 기분도 들었다. 그 당직자가 여기저기 상사를 찾아다니며 말하는 소리가 들렸다.

"지금, 네 시이옵니다."

스스로 자청한 사랑이기에
눈물로 소맷자락 젖으니
날이 밝았다고 알리는 소리에도
그대 마음 떠날까
두려움에 떠는 이내 마음

이렇게 노래하는 상시의 모습은 참으로 애처로웠다.

탄식만 하면서
내 인생 이리 지내란 말인가
이 새벽녘 가슴속 괴로움
가실 줄을 모르네

겐지는 이렇게 화답하고 서둘러 자리에서 일어섰다. 해가 뜨려면 아직 멀었고 안개가 자욱이 내린 달밤을 홀가분한 사냥복 차림으로 걸어가는 겐지는 무척 아름다웠다. 이때 마침 승향전(承香殿) 여어의 오라버니인 두중장이 후지쓰보 궁(藤壺宮)에서 나와 달빛에 가려진 덧문 앞에 우두커니 서 있었다. 하지만 겐지는 불행하게도 그 사실을 모른 채 그곳으로 왔다. 그 사람들이 비난할 것은 불 보듯 뻔한 노릇이었다.

한편, 겐지는 빈틈을 조금도 보이지 않은 중궁을 훌륭하다고 인정하면서도 야속하고 원망스러울 때가 많았다. 중궁은 궁중 안에 입궐하는 일이 내키지 않았지만, 그 때문에 동궁을 만나지 못하는 점을 쓸쓸하게 여겼다. 동궁의 뒤를 봐줄 만한 다른 사람으로 중궁도 오직 겐지만을 의지하시는데도 겐지의 행동은 이따금씩 중궁을 난처하게 만들었다. 상황께서 숨을 거두시기 전까지 비밀을 눈치채지 못하고 하직하신 것만으로도 중궁은 무거운 죄책감을 안고 있었다. 그런데 다시 악명을 남기게 된다면 자신의 처지야 어찌됐든 동궁에게 큰 불행이 닥쳐올 것 같았다. 중궁은 겐지의 사랑을 법력으로 막기 위해 몰래 기도까지 했고, 겐지의 불처럼 타오르는 욕정을 온몸으로 피하고 계셨다. 그런데 뜻하지 않은 어느 날 겐지는 중궁 처소로 몰래 들어갔다.

신중하게 계획된 일이라 감쪽같이 속여 중궁으로선 꿈만 같았다. 겐지는 진심을 담아 아름다운 말로 그 마음을 움직이려 했으나 중궁은 끝까지 냉정을 잃지 않았다. 마침내 중궁은 가슴이 아파와 괴로워하시게 되었다. 왕명부와 변을 비롯해서 은밀히 관여하는 궁녀들은 놀라 허둥지둥 시중을 들었다. 겐지는 너무도 매정하게 구는 중궁이 원망스럽고 자신의 꼴이 한심해서 한없는 탄식에 젖어 있으니, 과거는 물론 앞날마저 캄캄해 이성까지 잃고서 날이 훤히 밝았는데도 자리를 떠나려하지 않았다.

병환이란 말을 전해들은 궁녀들이 휘장 주위를 뻔질나게 드나들자, 겐지는 자기도 모르게 골방으로 숨어버렸다. 겐지의 겉옷을 몰래 가져온 궁녀도 오들오들 떨고 있었다. 중궁은 비관하신 나머지 정신을 잃으셨고, 이튿날 아침까지도 건강을 회복하지 못하셨다.

오라버님인 병부경이며 중궁대부는 기도승을 불러야 한다고 소리쳤고, 겐지는 그것을 괴롭게 듣고만 있었다. 해질녘에서야 가까스로 몸을 추스를 수 있었다. 겐지가 하루를 꼬박 골방에서 지냈건만 중궁은 너무 아픈 나머지 그 사실을 미처 알지 못했다. 명부 등 궁녀들도 걱정하실까봐 말씀드리지 않았던 탓이다. 중궁은 낮에 거실에 나와 앉아 계실 정도로 이제는 차도가 있으신 듯하다고 마음을 놓으신 병부경은 돌아가셨다. 그리고 거실에 있던 사람들도 뜸해졌다. 평소 중전이 몸소 부리시는 사람은 많지 않았는데, 그들 가운데 몇몇만이 휘장 뒤나 장지 그늘 여기저기에서 기다리고 있었다.

"어떻게 해야 우대장님을 집으로 가시게끔 할 수 있을까. 곁에 계시게 되면 오늘 밤도 병환이 도지실 텐데 중궁마마가 너무 가엾다."

명부들은 그렇게 수군거리고 있었다. 겐지는 빠끔히 열린 골방문을 살며시 열고 병풍과 벽 사이를 더듬어 중궁 곁으로 다가갔다. 그런 줄도 모르고 중궁의 옆얼굴을 어두운 데서도 자세히 볼 수 있는 기쁨에 겐지의 가슴은 설렜고 애잔함에 눈물마저 흘러나왔다.

"아직도 답답하구나. 꼭 죽을 것만 같아."

바깥을 바라보는 중궁의 옆얼굴이 참으로 아리따웠다. 궁녀들은 중궁이 뭐라도 드시길 바라는 마음에서 과일을 가지고 왔다. 상자 뚜껑에 과일을 소담스럽게 담았지만 거들떠보지도 않았고, 세상 고민은 모두 짊어진 듯이 수심에 잠겨 조용히 한 군데만을 바라보고 계시는 모습이 너무나 아름다웠다. 머리카락이 한 올 한 올 흘러내린 모습은 마치 서쪽 별채의 무라사키 아씨와 하나도 다름이 없었다. 이제까지 그렇게 닮았다는 것을 깨닫지 못했던 겐지는 놀라울 정도로 닮은 두 여성이 있구나 싶었으며, 그나마 자기는 괴로운 짝사랑을 하소연할 데가 있다고 생각했다. 우아한 구석도 비슷했지만, 첫사랑인 중궁이 어딘가 한층 훌륭해 보였다. 화려한 분위기를 발산하니 중궁이 예전보다 훨씬 더 매혹적으로 느낀 겐지는 앞뒤 분간도 못하고 조용히 휘장으로 옮겨가서 중궁의 옷자락 끝을 손으로 잡아 끌었다. 겐지의 옷에 훈향(薰香)이 물씬 풍기자 중궁은 사태를 알아차리셨고 놀라고 두려운 나머지 폭 엎드리셨다. 겐지는 이제 돌아보지도 않는다며 불만스럽고 원망스러운 생각에 옷자락을 힘주어 손으로 잡은 채 끌어당겼다. 자신의 겉옷을 겐지의 손에 잡혀 있던 중궁은 바깥쪽으로 몸을 비키려 하셨으나, 머리카락과 옷이 겐지의 손에 잡혀 있었다. 중전은 슬퍼서 자신의 팔자가 박하다고 생각하셨는데, 그 모습이 참으로 애처로웠다. 겐지도 자신의 높은 지체를 죄다 잊어버리고 얼빠진 사람처럼 울먹거리며 원망을 늘어놓았지만, 중궁은 정말로 화가 나신 듯 대꾸도 하지 않으셨다.

"저는 지금 몸이 어찌나 불편한지, 기회를 봐서 다음에 자세히 전할까 합니다."

다만 이렇게 말씀하셨는데도, 겐지는 자신의 괴롭고 초조한 심정을 갖은 말로 다 늘어놓았다. 아닌 게 아니라 사무친 정도 더러 섞여 있었던 모양이다. 이전에도 있었던 일이지만, 또다시 죄악을 저지르는 짓은 참을 수 없다고 생각하신 중궁은 고매한 품격을 잃지 않으신 채, 무작정 덤비는 겐지를 부드럽게 타일러 간신히 피하셨다. 오늘 밤도 이렇게 날이 새려 했다. 더 이상 힘으로 이기기에는 드맑고 거룩하신 분이었으므로 겐지는 이런 소리를 해서 마음을 놓게끔 했다.

"저는 이걸로 만족합니다. 그래도 오늘 밤만큼은 허락하시고 이후도 가끔씩 저의 마음을 들어 주신다면, 더 이상 무례한 짓을 하지 않겠습니다."

심각한 관계가 아니더라도 위태위태한 밀회를 하는 애인끼리는 헤어지기가 싫은 법인데, 겐지는 여기에서 이대로 떠나기 싫었다. 날이 새면서 명부는 겐지에게 이만 나가달라 간절히 부탁했고, 중궁은 거의 실신 지경에 이르셨다.

"그런 꼴을 당하면서 아직 이 세상에 살아 있느냐는 소리를 듣기가 참을 수 없이 수치스러워 이대로 죽고 싶사오나, 그리 하면 다음 세상에서 죄가 될 터이니."

겐지의 태도는 무서울 만큼 심각했다.

"만나 뵙기가 오늘같이 어렵지만 않다면, 다음 세상에 태어나서라도 한탄 속에 지내려고 합니다. 어떻게 되든 저는 당신을 따라다닐 것입니다."

"앞으로 다가올 영원한 세상에서 당신에게 한을 남긴다 하더라도 후회 마시고 그 마음에는 자신이 원수라는 걸 아셔야 하겠습니다."

중궁은 한탄하며 말씀하셨다. 겐지가 하는 말을 짐짓 가볍게 받아넘기는 듯한 우아한 태도에 겐지는 마음이 끌렸지만 중궁에게 멸시받기는 싫었고, 자신을 위해서라도 자제해야 한다고 생각해서 그만 돌아갔다.

이토록 냉혹한 대접을 받은 겐지는 더 이상 중궁에게 얼굴을 보이고 싶지 않았다. 동정을 느끼시게 될 때까지는 침묵을 지켜야 한다고 생각한 겐지는 그 뒤로 중궁에게 편지를 쓰지 않았다. 이제는 동궁으로도 나가지 않은 채 집안에만 틀어박혔다. 밤낮으로 중궁의 심사가 매정하다고 원망하는 한편 자신의 그런 태도를 배반하듯 날이 갈수록 더더욱 그리워질 뿐이었다. 넋조차 어디로 빠져나간 듯했고 병에 걸리지 않았나 싶기도 했다. 외로운 속세를 버리지 않았기 때문에 더욱더 슬픔이 깊어져 갔다. 나 같은 사람은 출가해야 한다고 결심을 할 때면 젊은 무라사키 부인이 눈에 밟혔다. 겐지는 자기만을 믿고 살아가는 상냥한 아내를 버리겠다는 생각은 조금도 하지 않았다.

중궁 또한 그날 이후 마음이 몹시 동요했다. 명부도 그 뒤로 겐지가 바깥출입도 하지 않고 편지도 보내오지 않았기에 미안한 마음이 들었다. 중궁도 동궁을 위해서는 겐지와 좋은 관계를 이어 나가야 하는데도, 자신의 태도로 인해 그가 인생을 비관하거나 출가라도 하면 어쩌나 하는 생각도 들었다. 그렇다고 해서 그런 일이 늘 있다면, 흠내기 좋아하는 세상사람들이 또 어떤 소문을 만들어낼지는 상상할 만했다. 이즈음 와서 중궁은 자신은 여승이 됨으로써 황태후가 싫어하는 황후의 자리에서 물러나리라 결심했다. 상황께서 자기를 위해 막중한 유언을 하셨음을 생각하면 만사가 당대에 실천되지 않음을 느꼈다. 한(漢)나라 초기에 척부인(戚夫人)이 여후(呂后)*3에게 시달림을 당하는 그런 일은 없다 하더라도, 세상이 비웃는 여자가 될 듯싶었다. 이를 계기로 여승이 되는 게 가장 좋은 길이라고 생각하셨으나, 동궁을 만나뵙지 않은 채 여승이 되면 동궁이 가여울 것 같아 남들 눈에 띄지 않게 궁궐로 드셨다. 겐지는 그런 때가 아니더라도 넘치도록 호의를 표시하는 버릇이 있었는데, 이번에는 꾀병을 핑계로 수행도 하지 않았다. 여느 때와 다름없이 시중을 들었으나, 오려고 하지 않는 건 꽤나 비관할 만한 증거라고 사람들은 동정했다.

동궁은 나날이 아름답게 자라나셨다. 오랜만에 어마마마를 만난 게 기뻐서 응석을 부리시는 모습도 참으로 사랑스러우셨다. 중궁은 이런 분을 떠나서 신앙생활로 들어설 수 있을지 스스로 의문이 들었다. 더구나 궁중 분위기는 세월 변천에 따른 인심 변화가 심해서 인생무상만 가르쳐줄 뿐이었다. 복수심에 불타는 황태후도 신경이 쓰였고, 궁중 출입에 불쾌감을 주는 관청 쪽 눈치들도 참을 수 없이 괴로웠다. 그녀는 자신이 계속 그 자리에 있으면 오히려 동궁

---

*3 척부인(戚夫人)이 여후(呂后) : 한나라 고조의 왕후인 여후는 고조가 죽은 뒤 맏아들 혜제(惠帝)를 즉위시키고, 고조의 총애를 받던 척씨 부인과 그 아들 여의(如意)를 죽이고 다시 혜제를 죽인 뒤로는 여씨 일족을 왕에 봉하는 음모를 꾸몄다. 기원전 170년 무렵.

을 위태롭게 하는 일이 아닌가하며 불안해하셨다.

"떨어져 있는 동안 내 얼굴이 아주 달라지면 어떻겠습니까?"

중궁이 그렇게 말씀하시니, 동궁은 물끄러미 쳐다보시다가 웃으셨다.

"식부(式部)처럼 말이죠? 그런 일은 다시 없을 테죠."

중궁은 동궁의 믿음직스럽지 못한 천진난만함이 측은하신 듯 다시 말했다.

"식부는 노인네라서 그런 모습이랍니다. 저는 머리카락이 식부보다 짧고, 검정 옷을 입는 스님이 되려 합니다. 그럼 이제 오랫동안 만날 수 없을지도 몰라요."

중궁이 그렇게 말하고 우시자 동궁은 정색하시며 말했다.

"오랫동안 대궐에 안 오시면 보고 싶어 어찌합니까?"

그러더니 흐르는 눈물이 부끄러워 고개를 돌리셨다. 찰랑거리는 아름다운 머리칼과 반짝이는 눈빛에, 붙임성 있고 넘치도록 애교스런 모습은 자라면서 겐지의 얼굴을 빼다 박은 듯 닮아갔다. 생글거릴 때마다 입안에 거뭇거뭇하게 썩은 이가 보이는 천진하고 귀여운 모습은, 따라서 치장해보고 싶을 만큼 아름다웠다. 중궁은 동궁이 이렇듯 겐지를 닮은 것이 괴롭고도 옥의 티라 생각하시니, 이는 세상의 입방아가 얼마나 무서운지를 알기 때문이었다.

겐지는 중궁을 몹시 그리워하면서도, 그녀가 자신을 얼마나 냉혹하게 대했는지 반성하도록 하고자 칩거하고 있었는데, 그렇게 지낼수록 중궁이 사무치게 그리웠다. 그는 이런 심정을 풀고, 겸사겸사 가을 들판도 보기 위해 운린인〔雲林院〕으로 갔다.

운린인은 겐지의 어머니이신 기리쓰보 갱의의 오라버니가 율사(律師)로 계신 절인데, 거기서 독경과 불공을 드리며 2, 3일 묵고 있는 동안 감동받는 일이 많았다.

나무숲도 단풍이 지기 시작했으며, 나날이 변해 가는 가을 화초 들판을 바라보고 있노라면 떠나온 집마저 잊어버릴 지경이었다. 학승들만을 골라 토론을 시켜 듣기도 했다. 장소가 장소이니만큼 인생무상을 절실히 느끼게 되는 그곳에서 겐지는 오히려 원망스러운 사람이 더욱 생각났다. 아침이 가까운 달빛 아래에서 스님들은 정화수를 불전에 놓을 채비를 하며 달그락달그락 소리를 냈다. 그러면서 국화당 단풍잎을 그 언저리에 잔뜩 흩뜨려놓았다. 대수로운 일은 아니지만 스님들로서는 이런 일이 있어서 심심할 틈이 없을 것이고, 미래 세계에 희망을 가질 수 있으리라 생각하니 부럽기도 했다. 그런데 정작 자신은 이들과 달리 몸뚱이조차 주체하지 못하고 있으니 한심한 생각이 들었다.

율사가 거룩한 음성으로 '염불중생 섭취불사(念佛衆生 攝取不捨)' 하고 불경을 외우는 모습이 부러웠다. 속세를 버릴 수 없는 이유를 곰곰이 생각하자 무라사키 아씨가 걱정되었다. 이걸 보면 대단한 도심도 없는 셈이다.

이제까지 며칠을 다른 데서 오랫동안 지내본 적이 없는 겐지는 사랑하는 아내에게 몇 번이고 편지를 써 보냈다.

'세상을 등지고 불도에 정진할 수 있을지 시험 삼아 와보았으나, 무료함을 달래기는커녕 외로움만 깊어갑니다. 마저 듣지 못한 불도의 가르침이 있어 잠시더 머물러야 하겠는데, 그대는 어찌 지내고 있는지요.'

단지(檀紙)*⁴에 시원스럽게 써내려간 것이 제법 멋졌다.

띠가 무성한 들판의 이슬처럼
허망한 내 집에
그대 홀로 남겨두었으니
주위에 폭풍소리 들릴 때마다
어찌 지내는지 궁금하구려

애정이 담긴 편지에 무라사키는 그만 눈물을 흘렸고 하얀 종이에 답장을 썼다.

색 바래고 메마른 띠에 맺힌 이슬에
걸려 있는 거미줄은
바람 부는 대로 흔들리니
바람처럼 쉬이 마음이 변하는 그대로 하여
내 마음도 흔들리네

---

*4 단지(檀紙) : 참빗살나무 껍질로 만든 종이.

겐지는 편지를 보며 혼자 중얼거렸다.

"글 솜씨가 날로 좋아지는군!"

사랑스러운 사람이라 생각하며 미소지었다. 연일 편지를 주고받다 보니 필체가 겐지의 필체를 닮아가는 데다, 다소곳하고 여성스러운 정취가 묻어 있었다.

무엇 하나 부족한 점이 없으니, 잘 키웠다는 생각에 겐지는 흐뭇해했다.

재원(齋院)*5이 계신 가모는 여기서 가까운 곳이었기에 편지를 보냈다. 시녀 중장댁 앞으로 원망의 소리를 늘어놓았다.

'수심이 쌓여 마침내 집을 떠나 이런 곳에 묵고 있소만, 누구 때문인지는 아무도 모를 거요.'

또 재원에게는 친근하게 쓴 연둣빛 편지를, 비쭈기에 닥나무를 걸어 꾸민 가지와 함께 매달아 보냈다.

'말씀드리기에 황송한 일입니다만, 당신이 걸친 닥나무껍질 멜빵을 보면, 어느 해 가을이 떠오릅니다. 옛날을 돌이키려 해도 소용없는 일인데 그래도 그때로 돌아갈 수는 없을까 바라는 것은 내 잘못이겠지요.'

중장댁의 답장은 이랬다.

'똑같은 날이 계속되면 따분하기에, 곧잘 옛날 일을 생각하곤 합니다만, 그때마다 저는 나리를 연상하게 됩니다. 하지만 여기서는 그것 또한 현재와는 아무 관련이 없습니다. 딴 생각이나 다름없으니까요.'

그 밖에도 여러 가지가 씌어 있었다.

재원의 답장은 닥나무 헝겊 끄트머리에 씌어 있었다.

그 옛날
그대와 나 사이에
무슨 사연이 있었기에
옛날이 그립다는
뜻인지요

---

*5 재원(齋院) : 가모 신사(加茂神社)에 봉사하는 미혼 황녀, 곧 아씨. 이세 신궁(伊勢神宮)에 봉사하는 여인을 재궁(齋宮)이라 일컬었다.

재원의 글씨에는 자상한 맛은 없지만 고상하며 우아했고, 한자 흘려쓰기는 전보다 한층 능숙해진 듯했다. 하물며 그 사람이 얼마나 더 아름다워졌을까 상상을 하자 가슴이 두근거렸다. 신의 벌이 무섭지도 않은지.

겐지는 지난해 임시궁전에서 작별했을 시기가 이맘때였다고 생각하며, 자기 연애를 가로막는 것은 신(神)들이라고 생각했다.

그는 중간에 어려운 사정이 있으면 있을수록 정열이 더해지는 자신의 버릇을 스스로도 몰랐다. 가모 아씨와의 결혼을 간절히 희망했더라면 어렵지 않았던 시절엔 무사태평하게 보내놓고, 이제 재원이 된 뒤에 새삼스레 후회의 눈물을 하염없이 흘렸다. 재원은 이제까지 받아온 수많은 편지가 보통 이상의 허랑방탕하게 쓰여진 편지임을 알고 있었으며 겐지를 이해하는 마음에서 답장도 가끔씩 쓰셨다. 공정하게 말하자면, 신성한 재원으로서는 어쩌 좀 근신함이 모자란다고 할 수 있겠다.

겐지는 절에 머물면서 천태 60권이란 경전을 읽었고 어려운 부분은 학승에게 물었다.

"평소 열심히 기도를 올린 공덕으로 귀한 분이 나타나셨도다. 이것으로 본 존불에게도 면목이 서는구나."

운림원에서는 신분이 낮은 법사들까지 기뻐했다.

겐지는 마음을 차분하게 가라앉히고 세상 돌아가는 것을 생각하니, 도읍으로 돌아가고픈 마음이 없었다. 다만 홀로 있는 무라사키가 염려되어 불도 수행에 장애가 되니 마냥 머물 수는 없었다. 겐지는 운림원에 송경(誦經)의 시주를 성대하게 베풀었다. 신분의 높고 낮음에 관계없이 모든 불도들을 비롯해, 근처에 사는 사람들에게도 풍성하게 시주를 내리고 갖은 공덕을 넉넉히 다 베풀고 나서 도읍으로 돌아갔다.

이런 겐지를 배웅하려고 여기저기서 노인들까지 모여들어 눈물을 흘리며 그 모습을 찬양했다. 상중이라 상복을 차려입고 검정색으로 치장한 수레 안에 있어 모습은 잘 보이지 않으나, 틈새로 언뜻언뜻 스치는 모습을 보고는 세상에 둘도 없는 훌륭한 분이라 여겼다.

이조원의 무라사키는 며칠 못 보는 사이 한층 아름답고 어른스러워진 듯했다. 고상하고 침착하면서도 겐지의 애정을 불안해하는 기색이 매우 사랑스러웠다. 그리운 사람을 생각하는 번민이 겉으로 드러나 자신의 눈에 띄기도 했고, '띠풀에 줄친 거미'라는 노래를 써 보내지 않았던가 하고 측은하여 여느 때보다 더 뜨거운 애정을 느꼈다. 산에서 꺾어온 단풍은 뜰 앞의 단풍에 비해 훨씬 붉고 아름다웠다. 오랫동안 편지를 쓰지 않아 견딜 수 없을 만큼 쓸쓸해진 겐지는, 그 단풍을 궁궐에 계신 중궁에게 선물로 보냈다. 그리고 편지는 명부에게 썼다.

'중궁께서 동궁을 찾아뵈었다니 어려운 걸음을 하셨구려. 그 뒤 동궁과 중궁 두 분이 마음에 걸려 노심초사했으나, 불도 근행을 마음먹고 날짜를 채우지 않는 것도 도리가 아닌지라 그만 본의 아니게 소식을 전하지 못하였소. 단풍이 너무 아름다워 혼자 보기가 아까워 함께 보내니, 아무쪼록 중궁께 잘 전해주시오.'

참으로 곱게 물든 멋진 나뭇가지였기에 중궁도 눈길이 쏠렸다. 그런데 잔가지 끝에 종이가 묶여 있었다.

"아직도 마음을 품고 계시니, 참으로 야속하구나. 이렇듯 사려 깊으신 분이, 애석하게도 가끔 이런 염치없는 일을 하시니 시녀들이 이상히 여기지나 않을지."

시녀들의 눈이 있어 중궁은 정색을 하고 나뭇가지를 병에 꽂아 차양의 방 기둥 옆에 얼른 치우게 했다.

중궁은 그래도 겐지에게 의지하는 듯 보이려, 사소한 일이나 동궁에 관계된 일은 형식적인 글에 담아 편지를 보내곤 했다. 겐지는 중궁이 언제까지 저리 매몰차게 자신을 멀리할까 원망하면서도, 지금까지 하나에서 열까지 보살펴왔던 터라 이제 와서 서먹하게 굴면 이상히 여길 듯해, 중궁이 퇴궁하는 날 마중을 하러 입궁했다.

상감께서는 마침 한가하시던 때라, 겐지와 함께 추억이나 지금의 이야기를 나누셨다. 상감의 용안은 상황을 꼭 닮았는데, 상황보다 좀더 아리땁고 다정하며 부드러워 보였다. 상감도 겐지와 마찬가지로, 겐지를 보시자 상황을 떠올리셨다.

상감은 상시*6와 겐지의 은밀한 사랑이 여전히 계속되고 있다는 소문을 들은데. 상시의 표정에서 그럼직한 눈치를 채는 일도 있었으나, 지금 새로 시작

---

*6 상시(尚侍) : 중궁 최고급의 여관(女官). 여기서는 우대신의 여섯째딸이자 홍휘전(弘徽殿) 여어의 동생. 지난날 겐지와 관계를 가졌던 그 여성을 말한다.

된 일이라면 몰라도 오래전부터 이어진 일이고 서로 어울리지 않는 사람들도 아니었기에 애써 너그럽게 생각하며 나무라지 않으셨다.

상감과 겐지는 많은 이야기를 나누었다. 상감은 학문적인 의문도, 사랑노래에 얽힌 체험담도 허심탄회하게 털어놓았다. 또한 재궁이 이세로 내려가던 날, 용모가 얼마나 수려했는지도 칭찬하니, 겐지도 마음을 열고 새벽녘 별궁에서 육조궁과 나누었던 이별의 정까지 고백했다.

스무날 달빛이 차츰 밝아오면서 밤의 흥취가 무르익기 시작했을 즈음 상감은 말씀하셨다.

"음악을 듣고 싶은 밤이구먼."

"오늘 밤 중궁께서 퇴궁하신다고 하니, 제가 찾아뵐까 합니다. 상황의 유언도 있으셨고 아무도 시중을 들어 드리지 않기에 친절히 모시고자 합니다. 동궁과 저희들의 관계로 보더라도 못 본 체할 수 없고요."

겐지는 이렇게 아뢰었다.

"상황께서는 동궁을 자기 자식마냥 귀여워해 주라고 말씀하셨지. 그리하여 나는 어느 형제보다도 귀히 여기고 있지만, 눈에 띄게 그러는 것은 아니다 싶어 나 스스로 삼가고 있네. 동궁은 이젠 글씨도 훌륭하게 쓰신다네. 만사가 심심하고 지루한 나의 불명예를 그분이 곧 회복해 주리라 믿고 있네."

"동궁은 총명하고 어른스럽긴 하나, 아직은 어린 아이이옵니다."

겐지는 이렇게 동궁의 근황을 전하고 물러났다.

홍휘전 황태후의 오라버니인 도 대납언의 자식 가운데 두변이라고 하여, 시대 흐름을 타고 거드름을 피우는 자가 있었다.

여경전에 여어인 동생을 만나러 가려다 겐지의 부하가 은밀하게 길을 여는 것을 보고는, 잠시 멈춰서서 모반의 뜻이 담긴 문구를 천천히 중얼거렸다.

'하얀 무지개가 해를 관통하니 태자가 두려움에 떠는구나.'

세력이 승승장구하여 두려울 게 없었으리라. 겐지는 그 말을 듣고 고개를 돌리고 싶었으나, 그렇다고 대놓고 꾸짖을 수도 없는 노릇이었다. 요즘 들어 황태후의 심기가 험악하기 그지없어 궁중이 잠잠할 날이 없다는 소문도 들리는데다, 황태후의 근친들까지 이렇듯 노골적으로 빈정거리니 겐지는 마음이 불편했으나, 애써 못 들은 척했다.

후지쓰보 중궁을 찾은 겐지는 이렇게 인사를 드렸다.

"상감을 뵈옵느라 밤을 밝히고 말았습니다."

중궁은 환하게 빛나는 달빛을 바라보면서 이렇게 아름다운 달밤이면 상황이 관현놀이를 베풀어 풍류를 즐기며 보냈던 일들을 떠올렸다. 궁궐은 그 시절과 다르지 않은데, 변한 것이 너무 많아 아쉬움을 자아냈다.

구중궁궐에
자욱하게 낀 안개
나를 떼어놓으려나
구름 위의 달을 멀리서
몰래 따라가

중궁은 왕명부를 통하여 겐지에게 노래를 전했다. 중궁의 기척이 희미하게나마 전해지니, 겐지는 괴로움도 잊고 감격의 눈물을 흘렸다.

달빛은 옛 가을과
조금도 다르지 않은데
자욱한 안개에 가려
달이 모습을 보이지 않으니
아아, 안타까운 일이네

"'봄안개에도 사람의 마음처럼 서먹함이 있구나'라는 옛 노래가 있는 줄로 아옵니다."

겐지는 말했다.

중궁은 슬프게 작별하시면서 동궁에게 장래의 일을 여러 가지로 가르치려 하셨지만, 동궁이 그다지 깊은 관심을 보이지 않자 무척 섭섭해하셨다. 평소 동궁은 일찍 주무시곤 했는데, 오늘은 중궁이 돌아가실 때까지 일어나 계실 듯싶었다. 자신을 남겨 놓고 어마마마가 떠나시는 것이 원망스러운 모양이었지만, 그래도 억지로 말리지 않자 중궁은 더욱 측은하게 여기셨다.

겐지는 두변의 말을 생각하면 남모를 옛 비밀이 생각나서 상시에게도 오랫동안 편지를 쓰지 않았다. 가을비가 추적추적 내리기 시작했을 무렵, 무슨 생각인지 상시는 다음과 같은 노래를 보내왔다.

초겨울 찬바람이 몰아쳐도
바람이 소식 전해주려나
기다리는 사이
초조한 마음마저
사라지고 말았으니

계절은 스산하게 비 내리는 늦가을, 남몰래 써서 힘들게 보낸 상시의 마음이 어여뻐 그 자리에서 답장을 써 보내려 심부름꾼을 세워두었다. 궤 문을 열어 좋은 종이를 고르고, 붓도 특별히 신경 써서 고르는 겐지의 모습은 여느 때보다 매력적으로 보였다.

시녀들은 이렇게 정성스러운 편지를 과연 누가 받을지, 서로 쿡쿡 찌르며 궁금해했다.

"편지를 보내도 아무 소용이 없어 지치고 침울한 나날이었소. 그저 내 자신이 한심하여 한탄하다 보니, 그대가 기다릴 만큼 날이 지나고 말았구려.

그대를 만나지 못하는
그리움에 지쳐
요 며칠 흘린 눈물
내리는 이 비가
이내 눈물인줄 그대는 모르려니

"서로 마음이 통했더라면, 이렇듯 오랜 비 내리는 쓸쓸한 하늘을 바라보면서 시름을 잊을 수 있으련만."

그런 식으로 정열이 넘치도록 글자를 이어놓았다. 다른 여자들도 겐지를 유혹하는 편지를 보내왔지만, 가벼이 답장만 써 보낼 뿐 겐지는 크게 신경 쓰지 않았다.

중궁은 세상을 떠난 상황의 일주기 불제에 이어, 다시 법화경 팔강회*7를 열 준비에 여념이 없었다. 동짓달 초 기일에는 함박눈이 펑펑 내렸다. 겐지가 중궁께 편지를 보냈다.

우리님 가신 기일이
돌아왔건만
죽은 사람
언제 다시 뵈오리

중궁도 무척 슬펐기에 바로 답장을 써 보냈다.

이승에 홀로 남은
이 괴로움 속에서도
기일이 돌아오니
옛날로 돌아간 듯하여라

굳이 잘 쓰려고 애쓰지 않은 필체인데도 기품 있고 우아하게 느껴지는 것은 중궁을 향한 겐지의 한결 같은 마음 때문이리라. 특징 있는 세련된 필체는 아니어도 보통 솜씨는 아니다.

겐지는 오늘만큼은 중궁을 그리워하는 애타는 마음을 억누르고, 마음을 적시는 눈송이에 눈물을 흘리면서 불전에 상황의 명복을 빌었다.

섣달 열 며칠에 중궁의 팔강회가 매우 장엄하게 치러졌다. 매일 불전에 올리는 경전을 비롯하여 옥으로 만든 심대, 나전 표지, 책갑의 장식에 이르기까지 비할 데 없이 아름답고 정교했다. 날마다 쓰는 물건에도 우아한 취향을 잊지 않으시는 분이라서 더욱이 부처님을 위해 하신 일은 비슷한 예를 찾아볼 수 없을 정도로 사람의 눈을 놀라게 했다. 불상 장식이며, 꽃상 보자기 등에 깃든 호화로움에서 극락세계를 쉬이 상상할 수 있었다.

첫날은 중궁의 아바마마 명복을, 다음 날은 모후의 명복을 빌었으며, 사흘

---

*7 팔강회(八講會) : 《법화경》 8권을 아침저녁 두 차례에 걸쳐 나흘 동안 강의하는 법회.

째는 상황의 명복을 빌었는데, 이날은 법화경 제5권을 강독하는 날이라서 많은 고관들이 세상의 평판에도 아랑곳하지 않고 참석했다. 오늘 강사로는 거룩한 스님이 뽑혔는데, '법화경은 어찌하여 얻은 불법이런가, 나무 베고 나물 캐고 물을 길어 얻었어라'라는 노래를 외울 때에는 감동을 받았다. 친왕들도 부처님 앞에 갖가지 공물을 가지고 와서 바치셨는데, 겐지의 모습이 가장 우아해 보였다.

필자가 늘 겐지만 칭찬하는 듯하지만 볼 때마다 아름다운 사람이라는 느낌이 드는 것은 어쩔 수 없는 노릇이다. 마지막 날은 중궁 자신이 몸소 부처님 앞에 결합을 맹세하기 위한 공양이어서, 중궁의 출가 문제가 이 의식에서 보고되자 모두 큰 충격을 받았다. 병부경친왕도 겐지도 모두 당황한 데다 깜짝 놀라서 무슨 말로 표현하면 좋을지 모를 정도였다.

경친왕은 의식 도중에 자리를 뜨더니 중궁이 있는 곳으로 드셨다. 중궁은 굳은 결심을 오라버님께 고하고는 에이잔(叡山) 주지 스님을 부르시어 불교의 가르침을 받겠노라 하셨다.

중궁의 백부인 요카와의 승도가 가까이 들어, 머리를 자를 때에는 좌중이 웅성웅성 소란스러워지더니 예사롭지 않은 울음소리가 터져 나왔다. 미천하고 노쇠한 자들이라도 막상 출가를 하려 머리를 깎을 때는 뭐라 말할 수 없이 슬픈 법인데, 하물며 여색이 한창인 중궁은 지금껏 그런 눈치조차 보이지 않았으니, 병부경도 억장이 무너져 눈물을 흘리지 않을 수 없었다.

팔강법회에 참가한 모든 사람들은 법회의 장대하고 엄숙함에 감동하여 가슴이 벅차 있던 참인데 이 충격적인 장면에 소맷자락을 적시며 돌아갔다.

상황의 황자들은 아바마마가 총애하셨던 황후의 현재 비참한 모습에 모두들 침울해하셨다. 그분들은 위문의 인사를 드렸는데, 마지막까지 남은 겐지는 놀라고 슬퍼서 아무 말도 할 수 없었고 마음도 잃어버린 것 같았다. 하지만 남의 눈을 생각하고 겨우 정신을 차려 중궁의 거실로 나갔다. 사람들은 이제 진정하지 못해 우왕좌왕하고 흐느껴 울던 소리를 그치고, 궁녀들은 눈물을 닦으면서 여기저기 몰려 있었다.

그날따라 하늘의 휘황찬란한 달이 눈 위로 환히 비추는 뜰을 바라보니 겐지는 상황께서 살아계실 적 일이 떠올라 참을 수 없었다. 간신히 마음을 가라

앉히고 물었다.

"무슨 연유로 이렇게 갑작스레 결심을 하신 것이옵니까?"

중궁은 왕명부를 통하여 이렇게 말을 선했다.

"지금 갑작스럽게 생각한 일이 아닙니다. 미리 발표하면 사람들이 소란을 피워 각오가 흔들릴 듯하여."

겐지는 옥렴 속 온갖 모습을 상상하며 슬퍼했다. 숱한 여자들의 옷자락 스치는 소리를 들으면 그들이 몸부림치면서 슬픔을 누르고 있음을 알 수 있었다.

바람이 세차게 불자 옥렴 속에서 짙은 구로호 향*⁸이 스며들었는데, 명향(名香) 연기도 은은히 흘러나왔다. 겐지의 옷에 배어 있는 향내까지 그 향을 풍기니 극락정토를 떠올리게 하는 밤이었다.

동궁의 칙사도 중궁을 알현했다. 중궁은 지난날 동궁을 뵈었을 때, 귀엽고 사랑스러운 모습이 떠올라 애써 참았던 슬픔이 북받쳐 대답도 제대로 하지 못했다. 보다 못한 겐지가 대신 대답을 주었다.

그 자리에 있는 모든 사람들이 마음의 동요를 가누지 못하는 때라, 겐지는 자신의 속내를 털어놓을 수가 없었다.

이 새벽 달빛처럼
정갈한 마음으로 하신 출가
뒤따르려 하나
세상 번뇌의 어둠에
길을 잃어
뜻을 이루지는 못할지니

"이렇게 생각할 수밖에 없는 제 자신이 한심합니다. 끝내 출가하시는 것이 부러울 따름입니다."

시녀들이 중궁 곁을 떠나지 않아 가슴속에 맺혀 있는 많은 말들을 무엇 하나 할 수 없으니 마음이 답답한 겐지는 겨우 시 한 수를 건넸다.

---

*8 구로호 향(黑方香): 훈향(薫香)의 하나. 침향·정자향(丁子香)·갑향(甲香)·백단향(白檀香)·사향(麝香) 등을 섞어서 만든다.

세상만사가
괴롭고 허망하여
세상 버리고 출가하였거늘
언제쯤 자식 걱정을
모두 떨칠 수 있으리오

"아직 번뇌가 남아 있습니다."

이 대답은 말을 전하는 시녀가 적당히 꾸며 겐지에게 전했을 것이다. 겐지는 슬픔을 가누지 못하고 무너지는 가슴으로 중궁 앞을 물러나왔다.

겐지는 이조원에 돌아와서도 자기 방에 홀로 누워 잠을 이루지 못했다. 인생살이가 더욱 슬프기만 하고 자신도 출가해야겠다고 결심했다. 하지만 그러자니 동궁이 너무 가여웠다. 상황은 동궁의 어마마마를 최고 지위로 높여 앉히려 했지만 그것을 좋게 생각하지 않았던 중궁은 그 지위마저 버렸다. 여승이 된 몸으로는 황후 대우도 받을 수 없을 텐데 자기마저 동궁의 뒤를 봐주지 않으면 되겠느냐고 겐지는 생각했다.

밤새도록 이런 일을 궁리한 끝에 겐지는 중궁을 위해 여승으로서 지녀야 할 일용품이며 옷가지를 만들어 드리기로 하고, 해가 저물기 전에 그 일을 끝내려고 바쁘게 서둘렀다.

왕명부도 뒤따라 출가하니 겐지는 이 사람에게도 일용품을 보냈다. 상세하게 말하는 것도 요란스러울 것이기에 줄이고자 한다. 실은 이런 때야말로 마음을 울리는 노래가 지어졌을 법한데, 그런 노래가 빠짐이 유감이다.

겐지가 삼조궁을 마음 놓고 찾아갈 수 있게 되자, 중궁 자신도 이젠 직접 말씀을 하시곤 했다. 소년시절부터 사모해 온 겐지의 사랑이 중궁 출가로써 해소된 것은 아니었지만, 더 이상 접근해서도 안될 일이었다.

해가 바뀌고 탈상을 하여 궁궐에선 내연(內宴)이니, 도카(踏歌)*⁹니 하고 화려한 행사가 연달아 이어졌지만, 중궁은 인생의 비애에 젖어 계셨다. 후세를 위해 불공에 전념하면 믿음직한 힘을 저절로 얻는 듯했고, 겐지의 욕정에서 벗

*9 도카(踏歌) : 헤이안 시대 초봄에 궁중에서 열리던 행사. 발을 굴러 춤추면서 부르는 노래.

어날 수 있는 즐거움도 맛보실 수 있었다. 거실 옆에 있는 염송실(念誦室) 외에 새로 지으신 불당이 서쪽 별채 앞 가까이에 있었는데, 거기에서는 한층 여승답게 엄숙하게 염불 생활을 하셨다.

겐지가 문안을 올렸다. 설이 되었는데도 찾아오는 손님은 별로 없고, 측근 관원들 몇몇만이 쓸쓸한 이날은 백마절*10이라서, 겐지가 삼조궁에 백마를 끌고 오자 시녀들이 구경했다. 수많은 고관들이 문안을 드리는 일도 이제는 옛일이 되었다. 그들이 이 궁전을 그냥 지나쳐 맞은편 태정대신(太政大臣) 저택으로 몰려가는 것은 당연하지만, 중궁으로서는 어떤 허전한 느낌이 드는 것은 어쩔 수 없었다.

그런 판에 고관 천 명과 맞먹을 겐지가 화려한 모습으로 몸소 예를 차리러 오자 중궁은 눈물을 흘리셨다. 겐지도 왠지 서글픈 마음에 주위를 둘러보면서 한참 동안 말이 없었다. 온전히 비구니 거처가 되었는데, 옥렴은 초록빛이었고 휘장은 쥐색이었다. 그런 가운데 보이는 것은 시녀들의 엷은 쥐색 옷과 속옷의 노란 소맷자락들이었는데, 그 때문에 오히려 아리땁고 우아해 보였다.

녹기 시작한 연못물이나 물가의 버드나무 가지에 움트는 새싹은, 변함없이 계절을 잊지 않은 자연의 징표이니 벅찬 가슴으로 겐지는 그 풍경을 바라보았다.

'과연 이곳에는 고상한 해녀 여승이 살고 있구나'라고 읊조리는 모습이 더없이 우아하다.

여기가
수심에 잠겨 있는
여승의 거처라 하니
슬픔에 절로
눈물이 넘치누나

이렇게 읊으니, 처음부터 넓지 않은 방을 불도수행을 위한 방으로 꾸몄기에 이전보다 좁고 가깝게 느껴졌다.

---

*10 백마절(白馬節) : 원어로는 아오우마노 세치에(白馬節會). 옛 궁중행사의 하나. 음력 정월 7일, 좌우마료(左右馬寮)에서 백마를 끌어내어 관람하던 의식.

옛 흔적조차 없는
쓸쓸한 이곳에
들러주는 이가 있다니
신기하구려

노래를 읊조리는 중궁의 목소리가 희미하게 들리자 겐지는 참다못해 눈물을 떨어뜨리고 말았다. 세상을 버리고 깨우침을 얻은 시녀들이 그 모습을 볼까 부끄러워 겐지는 말도 없이 그대로 물러났다.

"참으로 해가 갈수록 더없이 훌륭해지시는군요. 아무 부족함 없이 온갖 영화와 위세를 누리실 때는 천하제일, 언제 인생의 고달픔을 아시랴 여겨졌는데, 지금은 사려 깊으시고 침착하시고, 사소한 일에도 깊은 연민을 보이시니 때가 때인지라 더 안쓰럽사옵니다."

나이 든 시녀가 울면서 겐지를 칭찬했다. 중궁의 뇌리에도 이런저런 옛일들이 떠올랐다.

봄철 관리임용에서 중궁 측근들은 당연히 받아야 할 벼슬자리를 얻지 못하고, 중궁이 천거한 사람들은 그대로 내버려져 슬퍼하는 사람들이 많았다. 여승이 되면서 황후 자리를 내놓은 까닭에 조정의 대우도 달라졌다. 중궁은 이미 예상했던 일이라 거기에 대해서는 아무런 집착도 가지지 않으셨으나, 측근들이 의지할 곳을 잃어 안쓰러운 태도를 보일 때마다 마음이 어지러우셨다. 그러면서도 당신은 희생되더라도 동궁이 탈 없이 즉위할 수 있도록 빌어야겠다며 불공에 전념하셨다. 갑작스레 마음에 들이닥치는 남모를 공포와 불안감 때문에, 당신 자신의 신앙심으로 그 죄가 동궁에게 미치지 않기를 기원하고 계셨다. 그렇게 함으로써 자신을 위로하셨다.

겐지는 그런 중궁의 마음을 헤아리고 있었으므로 마땅한 일이라 여겼다. 그러면서 한편으로는 가신으로서 겐지에게 딸려 있는 관원들도 임용 결과를 보면 불행했다. 떳떳치 못한 겐지는 늘 집에만 틀어박혀 있었다. 좌대신도 공인이자 또 개인으로서 행복이 사라진 오늘날을 비관하여 그 자리를 그만두고 물러날 뜻을 나타냈다. 상황께서 매우 신용하시고 국가의 기둥은 그라고 유언하셨기에, 상감은 그 뜻을 받아들일 수가 없어서 번번이 거절하셨다. 그러나 대신은 다시 몇 번이고 사의를 아뢰고 출사하지 않았다. 이제는 우대신 일족만이 번영을 누리고 있다. 국가의 중신인 좌대신이 물러나자 상감은 서운해 하시고 세상 사람들도 한탄했다.

좌대신의 아들들은 하나같이 인품이 훌륭하여 정계 요직에 있으면서 편하게 살았는데, 지금은 다들 의기소침해 있고 두중장 같은 사람들도 앞날을 비관했다.

두중장은 우대신 댁 넷째 딸과 결혼해서 간혹 걸음을 하기는 하지만 냉담한 태도를 보여, 우대신 댁에서는 그를 믿음직한 사위로 여기지 않았다. 두고 보라는 식인지, 예의 인사이동에서 두중장도 승진하지 못했다. 그러나 본인은 그 일을 대수롭지 않게 생각했다.

겐지가 저렇듯 영락한 세월을 보내고 있는 것만 보더라도 권세란 얼마나 허망한 것인지 알 수 있었기에, 두중장은 자신의 불운 따위는 마땅한 일이라 여겼다. 두중장은 여전히 겐지가 있는 이조원을 드나들면서 함께 학문을 논하고 음악에 심취했다. 오래 전에도 이 둘은 걸핏하면 서로 이기려고 싸웠는데 지금도 여전했다.

겐지는 봄가을 두 번의 정기적인 독경 법회 말고도, 그때그때 필요에 따라 여러 법회를 열었다. 또 일이 없어 한가한 박사들을 초빙하여 한시를 짓거나 운 맞히기 등의 놀이로 기분전환을 하면서 시간을 보냈다. 거의 궁중에는 출입하지 않고 이렇듯 한가롭게 놀이나 즐기는 겐지를 두고 사람들의 비난이 쏟아지기 시작했다.

여름비가 언제 그칠지도 모르게 내려 누구나 따분함을 느끼던 때였다. 삼위 중장은 여러 시집(詩集)을 가지고 이조원으로 놀러 왔다. 겐지도 자신의 서재에서 평소엔 쓰지 않던 책장 속 희귀한 시집을 골라가지고 나왔다. 그리곤 남의 눈에 띄지 않게 시인들을 여럿 불러다가 좌우 두 패로 나누어서 상품을 걸고 운자 찾기 내기를 했다. 숨겨놓은 운자를 찾아 맞춰보면 어려운 글자가 수두룩하니 나오게 마련이다. 경험 많은 박사들도 난처해 할 때 이따금씩 겐지가 말을 거드는데, 잘도 들어맞곤 했다. 참으로 박식하다 할 수밖에 없다.

"어떻게 해서 이다지도 모든 일에 능숙하실까. 역시 전생에 특별한 인연을 가지신 분인가보다."

학자들은 칭찬해 마지않았다. 마침내 오른쪽 패가 내기에 졌다.

이틀쯤 지나 삼위중장이 내기에 진 턱을 냈다. 조촐하지만 정취가 있는 노송나무 도시락이 나오고 이긴 쪽에게 주는 선물을 많이 가져왔다. 오늘도 초대받은 많은 문사들이 그 자리에서 시를 지었다. 층계 앞에 방긋이 피기 시작한 장미꽃이 봄 가을 꽃이 한창일 때보다 농후한 정취를 풍겼다. 자연스럽고도 즐거운 모임이었다.

두중장의 아들로, 올해부터 대궐 시동으로 나가는 8, 9세 소년이 있었는데, 목소리도 아름답고, 생황을 재미나게 부는 이 아이를 겐지는 귀여워했다. 이 아이는 우대신댁 넷째 딸이 낳은 차남이었다. 재능도 뛰어나고 용모도 아름다웠으며, 배경도 좋아 세상사람들은 이 소년을 아꼈다. 주객이 거나하게 취했을 즈음해서 이 소년이 '다카사고[高砂]'라는 민요를 불렀는데, 참으로 귀여웠다. 겐지는 입고 있던 옷을 벗어서 상으로 주었다. 여느 때보다도 소탈하게 대하는 겐지가 더욱 아름다워 보였다. 입고 있는 노오시[直衣]도 얇은데 걸친 홑옷도 엷어서 고운 살갗 빛이 비쳐 보였다. 나이 든 박사님들은 먼발치로 본 겐지의 아름다움에 눈물을 흘리고 있었다. '만나고도 싶어라 갓 핀 백합꽃' 하고, '다카사고' 노래가 끝나는 대목에서 두중장은 겐지에게 술잔을 권했다.

그토록 사람들을
애타게 하더니
오늘 아침에야 핀 꽃
그 못지않은 그대의
아름다움이여

두중장이 이렇게 노래하자, 겐지는 미소지으며 잔을 받아들고는 농담을 했다.

때를 잘못 알고
오늘 아침 핀 꽃은
향내를 풍길 새도 없이

여름비에 허망하게
시든 듯하오

"나도 이제 기운이 다한 모양이오."

두중장은 그런 겐지를 꾸짖듯 억지로 술을 권했다.

많은 노래가 오갔겠지만, 이런 술자리에서의 어설픈 노래까지 미주알고주알 적어서 남기는 것은 교양 없는 태도라고 기노 쓰라유키도 경계했으니 그 뜻에 따르는 한편, 귀찮기도 하여 생략하겠다. 아무튼 모두가 겐지에 대한 칭찬을 노래로, 한시로 연이어 지었다.

겐지도 크게 만족하여 "나는 문왕의 아들, 무왕의 동생"이라고 중국 《사기》의 주공에 자신을 빗대어 이야기하니, 그 또한 멋스러웠다. 주공은 동궁인 성왕의 숙부인데, 과연 겐지 자신은 동궁의 무엇이라고 이야기하고 싶었던 걸까. 역시 후지쓰보 중궁과 있었던 지난 일이 마음에 걸렸으리라.

병부경도 꾸준히 겐지를 찾아왔다. 음악에 조예가 깊은 그 또한 겐지의 좋은 놀이 상대였다.

그즈음 상시는 사가에 나와 있었다. 전부터 학질에 걸려 있어, 친정에서는 병을 고치기 위해 궁중에서 금지한 액막이도 쓰려던 참이었다. 다행히 기도를 정성스레 드려 상시의 병이 완쾌되자 가족들은 모두 기뻐했다. 그 틈을 타 두 사람은 두 번 다시 없을 기회라고 약속한 뒤 무리를 해서라도 매일 밤 겐지를 만나러 갔다. 한창 젊은 데다 용모가 화사한 사람이 병을 앓아 조금 수척해진 얼굴은 참으로 아름다웠다. 황태후도 같은 저택에 살고 계셨기에 두려웠지만, 이런 일이 있으면 있을수록 그 사랑이 재미났다. 결국 겐지는 남의 눈을 피해 기어가는 밤을 거듭하게 되었다. 이렇게 되자 눈치챈 사람도 꽤 있었지만 황태후에 일러바치는 사람은 아무도 없었다. 그러니 우대신 또한 모르는 척하고 있었다.

그러던 어느 날 밤, 갑자기 비가 억수같이 내렸고 천둥 번개까지 요란스레 쳐댔다. 우대신 댁 자제들과 신사의 제사장들까지 모두가 우왕좌왕 소란을 피워 보는 눈이 적지 않은데다가, 시녀들은 두려움에 어쩔 줄 모르고 상시 가까이로 모여 들었다.

겐지는 상시의 침전에 꼼짝없이 갇혀 난감해하다가 그만 날이 환히 밝고 말았다. 휘장 주위에도 시녀들이 여럿 모여 있었기에 겐지는 그야말로 가슴이 터져버릴 것만 같았다.

사정을 알고 있던 시녀 둘 또한 이 사태를 어찌하나 안절부절못했다.

그 사이 천둥소리가 그치고 비도 잦아들자 우대신이 이곳으로 건너왔다. 먼저 황태후의 침전에 들렀는데, 갑작스러운 빗소리에 묻혀 상시는 우대신이 오는 기척을 알아차리지 못했다. 우대신이 불쑥 상시의 방으로 들어가려고 발을 올리면서 빠른 어조로 말했다.

"별일 없었느냐, 밤새 날씨가 예사롭지 않았는데, 잘 있는지 걱정이 되면서도 찾아보질 못했구나. 중장과 시녀들이 곁을 지키고 있었느냐."

겐지는 침착함이 없는 그 태도를 좌대신과 비교했다. 참으로 천지 차이라는 생각에 절로 씁쓸한 웃음이 새어나왔다. 방에 들어와서 천천히 말해도 될 것을 말이다.

상시는 너무도 난감하여 슬그머니 침소에서 나와 앉았다.

얼굴에 여전히 붉은 기가 있으니, 아직도 병세가 심상치 않은 탓이라 여긴 우대신이 말했다.

"어찌 안색이 그리도 붉은 것이냐. 행여 귀신이라도 씌면 곤란하니 기도를 계속하라 해야겠구나."

이렇게 말하다가, 우대신은 상시의 옷에 얽혀 있는 엷은 북청색 남자 띠를 발견했다. 괴이한 일이라고 여기는 참에 사내가 첩지(疊紙)에 낙서한 것이 휘장 앞에 흩어져 있어 더욱 눈에 띄었다. 이 무슨 변괴가 일어났느냐고 우대신은 깜짝 놀랐다.

"누가 쓴 글이지? 이상한 물건이군. 이리 줘 보거라. 누구 글씨인지 내 직접 조사하겠다."

그제야 상시도 그것을 발견했다. 이제는 더 이상 둘러댈 방법도 없었고 할 말도 없었다.

상시가 까무러칠 듯 놀라니, 대신쯤 되는 귀인이라면 한 번쯤은 딸의 수치심을 생각하고 고상하게 물러나 모르는 척할 법도 한데, 그에게는 그런 배려심이 없었다. 성급하고 침착성이 없는 우대신이 제 손으로 종이를 주웠을 때, 그는 휘장 틈으로 죄를 짓고서도 숨지 않고 태연하게 누워 있는 사내를 보았다. 겐

지는 우대신에게 들키자 그제야 이불 속으로 얼굴을 숨기려 했다.

우대신은 경악했고, 무례하다고 생각했다. 괘씸하기 짝이 없지만 그렇다고 그 자리에서 노여움을 드러낼 수도 없는 노릇이었다. 우대신은 눈앞이 캄캄해져 노래가 쓰인 종이를 가지고 발길을 돌려 침전으로 향했다.

상시는 걱정이 된 나머지 정신이 아찔했다. 겐지도 애인이 불쌍했으며, 옳지 못한 행위로 두려운 규탄을 받게 되었다고 슬퍼했다. 그러면서도 그는 그런 심정을 감추고 상시를 갖은 방법으로 타이르며 위로했다.

우대신은 직설적이고 무슨 일이든 가슴에 담고 있지 못하는 성품인데다 요즘 들어서는 늙은이의 괴팍함까지 더해진 터라 아무 주저 없이 황태후에게 속속들이 고하였다.

"이 첩지는 우대장 글씨입니다. 상시는 이전에도 우대장의 유혹에 빠져 애인 관계를 맺어 왔습니다만, 그 인물에 경의를 표해 나는 결혼까지 시키려 했습니다. 하지만 그때 그는 전혀 생각이 없다는 눈치였기에 유감이었지만 이것도 인연이라 생각하고 꾹 참고 견디었습니다. 너그러우신 상감께서는 또한 저에게 정의(情誼)로 과거의 죄를 용서해주기를 간청하셨습니다. 그리하여 처음 목적대로 입궐시켰는데도, 그 관계가 공공연히 여어로는 천거해 주시지 않으니 늘 서운하게 여기고 있었습니다. 게다가 또 이런 죄를 지었단 말이요. 난 슬퍼서 견딜 수가 없습니다. 사내라면 다 있는 일이라고는 하나 우대장은 아주 괘씸한 분입니다. 거룩한 재원에게 연서를 보냈다는 소문도 믿지 않으려 했습니다. 그런 짓을 한다면 신의 벌을 받을 뿐만 아니라 자기 자신도 부지할 수 없으리라는 것쯤은 아실 테고, 학문 지식으로 천하를 휘어잡을 수 있는 분이 설마 그러랴 싶어 의심을 했던 거지요."

듣고 계시던 황태후는 우대신보다 겐지를 미워하셨기에, 대단한 노기가 안색에 역력히 드러났다.

"상감은 상감이라지만, 예전부터 다들 가볍게 보고들 있기에 은퇴한 좌대신도 애지중지하던 딸을, 그 사람의 형님이자 태자이시던 분에게 바치려 하지 않았습니다. 도리어 그 딸을 보잘것없는 동생에게 주기 위해 고이 간직해 두지 않았습니까. 동궁의 후궁으로 정해졌음에도 겐지가 유혹한 것을 못된 짓이라고 나무란 사람이 있었습니까. 모두가 우대장 편을 들어 결혼 시키려고 했지요. 하지만 본의 아닌 척하면서 상감께 바쳤지 않습니까. 저는 상시가 불쌍해서 다른 여어들에게 뒤질세라 그 아이를 후궁의 제일가는 명예를 얻게 해주면 겐지에게 복수를 하는 일이라고 생각했으니까요. 그 심정으로 지금까지 힘써 왔습니다. 저 좋은 사람이 하자는 대로 하는 게 그 아이는 좋은가 봅니다. 재원을 유혹하려 들었다는 것도 사실일 겁니다. 겐지는 무슨 일에나 그 시대를 저주하려 드는 사람이니까요. 그건 동궁 즉위의 날이 하루라도 빨리 오기를 바라는 사람으로선 당연한 일일 테지요."

우대신은 황후가 매서운 투로 서슴없이 비난하시자 우대신은 도리어 헐뜯기는 겐지가 측은하게 여겨졌다. 그는 괜히 이야기했구나 싶어 이내 후회했다.

"그러하오나 이 일은 당분간 비밀로 해 주십시오. 상황께도 아뢰지 마시고요. 무슨 일이 있든 용서해 주시리라고 그 아이는 상감의 애정에 응석을 부리고 있을 겁니다. 이 아비가 혼례를 시켜도 그 애가 말을 듣지 않으면 그땐 제가 책임지겠습니다."

이렇게 진정시키지만 황태후의 노여움은 조금도 가시지 않았다. 그렇다고 해서 겐지를 증오하는 마음이 사그라지지도 않았다. 황태후는 자신이 사는 저택에 들어와서 욕보이는 행동을 하는 것 자체가 자신을 대놓고 우습게 여기고 벌인 일이라는 생각이 들자 점점 더 화가 치밀었다. 이번이야말로 겐지를 실각시킬 더없는 기회라 여긴 황태후는 이리저리 묘안을 짜는 듯했다.

꽃 지는 마을*1

겐지가 자청해서 남모르는 사랑에 번뇌하는 것은 늘 있는 일이기는 하나, 요즘은 세상 돌아가는 것을 봐도 마음이 시끄러운 일만 늘고 있다. 겐지는 초조하고 세상만사가 성가시기도 했지만, 막상 출가하려 하니 아쉬움이 커서 버리고 떠나지 못하는 일도 많았다.

여경전(麗景殿) 여어는 슬하에 소생이 없어서 상감께서 세상을 떠나신 뒤로는 의지가지없는 가련한 신세가 되었는데, 겐지의 보살핌 덕분에 어느 정도 생활은 할 수 있었다.

그녀의 동생인 셋째 아씨와 겐지는 어릴 적에 잠시 밀회를 가졌었다.

그런데 그 인연의 끈을 아직까지 이어가고 있었다. 겐지는 한 번 인연을 맺은 여자는 잊지 못하는 성품이기는 하나 공개적인 연인으로 드나들지는 않으니, 아씨는 겐지의 속내를 알 수 없어 상심이 이만저만 아니었다.

이 무렵 겐지 자신도 만사에 고민이 많았는데, 이 아씨의 일 또한 그 가운데 하나였다. 문득 떠오른 그녀 생각에 그리움을 참지 못하고, 오월의 장맛비가 그친 틈을 타서 오랜만에 찾아 나섰다.

아무런 준비 없이, 눈에 띄지 않게, 행차를 알리지 않고서 은밀하게 나카가와 강 근처를 지날 때였다. 소박한 뜰에 나무들이 풍취 있게 우거진 사이로, 육현금 선율에 맞춰 간드러지게 연주하는 쟁 소리가 들려왔다.

겐지의 귀에도 그 쟁 소리가 날아들었다.

집이 대문에서 그리 멀리 않아, 가마에서 살짝 고개를 내밀고 대문 안을 들여다보니 커다란 계수나무 가지 사이로 부는 바람에 싱그러운 풀잎 향기가 전

---

*1 꽃 지는 마을(花散里) : 앞의 권(卷) '비쭈기나무'에 평행하는, 겐지 25세 여름 이야기. 여경전 (麗景殿) 여어의 저택이 '꽃 지는 마을(하나치루사토)'이라는 노래로 읊어졌는데, 그것이 그 집에 함께 사는 여어 동생의 이름이 되었다. 《겐지 이야기》 가운데 가장 짧은 권.

해졌다. 그 향기에 겐지는 문득 접시꽃 잔치 때가 떠올랐다.

　주위 풍경이 어딘가 모르게 낯익어, 전에 한 번 다녀간 여자의 집이라는 것을 알 수 있었다. 그러자 불현듯 마음이 동하여, 세월이 너무 많이 흘러 여자가 기억하고 있을지 걱정되면서도 그냥 지나칠 수 없어 망설였다.

　마침 그때 두견새가 지저귀며 지나갔다. 그 지저귀는 소리가 마치 이 집에 들르라고 부추기는 듯해, 수레 방향을 돌리게 하고 노래를 지어서 고레미쓰에게 안에다 전하라 일렀다.

　　그 옛날 그대와
　　풋풋한 사랑을 나누던 이 집 울타리에
　　그리움을 참지 못해
　　두견새 다시금 돌아와
　　지저귀고 있네

　시녀들은 침전인 듯한 건물의 서쪽 모퉁이 방에 있었다. 시녀의 목소리가 귀에 익은 고레미쓰는 일부러 헛기침을 하여 반응을 살피고서 겐지의 노래를 전했다.

　시녀들이 방 안에서 소곤소곤, 누구일까 궁금해 하는 듯했다.

　　지저귀는 소리는
　　과연 예전의 두견새 소리이나
　　궂은 장맛비 내리는 하늘처럼
　　소리마저 어렴풋하니
　　뉘신지 분명치 않구려

　"알겠소. '나무 울타리 불타 분간할 수 없구나'라는 노래처럼 집을 잘못 찾은 모양이오."

　일부러 모르는 척 시치미를 떼는 것이라 간파한 고레미쓰는 이렇게 말하고 밖으로 나가니, 여자는 마음속으로만 몰래 아쉬워하고 신세를 한탄했다.

　달리 드나드는 남자가 생겼다면 이렇듯 조심하는 것은 마땅한 일, 더 이상은 어쩔 수 없었다.

겐지는 비슷한 신분에 궁중 연회의 무희로 뽑혔다가 쓰쿠시로 내려간 어여쁜 여자가 떠올랐다. 잠시도 쉴 새 없이 여자 생각을 하느라 참 고생이 많았다.

이처럼 그는 어떤 여자든 한 번 인연을 맺으면 세월이 흘러도 잊지 못하는 성품이라, 오히려 여자들에게는 수심의 씨앗이 되었으리라.

찾아간 곳은 그야말로 상상했던 대로 인적이 뜸하고 적막하니, 무척 정취가 있어 보였다.

먼저 여어를 뵙고, 기리쓰보 상황이 살아 계시던 때의 이야기를 나누었는데 어느새 밤이 이슥해지고 말았다. 오월 스무날의 달이 둥실 떠오르니, 길게 드리운 나무 그림자가 한층 더 검게 보이고, 뜰에서 귤나무 향이 은은하게 풍겼다.

여어는 비록 나이 들었어도 여전히 우아하고 품위 있으며 사랑스러웠다. 상황이 살아 계셨을 때 다른 분들에 비해 각별한 총애를 얻지는 못했으나, 허물 없이 지낼 수 있는 분이라 여기셨던 것을 생각하니, 옛날이 그리워 절로 눈물이 흘렀다.

아까 그 여자의 집 울타리에서 지저귀던 두견새일까, 그때와 똑같은 소리로 지저귀고 있었다. 내 뒤를 따라온 것인가, 생각하는 겐지의 모습은 더없이 아름다웠다.

"두견새 어찌 알고 옛 목소리를 낸단 말인가."

이렇게 나지막하게 옛 노래를 읊조렸다.

옛 추억 되살리는
귤 향기를 그리며
나 또한 두견새처럼
귤꽃 지는 고을 찾아왔거늘

노래하고 나서 겐지가 말했다.

"진작 여기를 찾아 돌아가신 상황을 잊지 못하는 마음을 달랠 걸 그랬습니다. 이곳에 오니 더없이 마음이 차분해지고 슬픈 일 또한 많이 떠오릅니다. 사

람이란 모두 세태에 따라 변하는 존재이기에, 옛일을 허심탄회하게 얘기할 수 있는 상대가 점차 줄고 있습니다. 하물며 이곳에서야 더더욱 쓸쓸함을 달랠 길이 없을 테지요."

애당초 덧없는 세상이라 여겼거늘, 새삼스레 상념이 잠기는 여어의 모습에서 남다른 고상함이 느껴지는 일도 여어의 인품 덕분일까, 겐지는 애처로움이 한결 더해지는 기분이었다.

찾는 이도 없는
황량한 이 집
처마 가에 핀 귤꽃
옛 추억을 품은 그 향기가
그대를 이리 안내했구려

여어는 이렇게만 노래했으나, 역시 다른 여자들과는 달리 고귀함을 지닌 여인이라 여겨졌다.

겐지는 은밀하게 서쪽 방을 찾았다. 찾아오는 이도 많지 않은데, 세상에 둘도 없는 아름다운 분이 찾아와주니, 아씨는 평소의 한스러움을 그만 다 잊어버린 모양이다. 늘 그러하듯, 자상하고 다감하게 하는 이런저런 겐지의 이야기도 아주 입에 발린 말은 아닐 것이다.

겐지와 인연을 맺은 사람들은 모두 예사 여자들이 아니고 저마다 취할 점이 있었으니, 서로 미워하지 않고 오래도록 정을 나누며 지냈다. 그 가운데는 이렇듯 담담한 사이 불만스러워 하는 사람도 있었으니, 어쨌든 마음이 변해 서로 멀어지더라도, 그 또한 충분히 있을 수 있는 세상일이라며 겐지는 달관했다.

아까 나카가와 강 부근의 여자도 그런 이유로 변심한 사람 가운데 하나였다.

스마[1]

　상감의 외척인 우대신 일파의 지나친 압박으로 겐지는 불쾌한 꼴을 당하는 일이 많아졌다. 겐지는 애써 냉정한 태도를 취하긴 했지만, 이대로 가다가는 화를 입을 수 있다고 생각했다. 겐지가 은거하게 될 스마(須磨)는 예전엔 집들도 꽤 있었으나 요즘은 사람들의 발길이 끊겨 쓸쓸해졌고 주민인 어부들 숫자도 얼마 안 된다는 말을 들었다. 그러나 시골이라도 사람이 많아서 시끄러운 곳으로 은거하기는 싫었고, 그렇다고 도읍에서 너무 멀면, 남에게는 차마 말할 수 없지만 무라사키 부인이 걱정되어 깊이 고민한 끝에 겐지는 스마로 갈 것을 결심했다.

　그렇게 되고 보니 겐지는 마음에 떠오르는 과거나 미래가 죄다 슬프기만 했다. 거북살스러웠던 도읍도 막상 멀리 떠나려 하니 버리기 아쉬운 것들이 많았다. 특히 무라사키 부인이 하루하루 다가오는 작별을 날마다 슬퍼하는 모습이 너무나 애처로웠다. 이 사람과는 무슨 일이 있더라도 다시 만나야겠다고 마음을 다져 먹었지만, 생각해 보면 하루 이틀 외박만 해도 사뭇 그리움에 견딜 수 없었으며, 무라사키 아씨도 마찬가지로 쓸쓸해 하는 눈치였다. 그러나 이번에는 기간이 정해진 별거도 아니었고 덧없는 인간 세상에서 잠깐 이별이 영원한 이별로 이어질 수도 있다고 생각하니, 겐지는 슬퍼서 몰래 그녀를 데려갈까 싶기도 했다. 그러나 밀려오는 파도만이 찾아오는 쓸쓸한 스마에서 화려한 귀부인과 함께 산다는 건 너무나 걸맞지 않는 일이었다. 겐지는 외로움에 힘들어할 아내를 생각해서 단념하기로 했다.

　"아무리 못 살 곳이라 한들 함께 있을 수만 있다면 저는 상관없어요"

　부인은 그렇게 말하며 스마에 가지 못함을 원망스럽게 생각했다.

＊1 스마(須磨): 겐지 26세 3월 하순부터 다음 해 3월 상순까지 이야기. 그대로 다음 권(卷) '아카시(明石)'로 이어진다. 스마는 지금 고베 시(神戸市) 일부. 예로부터 교토에 가까운 유배지로 알려졌다.

겐지가 직접 찾아오는 일은 드물었으나, 일가가 모두 그의 보호를 받던 '하나치루사토(꽃 지는 마을)' 아가씨도 이 헤어짐에 가슴 아파했다.

그 밖에 겐지에게 크게 사랑받지는 못했던 정인들도 남몰래 애를 태우곤 했다. 출가한 후지쓰보 중궁께서는 이 일로 자신의 처지가 불리해질 수도 있다고 염려하시면서도, 언제나 겐지를 위문하셨다. 겐지는 이분이 지난날 이런 열정을 보여주셨으면 얼마나 좋았을까 하고, 이분만 생각하면 늘 근심에 잠겨 있어야 할 운명이 원망스러웠다.

3월 스무날이 지나서야 도읍을 떠나기로 했다. 다른 사람에게는 아무런 발표도 하지 않고, 아주 친밀한 가신 예닐곱 명만을 거느리고 단출하게 떠나기로 했다. 연인에게는 편지로 은근히 작별을 고했는데, 언제까지나 자기를 잊지 않게끔 편지를 썼기에 형식적이 아니라 진정이 담겨 있었다. 문학적으로 재미난 게 있었을 듯하나, 필자 또한 그 시절에는 안타까움에 머릿속이 복잡하여서 미처 그 내용을 들어두지 못했다.

떠나기 2, 3일 전, 겐지는 몰래 좌대신 댁으로 갔다. 간단한 아지로구루마(網代車)*² 로 갔는데, 여자가 탄 것처럼 꾸미고 안쪽 구석에 숨어 있는 겐지의 초라한 모습을 보고 측근들은 슬픈 꿈을 꾸는 듯싶었다.

예전에 살았던 집은 겐지의 눈엔 쓸쓸하고 황폐하게 보였다. 아기마마의 유모며, 아오이 부인의 시녀로 지금도 남아 있는 사람들은 오랜만에 찾아온 겐지를 보자마자 반가워하며 모여들었다. 겐지의 불행한 처지를 보자 아직 철이 덜든 시녀들은 모두 소리내어 울었다. 그때 귀여운 아기마마가 재롱을 부리면서 달려왔다.

"오랫동안 보지 못했지만, 이 아비를 잊지 않았구나."

겐지는 무릎 위에 아들을 앉혀 놓으면서 가슴 아파했다. 좌대신이 와서 겐지를 만났다.

"틈이 있을 때 찾아뵙고 지난날 이야기라도 나누고 싶었습니다만 병을 앓느라 관청에도 나가지 못하는데 사적으로 한가하게 나다닌다면, 물론 그것도 이젠 상관없습니다만, 지금 세상은 그런 일을 가지고도 어떤 해(害)를 입게 되니 그것이 무서웠습니다. 당신이 물러나신 걸 보고, 내가 오래 살다 보니 이런 험

---

*2 아지로구루마(網代車) : 삿자리로 지붕을 얹은 우차(牛車). 대신 아래의 귀인들이 탔음.

한 세상을 보는구나 싶어 슬프기만 합니다. 말세지요. 천지가 뒤집어진다 하더라도 있을 수 없는 일이라 생각하니 만사가 다 싫증이 났습니다."

좌대신은 기운 없이 말했다.

"모든 일은 전생의 업 때문인 듯싶으니, 본디 다 내 죄지요. 나같이 벼슬자리에서 쫓겨나는 정도는 아니더라도, 조정의 징계처분을 받은 자가 일반인처럼 생활해선 안 된다는 것은 이 나라뿐 아니라 어디든 같습니다. 나를 먼 곳으로 유배 보내야 한다는 내용도 있다고 하니, 그대로 도읍에 있다간 또 무슨 처벌을 받게 될지도 모릅니다. 억울하게 누명을 썼다고 떳떳하게 도읍에 머물러 있는 것도 조정에 누가 되는 일이니 더 심한 벌을 받기 전에 먼 곳으로 옮겨야겠다고 생각했습니다."

이렇게 겐지는 자세하게 이야기했다. 대신은 옛날이야기를 하며 상황께서 겐지를 끔찍이도 사랑하셨다며 그 예를 말하고선, 눈물을 꾹 참고자 노오시〔直衣〕 소매를 얼굴에서 떼지 못하셨다. 겐지도 울었다. 아기마마가 천진하게 할아버지와 아버지 사이로 걸어다니면서 두 사람에게 응석을 부리는 모습에 가슴이 뭉클해진 모양이었다.

"그동안 세상을 떠난 딸을 한시도 잊지 못하고 슬퍼만 했습니다. 만약 그 애가 살아서 이 일을 보았다면 얼마나 한탄했겠습니까. 명줄이 짧아서 이런 악몽을 꾸지 않았다고 생각하니 조금은 위안이 됩니다. 허나 어린 손자가 늙은 조부모에게 남겨져서 훌륭한 아버님 곁으로 다가갈 수도 없는 나날이 길어질 수도 있다는 점이 저로선 무엇보다도 안타깝습니다. 옛날엔 진정 죄를 지은 자도 이런 대접을 받지 않았지요. 숙명이라고 생각합니다. 외국에도 흔히 있듯이 억울하게 죄를 뒤집어쓰신 것입니다. 그렇다 하더라도 세상사람들이 수군댈만한 핑곗거리가 있어야 처벌하는 법인데, 어째 아무래도 이해가 가지 않습니다."

대신은 여러 의견을 말했다.

삼위중장(三位中將)도 찾아와 함께 술을 마시다보니 밤이 깊었으므로 겐지는 이곳에서 묵기로 했다. 시녀들을 모아놓고 이야기를 나누었는데, 겐지의 숨은 연인인 중납언댁이 남에겐 말할 수 없는 고통을 혼자 안고 고민하자 겐지는 애처롭기 그지없었다. 다들 잠이 들자 겐지는 중납언댁에게 위로의 손길을 건넸다. 겐지가 묵기로 한 이유는 거기에 있었다.

다음날 아침, 아직 먼동이 트기 전 어둑어둑할 때 겐지는 돌아가려고 했다.

새벽달이 아름답게 떠 있었다. 봄꽃나무들은 한창 때를 지나 조금 남은 꽃잎도 다 떨어져 있었다. 뜰에는 안개가 엷게 끼고, 꽃을 둘러싼 아지랑이가 아련히 그 속을 희부옇게 비쳤다. 그 아름다움은 가을밤 정감보다 더욱 몸에 스몄다. 겐지는 구석 쪽 난간에 몸을 기대고 얼마 동안 뜰을 그윽하게 바라보았다. 중납언댁은 배웅하기 위해 사랑채의 문을 열고 앉아 있었다.

"당신과 다시 만나게 될지 어떨지 모르겠군. 이젠 아무래도 어려울 듯싶은데. 이런 운명이 될 줄도 모르고, 마음만 먹으면 만날 수 있던 시절에 어영부영 지낸 일을 생각하면 안타깝구나."

겐지는 그렇게 말했으나, 여자는 아무 말 없이 울기만 했다.

아기마마의 유모인 재상댁(宰相宅)이 나와서 좌대신 부인의 인사말을 대신 전해 왔다.

"직접 찾아뵙고 말씀을 듣고 싶었지만, 슬픔이 앞서는 바람에 어떻게 해야 할지 몰랐습니다. 그러는 동안 이렇게 일찍 떠나시는가요. 가련한 아기마마가 잠에서 깰 때까지 기다리시지도 못하시니, 그 사정도 참으로 딱한 일이옵니다."

그 말을 듣고 겐지는 눈물을 흘리며 말했다.

"사랑하는 아내의 시신을 태운 도리베야마(鳥邊山)에서 타오르던 연기를 따라 바닷사람이 소금을 만드는 포구로 가볼까 합니다."

"새벽빛에 고하는 작별마다 이렇게 고통스러울까. 당신들은 이런 경험을 한 번쯤은 가지고 있을 테지."

"어느 때나 이별은 슬픈 일이옵니다만, 오늘 아침의 이 고통은 무엇에도 비길 수 없는 듯합니다."

재상댁은 코멘소리로 깊이 슬퍼하고 있었다.

"꼭 전하고 싶은 일도 있습니다만, 정작 그 말씀은 드리지도 못하고 아파하는 이 심정을 꼭 헤아려주십시오. 지금 곤히 잠든 저 아이를 다시 보면, 여행을 떠나려는 나의 결심이 흐트러질까봐 염려되어 냉혹하지만 이대로 떠나겠습니다."

겐지는 이렇게 부인에게 남길 인사말을 대신했다. 시녀들은 돌아가는 겐지의 모습을 다들 내다보고 있었다. 지려는 달이 한층 밝은 가운데 우아하며 아리따운 겐지가 수심에 잠겨 떠나는 모습을 보고선, 호랑이도 늑대도 울지 않을 수가 없었다. 더구나 이 사람들은 겐지를 어릴 때부터 모셔왔기 때문에 말할 수 없을 만큼 이별을 슬퍼했다. 겐지의 말에 화답하신 부인의 노래는 다음과 같았다.

하직한 그 사람은 더욱 멀어지겠네
연기되어 사라진 이 하늘 아니고선.

겐지가 떠나는 슬픔에다가, 아오이 부인과 사별했던 날의 슬픔까지 겹쳐 좌대신 댁은 울음소리로 넘쳐 났다.

이조궁에 돌아와 보니, 시녀들은 지난밤부터 줄곧 한탄에 빠져, 군데군데 모여 앉아서는 무심히 흘러가는 세상을 보며 슬퍼했다. 겐지의 근신들은 그를 따라갈 예정이어서, 가족들과 석별의 정을 나누고자 저마다 집으로 돌아가고 아무도 없었다. 관리직 말고는 사람들도 늘 모여들곤 했었는데, 이제는 조정의 눈이 무서워 아무도 오지 못했다. 여태껏 문 앞에 줄지어 늘어서 있던 말이며 수레는 물론 그림자조차 볼 수 없었다.

겐지는 인생이 이토록 쓸쓸한 것임을 새삼 느꼈다. 식당의 커다란 식탁도, 사용하는 사람이 없어서인지 반쯤 먼지가 쌓였다. 그리고 다다미는 군데군데 뒤집혀 있었다. 자기가 있는 동안에도 이런 꼴인데 하물며 집을 비우게 된다면 얼마나 황량해질까 싶었다.

서쪽 별채로 가보니, 격자창을 올려놓은 채 근심에 잠긴 부인은 뜬눈으로 밤을 지새운 듯싶었다. 툇마루 여기저기에 자고 있던 동녀들이 부스스 일어나서, 오가는 모습도 꽤 풍취 있어 보였다. 그러나 소심해진 겐지는 몇 해 집을 비우는 동안 이 사람들도 뿔뿔이 다른 곳으로 흩어져버리겠거니, 아직 일어나지 않은 일까지 상상하니 더욱 쓸쓸해졌다.

겐지는 무라사키 부인에게, 좌대신 댁에 작별인사를 하러 들렀다가 밤이 깊어서 하룻밤 묵었다고 말했다.

"그런데도 당신은 다른 일로 의심하고, 분하게 생각한 건 아니오? 이제 얼마 안 남은 도읍에서의 시간을 당신과 함께 지내고 싶었소만, 막상 멀리 떠난다 하니 이쪽저쪽 살펴야 할 곳이 많았소. 사람은 누가 언제 죽을지도 모르는 일이니 원망을 산 채 죽으면 안 된다 생각하오."

"당신의 처지가 이렇게 된 만큼 분한 일은 저에겐 없어요."

그렇게 말하는 부인의 태도에는 다른 누구보다도 깊은 슬픔이 엿보이는 게 겐지는 마땅하다고 생각했다. 아버님인 친왕은 여왕이 어렸을 적부터 슬하에서 키우는 따님에 대한 애정이 그다지 깊지 않았다. 또 지금은 황태후 눈치가 보여 서먹서먹한 태도를 취하면서 겐지의 불행을 위문하러 오지도 않았다. 부인은 아버지의 그런 태도가 남 보기에도 부끄러운 일이라 생각하며 자신의 존재가 알려지지 않은 채 있는 편이 좋았겠다고 후회했다. 계모인 친왕부인은 어떤 사람에게 이렇게 말했다.

"그 애가 갑작스레 행복한 여자가 돼서 나타났는가 했더니, 이내 그 꿈은 사라졌다네. 어머니도 그렇고, 할머니도 그렇고, 이번엔 남편까지, 상대가 누구든지 짧은 인연밖엔 없는 애지."

무라사키 부인은 친왕부인이 그런 소리를 했다는 말을 듣고 부모님이 한심스럽고 원망스러워 이쪽에서도 소식을 전하지 않은 채 오가지도 않았다. 겐지 밖에는 누구 한 사람 의지할 데 없는 고독한 아씨였다.

"이런 처지가 줄곧 이어진다면 아무리 쓸쓸한 곳이라도 당신을 불러들이겠소. 하지만 바로 행동으로 옮기면 남들이 여러 말 할 것 같기에 하지 않을 뿐이라오. 국문(鞠問)을 받은 사람이란 밝은 태양과 달 밑에도 나가지 못하는 법이라오. 방심하고 있으면 죄를 거듭 짓는 일밖에 안 되지요. 나는 무고하지만 전생의 인연 때문에 이리 되었다오. 더구나 사랑하는 아내와 함께 귀양을 간다는 건 전례가 없는 일이니, 세상이 뒤집혀 몰상식한 처사를 하는 지금 조정에 그런 일을 했다간 또 나를 박해할 구실을 주는 게 아니겠소?"

겐지는 그렇게 가만가만 타일렀다.

한낮이 다 되도록 겐지는 침실에 들어 있었다.

그러는 가운데 겐지의 동생인 대재부(大宰府)[*3] 장관이 오고 삼위중장도 왔다. 손님맞이를 위해 겐지는 옷을 갈아입었다.

"나는 이제 관직이 없는 사람이니까."

그러면서 그는 민무늬 노오시(直衣)를 입었다. 그 때문에 도리어 더 아리땁게 보였다. 겐지는 머리를 빗기 위해 거울을 보았다. 거울에 비친 파리한 얼굴

[*3] 대재부(大宰府) : 규슈(九州)·쓰시마(對馬島) 지방을 다스리던 관청.

은 자신이 보아도 고왔다.

"퍽도 수척해졌군. 이렇게 야위다니 가엾구나."

겐지가 말하자, 무라사키 부인은 눈물을 글썽거리며 거울로 눈길을 돌렸다. 겐지의 마음은 슬픔이 차곡차곡 쌓여 어두워질 뿐이었다.

이 몸은 천 리 만 리 어두운 길 헤매어도
거울 속 그림자 되어 그대 곁에 살으리.

겐지가 읊었다.

몸이야 헤어져도 그림자 남는다면
거울 속 바라보며 외로운 밤 달래리.

저도 모르게 무라사키는 이렇게 읊으면서 기둥 뒤에 숨어 눈물을 감추려 했다. 겐지는 그녀의 우아한 자태가 누구보다도 훌륭하다는 사실을 인정하지 않을 수 없었다. 장관과 삼위중장은 감동적인 이야기를 하며 저녁 무렵에 돌아갔다.

이번 일이 결정된 뒤로 마음이 놓이지 않던 하나치루사토가 늘 편지를 보내오자 겐지는 그럴 법도 하다고 여겼다. 그 사람도 한 번쯤 더 만나고 가야 섭섭해하지 않을 듯싶었다. 그리하여 겐지는 오늘 밤엔 그곳으로 가기 위해 집을 나섰는데, 어쩐지 허전한 마음에 내키지 않는 걸음을 겨우 떼어 밤이 깊어서야 다다랐다.

"작별 인사를 하기 위해 이곳마저 들러주시다니."

그러면서 여어(女御)가 반가워했는데, 그런 이야기는 줄이기로 한다. 이 외로운 자매는 겐지의 동정으로 겨우겨우 생활을 유지하던 터라, 앞으로는 어떻게 될까 하는 불안감이 을씨년스러운 집 안 곳곳에 서려 있었다. 으스름달 아래 드넓은 못물과 나무가 우거진 동산 언저리를 쓸쓸히 바라보자, 스마(須磨) 개펄은 또 얼마나 외로울까 하고 겐지는 염려했다.

서쪽 별채 아가씨는, 겐지가 떠나기 이틀 전 그가 찾아올 줄은 꿈에도 모르고 풀이 죽어 있었다. 적막한 달빛 속을 겐지가 걸어오자 그녀는 조용히 무릎걸음으로 나왔다. 그리하여 두 사람은 나란히 앉아서 물끄러미 달을 쳐다보며 새벽녘이 되는지도 모르고 이야기를 나누었다.

"밤이 참 짧군요. 이렇게 둘이서 함께 보는 달도 이젠 없으리라 생각하니 괴로운 세상 풍파에 휘말려 헛되이 보낸 시절이 후회스럽습니다. 과거에는 앞으로 불행해질 줄도 모르고, 왜 그토록 당신과 많은 시간을 보내지 못한 걸까요."

겐지가 그들이 처음 만나 사랑에 빠진 때부터 오늘날까지 감상적(感傷的)인 추억을 곱씹는 동안에 새벽닭이 벌써 몇 번이나 울었다. 그는 세상의 눈이 두려워 이른 새벽 집을 나섰다. 마치 그의 뒷모습은 달이 지는 모습 같아 여자는 서글펐다. 달빛은 바로 하나치루사토*⁴ 소매 위에 비쳤고 '비치는 달빛조차 눈물젖은 얼굴'이란 노래를 떠올리게 했다.

"달빛이 깃들인 저의 옷소매는 좁습니다만, 만류해보고 싶습니다. 언제나 봐도 싫증 안 나는 당신의 모습을."

이렇게 말하면서 슬퍼하는 하나치루사토 모습이 어찌나 가련한지, 겐지가 먼저 위로해 주어야 했다.

"하늘 위를 가고 또 가는 동안에도 결국엔 이 집에 머물 달빛이 아닌가요. 잠시 구름에 가려졌다 해서 슬퍼할 일은 없습니다. 생각해 보면 덧없는 일이지요. 나는 희망을 품고 있지만, 눈물이 나서 마음이 어둡습니다."

그렇게 말한 겐지는 날이 밝아지기 전 새벽녘에 이 집을 나섰다.

겐지는 마침내 여행 떠날 채비를 했다. 성실하게 자신을 섬기고 현재 권세에 아부하지 않는 사람들을 골라, 집안 뒷일을 돌보는 집사(執事)를 위부터 아래까지 두루 정했다. 특히 겐지를 수행할 사람들은 더욱 신중히 골랐다. 은거를 위해 가져가는 건 일용품뿐으로, 별로 꾸밈새 없는 수수한 것들로 골랐다. 그리고 시집(詩集)을 넣은 책 상자, 거문고 하나만을 챙겼다. 숱한 살림도구며 화사한 공예품은 하나도 가져가지 않았다. 평범하면서 검소한 은거자(隱居者)로 지내기 위해서였다.

겐지는 여태까지 부려온 하인들을 비롯해서 집안일 전부를 서쪽 별채 무라사키 부인에게 맡기기로 했다. 사유지(私有地)인 장원(莊園)이며 목장(牧場), 그

---

*4 하나치루사토(花山里) : 앞 권 참조.

밖에 소유권이 있는 물건의 증권(證券) 모두를 부인에게 맡겼다. 또 물자를 쌓아둔 몇몇 창고며 헛간 일은, 믿을 수 있는 소납언(少納言) 유모에게 집사 몇 명을 붙여주어 부인의 재산 관리 사무를 맡아보도록 했다.

이제까지 동쪽 별채 시녀로서 겐지의 시중을 들면서 애인이기도 했던 중무(中務)·중장(中將)은 늘 겐지의 냉담한 태도를 원망스러워했지만, 가까이 지냄을 행복으로 여기고 만족했다. 그런데 이제부터는 무슨 재미로 시녀생활을 할까 하며 불안해하자,

"살다보면 다시 도읍으로 오게 될지도 모르니, 나와 같이 있고 싶은 사람은 서쪽 별채에서 일하도록 해라."

하고 겐지는 모든 시녀들을 서쪽 별채로 보냈다. 그리고 여자들 생활에 필요한 비단을 푸짐하게 나눠주었다. 좌대신 댁에 있는 아기마마 유모들과 하나치루사토 아씨에게도 넉넉히 나눠주었다. 그 가운데에는 호화로운 물건도 있었는데, 그는 몇 해 동안 필요한 물건도 수두룩하게 갖추어 보냈다.

겐지는 또 이 와중에 사람의 눈을 피해 상시(尙侍)에게도 작별의 편지를 보냈다.

'당신으로부터 아무 소식도 없음은 어쩔 수 없다고 생각합니다만, 막상 도읍을 떠나려니 슬프고도 원망스러운 생각이 한층 더해집니다.

만날 길 다시 없어 눈물을 흩뿌린 그 강물에
이 몸은 잠겨 잠겨 헤어날 길 없어라.

이렇게 사람을 간절하게 그리워해서야 부처님 구원은 바랄 수도 없겠습니다.'

중간에서 뜯어볼 듯싶어 더 자세히 쓸 수 없었지만, 편지를 읽은 상시는 이루 말할 수 없이 슬펐다. 흘러내리는 눈물은 그칠 길이 없었다.

뒤숭숭한 마음으로 울면서 쓴 아름다운 글씨가 겐지의 마음을 더욱 애태웠다. 겐지는 이 사람과 한 번 더 만나고 싶다는 생각이 들었지만 이내 마음을 다잡았다. 그리운 사람의 가족이 겐지를 배척하고 일을 꾸미는 마당에 그 사람을 또 곤란하게 할 수 없어서 편지를 보내는 것으로 그쳤다.

출발 전날 밤에 겐지는 상황(上皇)의 능(陵)을 뵈러 북산(北山)으로 향했다.

새벽이 되어서야 달이 뜨는 시기였기에 겐지는 후지쓰보 여어에게 하직을 고하러 문안인사를 드렸다. 거실 옥렴(玉簾) 앞에 겐지의 자리가 마련되고, 이번에는 마마께서 직접 이야기를 하셨다. 마마께서는 동궁을 불안해하고 걱정하시는 모양이었다. 총명한 남녀가 열정을 감추고 이별의 말들을 나눈 셈인데, 거기에는 우아한 비애가 있었다.

예전과 조금도 다름없이 정답고 아름다운 인상에 감명 받은 겐지는, 지난 열 몇 해에 걸쳐 사모했던 자신의 마음을 차갑고 이지적으로만 대하신 일을 원망하고 싶었다. 그러나 지금 여승이 되어 한층 더 도의적으로 되신 분을 귀찮게 구는 듯도 하고, 자신도 그런 말을 꺼내면 혼란스러워질 듯하여 마음을 억제했다.

"이렇게 뜻밖의 죄를 받게 되었지만 양심에 짚이는 두려운 일이 하나 있습니다. 저는 어떻게 되든 상관없지만 동궁께서는 별고 없이 즉위하셨으면 좋겠습니다."

겐지의 진실한 고백이었다. 마마께서도 모두 알고 계시는 터라 그 말을 들으시곤 큰 충격만 받으셨을 뿐, 아무런 대답도 하지 못하셨다. 첫사랑에 대한 원한, 부성애, 이별의 슬픔, 이 모든 일들이 눈물로 하나가 되어서 우는 겐지의 모습은 너무나 우아했다.

"이제 황릉(皇陵)으로 가볼 생각인데 무슨 전갈이라도 없으십니까?"

겐지가 그렇게 물었으나 마마는 아무 말씀이 없으셨다. 주저하시는 모습이었다.

모셨던 님은 떠나고, 계신 님은 슬픔에 빠지니
세상 버린 이 몸은 눈물젖어 사노라.

마마께서는 슬픔에 사무쳐 노래를 끝까지 짓지도 못하셨다.

이별의 슬픔은 끝난 줄 알았더니
살아서 이 세상의 괴로움은 더하는가.

이것은 겐지의 노래였다.

이때에야 달이 떴으므로, 겐지는 삼조궁에서 나와 능으로 향했다. 수행원으로는 대여섯 명을 거느렸고 하급 무사도 친밀한 자들만 골라서 말을 타고 갔다. 새삼스러운 일이지만, 예전 겐지의 외출에 비하면 정말 쓸쓸한 일행이었다. 가신들도 모두 슬퍼했는데 그 가운데에는 재원이 재계(齋戒)하던 날, 겐지 대장의 임시 수행원이 되어 뒤따랐던 우근위장조(右近衛將曹)*5도 있었다. 그는 올해 마땅히 승진해야 했지만 겐지의 측근이라 여겨져 그러지 못했고, 도리어 벼슬마저 빼앗겨 출사도 금지되자 자진해서 스마로 간다고 했다. 이 사나이는 시모가모 신사(下賀茂神社)가 아득히 바라보이는 곳에 이르자, 문득 옛날 모습이 눈에 떠올라 말에서 뛰어내려 겐지의 말 고삐를 잡고 노래를 읊었다.

접시꽃 치켜들고 다 함께 행진하던
그 옛날 그리워라 가모 사당 바라보면.

'이 사나이는 얼마나 슬플까. 옛 시절엔 누구보다 뛰어나고 화려한 청년이었는데.' 그렇게 생각하니 겐지의 가슴은 저며왔다. 겐지도 말에서 내려 가모 신사를 멀리서 예배하고 신 앞에 하직했다.

이제야 뜬세상을 저버리려 하노라
뒤에 남을 이름이야 신의 뜻에 맡기고.

이렇게 읊조리는 겐지의 고매한 모습에 감수성 풍부한 젊은이는 깊이 감격했다. 선황의 능 앞에 와 선 겐지는 옛날로 되돌아온 듯싶어 상황께서 살아계셨을 때 일들이 눈앞에 아른거렸다. 그러나 지엄하신 선황도 옛사람이 되어, 가장 아끼시던 아드님 앞에 모습을 보이지도 못하니 슬픈 일이 아닐 수가 없었다. 겐지는 여러 가지 말로 울며 호소해 보았으나 그 어떤 대답도 들을 수 없었다. 자기를 위해 온갖 방법으로 타이르시던 유언은 모두 어디로 갔을까, 새삼스레 그 일들은 겐지를 애틋하게 했다. 능 언저리는 키 큰 잡초가 무성하여, 헤치고 들어가는 온몸이 이슬로 흠뻑 젖었다. 때마침 달도 구름 속에 숨어

---

*5 우근위장조(右近衛將曹) : 우근위부의 최하급 무관.

버리고 눈앞의 숲마저 어둑하게 이어져 있으니 말할 수 없을 정도로 무시무시했다. 차라리 이대로 돌아가지 말자는 생각이 들어 겐지가 머리를 푹 숙이자 살아 계실 때의 아버님 모습이 꿈결처럼 떠올랐다. 그것은 소름 끼치도록 뚜렷하게 보이는 환영이었다.

  그리운 님은 어떻게 생각하시려나
  님 쫓아 바라던 달빛마저 구름에 가렸으니.

  아침이 다 되어서야 겐지는 이조원으로 돌아왔다. 겐지는 동궁께도 하직 인사를 드렸다. 중궁은 당신을 대신하여 왕명부를 동궁 가까이에 붙여 놓았으므로 편지를 명부에게 보냈다.
  '마침내 오늘 도읍을 떠나게 되었습니다. 다시 한 번 마마를 뵙지 못하니 그 어떤 슬픔보다 더 큰 슬픔입니다. 모든 일들에 대해 저의 마음을 헤아려주시고 동궁께도 말씀을 잘 전해 주시기 바랍니다.'

  또 언제 도읍에 피는 봄꽃을 만나랴
  때 잃은 촌사람이 되어 흘러가는 이 몸은.

  이 편지는 꽃이 거의 다 진 벚나무 가지에 매여 있었다. 명부는 겐지가 오늘 떠난다는 말씀을 드리면서 이 편지를 동궁께 보여드렸다. 동궁은 아직 어리셨지만 진지한 태도로 편지를 읽고 명부에게 물었다.
  "답장은 어떻게 쓰면 좋을까요?"
  "잠시라도 만나지 못해도 나는 못내 그리워서 견디지 못했는데, 먼 데로 가버리면 얼마나 괴로울까, 그렇게 쓰세요."
  동궁이 이렇게 말씀하시는 것을 보고 참으로 가련하시구나 하고 명부는 애처롭게 마마를 바라보았다. 명부는 과거 괴로운 사랑에 열중했던 겐지를 생각하며 그 어느 날 밤을 떠올렸다. 그 연애가 없었다면 겐지와 동궁, 두 분은 오랫동안 고통을 겪지 않아도 되었으리라고, 마치 자신에게 책임이 있는 듯 후회했다. 그리하여 답장을 다음과 같이 썼다.
  '무엇이라고 드릴 말씀은 없으나 마마께는 전했습니다. 전하의 쓸쓸하신 모

습을 뵈니 저마저 참으로 슬프기만 합니다.'

명부도 어수선한 마음에 두서없이 글을 썼기에 뒷부분 알아볼 수가 없었다.

피었다가 이내 지는 꽃들은 무정하지만
꽃 다시 피거들랑 돌아오기를 비노라.

'다시 시절이 돌아오실 날이 꼭 있겠지요.'

이런 말도 덧붙여 썼다. 그러고 난 뒤에는 다른 시녀들과 같이 슬픈 이야기를 계속하여, 동궁전은 흐느껴 우는 소리로 가득 찼다. 겐지를 한번이라도 본 사람은 누구나 그가 고된 여행길에 오름을 슬퍼하며 애석해했다. 심지어 늘 겐지가 드나들던 곳에서 잘 알지 못하는 잡일을 하거나 변소를 치우는 비천한 시녀들까지도 겐지의 자애를 받았기에, 짧은 기간 안에 악몽이 끝난다 하더라도 그동안은 겐지를 볼 수 없기에 한탄을 했다.

세상 누구 한 사람도 당국의 이번 처사를 옳다 여기지 않았다. 7세부터 밤낮으로 부황 슬하에 있으면서, 겐지가 하는 말은 무엇이나 옳았고, 그의 천거라면 허사가 되는 일이 없었다. 관리라면 누구든 겐지의 은혜를 입었다.

누구든 겐지에게 감사의 마음을 가졌다. 대관들이며 변관(辨官)들 가운데에도 그런 사람은 수두룩했고 그 밑으로도 마찬가지였다. 그러나 모두가 은혜를 잊어버린 건 아니지만, 수단을 가리지 않고 보복하는 무서운 조정을 꺼려 겐지에게 호의를 표시하러 오는 사람은 없었다. 세상 모두가 겐지를 아끼면서 조정을 비방하고 원망했지만, 자기를 희생해서까지 겐지를 동정해봤자 그것이 겐지에게 도움이 되지 않으리라는 마음이었다. 원망하는 건 사내답지 못한 일이라고 생각하면서도, 겐지는 자기도 모르게 원망스러운 사람들도 많아서 살맛나지 않는다는 생각도 들곤 했다.

출발하는 날 겐지는 부인과 이야기를 나누었으며, 상례대로 이른 새벽에 사냥복을 입은 간단한 행색으로 길을 떠났다.

"달이 뜬 것 같소. 좀더 이리로 나와 배웅해주시구려. 당신에게 할 이야기를 쌓고 쌓아 날마다 생각해야겠소. 하루 이틀만 밖에 나가 있어도 하고 싶은 이야기가 흘러 넘쳐 괴로울 지경인데."

그러면서 발을 걷어 올리고 툇마루 가까이로 이끌자 흐느끼며 울던 부인은 망설이다가 무릎걸음으로 나왔다. 달빛을 받으며 앉아 있는 부인의 모습은 한 없이 더 아름다웠다. 혹여라도 자기가 여행하는 중 죽게 된다면 이 사람은 어떻게 될까 생각하니 겐지는 부인을 남겨두고 가는 일이 몹시 걱정스러웠다. 그래도 그런 소리를 하면 이 사람이 슬퍼질 듯하여 그저 이런 말만 했다.

"인간 세상에 이런 이별이 있는지도 모르고, 서로 죽을 때까지 함께 하겠노라 약속했다오. 다 부질없는 노릇이지."

겐지는 비통한 마음을 보이고 싶지 않았다.

"아깝지 않은 내 목숨을 바치는 한이 있더라도, 눈앞에 다가온 이별의 순간을 잠시만 더 머물게 할 수 없을까요?"

부인이 물었다. 진실한 마음의 외침으로 생각하니 겐지는 선뜻 떠날 수 없었다. 그러나 날이 샌 뒤 집을 나서자니 사람들 보는 눈이 있어 그만 일어섰다.

길을 가면서도 부인의 모습이 눈에 선해 겐지는 애수에 젖어 먹먹한 가슴으로 배를 탔다. 해가 길었고 바람은 훈훈히 불어서, 겐지 일행은 다음 날 오후 네 시가 되자 스마에 다다랐다. 여행한 적이 없는 겐지는 뒤숭숭한 기분과 호기심을 처음으로 느꼈다. 대강전(大江殿)은 황폐하여 소나무만이 예스러운 풍정으로 서 있었다.

귀양살이를 하면서 이름을 남긴 당나라 누구처럼
어디라 정처없이 떠도는 이 몸은.

겐지는 읊조렸다.

물가로 밀치는 파도가 이내 다시 들어서자
한 번 더 돌아가는 저 물결 부러워라
더더구나 이 몸은 지난날이 그리워도.

겐지는 그런 노래도 입에 올렸다. 누구나 다 아는 나리히라(業平)*6 대감의 노래였지만, 감상적인 기분에 잠긴 일행은 저마다 가슴이 뭉클했다. 겐지는 지

---

*6 나리히라(業平) : 아리와라노 나리히라(在原業平). 헤이안(平安) 초기의 가인(歌人). 미남·호색으로 유명함(825~880).

나온 방향을 물끄러미 보니, 멀리 어렴풋하게 있는 산들이 삼만 리 밖 나그넷
길을 노래하여 노 젓는 물방울에도 울었다는 시경(詩境)을 보는 듯했다.

봉우리 저 안개는 고향산 가렸건만
올려다본 하늘엔 같은 구름 흐르네

사방이 적막하고 슬퍼 보였다. 겐지의 처소는 유키히라(行平)*7가 '소금물 드
리우며 쓸쓸히 지내노라' 하고 읊으면서 살았던 곳과 가까운 곳에 있었다. 그
곳은 바닷가에서 조금 들어앉은 언저리인데, 몹시 쓸쓸한 산속이었다. 겐지는
둘러친 울타리도 처음 보는 희한한 것이라고 생각했다. 띠(茅)로 지붕을 얹은
집인 데다가 갈대 지붕을 얹은 복도 비슷한 건물이 붙어 있는 운치 있는 집이
었다. 그는 '이전 같으면 여행에서 도시가옥과는 완전히 색다른 취향을 만나게
됐다며, 필히 흥에 겨워 취했을 텐데.' 하고 아쉬워하며 집을 바라보았다.

겐지는 관리직 일선 관원 중 요시키요(良淸) 대감이 근처 영지 관리인을 불
러내어 이것저것 지시하며 분주한 모습을 보고 있자니 안타까운 마음이 들었
다. 집은 금세 운치 있고 고상한 산장으로 꾸며졌다. 냇물 줄기를 길게 하고 나
무를 심게 하니 볼수록 꿈만 같았다. 세쓰(攝津)*8 태수도 전에는 겐지의 부하
였기에 공공연하게 그러지는 못했지만 나름 호의를 보였다. 그런 관계로 유배
지나 다름없는 처소에 많은 사람들이 오갔지만, 속 시원히 이야기를 할 만한
상대는 없어서 다른 나라에 와 있는 듯했다. 이런 적적한 생활을 몇 해나 참고
견딜 수 있을까 싶어 겐지 자신도 불안했다.

귀양살이가 어느 정도 틀이 잡혔다 싶을 정도로 갖추어졌을 무렵, 장마철이
되자 겐지는 그리운 사람이 많은 도읍 생각이 간절해졌다. 비탄에 잠겨 있던
무라사키 부인이며 동궁, 천진난만하게 놀던 아기마마가 아련하게 떠올라 슬
퍼진 겐지는 도읍으로 심부름꾼을 보내기로 했다.

이조원과 후지쓰보 마마에게 보낼 편지를 쉽게 쓸 수는 없었다. 후지쓰보
마마께는 이렇게 썼다.

---

*7 유키히라(行平) : 아리와라노 유키히라(在原行平). 헤이안(平安) 초기의 가인. 나리히라의 형.
　　스마(수마(須磨))에 유배된 일이 있다.
*8 세쓰(攝津) : 현재의 오사카 근처.

'마쓰시마(松島)에 계신 후지쓰보 마마, 잘 지내십니까. 스마(須磨) 개펄에 있는 저는 눈물로 나날을 보내고 있습니다. 언제나 그렇습니다만, 특히 초여름 장마철에 접어드니 무슨 일에나 지난 일들이 한층 뼈에 사무치고 한결 더 제 세계가 어두워진 듯합니다.'

상시(尚侍)에게는 여느 때처럼 중납언댁에게 보내는 것처럼 꾸며 은밀히 편지를 넣었다.

'귀양살이 온 이 몸은 심심한 참에 옛일을 돌이킬수록 만나 뵙고 싶은 생각이 간절해집니다. 지치지도 않고 자꾸 만나뵙고만 싶은데 당신은 어떻게 생각하시는지요.'

이것저것 덧붙인 말은 많았다. 좌대신에게도 썼으며, 아기마마 유모인 재상댁에게는 아이 기르는 데에 대한 주의 사항을 써 보냈다.

도읍에서는 스마의 심부름꾼이 전해 온 편지 때문에 마음이 어수선한 사람이 많았다. 이조원의 무라사키 부인은 자리에서 일어날 수조차 없는 충격을 받았다. 그리움에 우는 아씨를 시녀들은 달래다 못해 안절부절못했다. 겐지가 쓰던 일용품, 즐겨 쓰던 악기, 벗어놓고 간 의복에서 풍겨오는 향기, 무라사키 부인으로선 죽은 사람의 자취인 양 강렬했나 보다.

부인의 이런 상태는 또 다른 걱정거리가 되어, 소납언댁은 북산(北山) 승도에게 기도를 부탁했다. 북산에서는 가엾은 부인과 겐지를 위해 기도를 드렸다. 부인의 한탄하는 마음을 가라앉히고 행복한 날이 두 사람에게 돌아오도록 하기 위해서 부처님 앞에 간절히 기도드렸다.

이조원에서는 여름철 잠옷을 지어 스마로 보내기로 했다. 무위무관이 사용할 올이 촘촘한 비단 노오시며 바지의 바느질을 보자, 무라사키 부인은 예전에 미처 생각지도 못했던 비애를 절절히 느꼈다. 거울에 비친 그림자, 그 말처럼 결코 당신 곁을 떠나지 않을 거라고 했던 슬픈 그의 모습이 눈앞에서 사라지지 않았다. 하지만 현실이 아니기에 아무 소용이 없었다. 겐지가 드나들던 문어귀며, 툭하면 기대어 섰던 기둥만 보아도 가슴이 슬픔으로 꽉 막혀버리는 부인이었다. 지금까지 겪어온 슬픔을 지난 일과 비교할 줄 아는 연배의 사람들조차 어찌 그런 일을 감당할 수 있으랴 싶은데, 누구보다 편안히 살아오면서 때로는 아버지나 어머니가 되어 사랑해 주던 보호자인 남편과 갑작스레 생이별을 했으니, 부인이 겐지를 그리워함은 당연한 일이었다. 죽은 사람은 슬픔

속에서도 세월이 체념을 가르쳐주지만, 십만억토는 아니더라도 언제 돌아올지 모르니 마음을 정할 수조차 없는 이별을 한 부인은 몹시 괴로웠다.

출가하신 후지쓰보 중궁도 동궁을 생각하시며 겐지가 역경에 빠져 있음을 안타까워하셨다. 그것 말고도 겐지와의 깊은 숙명을 생각하면 마마의 한탄은 이만저만한 게 아님이 분명했다. 여태까지는 그저 세상이 두려웠고, 조금이라도 속내를 내비치면 겐지는 얼씨구나 하고 분별없이 행동할 게 뻔했다. 때문에 욕구가 일어나는 마음도 누르시고 당신의 마음까지 무시하며 냉담한 태도를 취하신 덕분에 말 많은 세상에서 아무런 뒷말 없이 지낼 수 있었다. 마마께서 겐지의 사랑으로 속에서 일어나는 감정의 동요를 참을 수 있었음은 순전히 괴로움 속에서도 노력한 덕분이었다. 여승이 되어 겐지가 대상으로 삼을 수조차 없는 해방된 경지에 이르러서야 그분은 겐지를 애처롭게도 그리워하셨다.

　　이즈음은
　　눈물로 짜는 소매 기다림은 덧없어
　　여승 늙은 몸에 한만 쌓였어라.

그런 사연이었다. 한편 상시는 이런 답장을 보냈다.

　　바닷가 소금 굽는 사람의 남모를 사랑에
　　타오르는 저 연기여 가는 곳이 어디런가.

'이제 새삼스레 드릴 말씀도 없사오니 이만 줄이옵니다.'
그런 짧은 사연이어서, 중납언댁은 슬퍼하고 있는 상시의 가엾은 모습을 세세하게 일러 왔다. 편지에는 절절한 구절도 있어서 겐지는 눈물이 왈칵 쏟아졌다.

무라사키 부인의 답장은 특별히 자상한 정이 듬뿍 담긴 데다 가슴을 울리는 사연들이 많이 씌어 있었다.

　　소금 굽는 사람의 옷소맨들 이렇게까지 젖으리까
　　먼 물길 떨어진 내 소매는 밤마다.

그런 편지와 함께 부인께서 심부름꾼을 시켜 보내온 잠옷이며 옷가지에서는 세련되고 고상한 취미를 엿볼 수 있었다. 겐지는 모든 일에 뛰어난 여자로 자란 부인이 무척 반가웠다. 청춘시절 연애를 청산하고 이제 이 사람과 조용히 단 둘이서 삶을 즐기려 하던 참이었다고 생각하자, 겐지는 자신의 운명이 원망스러워지기 시작했다. 밤낮으로 무라사키 여왕의 모습이 떠올라 참을 수 없을 만큼 그리웠던 겐지는, 젊은 무라사키를 스마로 불러야겠다고 결심했다.

좌대신이 보낸 답장에는 아기마마의 근황이 여러모로 씌어 있어서, 자식과 생이별을 한 어버이의 정이 새삼스러워졌다. 그러나 믿음직한 할아버지와 할머니가 있으시니 근심할 일은 없다고 생각했다. 자식 때문에 이성을 잃는다는 말도, 사랑하는 아내를 생각하는 번뇌에 비하면 한없이 엷었다.

겐지가 스마로 이사했던 초기 이야기 가운데에 필자가 잊어버리고 쓰지 못했던 내용은 겐지가 이세(伊勢)에 있는 재궁 어머니에게도 심부름꾼을 보냈다는 점이다. 그랬기에 그 쪽에서도 글월을 가진 심부름꾼이 왔다.

그 글월은 열정적인 내용을 담은 편지였는데 고상하고 우아한 필치로 되어 유독 친밀감이 엿보였다.

'믿겨지지 않는 이유로 귀양살이를 살고 계신다는 소리를 들었습니다. 그 이야기를 들으니 마치 저의 어두운 마음 탓으로 악몽을 꾸는 듯합니다. 하지만 그 생활이 오래 가지는 않을 것입니다. 다만 죄많은 이몸이 뵙게 될 날은 아직 먼 훗날의 일이겠지요. 괴로움을 한 몸에 짊어지고 사는 이세의 여자를 가엾게 여겨주십시오. 당신께서 한탄 속에 지내신다는 스마 바닷가에서 저를 잊지 마십시오. 이 세상이 어떻게 될는지, 불안한 생각만 들곤 합니다.

이세 섬 썰물 진 개펄에서 조개잡이를 한들 소용없다는 말은 저를 두고 한 말인가 싶습니다.'

그러한 긴 사연이었다. 겐지의 편지에서 충격을 받았던 재궁의 어머니는 꼬리에 꼬리를 달아 자꾸만 이어 쓴 나머지, 하얀 종이 네댓 장을 둘둘 말아 하나로 이어 놓았다. 그 글 솜씨는 참으로 아름다웠다. 겐지 스스로 사랑하던 사람이었지만 그 사람의 실수를 매정하게 보아 원망을 했던 탓으로, 재궁 어머니이신 그녀도 사랑을 팽개쳐버리고 먼 나라로 떠나간 게 아닐까 싶었다. 그렇게 생각하니 겐지는 여전히 가슴이 아팠고, 그 때문에 가엾게 된 사람이라 생각하니 재궁의 어머니를 잊을 수 없었다.

그런 참인데, 때마침 애정이 담긴 편지가 왔으므로 심부름 온 사람마저 인연이 깊은 사람으로 여겼다.

그래서 이삼 일 동안 집에 머물러 있게 하고는 이세 이야기를 심부름꾼에게 묻게 하곤 했다. 젊고 호감이 가는 무사였다. 그는 무료하게 지내고 있었던 데다 아주 가까운 곳에서 겐지의 모습을 우러러볼 수 있었기 때문에 기쁨의 눈물을 흘렸다. 이세에서 온 소식을 듣고 감동받은 겐지의 답장을 상상하기란 그리 어려운 일이 아니다.

'이런 운명에 부딪칠 날을 미리 알았던들 나는 그 어디보다 당신과 함께 이세로 가는 여행을 떠났어야 했다고 생각합니다. 부질없고 허전한 마음에서, 이제는 버릇처럼 되어버린 번민 때문에 그 일이 자꾸만 떠오릅니다. 저는 지금 외롭기 그지없습니다. 이세 사람인 당신이 노 젓는 배를 타고 멀리 떠날걸 그랬군요. 바닷사람들이 날마다 배에 나무를 싣듯, 날마다 한탄과 번민을 하면서 언제까지 이 스마 포구에서 살아야 할까요. 언제면 서로 마주 앉아 이야기를 나눌 수 있을까 하면서 매일 슬퍼하고 있습니다.'

이런 사연이었다. 이처럼 상대의 마음을 위로해 주는 애정의 편지를 보내고 답장 받는 기쁨으로 자신은 만족했다. 하나치루사토 또한 자신의 애잔한 마음을 적어 보내왔다. 어느 편지이든 개성은 뚜렷했지만 그런 연인들의 편지에서 겐지는 위안과 번민을 동시에 느꼈다.

기우는 처마 끝에 뻗은 고사리 바라보며
함초롬히 소매를 적시는 이슬이여.

하나치루사토가 이렇게 노래하자 겐지는 높이 자란 잡초 밖에는 보호해 줄 사람이 없는 외로운 몸이라고 동정했다. 그녀는 장마로 흙담이 군데군데 무너진 사연까지 써왔으므로, 그는 도읍에 있는 가신에게 분부해서 가까운 곳에 있는 영지에서 일꾼들을 불러서 하나치루사토의 저택을 수리하도록 했다.

겐지가 추방당하는 데 직접 원인을 제공한 상시는 이웃의 비웃음거리가 되었다. 게다가 애인과 멀리 헤어져 살게 되었으므로 깊은 시름 속에 빠져 있었다. 그러나 대신은 가장 사랑하던 딸이 못내 불쌍하다고 생각해서 태후께 간절하게 청을 올렸다. 그리고 상감께 용서를 빌었기에, 상시는 공적 일을 맡은 여관장일 뿐 연침(燕寢)*9에서 시중을 들고 있던 여어나 갱의가 아니기에 일시적인 과실로서 죄를 면했다.

상감의 총애를 배신하고 몰래 정인을 두었던 상시는 용서를 받아 궁중으로 다시 들어가게 되었다. 그렇다 하더라도 상시의 가슴은 겐지를 그리워하는 마음으로 가득차 있었다.

7월이 되자 상시는 입궁했다. 상감께서 끔찍이 귀여워하셨기 때문에 상시는 주변의 비난에도 아랑곳없이 편전 숙직소에 배치되었다. 원망하시지 않고 도리어 영원히 변치 않는 사랑을 맹세하는 상감의 풍채는 훌륭했으며, 유순하면서도 아름다운 분이셨다. 상시도 이 점에 만족했으나, 그래도 오로지 겐지만 보고 싶었다. 상감께선 시신(侍臣)들에게 음악 합주를 시켜 놓고는 상시에게 이렇게 말씀하셨다.

"그 사람이 없으니 서글픈 일이구나. 나 또한 그렇게 생각하고 있으니, 나 말고도 뼈저리게 그리워하는 사람이 많을 걸세. 만사가 빛을 잃은 듯하구나."

또

"상황의 유언을 배반하고 말았구나. 나는 죽어서 반드시 벌을 받게 될 것이다."

그러면서 눈물을 글썽거려 상시는 울지 않을 수가 없었다.

"덧없고 하찮은 인생을 나는 더 이상 살고 싶지 않구나. 내가 막상 이승을 떠나면 그대는 어떻게 생각할까. 겐지가 여행길을 훌쩍 떠났을 때 느끼는 허전함 보다 슬퍼해 주질 않는다면 몹시 아쉬울 걸세. 이 목숨 다할 때까지 사랑하자고 맹세하며 그쯤으로 만족해하는 사람들은 내가 그대를 생각하며 느끼는 사랑의 깊이를 알 수 없을 거야. 나는 다음 세상에서까지 그대와 더불어 사랑하고 싶으니 말일세."

간절한 그 말씀에는 마음속 깊은 데로부터 흘러넘치는 애정이 있었기에, 상시는 저도 모르게 주르륵 눈물을 쏟고 말았다.

"우는구나. 누구를 위해서 흘리는 눈물이지?"

상감이 물으셨다.

"아직껏 내게 사내아이가 없는 것이 한스럽구나. 상황의 분부대로 동궁을 내

---

*9 연침(燕寢) : 왕이 평상시에 한가롭게 거처하던 전각.

친자식처럼 여기고 있지만, 여러 사람들이 사이를 가로막아 내 사랑이 온전히 전해지지 않으니 마음이 아파 견딜 수가 없구나."

그러시면서 여러 말씀을 하셨다. 상감의 뜻을 따르지 않고 정치를 펼치는 자들이 있어도 젊고 어린 마음으로 어떻게 하실 수도 없으니 괴로움 또한 끊이질 않으셨나보다.

스마에도 가을바람이 불어오는 시절이 되었다. 바다는 좀 멀어도 유키히라가 '스마 관문을 넘도록 출렁이는 가을 물결'이라고 노래했던 파도 소리가 밤마다 울려와서 더 없이 외롭게 느껴지는 귀양살이의 가을이었다. 거실 가까이에 숙직하는 몇몇 사람도 다들 잠이 들고, 겐지 혼자 눈을 떠 외딴 집 바람소리를 듣고 있노라면, 바로 가까이까지 파도가 밀려오는 듯했다. 어느 틈에 흘러내린 눈물에 베개는 흠뻑 젖었다. 거문고를 잠시 뜯어보았지만 그 소리도 처량하게 들리기에 손을 멈추고 읊었다.

파도소리도 임 그리며 슬피 우는 것이
그리운 곳에서 불어온 바람 탓이려나.

고레미쓰〔惟光〕와 그 주변 사람들은 처량한 노랫소리에 잠이 깨어, 어느새 까닭 없이 흐느껴 울었다. 그들의 심정을 짐작했는지 겐지도 슬펐다. 그들은 자기 한 사람 때문에 부모형제와 애인을 버리고 고향을 떠나 방랑길에 서지 않았던가. 수심에 빠져 있는 자신의 모습이 그들의 마음을 어지럽힌 셈이다. 그렇게 생각한 겐지는 낮 동안은 그들과 함께 농담을 하며 외로움을 잊으려했으며, 여러 종이를 이어 붙여 글씨도 쓰고 진기한 중국 비단에 그림을 그려 넣기도 했다. 그 그림을 병풍에 붙여 보니 아주 흥취가 있었다.

겐지가 도읍에 있을 때에는 이야기로만 들은 산수의 좋은 경치를 상상해서 풍경그림을 그렸지만, 직접 보며 그릴 수 있는 오늘에 와서는 생생한 생명을 지닌 걸작을 많이 그렸다.

"요즘 명성이 자자한 치에다〔千枝〕나 쓰네노리〔常則〕를 불러 그 그림에 색을 입히도록 해봤으면."

사람들은 이렇게 말하고 있었다. 그들은 아리따운 겐지와 함께 사는 것을 다시없을 행복으로 여기고, 네댓 사람은 언제나 겐지 곁에 붙어 있었다. 가을

꽃들이 다채로운 빛깔로 피어 있는 저녁 무렵, 바다가 보이는 마루에 나와 그 풍경을 바라보고 있는 겐지가 너무나 아름다워 보였기에, 주변 사물들은 마치 한 폭의 그림 같았다. 그만큼 그의 외모는 한층 돋보였고 이승의 사람이라곤 믿어지질 않았다. 보드라운 하얀 비단 속옷에 엷은 자줏빛 바지를 입고, 그 위로 쪽빛 노오시에 허리띠를 느슨히 매고 의젓하게 서서, '석가모니불제자'라고 경문을 외는 목소리도 굉장히 우아했다. 몇 척의 배가 노래를 흘리면서 먼 바다 위를 오락가락하고 있었다. 그 배 모습은 마치 작은 새가 떠 있는 듯 멀고 희미해서 쓸쓸해 보였다. 떼지어 나는 기러기 소리는 노 젓는 소리와 비슷했다. 눈물을 훔치는 손은 다른 손에 쥔 까만 염주와 대조되어 더욱 돋보였고 그 아름다움은 고향에 있는 여인을 그리워하는 젊은이들의 마음을 달래줄 힘이 있었다.

저 하늘의 첫 기러기 우리 임의 짝이런가
나그넷길 울고 가는 그 소리가 처량해라.

겐지가 이렇게 읊자 요시키요(良淸)가 받아 노래했다.

연달아 솟는 생각 옛일이 그리워라
하늘 위 기러기는 옛 벗이 아니건만.

민부대보(民部大輔)인 고레미쓰도 받아 노래했다.

뜬세상 버리고서 울고 가는 저 기러기
구름 밖 먼 하늘의 일인 줄만 여겼거니.

그러자 전 우근장감(右近將監)도 노래했다.

뜬세상 멀리멀리 날아가는 기러기도
짝이 없다면 얼마나 외로울까.

그는 히타치(常陸)의 차관이 된 부친이 부임한 곳에도 가지 않고 이곳에 와 있었다. 속으로 번민하고 있을지도 모르지만, 몸가짐은 언제나 활발하고 대범했다. 우뚝 솟은 밝은 달을 보고, 겐지는 오늘이 바로 십오야(十五夜)임을 깨달았다. 문득 궁중 뜰에서 들려오던 음악을 돌이켜 보았다. 어디서든지 저 달을 바라볼 수 있으니 도읍에서 자기를 기다릴 여자들도 마찬가지일 거라 생각하면서 그는 달의 얼굴을 쳐다보았다. '이천 리 밖에 사는 벗을 생각하는 마음이라(二千里外故人心(이천리외 고인심))' 하고 겐지는 읊었다. 그 말을 들은 젊은이들은 언제나 그렇듯 눈물을 흩뿌리면서 귀를 기울였다.

저 달을 보니 후지쓰보 마마께서 '안개 가로막으니'라고 하셨던 지난해 가을이 그리워지면서 여러 장면들이 꼬리에 꼬리를 물고 떠오르더니, 끝내 겐지는 소리 내어 울음을 터뜨렸다.

"이제 밤이 이슥합니다."

누군가 이렇게 말했지만 겐지는 침실에 들려 하지 않았다.

달을 보면 그런대로 수심도 잊힐까
다시 만날 그 도읍은 천리만리 멀다만.

겐지는 상감께서 흉금을 터놓고 정다운 투로 옛이야기를 하시었던 그 밤, 돌아가신 상황을 꼭 닮으셨던 그 모습을 그립게 떠올렸다. 그는 '임금께서 내려주신 옷이 지금 여기에 있구나(恩賜御衣今在此(은사어의 금재차))'[10]라고 읊조리면서 거실로 들어섰는데, 그 옷이 거기에 있었다.

괴로움 저 편에 뒤따르는 그리움
두 소매 다 젖도록 흐르는 눈물이여.

겐지는 이런 노래도 읊조렸다.

이 무렵에 규슈(九州) 태재부 대이(大貳)가 올라왔다. 그는 세력이 큰 데다 일문 족속의 숫자가 많고 딸부자여서 부인들만 따로 배를 태워 보냈다. 부인들

＊10 '은사어의(恩賜御衣)……': 헤이안 시대 전기의 정치가·학자였던 스가와라노 미치사네(管原道眞)의 시. 관공(管公)은 그에 대한 존칭인데, 그도 죄없이 귀양살이를 한 적이 있다.

은 때로 육로를 가는 사내들과 만나 함께 명소를 두루 구경하기도 했다. 어디 보다도 풍경이 좋은 스마 나룻가에서 겐지 대장이 귀양살이를 하고 계시다는 이야기를 듣고, 젊고 아리따운 아가씨들은 아무도 보는 이가 없는 배 안에서 도 몸맵시에 신경을 쓰곤 했다. 그들 가운데 겐지의 정인이던 고세치(五節)*11 아가씨는 스마에 내릴 수 없어 못내 안타까워했다. 겐지가 타는 거문고 소리 가 포구 쪽으로 부는 바람에 실려 어슴푸레 들려오자, 쓸쓸한 바닷가와 불우 한 귀인이 떠올라 예사 감정을 가진 사람들은 모두가 울었다. 대이는 겐지에게 인사를 드렸다.

'먼 시골에서 올라온 저는, 도읍에 다다르면 그 길로 곧장 마마를 찾아뵙고 도읍에서 일어난 이야기를 듣고자 마음먹었습니다. 하지만 뜻밖의 정변으로 귀양살이를 하고 계시는 땅을 오늘에야 지나게 되었습니다. 도읍에서 이곳까 지 마중 나와 있는 친척과 친지들의 눈이 두려워 직접 가서 찾아뵙질 못하니 유감스럽습니다. 매우 송구스럽고도 슬픈 일이옵니다. 또 다른 기회에 찾아뵙 기를 바랍니다.'

그런 인사 말씀을 자신의 아들인 치쿠젠(筑前) 태수에게 대신 여쭙도록 했 다. 그는 겐지가 장인(藏人)으로 천거해 출세시킨 사람이라 마음속으로 슬퍼하 면서도 남의 눈이 두려워 이내 돌아가려 했다.

"도읍을 떠나온 뒤로는 다정했던 사람들을 쉽사리 만날 수가 없게 되었는데 이렇게 일부러 찾아와 주니 매우 기쁘게 생각하네."

겐지는 그렇게 말했다. 대이에게 보낸 답장도 대충 그랬다. 치쿠젠 태수는 울면서 돌아가, 겐지가 살고 있는 모습을 부친에게 보고했다. 그러자 대이를 비롯해서 도읍에서 마중 나와 있던 사람들은 모두 울었다. 고세치 아가씨는 남몰래 겐지에게 편지를 보냈다.

'아름다운 거문고 소리에 매혹되어 망설이는 이 마음을 당신께선 알지 못하 겠지요. 잘하지도 못하면서 음악을 좋아하는 저를 비웃진 마세요.'

이렇게 쓴 것을, 겐지는 미소지으며 그윽이 보고 있었다. 앳된 처녀의 쑥스 러워하는 태도가 잘 드러난 편지였다.

'정녕 망설이는 마음이 있다면 그대 어찌 이 스마 마을을 그대로 지나쳤습

---

*11 고세치(五節): 겐지의 애인 가운데 한 사람. 이 사람의 일은 다음 권(卷) 아카시(明石)에도 나온다.

니까. 이런 곳에서 고기잡이처럼 살게 될 줄은 나도 미처 생각지도 못했습니다.'

이것은 겐지가 쓴 답장이었다. 고세치는 겐지가 아카시(明石) 역장에게 시를 남겼던 관공(管公)*12과 비슷하다고 생각되어, 부모 형제와 헤어지는 한이 있더라도 이곳에 남고 싶은 마음이 간절했다.

세월이 흐르면서 도읍에서는 많은 사람들이 히카루 겐지가 없는 고요함과 적막감을 한층 사무치게 느꼈다. 상감 또한 그들 가운데 한 사람이었다. 더구나 동궁께서는 언제나 겐지를 그리워하셨고, 남이 보지 않을 땐 울고 계시는 것을 유모들은 가엾게 여겼다. 왕명부의 안타까움은 그 가운데에서도 남달랐다. 비구니마마께서는 동궁께서 그토록 서러워하시는 모습이 오히려 동궁 자신의 자리를 흔들 수도 있다 싶으니 은근히 속이 탔다. 다만 겐지마저 물러나고만 요즘엔 허전한 데다 적적할 뿐이다. 겐지의 동생이신 친왕들을 비롯해서 그 밖에도 친교가 있었던 고관들은, 처음엔 겐지와 자주 편지를 주거니받거니 했다. 사람의 애간장을 녹이는 시가(詩歌)를 주고받으면서 겐지의 작품들이 호평을 받자 이를 알게 된 태후께선 못마땅하셨다.

"유배를 간 사람은 누구든 자유로이 생활할 수 없는 법이다. 그럼에도 멋스럽고 풍치있는 집에 살면서 세상을 함부로 비방하다니. 게다가 지록위마라 말했던 간신처럼 겐지에게 아첨하는 자가 있다."

이렇게 말씀하셨기에 사람들은 보복의 손길이 두려워 몸을 사리게 되었고, 자연히 겐지와 소식을 끊고 말았다. 이조원 공주님은 날이 갈수록 슬픔도 더해 갔다. 동쪽 별채에 있던 자존심이 강한 시녀들만 하더라도, 처음 서쪽 별채로 옮겨왔을 땐, 마님을 대수롭게 생각할 것 없고, 다만 겐지께서 남달리 사랑을 기울이는 여성일 뿐이라고 가볍게 생각했다.

그러나 차츰 친숙해지자 부인의 아름다운 자태와 성실한 성격, 그리고 따스한 정으로 사람을 다루는 데 감복하게 되었으며 모두들 그 곁을 떠나려 들지 않았다. 궁궐에서 나온 궁중의 여자들은 부인과 얼굴을 대하기도 했는데, 그들은 겐지가 왜 그 누구보다 이 부인을 사랑했는지 알 수 있었다.

겐지는 무라사키 부인이 그리워 견딜 수 없었다. 스마에서의 생활이 길어지

---

*12 관공(管公) : 앞 주(註) '은사어의(恩賜御衣)……' 참조.

자 자신이 무슨 운명으로 이런 욕된 생활을 해야 하는가 싶었으나, 이런 쓸쓸한 집에 꽃 같은 무라사키를 모시는 일은 너무나 야속한 짓이다 싶으니, 이곳으로 모셔 왔으면 하던 생각을 바꿨다. 안방에서 머슴이나 농부에게 누가 이러쿵저러쿵 잔소리를 할 때마다 겐지는 자신을 불쌍히 여겼다. 근처에서 이따금 오르는 연기를 보고, 겐지는 정녕 저것이 바닷사람들이 소금을 굽는 연기겠거니 하고 오랫동안 생각해 왔는데, 그것이 산장 뒤쪽에서 섶나무를 태우는 연기였음을 알게 되자, 겐지는 이렇게 노래했다.

두메 오두막에 오르는 연기처럼
자주자주 오시구려 그리운 도읍 사람.

겨울이 되어 눈이 내린 스산한 날, 겐지는 잿빛 하늘을 바라보며 거문고를 뜯고 있었다. 그리고 그는 요시키요(良淸)에겐 노래를 부르게 하고, 고레미쓰에겐 피리를 불게 했다. 겐지가 마음을 담아 섬세한 곡조를 연주하기 시작하자, 다른 두 사람은 하라는 일은 멈추고 거문고 소리에 눈물을 흘렸다. 한나라 원제(元帝)가 흉노족에게 보낸 궁녀의 비파를 뜯으면서 스스로 위로했을 때 그 심정이 얼마나 슬펐으랴. 그런 일이 현실이 되어 자신의 애인을 그렇게 먼 곳으로 보내게 된다면, 하고 겐지는 상상했다. 꼭 진실인 듯싶어 무척 슬펐다. 겐지는 '호각일성상후몽(胡角一聲霜後夢)'이라는 왕소군의 시구를 읊조렸다. 달빛이 휘영청 밝아서 좁다란 집 안은 구석구석까지 환히 보였다. 한밤의 하늘도 툇마루 위에 앉아 있었다. 지새는 달이 처량하다고 생각될 만큼 흰 것을 보고 겐지는 '유시서행불좌천(唯是西行不左遷)'이라고 읊조렸다.

어디 구름길을 나 또한 헤맬 건가
저 달이 비쳐 보니 그 또한 부끄러워.

그런 노래도 중얼거렸다. 여느 때처럼 겐지는 날밤을 꼬박 새웠다. 새벽녘에 물떼새는 애절한 소리로 울어댔다.

물떼새 무리지어 울어대는 새벽은

홀로 깬 잠자리도 마음 든든하여라.

아직 아무도 일어난 기척이 없기에, 겐지는 이 노래를 몇 번이고 되뇌었다. 해가 뜨지 않았는데도 세수를 하고 염송을 하는 모습이 시종들에게는 신선하게 다가왔다. 이런 겐지를 떠날 생각이 없다보니 집으로 가려는 엄두도 나지 않았다.

아카시〔明石〕 포구는 한 달음 갈 수 있을 만큼 가까운 거리였으므로, 어느 겨울날 요시키요 대감은 아카시법사〔明石法師〕의 딸을 떠올리며 편지를 띄웠으나 답장은 오지 않았다. 다만 아버지 법사가 의논할 일이 있으니 잠깐 만나자는 편지를 보내왔다. 하지만 요시키요는 결혼에 응하지 않을 집을 괜히 방문했다가 보람없이 돌아서게 된다면 바보스러울 거라며, 안 좋은 쪽으로만 생각해 가려 들지 않았다. 사람들은 고장을 다스리는 수령들과 그 가족들을 우러러 보았지만, 자존심이 강한 아카시법사에게는 그저 지방 관리에 지나지 않았다. 그래서 그는 장관 아들인 요시키요는 상대도 하지 않았다. 하지만 겐지가 스마에 왔다는 말을 듣고 부인에게 말했다.

"기리쓰보 갱의의 소생이신 히카루 겐지마마께서 국문(鞠問)을 받고 스마로 오셨다는 게야. 딸애의 운명에 인연이 있으시니 어떻게든지 이 기회에 겐지마마께 딸을 드리도록 합시다."

"정말 잘못된 생각이에요. 그분에게는 이미 훌륭한 마님이 여럿 있으신 데다, 상감마마 애인을 훔치셨다는 문제로 물러나신 분이 시골 처녀를 거들떠보시겠어요?"

부인은 대답했다. 법사는 버럭 화를 내며 말했다.

"당신이 무슨 참견이야. 나도 다 생각이 있어. 얼른 결혼 준비를 해줘요. 기회를 보아 아카시로 겐지마마를 맞을 테니까."

그렇게 멋대로 하는 말만 보아도 그의 특이한 성격을 엿볼 수 있었다. 법사는 딸을 위해서 곧바로 집을 눈부실 만큼 화사하게 꾸몄다.

"왜 그래야 하나요. 아무리 훌륭한 분이라 하더라도 우리 딸은 처음 결혼하는 것인데, 죄를 짓고 귀양 오신 분에게 시집보낼 순 없어요. 사랑을 해 주신다면 또 모르지만, 행여나 그런 일은 없을 겁니다. 농담이라도 그런 말은 말아주세요."

이렇게 부인이 완강히 말하자, 법사는 속으로 투덜거릴 뿐이었다.

"국문을 받는다는 건, 중국에서나 이 나라에서나 겐지마마같은 뛰어난 분들이 당하는 재앙이란 말이야. 겐지마마가 어떤 분인지 알기나 하나? 내 숙부이시던 안찰사대납언(按察使大納言)의 따님이 그 어마마마이시란 말이다. 그분은 뛰어난 여성으로 천자의 총애를 받으니 그 때문에 다른 사람들의 질투를 많이 받아 세상을 등지셨는데, 겐지마마가 남아 계시니 잘된 일이야. 여자란 누구나 기리쓰보 갱의가 되려고 해야 하네. 비록 내가 지방에 뿌리 내린 시골 사람이지만, 그런 오래된 연고도 있으니 친근한 교제를 허락해 주시리라 믿어."

법사는 그런 소리를 했다.

그 딸은 용모가 출중하진 않았지만, 우아하고 얌전한 여자로 제법 견식을 갖춘 점에서 귀족의 딸 못지않았다. 그녀는 자기 처지를 잘 알고 있었지만 상류층 남자는 안중에도 두지 않았고, 신분에 걸맞은 남자와 결혼하려 하지도 않았다. 오래 살게 되어 양친과 사별하게 된다면 여승이 되거나 바다에 몸을 던지겠다고 마음먹고 있었다. 법사는 이 딸을 소중히 여겨, 해마다 두 번씩 스미요시 신사(住吉神社)에 참배하도록 하고 신의 은총을 남몰래 깊이 믿고 있었다.

해가 긴 봄이 되자 겐지는 적적하게 보내는 시간이 많아졌다. 게다가 지난해에 심은 벚나무 어린 가지에 꽃이 피기 시작하고, 아련한 하늘빛에도 도읍이 떠올라 슬피 우는 날이 많았다.

2월 스무 며칠이었다. 지난해 도읍을 떠날 때에 가슴 아파하던 사람들의 사정이 몹시 궁금해졌다. 그리고 상황이 살아계실 적에, 마지막 벚꽃놀이를 했던 날의 모습이며, 이때는 아직 동궁이셨던 아리따운 상감의 모습이 떠올랐고 겐지 자신이 시(詩)를 읊었던 일도 주마등처럼 눈앞을 스쳐지나갔다.

오늘은 사무치게 궁중인들 그리워라
벚꽃 꽂고 함께 놀던 그날이 다시 왔네.

겐지는 이렇게 노래했다.

겐지가 심심하게 하루하루를 보내고 있을 즈음, 스마로 좌대신 댁 삼위중장이 찾아왔다. 현재는 참의가 되어 있는 명문의 귀공자로 사회에서 각별한 신뢰를 받은 듯했다. 그러나 그는 자신을 그렇게 치켜세우는 분위기가 싫었고, 그저 무슨 일이 있을 때마다 겐지가 그리웠다. 그리하여, 오늘 일로 인해 벌을 받아도 후회하지 않겠다는 결심을 하고, 갑작스레 겐지를 만나고자 도읍을 떠나왔다.

친밀한 벗이자 오래도록 서로를 보지 못했던 두 사람은 만나자마자 울었다. 이제는 재상이 된 중장은 겐지의 처소가 당나라 양식임을 문득 깨달았다. 그림 같은 풍경 속에서 대로 엮은 울타리를 둘러쳤고 돌층계며, 검은 소나무 기둥을 쓴 것이 흥취가 있었다. 겐지는 누른빛이 감도는 연분홍 옷 위에 푸르스름한 회색 사냥복 바지를 받쳐 입었다. 도읍의 유행을 따르지 않은 복장은 한층 겐지를 돋보이게 했다.

실내 집기도 소박했으며, 기거하는 방도 손님이 앉은 자리에서 모조리 바라볼 수 있게끔 되어 있었다. 시골풍 바둑판이며 쌍륙판(雙六板)·탄기(彈棋)놀이 도구도 간소하게 놓여 있었다. 만나기 전까지도 염불을 외운 듯 염주가 그 언저리에 놓여 있었다.

손님을 대접한다고 나온 음식상에서도 흥미로운 지방색을 엿볼 수 있었다. 고기잡이에서 돌아온 바닷사람들이 조개를 가지고 왔기에, 겐지는 손님과 마주 앉은 자리에 그들을 불러 보았다. 어촌생활에 대해 질문을 했더니, 그들은 경제적으로 어려운 세상살이를 투덜거렸다. 새처럼 수다스럽게*13 재잘거리는 이야기들도 근본 문제는 세상살이의 어려움이었다. 우리도 마찬가지라면서 귀공자들은 가여워했다. 옷가지를 얻은 바닷사람들은 난생처음 살아있는 보람을 느낀다며 감사해했다. 겐지나 중장은 말을 몇 마리나 매어 놓고, 곳간과 헛간 같은 데서 벼를 먹이고 있는 모습이 꽤나 신기했다. 속요 아스카이(飛鳥井)를 부르면서 재상은 겐지가 도읍에 없는 동안 도읍에서 있었던 일을 때로는 울고 때로는 웃으며 이야기로 들려주었다. 무슨 일이 있는지도 모르고 천진난만한 아기마마가 딱해서 볼 수 없다고 대신이 늘 한탄한다는 이야기를 했을 때, 겐지는 슬픔을 이기지 못했다. 두 사람의 대화를 모두 옮겨 쓰기란 어려운 일이니 이만 줄이기로 한다.

둘은 밤을 새워 이야기하며, 시(詩)도 지었다. 그러나 재상인 그도 세상의 눈이 신경 쓰이는 듯, 이튿날 아침 일찍 돌아가기로 했다. 마음이 편하지는 않았다. 손에 잔을 들고서 '취해서 슬픔의 눈물을 춘배(春杯) 속에 뿌리노니' 하고 두 사람은 함께 노래를 불렀다. 이 모습을 보고 수행한 사람들도 모두 눈물을

---

*13 새처럼 수다스럽게 : 바닷사람은 자기들과는 다른 종족이라고 생각했기 때문에 '새처럼 지저귄다'고 느꼈던 것.

흘렸다. 두 사람의 가신들 사이엔 이별을 애석해하는 정이 있었고, 그 위로 아침 하늘을 날아가는 기러기 떼가 보였다.

고향은 어느 봄에 돌아가서 볼까나
하늘을 날아가는 기러기 그지없이 부러워라.

겐지가 읊조렸다. 재상은 떠나갈 생각이 없어서 슬퍼하며 화답했다.

하늘 위 저 기러기 멀리멀리 떠나가도
꽃피는 도읍 길은 구름 속에 막혔어라.

재상은 도읍에서 가져온 성심어린 선물을 겐지에게 선물했다. 겐지 또한 귀한 손님을 태워보내기 위해 검은 말을 선사했다.

"불길한 선물을 드리는 것 같지만, 《문선(文選)》에 '호나라 말은 북풍에 기대고'라는 시가 있듯이, 이곳 바람이 불 때면 당신 곁에서 울어달라는 마음에서 드립니다."

이렇게 말했다. 보기 드물게 훌륭한 말이었다.

"이건 내 기념으로 알고 받아주시오."

재상도 명품 피리를 두고 갔다. 이렇게 두 사람 모두 남의 눈에 띄어 사람들 입에 쓸데없이 오르내릴 만한 일은 하지 않았다. 솟아오르는 아침 해가 갈 길을 재촉하는 듯하여, 재상은 몇 번이고 뒤돌아보며 자리를 떴다. 배웅하기 위해 뒤늦게 일어선 겐지의 얼굴은 슬픔에 잠겨 있었다.

"언제 또다시 만나뵐 수 있을까요? 이대로 당신께 버림받지는 않을 것입니다."

재상이 물었다.

구름 위 높이 나는 두루미를 보아라
이 몸은 맑디맑은 봄날과도 같으니.

"스스로 꺼림칙한 일을 저지른 적은 없지만, 옛날 훌륭한 인물들도 한 번 이렇게 되면 세상으로 다시 돌아오기는 쉽지 않았으니, 나도 두 번 다시 도읍에 돌아가지 못할 수도 있지요."

겐지는 짧게 대답했다.

구름과 저 두루미 어이해 홀로 우노
짝지어 힘차게 기세를 떨쳤던 그 벗님 어디 두고.

"분에 넘치도록 살갑게 대해 주시던 시절을 황송스러워 하며 뉘우친 적이 많답니다."

재상은 그렇게 말하면서 떠났다.

우정이 잠시 동안 위로해 주었지만, 이내 겐지는 다시 쓸쓸해졌다.

올해는 3월 초하루가 사일(巳日)*14이었다.

"오늘이랍니다. 시험해 보십시오. 복이 없는 사람이 재계를 하면 반드시 효험이 있다는 날이옵니다."

그렇게 아는 체하는 자가 있기에, 겐지는 바다 가까이 한 번 가볼까 생각하고 집을 나섰다. 아주 간단한 장막 같은 것으로 임시 재계장(齋戒場)을 만들고 떠돌이 음양사를 불러 불제(祓除)*15를 시작했다. 조금 큼직한 짚인형을 배에 실어서 보내자 겐지는 마치 그 짚인형처럼 자신이 비참해 보였다.

한바다 밀려와서 내 미처 몰랐어라
보고 듣는 모든 일이 이토록 슬플 줄은.

이렇게 읊으면서 겐지는 모래 위에 마련한 자리에 털썩 앉았다. 이런 밝은 곳에서 그는 한결 도드라져 보였다. 어렴풋이 안개낀 하늘과 같은 빛깔의 바다는 화창하며 조용히 가로누워 있었다. 겐지는 끝없는 천지를 바라보며 이제까지의 일들과 앞으로 닥칠 일들을 생각했다.

천지신명께 비노니 굽어살피시도록
이 몸이 지닌 죄는 끝내 없는 줄 아노라.

---

*14 사일(巳日) : 음력 3월의 4일 명절은 원래 3월 첫 뱀날(상사(上巳)) 행사에서 유래한다.
*15 불제(祓除) : 재앙·부정 등 상서롭지 못한 것을 물리쳐 버림.

그렇게 겐지가 읊조리자 갑자기 바람이 일고 하늘이 어두워지기 시작했다. 아직 재계 의식이 완전히 끝나지 않았는데 사람들은 웅성거렸다. 소낙비가 별안간 쏟아지면서 더 어수선해졌다. 일행은 바닷가에서 조용히 물러나려 했으나, 머리에 쓸 삿갓을 가져올 틈도 없었다. 그런 준비는 애초부터 없었던 데다가 바닷바람은 무엇이나 다 흩날려버릴 만큼 강했다. 정신없이 집 쪽으로 달려갈 즈음해서 바다는 흰 이불을 펼쳐 놓은 것처럼 부풀어 번쩍였고, 천둥과 번개도 덮쳐왔다. 사람들은 머리 위로 바로 떨어질 것만 같아 두려워하면서 가까스로 집에 다다랐다.

"이런 일을 당한 적은 한 번도 없는걸. 바람이 불 날씨는 하늘만 봐도 알 수 있는데, 이렇게 갑작스레 폭풍우로 변하다니."

사람들은 하나마나 한 소리를 하면서 매우 무서워했는데, 아직도 천둥소리는 그치지 않았다. 빗발이 치는 곳은 어디라 할 것 없이 금세 뚫어질 듯 세차게 퍼부었다. 이처럼 세상이 멸망하지는 않을까 하고 다들 불안해할 때 겐지는 조용히 불경을 외웠다.

날이 저물 즈음해서 천둥은 다소 잠잠해졌으나, 바람은 밤에도 계속 거세게 불었다. 신불 앞에서 소원을 빈 많은 사람들의 힘이 이제 나타나기 시작한 듯했다.

"조금만 더 폭풍우가 계속됐다면 파도에 끌려 바다로 가버렸을 게다. 갑자기 일어난 해일은 사람들을 죽인다고 하던데, 오늘은 비바람이 원인이라서 그런지 다른 것 같군."

사람들은 그런 말을 했다.

밤샐 녘이 되어 모두가 잠들었을 때, 겐지도 잠시 졸았다. 그때였다. 인간이 아닌 모습을 한 자가 나타나서 겐지를 찾아 헤매듯 그 언저리를 걸어다니는 꿈을 꿨다.

"임금님이 부르시고 계신데 왜 가지 않는가?"

눈을 뜬 겐지는 깜짝 놀라면서, 폭풍우와 바다에 사는 용왕님은 아름다운 인간을 보면 마음이 끌린다는데 이번 일도 어쩌면 겐지를 보고 반해서 벌인 짓이었나 싶었다. 그렇게 깨닫고 보니, 이 집에 있기 두렵고 견딜 수 없을 만큼 싫었다.

아카시*1

아직도 비바람은 그치지 않았고 천둥도 끊임없이 요란했다. 그렇게 며칠을 지냈다. 이제는 극도로 쓸쓸한 스마 사람들이었다. 이제까지의 일도 그렇지만 앞으로의 일도 뒤숭숭하여, 겐지도 냉정하게 있을 수는 없었다. 어떻게 하면 좋을까. 도읍으로 돌아가려 해도 파면된 채 본관으로 복귀할 수도 없으니 참담한 결과를 가져오게 될 게 틀림없었다. 또 깊은 산속으로 들어가자니 풍파의 위협에 겁먹은 행위로 사람들이 볼 수도 있으니, 후세에 오해를 받는 일은 더 견딜 수 없다고 겐지는 깊이 고뇌했다. 요즈음에는 잠만 자면 지난날 꿈처럼, 수상한 자가 다가와서 꾀어내는 그런 꿈만 꿨다. 며칠이고 구름 덮인 하늘만을 바라보면 도읍 일이 걱정스러워, 나란 사람은 이런 불안 속에서 죽어가는가 싶었다. 집 바깥으로는 고개도 내밀 수 없는 날씨였기에 겐지는 도읍으로 심부름꾼을 보낼 엄두도 내지 못했다.

이조원에서 비를 맞으며 사람이 왔다. 생쥐처럼 후줄근하게 물에 젖은 심부름꾼이었다. 비옷으로 겹겹이 몸을 감싼 행색이, 길에서 만났다면 사람인지 무엇인지 모를 꼴이었다. 수상쩍은 자는 먼저 내쫓아야 했지만 하급 무사에게 막연한 친근감을 느끼자, 겐지는 자신이 초라한 인간이 되었다고 생각했다.

무라사키 부인의 편지를 가져온 것이었다.

'놀랄 만치 비를 쏟아붓는 장마는 하늘마저 없애 버리지 않을까 싶어, 스마 쪽을 바라볼 수조차 없습니다.'

그 바다 갯바람은 또 얼마나 거셀까
물결도 끊임없이 소매 적실 즈음

*1 아카시(明石): 스마(須磨)에 이어 겐지 28세 8월까지의 이야기. 아카시 아씨는 18세부터 19
세까지. 아카시는 현재 효고현(兵庫縣) 아카시시(明石市). 이 지방은 예부터 노래로도 읊어
진 명승지였다. 스마와 아카시는 겐지 평생에서 2년 반에 걸친 실의의 시절이었다.

편지에는 그렇게 절절한 갖가지 사연이 쓰여 있었다. 겉봉을 뜯었을 때부터 겐지는 눈물이 밀물 같은 기세로 몸 속에서 솟아오르는 듯했다.

"도읍에서도 이번 비바람은 천변이라고 합니다. 그분들은 하늘이 큰일을 경고하는 거라고들 해석하고 궁중에서 인왕회(仁王會)*²를 연다는 말씀도 들었습니다. 하지만 대관님네들이 날씨 때문에 참석할 수 없다 하여 조정도 모든 일이 중단된 형편이랍니다."

하사급 관리는 이런 이야기를 완전히 이해할 수 없었기에, 자신이 아는 만큼을 더듬더듬 말했다. 하지만 겐지는 도읍일이라면 무관심할 수 없어서, 거실 가까이로 사내를 불러들여 몇 가지 질문을 했다.

"그저 여느 때나 다름없이 비가 내리고 있는데다가 바람이 불어오는 날도 여러 날 계속되었기에, 모두가 걱정하게 된 줄 아옵니다. 이번처럼 땅 속까지 뚫을 것 같은 사나운 우박이 떨어지고, 천둥소리가 그치지 않은 적은 없었지 않사옵니까?"

그렇게 말하는 무사의 표정에도 심각한 빛이 보여 겐지는 더욱 불안해졌다.

이렇게 해서 이 세상이 멸망해 버리는 게 아닌가 하고 겐지는 걱정했는데, 그 다음 날부터 바람이 더욱 거세게 불더니 바닷물이 불어났다. 이제는 높이 치솟는 파도 소리에 바위와 산도 와르르 무너질 듯 요란하게 울어댔다. 천둥과 번개가 번쩍이는 게 당장이라도 지붕 위로 벼락이 떨어질 듯싶었다. 이젠 제정신으로 사물을 알아보는 사람도 없을 지경이었다.

"내가 전생에 무슨 죄를 저질렀기에 이런 비참한 꼴을 당할까. 부모도 못 만나고, 귀여운 처자식 얼굴도 못 본 채 죽어야 하다니."

이런 소리를 하면서 한탄하는 자도 있었다. 그러나 겐지는 마음을 가라앉히고, 자기는 이 쓸쓸한 바닷가에서 목숨을 거둘 죄업이 없다고 자신했다. 하지만 심상치 않은 날씨를 잠재우기 위해선 여러 제물을 신령께 바치는 수밖에 없었다.

"스미요시(住吉) 신령님, 이 부근의 험한 날씨를 진정시켜 주십시오. 진실로 살아 있는 신령님이시라면, 자비 또한 당신에게 속하지 않겠습니까."

겐지는 여러 가지 큰 소원을 빌었다. 고레미쓰며 요시키요(良淸)는 자기들의

---

*2 인왕회(仁王會) : 황제가 주최하는 《인왕반야경》 강독법회.

생명은 둘째 치고 겐지와 같은 사람이 죽는 것은 비극이기에, 조금이라도 제정신이 드는 자는 모두 기운을 차려 겐지를 구하려 목숨까지 서슴없이 바쳐 힘썼다. 그들은 한 목소리로 신불 앞에 기원을 드렸다.

"겐지님께서는 제왕의 구중궁궐에서 자라나시어 환희 속에 호화롭게 사셨으나, 깊은 자애를 마음에 품으시고 자비를 일본 전역에 널리 드리우셔서, 불행한 자를 구하시니 그 수를 헤아릴 수 없습니다. 무슨 업이 있으시기에 풍파의 희생이 되게 하려 하십니까. 까닭을 분명히 하시지요. 죄 없이 벌을 받았고, 벼슬자리를 박탈당했으며 집을 떠나 고향을 버리고, 아침저녁으로 슬픔에 빠지시니 이 같은 불행으로 명(命)이 다하는 것은 전생의 응보 때문입니까, 이승의 죄업 때문입니까. 신령이나 부처께서 분명히 계시다면 이 우환을 그치게 하소서."

스미요시 신사 쪽을 향해 이렇게 외치며 사람들은 저마다 소원을 빌었다.

또 용왕을 시작으로 큰 바다의 모든 신께도 빌었다.

천둥이 더욱 요란하게 울리더니 겐지의 거실에 붙은 복도에 벼락이 떨어졌다. 불길이 치솟더니 복도는 순식간에 타들어갔다. 사람들은 모두 얼빠진 모습이었다. 뒤쪽에 주방으로 사용하는 듯한 건물로 얼른 겐지를 옮겨놓고, 위아래 사람들이 한데 모여 우는 소리는 마치 커다란 천둥소리처럼 울려퍼졌다.

하늘은 먹칠을 한 듯 시커멓게 되었고 이내 날은 저물었다. 그러는 중에 바람이 잠잠해지고 비가 뜸해지면서 별빛이 보였다. 그렇게 되자, 이 사람들은 겐지의 거처가 너무나 볼품없고 더럽다보니 송구스러워 침전 쪽으로 자리를 옮기려 했다. 그러나 그곳의 불타고 남은 건물은 더 처참했고, 사랑채는 여러 사람들이 달아날 때 짓밟은 흔적이 고스란히 남았으며 주렴도 모두 바람에 흩날려버렸다. 뒷수습은 나중에 하기로 하고 일단 오늘 밤은 이곳에서 묵기로 하고, 다들 어둠 속에서 바삐 돌아가고 있을 때, 겐지는 《반야심경(般若心經)》을 외우며 오늘 하루를 조용히 생각해 보니 복잡하기 그지없었다.

달이 뜨자 바닷물이 집앞까지 들이친 자국이 그대로 드러났다. 겐지는 사립문 열고 바닷물이 거세게 멀리 밀려나갔다가 다시 밀려들어오곤 하는 바닷가를 바라보았다. 그는 오늘까지 있었던 일, 내일부터 해야 할 일을 떠올리면서도 대책을 같이 강구할 만한 사람이 주변에 한 사람도 없음을 깨달았다. 어촌 주민들은 겐지의 거처가 궁금했는지 모여들어, 알아들을 수 없는 말로 지껄여

대는데, 그렇게 버릇없는 광경을 보아도 쫓아내려는 사람조차 없었다.

"저 거센 바람이 조금만 더 심했다면 바닷물은 먼 데까지 올라와서 온누리를 쓸어버렸을 거야. 이만한 것도 신령님의 자비 덕분이지."

이런 소리들을 하는데, 듣는 사람으로선 참으로 아찔한 일이었다.

자비한 신령님의 도우심 없었다면
저 바다 물보라 속에 떠돌았을 이 신세.

겐지는 이렇게 읊조렸다.

하루 종일 바람이 몰아친 탓도 있었지만 겐지는 너무 고단한 나머지 어느새 꾸벅꾸벅 잠이 들었다. 처소가 초라하다보니 드러눕지는 못하고 그저 무언가에 기대어 잠들었다. 몽롱하게 취한 꿈속에서 세상을 떠나신 상황(上皇)이 바로 가까이에 멈춰 서시더니 말했다.

"어찌하여 이런 누추한 곳에 와 있는가?"

그러시면서, 겐지의 손을 잡고 일으키려 하셨다.

"스미요시 신령께서 이끌어 주실 것이니, 어서 포구를 떠나라."

겐지는 반가운 마음에 이렇게 말했다.

"아바마마와 헤어진 뒤로는 괴로운 일만 거듭되기에, 저는 이만 여기서 죽을까 하옵니다."

"그게 무슨 소리냐? 이건 네가 받는 사소한 일의 인과에 지나지 않는다. 나는 천황의 자리에 있을 때 과오가 없는 줄 알았지만, 나도 모르게 지은 죄가 있어 그 죗값을 치른다고 바쁘다보니 이 세상을 돌볼 겨를이 없었지. 하지만 네가 매우 복이 없다며 고통스러워하는 걸 보니 참을 수가 없어서 이리로 왔다. 바닷속으로 들어갔다가 물가로 올라왔다가 하느라 퍽도 힘들었지만, 가까스로 예까지 올 수 있었다. 이 길로 상감께 아뢰올 일이 있으니 곧 도읍으로 가겠다."

그러시고는 그대로 가려 하셨다.

"저도 따라가겠습니다."

겐지가 울며불며 선황의 얼굴을 우러러보려 하자, 사람은 안 보이고 환한 달만 반짝이고 있었다. 꿈인지 생시인지 아바마마의 몸은 아직 그 언저리에서 떠도는 것 같았다. 하늘의 구름도 가슴을 저리게 하며 흘러갔다. 그래도 오랫동안 볼 수 없었던 아버님을 잠깐이나마 꿈속에서 분명히 뵈었고, 아직도 그 모습이 눈에 선했다. 불행에 빠져 목숨이 위태로워진 자기를 도우시려고, 아버지께서 먼 세계로부터 오셨나 생각하니 이제까지 몰아친 폭풍우도 고마웠고 저도 모르게 불끈 기운이 솟았다. 그때는 놀란 가슴에 슬픔은 죄다 잊어버리고 닥친 현실이 벅차기만 했었는데, '꿈속에서 좀더 이야기를 나눴다면 얼마나 좋았을까' 하는 아쉬운 마음마저 들었다. 그리하여 다시 꿈을 꾸기 위해 잠을 청해 보았으나 잠을 이루지 못했고, 그 사이에 해가 떠오르고 말았다.

물가에 조그마한 배가 닿더니 두세 사람이 겐지의 집으로 걸어왔다. 처소의 사람이 누구냐고 물어보았더니, 아카시〔明石〕 포구에 사는 전(前) 하리마 태수〔播磨太守〕*3였던 법사가 보낸 사람이라 했다.

"소납언 나리가 계시면 뵙고 방문한 이유를 말씀드리겠습니다."

심부름꾼은 법사의 말을 전했다. 놀란 요시키요가 말했다.

"법사는 하리마 사람으로 전부터 알고 있는 사이입니다만, 저와 그 사이에 감정이 상한 일이 있어서 각별한 교제는 안 하고 있습니다. 풍파로 고생하는 이때, 그 사람이 무슨 말을 하려고 사람을 보냈는지 알 수가 없습니다."

겐지는 간밤의 꿈이 마음에 걸려 말했다.

"어서 만나보게."

요시키요는 배에 가서 법사를 만났다. 그렇게 험했던 날씨에 어떻게 배를 내었을까 하고 요시키요는 기이한 생각마저 들었다.

"저는 이달 초하룻날 밤에 꿈을 꾸었는데 이상한 모습을 한 자로부터 신탁(神託)을 받았습니다. 믿기 어려운 일이었으나 그는, '열사흗날에 해가 저물쯤 배를 낼 채비를 하고, 비가 그치면 반드시 스마에 있는 겐지마마 처소로 가거라'는 계시를 내렸습니다. 시험 삼아 배를 준비하고 기다리는데 거대한 비바람과 우레가 내려치는 게 아니겠습니까. 중국에서도 꿈의 신탁을 믿음으로써 나라를 구한 예가 있고 해서, 겐지님께서 이 배를 쓰지 않으시더라도 꿈에서 일러 준 열사흗날엔 반드시 댁을 방문하여 말씀만은 여쭐까 했습니다. 그래서 배를 내어보니 이상한 바람이 우리 배쪽으로만 솔솔 불어주는 것 같았고, 그

---

*3 하리마 태수〔播磨太守〕: 하리마는 옛 지명. 현재의 효고현〔兵庫縣〕 서쪽.

덕분에 이곳에 닿을 수 있었습니다. 이 또한 신령님께서 이끌어 주신 듯합니다. 겐지님에게는 신탁 같은 게 내려온 석이 없었습니까. 실례입니다만 이 말을 겐지님께서 전해 주시면 고맙겠습니다."

그러면서 법사가 부탁했다. 요시키요는 이 말을 조용히 겐지에게 전했다.

겐지는 꿈에서나 현실에서나 정신없이 이상한 일만 계속 일어나니 이제까지 일어난 많은 일들을 곰곰이 생각했다.

세상사람들의 구설수를 꺼려 신의 가호를 저버린다면 이 이상의 고통을 받게 될 것이다. 게다가 인간을 노하게 하는 일 또한 꽤나 무서운 것이지. 아무리 내키지 않는 일이라도 자기보다 손윗사람의 말은 따라야 한다. 현인도 '물러나면 허물이 없다'고 말했지 않던가. 끝까지 겸손해야 한다. 이제까지 나는 생명의 위험도 많이 겪었기 때문에 겁쟁이라는 소리를 듣는다고 해서 불명예로 생각할 것도 없다. '꿈속에 나타난 선황의 말씀도 있으니, 의심할 점은 조금도 없지 않은가' 하고 생각한 겐지는, 아카시로 옮겨갈 결심을 하고 법사에게 대답을 전했다.

"낯선 곳에 와서 별의별 재앙을 다 만나도, 도읍에서는 위문의 말을 전해 오는 사람조차 없다보니 그저 달과 해만을 옛 친구 삼아 바라보고 있습니다. 그런데 오늘 나를 위해 배를 보내 주시다니 참으로 고맙게 생각합니다. 아카시에는 내가 은둔할 만한 처소가 있는지요?"

법사는 겐지가 자기 제안을 받아들인 사실을 매우 기뻐하여 황송하다는 뜻을 전해 왔다. 어쨌든 날이 다 새기 전에 배를 타는 게 좋겠다 싶던 겐지는 늘 함께 하는 친한 신하 네다섯만 데리고 배에 올랐다. 법사가 말한 대로 아주 시원한 바람이 불어와 배는 쏜살같이 달려 아카시에 닿았다. 아주 가까운 거리이기는 했지만, 화창한 날씨에 부는 이 바닷바람은 매우 신비하게 느껴졌다.

아카시 포구의 풍광은 겐지가 들었던 대로 아름다웠다. 다만 스마에 비해 주민이 많다는 점이 달랐다. 법사는 소유지가 넓어, 바닷가 쪽에도 산기슭에도 큰 저택이 있었다. 물가에는 아담한 정자가 마련되었으며, 산기슭의 시냇물을 낀 곳에는 법사가 머물며 후세를 위해 기도하는 삼매당(三昧堂)이 있었고, 노후에 쓰고자 재물을 쌓아 둔 창고도 있었다. 지난번 해일에 놀라 딸과 나머지 가족은 산기슭 집에 옮겨 살게 했으므로, 겐지 일행은 바닷가에서 마음 편히 살 수 있었다.

배에서 내려 수레로 옮겨 탈 즈음, 아침 해가 떠올랐다. 어렴풋이 보게 된 겐지의 미모에 법사는 나이를 잊고, 더 오래 살 수 있을 것 같은 느낌이 들었다.

그리하여 그는 얼굴에 웃음을 띠고, 스미요시 신령님께 기원했다. 마치 해와 달을 손바닥 안에 거머쥔 듯 기뻐했으니 법사 또한 겐지를 받드는 것은 마땅한 일이었다.

아카시 바닷가로 흘러들어 온 바닷물의 멋진 정취는 상상력이 부족한 화가라면 그릴 수 없을 듯싶었다. 스마의 집에 비해 이곳은 제법 밝고 화사했다. 방 안의 가구도 정말 호화로웠고, 도읍에 있는 대 귀족에게 조금도 뒤지지 않았다. 아니 오히려 그보다 더 화려한 편이었다.

아카시로 옮겨 왔을 무렵 들떴던 기분이 차츰 가라앉자 겐지는 도읍으로 보낼 편지를 썼다.

"이렇게 될 줄을 모르고 왔다가, 여기서 죽을 운명이구나."

아직 스마에 남아 있던 심부름꾼이 이렇게 말하며 슬퍼하자 겐지는 그를 불러 지나칠 만큼 많은 선물을 안겨준 뒤, 도읍에 가서 해야 할 여러 일들을 당부했다. 겐지는 전부터 불공을 드리고 있는 스님들과 단골 사찰에 자신의 근황을 전하도록 하는 한편, 또 새로이 자신을 위해 공들여 줄 것도 부탁했다. 사적으로는 후지쓰보마마에게만 가까스로 생명을 보전해 왔던 스마에서의 생활을 자세히 일러주고, 이제 그 생활이 끝났음을 알려드렸다. 하지만 이조원 부인에게서 보내온 편지만큼은 답장을 단숨에 쓰질 못한 채 한 장을 쓰다 울고, 또 한 장을 쓰고 우는 모습을 보여 겐지가 얼마나 그 사람을 못 잊고 있는 가를 짐작할 수 있었다.

'슬픈 일들이 연달아 몰려와서, 괴로운 경험을 겪을 대로 겪었다고 생각하니 출가하고 싶은 충동을 종종 받고는 합니다. 하지만 전에 '거울 속을 바라보며 외로움 달래리' 하시던 당신 모습이 눈앞에서 떠나질 않습니다. 그러니 출가도 당신을 다시 뵙기 전엔 할 수가 없습니다. 제 아무리 견딜 수 없는 괴로움이라 할지라도, 나에겐 당신과 헤어져 있는 이 고통보다 더하진 않을 듯싶습니다. 당신과 다시 만날 수만 있다면 어떤 고난이든 참고 견딜 작정입니다.

이 바다 저 바다로 옮겨 사는 이 몸은

먼 곳에 계시는 우리 님이 더더욱 그리워라.

아카시의 갯마을에 당신이 와 있는 꿈을 꾸는 것만 같아 견딜 수가 없습니다. 이런 심정에서 쓰는 편지이니, 혹여 잘못된 점이 있더라도 용서해 주시길 바랍니다.'

차분히 쓰지 못하고, 아무렇게나 쓴 아름다운 편지를 곁에서 보고 있자니, 고레미쓰는 겐지가 이조원 부인을 얼마나 뜨겁게 사랑하는지 알 수 있었다. 그들도 저마다 자기 집에 보내는 편지를 그 심부름꾼 편에 부탁했다.

그동안 쉴 새 없이 비를 뿌렸던 날씨는 깨끗이 개고 아카시 포구의 하늘이 맑아지자, 이곳에서 어업을 하는 사람들의 모습도 활기차 보였다. 스마는 쓸쓸하고 조용하며 어부의 집도 드문드문 있었지만, 아카시는 사람도 많고 흥청흥청해 보여 처음엔 달갑게 여기지 않았던 겐지도, 이제는 이곳에도 여러 좋은 점이 있음을 발견하고 기뻐했다.

법사는 속세의 근심을 잊고 신앙생활을 하는 구도자로 보였지만, 귀여운 외동딸 문제만큼은 달랐다. 그는 겐지가 관심을 두든 말든 기회가 있을 때마다 주의를 끄는 말을 하곤 했다. 겐지도 이전부터 흥미를 가지고 소문을 들어 왔던 여자라서 이런 뜻하지 않은 곳으로 오게 된 일도 그 사람과 전생의 인연 때문이 아닐까 하는 생각도 들었으나, 처지가 처지이다 보니 당분간은 불공에만 신경쓰리라 다짐했다. 행여나 도읍에 있는 부인이 그런 풍문을 들으면, 어떻게 이런 때마저도 맹세를 지키지 않느냐며 원망할 듯싶어 아예 법사의 딸에게 구혼하는 뜻을 내비치지는 않았다. 때때로 자신도 모르게 그녀가 평범한 처녀가 아닌 듯해서 마음이 흔들린 적도 있었지만, 법사도 겐지가 있는 곳엔 가까이 오질 않고 멀리 떨어진 허술한 별채에서 기거하고 있었다. 그러나 그는 아름다운 겐지를 늘 보고 싶어 했다. 그는 자기의 소망을 꼭 이루고자 하는 마음에 더욱더 열심히 신불께 축원을 드렸다. 나이는 예순 안팎이었지만 정갈한 노인이었으며, 부처님을 공양하느라 몸집은 꽤나 수척했지만 인상은 좋았다. 예전에 높은 직위에 있었고 성격이 완고한 그는 이제 늙어서 정신이 흐릿할 때도 있지만 여전히 고전적인 취미를 알았고, 이따금씩은 제법 소양이 있음을 느낄 수 있었기에, 겐지는 그의 젊은 시절 이야기를 들으면서 곧잘 무료함을 달래기도 했다. 예부터 공적으로나 사적으로 분주하게 살아왔던 겐지였기에

짬짬이 옛날 이야기를 들려주는 노인이 정말로 고마웠다. 이 사람을 만나지 않았더라면 흥미로운 역사 뒷이야기를 모르고 지나쳤으리라 생각했다. 이렇게 해서 법사는 겐지와 친하게 지낼 수 있었지만, 그럴수록 그는 이 지체 높은 귀인에게 자신의 사위가 되어 달라고 선뜻 말할 수 없었다. 지금은 너무나도 안타까운 나머지 아내와 둘이서 한탄하곤 했다. 딸 또한 평범한 남자마저 쉽사리 볼 수 없는 시골에서 자랐기 때문에, 먼발치에서 본 겐지에게 마음이 흠뻑 쏠렸다. 그 뒤로 그녀는 저렇게 아름다운 사람이 이 세상에 있구나 싶어 감탄하기도 했다.

그러나 그러면 그럴수록 자신의 존재가 하찮게 생각되어 겐지를 사랑할 수는 없다고 마음속으로 다짐했다. 그랬기에 부모가 아름다운 귀인을 자신의 사위로 삼길 바라는 기원을 올릴 때마다 엉뚱한 바람이라고 생각하면서도, 신분이 낮은 자신의 처지가 슬펐다.

4월로 접어들었다. 갈아입을 옷과 아름다운 여름 휘장 따위를 법사가 새로 지어 왔다. 겐지는 공연한 짓을 한다 싶었지만, 법사의 살뜰한 정성에 대해서 뭐라 말할 수도 없었다. 도읍에서도 언제나 그런 선물들과 편지가 끊이질 않았다.

한가로운 초여름 달 밝은 밤. 구름 한 점 없이 맑은 바다에 바라보고 있노라면 겐지는 문득 이조원의 달밤과 연못 앞에 앉아 있는 듯한 착각이 들었다. 사랑하는 무라사키 부인 곁에 있어야 하건만, 그 사람의 그림자조차 없었다. 오직 눈앞에 보이는 것은 아와지 섬(淡路島)뿐이었다.

옛사람 아득하니 바라보던 아와지 섬
오늘 밤 더더구나 휘영청 저 달빛.

겐지는 이렇게 읊조리고, 한동안 손대지 않았던 거문고를 자루에서 꺼내어 흐느적흐느적 타기 시작했다. 측근들도 겐지의 속마음을 짐작하고 슬퍼했다. 겐지는 〈광릉(廣陵)〉이란 곡을 조용히 타고 있었다. 산기슭 집에까지 솔바람과 물결 소리에 섞여서 들려오는 거문고 소리에 젊은 여자들은 사무치는 애수를 맛보았으리라 싶다. 명수가 타는 거문고 소리를 구분하지 못하는 이 고장 노인들도 자기도 모르게 밖으로 뛰어나와 바닷바람을 실컷 마시면서 서성댔다. 법사 또한 공양법을 공부하다가 그만두고, 황망히 겐지의 방으로 건너왔다.

"당신의 거문고 소리를 듣고 있으면 버린 속세가 다시 그리워질 만큼, 옛일들이 떠오릅니다. 죽어서 간다는 극락의 모습이 곧 이렇지 않을까 하는 생각이 드는 밤입니다."

법사는 울먹이면서 칭송했다. 겐지도 가끔 궁중에서 열렸던 음악 잔치 광경이 마음속에 떠올랐다. 그때 누구의 거문고, 누구의 피리, 누구의 노래 솜씨며, 언제 어디서나 사람들이 자신의 솜씨를 칭송했던 일, 상감을 비롯해서 음악 천재라고 주위 사람들 존경을 한 몸에 받았던 일들이 모두 떠올랐다. 그러면서 이젠 볼 수 없는 다른 사람들을 생각하니, 불행한 자신의 현재 모습이 꿈만 같아 깊은 시름에 묻혀서 타는 거문고인양 처량하기 그지없었다.

노인은 눈물을 가누지 못하고 산기슭 집으로 사람을 보내 비파와 쟁(箏)을 가지고 왔다. 법사는 자세를 잡고는 재미있고 진귀한 솜씨로 흔케 들을 수 없는 노래를 한두 곡 탔다. 쟁을 겐지 앞에 놓자 겐지는 그것도 몇 곡 타보았다. 법사는 또 한 번 크게 감탄했다. 서툰 연주라도, 어디서 듣느냐에 따라서는 깊은 감흥을 안겨주기도 한다. 하물며 아득한 달밤에 넓은 바다가 눈앞에 있고, 한창때 꽃과 단풍에 못지않은 싱싱하고 울창한 나뭇잎이 여기저기에 있는가 하면, 그림자가 떨어진 곳에는 뜸부기가 문을 두드리는 듯 운치 있는 정원도 곁들여져 있었다. 이런 곳에서 훌륭한 악기를 어루만지고 있구나 싶어 겐지는 흥겨워하면서 말했다.

"쟁은 여자가 상냥한 태도로 편안하게 타는 게 가장 흥취가 있지요."

겐지의 말뜻은 그저 보통 여자라는 의미였으나, 법사는 반가운 말을 들었다는 듯이 웃으며 말했다.

"당신만큼 흥취 있게 음을 타는 사람이 어디 있습니까. 엔기 성제〔연희성제(延喜聖帝)〕*4께서 제 조부께 연주법을 전수하시고부터 3대째 연주를 해오고 있습니다만, 이제는 출가한 몸이라 속세와 더불어 음악도 버렸습니다. 그렇지만 기분이 울적할 때만 가끔씩 뜯곤 했는데, 딸아이는 어깨 너머로 보고 익혔음에도 어찌된 셈인지 저의 조부가 사사하였던 전친왕 전하와 비슷한 음을 냅니다. '산사람 귀에 솔바람소리'라는 말처럼 제 귀에만 그런지는 모르겠으나 한

---

*4 엔기 성제〔연희성제(延喜聖帝)〕: 제60대 다이고 상감〔제호천황(醍醐天皇)〕을 가리킨다. 치세는 901~923.

번 들어주시면 감사하겠습니다."

그러면서 흥분해서 떨고 있던 법사는 눈물마저 흘렸다.

"이런 명인 앞에서 거문고 소리랄 수도 없는 소리를 냈으니 한심한 일입니다."

겐지는 거문고를 앞으로 밀어놓으면서 이렇게 덧붙였다.

"이상하게 예로부터 쟁에는 여자 명수가 많은 모양입니다. 사가(嵯峨) 황제로부터 전수받으신 다섯째 공주께서 명수이셨다고들 합니다만, 그 예술의 계통을 이어받았다고 할 만한 사람은 없었습니다. 오늘날의 명수들은 자기가 지어낸 방법으로 제멋대로 재주를 부리는 데 지나지 않던데, 전통을 이어받은 진정한 명수가 이런 곳에 숨어 있다니 재미있는 일이군요. 부디 따님의 솜씨를 한번 들려주시면 좋겠습니다."

"들어주신다는데 마다할 이유가 있겠습니까. 가까이 부르시기만 하면 됩니다. 그 옛날 백거이도 상인의 아내를 불러 명곡을 들었다고 합니다. 그런데 비파라는 것이 워낙 까다로워서 옛날에도 비파 명수는 흔치 않았던 모양입니다. 헌데 딸아이는 이것도 제법 탈 줄 안답니다. 품위 있는 소질이 보이지요. 어떻게 해서 그 경지에 이르렀는지, 딸아이의 그런 재주를 다만 거친 파도 소리가 반주해주는 이런 곳에 놓아둔다는 게 저로선 서글픈 일입니다. 하지만 언짢은 일이 있을 때면 그 소리를 듣고 마음을 달래곤 하지요."

제법 음악을 아는 체 자신만만해 하는 법사의 이야기를 재미나게 여긴 겐지는, 이번에는 쟁을 그에게 타게끔 했다. 아닌 게 아니라 법사는 제법 멋진 솜씨로 탔다. 그는 이제는 들을 수 없는 훌륭한 연주법을 알고 있어 손가락도 중국식으로 움직였고, 왼손으로 지그시 누르면서 타는 그 소리는 꽤나 심오했다. 여기는 이세(伊勢) 바다가 아니지만, '맑은 바닷가에서 조개나 줍자'라는 민요를 목청이 좋은 자에게 부르게 하고, 겐지도 박자를 치면서 소리를 맞추었다. 그러자 법사는 쟁을 타다가 멈추고 그의 솜씨를 흔쾌히 칭찬했다. 모양이 희한한 과자들이 차려지고 같이 있는 사람들에겐 술을 권하기도 하니, 누구나 오늘 밤은 세상 시름을 씻을 수 있을 성싶었다. 밤이 점점 깊어지자 바닷가 바람이 시원했다. 막 지려는 달빛은 환해지고 또 고요하기만 한데, 법사는 지난날부터 오늘날까지의 자기 내력을 들려 주었다. 아카시로 왔을 무렵엔 고생이 많았다는 이야기와 불도에 정진하게 된 과정을 털어놓던 그는 군이 묻지도 않은 딸의 이야기도 빼놓지 않았다.

"여쭙기 황송합니다만, 당신께서 뜻하지 않게 이 고장으로 잠시나마 옮겨오시게 된 일은 어쩌면 이 늙은 중의 기도 때문이라 생각됩니다. 신불께서 우리 집에 자비를 내리셔서 당신께서 오시게 된 게 아닐까 싶습니다. 그 이유란, 스미요시 신령님께 간절히 기도를 올린 지도 열여덟 해나 되었으니 말입니다. 딸아이가 어렸을 때부터 저는 따로 기원을 세우고, 해마다 봄 가을 두 차례씩 스미요시 신령님께 참배드렸습니다. 그리고 날마다 밤낮으로 여섯 번씩 드리는 불전 공양 때도, 저 자신의 극락왕생보다 딸아이가 훌륭한 짝을 만나기를 비는 기도를 정성스레 드렸지요. 전생의 몹쓸 인연 때문에 저 자신은 시골사람이 되었습니다만, 아버님은 대신까지 지내셨던 분입니다. 저는 이런 처지를 달갑게 받아들일 수 있습니다만, 자식마저 이런 신세에서 벗어나지 못한다면 손자나 증손 대에 가선 무엇이 되겠는가 싶어 비탄에 잠겨 있었는데, 저 아이는 어려서부터 희망을 안겨주었습니다. 어떻게든지 도읍 귀인과 인연을 맺어주려다보니 같은 계급 사람들의 반감과 원수를 샀으며, 괴로운 꼴도 많이 겪었습니다. 하지만 저는 그런 것쯤은 아무렇지도 않게 생각합니다. 목숨이 있는 한은 어버이로서 보호해 주다가, 결혼을 시키지 못하고 먼저 죽게 된다면 바다에 투신해서 목숨을 끊으라고 딸아이에게 유언을 해두었답니다."

그는 이루 다 쓸 수 없을 정도로 많은 사연들을 흐느끼면서 이야기했다. 겐지도 눈물을 머금고 울먹이면서 그 말을 듣고 있었다.

"저는 억울한 죄 때문에 생각지도 않았던 곳으로 떠돌아다니고 있으니 전생에 무슨 죄를 졌기에 그러는가 하며 알지 못했는데, 오늘 밤 이야길 듣고 보니 깊은 인연 때문이었음을 비로소 깨달았습니다. 분명히 알고 계셨으면 좀더 일찍 말해 주시는 게 좋았겠습니다만.

도읍을 떠나올 때부터 무상한 세상이 슬퍼졌기에 신앙말고는 아무것도 생각지 않고 세월을 보내 어느 틈엔가 버릇이 되어버려 청년다운 희망마저 사라지고 말았습니다. 따님이 있으시다는 이야기를 들었습니다만, 죄인인 저를 불길하다 생각하실 것 같아 아무런 희망도 갖지 않았습니다. 뜻이 그렇다면 저를 받아 주시겠군요. 호젓한 홀아비 생활에 많은 위안이 되겠습니다."

이렇게 말하는 겐지의 이야기를 듣고 법사는 기뻐 어쩔 줄을 몰라했다.

"혼자 지새우는 밤에 이리저리 궁리하며 뒤척이는 적적함은 당신께서도 아시겠지요. 오랫동안 입 밖에 내어 청할 수도 없고 해서 벙어리 냉가슴 앓듯 했습니다."

이렇게 말할 때 법사의 목소리는 떨고 있었지만, 몸가짐엔 제법 의젓한 데가 있었다.

"적적하다곤 했지만, 당신은 벌써 법사생활에 익숙해지셨으니까요. 따지고 보면 객지생활은 쓸쓸하고 울적하고가 없지요. 꿈도 제대로 꾸지 못하는걸요."

농담조로 말하는 겐지에겐, 법사가 미처 깨닫지 못했던 애교마저 보였다. 법사는 이 밖에도 딸에 대해 여러 이야기를 했다. 일일이 써서 남기자니 어수선하기에 이만 줄이기로 한다. 잘못 썼다간 법사가 주책없이 보이고 말 테니까.

이제야 소원이 이루어졌다 생각하니 법사는 마음이 홀가분했다. 다음 날 한 낮쯤 되어, 겐지는 산기슭에 있는 법사의 집으로 편지를 써 보내기로 했다. 도리어 이런 곳에 식견이 있는 훌륭한 여자가 있을지도 모른다는 생각에 겐지는 특별히 호두빛 고려 종이에 깨끗한 글씨로 썼다.

'멀고 가까움이 헤아릴 길 없는 곳에서 그저 외로이 하늘만 바라보다가, 얼핏 들었던 당신의 집을 방문할까 합니다. 그대에 대한 내 마음을 드러내고 말았나 보오.'

한편, 연애편지가 도착하기를 기다리며 산기슭 집에 와 있던 법사는 편지를 가지고 온 심부름꾼을 극진히 반기고, 술을 거나하게 먹였다. 그러나 딸은 좀처럼 답장을 쓰려고 하지 않았다. 법사가 딸의 방에 들어가서 아무리 권해 보아도, 딸은 아버지의 말을 듣지 않았다. 그녀는 창피하고 이런 멋진 편지에 답장을 하려니 뿐만 아니라 겐지와 자신의 신분이 비교되리라 생각하니 마음이 서글퍼서 몸이 좋지 않다며 자리에 눕고 말았다. 그 이상 권할 수 없었던 법사는 자신이 대신 답장을 썼다.

'송구스럽게 귀한 편지를 받으니 과분한 복을 어떻게 해야 할지 모르겠습니다. 제 심정과 딸아이 심정이 같다고 생각합니다. 어울리지도 않는 풍류 기분을 낸 저의 허물을 너무 꾸짖지 마시기를.'

편지는 고풍스러우면서도 품격을 갖춘 솜씨로 씌어 있었다. 제법 풍류 기분을 냈구나 싶어 법사가 측은했지만, 겐지는 손수 답장을 써 보내지 않는 딸을 생각하니 조금 어이가 없었다.

심부름꾼은 굉장한 선물을 얻어서 왔고, 다음 날 겐지는 또 편지를 썼다.

'연애편지를 남이 쓰다니요. 여태껏 그런 일은 들어본 적도 없습니다. 이렇게 아무 말씀 없으니 홀로 가슴의 그리움만 더해 고민하고 있습니다. 아직 만나 보지도 못하여 사랑한다는 말도 전하지 못하니 말입니다.'

이번에는 엷은 종이에다 아름다운 글씨로 써 보냈다.

젊은 여성이 그 뜻을 깨닫지 못할 리가 없었다. 하지만 딸은 겐지를 사모하고 있으면서도 그분과 자신이 어울리지 않음을 뼈저리게 알았다. 그런데 남자가 제법 어울리는 상대자인 양 편지를 보내오자, 그녀는 눈물겨워 답장을 쓸 용기가 나지 않았다. 이번에는 아버지 성화에 못이겨 훈향이 밴 자줏빛 종이에 먹을 짙게 갈아 글씨를 썼다.

아직 저를 알지도 못하시는 당신께서
소문만 듣고 저를 사랑하신다니, 세상에 그런 일도 있나요?

글씨 솜씨나 형식은 결코 도읍에 사는 귀녀들에게 뒤지지 않을 만큼 훌륭했다. 이런 여성의 편지를 보고 있노라면, 겐지는 도읍에서의 생활이 떠올라 즐거웠으나, 날마다 편지를 보내는 것도 남의 눈에 띌까봐 이삼 일씩 간격을 뒀다. 그리고 적막한 저녁 무렵이라든가 슬픔에 사로잡히는 새벽녘에 몰래 써서 보내곤 했다. 저쪽에서도 답장이 왔다. 법사의 딸이 상대하기에 부족함이 없는 자존심 강한 아가씨라는 것을 알게 된 뒤부터, 겐지의 마음은 차츰 그녀에게 쏠려 갔다. 하지만 요시키요가 마음에 품은 여자라는 말을 흘린 적이 있었기 때문에 그의 여인을 가로채는 것은 너무나도 매정한 짓 같아 주저하기도 했다. 그쪽에서 좀 더 적극적으로 나와 줬으면 하는 아쉬움도 있었지만, 법사의 딸은 웬만한 귀부인 보다 자존심이 강한 탓에 자신을 굽히면서까지 겐지에게 접근하려고 들지는 않았다. 어느 쪽이든 먼저 숙이고 들어와야 끝날 일이었다.

그다지 멀어진 것도 아니었지만 스마의 관문을 넘어 서쪽으로 내려오게 된 뒤로는 도읍에 있는 부인이 더욱 그리워졌고, 어떻게 하면 좋을지 몰라 남겨 놓은 채 훌쩍 떠난 일이 못내 안타까웠다. 그래서 때로는 남몰래 이곳으로 데려올까 하고 진지하게 생각했으나, 머잖아 이런 신세에서 벗어날 수 있으리라 생각하니 지금에 와서 남들 보기 떳떳치 못한 짓은 삼가는 것이 좋겠다 싶어 그리운 정을 억눌렀다.

올해 조정에서는 여러 사건이 터졌다. 3월 13일 천둥소리와 함께 비가 사납게 내렸던 밤, 상감이 꿈을 꾸셨는데 선황께서 청량전(淸凉殿) 층계에 서 계셨다. 몹시 불쾌하신 얼굴로 노려보시기에 상감이 송구해 하시자, 선황께서는 여러 가지 분부를 내리셨다. 그것은 겐지에 대한 말씀이었고 불현듯 꿈을 깬 상감은 무서워졌다. 아들된 도리로도 타계하신 선황께 심려를 끼친 듯해 몹시 슬퍼하셨다. 황태후께 그 이야기를 하였더니 이렇게 말씀하셨다.

"날씨가 궂은 밤엔 평소 신경을 쓰던 일들이 악몽이 되어서 나타나는 법이니, 흔들리시면 안 됩니다."

그러나 꿈속에서 노려보시던 선황의 눈과 마주쳐서 그런지, 상감께서는 눈병에 걸려 크게 앓으셨다. 근신하는 의미에서 궁중에서도 불공을 드리는가 하면, 황태후마마께서도 그렇게 하셨다.

또 태정대신(太政大臣)*5이 갑작스레 별세했다. 나이가 많았기에 이상할 것도 없었지만 그 일로 해서 불순한 분위기가 세상에 감돌게 되었고, 황태후도 별 까닭 없이 드러누우시더니 오래도록 차도가 없이 계속 쇠약해지시다보니 상감은 걱정이 크셨다.

"나는 겐지 마마가, 저지른 죄도 없으면서 관위를 박탈당한 일로 우리가 그 대가를 치르고 있다고 믿습니다. 아무래도 본관으로 복귀시켜야 할 것 같습니다."

상감은 이 문제를 여러 번 황태후께 말씀하셨다.

"그건 세상이 비난할 일입니다. 죄가 무서워 도읍을 떠난 사람을 채 3년도 못 돼 용서하신다면, 천하의 지식인들이 뭐라고 하겠습니까?"

황태후는 끝까지 겐지의 복직을 찬성하지 않으셨다. 그렇게 세월이 흐르는 동안에도 상감과 황태후 마마의 병환은 여전히 차도가 없으셨다.

아카시에는 가을 갯바람이 거세게 부는 계절이 왔고, 겐지는 뼈가 저리도록 독신생활의 고독을 느꼈다. 겐지는 이따금 법사에게 그의 딸 이야기를 꺼냈다.

"남의 눈을 피해 이쪽 집으로 오게 하면 어떻겠소."

---

*5 태정대신(太政大臣) : 태정관 최고관직. 여기에서는 홍휘전 황태후의 부(父).

그는 자신이 처녀의 거처를 찾아다닐 수는 없다고 생각했다. 그러나 여자도 그렇게 할 수 없는 자존심이 있었다. 시골의 여느 처녀라면 도읍 사람들이 잠시 동안 와서 꾀기만 해도 경박하게 그대로 정인이 되어버리곤 하는데, 법사의 딸은 자신의 인격이 존중되면서 이루어진 관계가 아니기 때문에, 쉽게 넘어가서 평생 울고불고 하기는 싫었다. '어울리지 않는 결혼인데도 감지덕지하면서 기어이 성립시키려 드는 부모들은 내가 아직 어리고 남자를 모르니 귀인과 결혼하면 행복하게 살 수 있으리라 여기시지. 하지만 막상 그이와 결혼하면 다른 걱정 때문에 괴로워할 게 분명해.' 그녀는 이런저런 고민을 했다.

겐지가 아카시에 머물러 있는 동안 서로 편지를 주고받으며 연인으로 지내는 일도 참된 행복일 것이다. 오랫동안 소문으로만 들었지 한 번이라도 그렇게 귀한 분을 엿볼 수 있을까 까마득하니 생각했던 분이 우연히 이곳에 오신 덕분에 잠시나마 우러러볼 수 있었다. 또 그 유명한 거문고 소리도 들었을 뿐만 아니라, 그의 일상생활에 대한 소식과 심정을 고백하는 편지도 받았으니 더 이상 바랄 것도 없고, 이런 시골 구석에서 이만한 행복이 주어졌다는 것으로도 분명 신불께서 도와주신 은덕이라 생각만 하고 있을 뿐, 겐지의 정인이 되어보겠다는 욕심은 전혀 없었다.

부모들 또한 오랜 세월 동안 신불께 간청했던 일이 이제야 결실로 맺어졌는데, 막상 짝을 맺어주었다가 겐지의 사랑을 받지 못해 소박맞는다면 어찌하나 생각하니 비참한 결과도 상상되었다. 그가 아무리 훌륭한 분이라 하더라도 그렇게 되면 슬프고 원망스러우리라. 눈에 보이지도 않는 신불 따위는 믿어 왔으면서 정작 중요한 겐지의 심정과 딸의 운명은 고려하지도 않았으니, 이제 와서야 법사는 주저주저하며 걱정을 했다. 겐지는 이렇게 곧잘 법사를 졸라댔다.

"올 가을엔 따님의 음악을 들려주십시오. 오래전부터 간절한 바람이었습니다."

법사는 남몰래 혼인하기 좋은 길일을 알아보도록 해놓고, 아직껏 어쩌면 좋을지 몰라 망설이고 있는 아내를 제쳐두고 혼자 이것저것 채비를 했다. 딸이 거처하는 집도 아름답게 꾸몄다. 그런 다음 열사흗날, 달이 화려하게 떠올랐을 때 '아까운 밤의 달과 꽃을 이왕이면 내 마음 아실 이에게 보이고 싶어라'라고 쓴 초대장을 바닷가 저택의 겐지에게 보냈다. 겐지는 편지를 보더니 제법 풍류를 아는 체하는구나 생각하면서, 노오시를 말쑥하니 갈아입고 밤이 깊기

를 기다리다가 집을 나섰다. 좋은 수레도 마련되어 있었으나 남의 눈을 피하기 위해 말을 타고 갔다. 하인도 한두 사람 거느렸을 뿐이었다.

산기슭에 있는 집은 거리가 좀 멀었다. 가는 길 포구에서 보는 밤 경치는 꽤나 아름다웠다. 겐지는 무라사키 부인이 몹시 그리웠다. 이 말을 탄 채 도읍으로 가고 싶기도 했다.

가을밤 달 밝은데 내가 탄 빨강 말아
구름 가로 달려라 우리 임을 보고자.

겐지는 그렇게 혼자 읊었다.

산기슭 집은 숲과 개울의 아름다움이 바닷가 집보다 훨씬 뛰어났다. 바닷가 저택은 구조가 화려했으나, 이쪽은 깊고도 그윽하게 꾸며졌다. 젊은 여자가 거처하는 곳 치고는 너무나 쓸쓸했다. 이런 곳에 살면 인생살이가 모두 사무치게 느껴지리라 싶어 겐지는 여인을 동정했다. 법사가 불공드리는 삼매당이 가까운 탓에 거기서 울리는 종소리는 솔바람 소리와 어울려 구슬프게 들려왔다. 바위에 돋은 소나무들 모양새는 모두 좋았다. 뜰앞 동산에는 온갖 가을벌레들이 모여서 울고 있었다.

겐지는 얼마 동안 저택 안을 이리저리 거닐었다. 딸이 지내는 건물은 한결 공들여 지은 듯했다.

빠끔히 열린 문으로 달빛이 비쳐 들었다. 겐지는 툇마루에 올라 아가씨에게 말을 걸었다. 이토록 가까이에서 만날 줄 몰랐던 아가씨는 서먹하게 대구하며 도도한 체 하느라 애를 썼다. 아무리 지체 높은 여자라도 오늘날까지 이 여자에게 보여주었던 만큼 열정을 보였다면 모두가 호의를 보여주었으리라고, 과거 경험이 가르쳐주었다. 어쩌면 초라한 신세가 된 나를 멸시하는 게 아닐까 하는 생각마저 들었다. 힘으로 누르는 건 애초부터 바라는 바는 아니었지만, 여자의 마음을 움직여 보지도 못하고 물러나는 일도 멋쩍었다. 그런 생각에서 차츰 열을 띠기 시작하는 겐지의 속삭임은 아카시 갯마을에는 어울리지 않았고 지나치다는 느낌마저 들었다.

휘장끈이 흔들렸을 때 쟁의 줄이 울렸다. 방금 전까지 쟁을 타고 있었을 젊은 여자의 아름다운 모습에 겐지는 이런저런 말을 붙이며 더욱더 열을 올렸다.

"지금 소리가 난 것 같은데요. 쟁 소리만이라도 들려주시렵니까?"

겐지는 말했다.

"정다운 이야기를 나눌 사람을 기다렸습니다. 그런 사람을 만나면 뜬세상의 시름도 조금은 가실까 싶어서요."

어둡고 긴 밤 지새우며 마음이 어지러운 제가 무엇이 꿈결인 줄 알고 이야기를 나눌까요.

앞은 겐지가 읊은 노래, 뒤는 여자의 답가였다. 은근히 말하는 그녀의 모습은 이세 육조궁과 닮은 듯했다.

이렇듯 허물없이 이야기하는 가운데 겐지가 불쑥 들어오자, 깜짝 놀란 아가씨는 서둘러 일어나 안쪽 방으로 도망쳐버렸다. 그리고 장지문을 닫아 겐지가 열지 못하도록 꼭 붙들고 있었다. 겐지는 굳이 억지로 문을 열고 들어가고픈 생각은 없었다. 그러나 언제까지 그러고만 있을 수도 없는 노릇이라 마침내 장지를 열고 들어갔다.

여자는 키가 늘씬하고 고상한 기품을 풍기는 사람이었다. 무턱대고 들어오기는 했지만 이렇게 되자 전생의 인연이라는 생각이 들었고, 애정도 깊어지는 듯싶었다. 평소는 괴롭기만 하던 긴긴 가을밤도 이내 빨리 지새는 듯했다. 다른 사람에게 이 일이 알려질까봐 두려운 겐지는 아침이 되기 전에 돌아왔다.

겐지는 그 다음 날 편지를 보내는데 양심의 가책 때문에 전보다 남의 눈이 더 꺼려졌다. 법사 또한 겐지와 딸을 짝지어 준 사실을 사람들에게 밝히기 싫었다. 그래서 다음 날 심부름꾼이 와도 특별한 환대하지 않았으나 속으로는 매우 안타까워했다.

그런 뒤에도 겐지는 가끔 다녀갔다. 다소 거리가 있기에 겐지는 이 고장 사람들의 눈을 피해 시간 간격을 두고 찾아갔다. 하지만 여자 쪽에선 처음부터 걱정했던 일이 현실이 되었다며 혼자 끙끙 앓았다. 딸의 그런 모습을 보자 법사 또한 상당히 불안했고, 극락에 가고 싶다는 욕망도 잊은 채 부처님께 바치는 공양도 게을리했다. 다만 겐지가 다녀오는 것만으로도 고마운 일이라 여겼다. 법사 편에서 본다면 일이 뜻대로 이루어졌지만, 새로운 걱정거리가 생긴 점은 가엾은 일이었다.

겐지는 이조원 무라사키 부인이 풍문으로 이 일을 알게 되어, 사실을 숨긴 겐지에게 서운한 마음을 가지게 되면 괴롭고 부끄러우리라 생각했다. 이 또한 무라사키 부인을 매우 사랑하기 때문이었다. 무라사키 부인도 겐지를 매우 사랑하는 만큼 겐지가 다른 여자를 만들 때마다 마음아파하고 때론 원망하기도 했는데, 이제 와서 돌이켜보면 왜 하찮은 일로 부인을 괴롭게 했는지 후회스러울 뿐이었다. 새 애인을 얻었지만, 부인에 대한 마음은 조금도 달랠 수 없었기에, 겐지는 다른 때보다 더 간곡한 심정으로 도읍에 있는 부인 앞으로 편지를 보냈고, 끝에다가 이번 일을 썼다.

'지난날에 내가 한 짓이긴 하지만, 당신을 불쾌하게 한 여러 사건을 생각할 때마다 가슴이 쓰라려 옵니다. 헌데 이곳에서 또 쓸데없는 꿈 하나를 꾸었다오. 이런 고백으로 내가 얼마나 당신에게 숨김없는 마음을 지니고 있는지 짐작해 주길 바라오. '서로 잊지 말리라 맹세한 그 일을' 노래처럼, 나 또한 당신을 믿고 있다오. 이곳에서 잠시나마 여자를 만난 일은 이를테면 바닷사람인 나의 장난일 뿐이고, 모든 일에 당신 생각이 떠올라 눈물이 앞서게 되는구려.'

도읍에서 보내온 답장은 꾸밈없고 귀엽기까지 했는데, 끝부분에는 겐지의 고백에 대한 감상이 씌어 있었다.

말씀해 주신 꿈 이야기는 잘 들었습니다. 이제껏 있었던 많은 일들을 떠올리며 설마설마 하기는 했지만, 정말 솔산[松山]보다 파도가 높아지리라고는 생각지 못했네요.

대범한 듯 보이지만 분한 심정을 암시하면서 쓴 편지라 생각하니 겐지는 서글펐다. 겐지는 이 편지를 차마 손에서 떼어 놓을 수 없어서 한참 들여다보았다. 그러자 산기슭 집에 가고 싶은 마음도 들지 않았다.

여자는 겐지가 오랫동안 발걸음을 하지 않자 처음부터 어차피 이렇게 될 줄 알았다며 한탄했다. 이들 두 부녀는 이러다 안 되면 바다에 몸을 던지면 그만이라는 말을 곧잘 하곤 했었는데, 이제는 정말 그렇게 하고 싶은 심정이었다. 늙은 부모만을 의지하면서 언제 남의 집 딸들처럼 행복을 누리게 될까 했던 지난날이었지만, 그때는 차라리 지금에 비해 걱정이란 눈곱만큼도 모르는 처녀이지 않았던가. 세상일이란 참으로 이렇게 괴로운 걸까. 연애든 결혼이든 행복해 보이지만 처녀 때 생각한 것보다 훨씬 더 슬프게 다가왔다. 그러나 그녀는 겐지에겐 속마음을 드러내지 않고 여느 때와 똑같이 대했으며, 불쾌한 말이나 행동은 조금도 하지 않았다. 겐지의 사랑은 날로 깊어갔지만, 총애하는

부인이 도읍에 홀로 남아 지금 여자와 관계를 맺는 상상을 하면서 얼마나 원망스러워할까 걱정했다. 끝내 겐지는 바닷가 집에서 혼자서 자는 밤이 많았다.

겐지는 그림을 그리고 그때그때 솟아난 심정을 글로 표현해서 그 그림에다 써 넣었다. 도읍에 있는 부인에게 호소하는 심정으로 그려 넣은 것이다. 이 두루마리 그림으로 부인의 답장을 받을 수 있지 않을까 하는 기대감에 그림을 그렸다. 감상적인 문학과 그림이 뛰어난 작품들이었다. 어떻게 마음이 통했는지, 이조원 부인도 사무치도록 슬플 때면 겐지처럼 여러 가지 그림을 그리곤 했다. 그녀는 그림에다 자신의 생활을 일기처럼 썼다. 이 두루마리 그림의 내용이야말로 흥미진진했다.

봄이 되었으나, 상감의 병환이 길어지자 세상은 조용하지 않았다. 상감께는 우대신의 딸인 승향전(承香殿) 여어로부터 얻은 아들이 있었지만 아직 2살이라 너무 어렸다. 그리하여 마땅히 제위는 동궁에게 물려주어야 하겠지만, 그렇다 해도 후견인의 자리에 앉아 정무를 두루 보살필 사람은 필요했다. 상감은 오랜 고민 끝에, 겐지를 불우한 처지에 내버려둔 채 기용하지 않음은 국가의 손실이라 여기시고, 태후께서 반대하셨음에도 사면한다는 어명을 내리셨다. 지난해부터 태후 또한 원령(怨靈) 때문에 자리에 누워 계셨고, 그 밖에도 하늘의 계시가 자꾸 나타나고는 했다. 그랬기에 기도와 치성으로 한때 나았던 눈병까지도 요즈음 다시 악화되어 너무 불안해하신 나머지, 칠월 스무 며칠에 두 번째 조처로서 겐지에게 도읍으로 돌아오라는 어명을 내렸다. 언젠가는 그렇게 되리라 믿고 있던 겐지였지만, 워낙 덧없는 인생사인만큼 그것이 또 언제 어떻게 변하게 될지 몰라 불안하단 생각도 들었다. 갑작스러운 상감의 뜻으로 귀경이 결정된 것은 반갑긴 했으나, 아카시 바닷가에 여인을 버리고 가야 한다고 생각하니 겐지는 괴로웠다. 법사도 어쩔 수 없다 생각하면서도 가슴이 꽉 막힌 듯 슬펐다. 하지만 겐지의 출세가 곧 자신의 이상을 실현하는 일이라며 스스로를 타일렀다.

그즈음에 겐지는 밤마다 산기슭 저택을 찾아갔다. 올 유월께부터 여자는 임신중이었다. 이별이 가까워져서 그런지 여자는 한층 정다웠다. 자신은 언제 사랑의 고민에서 풀려나게 될까 하며 겐지는 걱정했다. 여자는 말할 것도 없이 심란해 보였다. 무리도 아니었다.

뜻밖의 일로 도읍을 떠나 객지로 나오게 되었지만, 겐지는 언젠가는 다시 돌아갈 수 있을 것이라는 희망을 위안으로 삼았다. 이번에 그리운 도읍으로 돌아감으로써 이 지방과의 인연이 끝났다고 생각하니 겐지는 가슴이 벅차올랐다. 신복들도 그런 행운을 골고루 나눠가졌기에 누구나 들뜬 심정이었다.

그날부터 도읍에서 마중하러 내려온 사람들도 많았다. 그들은 누구나 인생이 즐겁다는 태도였으나, 주인인 법사는 울고 있었다.

이렇게 시간은 흘러 7월이 지나 8월이 되었다. 겐지는 사무치는 가을 하늘빛을 바라보면서, 나는 예나 이제나 연애 때문에 끊임없이 고민하는구나, 이러다 고뇌 속에서 죽어버릴지도 모르겠다고 애타게 몸부림쳤다. 여자와의 관계를 알고 있는 사람은 딱하게 생각했다.

"저 양반도 참 못 말리겠구먼. 또 그 버릇인가?"

최근에야 여러 사람들에게 겐지가 오랫동안 이 관계를 비밀로 하고 남의 눈을 피하고 있었다는 사실이 알려졌기에 사람들은 쑥덕거렸다.

"여자 편을 들면 평생 걱정거리를 짊어진 셈이지."

소납언댁이 곧잘 이야기하던 그 여자란 말을 들었을 때, 요시키요는 어지간히 분한 마음이 들었다.

출발이 모레로 다가온 밤, 겐지는 여느 때보다도 일찍이 산기슭 저택으로 찾아갔다. 오늘까지도 제대로 쳐다보지 못했던 여자는 귀녀다운 고상한 품격이 엿보였는데, 놀라울 정도로 단정했다. 이제 와서 그녀를 버리고 갈 수 없다고 생각한 겐지는 어떤 형식으로든 그녀를 도읍으로 맞아들일 것이라는 말로서 여자를 위로해 주었다.

여자도 오늘에서야 겐지를 차분히 보게 되었다. 오랜 고생을 한 겐지의 얼굴에 수척한 티가 보였는데, 그 또한 말할 수 없을 정도로 곱게 보였다. 넘치는 애정을 눈물로 담아 미래를 약속하는 겐지를 보자, 이제 충분히 행복하니 더는 바라지 말고 단념해도 좋을 듯싶었다. 하지만 겐지가 아름다우면 아름다울수록 자신이 초라해 보여 슬펐다.

가을바람 속에서 듣는 파도 소리는 더욱 쓸쓸했다. 소금 굽는 연기가 어슴푸레 하늘에 떠 있었고, 감상적인 기분을 자아내는 풍경이 펼쳐져 있었다.

"이번엔 서로 헤어지지만, 해초(海草)로 소금을 굽는 저 연기처럼 우리 마음도 하나라고 생각합시다."

겐지가 이렇게 말했다.

"바닷사람이 해초를 구워 모아 소금을 굽는 그 심정을 이제야 알겠습니다. 쓸데없는 원망을 더는 하지 않겠습니다."

가련하게 몸을 떨며 흐느끼면서 조용히 있다 겐지가 하는 말에 가끔씩 대답하는 그 말씨에는 그녀만의 자상한 애정이 담겨져 있었다. 겐지는 그제야 언제나 듣고 싶어 했던 쟁(箏) 소리를 여자가 여태껏 들려주지 않았다는 사실을 원망했다.

"나중에 당신이 아름다운 이 순간을 추억하게끔 거문고나 뜯어볼까."

겐지는 도읍에서 가져온 거문고를 바닷가 저택에서 가져오게 하여 이름난 어려운 곡을 한 곡조 뜯었다. 한밤중 맑은 공기 속이라서 청아하고 아름답기 그지없는 곡조였다. 법사는 감동해서 딸에게도 재촉하듯 손수 쟁을 휘장 속으로 들이밀었다. 여자도 쉴 새 없이 흐르는 눈물에 이끌린 듯 나직한 음으로 쟁을 뜯기 시작했는데, 참으로 뛰어난 솜씨였다.

법사의 딸이 쟁을 뜯는 솜씨는 그 시대에도 최고였는데, 화려하면서도 맑은 음은 듣는 이의 마음을 명랑하게 했고, 연주자의 고운 미색이 그려진다는 점에서 대단한 명수로 짐작되었다. 이건 어디까지나 고결한 솜씨로, 단순히 음악만 두고 보아도 기량이 뛰어남을 겐지는 생각했다. 겐지처럼 음악적 재능이 뛰어난 사람조차 처음 들어보는 곡도 곧 능숙하고 현란하게 연주하곤 했는데, 실컷 다 듣지도 못하니 아쉽기 그지없었다. 겐지는 지금까지 그 연주를 억지로라도 시켜볼 걸 그랬구나 생각하니 마음이 서글퍼졌다. 열정을 담은 말로 겐지는 이런저런 장래를 맹세했다.

"이 거문고는 다시 둘이서 함께 연주하는 그날까지 보관하여 주시지요."

겐지가 이렇게 말하자 여자는, 혼잣말처럼 중얼중얼댔다.

"저를 달래려 지어내신 말씀인 줄 아옵니다만, 그 말을 믿고 거문고 소리를 들을 때마다 오늘을 그리워하겠습니다."

"다시 만날 그날까지 거문고 가락이나 당신의 마음이 변하지 않기를."

그러자 겐지가 나무라듯 말하면서, 이 거문고 가락이 변하기 전에 다시 만날 것을 다짐했다. 여자는 그를 믿었지만 눈앞의 이별을 생각하면 그저 애처로웠으며, 그럴만도 했다.

어느새 떠나는 날 아침이 되었다. 안 그래도 사람들이 많은데 마중하러 온 사람들로 꽤나 웅성거렸다. 겐지는 남의 눈에 띄지 않게 여자에게 편지를 써 보냈다.

'당신을 남겨둔 채 떠나자니 슬프기만 하오. 아카시 갯마을에서 당신이 어찌 지내실지 생각하니 걱정스럽소.'

그 답장은 다음과 같았다.

'여러 해를 살아온 이 오두막도 당신께서 떠나시면 더욱 쓸쓸해질 텐데 그저 파도치는 대로 몸을 맡길 수밖에요.'

생각한 그대로를 쓴 편지에 겐지는 그만 주르륵 눈물을 흘렸다. 속사정을 잘 알지 못하는 사람은, 다 낡아빠진 이런 집이라도 한 해를 살다 떠나게 되니 아쉬운가 보구나 단순하게 동정을 했다. 하지만 요시키요는 여자가 퍽도 마음에 들었나 보다 싶어 미운 생각마저 들었다. 하인들은 내심 기쁨을 억누른 채, 아카시 갯마을을 떠나는 슬픔의 노래를 짓기도 했는데, 그것은 쓰지 않겠다.

떠나는 날 법사는 잔치를 요란하게 베풀었다. 그는 모든 사람에게 화려하고 빛깔이 고운 여행에 필요한 옷을 한 벌씩 선물로 주었다. 어느 틈에 이런 준비를 했을까 놀랍기만 했다. 게다가 겐지가 입은 옷은 더할 나위 없이 좋은 옷감으로 만든 것이었다. 옷궤 여러 개가 행렬에 끼어 가게 되었다. 오늘 입고 가는 사냥복 한 귀퉁이에 여자가 쓴 편지가 있었다.

님 위해 마련한 이 옷 입고 가소서
눈물에 젖은 자락 언짢아 하시지는 않을까.

겐지는 떠나는 참이긴 했으나 이것을 보고, 답장을 써서 보냈다.

입은 옷 새옷으로 갈아입고 떠나리
그대와 다시 만날 그날 위한 정표로.

"모처럼 보내온 물건이니까."

그러면서 그 옷으로 갈아입고, 지금까지 자신이 입고 있던 옷은 여자에게 보냈다. 자신을 두고두고 생각하게끔 하는 연애의 기교라 하겠다. 자신의 체취가 그윽하게 밴 옷이 얼마나 효과가 있는지 겐지는 잘 알았다.

"이미 속세를 버리고 출가한 몸입니다만, 오늘의 행차를 배웅할 수 없어 참으로 유감입니다."

그렇게 말하면서 두 손으로 눈물을 가리는 법사가 겐지는 측은했지만, 다른 젊은 사람들은 이 광경이 우스꽝스러웠다.

"세상이 싫어, 바닷가에 은신하며 바닷바람에 젖은 몸이긴 합니다만, 아직도 번뇌의 세계에서 벗어나지 못하고 있습니다. 딸자식에 대한 체면도 있고 하니, 재 너머까지만이라도 수행들게 해 주시기 바랍니다."

이렇게 법사는 말하고 나서 덧붙여 당부의 말을 했다.

"외람된 말씀 같지만, 혹 저 애 생각이 나신다면 소식이나마 몇 자 적어 주신다면 감사하겠습니다."

그러자 눈가가 붉어진 겐지의 슬픈 얼굴은 참으로 아름다웠다.

"세상에 도리가 있으니 결코 그녀를 버리고 가려는 게 아니라오. 곧 내 마음을 알게 될 테니 너무 염려 마시오. 다만 살면서 정든 이곳을 떠나려니 섭섭하여 마음이 아프니 어찌하면 좋을까요."

그렇게 말하고는 소매로 눈물을 닦아냈다.

도읍을 떠난다면 그 슬픔을 잊을까
정든 갯마을을 다시금 떠나는 날.

그러자 이를 본 법사는 정신이 아찔해져 풀이 죽었다. 슬픔에 겨워 행동거지마저 비틀거리기 시작했다.

아카시 아씨는 슬픔을 주체하지 못했다. 겉으로는 자신의 박복함이 원인인 것 같아 티내지 않으려 했지만, 겐지를 절절한 심정으로 흐느끼며 쳐다볼 수밖에 없었다. 그녀의 어머니인 법사 부인도 어떻게 딸아이를 달래야 할지 몰랐다.

"내가 어쩌자고 이렇게 근심 많은 결혼을 시켰을까. 영감 고집을 꺾지 못하고 따른 내 잘못이지."

부인은 탄식했다.

"거 참, 시끄럽소. 그분은 딸아이를 그렇게 버리실 분이 아니니 나름 무슨 생각이 있으실 거야. 숭늉이라도 마시면서 좀 진정해요. 불길한 소리 하지 말고."

법사는 그렇게 말하고 나서 방 한구석에 쭈그려앉았다. 그러자 마누라와 유모가 입을 모아 법사를 공격했다.

"아가씨를 행복한 분으로 만들어 드리기 위해, 얼마나 오랜 시간 동안 빌고 또 빌었는지 모르겠어요. 이제야 그 소원이 이루어지나보다 생각했는데, 결혼 초부터 가엾은 꼴이군요. 그것도 첫 결혼에서 말이에요."

이렇게 말하면서 한탄하는 사람들 모습을 안타까워하는 등, 이런 일 저런 일로 법사의 머리는 전보다 한층 이상해졌다. 낮에는 종일토록 드러누워 있는가 하면, 난데없이 벌떡 일어나 나가기도 했다.

"염주를 내가 어디에 뒀더라?"

제자들은 양손을 비벼대면서 탄식하는 법사를 비아냥댔고, 그 비난을 들은 그는 달밤에 법당으로 염불을 드리러 가다가 연못물에 맥없이 빠지고 말았다. 제법 운치 있게 만든 뜰앞 바위 끝에 잘못 걸터앉다 다쳤는데, 그 아픔이 있는 동안은 근심걱정을 잊을 수 있었다. 겐지는 나니와(浪速)*⁶에 배를 대고, 그곳에서 재계(齋戒)를 했다. 스미요시 신령께도 무사히 돌아왔음을 보고하고, 몇 가지 소원을 성취하게 되었다고 심부름꾼을 시켜 아뢰었다. 자신은 입궐하지 않고, 가는 길 유람도 마다한 채 곧장 도읍으로 들어섰다.

이조원(二條院)에 다다른 일행과 도읍에 있던 사람들은 꿈처럼 다시 만나 서로 못다한 이야기를 나누었다. 아주 반갑고 기쁜 나머지 울음소리로 시끄러운 이조원이었다. 무라사키 부인도, 체념한 목숨인데 오늘까지 남아서 겐지를 맞이함을 깊이 감사했다. 겐지는 아름답게 자라난 부인의 모습을 2년 반이라는 세월이 지나서야 다시 볼 수 있었다. 쓸쓸히 지내는 동안 머리를 가득 덮었던 머리숱이 조금 줄어들긴 했지만 오히려 이 사람을 더욱 아름답게 보이게 했다. 이렇게 해서 겐지는 그녀와 영원히 살 수 있는 집으로 돌아와서야 마음이 진정되었다. 그러면서도 다시금 이별을 슬퍼한 아카시의 여자가 측은해졌다. 겐지는 언제까지나 연애의 고민으로 고생해야 할 사람 같았다.

겐지는 부인에게 아카시 아씨의 이야기를 했다. 두고 온 이의 모습을 그리워하는 겐지의 진지한 표정을 본 무라사키 부인은 이번에는 여느 때처럼 스쳐 나가는 사랑이 아닐 수도 있다고 생각하였다.

"잊힌 제 한 몸이야 별것 아니지만, 하늘에 맹세하신 당신 목숨은 어쩌시려

---

*6 나니와(浪速) : 지금의 오사카시(大阪市) 및 그 부근.

고"라며 넌지시 속상한 마음을 비치었다.

겐지는 그런 무라사키가 아름답고도 귀엽다고 느꼈다. 아무리 보아도 싫증 나지 않는 이 사람과 왜 따로 떨어져 살게 되었는가를 생각하자 새삼스레 세상이 원망스러웠다.

이윽고 겐지는 본관에 복귀해서 권대납언(權大納言)*7을 겸하라는 사령을 받았다. 근신들의 관위도 모두 복구되었다. 마른 나무에 봄을 맞아 싹이 튼 듯 경사스러운 일이었다.

부르심을 받은 겐지는 입궐했다. 편전에 오른, 한결 아름다워진 겐지의 모습에, 사람들은 모두 그를 두고 어떻게 시골살이를 오래 한 분으로 볼 수 있겠냐며 놀랐다. 전대(前代)부터 궁중에서 일하며 나이 먹은 궁녀들은 슬픔을 이기지 못하고 새삼스레 다시 울고불고했다.

상감도 겐지를 만나시는 일이 반가워, 옷맵시를 특별히 곱게 다듬고 나오셨다. 줄곧 병환중이시라 무척 수척해 보이셨지만, 요즘 와서 마마의 기분은 어느 때보다 상쾌하셨다. 조용조용 이야기를 나누시다보니 금세 밤이 되었다. 보름밤의 아름다운 달빛 아래 옛날을 떠올리자 상감은 자못 감회가 새삼스러우셨다.

"음악을 베푸는 일도 요즘엔 하지 않는다. 그대의 거문고 소리를 들은 지도 오래이니" 하고 말씀하셨다.

깊은 바다에 거머리인 양 잠겨서
허우적거리며 몸부림치던 세월은 흘렀거니.

겐지가 이렇게 읊자, 상감께서는 높은 자로서의 연민과 군주로서의 잘못을 당신 스스로 인정하시면서 다정하게 읊어 내리셨다.

거룩한 우리 형제 때 있어 만났으니
그 봄날 슬픈 이별 다시는 또 없어라.

---

*7 권대납언(權大納言) : 정원 외 대납언. 대납언은 태정관 차관으로 우대신 다음가는 관직.

아리따운 모습이셨다.

겐지는 상황(上皇)을 위한 《법화경》의 팔강회 채비를 서둘렀다.

동궁을 뵈니 예전보다 훨씬 장성하셨는데, 그는 오랜만에 겐지가 출사하자 무척 반가워하셨다. 그 모습이 겐지는 그지없이 가여우면서도 학문도 제법 잘 하셔서 즉위하시더라도 별 지장이 없을 만큼 총명하심을 짐작할 수 있었다. 며칠이 지난 뒤 기분이 안정될 즈음 후지쓰보 마마를 만나보았는데, 매우 감동적인 만남이었으리라.

겐지는 아카시에서 보내온 심부름꾼에게 편지를 보냈다. 부인에게는 꺼림칙하지만 자상한 정이 담긴 편지를 여자에게 써 보냈다.

'수심 속에 지새우는 아카시 갯마을에 당신의 탄식 소리가 아침 안개처럼 피어오르지나 않나 걱정되는군요.'

그런 사연이었다.

대이(大貳)의 딸 고세치(五節)는 혼자서 끙끙 앓던 마음의 고통이 말끔히 가시자 기뻐하면서, 심부름꾼에게 어디서 왔다고도 묻지도 않고 이조원에 노래를 보냈다.

그리운 우리 님께 보이고 싶구나 이 마음
스마의 갯마을에 눈물 젖은 이 소매를.

글씨가 전보다 훨씬 능숙해졌는데, 겐지는 필체를 보자마자 고세치가 틀림없다 싶어 이내 답장을 보냈다.

나 또한 누굴 보고 하소연 하리까
눈물로 젖은 이 소매도 마를 틈이 없거늘.

겐지는 퍽도 좋아하던 여자의 유혹하는 편지를 보자 찾아가고 싶은 생각이 굴뚝 같았으나 당분간 단정치 못한 행동은 삼가야겠다 싶었다. 하나치루사토에게도 편지만 보냈지 만나러 가지는 않았으므로, 여자 쪽에선 오히려 겐지가 도읍에 있을 때만도 못하다고 쓸쓸해했다.

물길잡이[*1]

겐지는 스마에 있을 때 꿈에 생생하게 모습을 나타내신 선황 생각으로 잠을 이루지 못했다. 그랬기에 도읍으로 돌아온 오늘에서야 속히 그 명복을 빌기 위한 채비를 서둘렀다. 시월에 법화경 팔강회가 열렸다. 참석자는 여전히 많았다. 병환이 위중하신 황태후는 겐지를 끝내 쫓아내지 못했다고 여전히 분하게 여기셨으나, 상감은 상황의 유언대로 다시 겐지를 불러들이게 되자 매우 명랑해지셨다. 가끔 가다 심히 앓으시던 눈병도 쾌차하셨는데, 그럼에도 오래 살지 못할 것 같은 불안감에 휩싸여 자주 겐지를 불러들이셨다. 상감은 나랏일에 대해서도 격의 없는 진언을 들으실 수 있어 좋았고, 세상사람들도 이처럼 겐지의 의견이 많이 받아들여지는 궁정의 현상을 기뻐했다.

상감은 머지않아 임금 자리를 물려줄 계획이셨는데, 이에 상심한 상시(尙侍)를 보며 측은히 여기셨다.

"대신도 세상을 떠났고 황태후도 늘 편치 않으시니, 나 또한 얼마 더 살지 못할 것 같소. 누구의 보호도 받지 못하는 외로운 당신을 어떻게 해야 할지 걱정이요. 처음부터 당신은 다른 사람을 마음에 품었기에 나를 대수롭지 않게 여겼겠지만, 나는 누구보다도 당신을 좋아했소. 나보다 나은 사람이 당신을 사랑한다 해도 나만큼 당신을 아껴 주지는 못할 거요." 상감은 울고 계셨다. 그 모습에 부끄러움으로 뺨이 발그레 물들어 화사해 보이던 상시도 눈물을 흘리지 않을 수 없었다. 그런 상시를 보면 무슨 죄든 너그러이 용서해 주시고 싶고, 상감의 애정은 저절로 그쪽으로 기울어질 뿐이었다.

"어째서 당신과 나 사이에서는 아기가 생기지 않았는지 안타까울 따름이오.

[*1] 물길잡이(澪標) : 겐지 28세 겨울부터 29세 겨울까지의 이야기. '澪標(영표)'란 배의 물길을 표시하는 푯말인데, 일본어로는 'みおつくし(미오쓰쿠시)'로 읽으며, '몸바쳐'라는 뜻과 통한다. 이 권부터 겐지 전성시대가 시작된다. 형인 주작원제(朱雀院帝)가 퇴위하고, 표면으로 아우이나 실제로는 친아들인 냉천원제(冷泉院帝)가 즉위한다.

전생의 인연이 깊은 그 사람과의 사이라면 그런 기쁨도 바랄 수 있었을 텐데. 하지만 당신이 그의 아이를 낳더라도 친왕을 낳는 게 아니니 그저 불쌍할 따름이오."

이런 미래의 일까지도 상감이 말씀하시므로 떳떳치 못한 마음에 끝내 슬펐다. 상시는 상감이 풍채도 좋으시고 날이 갈수록 자기를 깊이 사랑하신다는 것을 잘 알았다. 그러면서도 겐지는 출중하긴 하지만 자기를 사랑하는 마음은 기대치보다 못함을 이제 와서야 차츰 알게 되었다. 자신의 불운으로 젊은 날 분별없는 사건까지 일으켜서 자기 명예는 물론 그 사람도 고생시켰다고 생각하니 우울했다.

다음 해 2월 동궁의 성인식이 있었다. 열두 살이신데 나이보다는 어른스러우신 데다 겐지 대납언과 쌍둥이처럼 빼닮은 얼굴은 매우 예뻤다. 세상에선 눈부실 만한 아름다움을 칭송했지만 어마마마는 남몰래 괴로워하셨다. 상감도 동궁의 훌륭하심을 흐뭇하게 여기시고, 즉위 뒤 일들을 다정하게 가르치시곤 했다.

같은 달 스무 며칠날에 양위를 발표하시자 황태후는 몹시 놀라셨다.

"못마땅하실지는 모르겠습니다만, 저는 이렇게 해서 어마마마께 효도를 드리고 봉양하고 싶습니다."

상감은 그렇게 황태후를 위로하셨다. 동궁으로는 승향전(承香殿) 여어의 소생인 황자를 세웠다.

모든 일에 새로운 빛이 내려 화평스럽게 보이는 날이 되었다. 보고듣는 눈과 귀마다 화사하게 느껴지는 일이 많았다. 좌·우 대신 자리가 차 있었기에 겐지 대납언은 내대신(內大臣)*2이 되었다. 그리고 그가 섭정에 앉는 것도 마땅한 일이었으나, 겐지는 그런 막중한 직책을 감당할 수 없다며 그 자리를 나이가 많아 벼슬에서 물러난 좌대신에게 양보했다.

"나는 신병으로 벼슬에서 물러난 사람이고, 또 오늘에 와선 나이도 먹었고 해서 그런 중임(重任)을 맡을 수 없소이다."

그러면서 대신은 맡으려 하지 않았다.

"중국에서도 정계가 혼란한 시대엔 물러나서 은둔해 있는 사람도, 군왕이 결

---

*2 내대신(內大臣) : 좌·우 대신과 함께 나랏일을 맡아보던 대신.

정하면 백발도 부끄러워하지 않고 출사한다오. 그런 사람을 두고 참다운 성인이라 칭송하고 있지요. 병환 때문에 사퇴하신 벼슬이라 할지라도 다음 상감의 치세에 다시 맡으시는 건 상관이 없는 일입니다."

겐지는 공적이면서도 사적인 처지에서 충고했다. 좌대신도 마지못해 태정대신(太政大臣)이 되었다. 나이는 예순셋이었다. 사실 그는 선조 때 권력을 휘두른 사람들을 못마땅하게 생각해서 은퇴했던 터라 이제 이 사람에게는 영화로운 봄이 되돌아온 셈이었다. 한때 불우해 보이던 자제들도 모두 복귀하기 시작했고, 그 가운데에서도 아오이 부인의 오라버니인 재상중장은 권중납언(權中納言)*³이 되었다. 중납언은 넷째 황녀와의 사이에서 난 열두 살 딸을 벌써부터 후궁으로 들이려고 소중히 키우고 있었다. 전에 이조궁에 데려와 노래를 부르게 했던 아이도 성인식을 마쳤다. 겐지는 자식이 많아 일족이 흥성한 중장을 부러워했다.

태정대신 댁에서 키우고 있는 겐지의 아이는 누구보다도 아름다웠으며 대궐에나 동궁에나 자유로이 드나들었다. 영화로움을 맞자, 아오이 부인의 부모들은 죽은 딸을 그리워하며 슬퍼했다. 그러나 이 모든 일은 예전 사위인 겐지가 가져다준 광영이었고, 그 덕분에 몇 해 동안 이 집안을 드리운 어두운 그림자도 사라지게 되었다.

겐지는 예나 지금이나 마찬가지로 그 부부에게 호의를 가졌기에 곧잘 찾아가곤 했다. 그리고 오랫동안 일한 아이 유모나 그 밖의 시녀들에게도 잊지 않고 보답했다. 복 많은 사람이 여럿 생겨난 셈이었다.

이조원에서도 마찬가지였다. 겐지는 주인은 바꾸려 들지 않고 끝까지 남아주었던 시녀들을 후대했다. 또 중장댁이나 중무댁처럼 애인으로 관계를 맺은 여인들에게는 오랜 고독을 채워 주려는 듯 사랑을 나누어 주었다. 겐지는 틈조차 없어 바깥출입도 하지 못했다.

이조원 동쪽에 인접한 저택은 상황의 유산으로 겐지 소유였는데, 요즈음 그는 그 개축에 여념이 없었다. 그는 하나치루사토(花散里)와 애인들을 데려오기 위한 설계를 하고 있었다.

겐지는 아카시(明石) 아씨가 임신한 사실을 알고 늘 걱정하고 있었으나, 공

---

*3 권중납언(權中納言) : 정원 외 중납언. 중납언은 태정관의 차관으로 대납언 다음가는 직위.

사로 바쁘다보니 심부름꾼을 보내 알아볼 처지도 못 되었다. 하지만 3월 초가 되어 아이를 낳을 때가 되었구나 싶어 가엾은 생각에 심부름꾼을 보냈다.

"지난 달 열엿샛날에 따님을 낳으셨답니다."

그런 기별을 들은 겐지는, 처음으로 여자아이를 얻은 기쁨을 크게 느꼈다. 미리 도읍으로 데려와 여기서 아이를 낳도록 할 것을 그랬다며 후회했다. 겐지는 언젠가 별점을 보는 점쟁이가 해준 말이 떠올랐다. 그는 겐지에게 자식이 셋 있을 것이며, 그 가운데 둘은 천자와 황후가 되고 그에 못 미치는 하나는 태정대신이 되어 신하로서 가장 높은 자리에 이를 것이라 예언했다.

결국 점괘 내용 하나 하나가 들어맞고 있었다. 이런 점들은 유명한 관상가들의 말과 모두 일치했는데, 힘들었던 지난 몇 해 동안은 이를 부정할 수밖에 없었다. 겐지는 지금 상감이 즉위하심을 반갑게 여겼는데, 그 마음은 임금의 총애를 얻으려 하지 않았던 소년시절과 달라진 게 없었다. 그는 자신이 상감의 자리에 오르는 것은 있을 수 없는 일이라고 생각했다. 여러 황자들 가운데 자기를 각별히 사랑해 주신 선황께서 자신을 신하로 두신 점을 생각해보면, 자신의 운수와 천위(天位)는 별개라고 생각했다. 겐지는 당대 상감의 즉위야말로 관상가의 말이 꼭 들어맞는 실증이라고 생각했다. 황후 하나가 자기 몸에서 날 것이라는 말과 아카시로부터의 기별이 들어맞으니, 스미요시 신(住吉神)의 비호 덕분에 저 사람도 황후 어머니가 될 운명이다. 그래서 그 아버지 법사가 고집스럽게 사위 고르기에 신명을 바치다시피 하셨던 모양이었다. 황후 자리에 오를 사람을 시골에서 낳게 하다니, 겐지는 황송하고도 가엾은 일이라고 생각하면서 얼마 뒤에 그들을 도읍으로 불러 올리리라 생각하고, 동원 건축을 서둘렀다.

그 무렵 부황(父皇)을 모시던 궁녀의 딸이, 아비가 궁내경 겸 재상으로 있다가 죽은 뒤 어머니와도 사별하고 궁색하게 살다 의지할 사람도 없이 혼자 아이를 낳았다는 이야기를 들었다. 아카시같은 시골에 좋은 유모가 있을 리 없다고 생각한 겐지는 그 소문을 전한 사람을 불러내어 그녀를 유모로서 아카시로 가도록 설득하게 했다. 젊고 순진했던 여자는, 쓸쓸한 오두막집에서 하루 내내 수심에 젖어 지내는 생활에 지친 나머지 두 번 생각할 것도 없이 그러겠다고 했다. 겐지와 연분이 닿는 곳에서 살 수 있다면 그만큼 좋은 일이 또 있겠느냐고 그녀도 여태까지 바라던 참이었다. 겐지는 낙향하게 된 그녀를 불쌍히 여겨 여러 가지로 떠날 채비를 해주었다.

　외출했던 길에 겐지는 새 유모 집에 은밀히 들렀다. 그녀는 흔쾌히 그러겠다고 대답을 하긴 했으나, 아직도 어떻게 하면 좋을까 하고 번민하던 터에 겐지가 몸소 와 주니 이젠 객지로 떠날 불안한 마음도 진정되고 체면도 섰다.

　"높으신 뜻대로 따르겠사옵니다."

　마침 일진(日辰)이 좋기도 해서 겐지는 출발을 채근했다.

　"야속한 듯하겠지만, 장래를 특별히 생각해야 할 아이이기에 그런 것일세. 게다가 나도 해본 지방 생활이니, 그렇게 이해하고 어쨌든 잠시만 참고 견디면 익숙해질걸세."

　겐지는 아카시 법사네 집 이야기를 자세히 들려주었다. 여자도 부황을 모신 적이 있어서 종종 얼굴을 보긴 했지만, 그때보다 용모가 무척 야위어 있었다. 그리고 집안 형편도 퍽 황폐해졌다. 아무리 넓어도 무시무시한 나무들이 우거져 있다보니, 이런 집에서 어떻게 살아왔을까 싶을 정도였다. 젊고 성품이 고운 여자는 겐지가 농담을 걸기에도 재미난 상대였다.

　"아카시처럼 먼 곳으로까지 널 보내고 싶지 않군. 어떠냐."

　그런 말을 들은 여자는, 직접 겐지 곁에서 시중드는 처지가 된다면 지난 날 그 어떤 불행도 잊을 수 있으리라 싶어 서글퍼졌다.

　"오래 전부터 친하게 지낸 사이는 아니지만, 헤어진다니 애석한 느낌이 드는구나. 나도 함께 갈까?"

　그렇게 겐지가 말하자 여자는 웃으면서 놀렸다.

　"만난 지 얼마 되지도 않는 사람보고 헤어짐이 아쉽다는 건 핑계고, 그리운 분에게 가시려구요?"

　유모 일행은 수레를 타고 도읍을 떠났다. 그리고 신하인 무사 하나를 붙여서 어디까지나 비밀리에 유모를 떠나보냈다. 유모는 겐지의 딸을 지켜줄 칼이며, 그 어머니에게 보낼 많은 선물들을 맡아가지고 갔다. 그리고 겐지는 유모에게도 금품을 충분하게 지급했다. 그러면서 법사가 얼마나 손자를 귀여워할 것인가 등등을 상상하면서 미소를 지었다. 아기 엄마가 된 연인도 측은했다. 이즈음 겐지의 마음은 아카시 갯마을에 완전히 가 있었다. 그는 편지에도 따님에게 신경을 써달라고 신신당부했다.

　'어느 때면 내 소매에 아이를 안아볼 수 있을까. 하늘 선녀가 한 번만 만진

다는 귀한 바위처럼, 앞날이 창창한 내 아기를.'

그런 뜻의 글도 보냈다. 유모는 셋쓰[攝津]*⁴까지는 배로, 그 다음부터는 말을 타고 아카시에 다다랐다.

법사는 아주 기뻐하며 감격한 나머지 도읍 쪽으로 넙죽넙죽 절을 할 정도였다. 그리고 무엇보다 손녀가 소중하다는 생각이 들었다. 아기의 아름다운 얼굴을 보자 유모는 겐지가 장래를 특별히 생각하던 말이 이해가 되었다. 정말 귀엽다는 생각에 유모는 어린 공주를 지극 정성으로 대했다. 젊은 어머니는 몇달 동안 계속된 수심으로 쇠약해진 몸 상태로 출산했고, 더는 목숨을 이어나가지 못할 듯싶었다.

그러나 이번에 보여준 겐지의 지극한 정성에 큰 위로를 받아 저절로 힘이나 일어날 수 있었다. 그랬기에 법사는 전송해 온 무사도 진심으로 환대했다.

"겐지님은 이쪽 소식을 들으시려고 기다리실 것이니 곧 돌아가야 합니다."

정중한 대접에 난처해진 무사는, 이렇게까지 마다하며 말했다. 아카시 아씨는 몇 마디 소감을 쓰고 '저 혼자 아기를 만지고 귀여워하기엔 소매가 너무나 좁습니다. 뒤덮을 만한 큰 힘을 기다릴 뿐이옵니다.'

그런 뜻의 노래도 곁들여 보냈다.

겐지는 이상하리만큼 아카시 아이가 눈에 밟혔고 보고 싶어 견딜 수가 없었다. 다른 사람들로부터 이야기를 듣게 되면 불쾌하게 여길까봐 무라사키 부인에게는 아카시의 이야기를 별반 하지는 않았지만 아카시 여인 출산 소식은 나직이 알렸다.

"인생살이란 뜻대로 되지 않는군. 아이를 가졌으면 하고 바랐던 당신은 아이를 가지지 못하고, 그런 곳에 사는 여자 몸에서 아기가 생기다니. 더구나 딸아이가 태어났으니 비관할 수밖에 없겠소. 물론 아이를 내버려둬도 상관없지만 어버이 된 몸으로선 그럴 수도 없거든. 도읍으로 불러다가 당신에게 보여 드릴 터이니, 미워하면 안돼요."

"정말 이상한 말씀이시네요. 언제나 미워하지 말라고만 하시니 말이에요. 이제 저는 그 누구도 미워할 수 없는 제 자신이 미워지려고 해요. 다른 사람을 미워하는 법은 언제쯤 가르쳐 주실 건가요."

---

*4 셋쓰[攝津] : 지금의 오사카(大阪)부에 있는 시.

이렇게 무라사키 부인은 원망했다.

"그런가. 누가 당신을 그렇게 만들었던가. 당신은 정말 내 심정을 몰라주는구려. 내가 생각지도 않는 걸 당신 마음대로 생각해서 원망하니 나로선 슬플 따름이요."

말하는 도중에 겐지의 눈엔 눈물이 그렁해졌다. 이 사람이 너무나도 그리웠던 별거시절을 떠올리니, 가끔씩 서로 주고받은 편지와 애달픈 사연이 떠올라 아카시 여자는 무라사키 부인에 비하면 죽은 사랑일 뿐이었다.

"내가 난리법석을 피우며 심부름꾼을 보내는 일도 다 생각이 있어서 하는 일이라오. 지금 말해 버리면 또 당신이 불쾌할 뿐이니."

겐지는 잠시 침묵을 지키다가 아이 어미에 관해 이야기를 했다.

"그때는 참 기품 있어 보였는데, 아무래도 장소가 장소인지라 그랬던 것 같소. 사실 보기 드문 사람이기도 했지만."

헤어지던 날 저녁에 소금 굽는 연기를 보며 여자가 했던 말, 여자의 용모에 대해 사실보다는 조금 나쁘게 말한 비평, 명수(名手)가 쟁을 뜯는 정경을 못 잊는 듯이 말하는 겐지의 말을 들으면서, 부인은 그 시절을 쓸쓸하게 지낸 자신을 생각했다. 일시적이라고는 하나, 남편이 딴 여인과 마음을 나누었다고 생각하니 원망이 사무쳤다. 무라사키는 아카시 여자 때문에 탄식하는 남편을 외면했다.

"난 얼마나 슬펐는지……."

그러더니 이렇듯 탄식하면서 혼잣말 비슷하게 말했다.

"서로 그리워하는 사람끼리는 연기도 같은 곳으로 흐른다지만, 저는 그 연기보다도 먼저 죽어버리고 싶군요."

"어찌 그런 말을 하시오. 내가 누구를 바라보며 바다와 산을 헤매며 끝없는 눈물을 흘렸는지 잘 아시지 않소. 내가 무슨 일이 있어도 내 마음을 당신에게 보여주고 말겠소. 이 목숨만은 마음대로 하기 힘드니 다 전하지 못하고 죽을 일만이 두려울 뿐이오. 별거 아닌 일로 다른 여자들의 원망을 받지 않으려 힘쓰는 것 또한 모두 당신 한 사람만을 위해서이건만."

겐지는 쟁을 가까이 잡아 당겨 여왕에게 권했으나 아카시 여자에게 질투를 느꼈는지 손도 대지 않았다. 의젓하면서도 감성적이고 원망할 줄도 또 화낼 줄도 아는 한층 복잡한 투기의 아름다움이 무라사키를 더욱 돋보이게 했다.

겐지는 5월 5일이 탄생 오십 일(五十日) 잔칫날이겠거니 하면서 남몰래 날짜를 셌는데, 그 잔치를 생각하니 아이가 그리워서 견딜 수 없었다. 무라사키 부인의 아이라면 아주 화려하게 잔치를 해줄 법했지만 시골의 아비 없는 곳에서 태어난 딸아이가 너무 가여웠다. 사내아이라면 겐지도 이렇게까지 괴로워하지 않았을 텐데, 황후가 운명을 타고난 여자아이에게 이런 흠점을 가지게 하는 것은 참을 수 없는 일이었다. 아이는 커서 자기의 신수는 이 한 가지 때문에 완전하지 못하다고 생각할 게 틀림없었다. 오십 일 잔치를 위해 겐지는 아카시로 심부름꾼을 보냈다.

"꼭 그날에 맞추어 가라."

그렇게 겐지의 분부를 받은 심부름꾼은 5일쯤 아카시에 이르렀다. 겐지는 갖가지 호화로운 축하 선물 말고도 많은 실용품도 챙겨 보냈다.

'늘 바다와 같은 빛깔로 서 있는 소나무 그늘에서 사노라면, 오늘이 축하할 날인 줄도 모르고 지낸다오. 온 몸에서 얼이 빠지도록 사무치게 그립다오. 이런 괴로움은 견딜 수 없을 듯하니 꼭 도읍으로 나오도록 하시오. 당신이 걱정하는 일은 결코 일어나지 않도록 할 작정이오.'

편지 사연은 그랬다.

법사는 여느 때처럼 울었지만 겐지가 떠나던 날에 울던 얼굴과는 다른 감격한 얼굴이었다. 아카시에서도 축하식 준비는 화려했다. 그러나 심부름꾼이 오지 않았다면 그것 또한 꽤나 볼품이 없었을 것이다.

유모도 아카시 아씨의 상냥한 마음씨를 알게 되어 좋은 벗을 얻었다는 생각에 도읍은 아예 잊은 채 지냈다. 법사의 신분과 비슷한 집에서 하녀로 사는 여자도 몇몇 있었는데, 그들은 궁녀생활에서 닳고 닳은 데다 지긋이 나이 먹은 이들이었다. 대부분 여인들은 생활고에서 벗어나기 위해 고향으로 돌아간 여자들이었다. 그러나 이 유모는 아직도 숫처녀 같은데다가 자존심도 있었다. 그녀는 자기가 본 도읍 이야기, 궁정(宮廷) 이야기, 지체 높은 집안들의 호화스런 형편도 들려주었다. 그리고 겐지 대신이 사회에서 얼마나 존경받고 있느냐 하는 것도 잔뜩 부풀려서 입버릇처럼 말하곤 했다.

아카시 아씨는 유모의 이야기를 듣고서야 그 사람과 헤어진 뒤로 오늘날까지 호의를 보이며, 또 자기가 낳은 아이를 사랑해 주는 일을 더없는 행복으로 생각하게 되었다. 유모는 겐지가 보내온 편지를 함께 읽으면서, 이렇게 상상 못할 행운을 가진 사람도 있는데, 비참한 건 자기뿐이라고 슬퍼하기도 했다. 그러나 유모는 어떻게 지내냐는 겐지의 말에 자신에게도 관심을 두고 있음을 알고 이내 만족했다.

'두루미 같은 아기의 오십 일 축하식인데도 하찮은 저의 곁에 있다보니 어 떠냐고 찾아주는 분이 없사옵니다. 이처럼 근심 걱정 속에서 어쩌다가 당신이 보내시는 편지만을 귀한 생명으로 알고 이 몸은 덧없이 살아갑니다. 말씀하신 대로 아이의 장래를 눈부신 빛으로 바라볼 수 있게 해주시기 바랍니다.'

그렇게 쓴 답장에는 신뢰하는 마음이 잘 나타나 있었다. 겐지는 그 편지를 거듭 읽어 보면서 중얼거렸다.

"정말 가엾군."

그러자 무라사키 부인이 곁눈으로 흘기면서 이렇게 나직이 말하고 수심에 잠기는 듯했다.

"갯마을에서 난 바다로 나아가는 배처럼, 이제 저를 버리시려고요?"

"그리도 나를 믿지 못하오? 그저 연민의 정일 뿐이오. 그 곳 풍경이 눈에 떠 오를 때면 그 생각이 나서 절로 탄식이 나오는 것이니, 굳이 신경 쓸 필요는 없소."

겐지는 겉봉에 쓰인 글씨만 보여주었다. 하지만 귀녀(貴女)도 부끄러워할 만 한 품위 있는 필체를 보자, 부인은 그러면 그렇지 싶었다.

겐지가 이렇게 무라사키의 비위를 맞추는 데만 신경을 쓰느라, 하나치루사 토 아씨를 거의 찾아가지 못했으니, 그 여자를 생각하면 가여운 일이었다. 이 즈음엔 공무로 분주한 겐지였다. 외출할 때면 수행원 여럿과 함께 나가야 하 는 거추장스러운 신분인 데다가, 딱히 만나야만 하는 큰 이유도 없어서 이날저 날 뒤로 미루고 있었다.

장마철에는 겐지도 심심했고, 마침 공무도 한가했기에, 하나치루사토 아씨 를 찾아갔다. 지금까지 자주보지는 않았지만 겐지는 이 일가의 생활을 꾸준히 지원해 주었다. 겐지만을 의지하고 살아온 여자는 그의 무정함이 원망스럽기 도 했지만 그저 자신의 팔자가 사나움을 슬퍼하는 데 그쳤으므로 겐지의 마 음은 한결 편했다. 몇 해 동안 저택은 더욱 헐고 너절해져서 무섭다 싶을 정도 로 허전해 보였다. 겐지는 하나치루사토 아씨의 언니인 여어(女御) 거처에서 이 야기를 나눈 다음, 밤이 깊어서야 서쪽 쌍바라지를 두드렸다.

으스름 달빛이 비치는 문께를 지나 겐지가 아리따운 모습으로 들어왔다. 그녀는 아름다운 겐지와 함께 달빛이 은은히 비치는 곳에 나와 있는 게 부끄러웠으나, 처음부터 거기에 나와 있었기에 그대로 있었다. 그런 태도가 겐지의 마음을 느슨하게 했고, 그의 마음을 말해주듯 뜸부기가 가까이서 울었다.

"뜸부기라도 문을 두드려주었기에 망정이지, 이처럼 황량한 집에 달 같으신 당신을 맞아들일 수 있겠습니까."

겐지는 정다운 음성으로 넌지시 그렇게 말하는 여자에게 마음이 갔다. 어느 여인 하나 매력 없는 여인이 없다고 느낀 겐지는 오히려 괴로웠다.

"두드리는 소리에 언제라도 문을 열어 주면 뜻밖의 사람이 들어오게 될 텐데 그럼 어떻게 할 거요? 나도 안심할 수만은 없겠는걸."

농담으로 말했지만 겐지는 정숙한 하나치루사토 아씨를 깊이 신뢰하고 있었다. 오랫동안 흔들리지 않고 조용히 기다려준 사람을 겐지는 측은히 여겼다. 그러면서 자신이 했던 말 가운데 슬퍼지지 않도록 하늘을 바라보지 말라는 마지막 말을 떠올렸다.

"어째서 그때는 그토록 슬픈 이별이 다시 없을 거라 생각했을까요? 당신이 행복한 지금에 와서도 여전히 쓸쓸한데."

그렇게 원망하는 것도 아닌 투로 담담하게 말하는 게 오히려 더 안타까웠다. 어느 때처럼 겐지는 이러저러한 말로 여자를 위로해 주면서 평소에 간직해온 이 사람의 열정을 느꼈다. 겐지는 이럴 때에도 대이(大貳)의 딸 고세치(五節)를 만나고 싶어 했지만 남들 모르게 그녀를 찾아갈 수는 없었다. 여자는 겐지를 잊을 수 없어 수심의 나날을 보냈으며, 양친이 걱정해서 권하는 혼담은 귓등으로도 들으려 하지 않았다. 오히려 결혼 따위는 부질없는 짓이라고 여겼다.

겐지는 이런 처지의 여인들을 모아 마음 편히 지낼 수 있는 동원(東院)에 살게 할 생각이었다. 만일 사랑스런 딸이 생긴다면 이 여인들에게 교육을 맡길 수 있으리란 생각이었다. 새로 지을 동원은 세련된 멋이 느껴지는 화려한 집이 될 것이다. 겐지는 지방관들 가운데서도 멋을 아는 이들을 골라 그들에게 일을 분담해 동원을 짓게 했다.

겐지는 지금도 상시를 생각하고 있었다. 그는 혼쭐이 난 사람답지 않게 다시 위험을 무릅쓸 만큼 열중했으나, 사랑에는 분방하던 여자도 예전만큼 겐지의 유혹에 반응을 보이지 않았다. 점차 지위가 굳어지자 겐지는 옹색한 세상은 썰렁해서 재미가 없다고 생각했다.

상황(上皇)은 한가롭게 되시자 곧잘 음악회를 열고 풍류를 즐기셨다. 여어나 갱의도 재위 때나 다름없이 시중을 들었다. 동궁의 어마마마인 여어는 각별히 총애를 받지도 못했고 상시한테 눌려 온 사람이었다. 하지만 지금은 뜻하지 않은 행운을 만나, 동궁 처소에서 시중을 들게 되었다.

겐지의 현재 숙직소는 예전 기리쓰보(桐壺)*⁵였다. 그리고 동궁은 지금 나시쓰보(梨壺)*⁶에 머물러 계시므로, 겐지는 가까운 곳이라 자주 드나들다보니 자연스럽게 동궁을 후견하셨다.

여승인 후지쓰보 마마를 다시금 모후로 복위시키는 것은 무리였으므로, 태상천황에 준하는 녹읍을 내렸다. 그동안 후지쓰보 마마는 불법에 관계된 선행공덕에 정진하심을 천직으로 여기며 오랫동안 궁중 출입도 마다해 오셨는데, 이제는 자유로운 마음으로 출입하셨다.

황태후는 인생을 원망하고 계셨다. 하지만 겐지는 기회가 닿을 때마다 이분에게 호의 있는 처사를 하며 경의를 표했다. 사람들은 태후로서는 괴로운 일이라고 수군거렸다. 병부경친왕(兵部卿親王)은 겐지가 관위를 빼앗겼을 때 겐지에게 냉담한 태도를 보였고, 세상 공론을 신경 쓰느라 딸조차 돌보지 않았다. 이런 점들을 겐지가 원망하게 되면서 이젠 전과 같은 친밀한 교제는 끊겨 버렸다. 일반 사람들에겐 자비를 두루 나눠주시는 공정한 분이었으나, 병부경친왕 일가에 대해서만큼은 앙갚음하는 듯한 태도를 보이는 것이 후지쓰보 여승 마마로서는 괴로운 일이었다. 그즈음에 궁중은 태정대신 세력과 내대신 겐지 세력으로 나뉘었고, 이 두 사람의 의향에 따라 결단이 내려지고 결정되었다.

이해 8월 아오이 부인의 오라버니인 권중납언의 딸이 후궁으로 들어갔다. 할아버지인 태정대신이 손수 모든 채비를 하여 화려하게 입궁했다. 병부경친왕은 둘째 따님을 후궁으로 들여보내려 했으나, 겐지는 그 따님에게 영광이 있으리라고 생각하지는 않았다. 겐지가 또 어떤 사람을 후궁으로 천거할지도 알 수 없었다.

이해 가을에 겐지는 스미요시(住吉)에 참배했다. 스마와 아카시에서 빌었던

---

*5 기리쓰보(桐壺) : 다음 주(註) 및 제1권 '기리쓰보' 주 참조.
*6 나시쓰보(梨壺) : 오사(五舍)의 하나. 소양사의 별칭. 뜰 앞에 배나무를 심은 데서 비롯됨.

큰 바람을 신령 앞에 보고하기 위한 것으로 매우 규모가 큰 여행이라, 신하들은 너나없이 수행할 것을 희망했다. 바로 이날이었다. 아카시 아씨는 해마다 참배를 해왔는데, 지난해와 이번 봄에 하지 못했던 것을 사죄할 겸 배를 타고 스미요시로 왔다. 바닷가에 이르자 화려한 참배 행렬이 보물을 운반해 오는 신비로운 광경이 보였다.

"어느 분이 참배하시는지요?"

뱃사람이 뭍에 있는 사람보고 물었다.

"아니, 내대신 겐지마마가 참배하시는 걸 모르는 사람도 다 있나?"

하찮은 계급의 아랫사람들이 의기양양하게 그렇게 말했다.

이런 우연한 일이 또 있을까. 다른 날도 많은데 싫었던 아카시 아씨는 놀랐지만, 겐지의 눈부신 모습을 아득히 바라보면서 그와는 너무나 동떨어진 자기 처지를 뼈저리게 깨닫고는 자신의 신세를 한탄했다. 끊을 수 없는 숙명으로 얽혀 있음을 잊은 것은 아니지만, 하찮은 종마저 행복에 넘쳐 보이는 이날, 자기는 전생에 무슨 죄를 지었기에 아무것도 모르고 왔다가 부끄러운 꼴만 당하는가 싶어 서글퍼졌다.

진초록 솔밭에는 벚꽃잎과 단풍잎을 흩뿌려 놓은 듯 색색의 옷들이 보였다. 오위(五位)의 사람들은 붉은 옷을, 육위(六位)의 사람들은 녹색 옷을 입는데, 같은 육위라도 장인(藏人)*⁷들은 특별히 상감께서 내리신 푸른 옷을 입어 더욱 눈에 띄었다. 스마로 낙향할 때 가모신사의 울타리를 보며 안타까워 했던 우근장감도 이제는 수행원을 거느린 어엿한 장인이 되었다. 요시키요[良淸]도 승진하여 화사한 붉은 예복을 입고 있었다. 모두가 아카시에서 보았던 사람들로, 초라했던 이전 모습과는 달리 복장은 화려하고 표적은 그늘 없이 밝았다. 젊은 상달부와 전상인들은 저마다 멋진 모습을 뽐내고 있었는데, 말안장까지 장식을 달아 광을 낸 모습이 시골 구경꾼들에게 눈요깃거리가 되었다.

겐지가 탄 수레가 왔을 때 아카시 아씨는 서글픈 마음에 그리운 사람을 마음껏 엿볼 수 없었다. 겐지는 동형(童形)*⁸ 수행원 열 명을 거느리고 있었다. 그들은 모두 아름답게 차려입었는데, 머리는 두 갈래로 갈라 땋고 키도 비슷비슷한 것이 귀엽고 예쁜 아이들이었다. 대신 댁 자제들은 말을 탔는데, 반은 똑

*7 장인(藏人) : 궁중 문서와 의류·도구 등을 관리하는 직원.
*8 동형(童形) : 성인식 이전의 동자 모습.

같은 의상으로 입은 말몰이 소년들이었다. 최고 귀족의 자제는 이렇다는 듯 많은 사람들로부터 정중한 대우를 받으면서 지나가자 아카시 아씨는, 자신의 아이도 최고 귀족의 아이임에도 저런 환대를 받지 못하는 게 못내 서글펐다.

셋쓰 태수(攝津太守)가 인사차 나와서 향응을 준비했다. 예사 대신의 참배 때와는 다르게 융숭하게 대접했다. 아카시 아씨는 자신이 더욱 초라함을 느꼈다.

이럴 때에 나 같은 여자가 폐백(幣帛)을 갖다 바친다 해도 신령께서 거들떠 보시기나 할까 싶었지만, 그렇다고 이대로 돌아갈 수도 없는 노릇이었다. 오늘은 나니와(浪速) 쪽으로 배를 돌려 거기서 재계(齋戒)나 하는 편이 좋겠다고 생각한 아씨는 뱃머리를 돌려 살며시 스미요시를 떠났다. 이런 일이 있은 줄은 꿈에도 모르고 겐지는 밤새도록 여러 가지 춤과 음악을 통해 신령께서 즐거워하실 만한 일은 모조리 해드렸다. 고레미쓰(惟光)처럼 겐지와 어려운 일을 함께 해온 사람들은 스미요시 신의 크신 공덕을 절실하게 느끼고 있었다.

겐지가 잠깐 밖으로 나왔을 때 고레미쓰가 그 사실을 알려 주었다.

"스미요시에서 소나무를 보기만 해도 감개무량합니다. 옛일을 잊을 수가 없습니다."

겐지도 그렇게 생각했다.

"무시무시했던 스마의 풍파엔 고생도 했었지. 스미요시 신령의 가호를 어찌 잊을 수 있겠는가. 참으로 영험한 일이었어."

그렇게 말하는 모습도 아리따웠다. 고레미쓰는 이쪽의 화려한 참배행렬에 기가 눌린 아카시 아씨가 배를 타고서 나니와(浪速)로 가버렸다는 사실도 겐지에게 일러주었다.

그런 사실을 통 모르고 있었음을 자책한 겐지는 진심으로 측은하게 여기면서 편지를 보내 위로해 주리라 했다.

스미요시를 떠난 겐지 일행은 바닷가 풍경을 즐기면서 나니와로 갔다. 거기서 나니와 액막이 제를 올릴 예정이었다. 요도가와(淀川)의 일곱 여울에 재계의 폐백이 세워진 강물 기슭을 바라보면서 '나니와에 와 있으니, 이 몸이 다하도록 만나야겠구나' 하고 자신도 모르게 중얼거렸다. 고레미쓰가 수레 언저리에서 그 소리를 들었는지, 여느 때처럼 품속에 가지고 있던 짧은 붓 자루를 꺼내 올렸다. 겐지는 종이에 그리운 마음을 다음과 같이 썼다.

저 바다 물길잡이 그리운 정표이런가
예까지 와서 만날 그 인연 깊었어라.

겐지가 그리운 마음을 써서 고레미쓰에게 주자, 고레미쓰는 사람을 보내 아
카시 아씨의 배로 전했다. 화려한 일행이 나니와를 지나가는 광경을 보면서 여
자는 자신에게 복이 없음을 생각하며 슬퍼하고 있었다. 그랬기에 겐지가 짧은
사연이나마 보내준 일에 감격하여 울었다.

저 바다 풋말같이 보람 없는 내 신세
어쩌다 이 몸 바쳐 임을 그렸는가.

이런 답장을 겐지에게 보냈다. 마침 해질 무렵이었다. 밀물 때라, 바닷가에
있던 두루미들도 울어대어 감회가 더욱 깊어갔다. 남의 눈을 거리낄 것 없이
만나러 가고 싶은 생각이 간절했다.

지난날 다름없이 눈물 젖는 이 소매
저 멀리 섬엔들 숨을 곳이 있으랴.

그렇게 겐지는 자신도 모르게 읊조렸다.
유람여행에 들떠 있는 사람들을 보는 겐지는 마음이 편치 않았다. 고관이나
호기심 많은 젊은 사람들은 작은 배를 저으며 모여드는 유녀(遊女)*⁹들에게 흥
미를 보이고 있었다. 그것을 본 겐지는 입맛이 씁쓸했다. 연애하는 재미도 상
대가 존경할 만한 가치가 있어야 맛볼 수 있는 법이다. 연애랄 것까지는 없더
라도 경박한 자에겐 숫제 흥미를 가질 수 없는데, 그들을 상대로 왁자지껄 떠
드는 사람들을 겐지는 멸시했다.
아카시 아씨는 겐지 일행이 나니와를 떠난 다음날, 일진(日辰)이 좋아 스미
요시로 가서 참배했다. 저 혼자만의 바람을 푼 셈이었다. 그리고 고향에 돌아

---

*9 유녀(遊女) : 《겐지 이야기》에선 이 한 대목에만 등장하는 여인들. 그러나 같은 시대 이야기
   책인 《우쓰보(宇津保) 이야기》·《에이가(榮華) 이야기》 등을 통해 그 무렵 유녀의 모습을 알
   수 있다.

가서는 전보다 더 수심에 차서 자신의 처량한 신세를 한탄했다. 겐지가 도읍에 다다랐을 즈음 그의 심부름꾼이 머지않아 그녀를 도읍으로 맞아들이고 싶다는 편지를 가지고 아카시로 왔다. 이제까지는 애인의 한 사람으로 인정받은 자신이었지만, 고향을 떠나 도읍으로 들어간 뒤에도 겐지의 애정이 변하지 않고 계속될지를 생각하면 여자는 망설이지 않을 수가 없었다. 아버지 법사도 딸을 떠나보내기 불안했으나, 그렇다고 해서 이대로 시골에 두는 것도 애처로웠으니, 겐지와 관계를 맺기 전보다 걱정은 오히려 더 커진 셈이었다. 겐지를 둘러싼 화려한 사교계로 나갈 자신이 없었던 여자는 도읍으로는 못 가겠다고 편지를 썼다.

새로운 사람이 다스리면서 재궁(齋宮)이 바뀌게 되고, 육조궁도 이세를 떠나 돌아왔다. 그 뒤로 겐지는 여러 호의를 보였지만, 육조궁은 겐지의 타다 남은 사랑을 받고 싶지는 않았다. 이제는 두 사람 사이에 우정을 넘어서는 관계는 맺지 말자고 마음을 먹은 육조궁을 겐지도 먼저 찾아가지 않았다. 굳이 옛정을 돌이키려다가, 또다시 여자의 원망만 사게 될지도 모른다고 겐지는 생각했다. 또 여자 집으로 다니는 일도 예전보다 남의 눈을 더 자주 끌었기에, 기다리지 않는 사람을 굳이 찾아갈 필요는 없었다. 다만 훌륭한 귀녀가 되셨을 재궁 모습을 제 눈으로 직접 보고 싶을 뿐이었다.

육조궁은 육조의 옛 저택을 고쳐서 고상한 취미생활을 했다. 세련된 취미는 아직도 변함없어서, 좋은 시녀들이 많았고 풍류객을 자처하는 남성들이 시도 때도 없이 드나들었다. 적적해도 자존심 강한 귀녀다운 생활을 해오던 육조궁은 갑작스레 위중한 신병으로 앓아눕자 불안해졌다. 마침내 그녀는 이세라는 신역(神域)에서 불교와 거리를 두었던 몇 해 동안의 일이 무서워 여승이 되고 말았다.

그 소식을 들은 겐지는 애인이라기보다는 좋은 의논 상대로 생각했던 그 사람의 생명이 아깝다는 생각에 깜짝 놀라 육조 저택으로 문병하러 갔다. 겐지는 진심으로 육조궁을 위로했다. 병상(病床) 가까이에 겐지의 자리가 마련되었고, 육조궁은 팔걸이에 기대어 말을 했다. 너무나도 수척해 보이는 옛 애인 모습에 겐지는 눈물을 쏟았다. 자신의 지극한 사랑을 이 사람에게 보여주지 못한 채 사별한다면 마음이 놓이지 않을 듯했다. 이런 겐지의 진심을 알았는지, 육조궁은 옛 애인에게 재궁의 뒷날을 부탁했다.

"어미 없는 아이이지만 당신 자식으로 여기고 잘 돌봐주십시오. 달리 부탁할 만한 사람이 아무도 없는 외로운 처지랍니다. 저 아이가 인생을 알 만한 나이까지 좀더 살 수 있으면 좋으련만."

그렇게 말하고는, 육조궁은 그대로 실신할 듯 울기만 했다.

"당신이 그런 말을 안 하더라도 물론 나는 아버지와 다름없는 심정으로 재궁을 생각하고 있었소. 조금도 걱정할 건 없소."

겐지가 말했다.

"수고스럽지만 어쩌겠어요. 뒷날을 부탁 받은 사람이 진짜 아버지라 하더라도 어미 없는 아이는 외로울 테니. 더구나 아이를 애인처럼 대하신다면 뜻하지 않은 고생으로 또 다른 분들이 불쾌하게 생각하지 않겠어요? 몹쓸 상상으로 보이겠지만 절대로 그렇게는 하지 마세요. 제 경험으로 봐서 저 애만은 연애도 하지 말고 한평생 처녀로 있게 하고 싶어요."

육조궁의 간곡한 청을 들고 난 겐지는 별소리를 다 한다 싶었지만 이렇게 말했다.

"요 몇 해 동안 내가 얼마나 건실하게 살아왔는지 아시죠? 아직도 옛날처럼 허랑방탕하게 사는 줄로 오해하시다니 섭섭하오."

어느새 바깥은 어두워졌다. 희미한 불빛이 휘장 너머로 비쳐서, 어쩌면 보일 듯싶어 가만히 다가앉아 구멍 난 휘장을 통해 엿보았다. 불빛에 비친 옛 애인의 머리털은 아름다웠는데, 어깨쯤에서 머리를 가지런히 자른 채 기대어 앉은 모습은 그림 같았다. 그 모습을 본 겐지는 가슴이 답답했다.

휘장 동쪽에 누워 있는 사람은 아마도 재궁인 듯했다. 장대의 비단끈이 흐트러진 사이로 가만히 눈길을 돌리니 뺨을 괸 재궁의 표정이 슬퍼 보였다. 조금밖에 보이진 않지만 미인처럼 보였다. 머리카락이 흘러내린 모습은 거룩하면서도 아름다웠으며, 세련된 화려함도 느낄 수 있었다. 하지만 육조궁이 저렇게 제지하니 겐지는 마음을 돌릴 수밖에 없었다.

"저는 몸이 아파서 참을 수가 없습니다. 실례지만 그만 가세요."

육조궁은 그렇게 말하고 시녀의 부축으로 드러누웠다.

"제가 찾아뵈어 기분이 조금이라도 나아지셨다면 좋았을 텐데, 미안합니다. 어디가 불편하신지요?"

그렇게 물으면서 겐지가 들여다보자, 육조궁은 시녀를 시켜 작별 인사를 전했다.

"너무 오래 계시면 원혼이 와 있는 참이라서 위험합니다. 신병으로 이렇게 좋지 못할 때에 와 주신 것도 깊은 인연 같아서 기쁘게 생각합니다. 평소 생각했던 일들을 조금이나마 이야기해 당신과 남은 가족들에게 작은 도움을 주어 마음이 든든합니다."

"소중한 유언을 저에게 해주시니 고맙습니다. 상황마마 황녀분들은 많습니다만 저와 친하게 지내시는 분은 몇 명 되지 않습니다. 상황마마께서 재궁을 당신의 황녀로 생각하셨듯 저 또한 그렇게 할 것이고 오누이로 의좋게 지내도록 하겠습니다. 이제 저는 자식이 여럿 있어도 좋을 나이가 되었으니, 외로움을 재궁이 메워주겠지요."

그렇게 말하고 겐지는 돌아왔다. 그 뒤로 겐지는 문병하는 사람을 전보다 자주 보냈다. 그리고 7, 8일 뒤 육조궁은 숨을 거두었다. 덧없는 인생이 서글퍼서 고독한 겐지는, 입궐도 하지 않은 채 틀어박혀서 육조궁의 장의(葬儀)에 대한 지시를 내렸다. 옛 재궁사(齋宮司) 관원으로 가까이 드나들던 사람들 몇몇이 와서는 바쁘게 장례식 준비를 했다. 가신을 보내고 난 뒤 겐지 자신도 상가(喪家)에 왔다. 재궁에게 조의를 표하자, 여자 별당이 나와서 말씀을 전했다.

"지금은 슬픔 때문에 모든 일이 정신없을 뿐입니다."

"저에게 남기신 유언도 있으니, 이제부터는 저를 친근한 사람으로 생각해 주셨으면 고맙겠습니다."

겐지는 그렇게 말한 뒤, 재궁 댁 사람들을 불러내어 할 일을 꼼꼼하게 명령했다. 태도가 매우 진중했으므로, 예전엔 다소 원망스러워하던 이 댁 사람들의 감정도 풀린 듯했다. 겐지가 장례식 일을 맡아 할 사람과 수많은 일꾼들을 보낸 덕분에 육조궁 장례식은 엄숙하게 치러졌다.

겐지는 쓸쓸한 심정으로 거실 주렴을 내리고 불공을 드리면서 지냈다. 그리고 재궁에게는 잊지 않고 문안 편지를 보냈다. 재궁은 슬픔이 좀 가셨는지 손수 답장을 썼다. 내리던 눈이 진눈깨비로 바뀌고 다시 사납게 퍼붓는 험한 날씨에 재궁이 꽤나 쓸쓸해하시겠구나 생각한 겐지는 심부름꾼을 보냈다.

'이런 날씨에 어떤 심정으로 계신가요. 눈바람이 끊임없이 몰아치는 이런 날엔, 세상을 떠나신 어머님의 영혼이 그 댁 하늘 위를 날고 계신 것만 같아 슬픕니다.'

겐지는 이런 사연의 편지를 흐린 하늘빛 종이에 써서 보냈다. 젊은 사람의 눈에 좋은 인상을 남기려고 애쓴 겐지의 글씨는 눈부실 만큼 멋졌다. 재궁은 답장 쓰기가 짐스러웠다.

"저희들을 통해 인사말씀을 드리는 건 실례가 됩니다."

그러면서 시녀들이 논박하기에, 훈향(薰香) 밴 아리따운 회색 종이에 은근한 필치로 답장을 써서 보냈다.

꺼질 듯 눈은 내려 어두운 하늘인데
이 몸은 꺼짐 없는 밝은 세상 꿈꿨던가.

서풍(書風)은 얌전하고 의젓한데, 썩 잘 쓴 글씨는 아니더라도 품위가 있었다. 재궁으로 이세로 가시게 되었던 시절부터 겐지는 이분에게 흥미를 느끼고 있었다. 이제는 상중(喪中)의 사람도 아니고 보호자로부터 풀려난 한 여성이다. 겐지는 애인으로서 자기 생각을 속삭여도 좋을 때가 아닐까 하고 생각하는 한편, 그건 안 된다, 가여운 사람이다라는 생각도 들었다. 어머니 육조궁이 그 점을 걱정했으며, 세상사람들도 그럴 터이니 자기는 아예 깨끗하게 교제하리라. 상감이 좀더 어른스럽게 사리 판단을 하시게 되면 재궁을 후궁으로 들여보내리라. 자녀가 얼마 없어서 적적하니 수양딸 기르는 셈치고 거기에서 즐거움을 찾으리라, 그렇게 겐지는 마음먹었다. 그리하여 날마다 문안편지를 친절하게 보내고, 무슨 일이 있을 때마다 몸소 육조 저택으로 갔다.

"실례지만 어머님 대신이라 생각하시고 가까이 지내 주신다면, 저의 진심을 알아주신 걸로 알겠습니다."

그러나 무척 내성적이고 수줍음이 많은 재궁이 이성에게 아렴풋한 목소리나마 들려주는 건 감히 마음먹을 수 없는 일이었다. 조언을 하던 궁녀들도 재궁의 성격이 몹시 얌전하시다며 근심 걱정 투성이였다. 겐지는 다른 애인들과 견주어도 부족함이 없는 재궁의 얼굴을 보고 싶었지만 수양아버지라 하더라도 탁 터놓지 않는 편이 현명할 듯싶었다. 그는 자기 마음도 잘 알 수 없기에 재궁을 입궐시키려는 희망 따위는 남에게 말해 두지 않는 편이 좋다고 생각했다. 육조 저택 사람들은 고인의 제사에 각별히 힘써주는 겐지에게 감사하고 있었다.

육조 저택이 날이 갈수록 쓸쓸해지고 뒤숭숭해지다보니 고인(故人)의 시녀들 가운데 저택을 떠나는 자가 조금씩 늘어갔다. 그렇다보니 산 속 절에서 들려오는 저녁 종소리에도 재궁은 눈물이 갑작스레 쏟아지곤 했다. 같은 말로 어머님이라곤 하지만 여남은 해 동안 재궁과 육조궁은 모녀 단 둘로 한시도 떨어진 적이 없었다. 재궁이 되어 어머니와 함께 가는 일은 전례가 없었으나, 굳이 함께 가자고 하신 어머님이 죽음의 길만은 홀로 떠나셨으니 재궁은 그지 없는 슬픔에 잠겼다. 시녀들이 중매를 서서 청혼하는 남성은 각 계급 별로 많았으나 겐지는 유모들에게 말했다.

"괜히 서둘러서 재궁마마가 곤란한 지경에 빠지게 되는 짓을 하면 안된다."

그렇게 어버이답게 주의를 하자 모두 겐지가 불쾌하게 생각할 일은 하지 말아야겠다고 생각하여 서로 충고를 주고받았다.

상황(上皇) 또한 옛날 재궁으로서 내려가던 날의 장엄한 의식에서 이 세상사람 같지 않은 그 미모를 보신 뒤부터 그리운 심정이 간절하셨다. 그래서 육조궁이 살아계실 적에 재궁에 대해서 육조궁께 여러 번 간청하셨다.

"내 처소에 와서 내 누이들과 함께 지내면 어떨까?"

육조궁은 상황께서는 총애하시는 여인이 여러 명 있으신데, 후원자라고 할 만한 사람도 없는 재궁이 입궐하는 것도 초라해 보이는 데다 상황께서 병중에 계시다보니 재궁도 자신처럼 혼자 남는 슬픔을 겪을지도 모른다 생각해 망설여졌다. 그러나 이제 와서 시녀들은 누가 재궁을 상황 후궁으로 알선해서 들여보낼 수 있겠느냐며 안타까워했고, 상황도 여전히 마음으로는 그걸 바라셨다.

겐지는 이 말을 듣고, 상황께서 재궁을 마음에 두고 있다 해서 막무가내 대궐로 들여보낼 수도 없었다. 하지만 처한 형편이 너무도 가련한 재궁을 전혀 다른 곳으로 넘기는 일도 그렇다 싶어서, 후지쓰보 여승마마께 아뢰면서 이런 숨은 사실 때문에 결단을 내릴 수 없다고 솔직히 말씀드렸다.

"어머니 되시는 육조궁은 아주 총명한 사람이었습니다만, 제가 어리석게도 객기를 부려서 뜬소문을 퍼뜨리고 말았습니다. 그 때문에 저는 한평생 원망받을 사람이 되고 말았으니, 이를 가슴 아프게 생각하고 있습니다. 저는 용서받지 못한 채 그 사람을 죽게 했습니다만, 세상을 떠나기 바로 전 저에게 재궁을 부탁한다는 유언을 남겼습니다. 육조궁께서 제가 유언을 성실하게 실행할 것이라 믿어주신 일이 무척 기뻤습니다. 관계 없는 남이라도 고아가 된 사람을 동정하기 마련인데, 하물며 우리는 전부터 인연이 있는 사이입니다. 세상을 떠난 뒤에도 옛 원한을 풀어줄 만한 일을 하리라 생각하고 재궁의 장래에 대해 서도 여러 궁리를 하고 있습니다. 상감께서도 어지간히 어른다워지셨지만 아 직도 젊으시니, 나이 많은 여어(女御)가 모셔야 한다고 생각합니다. 하오나 그 것 또한 여승마마의 분부를 따를까 합니다." 이렇게 말하자,

"정말 좋은 생각이십니다. 상황께서 재궁을 좋게 봐 주시니 황송하고 또 고 마운 일이지만, 이번에는 죽은 육조궁의 유언을 핑계 삼아 모른 척 대궐로 들 여보내세요. 요즘 상황께서는 불공에만 마음을 두시고 계신 것 같으니, 그렇게 해도 크게 화내지는 않을 것 같습니다."

"그럼, 저는 여승마마의 뜻에 조언만 드렸다고 해 두겠습니다. 저는 이렇게 상황을 존경하며 감정이 상하시는 일이 없도록 백방으로 생각한 끝에 행동하 고 있습니다만, 세상사람들은 뭐라고 할는지 모르겠습니다."

겐지가 그렇게 말씀드렸다.

그런 뒤에 겐지는 또 아무것도 모르는 체하고 이조원으로 재궁을 맞아들여 입궐은 내가 시켜드리리라 마음먹었다. 그는 무라사키 부인에게 그 의견을 말 했다.

"당신에게 좋은 벗이 생긴 셈이지. 의좋게 지내기엔 꼭 알맞은 두 사람일 거요."

여왕도 기뻐하면서 재궁이 이조원으로 옮겨올 채비를 서둘렀다.

후지쓰보 마마께서는 병부경친왕이 따님을 후궁으로 대궐에 들여보내기 위 해 교육하고 계심을 알고 계셨다. 겐지와 친왕이 서로 갈등하고 있는 가운데, 겐지가 그 따님을 어떻게 대할지 후지쓰보 마마께서는 마음 아프게 생각하셨 다. 한편 중납언 따님은 홍휘전 여어(弘徽殿女御)가 되셨다. 그녀는 태정대신의 양녀로서 그 일족이 든든하게 뒷배를 봐주고 있는 화려한 후궁이었다. 상감 또 한 후궁을 좋은 놀이 상대로 여기셨다.

"병부경마마의 둘째 따님도 홍휘전 여어와 또래니 인형놀이 동무만 늘어나 는 것 같습니다. 좀 더 나이가 든 여어가 상감 시중을 들어드리면 좋겠는데."

그렇게 여승마마께서는 재궁의 입궐을 직접 당신의 뜻으로 간청하셨다. 한 편 겐지가 상감마마를 위해 신중하게 뒤를 봐주시자 마마는 그 성의를 신뢰 하셨다. 하지만 후지쓰보 마마께서는 건강이 좋지 못해, 대궐로 들어가셔도 오 래 머물지는 못하시고 이내 퇴궐하시다보니 아무래도 상감은 좀 어른다운 여 어가 모셔야 할 것 같다고 생각하셨다.

쑥밭*1

겐지가 스마의 아카시(明石)에서 귀양살이를 할 때 도읍에서도 슬프게 지내는 사람들이 많았다. 그나마 생활에 불편함이 없는 이들은 괴로움이 있다 하더라도, 겐지만을 사모하고 그리워했다. 이조궁의 무라사키 부인은 겐지의 귀양살이 형편에 관련된 소식을 자세히 전해들을 수 있었으며, 편지도 어렵지 않게 주고받을 수 있었다. 그녀는 겐지에게 변함없이 철 따라 옷가지를 지어 보내는 일을 위안으로 삼았다.

정말로 슬펐던 사람들은 겐지가 도읍을 떠날 때 멀리서만 속을 끓여야 했던 여인들, 나 몰라라 가버린 뒤에 남은 애인들이었다.

히타치 친왕(常陸親王)의 따님인 스에쓰무하나(말적화) 아씨는 아바마마가 세상을 떠나신 뒤 아무도 보호해주는 사람이 없는 쓸쓸한 처지였는데, 뜻밖에 겐지와 관계를 맺으면서부터는 물질적인 도움을 받게 되었다. 겐지로서는 대수롭지 않을 정도로만 인정을 베풀어준 것에 지나지 않았지만, 받는 쪽인 가난한 그녀 일가에게는 하늘의 별빛이 비친 듯한 희망 이상의 행복으로, 그 덕분에 생활고를 벗어나 몇 해를 편히 지내왔다. 그러나 그 소동이 있은 뒤로 겐지는 세상만사가 귀찮아졌고, 연애라 할 수 없는 여성관계는 마음에서 지워버렸기에 멀리 떠난 뒤로는 편지를 써서 보내는 일도 없었다.

오래전부터 있었던 시녀들은 한탄했다.

"우리 아씨는 정말 운이 지지리도 없는 분이야. 뜻밖에도 신령님이나 부처님 같이 친절을 베푸는 분을 만나셔서, 우리는 저마다 언제 어디에서 행운을 만나게 될지 모른다며 고맙게 여겼지. 물론 변하는 게 인생살이라고 하지만 또 이렇게 의지할 곳조차 없는 신세가 되시다니, 정말 서럽구먼, 세상이란 참."

예전에는 모두 오랜 가난에 익숙해서 체념한 채로 살아왔는데, 한 번 겐지

---

*1 쑥밭(蓬生) : 겐지 29세 4월 이야기. 이야기는 시간적으로 '물길잡이'와 부분적으로는 겹친다. 이 권에서 스에쓰무하나(말적화) 아씨에 대한 후일담이 끝난다.

의 호의를 얻어 편히 살아 봤더니 지금의 고통은 한층 심하게 느껴졌다. 형편이 좋았던 때엔 자진해서 붙박이로 있는 시녀들이 많았지만, 이제는 뿔뿔이 흩어져버렸다. 게다가 너무 늙어서 죽은 여자도 있었기 때문에 날과 달이 감에 따라 위로부터 아래까지 하인 수는 점점 줄어들기만 했다.

더 말할 것도 없이 황폐했던 저택은 여우굴처럼 어수선해졌다. 집안사람들은 음산하게 자라난 나무숲에서 우짖는 부엉이 소리를 날마다 들어야 했다. 사람이 많으면 절대 보이지 않는 목령(木靈)*²이 야릇한 모습으로 나타나는 언짢은 일도 수없이 겪었다. 아직도 남아 있는 몇몇 시녀들은 여주인에게 이렇게 권했다.

"이제 별수 없습니다. 요즘에는 지방관들이 자랑삼아 좋은 집들을 짓곤 하는데, 이 집 정원 나무에 반한 몇몇 지방관들이 집을 팔지 않겠느냐고 사람을 넣어서 말해오곤 합니다. 이제 이런 무서운 곳은 과감히 버리고 다른 데로 이사 갑시다. 남아 있는 저희도 더는 견딜 수가 없습니다."

"내 체면도 있는데 그런 일을 어떻게 한단 말이냐. 내 생전 이 집을 남의 손에 넘겨줄 순 없다. 집이 헐어 살벌해졌지만, 아버님 혼백이 남아 있다 생각하면, 난 바라보기만 해도 마음이 편안해진단 말이다."

여왕은 울면서 이렇게 말하고는 시녀들 말을 문제로 삼지 않았다. 가재도구 가운데도 오랜 세월 사용해 온 훌륭한 물건들이 있었는데, 가난한 그녀의 형편을 깔본 어설픈 골동품 애호가들이 누구의 제작품, 누구의 걸작이 있는지 듣고 와서는 양도해 달라 청했다. 그럴 때마다 시녀들은 말했다.

"별도리가 없지 않습니까. 군색하면 물건들을 내놓으실 수밖에요."

그러나 스에쓰무하나 아씨는 완강히 거부했다.

"나더러 보라고 만드신 게 아니겠니? 아버님 뜻을 무시하는 결과가 된다. 이걸 팔게 되면 아버님이 슬퍼하실 게야."

이제는 아무도 찾아오는 사람이 없었다. 오라버니인 선사(禪師)만이 어쩌다가 산에서 도읍으로 나온 김에 들렀는데 그는 구식 사람이다보니, 같은 스님이라도 생활능력이 눈곱만큼도 없었다. 속세를 벗어났다고 칭찬이나 받을 위인이라 마당에 있는 풀을 베면 깨끗해진다는 사실조차 알지 못했다. 띠풀은

＊2 목령(木靈) : 헤이안(平安) 시대 사람들은 메아리를 산의 귀신으로 생각한 것처럼 나무에도 귀신이 있는 것으로 생각하고 있었다.

마당 흙도 보이지 않을 만큼 무성했고, 쑥대는 처마높이에 이를 만큼 자랐으며 덩굴 풀도 울창했다. 서문·동문을 닫아버렸다고 하면 나름 문단속이 되었다고 들릴지 모르나, 무너진 흙담은 소나 말이 짓밟아 놓았으며, 봄여름에는 버릇없는 목동들이 풀을 뜯으러 왔다. 태풍이 드세었던 그해 8월에 복도는 무너졌고, 아래채 판자 지붕 건물은 겨우 뼈대만 남아 있을 뿐 거기에 머물러 있는 머슴 따위는 없었다. 사람이 살고 있지만 주방에 연기가 오르지 않는 슬픈 저택이었다. 너무 빈약한 나머지 겉보기에도 정나미가 떨어져 도둑들도 여기만은 그대로 지나치고 눈길조차 주지 않았다. 이런 쑥대밭 같은 저택 안에서도 침전만은 제대로 치장을 해놓고 있었다. 깨끗이 치워놓겠다고 생각한 사람은 아무도 없었다. 그러나 스에쓰무하나 아씨는 먼지가 수북이 쌓였어도 있을 것은 다 갖춘 사랑채에서 살았다.

옛 시가집이나 소설을 읽으면 심심한 생각이 이내 사라지고 가난을 어떻게든 견뎌 낼 수 있겠지만, 스에쓰무하나 아씨는 그런 쪽으로는 취미가 없었다. 반드시 좋다고 할 수는 없으나, 한가한 여성들 사이에 우정의 편지를 주고받는 건, 자연에 대한 관찰이 깊어져 초목으로부터 위안을 받음과 같다. 그러나 아씨는 아버님이 애지중지하셨던 때와 마찬가지로 예사 사람들과의 교제는 일절 피하고 벗은 한 사람도 없었다. 옛 노래 가운데 좋은 머리말이나 지은이 이름을 골라 적어 놓고 보는 것도 재미난 일인데, 이 사람은 지옥원지(紙屋院紙)*3나 습기를 머금어 부풀어진 단지(檀紙)에, 새로운 점이 티끌만큼도 없는 것들을 적어두었다가 수심이 쌓였을 때면 그것들을 꺼내 들고 있었다. 지금 부인네들은 누구나 경(經)을 읽거나 불공을 드렸지만 이 여인은 건방지다고 생각하는지, 염주를 손에 든 적이 전혀 없었다. 이 정도로 아씨는 고전적인 사람이었다.

'시종'이라 불린 유모의 딸은 이 주인집을 떠나지 않고 남은 시녀들 가운데 한 사람이었다. 그녀는 전부터 남는 시간에는 바깥에 나가 재원을 섬기곤 했는데, 재원이 세상을 떠난 뒤로는 아씨의 어머니인 여동생 집으로 나가 근무했다. 아씨 이모인 그 사람만은 지방관의 아내가 되었는데, 딸 시중을 들어줄 젊고 참한 시녀 여러 명을 구하고 있었다. 그 집엔 시종 어머니도 가끔씩 오가곤

---

*3 지옥원지(紙屋院紙) : 그 무렵 관에서 쓰던 종이를 만들던 지옥원에서 만든, 품질이 썩 좋은 종이.

해서 연고가 있었다.

스에쓰무하나 아씨는 남과 쉽게 친해지지 못하는 성격이었기에 이모와도 별로 친하지 않았다.

"언니는 나를 업신여기고 창피하게 생각했으니, 그 따님이 가엾은 외톨이일지라도 난 돌봐줄 생각이 없다."

그녀는 시종에게 그런 악다구니를 들려주면서 가끔씩 편지를 전해 오고는 했다. 애초부터 지방관 집안에 태어난 사람은 귀족을 흉내내면서 정신적으로도 우쭐해진 사람들이 많은데, 귀족 출신인 이 부인은 하급계급으로 들어갈 팔자를 타고났는지, 성품이 천박했다. 그녀는 자신이 가문에 먹칠을 했다는 소리를 들은 지난날에 대한 보복으로 히타치 친왕의 딸을 자기 딸의 시녀로 삼아 갚아주리라고 생각했다. 이를 실현하고자 이모는 시종마저 달달 볶아댔지만, 스에쓰무하나가 거기에 응하지 않자 괘씸하게 여기고 있었다.

그러던 중에 이모의 남편이 규슈(九州) 대이(大貳)*4로 발령받았다. 딸들을 저마다 결혼시키고 내외끼리 부임지로 떠나게 되었을 때에도 좋은 핑계로 유혹하는 데도 스에쓰무하나는 들어주지 않았다.

"제가 먼 곳으로 가게 되어 아이가 외롭게 지내는 걸 그냥 두고 볼 수는 없어요."

"어유 아니꼬워. 자기가 뭐라고 저리 우쭐하지? 저는 잘난 체하지만, 쑥밭(쑥대밭)이나 다름없는 여자를 겐지 대장님인들 부인답게 대해 줄까?"

그러면서 욕을 했다.

그러는 동안 겐지가 사면이라는 상감의 뜻에 따라 도읍으로 돌아가게 되자, 뭇 남녀에게 여러 가지 보상을 베풀었다. 그런데 어찌된 셈인지 스에쓰무하나만은 기억에서 잊혀진 채 몇 달 동안 그대로 지냈다. 이젠 아무 희망도 걸 수 없었다. 한창 나이에 낙향을 하는 겐지의 딱한 사정에 슬퍼하면서도 봄이면 움트는 새싹같이 다시 만나기만을 기도하지 않았던가. 그런데 비천한 사람조차 겐지가 지위를 다시 얻어 기뻐하고 있을 때 스에쓰무하나는 그저 남의 일로서 듣고만 있어야 했다. 겐지가 도읍에서 쫓겨났을 때 스에쓰무하나는 마치 자기 혼자만 불행에 빠진 듯 슬퍼했다. 그럼에도 이 세상은 불공평하기 짝이

---

*4 대이(大貳) : 태재부(太宰府) 차관.

없어서 그녀는 원망스럽고 안타까워 남모르게 울고만 있었다.

대이(大貳) 부인은 '그것 보라고, 내가 한 말이 맞지 않았나. 지지리 못난 가난뱅이 주제에 괜히 우쭐해 가지고 친왕마마나 마님이 살아 계실 때와 똑같이 건방지게 구니까 그 모양 그 꼴이지'라고 생각하는 눈으로 더욱 업신여기듯 스에쓰무하나를 바라보았다.

"꼭 마음먹고 규슈로 와요. 세상사가 귀찮아지면 사람들은 제발로 여행을 떠난다고 하지 않아요? 시골이라 쓸쓸한 곳인 줄 알겠지만, 난 맹세코 당신을 기쁘게 해 줄 수 있어요."

입심 좋게 열심히 동행할 것을 권하자, 가난에 진저리가 난 시녀들은

"그렇게 되면 좋으련만, 의지할 데 없는 분이 왜 또 고집을 부리실까."

그러면서 스에쓰무하나를 나무랐다. 시종댁도 대이 조카의 애인이 되어, 도읍에 남겨두고 갈 것 같지 않아 자기 의사와 달리 아씨 곁을 떠나 규슈로 가게 되었다.

"도읍에 머무르시면 걱정스러워 견딜 수가 없으니 함께 가십시다."

권했으나, 스에쓰무하나는 아직도 자신을 잊어버린 겐지만을 믿고 있었다. 아무리 세월이 흘러도 내 생각이 날 때가 있을 게다. 그토록 굳게 맹세했던 사람의 마음이 갑자기 변했을 리는 없지만, 내 신수가 사나워서 남의 눈엔 그저 버림받은 여자로 보일 뿐이다. 바람결에라도 나의 불쌍한 형편을 겐지가 듣게 되면 반드시 도와주리라고, 훨씬 전부터 스에쓰무하나는 믿었다. 저택도 집안 꼴도 예전에 비해 황폐해졌지만, 방 안 집기류를 몇 푼의 돈과 바꾸는 짓은, 겐지가 왔을 때에 꼴이 아니기에 참고 견뎌 나갔다. 풀이 죽어 울고 있는 때가 더 많은 스에쓰무하나는, 붉은 나무 열매 하나를 얼굴에 붙이고 있는 신선처럼 이상야릇했으며 이성의 흥미를 끌 만한 가치라곤 전혀 없었다. 그 모습이 너무나도 가엾어서 자세한 묘사는 안 하기로 한다.

겨울에 접어들면서 외로움은 더욱 심해지고, 스에쓰무하나는 깊은 수심에 잠겼다. 겐지가 돌아가신 상황을 위해 베푼 팔강회(八講會)에 아씨의 오라버니인 선사(禪師)도 참석했다. 그는 오는 길에 여동생을 찾아왔다.

"겐지 대납언님의 팔강회에 갔다 오는 길이야. 굉장한 준비를 했더군. 법회 장소는 마치 부처님이 사시는 극락정토가 여기가 아닐까 싶을 만큼 성대히 마련돼 있던걸. 그분은 부처님의 화신이 분명해. 오탁(五濁)의 세상에 어쩌다가

그런 분이 태어나셨을까?"

이런 이야기를 하고 선사는 이내 돌아갔다. 스에쓰무하나 아씨는 예사 남매들처럼 이야기를 나누지도 않는 오라비에게 생활고를 호소할 길이 없었다. 그건 그렇더라도, 이 불행한 여자를 내버려두다니 한심스러운 부처님이라고 스에쓰무하나는 원망했다. 이런 느낌이 들자 그녀는 자기는 더는 보호받을 수 없음을 그제야 짐작하게 되었다.

그럴 즈음 대이 부인이 갑자기 찾아왔다. 평소엔 그다지 친밀한 사이가 아닌데도 그녀는 처녀를 데리고 갈 욕심에서 스에쓰무하나의 의상을 만들어가지고, 득의양양한 얼굴로 좋은 수레를 타고 갑작스레 히타치 궁저(宮邸)에 나타났다. 대문을 열 때부터 눈에 들어오는 것은 그야말로 황폐하고 쓸쓸한 뜰이었다. 대문 문짝마저 균형을 잃고 쓰러지자 수행원은 고쳐 세우느라 야단법석이었다. 다들 이 풀 속에도 어딘가 길이 나 있을 것이라고 찾아다녔다. 그래서 건물 남쪽 가장자리에 가까스로 수레를 붙였다.

스에쓰무하나는 쑥스럽고 성가시다 싶으면서도 시종댁을 보내 부인을 맞이했다. 허름한 휘장을 내밀면서 시종댁은 손님과 마주 앉았다. 용모는 전에 비해 수척해 있었지만 그래도 예쁘장해서 아씨의 얼굴과 바꿨으면 싶었다.

"벌써 떠나야 했었는데 이쪽 일이 궁금해서, 오늘은 시종을 데리고 갈 겸 왔다우. 아씨가 와주겠다는 말을 안 하는 건 부득이한 노릇이지만, 시종만이라도 보내달라고 말이야. 아유, 이건 정말 살림꼴이 가엾구려."

이런 말을 할 때면 눈물 한 방울 정도는 흘려도 좋을 법 하지만, 대이 부인은 앞으로 규슈에서 떵떵거리며 살 생각에 싱글벙글 웃는 낯이었다.

"친왕마마가 생존해 계실 즈음, 내 결혼 상대가 좋지 못하대서 사귀기를 꺼리셨으므로 우리도 그만 서먹서먹한 사이가 되고 말았어. 그래도 아기씨는 겐지 대장님과 결혼하는 운이 그 뒤 탁 틔었으니, 너무너무 휘황찬란해서 어디 드나들 수조차 있어야지. 하지만 인간세상은 복된 일만 쏟아지는 게 아니란 말이야. 그럴 땐 우리 같은 계급의 사람이 오히려 마음 편하지. 쳐다볼 수조차 없을 만큼 판이한 가문이었지만 아기씨네는 딱하게 몰락해 버리고, 나도 걱정이지만 가까이서 지내는 동안 조금이라도 힘이 되어 줄까 했는데, 먼 곳으로 가게 되니 아기씨 일이 어찌나 마음에 걸리는지 몰라."

그렇게 부인은 말했으나 스에쓰무하나의 마음은 움직일 기색을 보이지 않았다.

"친절은 고맙습니다만, 사람 구실도 못 하는 저는 여기서 눈을 감는 게 제일 옳은 듯합니다"라고 스에쓰무하나 아씨가 말했다.

"그렇게 생각하는 것도 당연하겠지만, 산 목숨으로서 이런 초라한 곳에서 산다는 건 있을 수 없는 일이 아니잖아? 대장님이 수리를 해 주신다면 또 한 번 크고 화려한 집을 기대할 수 있겠지만 말이야. 요즘은 어찌된 셈일까, 병부경마마네 따님 말고는 아무도 좋아하는 여자가 없다더라. 옛날부터 연애관계가 복잡한 분이셨지만 그것도 죄다 청산해 버렸다지뭐니. 더구나 이렇게 비참한 생활을 하고 있는 사람을, 오냐 절개를 지켜 나를 기다리고 있었구나 하고 받아들여 주기도 어려운 일이 아니겠소?"

이런 쓸데없는 소리까지 듣자 그럴지도 모르겠다며 스에쓰무하나 아씨는 서러워서 이내 울음을 터뜨렸다. 그래도 규슈로 가겠다는 말은 털끝만큼도 비치지 않았다. 대이 부인은 이리 달래고 저리 달래다 못해 해가 저무는 걸 보고 재촉했다.

"그러면 시종만이라도."

시종은 작별의 정을 나눌 틈도 없이 울먹이면서 말했다.

"오늘은 저렇게 말씀하시니, 배웅하러만 다녀오겠습니다. 저편에서 저렇게 말씀하시는 것도 마땅하고, 아가씨께서 가고 싶지 않으신 것도 무리한 일도 아니니, 저는 그 사이에 서서 어떻게 해야 좋을지 모르겠어요."

스에쓰무하나는 이 사람까지 나를 버리고 가나 싶어 서럽고 슬펐지만, 말릴 도리도 없고 해서 그저 울 뿐이었다. 기념으로 주고 싶은 옷가지도 죄다 헐어버렸고, 오랫동안 신세를 진 이 사람한테 보답할 게 없어서 스에쓰무하나는 제 머리의 빠진 털을 모아 만든 아홉 자쯤 되는 아름다운 가발(假髮)과 훈향(薰香) 단지를 선물했다.

"서로 헤어지지 않을 줄 알았던 당신마저 뜻밖에 먼 곳으로 가버리는구나. 죽은 유모가 유언한 적도 있지만 말이야, 하찮은 나지만 그래도 나는 한평생 동안 당신을 돌봐주려 했었지. 당신이 날 버리는 건 그럴만도 하지만 누가 당신 대신 나를 위로해 주겠나. 그런 걸 생각지 않고 떠난다 하니 원망스럽단 말이다."

그러면서 스에쓰무하나는 몹시 울었다. 시종댁도 울음 때문에 말 못할 지경이었다.

"굳이 어머니의 유언이 아니더라도 함께 오랫동안 고생을 해왔는데, 뜻밖의 연분에 끌려 머나먼 곳에 가게 됐네요."

그렇게 말하고는 또 이런 소리도 했다.

"헤어진다 해도 아주 끊어지는 일은 아닙니다. 목숨이 붙어 있는 한은 당신께 성의를 보여드리겠다고 먼 앞길에 있는 신령님께 굳게 맹세하겠습니다."

"시종은 어딜 갔느냐? 벌써 어두워졌는데."

대이 부인이 야단을 치는 바람에 시종은 허둥지둥 수레에 올랐다. 그리곤 자꾸만 뒤를 돌아다보았다. 궁색함 속에서도 오래 함께 했던 사람이 이런 모양으로 떠나자 스에쓰무하나는 더욱 심란해졌다.

"그럴 법도 하지 뭐유. 이런 곳에 누가 남으려 하겠수? 우리도 이젠 참을 수 없다우."

아무도 부리지 못할 늙은 시녀마저 그런 소리를 하고 연줄을 찾아 이 집을 나갈 결심을 한 듯 서로 수군거려 스에쓰무하나는 가슴이 쓰라렸다.

동짓달에 접어들면서 눈과 진눈깨비가 내리는 날이 많아졌다. 다른 데서는 눈이 사르르 녹아버렸지만, 이곳의 마른 풀 그늘 아래 깊이 쌓인 눈은 부피만 높아질 뿐이었다. 마치 코시〔월(越)〕*5의 시라야마〔백산(白山)〕를 갖다놓은 것 같은 뜰에는 이젠 누구 한 사람도 드나들지 않았다. 이런 속에서 무료한 나날을 보내야 하는 스에쓰무하나 아씨다. 서로 울고 웃던 시종댁이 가고 난 뒤로는 밤에도 먼지가 뒤덮인 휘장을 드리우고 혼자 쓸쓸한 마음을 안고 잤다.

겐지는 오랫동안 그리워하던 무라사키 부인 곁으로 돌아온 만족감이 커서, 애인에게는 발길을 돌리지 않고 있었다. 물론 히타치 여왕이 아직 살아 있을까 하는 정도의 생각을 가끔씩 마음에 떠올리긴 했으나, 찾아내볼까 하다가도 별로 서두를 이유는 없다는 생각으로 그해도 저물었다.

4월이 되자 겐지는 하나치루사토〔花散里〕를 찾아보고 싶어 이조궁을 나섰다. 며칠 동안 계속된 비가 그치자 노란 달이 솟았다. 청춘시절에 신분을 숨기고 다니던 추억이 떠오르는 아리따운 저녁달이었다. 겐지는 수레를 타며 옛날 꿈을 회상하는 중에, 형체도 없을 만큼 거칠어진 거목이 수풀처럼 우거진 저

---

*5 코시〔월(越)〕: 지금의 혼슈〔本州〕 가운데 후쿠이현〔福井縣〕·니가타현〔新潟縣〕·이시카와현〔石川縣〕 지방에 해당함.

택 앞에 당도했다. 높은 소나무에 등나무 덩굴이 걸려 달빛에 꽃이 나부꼈고, 바람결에 그 향기가 정답게 풍겨 왔다. 귤과는 또 다른 느낌을 주는 꽃향기에 마음이 끌려 수레에서 얼굴을 내밀고 밖을 바라보니, 길게 가지를 드리운 버들도 토담이 없는 자유로움에 뒤엉켜 있었다. 어디서 본 듯한 나무숲이라 싶었는데, 겐지는 예전의 히타치 친왕 저택임을 깨달았다. 겐지는 구슬픈 심정을 느끼고 수레를 멈추었다. 고레미쓰는 이런 잠행에는 빠진 적이 없는 사람이라, 오늘도 따라왔다.

"여긴 돌아가신 히타치 친왕 저택이 아닌가."

"그러하옵니다."

"여기 살던 사람이 아직도 살고 있을지도 몰라. 그 사람이 있으면 만나볼까 하네. 자네가 좀 들어가서 물어봐 주게. 집 주인이 누구냐고 묻고 나서 내 말을 전해야 해. 자칫하다간 창피를 당할 수 있으니."

겐지는 말했다.

스에쓰무하나는 고민 많은 초여름 날에 깜빡 선잠을 자다가 꿈에서 아버지 히타치 친왕을 보았는데, 깨고 나서도 꿈 생각에 사로잡혀 있었다. 그녀는 빗물이 새어 축축이 젖은 복도방 구석 쪽을 걸레로 훔치고 방 안을 치우게도 하면서, 여느 때와는 달리 수심에 잠겨 애달픈 노래를 생각했다.

가신 님 꿈에 보고 소매를 적실 적에
처마 끝 낙숫물은 마음마저 적시어라.

이렇게 적적함을 적고 있을 때 겐지의 수레가 멈추었다.

고레미쓰는 저택으로 들어가서 이쪽저쪽 걸어다니면서 인기척이 나는 데가 없는가 하고 찾아보았으나 아무도 없었다. 다시 한 번 보니 격자문을 여섯 자〔六尺〕 정도 올렸는데, 발에 사람 그림자가 보일 듯 말 듯 움직였다. 그것을 본 찰나, 겐지는 무서웠지만, 다가가서 말을 걸자 나이 많은 여자가 헛기침을 하고는 "거기에 계시는 분은 누구십니까? 어떤 분이십니까?"

이에 고레미쓰가 말했다.

"시종댁을 뵙고자 합니다."

"그 사람은 다른 데로 갔습니다. 이제는 다른 사람이 그 일을 하고 있지요."

그 소리는 들은 기억이 있는 소리였다. 하지만 그 집 사람은 고레미쓰가 누구인지를 잊어버리고 있었다. 사냥복 차림의 사내가 슬그머니 들어왔으므로 혹시 여우인가 싶었는데, 고레미쓰가 다가가 말했다.

"확실한 말씀을 해 주십시오. 이 댁에선 예전대로 달라진 게 없으신지 어떤지를 알려주시지요. 우리 주인께선 아직까지 변심하지 않으셨습니다. 오늘밤도 대문 앞을 지나시다가 찾아뵙고자 수레를 멈추고 계시답니다."

그러자 여자들은 까르르 하며 웃음을 터뜨렸다.

"달라진 게 있다면 이런 집에 살고 있을 리가 만무하지요. 아가씨는 저희 같은 늙은 것들조차 겪은 적 없는 쓰라림을 맛보시면서 오늘날까지 기다리고 계시답니다요."

여자들은 좀더 이야기하고 싶은 눈치였으나 고레미쓰는 그대로 나왔다.

"왜 이렇게 시간이 걸렸지. 어땠어? 옛날 길도 찾아볼 수 없을 만큼 쑥대밭이 되었구나."

겐지의 물음에 고레미쓰는 자초지종을 보고했다.

"그렇게 해서 겨우 사람꼴을 발견했습니다."

고레미쓰는 이어서 자기가 보고 온 저택 안 광경을 자세히 말했다. 겐지는 몹시 측은하게 생각했다. 이 흉가 같은 집에서 어떤 심정으로 살고 있었을까. 그런 사람을 자기가 지금껏 버려두었다는 생각에, 겐지는 스스로 너무 냉혹했다고 자책하게 되었다.

"어떻게 해야 하나. 이렇게 찾아 나서는 것도 요즘 같아선 쉬운 일이 아니니, 이 기회 아니면 찾아볼 수가 없을 거야. 모든 일로 헤아려 보건대, 예전처럼 홀몸으로 있음직할 사람이야."

그렇게 말하면서도 겐지는 저택으로 들어서기를 망설였다. 우선 좋은 노래를 읊어 선사하고 싶었지만, 재빨리 답가를 부르지 못할 것도 뻔한 노릇이라, 기다리는 심부름꾼만 공연한 애를 쓸 듯했다. 그래서 그만두기로 했다. 고레미쓰도 겐지가 심부름꾼을 보내지 않고 직접 들어갈 것이라고 생각했다.

"도저히 걸어가실 수 없을 만큼 이슬투성이입니다. 쑥덤불을 좀 털어내고 가시도록 하시지요."

고레미쓰의 이 말을 듣고 겐지는 이런 노래를 읊었다.

내 먼저 찾아갈까 길은 거기 묻혔어도
쑥밭 속에 그윽한 그 푸른 마음씨.

아니나 다를까 겐지는 이내 수레에서 내려버렸다. 고레미쓰는 채찍으로 풀의 이슬을 털면서 안내했다. 나뭇가지에서 흩뿌리는 물방울이 가을 소나기처럼 거세게 쏟아졌기에 겐지를 우산으로 받쳐주었지만, 겐지의 바짓가랑이는 이미 흥건히 젖어 있었다. 옛날에도 있는 듯 없는 듯했던 중문의 그림자는 없어진 뒤였다. 그러기에 집 안으로 들어가는 모습이 뻔히 드러나 보였지만, 보는 사람은 아무도 없었다.

스에쓰무하나는 이제까지 꿈꿨던 일들이 실현되어 기뻤으나, 풍채가 훌륭한 겐지의 눈앞에 나서려니 자신의 모습이 부끄러웠다. 대이 부인이 보내온 옷은 아니꼬워서 자세히 보려고 하지 않았었는데, 시녀들이 옷을 향을 넣어둔 당궤(唐櫃)에 간직했기에 좋은 향이 스며들어 있었다. 시녀들이 그것을 꺼내와 등을 떠미는 바람에 하는 수 없이 옷을 갈아입은 스에쓰무하나는 퇴색한 휘장을 끌어당긴 그늘에 앉아 있었다. 겐지는 자리에 앉은 다음 말했다.

"오랫동안 만나지 못했지만 내 마음은 변함없이 당신을 생각하고 있었소. 이제껏 당신이 아무 연락도 하지 않기에 원망스러워서, 여태껏 시험할 작정으로 쌀쌀맞은 체하고 있었다오. 하지만 이 나무숲을 보자 그냥 지나갈 수가 없거든. 그래서 내가 져주기로 했다오."

휘장의 비단끈을 조금쯤 손으로 열고 보니, 스에쓰무하나는 여느 때처럼 그저 수줍어 이내 대꾸를 하지 못했다. 그러나 이런 거처에 찾아준 겐지의 마음씨가 그저 고마워서 가까스로 힘을 내어 조금씩 말을 했다.

"이런 풀밭 속에서 다른 희망도 품지 않고 기다려주신 걸 나는 행복하게 생각하오. 최근 당신의 심정도 묻지 않았지만, 사랑을 가지고 있으리라 믿고 찾아온 나를 어떻게 생각하오? 앞으로 내가 그대를 떠나가거나 그대 마음을 아프게 한다면 그땐 내가 충분히 책임을 질 작정이오."

겐지는 그렇게, 생각지도 않은 말로 여자를 감동시켰다. 묵어가려고도 생각했으나, 그는 이 집 형편과 자신은 어울리지 않다고 생각하고선 그럴싸한 구실을 만들어 일어서려 했다. 자기가 손수 심은 소나무는 아니지만 예전에 비해 높게 자란 나무만 보아도, 세월이 많이 흘렀구나 싶었다. 겐지는 자신의 현

재 처지와 역경을 보낸 시절이 자연스레 비교되었다.

"물결치는 듯한 등나무 꽃을 지나칠 수 없었던 건 기다리는 당신과의 정표 같아서 그런 것이었소. 손꼽아 세어 보면 퍽 오랜 세월이 흐른 듯싶어 서글퍼지는군요. 시골에 내려가 고생한 이야기를 들려드리러 다시 오지요. 당신이 얼마나 괴로웠을지, 그 고생의 자취를 나 말고 들어줄 사람은 없을 거요. 이게 내 그릇된 판단인지는 몰라도 난 그렇게 믿고 있다오."

겐지가 그렇게 달래자 아씨는 나직한 소리로 말했다.

"여러 해를 기다리고 기다렸지만, 마침내 당신께선 꽃에 이끌려 이 집을 찾아오신 셈이네요."

움직이는 기척으로 짐작되는 모습이나 옷소매에서 풍기는 냄새로 볼 때 겐지는 그녀가 예전보다는 나아졌다고 생각했다. 이제 막 잠기려는 달빛이 열려 있는 서편 쌍바라지로부터 은은히 비쳐 왔고 이엉 판자도 다 떨어진 방 안을 환히 비추었다. 모든 장식이 예전 그대로인 방안의 모습은 넉줄고사리가 무성한 바깥 풍경보다 아름다웠다. 옛 이야기에 보면 자신의 정숙함을 남편에게 보이기 위해 벽을 허물고 밤새 방의 불을 켜두어 멀리서도 보이게 했다는 부인이 나오는데, 반대로 힘든 생활 속에서도 오랫동안 부모가 남긴 집을 지켜온 스에쓰무하나 아씨 또한 기특하게 느껴졌다. 수줍음이 많은 성격도 그윽하고 고상한 성품 때문인 것만 같아서 평생 잊지 않고 아끼려 했다. 그러나 좋지 않은 일이 겹치고 어느새 그녀를 까맣게 잊고 발길을 끊어버렸으니, 이 아씨가 자신을 얼마나 원망했을까 안쓰러워졌다. 이곳에서 나와 겐지가 찾아간 하나치루사토 아가씨 또한 아름답고 화려한 여자는 아니었기에 스에쓰무하나의 못난 모습도 그다지 눈에 띄지 않았나 싶다.

가모 축제〔賀茂祝祭〕나 불계의식의 준비품이라는 명목으로 사람들에게서 겐지에게 보내오는 물건들이 많았다. 겐지는 그것들을 다시 이곳저곳으로 나누어 주었다. 그 가운데에서도 히타치 궁으로 보내는 물건은 겐지가 이것저것 손수 지시하여 그 집에 부족한 것들을 많이 보태게 했다. 관리인을 시키거나 머슴들을 보내어 저택 손질도 시켰다. 정원의 쑥밭을 말끔히 베어 내고, 흙담 대신 널빤지로 만든 울타리를 둘러치게 했다. 남들이 보면 아내로 인정하여 대접한다고 수군거릴 것 같아 겐지는 몸소 찾아가지는 않았다. 대신 편지를 자상히 써서 보내기를 게을리하지 않았다.

이조원과 아주 가까운 곳에 최근 짓고 있는 가옥에 대해 스에쓰무하나 아씨에게 편지를 썼다.

'그곳으로 당신을 맞아들이고 싶소. 지금부터 동녀(童女)로 심부름 시킬 만한 아이를 골라서 길들이도록 하시오.'

시녀들은 자신들의 옷까지 신경 써서 보내오는 겐지에게 감사하며 이조궁 쪽을 향해 합장했다. 일시적인 사랑이라고 해도 평범한 여자는 상대하지 않은 겐지라, 어떤 특징이 있는 여자에게는 흥미를 가지고 열중하기도 했다. 이 점은 누구나 아는 사실이지만, 출중한 구석이 없는 스에쓰무하나 아씨를 아내로서 이렇게 극진히 대우하는 걸 보면 전생의 인연인 게 분명했다.

이제는 어두운 앞날밖에 없다며 스에쓰무하나 집을 떠난 많은 하인들이 너도 나도 하며 다시 돌아오고 싶어했다. 착한 스에쓰무하나 아씨 밑에서 일하면서 마음 편히 지냈던 시녀들은, 지방관 댁에 고용됐지만 거북한 일이 지나치게 많은 탓에 진저리 나서 돌아오기도 했다. 그들은 속이 뻔히 들여다보이는 아첨을 해왔다. 예전보다 한층 강한 세력을 얻은 겐지는 동정심도 더 깊어졌다. 겐지가 돌보기 시작한 스에쓰무하나네 집은 사람들로 북적거렸고, 무시무시할 만큼 무성했던 초목도 치워졌다. 그리고 냇물바닥에 물이 졸졸 흘러, 보기만 해도 아담하고 산뜻한 분위기가 되었다. 일자리를 구하는 하급 관리들은 겐지가 부인 집을 보살펴주는 광경을 보고, 일자리를 달라고 요청해 왔다. 그 덕분에 히타치 친왕 댁엔 집사(執事)도 생기게 되었다.

이때쯤 스에쓰무하나 아씨는 이 집에서 살다가 동원(東院)으로 겐지의 부름을 받았다. 부부로서 같은 방에서 지내는 일은 거의 없었지만, 가까운 거리라 다른 일로 왔을 때에도 가끔 찾아와 이야기를 나누고 갈 만큼 겐지는 스에쓰무하나 아씨를 함부로 대하지 않았다.

대이 부인이 다시 도읍에 왔을 때 얼마나 놀라워했던가. 시종댁은 아씨의 행복을 기뻐하면서도, 때를 기다리지 못하고 떠나갔던 자신의 잘못을 얼마나 뉘우쳤는가를 좀더 이야기하고 싶지만, 필자는 이제 머리가 아파 다음 기회에 회상하며 쓰기로 한다.

관문[*1]

    이요차관(伊豫次官)은 상황이 승하하신 이듬해 히타치태수(常陸太守)로서 임지로 내려갔는데, 우쓰세미(空蟬)도 데리고 갔다. 그녀는 겐지가 스마로 귀양 갔다는 소식을 듣고 안타까워하며 슬퍼했으나, 그런 마음을 전할 길이 없었기에 쓰쿠바산(筑波山)[*2]에서 불어 내리는 바람을 맞으며 헛된 세월을 심란하게 보냈다.

    겐지가 귀양살이를 끝내고 도읍으로 돌아온 다음해 가을, 히타치태수는 임기를 마치고 임지를 떠났다. 일행이 오사카 관(逢坂關)을 넘으려는 날, 공교롭게 겐지도 이시야마테라(石山寺)로 감사참배를 드리러 떠났다. 기이태수(起伊太守)를 비롯 히타치태수의 아들들은 다른 사람들과 함께 영접하러 왔다가, 겐지가 이시야마를 참배한다는 말을 히타치태수에게 알렸다. 길이 매우 혼잡할 것을 염려한 태수는 빨리 오사카 산(逢坂山)을 넘기로 하고, 새벽에 오미(近江)[*3]의 숙사를 떠나 길을 재촉했다. 하지만 여자들이 탄 수레가 많아 일이 뜻대로 되지 않았다. 이 산에서 히타치 일행은 다들 말에서 내려 이쪽저쪽 삼나무 밑에 수레를 비켜 놓고, 나무숲에 무릎을 꿇고선 겐지 일행이 지나가기를 내내 기다렸다.

    여자들이 탄 수레도 얼마는 뒤에 남고 얼마는 앞서 보냈지만, 여전히 식구가 많아 보이는 게 호화로운 지방장관 가문다웠다. 수레가 열 채쯤 있었는데, 수레 밖으로 흘러나온 옷소매 빛깔이 촌스럽지 않고 고왔다. 문득 겐지는 재궁(齋宮)이 내려가는 날에 구경 나왔던 수레가 떠올랐다. 겐지의 영광이 다시 떨치는 시대가 되면서, 희망을 품은 많은 수행원들이 겐지를 따랐는데 그들 또

[*1] 관문(關屋) : 이 권(卷) 또한 '쑥밭'과 같이 겐지 29세 9월 하순 이야기로, 우쓰세미(空蟬)라는 여자의 이야기가 끝난다. '關屋(관옥)'은 일본 음으론 '세키야', 뜻은 관문지기가 있는 집.

[*2] 쓰쿠바산(筑波山) : 이바라키현(茨城縣) 중앙에 있는 산.

[*3] 오미(近江) : 지금의 시가현(滋賀縣).

한 히타치 일행에 시선을 주며 지나갔다.

9월 그믐날이라서, 단풍이 짙고 엷은 빨강을 겹겹이 포갠 사이로 서리를 맞은 노란 마른 풀이 뒤섞인 가운데 오사카 산의 관문을 지나는 무관복 차림을 한 무사들의 두꺼운 여행복은 홀치기염색들로 아름다운 풍경을 자아내고 있었다. 그리고 겐지의 수레엔 주렴이 드리워져 있었다. 지금은 우위문좌(右衛門佐)*4인 예전의 그 소군을 가까이 불러내어 말했다.

"오늘 이렇게 관문에서 맞게 된 나를 등한시하지는 않을 테지?"

마음속에서 여러 추억들이 떠올라 그리운 사람과 직접 말하고 싶었지만 눈이 많은 곳이라 어찌할 도리가 없었다. 겐지처럼 여자도 슬펐다. 마치 옛날이 어제처럼 느껴져 번민을 거듭 맛보았다.

갈 때나 올 때나 억누를 수 없는 이 눈물을 남들은 끊임없이 흐르는 관문의 샘물인 줄 알 테지. 겐지는 자신의 이런 심정을 헤아려 줄 사람이 없다고 생각하니 그저 외로울 뿐이었다.

겐지가 이시야마 절에서 나오는 날 우위문좌가 마중 나왔다. 그는 겐지를 따라 절에 오지 않고, 누님 내외와 함께 도읍에 간 일을 사과했다. 우위문좌는 소년시절 겐지의 사랑을 받고 그 천거로 관직에 오르는 은혜를 입은 사람이었다. 그런데 겐지가 파직된 시절 윗사람에게 미움을 받을까봐 히타치로 내려가 버렸다. 겐지는 그것을 탐탁치 않게 여겼으나 누구에게도 그 말을 하지 않았다. 그 뒤에도 예전 같지는 않았지만 우위문좌는 친한 가신으로서 겐지의 비호를 받아왔다.

기이태수도 지금은 가와치태수〔河內太守〕였다. 그 아우인 우근위승(右近衛丞)*5은 해고되면서 겐지를 따라 스마로 갔던 사람인데 특별한 비호를 받자, 우위문좌나 가와치태수는 과거의 잘못을 뉘우쳤다. 그들은 일시적인 이해관계에 매달렸던 일을 자책하고 있었다.

우위문좌를 불러낸 겐지는 누님께 편지를 직접 전해 달라고 했다. 우위문좌는 여느 사람이라면 이내 잊어버렸을 사랑을 아직까지 생각하고 있나 하며 놀라워했다.

'저는 당신과의 인연을 전생에서부터 굳게 맺어졌다고 생각합니다만, 당신은

---

*4 우위문좌(右衛門佐) : 우위문부 차관(次官).

*5 우근위승(右近衛丞) : 우근위부 판관(判官).

어떻게 여기시는지요. 오미 길(近江路)에서 만나뵐 수 있으리라 믿었지만 허사더군요. 관문지기가 참으로 부럽고 질투마저 느끼게 됩니다.'

그런 사연이었다.

"그 뒤 오랜 시간이 지났기에 겸연쩍은 느낌도 들지만, 내 심정으로는 언제나 애인 같은 기분일세. 하지만 이런 짓을 하다간 도리어 미움을 받게 되지는 않을까."

이렇게 말하며 겐지는 편지를 넘겨주었다. 우위문좌는 이를 황송스럽게 받아 누님께 가져갔다.

"부디 꼭 답장을 써주시오. 예전처럼은커녕 푸대접 받을 각오까지 했습니다만, 전처럼 친절하게 대해 주시니 감사할 따름입니다. 저는 이 심부름이 난처하다 싶었지만 거절할 수 없었습니다. 여자인 누님께서 그 애정에 끌리는 건 마땅한 일이지, 누구도 죄악으로 여기지는 않습니다."

우위문좌는 누님께 이렇게 말했다. 이제는 더구나 그럴 처지가 못 되는 우쓰세미였지만, 오랜만에 보는 겐지의 글월에 저도 모르게 마음이 끌렸는지 답장을 썼다.

'오사카 산의 관문은 어떤 관문이라서 그럴까요. 한 많은 우리들 사이를 그렇게 갈라놓다니, 꿈만 같습니다.'

원망스러웠던 점에서나 그리웠던 점에서나 잊을 수 없는 사람이었기에 겐지는 그 뒤로도 틈 날 때마다 우쓰세미한테 편지를 썼다. 그러는 도중에 히타치태수는 나이가 많은 탓인지 시름시름 앓더니 앞날을 걱정하고 비관하면서, 아들들에게 우쓰세미의 장래를 거듭거듭 유언했다.

"무슨 일이든지 너희 어머니가 하자는 대로 해라. 내가 살아 있을 때나 다름없이 섬기도록 해야 하느니라."

그렇게 되뇌었다. 우쓰세미는 이 남편마저 사별하고, 또다시 세상 풍파를 겪어야 하는가 싶어 탄식했다. 그 모습을 병상에서 보고 있는 히타치태수는 차마 죽고 싶어도 죽을 수 없는 심정이었다. 또 살고 싶어도 자기 힘으로는 어찌할 수 없는 노릇이었다. 하다못해 사랑하는 마누라를 위해 혼백만이나마 이 세상에 남기고 싶다, 자식들의 마음도 꼭 믿을 수 없는 것이라고, 그렇게 말하며 슬퍼했으나 끝내 죽고 말았다.

"그렇게까지 아버지가 당부하고 세상을 뜨셨으니까 잘 모셔야지."

아들들은 얼마동안 겉으론 그렇게 말했지만, 우쓰세미가 견딜 수 없을 정도로 심술궂은 행동을 차츰 보이기 시작했다. 세상에 있는 흔한 일처럼 계모란 이렇게 괴로움을 받는 것인가 하고, 우쓰세미는 모든 일을 자신이 복이 없는 탓으로 돌리고 슬퍼했다. 가와치태수만은 음흉한 마음으로 계모에게 아첨을 하면서 부탁했다.

"무력한 저입니다만 당신의 시중을 들고 싶습니다. 사양치 말고 말씀하십시오."

그러나 그의 비열한 속셈을 우쓰세미도 알고 있었다. 또다시 한심스러운 일을 당할 수는 없다. 누구와도 의논하지 않고 그녀는 여승이 되고 말았다. 히타치태수의 아들딸들은 이를 애석해했지만 가와치태수만은 원망스러워했다.

"나를 미워하여 비구니가 된다 하더라도, 앞으로 남은 날들을 어떻게 생활하려고 한단 말인가, 쓸데없는 짓을 했군."

이렇게 말했다고 한다.

그림겨루기*1

전 재궁(前齋宮)의 입궐을 후지쓰보 마마는 열심히 재촉하셨다. 겐지는 전 재궁이 자잘한 물건들을 많이 준비해야 함에도 모든 것을 도맡아 해줄 후견인이 딸려 있지 않다는 사실을 알고 있었다. 하지만 안타깝게도 상황의 기분을 고려해 방관자 역할만 했다. 그러는 가운데도 웬만한 일은 거의 어버이다운 지시를 세심히 내리는 겐지로 인해 착착 진행되어 갔다. 상황은 섭섭해 하셨으나, 침묵이 옳다고 생각하시고는 편지도 그만두셨다.

그날이 되자 상황께서는 굉장한 선물을 보내오셨다. 의복이며 빗집·옷상자·향단지 상자엔 여러 종류의 훈향이 갖춰져 있었다. 겐지가 먼저 보리라 예상하고 준비하신 물건인 듯싶었다. 하지만 겐지는 빗집만을 자세히 구경했을 뿐인데, 그것은 섬세한 기교로 만들어진 훌륭한 물건이었다. 머리빗을 넣은 작은 상자에 달아 놓은 조화에는 이런 뜻의 노래가 적혀 있었다.

가실 제 보내드린 머리빗 핑계삼아
갈라질 연분인 줄 작정하신 그 심사.

이 노래를 본 겐지는, 자신이 괴롭게 겪은 지난날 심정에 비추어 상황의 마음을 헤아릴 수 있어서 송구하기 그지없었다. 아씨가 재궁으로 이세에 내려가실 때 시작된 사랑이, 몇 해가 지나 신성한 직무를 마친 아씨가 돌아오시고 드디어 실현되려는 시기에, 뜬금없이 아우님이신 상감의 후궁이 되어 버렸으니 어떤 느낌이 드실까. 한가한 지위로 물러나신 오늘의 상황은 무엇이나 할 수 있는 권력에서 멀어져 쓸쓸하시지는 않을까 이런저런 생각을 하면 마음이 아팠다. 그리고 나는 왜 아씨의 입궐이라는 쓸데없는 생각을 했던가 겐지는 탄

*1 그림겨루기〔繪合〕: 겐지 31세 봄 이야기. 좌우 두 무리로 갈라져서 그림의 우열을 판가름했다. 이전부터 있었던 노래겨루기〔歌合〕 방식을 본뜬 것이다.

식했다.

"이에 대한 답가는 어떻게 하실까. 또 다른 편지도 있었을 텐데 답장을 하셔야 하지 않을까?"

겐지는 그렇게 말했으나, 시녀들은 한사코 다른 편지만은 겐지에게 보이려 하지 않았다. 재궁은 머릿속이 복잡해 답가를 쓰려 하지 않으셨다.

"그러시면 너무나 예의에 어긋나는 일이지 않습니까."

하면서 시녀들은 답장을 쓰게 하려 애쓰고 있었다. 이 모든 일을 안 겐지는 넌지시 말했다.

"답장을 쓰셔야 합니다. 몇 줄만 쓰시면 되니까요."

겐지한테 그런 말을 듣다니 재궁으로선 부끄러운 일이었다. 옛날 일을 돌이켜 보면, 그때 상감이셨던 아름다운 상황께서는 못내 작별이 섭섭해서 우시는 모습을 어린 소녀 마음에 애처롭게 생각했던 일이 눈앞에 떠올랐다. 그와 함께 어머님이 그리워 슬픈 마음도 들었다.

'헤어질 적에 다시는 도읍에 오지 말라고 하셨던 그 한마디가 이제 와서는 도리어 가슴을 저리는 슬픔으로 다가옵니다.'

그렇게 쓰신 듯싶었다. 심부름 왔던 몇몇 사람들은 저마다 다른 선물을 받아가지고 돌아갔다. 겐지는 재궁이 쓰신 답가가 궁금했으나 보고 싶다는 말을 꺼낼 수는 없었다. 상황은 미남이시고 아씨도 거기에 합당한 배필로 보인다. 소년이신 상감의 여어로 들어가시는 일은 아씨의 마음에 불만만 남길지도 모른다. 그런저런 동정심에 지난 일마저 생각나 겐지는 어지러워 견딜 수가 없었다. 그러나 이제 와서 그만둘 수도 없는 노릇이라 의식에 대한 주의를 해놓고, 친밀한 사이인 수리대부참의(修理大夫參議)에게 모든 일을 맡겼다. 그리고 겐지는 육조 저택에서 나와 대궐로 들어갔다. 수양아버지로서 겐지가 모든 뒷바라지를 한다고 하면 상황께 송구스러워, 그저 단순한 호의로 보이게끔 행동했다.

재궁 집에는 좋은 시녀들이 많았는데, 고향에 내려가 있던 여자들도 모두 나오니 궁녀들의 화려한 향연이었다. 육조궁이 살아 있었다면 이 일을 얼마나 기뻐했으랴. 겐지는 여어의 어머니로 가장 적합했던 고인을 회상하면서 애인으로서뿐만 아니라, 그 사람을 잃은 것은 이 세상의 손실이라고 생각했다. 세련되고 고상한 취미를 가진 사람으로 그만큼 뛰어난 여인은 찾아보기 힘들다고, 겐지는 기회 있을 때마다 육조궁을 간절히 떠올렸다.

요즘 들어 여승마마도 입궐해 계셨다. 상감은 새 여어가 입궐한다는 말을 들으시고 소년답게 흥분해 계셨다. 어느덧 상감은 나이보다 훨씬 어른스러워지셨다.

"훌륭한 분이 여어로 올라오시게 되었으니 예를 차리도록 하세요."

후지쓰보 마마는 주의를 하셨다. 상감은 어른인 여어 앞에선 부끄러우리라 생각했는데, 한밤이 되어 윗 궁방으로 올라온 여어는 얌전하고 어질면서도 작달막하고 앳된 사람이었다. 그랬기에 저절로 사랑을 느끼게 되셨다. 홍휘전의 여어는 일찍부터 보아왔기에 상감께서는 그 사람을 다정하게 여기셨다. 그런데 이 새 여어는 품위 있고 우아한 매력과 더불어 겐지가 소중히 다루는 점에서 소홀히 할 수 없는 사람이라 여기셨다. 그래서 숙직으로 부르시는 횟수는 정확히 반반으로 나뉘어져 있었으나, 낮에 소년다운 놀이를 하시는 상대로는 홍휘전을 더 많이 찾았다. 권중납언은 황후로 삼으려는 마음에서 후궁으로 들여보낸 딸에게 경쟁자가 생기자 불안감을 느꼈다.

상황은 빗집의 답가를 보신 뒤로 재궁 여어를 한층 그리워하셨다. 마침 그럴 즈음에 겐지가 상황을 찾아뵈었다. 말하는 도중, 재궁이 내려가신 일에서부터 상황의 치세, 그 무렵 재궁 출발 의식까지 이야기 했다. 상황도 회상하시고는 여러 이야기를 하셨는데, 꼭 그 사람을 얻으려 했다고는 말씀하시지 않으셨다. 겐지는 어떻게 생각하고 계시는지 궁금하지만 그 문제를 전혀 알지 못하는 척하면서 화제를 돌렸다. 그러자 상황의 표정에 실연으로 인한 깊은 고통이 드러나 겐지는 죄송할 따름이었다. 그토록 상황께서 잊지 못하시는 재궁은 도대체 어떤 미모를 지니신 분일까. 겐지는 기회가 있으면 얼굴을 뵙고 싶었으나, 그럴 겨를이 없음을 안타깝게 여겼다. 어디까지나 귀녀다운 자태를 은근히 풍기어 쉽게 끼어들 틈을 주지 않는 재궁 여어를, 겐지는 경의를 표할 만한 수양딸이라 생각하고 흐뭇해했다.

이렇게 두 여어가 빈틈없이 상감의 옆자리를 차지하고 있어서 병부경친왕은 딸을 후궁으로 들여보내지도 못하고 애를 태웠다. 다만 상감께서 성인이 되시면 자신의 딸도 거두시리라 믿으며 기다렸다. 상감은 무엇보다도 그림에 흥미를 가지고 계셨는데 재궁 여어는 그림을 잘 그리므로 상감은 재궁과 함께 그림 그리시기를 즐거워하셨다. 상감께서는 젊은 전상관 가운데에서도 그림을 그릴 줄 아는 자를 특별히 사랑하셨다. 더구나 아름다운 여어가 운치 있는 그림을 먹으로 그리곤 잠시 몸을 누이면서 다음엔 어떻게 그릴까 생각하는 모습이 인상에 남은 상감은 자주 이쪽으로 들르셨고 그만큼 총애도 깊어졌다. 이 소식을 들은 권중납언은 지는 것을 싫어하는 성격이라 유명한 화가 몇몇을 집으로 불러들여 좋은 그림을 몰래 그리게 했다.

"같은 그림이라도 이야기에서 제재(題材)를 얻은 그림이 더욱 재미있지."

그러면서 권중납언은 좋은 소설의 내용을 그림으로 옮겨 놓았다. 그 뒤 한 해 열두 달을 그린 그림과 문학적 가치가 뛰어난 설명문을 달아서 상감께 보여 드렸다. 그림이 재미있긴 했으나, 그게 얼마나 소중한지 권중납언은 어전에도 오래 내놓지 않고 이내 거두어 가곤 했다. 상감이 재궁 여어에게 보이려고 그림을 가져가시려 하면 홍휘전 사람들은 그때마다 그것을 막고는 했다.

"중납언의 경쟁심은 여전하군, 유치하기 짝이 없어."

그 말을 들은 겐지는 이렇게 말하고 웃었다.

"그림을 숨기면서 상감마마를 초조하게 만드는 건 망극한 일, 저한테도 그림은 얼마든지 있으니 차라리 그것을 드리도록 하겠습니다."

상감께 이렇게 아뢰었다. 그 길로 겐지는 이조원의 옛 그림과 새 그림이 들어 있는 선반을 열어 작품을 고전과 현대로 분류했다. 장한가(長恨歌)며 왕소군(王昭君)을 제재로 삼은 것은 재미는 있었지만 상서롭지 못해서 이번엔 제쳐놓기로 했다. 겐지는 귀양살이를 하는 동안 일기 대신 그린 두루마리가 들어 있는 상자도 꺼내어 부인에게 보여 주었다. 아무런 지식 없이 보더라도, 감수성이 조금만 풍부한 자라면 울지 않고는 못 배길 만큼 매력적인 그림이었다. 하물며 잊으려야 결코 잊을 수 없는 그 시절을 떠올리는 겐지와 부인은 옛 작품의 감동을 회상하면서 슬픔에 잠겼다. 부인은 이제껏 작품을 보여주지 않은 겐지를 원망하면서 말했다.

"혼자 도읍에 남아 외롭게 지내기보다는 당신을 따라가 바닷사람들이 사는 그곳에 가서 그림을 그릴 걸 그랬어요. 당신께는 이런 위안이 있었군요."

겐지는 그 가운데에서 특별히 잘된 것으로, 스마와 아카시의 특색이 잘 표현된 그림을 하나씩 골라냈다. 겐지가 그림을 모으고 있다는 말을 듣자 권중납언은 걸작을 만들어내기 위해 더더욱 노력했다. 그는 두루마리의 축(軸)이며 끈의 장정(裝幀)에도 신경을 썼다.

3월 열흘께 가장 화창한 날, 마음도 여유로워 무엇이든 재미나게 느껴지고, 궁중에서도 정례행사가 없는 때라, 그림이나 문학 작품 모으기가 주된 일거리였다. 겐지는 이를 모조리 상감께 바치기로 하고, 공개 석상에서 승부를 결정하는 편이 흥미가 있지 않겠냐고 제안했다.

재궁 여어와 홍휘전 여어가 궁중에 낸 그림의 수는 굉장히 많았다. 소설을 그림으로 표현한 작품이 꽤 많았는데, 그림에 환상을 더하자 그 효과는 배가됐다. 우메쓰보(梅壺)*2 여어의 것은 고전적인 그림이 많았고, 홍휘전의 것은 최근에 평판을 얻은 신작이 많았으므로, 대강 봐도 활기차고 화려한 그림은 홍휘전 쪽이 많았다.

전시며 내시며 명부도 그림의 가치를 논하기에 열중했다. 이때는 후지쓰보 마마도 궁중에 계셨는데, 마마는 궁녀들을 두 편으로 갈라 논쟁을 시켜 좌우로 나누셨다. 우메쓰보 편은 왼쪽으로 헤이전시(平典侍), 시종(侍從)의 내시, 소장의 명부 등이고, 홍휘전 여어 편은 오른쪽으로 대이(大貳)의 전시, 중장의 명부, 병위의 명부가 있었다. 모두들 지식인으로서 인정을 받는 여성들이었다. 제 나름대로 주장을 하는 변론을 비구니마마는 흥미롭게 여기시며, 먼저 일본 최초의 소설인 《다케토리 이야기(竹取物語)》*3의 다케토리 영감과, 《우쓰보 이야기(空穗物語)》*4의 도시카게(俊蔭)에 대한 두 패의 논쟁을 듣기로 하셨다.

"다케토리 이야기는 대대로 이어져 온 옛 이야기로 내용은 그리 기발하지는 않지요. 하지만 주인공인 가구야히메(赫耶姫)는 세속의 더러움에 물들지 않은 고귀한 사람입니다. 그녀는 끝까지 달나라의 약속을 잊지 않았고 마침내 세속의 부귀를 버리고 하늘로 올라가게 되지요. 아득한 옛 신화시대의 이야기라

*2 우메쓰보(梅壺): 대궐 안 오사(五舍)의 하나인 응화사(凝華舍)의 별칭. 뜰 안에 매화를 심은 데서 유래. 여기서는 재궁 여어.
*3 《다케토리 이야기(竹取物語)》: 헤이안(平安) 시대 초기에 생겨 난 일본에서 가장 오래된 설화. 2권. 작자 불명. 다케토리 영감이 대나무 속에서 얻은 예쁜 딸 가쿠야히메(赫耶姫)가 다섯 귀공자들의 열렬한 구애를 받자 그들에게 어려운 과제를 내어 모두 물러나게 하고, 그 무렵 임금의 요청에도 응하지 않고서 마침내 8월 한가윗날 밤에 달나라로 돌아간다는 이야기.
*4 《우쓰보 이야기((空穗物語) 또는 (宇津保物語))》: 헤이안 시대 중기의 설화. 20권. 작자 불명. 도시카게(俊蔭)의 손자 나카타다(仲忠)를 비롯하여 많은 사람들이 공경하던 아테미야(貴宮)는 마침내 동궁비(東宮妃)가 되는데, 이윽고 보위를 둘러싸고 겐(源)·토(藤) 양씨의 세력 분쟁으로 발전한다는 이야기.

요즘 천박한 여자들 눈에는 그 가치가 보이지 않을 수도 있지만요."

왼쪽에서 이렇게 말했다. 그러자 오른쪽에서 말했다.

"가쿠야히메가 올라간 하늘나라는 공상에 불과합니다. 이 세상 생활을 묘사한 대목은 너무나 저속해서 아름답지 못하고, 더욱이 궁중에 대한 묘사는 전혀 없지 않습니까. 가쿠야히메는 다케토리 영감님의 집만 비출 만한 광채밖엔 가지지 못했던 것 같네요. 아베노 오오시〔安部多〕가 큰 돈을 주고 사들인 모피가 활활 타버렸다고 써 있는가 하면, 봉래도〔蓬萊島〕에 갈 수 없음에도 구라모치 황자〔車持皇子〕가 가짜 물건을 가지고 와서 사람을 속이는 장면은 아주 못마땅하군요."

이 다케토리의 그림은 고세노 오미〔巨勢相覽〕*5가 그리고 설명문은 쓰라유키〔貫之〕*6가 썼다. 지원지〔紙院紙〕*7에 당비단〔唐錦〕 테두리를 했는데, 자줏빛 표지에 자단〔紫檀〕의 축으로 평범했다.

"도시카게는 폭풍과 파도에 휩쓸려 낯선 나라에 유랑했음에도 예술을 하고 싶어하는 마음이 강해 마침내 세계적으로 위대한 음악가가 되었다는 줄거리는 다케토리 이야기보다 훨씬 뛰어났어요. 게다가 일본과 외국의 대조가 재미나게 다루어졌다는 점에서도 훌륭하고요."

오른쪽도 이렇게 주장했다. 이것은 시키시〔色紙〕*8에 그려져 있었는데, 푸른 빛 표지와 황옥축(黃玉軸)이 달려 있었다. 그림은 쓰네노리〔常則〕,*9 글씨는 미치카제〔道風〕*10여서 화려한 분위기를 물씬 풍겼다. 이에 왼쪽은 더 이상 반론을 제기하지 못했다.

다음은 《이세 이야기〔伊勢物語〕》*11와 《쇼산미 이야기〔正三位物語〕》*12가 올랐

＊5 고세노 오미〔巨勢相覽〕: 일본 고유의 그림 양식인 야마토에〔大和繪〕를 창시한 고세파의 2대 화가.

＊6 쓰라유키〔貫之〕: 기노 쓰라유키〔紀貫之〕. 헤이안 시대 전기 가인〔歌人〕. 868?~945?

＊7 지원지〔紙院紙〕: 관용 제지소〔製紙所〕인 지옥원〔紙屋院〕에서 만든 종이.

＊8 시키시〔色紙〕: 와카〔和歌〕나 그림을 그리기 위한 특별 규격의 무늬가 있는 종이. 대개 세로 6치, 가로 5치 3푼.

＊9 쓰네노리〔常則〕: 아스카베 쓰네노리〔飛鳥部常則〕로, 헤이안 시대 중기 화가.

＊10 미치카제〔道風〕: 오노노 미치카제〔小野道風〕로, 헤이안 시대 중기 서예가.

＊11 《이세 이야기〔伊勢物語〕》: 헤이안 시대의 시가설화〔詩歌說話〕. 작자 불명. 한 남자의 일생을 중심으로 주로 남녀 정사를 묘사한, 약 125편의 설화로 이루어졌다.

＊12 《쇼산미 이야기〔正三位物語〕》: 헤이안 시대에 읽혔다는 이야기책인데, 소실되어 자세한 점

다. 이 논쟁도 쉽사리 끝나지 못했다. 오른쪽이 내민 그림은 자극적이나 재미가 있고, 궁중 형편과 함께 현대에 알려진 장소에 인물이 묘사되었다는 점에서 제법 볼만하면서도 월등했다. 이때 왼쪽의 헤이전시(平典侍)가 말했다.

"이세 바다의 깊은 마음을 찾지 않고선 옛 자취와 물결을 알아낼 길이 없지요. 흔해빠진 사랑 이야기에 기교만을 얹어 맞춘 소설에 나리히라(業平)*¹³ 대감의 이름을 더럽힐 수 있겠습니까?"

오른쪽 전시(典侍)가 말한다.

"구름 위 궁중을 바라보고 올라간 마음으로는 이세의 천 길 물속도 환히 들여다볼 수 있답니다."

후지쓰보 마마가 왼쪽을 편드는 말씀을 하셨다.

"병위왕(兵衛王)*¹⁴의 정신은 훌륭하지만 나리히라 대감 이상은 못 됩니다. 보기엔 보잘것없어 보이지만 경험 많은 바닷사람의 이름은 숨길 수 없는 법이죠."

여인네들의 논쟁은 오래 걸려서, 승부가 결판나지 않은 채 끝났다. 젊은 궁녀들은 그 결과가 매우 궁금했지만, 워낙 은밀히 진행되는 터라 상감과 우메쓰보 여어의 그림이 언제 석상에 나타날지 아무도 예상할 수 없었다. 겐지도 참여해서 서로가 주장하는 지지와 비난의 말을 재미나게 들었다.

"이건 어전에서 마지막 승부를 가리도록 합시다."

겐지가 이렇게 말하자, 그림겨루기는 한층 많은 심판관이 필요하게 되었다. 겐지는 이런 일들도 미리 짐작하고 있었기에 스마와 아카시 두 권을 왼쪽 그림 속에 섞어 두었다. 중납언도 그림겨루기 날에 걸작을 내놓기 위해 골몰했다. 마치 이 세상에서 할 일은 좋은 그림 그리기와 찾기에만 있는 듯했다.

"이제 와서 그림을 새로 그린다는 건 의미 없는 노릇이야. 가지고 있는 그림 가운데에서 우열을 판가름해야지."

겐지는 말했지만, 중납언은 남몰래 자택에서 새 그림을 그리게 했다.

상황께서도 이 내기 소식을 들으시고 우메쓰보에게 많은 그림을 기증하셨

은 알 수 없다.
*13 나리히라(業平): 아리와라노 나리히라(在原業平). 헤이안 시대 전기 유명한 가인(歌人). 《이세 이야기》 속 주인공.
*14 병위왕(兵衛王): 《쇼산미 이야기》에 나오는 인물.

다. 궁중에서 한 해 동안에 행하는 의식 가운데 재미난 것을 골라 옛 명인이 그리고, 엔기 황제(延喜皇帝)*15가 친히 설명을 곁들이신 두루마리 말고도, 그 무렵 궁정에서 있었던 화려한 의식이 그려진 두루마리에는 재궁이 떠나던 날 대극전(大極殿)의 고별식 광경도 있었다. 상황께서는 그 광경을 감명 깊게 여기신 나머지, 특별히 구도 같은 것들을 긴모치(公茂) 화백에게 자상히 지시하셨다. 이 그림은 매우 훌륭하게 완성되었다. 상황은 이 그림을 침향목 상자에 넣고, 겉장식마저 현대적인 멋을 풍기도록 꾸몄다. 하지만 인사로만 말씀을 전하셨을 뿐, 상황 궁궐에 근무하는 좌근중장이 심부름에 나섰다. 가마를 세워놓은 대극전의 신성한 언저리에 적어 넣으신 노래가 있었다.

  이 몸은 이렇게 금줄 밖에 살아도
  마음은 그 옛날 그리움 못 잊어라.

  답가를 하지 않음은 황송한 일인 것 같아 우메쓰보 여어가 예전 의식에서 사용했던 비녀 귀퉁이를 꺾어 거기에 썼다.

  이렇듯 금줄 안은 옛 모습을 잃었으니
  이제야 그리워라 아득한 그 옛날이.

  그렇게 쪽빛 종이에 써서 돌려드렸다. 상황은 그것을 감회 깊게 들여다보셨다. 이 기회에 제위(帝位)를 도로 찾고 싶었고 겐지마저 원망스럽게 여겨졌다. 어쩌면 예전에 겐지에게 불합리한 엄벌을 가하신 보답을 지금 받는지도 모른다.
  상황의 그림은 어머니인 태후로부터 물려받아 홍휘전 여어에게 전해졌다. 상시도 그림에 대한 취미가 많은 사람이라서, 조카딸인 여어를 위해 여러 명화를 모으고 있었다.
  그림겨루기의 날이 되자 왼쪽과 오른쪽의 그림이 회장(會場)으로 들어왔다. 궁녀들이 사는 사랑채에 임시 옥좌가 마련되고, 심판자들은 오른쪽이 북측,

---

*15 엔기 황제(延喜皇帝) : 제60대 다이고 상감(醍醐天皇).

왼쪽이 남측으로 나뉘어 자리에 앉았다. 청량전(清凉殿)에서는 서편 후량전(後凉殿)과 툇마루에 전상관들이 좌우로 저마다 편을 들고 앉아 있었다.

왼쪽은 자단(紫檀) 상자에 다목나무의 장식판으로 구성되어 있었고, 깔개는 자줏빛 바탕의 당나라 비단, 찻잔받이 보자기는 붉은자주빛 당나라 비단이었다. 심부름하는 아이들 6명은 주홍빛 옷 위에 겹으로 된 담홍빛 한삼을 입었고, 속곳은 분홍 천으로 안을 댄 연보랏빛 두꺼운 천으로 지은 것을 입었는데, 몸짓이 지극히 우아했다.

오른쪽은 침향목 상자에 잔향의 받침 책상을 준비하고, 찻잔받이는 푸른 바탕인 고려비단을 깔았는데, 책상다리에 있는 끈장식이 화사했다. 심부름하는 아이들은 푸른빛에 버들빛 한삼, 금빛 겹속곳을 입었다.

쌍방의 심부름하는 아이들이 그림 상자를 어전에 갖다 바쳤다. 그리고 겐지 내대신과 권중납언이 어전으로 나섰다. 태재부(太宰府) 장관인 친왕도 초청을 받아 나와 계셨다. 이분도 예술에 취미를 가지신 분이었는데, 그 가운데서도 특히 그림을 좋아하시는 분이라 겐지는 오늘 이분에게 심판을 맡겼다.

평판대로 공들여서 그린 그림들이 많았다. 태재부 태수도 좀처럼 우열을 가리기 어려웠다. 왼쪽에서 선보인 옛날 명인들이 사계절을 그린 작품은 필력이 웅대하고 건장해서 그 가치가 더욱 돋보였다. 그러나 종이 크기에 한계가 있어 풍성하게 그린 산수화 같은 대작과는 사뭇 달랐다. 오른쪽에서 낸 요즘 젊은 화가들의 작품도 기교에 치중했다는 흠이 있긴 하나, 옛 명화만큼 화려하고 재미있었으며, 개중에는 요즘 사람들의 마음을 끄는 작품도 꽤 많았다. 이 같은 우열을 가리기 위한 논쟁은 쌍방이 함께 진지했으므로 흥미로웠다.

후지쓰보 마마께서도 조반을 드시는 방에 앉아 장지를 열고 대회를 구경했다. 겐지는 그림을 보는 눈도 뛰어난 후지쓰보 마마의 모습이 무척 우아하다고 생각했다. 심판이 미처 판정을 못 내리고 있을 때 내리시는 짤막한 말씀도 기품이 있었다.

쌍방의 승부가 결판나기도 전에 밤이 왔다. 마지막 차례에 왼쪽에서 스마의 두루마리가 나오자 권중납언의 가슴은 방망이질을 해댔다. 오른쪽에서도 특별히 좋은 두루마리를 막판에 준비해 두었지만, 겐지와 같은 천재가 드맑은 심경에 이르렀을 때 그린 풍경화는 그 어떤 그림도 따라갈 수 없었다. 그 그림을 보고 심판인 친왕을 비롯해 모두가 눈물을 흘렸다. 도읍을 떠난 겐지를 동

정하면서 상상했던 스마보다 그림으로 알게 된 바닷가 귀양살이는 더욱 슬퍼
보였다. 작자의 감정이 풍부하게 표현되어 현재를 그 시절로 이끌어가는 힘이
있었다. 스마로부터 바라보는 바다 풍경, 초라한 집에서 보낸 쓸쓸한 생활, 들
쭉날쭉한 해안선이 그림에 온통 선명하게 그려져 있었다. 초서체에 가나가 곳
곳에 섞여 있어, 격식 있는 기록이라기보다는 편안한 글들도 군데군데 섞인 자
유로운 글이었다. 절절한 감명을 주는 노래도 있어서 모든 사람들은 다른 그
림들은 잊어버린 채 황홀해졌다. 이것이 가장 뛰어났기에, 그림 대회는 왼쪽의
승리로 돌아갔다.

　새벽녘 가까이 되어, 옛날에 대한 회상 때문에 울적해진 겐지는 잔을 들어
태재부 장관인 친왕에게 말했다.

　"나는 어린 시절부터 학문을 열심히 해 왔습니다만 상감마마께서 시문(詩
文) 방면으로 나가야 한다고 생각하셨는지, 이렇게 말씀을 하셨지요. 학문은
일반 사회에서나 존중할 뿐이지, 학문으로 장수와 행복 두 가지를 모두 가지
는 사람은 드물다. 모든 것을 가진 사람은 군이 학문으로 명예를 얻을 필요는
없다. 그런 마음가짐으로 해 나가야 하느니라. 그 뒤로 저에게 여러 가지 예능
을 본격적으로 시키셨는데, 신통치 못한 것도 없었지만, 뛰어나게 잘한 것도
없었지요. 그림 그리기는 대수로울 게 없습니다만, 내가 흡족할 정도로 정신을
집중해서 그려보고 싶다는 희망을 가끔씩 품었지요. 뜻밖에 방랑자가 되고
나서야 비로소 대자연의 아름다움을 접할 기회를 얻어 그릴 만한 대상을 찾
았습니다. 하지만 기교가 서툴러 뜻한 바를 종이 위에 그대로 나타낼 수 없었
지요. 그래서 보여드리자니 부끄러워 주저하다가 이번 기회에 그림을 공개했는
데, 내 행위가 유난스러웠다는 소릴 듣지는 않을지 걱정되는군요."

　"어떤 예술이건 정신이 깃들어 있지 않으면 배울 수 없습니다. 그래도 어느
예능에나 스승이 있어서 인도하는 방법은 마련되어 있지 않습니까? 깊고 얕
음을 별문제로 하더라도 그럴듯하게 스승 흉내를 내는 것은 누구든 할 수 있
는 일이겠지요. 글씨와 바둑에서는 열심히 배우지 않은 자들 가운데에서도 훌
륭한 글씨를 쓰는 자나 명인이 불쑥 나오곤 합니다만, 그것 역시 귀족 자제들
가운데 재능이 특출한 자들이 있어 무엇이든 쉽게 터득하는 듯합니다. 상황께
서는 친왕이나 내친왕들이 기예(技藝)에 숙달하도록 하신 셈입니다. 그 가운데
서도 당신께 특별히 열심히 가르치셨고, 또 당신께서는 열심히 배우기도 하셨

지요. 그러니 시문은 당연히 훌륭하시고, 그 밖에 거문고 타기도 으뜸가는 재주요, 칠현금, 대금, 비파, 쟁 등도 잘하신다고 상황께서도 말씀하셨습니다. 하지만, 그림 방면은 그저 취미 정도이신 줄 알고 있었는데요. 너무나도 빼어난 솜씨에 묵화(墨畵) 그리는 화가들이 무안할 정도의 걸작을 보여주시다니, 꽤씸한 노릇인지도 모르겠군요."

친왕은 나중엔 농담을 하셨는데, 술에 취한 탓에 우시면서 옛 상황의 이야기를 하시고는 낙담하셨다. 스무며칠 밤의 달이 되어 아직 여기까진 비쳐 오지 않지만, 하늘에는 영롱한 빛이 흘러 넘쳤다. 서사(書司)에 보관된 악기들을 가져오게 하여 중납언이 거문고를 뜯었는데, 과연 명수답게 사람들을 놀라게 하는 재간이 있었다. 태재부 장관의 친왕은 쟁, 겐지는 거문고, 비파는 소장댁의 명부에게 맡기셨다. 전상관 가운데에서 음악에 소양이 있는 자가 분부를 받아 박자를 맞춰드렸는데 드물게 좋은 합주(合奏)를 이루었다.

날이 새자 벚꽃이나 사람의 얼굴들이 아렴풋이 떠오르며, 새들이 지저귀는 소리가 들려왔다. 아름다운 새벽녘이었다. 여승마마께서 하사품을 내리셨는데, 그것 말고도 친왕은 상감께 왕의 옷을 받으셨다. 그리고 얼마 동안은 모두 그림겨루기 날의 그림에 대해 비평들을 했다.

"스마와 아카시 두 권은 여승마마께서 받아 주기를 바랍니다."

겐지는 이렇게 말씀드렸다. 여승께선 이 두 권의 전후도 모두 보고 싶다고 하셨으나 겐지는 인사말을 아뢰었다.

"다시 기회가 되면."

상감도 그림겨루기에 만족하신 모습을 보자 겐지는 더없이 기쁘게 생각했다. 두 여어의 맞겨룸에서 시작된 대수롭지 않은 그림 문제로 권중납언은 자기 딸의 억눌리는 운명을 예감한 듯 분하게 생각했다. 여어의 부친인 중납언은 상감이 처음으로 들인 여어이기에 애정이 각별하시리라고 짐작했다. 그랬기에 그는 그것을 믿고 자신의 부질없는 근심이라 생각하려 애썼다.

겐지는 궁중의식도 이 치세에서 비롯되었다고 알리기로 마음먹었다. 그랬기에 그림겨루기 행사 따위도 단순한 놀이가 아닌 미술 감상으로까지 끌어올려 태평성세를 이룩했다.

그러나 겐지는 인생의 무상함을 절실히 느끼면서, 상감께서 좀더 어른이 되시면 출가하리라 속으로 생각하는 모양이었다. 옛날 일을 보더라도 젊은 나이에 벼슬자리를 얻을 정도로 세상에 탁월한 사람은 오래도록 행복하지 못했었다. 이제까지 자기는 과분한 지위를 얻었다. 요진에 불행한 날들이 있었기에 간신히 지금까지 운수가 계속되는 것이었다. 앞으로 순조로운 흐름에 몸을 맡긴다면 장수하기는 위태로울 게 틀림없었다. 겐지는 조용히 은신하여 후세를 위해 불공을 드리며 장수하고 싶었다. 겐지는 그렇게 생각하며 교외에 땅을 구해 법당을 짓게 했다. 그러면서 불상과 경권(經卷) 따위도 그와 함께 준비시키고 있었다. 그러나 어린것들을 잘 교육하여 훌륭한 인물, 뛰어난 여성으로 만들어보려는 바람과, 입산하려는 일은 양립하지 않았기에, 어느 쪽이 진정한 겐지의 마음인지 알 수가 없었다.

솔바람*1

겐지는 이조원의 동원(東院)이 호화롭게 준공되고나자, 하나치루사토 아씨를 옮겨오게 했다. 서편 별채부터 복도까지 그 거처로 삼고, 집안일을 다루는 곳이며 가신들의 집합소도 갖추었다. 겐지 부인의 한 사람으로 체면을 손상시키지 않을 만한 주거였다. 겐지는 동편 별채에 아카시 아씨를 살게 하리라 미리부터 생각했다. 그는 북편 별채를 특별히 넓게 지었는데 적어도 자신이 애인으로 보고 장래 일까지 약속한 모든 사람들을 그곳에 모아 살게 하리라는 생각이었다. 그래서 여러 개 칸을 막아서 만들었다는 점에서 북편 별채는 가장 재미난 건물이었다. 중앙 침전은 누구의 거처로도 쓰지 않고, 가끔 겐지가 와서 휴식을 취하거나 손님을 불러들이는 사랑채로 두었다.

아카시 아씨는 늘 겐지의 편지를 받았다. 그는 요즘 들어 도읍으로 올라오라는 말만 되풀이했고, 그녀는 여전히 망설였다. 자기 신세가 박복함을 그 누구보다 잘 알고 있는데, 자기와는 감히 비교조차 할 수 없는 도읍 귀녀(貴女)들마저 겐지 때문에 수심에 잠긴다는 소문을 들었다. 내가 얼마나 사랑을 받겠다고 그 속으로 들어갈 수 있을까. 겐지 따님의 생모로 자신의 초라한 신분이 딸의 체면을 깎을 뿐 아니라, 어쩌다가 방문하기를 기다리는 도읍 생활은 남들에게 웃음거리가 될지도 모를 일이었다. 그렇게 생각하면서도 아카시 아씨는 딸을 이런 시골에 두어, 세상사람들로부터 겐지의 자식 대우를 받지 못하게끔 하는 일도 측은했다. 그래서 도읍에는 가지 않겠다고 대답할 수도 없었다.

양친도 딸이 번민하는 건 당연하다 싶어 탄식만 했다. 법사 부인의 조부인 중무경친왕(中務卿親王)이 예전에 가지고 계셨던 별장이 사가(嵯峨)*2의 오이

---

*1 솔바람(松風) : 겐지 31세 여름부터 가을까지 이야기. 아카시 아씨가 교토 서쪽 오이 산장〔大井山莊〕으로 올라온다. 아카시 아씨는 22세, 아기는 3세.
*2 사가〔嵯峨〕: 교토 서북방 있는 지명.

강(大井川) 근처에 있었다. 하지만 물려받을 사람이 확실히 정해지지 않아 별장은 그대로 황폐해졌고, 아카시 아씨의 부모는 친왕 때부터 줄곧 관리인이었던 자를 불러다가 의논했다.

"난 두 번 다시 도읍 살림은 하지 않겠다고 결심한 뒤 시골에 틀어박혀 있었지만 자식들을 생각하면 그렇게 할 수 없어서, 그들을 위해 도읍에다 집을 마련해야겠네. 하지만 이렇게 조용한 곳에서 살다가 별안간 번잡한 도읍으로 가면 마음이 가라앉지 않을 듯해. 차라리 옛 별장으로 보내는 게 좋지 않을까 싶다네. 자네들이 지금까지 쓰고 있는 집들은 그대로 두어도 좋으니 그 밖의 것을 손질해서 어쨌든 사람이 살 수 있도록 만들어 주게나."

법사가 말했다.

"벌써 오랫동안 주인의 발길이 끊긴 별장이라 몹시 황폐해졌기 때문에 저희들은 행랑채에서 살고 있습니다. 그러나 올 봄부터 내대신님께서 이 근처에다 불당을 세우는 공사를 시작하셨는데, 그쪽은 이미 많은 사람들이 오기로 되어 있습니다. 어마어마한 불당이 세워지는 만큼 공사에 쓰일 인원수도 무척 많을 테지요. 조용한 집이 좋으시다면 오히려 그쪽은 피하시는 게 좋겠습니다."

"아니 그건 괜찮네. 왜 그런가 하니, 내대신 집안과도 관계가 있는 일이라 거기에 가려 했으니 말이지. 집안 설비 같은 건 나중에 천천히 갖추기로 하고 먼저 외관만 대충 수선해 주길 바라네."

법사가 말했다.

"제 집은 아니지만 딱히 물려받으실 분도 없을 듯해 제가 이제껏 살고 있었습니다. 조용하고 쓸쓸한 집이지만, 살다보니 정이 들어서 떠나지 못하겠습니다. 별장에 붙은 밭들도 황폐해서 돌아가신 민부대보(民部大輔)님께 양도해 주십사 청하고 그 대가도 치렀습니다."

별장지기는 자기 소유처럼 돌보는 밭들을 빼앗기지는 않을까 싶어 수염이 더부룩하고 코가 빨간 흉한 얼굴로 턱을 추켜올리면서 열심히 지껄였다.

"나는 밭 같은 건 필요 없네. 그런 건 종전대로 생각하면 되지. 별장과 그 밖의 문서는 내게 있지만, 속세를 등지고 난 뒤부터는 재산에 대한 권리와 의무도 모두 잊고 있었어. 그런 나머지, 관리해 준 대가를 아직 지급하지 않았네만, 이제 곧 청산해 줄 테니 그리 알고 있게나."

관리인은 그 말을 듣고 겐지와 법사와의 관계를 대충 눈치 채고, 제 욕심을 더 이상 드러낼 수 없었다. 그 뒤 법사는 많은 돈을 지출하여 오이 산장을 수리했다. 이 일을 모르는 겐지는 아카시 아씨가 도읍으로 올라오기를 꺼리는 이유가 무엇인가 의심쩍어했다. 그는 탄식하며 따님이 그냥 시골에서 자라나면 뒷날 역사에도 불명예스런 이야기로 남게 될 거라고 말했다. 그러던 참에 오이 산장이 완성되자, 예전 외증조부가 사신 그곳을 터전으로 삼겠다는 소식이 전해왔다. 겐지는 그제서야 동원으로 맞아들이려는 계획에 동의하지 않은 사실에 수긍했고, 총명한 처사라는 생각이 들었다. 고레미쓰[惟光]는 늘 겐지의 비밀에 관계했기에, 겐지는 아카시 아씨 상경에 대해서도 이 사람에게 먼저 털어놓았다. 곧 고레미쓰에게 오이 산장을 살피러 가게 하는 것으로 겐지로서 할 일은 다 했다.

"전망이 제법 좋아 예전 아카시 해변 같은 기분이 듭니다."

고레미쓰가 보고했다. 겐지는 아카시 아씨야말로 산장의 고상한 여주인이 될 자격이 있다고 생각했다.

겐지가 짓는 법당은 다이카쿠지[大覺寺] 남쪽에 있는데, 아름답기로는 다이카쿠지 못지않았다. 아카시 산장은 냇물을 바라보는 곳에 있었고, 아름드리 소나무가 울창한 곳에 작은 침전이 세워져 있어서 산장다운 적막한 취향이 그대로 느껴졌다. 겐지는 내부장식을 직접 해주고 싶었다. 그래서 가까운 사람들을 시켜 다시 비밀리에 아카시로 마중하러 보냈다.

피치 못할 인연 때문에 이곳을 떠날 때가 되었다고 생각하자 아씨는 깊이 정든 아카시 갯마을이 그리웠다. 아버지인 법사를 홀로 남겨둔다는 점도 가슴이 아팠다. 왜 나만 이런 슬픔을 맛보는 걸까 싶어 팔자 좋은 사람들이 부러웠다. 양친은 겐지의 마중을 받으면서 딸이 도읍으로 올라가는 일을 오랫동안 간절히 바라왔기에 그 소원이 이루어진다고 생각하니 너무 기뻤다. 하지만 그날을 마지막으로 딸과 헤어져, 고독해질 장래를 생각하니 견딜 수 없을 만큼 슬펐다. 그 때문에 법사는 밤이나 낮이나 비통한 생각으로 멍하게 있었다.

"이제 다시는 아기 얼굴을 보지 못하고 살아가야 하는가?"

언제나 이렇게 같은 말만 되풀이 할 뿐이었다. 부인도 여간 슬픈 게 아니었다. 이제껏 남편과 별거해 다른 집에서 살았으니, 딸이 도읍으로 올라가면 누구를 의지하고 살겠는가. 하지만 막상 딸을 따라 나서려니 이번에는 남겨 둔 법사가 못내 그리웠다. 실수로 맺은 부부의 인연이라도 날이 가고 달이 바뀌어

정이 깊어지면 헤어지기 어려운 법이다. 완고하고 고집만 센 남편이긴 했지만 아카시에서 영원히 함께 하기로 다짐하고 서로 힘입어 살아왔다. 이렇게 별안간 헤어지게 되니 무척 쓸쓸했다. 한편 우울한 시골 생활을 해 온 젊은 시녀들은 마치 되살아난 듯 기뻤지만 아름다운 아카시 갯마을 풍경을 두 번 다시 바라볼 수 없다는 생각에 목이 멨다. 더군다나 이때는 가을이라 모든 일들이 한층 뼈에 사무치는 듯싶었다.

떠나는 날 새벽녘에 서늘한 가을바람이 소소히 불어오고 풀벌레 소리가 들리자 아카시 아씨는 하염없이 바다를 바라보았다. 법사는 한밤중 잠이 깬 뒤론 줄곧 코를 훌쩍이면서 부처님 앞에 공양을 드렸다. 막상 떠나는 날에는 불길한 언행은 결코 하지 않으려 했으나, 아버지와 딸은 참지 못하고 서로 울음을 터뜨렸다. 어린 아기는 야광(夜光) 구슬처럼 귀여웠고, 이제까지 법사도 이 아이를 상당히 아끼고 사랑해 왔다.

"출가한 내가 아기 곁에 있는 건 삼가야 한다고 여태껏 생각했지만, 이 아이 얼굴을 잠시나마 보지 않고선 견딜 수 없으니, 이제부터 어떻게 살아간단 말이냐."

할아버지를 잘 따르는 아기를 보자 법사는 처절하게 울었다.

"앞날의 행복을 빌어야 하는 작별의 마당에 눈물을 흘리다니. 내가 늙긴 늙었나, 참 나도 주책없구나."

그러면서 흐르는 눈물을 닦아 감추려 했다. 법사 부인은 남편에게 이렇게 말하고 울었다.

"도읍을 나올 땐 함께 나왔는데, 이번엔 저 혼자서 들길을 헤매게 됐습니다."

서로 의지하며 지낸 세월을 생각하면 오직 겐지의 말만 믿고, 한 번 떠났던 도읍으로 돌아가자니 법사 부인은 막막하기만 했다.

"살아서 다시 만나뵐 수 있을지 모를 목숨이니, 어떻게 믿을 수 있겠습니까. 도읍까지 배웅이라도 해 주세요."

딸은 아버지께 부탁했으나, 사정이 허락하지 않는다고 말하면서도, 법사는 가는 길이 걱정되는 눈치였다.

"나는 출세를 단념하고 끝내는 지방장관이 되었지만, 덕분에 물질적인 면에서나마 충분히 뒷받침을 해 줄 수 있지. 하지만 지방장관 역시 내겐 맞지 않음을 여러 번 깨달았어. 도읍의 멸시를 받는 낙오된 지방관이 되어 어버이의

명예를 더럽히는 듯해 몹시 비관하며 중이 되었지. 도읍을 떠나는 게 곧 세상을 등지는 첫 출발이었다고 생각했고 세상에서도 나를 그렇게 인정했는데, 정말 과감하게 그것을 실천해냈구나 싶어 나 스스로도 대견하게 여겼었지. 하지만 네가 의젓한 소녀로 자라나는 걸 보자, 어째서 이런 옥과 구슬을 진흙 속에 내팽개쳐두는 참혹한 짓을 했을까 싶어 내 마음은 다시 어두워지고 말았다. 그로부터 신불에게 딸마저 나의 불행에 끌려 한낱 시골 사람이 되는 일이 없도록 해주십사 애걸복걸했는데, 뜻밖에도 겐지님을 사위로 맞는 날이 온 거야. 그러나 우리는 워낙 신분이 낮아 열등감이 없지 않았기 때문에, 좋은 일에도 늘 슬픔이 따르기 마련이었어. 하지만 아기씨가 태어나셔서 나는 자신감이 생겼지. 아기씨는 이런 시골에서 자라나시면 안 될 고귀한 운명을 지닌 분이니, 헤어지는 일이 아무리 서럽다해도 단념하지 않을 수 없구나. 나는 이미 모든 일을 포기해 버린 중이 아닌가. 아기씨께서는 지극히 고귀한 운명을 지닌 분이시지만, 잠시나마 내게 할아버지와 손녀 사이의 사랑을 보여주신 거야. 천상(天上)에 태어나는 사람일지라도 한 번은 황천길을 가야 하는 법이니, 그걸 생각하면서 나는 여기서 이별을 해야겠다. 내가 죽었다는 소식을 듣더라도 아예 불공 같은 건 드리지 마라. 죽음은 피할 수 없는 이별이니 슬퍼한들 무엇 하겠느냐."

법사는 이렇게 딱 잘라 말하더니 다시 애처로운 소리로 덧붙였다.

"나는 죽어서 연기가 되는 저녁무렵까지 아기씨를 위해 불공을 드리며 축원할 거야. 그 은혜와 사랑을 차마 저버릴 수야 있겠나."

수레가 많아서 육로로 가자니 너무 거창한 행렬이었다. 마중 온 사람들 또한 눈에 띄는 일을 몹시 두려워하는 눈치였다. 어차피 두 번에 나누어 보내기도 번거로웠기에, 아카시 모녀는 아무도 모르게 슬그머니 배를 타고 떠났다.

그들은 오전 여덟 시에 출발했다. 옛사람들도 사무치게 정취를 느꼈다는 아카시 포구의 아침 안개 속으로 희미하게 멀어져 가는 배를 보니 법사 또한 부처님 제자로서 초월한 심경으로 되돌아가기에는 쉽지 않을 듯했다. 그는 마치 넋 빠진 사람처럼 그 자리에 멍하니 서 있었다.

오랜 세월을 거치고 도읍으로 돌아가려는 법사 부인의 마음 또한 슬펐다.

"피안의 정토를 바라고 여승이 된 몸이 한 번 버렸던 도읍으로 되돌아가다니."

부인은 울면서 말했다.

"여러 해 봄 가을을 이 갯마을에서 보내다가 새삼스레 쪽배를 타고 도읍으로 돌아가네요."

딸은 한탄하듯 대꾸했다.

마침 바람도 좋아서 예정대로 일행은 도읍으로 들어섰다. 그들은 가마에 옮겨 타는 순간에도 사람들 눈을 조심하면서 오이 산장으로 왔다.

산장은 운치있게 지어져서, 아카시에서 바라보던 바다처럼 오이 강가 그 앞을 흐르고 있었다. 그랬기에 사는 곳이 달라졌다는 기분은 그다지 들지 않았지만, 아카시 생활이 아직도 계속되는 듯해서 슬픈 날도 많았다. 증축한 복도도 멋이 있고 새롭게 끌어온 물줄기도 분위기 있었다. 아카시 사람들은 결점이 있긴 하지만 살다보면 틀림없이 나아지리라 생각했다. 겐지는 친밀한 가신에게 명령하여 도착한 일행을 특별히 대접하게끔 했다. 몸소 찾아갈 기회를 만들겠다 마음먹으면서도 점점 늦어질 뿐이었다.

겐지가 가까이 있는 도읍에 와 있었지만 수심만 쌓인 여자는 아카시 집도 그립고 심심하기도 해서, 그가 주었던 거문고 줄을 튕겨 보았다. 가을이라 참을 수 없는 그리움이 밀려왔고, 아씨는 듣는 이 없이 홀로 거문고를 뜯었다. 솔바람이 불어와 더불어 노래했다. 누워 있던 어머니가 일어나면서 이렇게 읊조렸다.

돌아온 이 산촌에 오늘은 홀로 듣네
어디서 들었던가 그윽한 저 솔바람.

딸이 대꾸했다.

고향에서 언뜻 뵈온 그 임 그리워라
거문고 뜯는 소리 누가 들어주리.

이렇게 모녀는 한탄하면서 며칠을 보냈고, 겐지는 전보다 더욱 만나기 어려운 괴로움을 견디다 못해 남의 눈도 아랑곳하지 않고 오이로 떠나기로 했다. 무라사키 부인한테는 아직 아카시 아씨가 도읍으로 올라왔다는 말을 하지 않았으므로 그녀의 귀에 들어가면 좋지 않다는 생각에 겐지는 궁녀를 시켜 말을 전했다.

"나는 계원(桂院)에 가서 지시해야 할 일이 있소. 게다가 도읍으로 오면 나를 찾겠다고 언약한 사람도 그 근처에 와 있으니 거기에도 가봐야 할 것 같소. 사가노〔嵯峨野〕 법당에 모신 부처님께 인사드리러 들러야 하니, 2, 3일 간은 못 들어오게 될 거요."

부인은 계원이라는 별당을 새로 짓고 있다는 말은 들었지만, 거기로 아카시의 여자를 맞아들이는가 하는 생각이 들자 반가울 까닭이 없었다.

"신선놀음에 도끼 자루를 갈아야 하는 시간까지 기다리기가 무척 지루하겠네요."

불쾌한 듯 부인의 답변이 전해져 왔다.

"또 생트집을 잡는구려. 나는 예전의 내가 아니라고 세상사람들도 말하고 있지 않소?"

그런 소리를 하면서 부인의 비위를 달래다 보니 어느새 낮이 되었다.

저녁나절, 겐지는 믿을 만한 가까운 사람을 앞세우고 사람들 눈을 피해 오이로 왔다. 언제나 사냥복 차림이던 아카시 시절에도 아름다웠던 겐지라, 애인을 만나기 위해 노오시〔直衣〕 차림을 한 모습은 눈부실 만큼 훌륭했다. 여자의 오랜 근심과 걱정도 이로써 위로를 받았다.

겐지는 이 사람에게 깊은 애정을 느끼면서, 두 사람 사이에 생겨난 아이를 보고는 또다시 감동했다. 여태껏 보지 않고 지낸 일이 결코 돌이킬 수 없는 아쉬움으로 느껴졌다. 세상사람들은 좌대신 댁 아오이 부인에게서 난 아이의 미모를 칭송했지만, 그것은 권세에 눈이 어두운 아부일 뿐이었다. 겐지는 이 아이야말로 참다운 미인이 될 소질을 갖추었다고 느꼈다. 천진난만하게 웃는 얼굴에 애교가 그득한 것이 무척이나 귀여웠다. 유모도 아카시로 떠나던 때의 여윈 얼굴이 아닌 아름다운 여인이 되어 있었다. 오늘날까지의 일을 그립다는 듯 이야기하는 것을 듣고 있던 겐지는, 소금 굽는 오두막이나 다름없는 시골 살림을 강요당한 데에 대해 깊이 동정했다.

"여기만 해도 무척 멀어서 내가 올 수 없으니, 당신을 위해 마련한 곳으로 어서 옮기도록 해요."

겐지가 아카시 아씨에게 권했다.

"이곳에 익숙해져 시골뜨기 티를 좀 벗고 나면 그러겠습니다."

그러나 여자가 이렇게 말하는 것도 일리가 있었다. 아카시 아씨의 마음을 위로해 주기도 하고 장래를 굳게 맹세하다 보니 그 밤은 날이 밝았다. 겐지는 이전부터 부리던 사람과 새로 임명한 관리인에게 좀 더 손질해야 할 곳들을 지적했다. 겐지가 온다는 통지가 있었기 때문에, 이 근처 영지로부터 모여든 사람들은 죄다 아카시 집쪽으로 왔다. 겐지는 그런 사람들에게 뜰 동산의 초목을 손질하게 했다.

"정원석들이 모두 쓰러져서 다른 돌들과 뒤섞여버렸나 보군. 잘 복구하고 다듬어 놓는다면, 제법 운치 있는 정원이 될 듯하지만, 애써보아도 아무 소용이 없어. 어차피 영원히 살 것도 아니고 언젠가는 떠나게 될 텐데, 그 때 미련이 남아 얼마나 마음이 쓰라리겠어. 나도 아카시에서 돌아올 때에도 그랬거든."

또다시 옛날 일을 말하면서 울고 웃으며 편안하게 대하는 태도를 보인 겐지의 모습은 매우 아름다웠다. 곁에서 보고 있던 법사 부인은 겐지를 보며 늙음도 잊었으며, 수심이 깨끗이 사라지는 듯한 기분이어서 미소가 절로 지어졌다. 겐지가 동쪽 복도 밑으로 흘러오는 물줄기를 바로잡는 일을 지시하느라고 우치키(袿)를 걸친 수수한 옷맵시로 있는 모습도 법사 부인에게는 반가워 보였다. 겐지는 정화수 물그릇과 툇마루를 보자, 그제야 그 안이 법사 부인이 거처하는 방인 줄 깨달았다.

"장모님은 이쪽에 계신가요? 전 이렇게 어수선한 차림을 하고 있습니다."

그렇게 말하고 겐지는 노오시를 가져다 갈아입었다.

"아가씨가 착한 아이로 자라남은 당신의 바람을 부처님께서 들어주신 덕분으로 고맙게 생각하고 있습니다. 속세를 떠난 깨끗한 생활로부터 저희를 위해 다시 이 세계로 돌아와 주셔서 감사합니다. 아카시에선 그분이 또 혼자 남으셔서 얼마나 이쪽 일을 걱정해 주실까 생각하니 미안하기 짝이 없습니다."

그러고는 휘장 앞에 앉아서 그리운 듯이 말했다.

"한 번 버렸던 속세로 다시 돌아와 괴로워하는 저의 심정을 보살펴주시니, 지금껏 산 보람이 있습니다."

장모는 울면서 말을 이었다.

"물결 거센 바닷가에 돋아난 어린 소나무가 이제 믿음직한 앞날을 맞이했습니다만, 아이 어미가 저희 같은 사람들에게 나온 딸이라서 아기씨의 행복을 막지는 않을까 염려되옵니다."

그렇게 말하는 태도에도 품위가 엿보이는 부인이었다. 겐지는 이 산장의 옛 임자인 중무 친왕에 대해서도 이야기했다. 졸졸 흐르게 된 냇물도 이 이야기에 끼어 들고 싶은지 한층 힘차게 소리를 냈다.

예전에 이곳에 살았던 나는 서먹합니다만,
오히려 냇물이 집주인인 양 흐르고 있습니다.

법사 부인이 노래를 읊조리듯 이렇게 말하자, 겐지는 그녀가 풍취를 아는 우아한 분이라고 느꼈다.

냇물이야 옛일을 잊겠습니까마는
옛 주인이 많이 변해서 몰라보는 것은 아닐까.

그렇게 탄식하며 일어선 겐지의 아름다운 몸짓에 법사 부인은 감동에 취했다.

겐지는 법당에 가서 달마다 보름께와 그믐에 행하는 보현강(普賢講), 아미타(阿彌陀)·석가 염불삼매(念佛三昧)와 같이 날이 정해진 불공 말고도 다른 법회에 대한 일들을 승려들에게 분부했다. 법당 치장과 부처님 모실 도구 제작에 대한 일도 법당 사람들에게 지시한 다음, 달이 밝을 때 산장으로 돌아왔다.

아카시에서 보낸 작별의 밤이 겐지 가슴에 되살아나 감상적인 기분이 되어 있는 참에, 여자는 그날 밤의 기념품인 거문고를 꺼내 놓았다. 그러자 겐지는 그 거문고를 뜯기 시작했다. 그때 연주했던 곡을 다시 연주하니 마치 그날 밤으로 돌아간 것만 같았다.

맹세한 거문고줄 변함없는 소리에
변함없는 그 마음 다시금 사무쳐라.

겐지가 이렇게 읊조렸다. 그러자 아카시도 이에 화답했다.

이 마음·변할손가 믿음은 외줄기니
솔바람 소리에도 절로 우는 거문고.

겐지의 부인으로서 부족함이 없는 우아함이었지만 아카시 부인은 분에 넘치는 행복이라 생각했다. 아카시 시절보다도 여자의 미모는 눈부시게 더 빛나는 것 같았다. 겐지는 이제 영원히 헤어질 수 없는 사람이 되었구나 하고 아카시를 보았다. 한편 따님의 얼굴에서도 눈을 뗄 수 없었다. 숨겨 놓은 자식으로 자라는 게 참을 수 없이 불쌍해서 이 아이를 이조궁에 데려가 할 수 있는 만큼 뒷바라지를 해준다면, 다 자라난 뒤로는 떳떳해지지 않을까 겐지는 생각했다. 그러나 사랑하는 딸과 헤어지게 될 어머니의 마음이 가엾어 그 말은 입 밖에 낼 수도 없었다. 겐지는 그저 눈물을 머금고 아기 얼굴만 빤히 바라보았다. 아기는 어린 마음에 처음엔 좀 부끄러워했으나 이제는 제법 낯이 익어 말도 하고 웃어 보이기도 했다. 응석을 부리면서 바싹 달라붙는 얼굴이 한결 아름답고 귀여웠다. 겐지의 품에 안겨 있는 따님은 누구와 비길 데 없을 만큼 사랑스러웠다.

사흘째는 도읍에 돌아가야만 하기에 겐지는 일찌감치 일어나 그대로 출발하려고 했다. 그러나 계원(桂院)에 고관들이 여럿 모여 있었으며, 전상관도 여러 명이 마중나와 있었다.

겐지는 옷차림을 바로 하고 말했다.

"이거 쑥스럽게 됐군그래. 당신들한테 보일 만한 좋은 집도 아닌데."

그러고는 함께 나서려다가 여자가 마음에 걸려 발길을 멈추자 문어귀에서, 유모가 따님을 안고 나왔다. 겐지는 귀엽다는 듯이 아기의 머리를 쓰다듬으며 말했다.

"보지 않으면 견딜 수가 없는데 어떡하면 좋지? 너무 갑작스런 애정일지도 모르겠다. 여긴 멀어서 탈이란 말이야."

그러자 유모가 말했다.

"먼 시골에서 지난 몇 해 동안 세월을 보낸 일보다 이곳에 왔는데도 앞으로 어떻게 대우를 받게 될지 알 수 없는 게 더 걱정이 됩니다."

겐지는 어린 딸이 손을 앞으로 내밀고 자기한테로 오려 하자 허리를 굽혀 앉았다.

"근심에서 벗어날 날이 없구나. 잠시라도 떨어져 있는 건 괴롭군. 엄마는 어디 있지? 어째서 나와서 작별 인사를 하지 않는가."

겐지가 묻자, 유모는 웃으면서 돌아가 아카시 부인에게 그 말을 전했다. 여자는 작별의 슬픔에 마음이 혼란스러워 불러도 이내 나오려 하지 않았다. 그러나 시녀들이 하도 권하는 바람에 아카시 부인은 가까스로 무릎걸음으로 와서는 모습이 보이지 않도록 휘장 뒤에 숨었다. 그런 품위 있는 태도에 우아한 아름다움까지 갖춘 이 사람은 황녀들 못지않게 의젓해 보였다. 겐지는 휘장을 옆으로 젖히고 자상하게 속삭였다. 막 떠나려 할 때에 다시 한 번 되돌아보니, 냉정하게 있던 아카시 부인도 이때만큼은 얼굴을 내밀고 배웅했다.

겐지의 아름다움은 지금이 한창이었다. 전에는 말라서 키가 후리후리했지만 지금은 딱 알맞았다. 그야말로 관록이 있는 호남자가 되셨구나 하고 여자들은 내다보는데, 머리끝에서 바짓단까지 애교가 넘쳐흐르는 듯했다. 겐지를 따라 귀양살이를 가며 근위장감에서 해임되었던 장인도 다시 옛 지위를 찾았고, 채부의 위가 되었을 뿐만 아니라 올해는 오위가 되었다. 옛날과 달리 그는 겐지의 칼을 받기 위해 문께로 왔다가 발 뒤에 있는 아카시 시절 알고 지냈던 시녀에게 인사를 건넸다.

"이전의 호의를 잊지 않았습니다마는 실례가 될 것 같아 삼갔으며, 아카시 바닷바람을 떠올리게 하는 오늘 새벽 산바람에도 인사를 전할 길이 없었습니다."

"산으로 둘러싸인 곳이라, 바닷가 소식이 끊긴 집은 소나무도 예전의 벗 같지 않아 적적하옵던 참인데, 옛 인연을 잊지 않고 찾아와 주시니 마음이 든든합니다."

시녀가 말했다. 이 여자는 멋진 사람이 되었군, 전에는 내가 애인으로 삼으려 했던 여자가 아니었더냐 하고 놀라워했다.

"그럼 다음에 또 기회가 된다면."

장인은 그렇게 말하고 사나이답게 어깨를 흔들며 의기양양하게 걸어갔다. 풍채가 훌륭한 겐지가 조용히 발걸음을 옮기는 옆에서 행차를 알리는 소리가 높이 울렸다. 겐지는 수레에 두중장(頭中將)과 병위독(兵衛督)*³을 태웠다.

---

*3 병위독(兵衛督) : 병위부(兵衛府) 부장. 병위부는 성문 수위, 행차 수행 등을 맡아보던 기관.

"숨기려 했던 살림을 들키다니 참으로 유감스럽군."

젠지는 수레 안에서 자꾸만 이렇게 되뇌었다.

"어젯밤은 달이 휘영청 밝았는데도 사가로 동행하지 못하여 안타까웠습니다. 그리하여 오늘 아침은 짙은 안개 속에도 이렇게 와 뵈었습니다. 아라시야마〔嵐山〕의 단풍은 아직 이르지만, 가을 화초는 한창인 듯합니다. 거기서 매사냥을 하느라고 아무개 조신은 함께 오지 못했는데 어떻게 할까요?"

젊은 사람은 그런 말을 했다.

"오늘 하루를 계원에서 더 놀기로 하지."

젠지는 수레를 그쪽으로 돌렸다. 계원에서는 갑작스레 손님맞이 잔치 준비가 시작되었고, 우카이〔鵜飼〕*4를 불러왔는데, 그 인부들의 떠들썩한 말소리를 들을 때마다 바닷가 시절의 어부들 소리가 생각났다. 오이 들〔大井野〕에 남았던 전상관은 매 사냥의 성과로 조그만 새를 싸리나무 가지에 매달아 가지고 뒤쫓아왔다. 술잔이 여러 번 돈 뒤에 젠지는 냇가를 거니는 발걸음이 위태로울 만큼 취하여 계원에서 하루를 보냈다.

달이 눈부시게 떠오를 즈음, 합주가 벌어졌다. 현악연주는 비파며 화금(和琴)뿐이었는데, 피리의 명수들을 뽑아 반주를 했다. 곡은 가을철에 꼭 들어맞았고, 상쾌한 이 소합주(小合奏)에 강바람마저 한데 어울려 재미있었다. 달이 높이 솟아오르고 청명한 달밤이 깊어갈 무렵, 전상관 4, 5명이 떼지어 왔다. 그들은 상감께 문안인사를 드리고 있었는데, 음악놀이 도중에 상감께서 이렇게 말씀하셨다는 것이다.

"오늘은 엿새 동안의 근신일(謹愼日)이 끝나는 날이니 반드시 젠지 대신이 입궁했어야 하는데 어찌된 일인가."

그러시고는, 사가로 갔다는 말을 들으시자 어사 한 사람과 그 동행자들을 보내주셨다는 것이다.

"달빛이 맑은 냇물로 흐르는 마을이니, 아득한 계수나무 그림자는 얼마나 조용할까, 부럽기 그지없다."

젠지는 어사가 자신에게 전한 말을 황송하게 들었다. 새로 온 사람들은 청량전(淸凉殿)에서의 음악보다 장소의 흥취가 더해진 이곳 관현악에 더 큰 흥미

---

*4 우카이〔鵜飼〕: 가마우지를 훈련하여 물고기를 잡게 하는 일, 또는 그 일을 하는 사람을 가리킨다.

를 느꼈다. 다시 여러 잔이 나돌았다. 여기엔 선물이 없었기에, 겐지는 오이 산장으로 사람을 보냈다.

"수수한 선물을 보내라."

아카시 아씨는 마침 집에 있던 물건들로 선물을 갖추어 보내왔다. 의복 상자 두 짐이었다. 겐지는 서둘리 돌아가야 하는 심부름 온 태정관의 변(辨)에게 여자 옷을 선물했다.

"달빛과 가깝다는 건 이름뿐이지 아침저녁으로 안개만 자욱한 산촌일 뿐입니다."

겐지의 대답에는 상감의 행차하심을 간절히 기다리는 뜻이 엿보였다. 또 겐지가 옛노래를 읊조리자 그의 지난날을 떠올리고 우는 사람도 있었다. 다들 술에 취했기 때문이기도 했다.

아와지〔淡路〕 섬에서 그 밤에 왔던 달인가
돌아온 이내 손에 잡힐 듯이 밝은 달.

겐지가 노래했다.

이제야 태평연월 즐거서 좋으리니
구름 속 숨었던 달 눈부시게 비치네.

두중장도 노래로 답했다. 우대변은 예부터 조정에서 근무하던 사람이었는데, 그도 이렇게 노래했다.

구름 위 집 버리고 이 한밤의 달빛은
어디 골짜기에 그림자 감췄을까.

이 밖에도 여러 사람들이 노래했으나 이만 생략하겠다. 노래가 나오자 사람들은 정감이 넘쳐 흐르는지 서로 사랑하는 세계에서 천년만년 계속 살고 싶다는 마음이 들었다. 그러나 이조원에서 나온 지 나흘째 아침이 되자 겐지는 오늘은 꼭 집으로 가야겠다면서 서둘렀다. 갖가지 물건을 짊어진 수행원을 데리고 안개 속을 헤쳐가는 광경은 가을 화초 동산처럼 아름다웠다. 근위부 무사들 가운데에는 무악에 능한 자들이 많았는데, 이대로 돌아가려니 아쉬워 신락가 〈그 망아지〉와 같은 춤곡을 이곳저곳에서 불렀다. 그리고 그 답례로 그를 비롯한 다른 사람들이 그들에게 옷가지를 벗어 주었더니 형형색색 옷들이 들판에 가을 단풍처럼 흩날려 흥취가 가득했다. 먼발치에서 들려오는 들뜬 사람들의 왁자지껄 돌아가는 소리에 오이 산장의 아카시 아씨는 다시 외로움에 잠겼다. 겐지 또한 전갈도 하지 못한 채 돌아가는 것을 마음 아파했다.

이조원에 돌아온 겐지는 잠깐 휴식을 취하면서, 무라사키 부인에게 사가(嵯峨) 이야기를 했다.

"당신과 약속한 날짜가 지났기에 난 괴로웠어. 풍류객들이 자꾸만 뒤를 쫓아왔거든. 어찌나 만류하는지 그걸 뿌리칠 수가 있어야지. 너무 고단해."

겐지는 침실로 들어갔다. 부인이 토라져 있었지만 그는 모른척하고 타일렀다.

"비교도 안 되는 여자를 경쟁자로 여기는 건 좋지 못해. 당신은 특별하다는 자부심을 가지면 돼."

저녁 무렵에 입궐하려고 나서는 참에 겐지는 종이를 숨기면서 무엇인가를 썼는데, 그건 오이로 보낼 편지인 듯했다. 자상하게 써 넣은 눈치로 알 수 있었다.

궁녀들은 겐지가 사람을 불러 나직한 소리로 수군거리면서 편지를 건네자 얄밉다고 생각했다.

그날 밤 겐지는 대궐에서 숙직하려고 했으나 부인이 잔뜩 뿔이 돋아 있어 마음에 걸렸다. 밤은 깊었으나 부인을 달랠 양으로 집으로 돌아오자 심부름꾼이 오이의 답장을 가지고 왔다. 겐지는 숨길 수 없었기에 부인 옆에서 그 편지를 읽었다. 또한 부인이 불쾌해할 만한 사연도 없었기에 부인 앞에 편지를 내밀면서 팔걸이에 기대었다.

"이걸 당신 손으로 찢어서 버려요. 이런 게 흩어져 있으면 곤란하단 말이야. 이젠 이런 게 어울릴 나이는 지났지."

하지만 마음속으론 오이가 그리워서 불빛을 바라보며 아무 말도 없이 가만히 앉아 있었다. 편지는 펼쳐져 있었지만 무라사키는 거들떠보지도 않았다.

"안 보는 체하면서도 당신은 곁눈으로 다 보고 있군그래."

그러면서 부인에게 말을 거는 겐지의 얼굴에는 애교가 흘러넘쳤다. 그는 부인 곁에 다가앉아서 타이르듯 말했다.

"사실은 말이요, 귀여운 아기를 보고 왔다오. 그 사람을 보면서 전생인연이 가볍지 않다는 느낌이 들었지만, 어린애를 어떡하면 좋을지는 잘 모르겠소. 공공연히 내 자식으로 대하는 것도 세상에 부끄러운 일이고. 난 그 문제 때문에 무척 고민중이라오. 당신도 나하고 같이 걱정해 주면 안 되겠소? 아니면, 당신이 키워보지 않겠소? 벌써 세 살이오. 순진하고 귀여운 얼굴인데 아무래도 내버려둘 수 없을 듯하오. 당신의 아이로 둔다면 아이 장래가 더없이 밝을 텐데, 주제 넘는다고 생각될지 모르지만 당신 손으로 바지를 입히는 의식을 올려줄 수 없겠소?"

"당신께서는 제가 심통만 부리는 줄 아시겠지만, 곰곰이 생각해보면 지금까지 당신은 제게 중요한 일은 죄다 감춰 왔어요. 저도 이젠 당신을 믿고 의지하는 태도를 가져야겠다고 생각해요. 제가 꼬마 아씨를 돌봐드리죠. 얼마나 귀여울까, 그 아기는."

그렇게 말하고 무라사키 부인은 미소를 지었다. 부인은 어린애를 무척 좋아해서 그 아기를 자기 품에 안고 소중히 길러 보고 싶었다. 무라사키가 그런 소리를 했지만, 겐지는 여기로 데려오면 좋을지 어떨지 또 한 번 신중히 고민했다.

겐지가 오이 산장으로 찾아가는 건 쉬운 일이 아니었다. 사가 법당에서 열리는 불제 때를 기다려 한 달에 두 번밖에 만나지 못했기 때문이었다. 칠월 칠석에 보는 견우와 직녀보다는 나은 일이지만, 여자로서는 괴로운 열닷새가 되풀이되어 마음에 걸렸다.

새털구름*1

　겨울이 되자 강가에 사는 아카시 부인은 불안함을 지울 수가 없어 마음 뒤숭숭한 날이 계속 되었다.

　"견딜 수 없으면 내가 말한 그 근처 집으로 이사하도록 해요."

　이를 보다 못한 겐지가 권하였다. 하지만 아카시 아씨는 '임 가까이 살아도 만나지 못한다면 그때의 쓰라린 마음은 또 어찌할까' 하는 노래처럼, 몸이 가까워져도 겐지의 마음이 가까워지지 않는다면 그 고통이야말로 이루 말할 수 없기에 줄곧 망설이고 있었다.

　"당신이 싫다면 아기만이라도 그렇게 하면 어떻겠소? 이대로 두는 건 아이 장래를 위해서도 안 좋다고 생각하오. 무라사키 부인도 아이를 무척이나 보고 싶어 하오. 얼마 동안은 그 사람한테 맡겼다가 하카마 착의식(袴着衣式)을*2 이조원에서 해주고 싶소."

　겐지의 간절한 부탁을 듣자, 아카시는 전부터 짐작했었지만 가슴이 철렁 내려앉았다.

　"아이에게 좋은 어머니가 되어주신다 하더라도 세상 사람들이 진실을 알고 있는 법이니, 이러쿵저러쿵 소문이라도 퍼진다면 지금 당신이 베푼 친절이 오히려 나쁜 결과를 가져오지 않을까요?"

　아카시 부인은 아무래도 아이를 내놓고 싶지 않았다.

　"당신이 찬성하지 않는 건 마땅하지만 계모라는 점에서 불안해하진 말아요. 그 사람은 나한테 시집온 지 퍽 오래되었지만, 이런 귀여운 아기를 낳지 못하

---

*1 새털구름(薄雲): 겐지 31세 겨울부터 다음 해 가을까지 이야기. 후지쓰보 여어는 37세로 별세한다. '엷은 구름'은 여어를 추모한 겐지의 노래에서 나온 말로, 이 때문에 '새털구름의 여원(女院)'으로 불리게 된다.

*2 하카마 착의식(袴着衣式): 유아에게 처음으로 하카마(袴, 바지)를 입히는 의식. 이즈음에는 대개 3세, 그 뒤로는 5세 또는 7세에 행하였다.

는 걸 서운해하고 있다오. 전의 재궁(齋宮)만 하더라도 나이가 크게 차이나지 않는데도 딸로서 보살피기에 재미를 느끼는 모양인데, 하물며 이런 천진난만한 아기를 보면 얼마나 깊은 애정을 가지겠소?"

젠지는 무라사키 부인의 무던한 성품을 이야기하며 아카시 부인을 설득했다.

'그 점은 진실인지도 모른다. 예전엔 젠지의 애정이 어디로 가서 누구에게 옮겨진 것인지 상상도 할 수 없었다는 소문이 시골에까지 파다했었다. 어느덧 젠지의 말 많던 연애생활이 청산되고, 모두가 지난 일로 돼버리자 지금의 부인은 젠지를 얻었으니 그 부인은 누구보다도 훌륭한 여성이 아니겠느냐.'

아카시 부인은 또 이런 생각을 했다.

'아무 가치도 없는 자기는 결코 부인의 경쟁자가 될 수 없다. 그러나 젠지를 따라 자기가 도읍으로 가게 되면 부인의 눈에 불쾌한 존재로 비치게 될지도 모른다. 자기는 어떻게 되든 상관없지만, 아기는 장래를 위해서라도 언젠가는 부인의 도움을 받아야 할 것이다. 그렇다면 아무것도 모르는 이때 아이를 부인에게 넘겨주는 게 옳지 않을까.'

그러나 그 또한 근심스러운 일이 아닐 수 없었으며, 쓸쓸함을 위로해 줄 아이를 잃는다면 자기는 무엇으로 하루를 보낼지, 또 딸이 있음으로써 가끔씩 찾아오던 젠지가 영원히 들르지 않는 것은 아닌지. 이런저런 걱정과 함께 자신의 박복함을 슬퍼하는 아카시였다. 여승인 그 어머니는 분별력이 있는 여자였으므로 이렇게 타일렀다.

"네가 아기를 내놓기 싫다는 건 잘못된 생각이다. 젠지님이 여기로 안 오신다면 괴롭기 그지없는 일이지만, 넌 어미로서 아기가 가장 행복해질 길을 생각해야 한다. 저쪽 마님을 뵙고서 아이를 넘겨 드리도록 해라. 생모(生母)가 누구냐에 따라서 상감 아드님도 계급이 달라지는 법이지. 젠지 대신이 누구보다도 뛰어난 신분임에도 옥좌에 오르지 못하고 일개 신하로 계신 까닭은, 대납언 나리가 출세하지 못하고 세상을 떠나 따님이 겨우 갱의(更衣)밖에 되지 못해서였다. 젠지님은 그 따님 몸에서 태어나셨기 때문에 커다란 손해를 보셨지. 하물며 우리 신분은 비교도 되지 않는 부끄러운 존재가 아니겠느냐. 또 친왕댁이든 대신댁이든 좋은 마님 몸에서 난 아드님과 그러지 못한 아드님과는 남들이 존경하는 태도도 다르고, 양친만 하더라도 공평하게 대하지 않는 법이란

다. 더군다나 우리 아가는 딸이니 마님들 가운데 어느 분이 따님을 낳게 된다면 손쓸 도리도 없이 뒷전으로 밀려나지 않겠느냐. 여자란 부모가 소중히 다루어주느냐 마느냐로 장래의 운이 열리기 마련이다. 하카마 착의식을 이 산장에서 연다면 아무리 화려하게 차린들 표시가 나겠느냐? 그런 일도 저쪽에 아주 맡기고, 얼마나 사랑받는지, 얼마나 훌륭한 의식이 치러졌는지, 그런 얘기나 전해 들으면서 만족하려무나.”

잘 안다는 사람에게 물어봐도, 점을 쳐봐도 이조원으로 넘겨주는 편이 아기에게 행운이 있으리라는 말을 듣자 아카시는 더 이상 고집을 피울 기력도 없었다. 겐지도 여자의 심정을 헤아리고 더는 말하지 않았다. 어느 날 착의식 채비를 하고 있느냐며 겐지가 편지를 보내 묻자 아카시 부인은 답장에 이렇게 썼다.

‘만사에 무력한 어미 곁에 있으면 가엾다는 생각이 드옵니다. 예전에 말한 장래가 불쌍해집니다. 그러나 그쪽으로 이 아이가 가게 되면 또 얼마나 부끄러운 일만 당하게 되는지요?’

겐지는 그 답장을 보고 아카시를 측은하게 여겼다. 겐지는 이제 이조원에서 올리게 될 착의식 날을 택해서는 만반의 준비를 하도록 명령했다.

식도 식이지만, 아카시는 무라사키 부인에게 선뜻 아기를 건네줄 수 없다고 생각하면서도, 무슨 일이든 아기의 행복만을 먼저 생각하자고 비통한 결심을 했다.

“마음이 울적해서 견딜 수 없는 때나 무료할 때 당신과 나눈 우정이 얼마나 나를 위로해 주었는지 모릅니다. 그런데 이제 앞으로 겪을 일을 생각하면, 또 아기가 내 곁에서 떠난다고 생각하면 얼마나 더 쓸쓸해질까 모르겠네요.”

아카시는 아기 유모에게 하소연하면서 울었다.

“이 또한 전생의 인연이었나 봅니다. 뜻밖에도 댁에서 신세를 지게 되고부터 얼마나 분에 넘치는 대접을 받았는지 모르겠습니다. 그 고마움이 제 마음 속에 깊이 새겨져 있기에 영영 멀어지는 일은 없으리라 생각하며, 또 함께 살 수 있는 날이 반드시 오리라 믿고 있습니다. 하지만 잠시나마 따로따로 헤어져 낯선 분들과 함께 살아간다는 것이 이토록 괴로운 일인지 미처 몰랐습니다.”

유모가 그렇게 말했다. 이런 생각을 날마다 되풀이하는 사이 어느덧 섣달로 접어들었다. 눈 오는 날이 많아지면서 외로움도 한층 커진 아카시는, 여러 괴로움으로 자기 자신이 슬프게 여겨졌다. 그녀는 여느 때보다도 가슴이 저리도록 아기를 귀여워하고 잘 보살펴주었다. 눈이 몹시 내린 아침, 과거와 미래가 자꾸만 생각나 평소엔 나가지도 않던 툇마루 가까이로 나온 아카시는 물가의 얼음을 그윽하게 들여다보았다. 보드라운 하얀 옷을 몇 겹 껴입은 몸매며 머리 모양과 뒷모습은, 어쩌면 최고의 귀녀(貴女)도 저런 기품을 지니고 있겠지 하는 느낌을 주었다. 아카시는 넘쳐흐르는 눈물을 닦았다.

"이런 날이면 더욱 당신이 그리워지겠지요."

그러더니 애처롭게 말하고는 또, 유모에게 일렀다.

"눈이 수북하게 쌓여 산속 길이 험하더라도 편지만은 끊임없이 보내주세요."

유모도 울면서 이렇게 위로했다.

"눈 그칠 틈이 없는 요시노(吉野) 산속을 찾아 헤맨다 한들 저의 마음이 어찌 끊어지겠습니까."

이 눈이 약간 녹았을 무렵 겐지가 왔다. 여느 땐 간절히 기다리던 사람이었지만, 이번엔 딸을 데리고 가시겠지라는 생각 때문에 아카시의 가슴은 철렁 내려앉았다. 아카시는 내 뜻으로 결정할 일이니 내가 거절한다면 굳이 데려가진 않으실 텐데 나만 정신 차리면 된다는 생각도 해보았다. 그러면서도 약속했던 일을 뒤집는 것은 경솔한 짓이라고 다시 다독였다. 아름다운 얼굴로 앞에 앉아 있는 딸을 보자, 겐지는 이 아이를 낳아준 아카시와 자신의 인연이 보통이 아니라고 생각했다.

아기는 올해부터 기른 머리칼이 이젠 어깨 위에 드리울 만큼 치렁치렁해서 보기만 해도 소담스러웠다. 아름다운 얼굴 생김새하며 화사한 눈매가 어디에도 비길 데 없는 여자아이였다. 겐지는 이 아이를 내놓음으로써 얼마나 속을 태울까 하고 아카시의 마음을 헤아려보니 가여워서 하룻밤을 꼬박 새워 위로했다.

"아뇨, 데려가시는 게 좋다고 생각합니다. 제가 낳았다는 흠이 감춰지도록 잘해주시면 더 이상 바랄 게 없겠습니다."

아카시는 이렇게 말하면서도, 그만 참지 못하고 흐느껴 울었다.

아무것도 모르는 아기는 아버지와 함께 어서 빨리 수레를 타고 싶어 했다. 아카시는 수레가 와 있는 곳으로 손수 아기를 안고 나갔다. 그러자 아기가 더 듬거리는 예쁜 목소리로 소매를 붙잡고, 어머니한테 타라고 권하는 모습이 몹

시 애처로웠다.

"이제 앞날이 창창한 이 아기와 여기서 헤어지게 되면 언제 어느 때, 훌륭하게 다 자란 모습을 볼 수 있을지."

아카시는 말도 제대로 못 끝낸 채 하염없이 울었다. 겐지는 이런 일을 상상은 했지만 결과적으로는 이 사람의 마음을 쓰라리게 만들었구나 하면서 깊이 탄식했다.

"태어난 인연부터 뿌리가 깊은 아기이니 우리 서로 이 아기를 행복하게 해줍시다. 참을성 있게 기다려줘요."

그렇게 위로하는 수밖에 달리 할 말이 없었다.

아카시는 그런 이치를 잘 알고 있기에 참으려 했지만 슬픔은 어찌할 도리가 없었다. 유모와 소장(少將)이라는 젊은 시녀만이 겐지를 따라가기로 했다. 젊은 시녀들과 어린아이들이 탄 수레가 배웅하러 나섰다. 겐지는 이조원으로 가는 길에서도 아카시의 심정을 생각하고 저도 모르는 틈에 죄를 지었구나 생각했다.

어두워서야 이조원에 당도했는데 이조원의 화려한 분위기에 시골살이에 익숙한 시녀들은 거북하고 부끄러워 어떻게 해야 할지 몰라 하며 수레에서 내리기를 망설였다. 서쪽 사랑방이 아기의 방으로 마련되었고, 조그마한 장식품이며 가재도구들이 방 안에 갖추어져 있었다. 유모 방은 서쪽 복도의 북쪽 방에 마련되어 있었다.

아기는 도중에 잠이 들어 두 팔로 안아 내리자 눈을 뜨긴 했지만 울지는 않았다. 아기는 무라사키 부인의 거실에서 과자를 먹다가 주위를 둘러보더니 어머니가 없음을 이제야 알았는지 불안한 표정을 지었다. 겐지는 유모를 불러다가 달래게 했다. 더구나 혼자 남은 아기엄마는 얼마나 슬플까 생각하니 겐지는 가슴이 미어졌다. 하지만 가장 사랑하는 아내와 함께 귀여운 아기를 키워가는 일은 두 번 다시 없을 행복이 아니겠는가 싶었다. 어째서 그 사람에게서는 태어나면서, 이 사람에게선 태어나지 않을까. 참으로 애석하기 짝이 없었다.

얼마 동안 아이는 어머니와 할머니, 오이 집의 낯익은 사람들을 부르며 울었지만, 워낙 착하고 아름다운 성품을 지닌 아기라서 이내 무라사키 부인을 순순히 따르게 되었다. 무라사키 여왕은 귀여운 아기를 얻었다고 흐뭇해하고 있다. 이 아이를 돌보며 안고 바라보는 일이 더없는 즐거움이 되었고, 따라간 유모도 자연스럽게 부인과 가까워지게 되었다. 겐지는 그 밖에 또 한 사람, 신분이 높은 여성 가운데 젖이 많이 나오는 유모를 뽑아 곁에 두었다.

착의식을 위해 대단한 준비를 하지는 않았지만, 평범하게 치른 것도 아니었다. 그 자리의 치장은 인형놀이처럼 아름다웠다. 참석한 고관들도 이런 날에만 오는 사람들이 아니라 날마다 드나드는 사람들이라 특별히 두드러진 느낌은 주지 않았다. 다만 그 의식에서 아기가 하카마의 끈을 가슴에 걸쳐 엇비슷이 비끄러맨 모습이 한층 더 귀여워 보였다는 점은 말하지 않을 수가 없다.

오이 산장(大井山莊)에 있는 아카시 부인은 아기가 그리워 날마다 울었다. 자신의 애정이 부족했고 생각이 미치지 못했다고 후회하기도 했다. 법사 부인 또한 곁에서 울었지만, 아기가 귀염 받고 있다는 소식에 무엇보다 기뻐했다. 착의식에 어설픈 선물을 이쪽에서 굳이 보낼 필요가 없을 듯해서 유모와 아기의 시중을 드는 시녀들에게 호화로운 새 옷 한 벌씩을 선물하기로 했다. 겐지는 여자 쪽에서 아이만 데려가면 그만인가 하고 생각할까 봐, 해가 바뀌기 전에 또 한 번 오이로 갔다. 그 뒤에도 쓸쓸한 산장생활에서 유일한 위안이었던 아이를 내놓은 여자를 동정하며 겐지는 끊임없이 편지를 보냈다. 무라사키 부인도 이즈음에 와서는 귀여운 아기 덕에 겐지를 더는 원망하려들지 않았다.

새해를 맞이해 화창한 하늘 아래 이조원 겐지 내외에겐 행복한 봄이 왔다. 지체 높은 관원들은 초이렛날에 새해 인사를 하러 이조원을 찾았다. 젊은 전상관들도 호사스레 자랑스러운 얼굴들을 하는 태평성대의 날이었다. 아랫사람들도 마음속에는 번민이 있겠지만 겉으로는 저마다 즐기며 생업에 종사하고 있었다.

동원의 하나치루사토 부인은 품위 있는 생활을 하고 있었다. 시녀들이며 어린아이들의 옷차림도 세련되어 보였다. 하나치루사토는 겐지 가까이로 처소를 옮겨, 겐지가 한가한 때를 보낼 때마다 곧잘 그리로 가곤 했다. 그러나 여기서 밤을 묵고 가지는 않았다. 그녀는 성격이 아주 선량하고 순진해서 자기한텐 이만한 운수밖엔 없거니 하고 체념할 줄을 알았다. 겐지에겐 이 사람만큼 신경을 쓰지 않아도 되는 부인이 없었다. 겐지는 하나치루사토에게 어떤 경우에나 무라사키 부인과 큰 차별이 없는 대우를 해서, 멸시하는 사람도 없었고 그쪽에 경의를 표하러 가는 사람도 끊이지 않았다. 별당이나 관리인들은 충실히 사무를 보고 있어서 질서정연한 가정을 이루었다.

산장 사람들을 한시도 잊은 적이 없던 겐지는, 새해와 공사(公私) 용무를 마치고 난 어느 날, 오이로 가기 위해 설레는 가슴으로 몸단장을 했다. 연분홍 노오시 속에 아름다운 옷을 몇 벌 겹쳐 입고 얼추 훈향을 피워 넣은 다음, 무라사키 부인에게 다녀오겠다는 말을 하러 갔다. 오늘따라 겐지는 밝은 석양 빛에 한층 아름다워 보였고 부인은 원망스러운 마음으로 그를 배웅했다. 천진난만한 아기가 겐지의 옷자락에 매달렸다. 아기가 발 밖에까지 나가려 했기에 겐지는 걸음을 멈추고 딸을 바라보다가

'내일 돌아오겠노라' 하면서 나가려 하는데, 부인은 중장을 시켜 복도 어귀로 앞질러 나가 이렇게 말하게 했다.

가시는 그 뱃길에 막는 이가 없다면
내일 오신다는 임의 말도 믿으련만.

제법 익숙한 어투로 읊조려 바쳤다. 겐지는 화사하게 웃어 보이면서 응수했다.

가서 조금만 보고 내일 아침 꼭 오리라
뱃길을 막는 이가 제아무리 막는다 한들.

부모들이 무슨 소리를 하는지 알지 못하는 아기가 신나게 뛰어 놀자, 그 모습을 본 부인은 아카시 부인이 괘씸하다고 생각한 마음이 누그러졌다. 얼마나 이 아이가 보고 싶을까, 나라면 그리워서 죽을 지경이리라.

이렇게 귀여울 수가 있을까, 무라사키는 물끄러미 아기 얼굴을 바라보더니 품에 안아 올려 젖을 물렸다 뺐다 하면서 장난을 쳤다. 옆에서 보아도 매우 아름다운 장면이었다.

"진짜 따님으로 태어났다면 얼마나 좋았겠니? 이왕이면 그랬어야 하는데."
시녀들은 그렇게 수군거렸다.

오이 산장에선 풍취 있는 생활이 계속 이어지고 있었다. 건물도 일반적 형식과는 다르게 우아한 편이었다. 겐지는 아카시를 볼 때마다 그 아름다움이 완성돼 가는 듯하여 이 사람을 진정한 귀부인으로 생각했다. 아카시 부인이 그

저 평범한 집 아가씨로 태어났다면, 겐지와의 인연도 딱히 드문 일이 되지는 않았을지도 모른다. 그러나 세상에 다시없을 만큼 고집 세고 비뚤어진 성격의 아버지 법사의 평판 때문에 아카시 부인도 손해를 보고 있었다. 이렇듯 아카시 부인의 성품은 본디 아주 빼어났기 때문이다. 서로 만나는 시간이 너무 짧아 돌아갈 생각을 하는 것만으로도 고통스러워 '꿈속에 본 징검다리냐'는 노래를 부르며 겐지는 한탄했다. 마침 쟁(箏)이 있기에 그것을 끌어당겼다. 가을 밤에 들었던 아카시의 비파 소리가 생각난 겐지는 탄식하듯 쟁을 연주하면서 여자한테도 비파 연주를 간청했다. 그리하여 아카시는 잠시 합주(合奏)를 했다. 겐지는 어쩌면 이다지도 재능이 많은 여자일까 하고 감탄하고는 아기 이야기를 자세히 들려주었다. 겐지는 이 산장이 애인 집에 불과했지만, 이렇게 묵고 갈 때도 있어서 간단한 과자나 찐밥을 먹는 경우도 있었다. 겐지가 자기 소유인 법당이나 계원(桂院)에 가는 척하면서 몸치장을 하고 아카시 부인을 만나러 오는 것으로도 귀인(貴人)의 체면은 유지되었다. 그렇다고 보통 첩처럼 다루지는 않았으며, 어느 정도까지는 이 집과 동화된 생활을 함으로써 너그러움을 보여주어 아카시에 대한 애정의 깊이를 알 수 있었다. 아카시 또한 겐지의 그런 심정을 존중하며 주제넘게 생각될 일은 하지 않고 열등감도 보이지 않았다. 그 점이 겐지는 반가웠다. 지체가 꽤 좋은 애인 집에서도 겐지가 이처럼 탁 터놓고 지낸 적 없다는 이야기도 아카시는 익히 들어서 잘 알았다. 그러나 가까운 동원으로 옮겨 간다면 더 자주 보게 되어 자신을 걱정하는 겐지의 마음도 줄어들 것이고, 소박맞은 여자가 될 시기를 자꾸 재촉하는 거나 다름없다. 그러므로 지리적으로 불편해 일부러 마음먹지 않고는 오지 못할 곳에 있는 편이 오히려 유리하다고 생각했다.

아카시 법사는 만사를 신불(神佛)에 맡긴다고 했지만, 겐지의 애정이나 딸과 손녀가 어떻게 대접받고 있는지 알고 싶어 늘 심부름꾼을 보냈다. 그러면서 소식을 들으면 때로는 가슴이 메어질 때도 있었고 명예를 얻은 기분일 때도 있었다.

이럴 즈음 겐지의 장인 태정대신이 서거했다. 나라의 기둥이던 사람이라 상감께서도 애석하게 여기셨다. 겐지도 몹시 유감스럽게 생각했다. 이제까지는 모든 일을 그 사람에게 맡기고 자신은 한가롭게 지낼 수 있었기에 사별의 슬픔 말고도 책임이 무거워짐을 느꼈다. 상감은 나이에 비해 퍽 어른스럽고 뛰어나게 총명한 분이어서 당신만으로도 나랏일을 보살피시기에 위태로움이 없었지만, 누군가 한 사람 뒤에서 도와줄 사람이 필요했다. 겐지는 누구한테든 그 일을 양보하고 조용한 생활을 위해 출가(出家)하려는 뜻을 이루리라 생각했는데, 태정대신의 죽음으로 타격을 받게 되었다. 그리하여 대신의 자제들 보다 더욱 정성껏 불사(佛事)며 법회 등 뒷일을 보살폈다.

이해는 대체로 어수선하여 불길한 조짐이 자주 일어났다. 해와 달이 있는 하늘에도 불가사의한 일들이 많이 나타나서 세상은 불안한 공기로 가득했다. 천문 전문가와 학자들이 연구 결과를 조정에 보고하는 문장 속에서도 겐지 내대신만이 해석할 수 있는, 꺼림칙하고 답답하게 느껴질 듯한 예사로 보이지 않는 괴이한 일들이 섞여 있었다.

후지쓰보 여원(女院)도 올해 이른 봄부터 줄곧 병환으로 누워 계셨는데, 3월에는 위중하셔서 상감께서 거동하셨다. 상감께서 상황을 여의신 일은 어린 시절이어서 슬픔을 깊이 느끼지는 못했지만, 이번 어마마마의 중환에 대해서는 매우 슬퍼하는 기색이셨다. 그것이 여원으로선 더욱 마음이 아팠다.

"본디 올해를 넘기기 힘들 거라고 각오한 목숨이었습니다. 하지만 몸이 위독하지도 않으면서 마치 곧 죽을 것처럼 행동하기도 부끄러워 불공도 일부러 예년처럼 아무렇지도 않게 드렸습니다. 이렇게 쓰러지기 전에 돌아가신 상황의 일이라도 들려드려야 했지만, 이제 몸과 마음이 가뿐할 때가 드물기에 찾아뵙지도 못한 것이 참 안타까울 뿐입니다."

여원은 가냘프게 말씀하셨다. 올해 서른일곱이 되셨는데도 얼굴은 나이보다 훨씬 젊어 보이고 아직 한창인 자태를 하고 계시므로, 상감은 안타깝게 여기셨다. 올해는 액년(厄年)이어서 분명치 않은 병세가 몇 달이나 계속되는 일조차 상감께는 큰 걱정거리였다. 왜 전부터 휴양을 보내 드리지 못하고 기도를 열심히 해 드리지 못했던가 후회하셨다. 그리하여 요즈음 와서야 심히 놀라신 듯 쾌차하실 방법을 갑작스레 강구하고 계셨다. 본디 몸이 약하신 분이어서 이번에도 대수롭게 생각하지 않고 방심했었는데 겐지도 그 점을 크게 한탄했다. 존엄하신 몸은 병환 중에 계신 모후의 곁에 오래 머물지 못하고 이내 귀환하셨다. 구슬픈 날이었다.

여원은 병환 때문에 말씀도 제대로 못하셨다. 당신은 뛰어나게 고귀한 몸으로 태어나셔서 인간 최고의 영광인 황후 자리에까지 오르셨다. 만족스럽지 못

한 일도 많았으나 생각해보면 큰 행복을 누린 몸이셨다. 다만 겐지와의 무거운 관계를 상감이 아시지 못한 것만이 애처로웠다. 그것이 여원에게는 이 세상에 남긴 유일한 미련이었다.

겐지는 신하로서, 태정대신에 이어 여원이 위독하심을 한탄했다. 남모를 슬픔은 한이 없어, 온갖 신불의 가호를 빌어 여원마마의 생명을 건지려 했다. 이미 오랫동안 금지된 말로서 억눌러 온 첫사랑에 대한 고백을, 이날 이때까지 못한 일을 겐지는 몹시 슬퍼했다.

겐지는 문안인사를 드리고, 여원의 침실 앞에 드리운 휘장 앞에서 시녀들에게 병세를 물었다. 측근에서 보살피는 사람들이 그곳에 있어 자세히 이야기해주었다.

"훨씬 전부터 불편하신 몸을 참아 오시면서 쉬지 않고 불공을 드린 일이 쌓이고 쌓여 악화되셨나 봅니다. 이즈음에 와선 밀감조차 입에 대려 안 하시고 점점 더 쇠약해지실 뿐이니 참으로 걱정스럽습니다."

그러면서 한탄했다.

"상황마마께서 남기신 말씀을 지켜 상감의 후견을 해주신 데에 대해 지금까지 얼마나 감사한지 모르겠습니다. 당신께 보답할 기회가 언젠가는 있으리라고 대수롭지 않게 여겼었는데 오늘에 와서 그 생각이 참으로 유감스럽습니다."

접대하는 궁녀에게 친히 전하시는 후지쓰보 여원의 음성이 희미하게 들려왔다. 겐지는 그런 말씀을 받잡고도 대답을 못 드린 채 그저 울 뿐이었다. 보고 있는 궁녀들로서는 그 또한 안타까웠다. 어째서 이다지도 눈물이 나는가, 약한 마음을 드러내는 노릇이 아닌가 하고 남의 눈이 꺼려졌지만 그럼에도 눈물이 주르륵 흘렀다. 예전부터 겪어온 여원의 사람됨을 떠올리면, 사모하는 마음을 제쳐두더라도 아까운 분이셨다. 하지만 꺼지는 생명은 사람의 힘으로 붙잡을 수 없으니 애달프기만 했다.

"태정대신의 서거로 큰 타격을 받은 이 참에 마마께서 위중하시게 되니, 머리가 혼란스러울 뿐 저도 오래 살 수는 없을 듯합니다."

이런 말을 겐지가 하는 동안 불빛이 꺼져 가듯 여원은 세상을 하직하셨다.

겐지는 맥이 풀려 깊은 슬픔에 잠겨 있었다. 존귀하신 분들 가운데서도 인격이 뛰어나신 여원마마는 백성들에게 커다란 사랑을 품고 계셨다. 권세를 가지면 저도 모르게 남들을 짓누르기 마련인데, 여원께서는 그런 잘못을 저지르지 않으셨다. 여원께서는 당신을 기쁘게 하기 위해 당국자가 생각한 일도, 그만큼 백성의 부담이 된다고 생각하셔서 받아들이기를 꺼려하셨다. 종교 방면에서도 승려의 말만 들으셨고, 사람의 눈을 놀라게 하는 호화로운 불사(佛事)나 법회는 본받을 만한 옛 성대(聖代)의 이야기에 따라 멀리하셨다. 그리고 양친의 유산과 관에서 해마다 지급되는 봉록도 자선에 쓰거나 승가(僧家)에 기부하셨다. 하찮은 중에 이르기까지 모두 은혜를 입었기에 모두들 마마의 별세를 슬퍼했다. 세상사람들은 모두 다 여원의 죽음을 안타깝게 여겨 슬피 울었다. 대궐 사람들도 모두 검은 상복을 입어 쓸쓸한 봄이었다.

겐지는 이조원 뜰의 벚꽃을 바라보면서 옛날에 있던 꽃잔치 날과 그 무렵 중궁(中宮)의 모습을 떠올렸다. '올해만은 벚꽃이 새까맣게 피어라'란 노래를 자신도 모르게 읊조렸다. 남이 수상하게 여길까봐 겐지는 염송당(念誦堂)에 들어앉아 종일토록 울었다. 봄날 저녁 해가 화사하게 비치고, 아득한 산봉우리에 서 있는 나무의 모습이 선연하게 보이는 아래로 흘러가는 새털구름은 잿빛을 띠었다. 그 또한 가슴에 사무쳤다.

저무는 저 산 위에 엷게 비낀 구름은
이 상복(喪服) 빛깔인가 내 설움의 빛깔인가.

이것은 누구도 듣지 못한 겐지의 노래였다.

장의(葬儀)에 딸린 일들이 모조리 끝났을 즈음, 상감은 외로운 생각이 드셨다. 여원의 모후께서 살아 계실 때부터 기도승으로 섬긴 중이 있었는데, 여원도 매우 존경하여 신뢰한 사람이었다. 그리하여 조정에서도 후한 대우를 받았으며 큰 기도회를 여러 차례 그의 손으로 집행한 적도 있었다. 그의 나이 일흔 가까이 되어 이제는 다음 생을 위한 불공을 드리느라 산사에 들어앉아 있었는데, 그 승도는 여원의 별세 즈음 도읍으로 나왔다. 그는 궁의 부르심을 받아 가끔 대궐로 들어갔는데, 최근에는 다시 전처럼 상감 곁에서 근무해달라는 겐지의 권유를 받았다.

"이 몸으로 밤근무는 자신이 없습니다만, 황송하신 분부이시고 또 승하하신 여원께 대한 보답도 될 것이니……."

그러고는 그 뒤부터 야근승(夜勤僧)으로 상감을 섬기게 되었다.

조용한 새벽녘 주변에는 아무도 없었고, 있던 사람들은 모두 퇴출한 뒤였다. 승도는 예스럽게 헛기침을 하면서 세상 돌아가는 이야기를 아뢰던 끝에 이런 말을 꺼냈다.

"참으로 아뢰옵기 거북한 일이라, 도리어 죄를 짓는 듯해 주저됩니다. 그래도 폐하께서 모르고 계신다면 큰 죄업을 얻게 되실 겁니다. 하늘의 눈이 두려워 홀로 괴로워하다 소승이 죽게 되면 이 또한 폐하를 위하는 길이 아니오니 부처님께서도 비겁하다 미워하실 것이온즉……"

그러더니 이내 말을 잇지 않았다. 상감은 도대체 무슨 말을 하려는 걸까, 아직 뜻이 통하지 않는 일을 해결하지 않고선 깨끗하게 왕생을 할 수 없을 거란 불안감이 드시나 보다. 스님이란 세속을 떠난 곳에 살면서도 질투와 배척이 많아 귀찮은 것이라는 말도 들으셨기에 이렇게 말씀하셨다.

"나는 소싯적부터 당신을 가장 친근한 사람으로 줄곧 믿어 왔는데, 당신은 나에게 감추는 말이 있다니 좀 섭섭하구려."

"황송합니다. 소승은 부처께서 금하신 진언비밀(眞言秘密)의 법마저 폐께 전수해 드렸습니다. 소승이 사사롭게 아뢰옵기 거북한 일이 무엇이 있겠습니까. 이 이야긴 과거, 미래와 관련된 일로서, 이승을 떠나신 상황과 여원마마, 그리고 지금 나랏일을 맡아보시는 내대신에게 좋지 못한 영향을 끼칠지도 모릅니다. 늙은 중의 몸인 저 혼자서 어려운 상황에 빠지더라도 후회하지 않겠습니다. 이 고백은 부처님의 권유를 받아 하는 것이옵니다. 폐하를 잉태하셨을 때, 여원마마께서 매우 근심하시며 소승에게 위탁하신 기도가 있었습니다. 자세한 사연은 세속을 버린 소승으로선 상상 밖의 일이었습니다. 한때 내대신이 실각하시고 곤경에 빠져 계실 때, 여원마마의 두려움은 너무나도 컸기에 소승에게 거듭 기도를 분부하셨습니다. 그 말씀을 들으신 내대신께서도 소승에게 같은 기도를 하도록 명을 내리셨는데, 그것은 폐하께서 즉위하시기까지 이어졌습니다. 그 기도와 골자는 이런 것이었습니다."

그러면서 승도는 자상한 사연을 아뢰었다. 경악하신 상감의 가슴속은 부끄러움과 두려움, 슬픔으로 뒤얽혀 말로 다 표현할 수 없었다. 아무런 말씀도 없으시기에 승도는 자기가 먼저 알려 드린 비밀을 송구스럽게 여기고 슬며시 퇴출하려 했다. 그러자 상감은 승도를 만류하시며 말씀하셨다.

"그 사실을 내가 알지 못했다면 후세까지 죄를 짊어지고 갔을 게 아니오? 여

태까지 말해 주지 않아 오히려 나는 섭섭하게 생각하오. 그 밖에도 아는 사람이 또 있는가?"

"절대로 없습니다. 소승과 왕명부 이외에 이 비밀을 엿들은 자는 없었습니다. 그 숨겨진 사실로 인해 무서운 하늘의 훈계가 자주 내리는가 봅니다. 어쩌면 심상치 않은 분위기가 감도는 것도 이 때문인가 싶습니다. 아무런 분별도 없으셨던 어린 시절엔 하늘도 나무람이 없으셨지만 어른이 되신 오늘에 와서야 노여움을 보이시는가 봅니다. 모든 일은 아버님 어머님 대(代)로부터 시작되어야 합니다. 무슨 죄인지 알지 못하는 게 가장 두려운 일이라고 생각해서 한번은 망각 속에 묻어버린 사실을 소승은 다시 끄집어내어 말씀드렸습니다."

울면서 이야기하는 도중에 아침이 되었으므로 승도는 이만 물러갔다.

상감은 숨겨졌던 꿈 같은 사실을 들으시고는 여러 가지로 번민을 하셨다. 이승을 떠나신 상황께 죄송스러웠고, 겐지가 아바마마이면서도 당신의 신하가 돼 있다는 사실도 송구스러웠다. 그리하여 상감은 가슴이 답답하여 아침 때가 지났음에도 침실을 떠나시지 않으셨다. 그 일을 전해들은 겐지는 크게 놀라 입궐했고, 상감은 그런 내대신의 얼굴을 보자마자 한층 견디기가 어려워 결국 눈물을 흘리셨다. 겐지는 여원마마를 사모하시는 모자의 정 때문에 밤이나 낮이나 슬퍼하시는 것이라고 짐작했다. 그날 식부경친왕(式部卿親王)께서 돌아가셨단 소식이 전해지니 상감은 이제 하늘의 훈계가 급해졌다고 생각했다. 이럴 즈음 겐지는 이날 자택으로 퇴출하지 않은 채 줄곧 가까이에서 명을 기다리고 있었다. 조용한 말씀 끝에 상감은 이렇게 말씀하셨다.

"아직 나의 세상이 오지 않은 듯하오. 뒤숭숭해서 견딜 수가 없고, 천하의 인심도 심상치 않으니, 나는 이 자리에서 마음놓고 앉아 있을 수가 없소. 나는 이제 자리를 물려주고 책임을 덜어 가벼운 몸이 되고 싶습니다."

이렇게 양위의 뜻을 내비치신 상감에게 겐지는 간(諫)하지 않을 수 없었다.

"그것은 말도 안 됩니다. 죽는 사람들이 많고, 인심이 흉흉한 까닭은 정치가 옳고 그름과는 전혀 상관이 없는 줄 아옵니다. 그 옛날 중국의 성주(聖主) 대에도 천재지변은 있었다고 하지 않습니까. 하물며 노인들이 천명이 다하여 세상을 떴을 뿐이니 너무 심려치 마소서."

소박한 검은 상복 차림인 겐지의 얼굴과 용안을 나란히 하고 보니 평상시보다도 한결 비슷하여 거의 똑같이 보였다. 상감은 전부터 거울에 비치는 얼굴이 겐지를 닮았음은 알고 계셨지만, 승도가 한 이야기를 들은 지금은 더욱 그 얼굴에 눈길이 쏠리고 뜨거운 애정이 마음속에서 절로 우러났다. 상감은 어떻게든지 말을 꺼내고 싶었으나 아무래도 입에 담기엔 거북한 노릇이었고, 수치를 느끼지 않을 수 없었다. 상감은 예사 이야기도 평상시보다 정답게 말씀하시고, 경의를 표시하기도 하여 전과는 다른 기색이 엿보이셨다. 총명한 겐지는 그것을 수상한 일로 여겼으나, 승도가 아뢴 것만큼 상감께서 소상히 아신다고는 상상하지 못했다.

상감은 왕명부에게 자세히 물어볼까 생각하셨지만, 이제 와서 여원이 간직한 비밀이 탄로 났음을 명부에게 보이고 싶지 않았다. 상감은 각종 서적을 보셨는데, 중국에는 그러한 사실이 공공연하게 일어났었고 전기에도 숨겨진 역사가 쓰여 있었다. 하지만 이 나라 서적에서는 이에 해당하는 예를 좀처럼 찾아볼 수 없었다. 그러나 황자(皇子)로서 신하의 신분이 되어 겐지 성(源氏姓)을 받았던 사람이 납언(納言)이 되고, 대신이 되어 다시 친왕이 되고, 황제로 즉위한 예는 몇몇 있었다. 훌륭한 인격을 존경한다는 말을 핑계 삼아 상감은 겐지에게 양위하겠다고 생각하기에 이르렀다.

상감은 가을 임관식 때 예전부터 생각하시던 것을 처음으로 입에 올리셨다. 겐지는 너무나 눈부시고 두려워 있을 수 없는 일이라고 말씀드렸다.

"세상을 떠나신 상황마마께서는 여러 자녀들 가운데 특히 저를 총애하셨지만, 저에게 양위하려는 그 생각은 아예 갖지 않으셨습니다. 상황마마의 뜻대로 저는 신하로서 나랏일에 종사하다가 좀더 나이를 먹게 되면 조용히 출가할까 합니다."

상감은 당신의 뜻을 이해하지 못하고 평소와 다름없이 마다하는 겐지를 유감스럽게 여기셨다. 태정대신 임명도 나중에 해줍시사 하고 사퇴한 겐지는 위계(位階)만 한 계급 승진되어, 쇠수레(牛車)에 탄 채로 금문(禁門)을 지나갈 수 있는 윤허를 얻었다. 상감은 그것만으로는 만족하시지 못하고 친왕이 되시기를 간곡히 권하셨다. 그러나 그렇게 하면 상감을 보필할 정치가가 없어진다. 권중납언(權中納言)은 이번에 대납언이 되면서 우대장을 겸임하게 되었는데, 겐지는 그가 한 계급 더 승진하게 된다면 자신이 친왕이 되어 한가로운 지위로 물러나는 것도 좋으리라 생각했다.

겐지는 상감이 왜 그런 생각을 하시게 되었는가 걱정했으며, 또한 그 비밀을 누가 아뢰었을까 하고 의심쩍어했다. 겐지는 왕명부를 찾아갔다.

"어떤 기회에 그 일을 폐하께 아뢰었소?"

그렇게 물었다.

"제가 왜 그런 짓을 하겠습니까. 여원마마께선 폐하가 그 비밀을 아시게 될까봐 몹시 두려워하셨습니다. 또 한편으론 폐하가 그 사실을 모르셔서 부처님의 벌을 받으신 게 아닌가 하여, 매우 걱정을 하신 것 같습니다."

명부는 그렇게 대답할 뿐이었다.

재궁 여어(齋宮女御)는 예상했던 대로 겐지의 후원 덕분에 후궁으로서 더 이상 바랄 수 없는 지위를 얻고 있었다. 모든 점에서 겐지의 이상인 고귀함을 갖춘 사람이었기에 겐지는 그녀를 소중히 보살폈다. 여어는 가을에 대궐에서 이조원으로 퇴출했다. 중앙 침전을 여어의 거처로 정하고, 휘황찬란하게 치장하고선 겐지를 맞아들였다. 겐지는 이젠 상황에 대한 거리낌도 없어지고 수양 아버지의 심정으로 모든 일을 돌봐주었다.

가을비가 부슬부슬 조용히 내려 뜨락 동산의 화초들이 함초롬히 젖은 모습을 바라보던, 겐지는 슬픈 추억이 떠올라 울적한 얼굴로 여어의 궁방으로 갔다. 병으로 죽은 사람들이 많아 정무 당국자들은 근신해야 한다는 것을 핑계 삼아 겐지는 짙은 잿빛 노오시를 입고, 여원을 위해 계속 불도에 정진했다. 그리하여 손목에 걸친 염주가 보이지 않도록 소매로 감추었는데 그 모습은 너무나 아리따웠다.

겐지는 발 속으로 들어갔고 휘장만을 사이에 두고 재궁 여어와 만나셨다.

"뜰의 화초들이 모조리 피었군요. 무섭고 끔찍한 올해에도 가을을 잊지 않고 피는 꽃이 퍽 애처롭군요."

그렇게 말하면서 기둥에 살포시 기대고 있는 겐지의 모습은 아름다웠다. 육조궁 이야기가 나오고, 임시궁에 가서도 만나지 못했던 그 해 가을 이야기를 했다. 고인을 사무치게 그리워하는 심정을 겐지에게서 느낄 수 있었다. 여어도 조금 우는 듯한 그 모습이 몹시 가련했는데, 움직이는 기척마저 비길 데 없을 만큼 부드럽게 들렸다. 아리따운 사람인 게 분명했다. 아직까지 제대로 얼굴을 보지 못한 것이 섭섭하면서도 문득 가슴이 설렜다. 그 버릇이 또 도지려는지 참 딱한 노릇이었다.

"나는 지난날 청년시절에 스스로 근심 걱정하는 날이 많았습니다. 연애는 참으로 괴로운 일이지요. 좋지 않은 결과를 보는 경우도 적잖이 있었고, 끝내 내 성의가 받아들여지지 않았던 일도 두 번인가 있었지요. 그 가운데 하나는 당신 어머님이었습니다. 원망을 안겨 드린 채 헤어지고 말았으니, 나는 앞으로도 이 일로 괴로워하겠구나 싶어 힘들어했습니다. 그래도 이렇게 당신을 위해 조그만 성의 표시를 할 수 있어서 위안으로 삼고 있습니다. 그러나 돌아가신 당신의 어머님을 생각하면 언제나 제 마음은 어두워집니다."

다만 다른 한 가지 경우에 대해선 이야기하지 않았다.

"나의 온갖 일들이 좌절되고 말았을 무렵, 마음이 괴로워서 견딜 수 없던 일이 이제야 조금씩 나아지는 것 같습니다. 지금 동원(東院)에 살고 있는 사람은 의지할 곳이 없어서 언제나 마음에 걸렸는데, 그도 이젠 안심할 수 있게 되었지요. 선량한 여자인 데다 서로 잘 이해하고 있는 터라 좋은 관계를 유지하고 있습니다. 하지만 내가 다시 이 세계로 돌아와서 조정을 보살핀다는 것은 그다지 대견스럽진 못한 기쁨입니다. 오히려 연애문제가 더 소중하다고 느끼는 나이이만큼, 스스로 마음을 억제하면서 당신의 후견만으로도 만족하고 있음을 알고 계시는지요. 동정이라도 해 주시지 않으면 아무 보람이 없습니다."

겐지는 말했다. 이야기가 복잡해지자 여어는 아무 대답도 하지 않았다.

"그렇군요. 그런 이야길 하다니 내가 나빴군요."

겐지는 슬쩍 화제를 딴 데로 돌렸다.

"지금 나의 소망은 한가한 신분이 되어 아무 신경도 쓰지 않고 풍류에 몰두하며 지내는 것과, 후세를 위한 불공을 만족스럽게 드리는 일 말고는 없습니다. 물론 이승의 추억이 될 만한 일을 무엇 하나 남기지 못한다는 게 꽤나 섭섭한 일입니다. 저에게는 두 아이가 있는데 남은 생(生)이 까마득하기만 하니 지겨울 따름입니다. 실례지만 당신의 손으로 우리 가문의 명예를 높여주시고, 내가 죽은 뒤에 두 아이들을 돌봐주십시오."

그런 말들을 했다. 여어의 대답은 아주 의젓했지만 겨우 한 마디밖에 하지 못했다. 겐지의 마음은 여어에게 고스란히 사로잡혀 해가 질 무렵까지 머물러 있었다.

"인생을 살아가면서 보람 같은 건 없지만, 춘하추동 사철의 아름다운 자연을 살릴 수 있다면 그것만으로도 만족할까 합니다. 예부터 봄에 꽃피는 수풀, 가을 들녘 풍취의 우열을 가려보고자 했지만, 어느 쪽이 옳다는 말은 아직 아무도 하지 못했습니다. 중국에선 비단 같은 봄꽃을 최상으로 치고 있고, 일본에서는 가을의 구슬픔을 노래로 소중히 다루고 있지요. 비좁은 뜰 안일지라도 봄꽃이나 나무들을 전적으로 수집해다가 심는다거나 가을 풀꽃들을 많이 키워가지고, 뜰에서 우는 벌레를 당신께 보여 드리고 싶은데, 당신은 봄과 가을 가운데 어느 쪽을 좋아하시는지요."

겐지의 이런 물음에 여어는 대답하기 난처하다고 여겼으나, 아무 말도 안하는 건 더욱 좋지 않다 싶어 답했다. "제가 무엇을 알겠습니까. 굳이 말하자면 옛 노래에서 가슴 울렁인다 하였던 저녁풍경이야말로 덧없이 스러진 이슬 같은 인연을 떠올리게 합니다."

말끝을 흐리는 모습이 가련하기 짝이 없어, 겐지는 그만 선을 넘는 말을 입에 담았다.

그대도 그리움을 느낀다면 부디 알아주오.
가을 저녁 바람에 눈물짓는 이 내 마음을.

"가끔은 견딜 수 없이 괴롭기도 하답니다."

겐지의 말에 여어는 영문을 몰라 아무 대답도 하지 못했다. 겐지는 마음을 드러낸 김에 야속한 여어를 원망할 수도 있었다. 하지만 여어가 어찌할 바를 몰라 함도 이해할 수 있었고, 또 이대로 가다가 엉뚱한 실수를 저질러 버릴지도 몰랐다. 게다가 스스로의 나이를 떠올리고 주책없다 생각한 겐지는 그저 아름다운 여어의 모습을 바라볼 뿐이었다. 여어가 불쾌한 마음에 슬금슬금 방 안쪽으로 옮겨가자 겐지는 이렇게 말하고 일어나 가버렸다.

"그렇게 내가 불쾌하게 여겨지는가요? 진정 속 깊은 사람은 그런 태도를 보이지 않는 법입니다. 그럼 두 번 다시 이런 소린 하지 않겠습니다. 이제부터 날 미워하시면 안 됩니다."

그 뒤에도 떠난 자리에 남은 은은한 향내음조차 여어에겐 꺼림칙했다. 시녀들이 나와 격자문을 닫고 나서 서로들 말했다.

"이 방석에 남은 향기는 어쩌면 이렇게도 좋을까. 어째서 그분은 이다지도 온갖 좋은 점만 갖추고 계실까. '버들가지에 벚꽃을 피게 했다'는 것은 저분을 두고 하는 말일지도 몰라. 얼마나 좋은 전생의 인연을 지니고 계신 분일까."

서쪽 별채로 돌아온 겐지는 곧장 침실로 들어가지 않고 걱정스러운 낯빛으로 뜰을 바라보면서 방 한쪽 끝에 누워 있었다. 그러고선 등을 좀 멀찍이 걸고는, 시녀들을 곁에 두고 이야길 시켰다.

'생각해서는 안 될 사람을 그리워하며 슬픔에 가슴이 미어지는 버릇이 아직도 남아 있구나'

겐지는 마치 남의 일인양 그렇게 생각했다. 이건 전혀 어울리지 않는 사랑이다. 이 이상 무서운 죄는 없겠지만, 사리분별이 부족한 젊은 날의 잘못이었다면 신불께서도 용서하셨을 것이다. 그러나 겐지는 더 이상 죄를 지어서는 안 된다고 생각했고, 나이를 먹어감에 따라 자연스럽게 분별력이 생김을 깨달았다.

재궁 여어께서는 절절히 느껴지는 가을 정취를 이해하는 듯 대답했지만, 그것조차 후회를 하셨다. 부끄럽기도 하고 괴롭기도 하여 끝내 병에 걸린 듯 지내게 되었지만 겐지는 이를 모르는 체하고, 평소보다도 더욱 어버이처럼 돌봐드렸다.

"여어께서 가을을 좋아하시면 동정이 가고, 봄을 좋아하시면 기쁨을 느낍니다. 계절에 따라 산과 들에 피는 초목으로 당신들에게 즐거움을 주고 싶지만, 여러 가지 일 때문에 뜻대로 할 수 없으니, 어서 출가하고 싶습니다. 허나 외로워할 당신을 생각하면 그것도 실현하기가 곤란하군요."

겐지는 오이 산장에 있는 사람은 어떻게 살고 있을지 언제나 걱정했다. 하지만, 더욱 자유가 없는 자리에 앉은 지금으로선 왕래하기가 더욱 어려워졌다. 겐지는 아카시가 비관적으로 인생을 보고 그렇게 외로워하는 것은 마음가짐 때문이며, 자기가 권한 대로 시내로 나오면 되지 않느냐 싶었다. 다른 부인들과 함께 살기 싫어하는 자존심 때문이라고 여기면서도, 그래도 가여워 염불을 끊지 않기 위해서라는 명목으로 예의 사가(嵯峨)의 불당을 찾았다. 오래 살수록 무서운 기분이 드는 산장에서 기다리는 연인이란, 겐지만큼 깊은 애정을 가지지 못한 상대마저 끌어들이는 힘이 있는 듯싶었다. 더구나 오랜만에 만났고 원망스런 인연일망정 가볍지 않음을 깨닫고 탄식하는 여자를 어떻게 대하면 좋을까 하고 겐지는 한껏 애무하면서 위로했다. 나무가 우거진 사이로 비치는 화톳불 빛이 마치 냇물 위 반딧불처럼 보이는 뜰도 운치 있어 보였다.

"지난날 외로운 생활을 해본 경험이 없었다면 나 또한 이 산장에서 만나는 것을 쓸쓸하게 여겼을 거요."

겐지가 말했다.

바다의 고깃배 불빛 같은 은어 잡이 화톳불은
조각배 같이 떠도는 내가 그리워 찾아 왔나요.

"쓸쓸한 마음도 아카시 시절과 비슷합니다." 아카시가 말했다

속 깊은 마음을 어찌 몰라주십니까.
아직도 그대는 횃불처럼 흔들리는가요.

"사랑은 슬픔이라더니 정말 야속하구려." 겐지는 도리어 아카시를 원망했다.
얼추 마음을 추스른 겐지는 불당 공양에 더욱 불당 공양에 집중하게 되었고, 겐지가 두세 날 동안 산장에 머물러 있자 아카시도 위로가 되었다.

나팔꽃*1

아사가오(나팔꽃) 아씨 재원(齋院)은 아버님 식부경친왕의 상(喪)을 치르기
위해 재원직에서 물러났다. 겐지는 여느 때처럼 첫사랑을 잊지 못하는 버릇 때
문에 늘 편지를 띄웠으나, 소문이 나서 난처했던 재원이 겐지에게 다정한 편지
를 쓸 까닭이 없었다. 9월에 들어서면서 재원이 옛날 집이었던 도원궁(桃園宮)
으로 옮겨 오셨다는 말을 들은 겐지는, 그곳에 숙모 되시는 다섯째마마가 살
고 계시기에 그 문안을 핑계 삼아 방문했다.

옛 상황께서는 이분들을 친절히 대하셨기에 지금도 그분들과 겐지 사이에
는 친밀한 정이 남아 있었다. 노내친왕(老內親王)과 재원은 같은 궁전의 서쪽과
동쪽에서 따로 살고 계셨다. 식부경친왕께서 돌아가신 지 얼마 되지 않았지만
벌써 궁내에는 황폐한 빛깔이 흘렀고, 어딘지 모르게 가라앉은 분위기가 감
돌았다. 다섯째마마께서는 겐지에게 여러 가지 이야기를 하셨는데 노쇠한 모
습으로 말씀을 하실 때마다 잦은 기침이 섞여 나왔다. 언니마마인 태정대신의
미망인 마마는 그보다 훨씬 젊고 아름다운 자태를 간직하고 계셨지만, 이분은
아주 노인이 다 되시어 목소리마저 거칠고 딱딱했다.

"옛 상황께서 승하하신 뒤로 쓸쓸하기도 했고 나이 탓도 있어서 우는 날이
많아진 데다, 또 식부경 마마께서 나를 남겨둔 채 가버리셨기에 이젠 살았는
지 죽었는지 모를 지경이오. 헌데, 그런 나를 이렇게 찾아주시니 얼마나 고마
운지 나 자신이 불행하다고 여겨왔던 일조차 잊어버릴 수 있을 듯싶군요."

하고 다섯째마마께서 말씀하셨다. 겐지는 이분이 무척 늙으셨구나 하고 여
기면서도 황송한 태도로 여쭈었다.

---

*1 나팔꽃〔朝顔〕: 겐지 32세 가을부터 겨울까지 이야기. 아사가오(나팔꽃) 재원(齋院)이라고 불
린 황녀가 중심이 된 이야기이다. 겐지의 부황의 아우인 도원궁식부경친왕(桃園宮式部卿親
王)의 따님. 이 따님이 가모신사〔賀茂神社〕의 재원 직에서 물러나 일반 사람으로 돌아온 데
서부터 이야기가 시작된다.

"상황께서 승하하신 뒤로 모든 일들은 이승의 일로 여겨지지 않을 만큼 사뭇 달라진 것 같고, 뜻하지 않게 벌까지 받아 먼 나라로 유랑했었습니다. 어쩌다 도읍으로 돌아올 수 있었지만, 여러 잡무에 쫓기며 사는 신세가 되었습니다. 오래 전부터 찾아뵙고 돌아가신 옛 상황에 대한 이야기도 들으며, 말씀도 드려야지 생각했지만 그러질 못해 혼자 속만 태웠습니다."

"정말 보고 듣는 일 모두가 덧없을 뿐이라. 바라보아야 하는 나는 오래 사는 게 지겹기만 했습니다. 그런데 당신이 다시 번영을 누리게 된 날을 보게 되었으니 내 마음은 달라졌습니다. 오늘날 모습을 보지 못하고 죽었더라면 하고 생각하니 오래 산 게 좋은 것 같습니다."

목소리가 오들오들 떨리셨다. 또 덧붙여 이렇게 말씀하셨다.

"점점 더 예뻐지네요. 어렸을 적 당신을 처음 보았을 땐, 이런 사람도 태어나는구나 싶어 깜짝 놀랐답니다. 그 다음에도 당신만 보면 어찌나 빼어나게 돋보이는지 놀라곤 했지요. 지금의 상감이 당신을 꼭 닮으셨다고들 하는데, 그렇게 닮은 것 같지는 않습니다. 나는 그분이 당신보다 못하시다고 생각해요."

'면전에서 미모를 칭찬하는 사람은 없는 법인데' 그러면서 겐지는 속으로 우스워했다.

"방랑객이 되었을 무렵부터 저는 퍽 쇠약해졌습니다. 상감의 미모는 예나 지금이나 누구와 견줄 바가 없다고 생각됩니다. 마마님의 생각은 아무래도 틀린 듯합니다."

겐지는 또 그렇게 말했다.

"그럼 상감을 뵙고 있으면 나도 오래 살 수 있겠군, 난 오늘부로 인생의 역겹던 일들을 모두 잊어버렸습니다."

다섯째마마는 이런 말씀을 하신 다음에 눈물을 보이며 하소연하셨다.

"언니이신 셋째마마가 부럽습니다. 당신의 아드님을 손자로 삼아 그 인연으로 늘 당신을 만날 수 있으니 말이지요. 앞서 돌아가신 식부경 마마께서도 그 생각밖에 없으셨는데, 끝내 실현하지 못한 것을 탄식하셨습니다."

겐지도 그 말씀에는 귀를 기울였다.

"그렇게 되었더라면 저는 아주 행복한 사람이 되었겠지요. 친왕께선 저에 대한 애정이 부족했다고밖엔 생각되지 않습니다."

겐지는 원망하는 투로 함축적인 말을 했다.

아사가오 아씨께서 살고 계신 집 뜰을 먼발치에서 바라보니, 시들시들한 화초들도 아직 매력 있어 보였고, 그것을 조용히 바라보고 계실 아리따운 사람이 문득 떠올라 겐지는 사무치게 그리웠다. 만나고 싶은 충동을 누를 길이 없었다.

"이곳에 온 김에 찾아뵙지 않는다면 성의 없는 사람으로 오해를 받을지도 모르니, 잠시 저쪽도 찾아뵙겠습니다."

겐지는 그렇게 말한 뒤 툇마루를 따라 걸어갔다.

이미 어둑어둑한 저녁이었다. 잿빛으로 테두리를 두른 주렴엔 검은 휘장에 비치는 그림자가 우아하게 드리워졌고, 바람을 따라 그윽한 향불 냄새가 감도니 아리따운 분위기였다. 겐지를 툇마루에 모시는 것은 실례라 하여 남쪽 끝 사랑채에 자리가 마련되었다. 시녀 하나가 응접하러 나와서 전할 말을 기다리고 있었다.

"이제 와서도 거실 발 앞에 자리를 내주시다니요. 저는 얼마나 긴 세월을 같은 뜻으로 되풀이해 말씀드렸는지 모르겠습니다. 그 수고를 알아주셔서 거실로 오르는 것쯤은 허락해 주실 줄 알았습니다만."

그렇게 말하고 겐지는 불만스러운 표정을 지었다.

"옛날이란 다 꿈결과 같아서, 그 꿈이 깨고 나면 덧없는 세상인 줄 압니다. 그리하여 당신께서 수고하신 일은 조용히 생각해 본 뒤에 정할 것입니다."

아사가오 아씨가 전해 온 말은 이와 같았다. 그러자 겐지는 덧없는 이 세상을 믿을 수 없는 것이라고, 생각하며 슬픔을 느꼈다.

"남모르게 신께서 용서하시기를 기다리며 나는 홀로 무상한 세월을 보내었습니다. 이제는 그 신을 핑계 삼아 저를 피하실 수는 없습니다. 제가 불행한 일을 당한 뒤에 괴롭던 이야기를 조금이나마 들어 주시지 않겠습니까."

겐지는 아사가오 아씨와 직접 대면하고 싶은 의향을 이렇게 강하게 드러냈다. 그런 모습과 예전의 겐지를 비교하면, 젊었을 때보다 우아한 점이 보태진 듯했다. 그 시절에 비해 훨씬 늙어버린 겐지였으나 높은 벼슬자리와는 걸맞지 않게 그는 여전히 젊음을 지니고 있었다.

한번은 신을 모시기로 맹세한 이 몸이어서 그저 인사말 하나에도 벌하실까 두렵습니다.

재원은 그런 뜻의 노래를 전했다.

"그런 걸 다 추궁하실까봐요. 그 시절의 죄는 풍신(風神)이 죄다 몰아간 줄로 알았는데요."

겐지가 애교 있게 말했다.

"그렇게 몸을 깨끗이 해도 신령님께선 용서하시지 않는가 봅니다."

시녀는 가볍게 농담 삼아 말했으나, 마음속으로는 겐지에게 몹시 미안했고 동정심마저 느꼈다.

수치심 많으신 아사가오 아씨는 차츰 안쪽으로 들어가시더니, 더는 궁녀에게 말을 전하려 하지 않으셨다.

"너무나 제 모습이 가엾어집니다."

겐지는 깊은 탄식을 하면서 일어섰다.

"남자가 나이를 먹으면 창피한 꼴도 종종 당하는가 봅니다. 그렇게 사랑으로 초췌해진 사람에게, 어찌하여 이야기라도 그나마 들어주겠다는 너그러운 마음을 보여주지 않으시는 겁니까."

그런 말을 시녀에게 남기고 겐지가 돌아가자, 모든 시녀들은 겐지를 칭송했다. 하늘빛도 사무칠 듯 깜깜한 밤이라, 나뭇잎의 서걱거리는 소리만 들어도 옛날 생각이 났다.

시녀들은 옛 시절 겐지와 만남을 가졌던 재미나던 일의 한 장면 한 장면, 사무치던 일들을 마음에 떠올리며 아사가오 아씨에게 이야기해 드렸다.

아쉬운 마음으로 돌아온 겐지는 그날 밤 잠을 이룰 수 없었다.

그는 일찌감치 격자문을 올려 뜨락에 자욱한 아침 안개를 바라보았다. 시들어버린 꽃 사이로 나팔꽃이 풀에 얽혀 있는 듯 없는 듯 아련하게 피어 있었다. 겐지는 은은한 향기를 풍기는 그 꽃을 꺾어 재원 아씨에게 보냈다.

'너무나 남남같이 대하시기에 거북한 나머지 돌아갔습니다만, 가엾은 저의 뒷모습을, 비웃지는 않으셨나 걱정하면 분한 생각도 듭니다.

그날 본 이슬 젖은 나팔꽃 잊히지 않는데,

꽃 피는 한창 때는 이제 돌아오지 않는가.

얼마나 오랜 세월 동안 당신을 사모했는지 알아주시기를 믿고, 저는 한탄하면서도 희망을 가지고 있습니다.'

겐지는 그런 편지를 썼다. 대놓고 사랑만을 호소하지 않는 중년 사나이의 진심 어린 편지였다. 아사가오 아씨는 이런 편지에 답장하지 않는다면 감정이 둔한 여자라는 소리를 들을까 봐 얼른 답장을 썼다.

가을도 끝나가는, 안개 묻힌 울타리 덩굴에
있는 듯 없는 듯 시들어가는 나팔꽃 한 송이

'가을에 어울리는 꽃을 보내 주시니 구슬픈 느낌이 듭니다.'

그렇게만 씌어 있는 편지라서 별 재미는 없었으나 겐지는 그것을 손에서 내려놓기가 아쉬운 듯 하염없이 바라보았다. 보드라운 푸른 잿빛 종이에 씌어진 글씨는 아름답게 보였다. 이런 편지글의 멋은 보낸 이의 사람됨이나 글씨의 아름다움에도 담겨져 있는 법이다. 그 멋을 그럴싸하게 전하려다보니 주제넘게 군데군데 손을 본 곳도 있어서 본디 모습과 달라졌을 수도 있다.

이제 와서 젊은 사람처럼 편지를 보내자니 어색했지만, 예전부터 그 사람의 호의나 우정은 신뢰하면서 끝내 사랑을 이루지 못한 안타까움을 떠올리며 이제는 더 이상 뒤로 물러날 수 없다고 결심했다. 겐지는 다시금 열정을 가슴에 불태우면서 성심 어린 편지를 계속 써 보냈다. 그리고 동쪽 별채에 떨어져 있으면서 재원이었던 아사가오 아씨의 시녀를 불러내어 의논했다.

쉽게 혹하는 시녀 몇몇이 겐지를 열렬히 칭찬하는 분위기에서도 아사가오 아씨만은 냉정한 태도를 잃지 않으셨다. 젊은 시절에도 우정 이상의 감정을 그 사람에게 가진 적 없었고, 지금은 자기나 그 사람이나 연애 같은 걸 할 나이는 이미 지났다. 그런저런 것을 생각하니 아사가오 아씨는 언제까지나 흔들리지 않는 기색을 보이셨다.

겐지는 처음과 변함 없는 태도를 보이는 아사가오 아씨가 특이한 분이라고 생각했다. 세간에서는 벌써 그 소문이 파다했다.

"겐지 대신은 아사가오 아씨에게 열심히 편지를 써서, 다섯째 공주도 기뻐하신다지 뭔가. 결혼하시면 꼭 어울리는 연분이실 거야."

그런 소문은 무라사키 부인의 귀에도 들려왔다. 그런 일이 있었다면 어련히 말해 주었겠거니 믿었지만 겐지의 행동을 조심스레 살펴보니, 어딘가 뒤숭숭하고 무엇에 마음을 빼앗긴 듯한 행동을 하고 있었다. 그렇게 진심으로 결혼까지 생각하는 연애를 별 것 아닌 척하고 있었다는 사실에 부인은 마음이 아팠다. 아사가오 아씨와 나는 같은 혈통이라지만, 아사가오 아씨는 세상 모든 사람들이 소중히 여기시는 분이고 자기와는 비교도 되지 않는 분이니 남편의 애정이 그분께 옮겨진다면 자기는 초라해지고 말리라. 무라사키 부인은 탄식을 했다. 그것도 그럴 것이 정실부인으로서 겐지의 사랑을 한몸에 받은 만큼, 이제 와서 만족할 수 없는 대접을 받는다면 참을 수 없는 노릇이라고 무라사키는 생각했다. 아주 버림을 받지는 않더라도 겐지가 소중히 여기는 아내는 다른 사람이 될 것이다. 어릴 적부터 함께 했고, 너무 스스럼없이 지내다 보니, 도리어 가벼운 대접을 받는 게 아닌가. 이런 상상을 하며 무라사키 부인은 걱정했지만, 오히려 사소한 일이라면 드러내고 책망했을 것을, 진정으로 겐지를 원망하게 되자 그 어떤 내색도 하지 못했다.

바깥을 바라보곤 끊임없이 걱정하던 겐지는 대궐에서 숙직하는 밤이 잦아졌고, 집에서 정해 놓고 하는 일이란 그저 편지 쓰는 일뿐이었다. 소문이 거짓이 아니었구나 싶어, 무라사키 부인은 조금씩 털어놓고 이야기해 주면 얼마나 좋았을까 싶어 속이 언짢았다.

겨울로 접어들었지만 올해는 상중이라 신사(神事)도 모두 중지되어 쓸쓸하기만 했다. 심심한 겐지는 또 다섯째마마를 찾아 나섰다. 눈마저 소리없이 내리는 아련한 저녁, 웬만큼 입어서 보드라워진 옷에 훈향을 더 피워넣는가 하면, 얼굴 화장에 시간을 써가며 애인을 방문하려는 겐지의 거동을 마음 약한 여성이 보면 어떤 기분이 들까 싶었다. 그래도 겐지는 다녀오겠다는 말을 하러 무라사키 부인에게 왔다.

"다섯째마마가 병환이시라기에 문안드리고 올까 하오."

엉거주춤 앉으면서 그렇게 말하는 겐지를 무라사키 부인은 돌아보지도 않은 채 아기만 돌보고 있었다. 하지만 못마땅한 기색은 감출 수가 없었다.

"어째 요즘은 기분이 좋지 않아 보이는데? 무리도 아니겠지. 너무 오래 함께 있으면 당신이 싫증날까 봐, 난 가끔씩 대궐에서 숙직을 하기도 하는데, 그래서 또 당신은 불쾌하다고 한단 말이야."

"정말 그런가 봐요. 너무 오랫동안 같은 상태로 있는 사람은 참담한 일을 당하나 봅니다."

그러면서 저쪽으로 누워버린 무라사키 부인을 그냥 두고 나가기는 마음이

편치 않았다. 그러나 이미 방문하겠다는 기별을 마마에게 해놓은 터라 겐지는 하는 수 없이 이조원을 나섰다.

무라사키는 이런 날이 자기에게 올 줄도 모르고 겐지만을 믿고 살아왔는가 싶어 서운했다. 선명하게 보이는 눈빛에 포개진 아리따운 잿빛 상복을 입은 겐지의 모습을 무라사키는 누운 채 힘없이 바라보았다. 이러다 저 모습을 보는 날도 이젠 아주 뜸해지면 어쩌나 하고 슬퍼했다. 겐지는 길잡이 가운데 친근한 자들만을 골라놓았는데 그들을 보고도 변명 비슷한 소리를 했다.

"입궐 이외 외출은 이젠 귀찮아졌다. 도원궁 다섯째마마는 혼자 몸으로 쓸쓸히 지내고 계시지. 식부경친왕께서 계실 땐 나도 모든 것을 맡기고 지내왔지만, 이젠 나밖엔 의지할 데가 없으시다고 하지 않는가. 그것도 그러실 만한 일이니 측은하단 말일세."

겐지의 말에 그들은 이렇게 수군거렸다.

"훌륭한 분이지만 연애를 그만두지 못하는 게 흠이야. 그래 가지고 가정이 지탱될까."

일반 사람들이 출입하는 도원(桃園) 북쪽 대문으로 들어가면 경박해 보일까 봐 서쪽 대문으로 사람을 보내어 안내해 주기를 청했다. 미리 온다는 기별은 있었지만 날씨가 무척 추워서 겐지가 찾아오지 않을 줄로 알고 있던 다섯째마마는 깜짝 놀라면서 대문을 열게 하셨다. 안에서 나온 문지기 무사가 추워서 등덜미가 오싹하다는 시늉을 하며 문짝을 잡아당겼다. 잘 열리지 않는 문을 혼자서 덜컹덜컹 잡아당기는 걸로 보아 무사가 이 사람밖에 없는 모양이었다.

"자물쇠가 너무 녹이 슬어서 열 수가 없습니다."

이렇게 투덜대는 말에 겐지는 가슴이 아팠다. 겐지가 생각해 보니, 자기가 태어난 지도 벌써 30년이 되었다. 헐어진 세상 물건들만 보더라도 사람 또한 낡았음을 느끼게 된다. 그 점을 알면서도 이승에 대한 집착에서 벗어나지 못하고 사람에게 마음이 끌려 근심 걱정하는 자신이 수치스러웠다.

어즈버 그 어느새 쑥대밭은 우거져
눈 오는 이 마을에 묻혀버린 울타리.

겐지는 노래를 읊조렸다. 꽤 오래 기다린 뒤에야 낡은 대문이 가까스로 열렸다.

겐지는 다섯째마마 거처로 찾아가서 여느 때처럼 이야기를 하고 있었는데, 밑도 끝도 없는 옛날이야기만이 지루하게 이어졌다. 겐지는 졸려서 견딜 수가 없었다. 마마도 하품을 하시면서 이렇게 말했다.

"난 초저녁잠이 많아 이야기를 계속하지 못하겠네."

그러더니 그 말이 떨어지자마자 귀에 익숙지 않은 코고는 소리가 들리기 시작했다. 겐지는 내심 기뻐하면서 마마의 거처를 빠져나오려 했는데, 또 다른 사람이 노인같이 헛기침을 하면서 발 옆으로 다가왔다.

"저를 알고 계실 줄 알았는데 벌써 잊어버리고 계신 것 같아, 제가 먼저 나섰습니다. 저는 기리쓰보 상황께서 할머니, 할머니 놀리시던 사람입니다."

그 말을 듣고서야 겐지는 떠오르는 게 있었다. 원전시(源典侍)가 여승이 되어 다섯째마마의 불제자가 되었다는 말을 들은 적이 있는데, 여태껏 살아 있다니 너무 뜻밖이어서 어안이 벙벙했다.

"그 시절의 일들은 모두 옛날이야기가 되었고, 생각만 해도 너무너무 아득한 일이라서 아찔할 뿐입니다. 헌데, 반가운 분이 오셨네요. '어미아비 없이 떠도는 나그네' 그렇게 여겨주세요."

발 쪽으로 다가앉는 겐지를 보고 원전시는 사뭇 옛날로 되돌아온 듯, 이가 다 빠진 비뚤어진 입으로 애교있게 말했다.

"그만 요런 꼴이 되고 말았습니다요."

원전시는 체면 불고하며 말했다. 이제는 노쇠했구나 생각하니 쓴웃음이 나왔으나, 한편 예기치 않게 측은한 모습을 보아 동정심도 생겼다. 이 여자가 한창나이였을 때 후궁이던 여어며 갱의들은 어떻게 되었는가. 초라한 신세가 되어 살아남은 사람도 있긴 하나, 거의 저세상 사람이다. 후지쓰보 여승마마는 연세가 이 여자의 절반도 되시기 전에 세상을 떠나셨지 않았던가.

겐지는 덧없는 인생이라 여기면서도, 한편 이런 생각도 들었다. 됨됨이가 좋지 않은, 행실이 고약한 여자가 장수를 누리며 부처님을 섬기고 살아감도 부처님이 가르치신 이승의 모습이 아니겠느냐고, 이렇게 생각하니 울적해졌다. 하지만 원전시는 겐지가 자신의 매력을 알아주는 줄 알고 제법 기분 좋은 목소리로 말했다.

세월이 흐른들 어찌 이 인연을 잊을까요.
할머니라 불러 주셨던 그 말을 기억하는데.

겐지는 친한 체하는 원전시가 징그러워져서 노래 한 수를 남기고 자리를 떠나버렸다.

저승으로 건너가 다시 태어난다면 찾아보세요.
세상에 부모를 잊는 사람이 어디 있겠습니까.

"참으로 든든한 인연이로군요. 그럼 또 다시 봅시다."
서편 궁방에는 이미 격자문이 내려져 있었는데, 귀찮아한다는 오해를 받을까 싶어서 한두 방은 그대로 놓아두었다. 달이 솟아 몽롱한 눈빛과 어우러진 야경이 유난히 아름다웠다. 오늘 밤은 제법 진지하게 사랑을 호소하는 겐지였다.
"꼭 한 마디만, 저를 미워한다는 말씀이라도 좋으니 당신 입으로 들려주십시오. 저는 그렇게만 해 주시면 만족하고 단념하겠습니다."
겐지가 열정적으로 말했지만 아사가오 아씨는 그의 젊은 시절을 떠올렸다. 오늘날처럼 복잡한 관계가 없고, 무슨 일이나 젊음의 탓으로 돌릴 수 있었던 그 시절에도 아버지께서 희망하셨던 겐지와의 결혼을 자기가 거부하지 않았던가. 하물며 이렇게 나이를 먹고 용모마저 혼인과 어울리지 않는 지금에 와서, 한 마디라도 직접 말을 건네는 일은 어쩔 수 없이 부끄러운 노릇이었다.
그렇게 생각하고, 겐지는 누가 권해도 통하지 않는 고집을 몹시 섭섭하게 느꼈다. 아사가오 아씨는 마지못해 쌀쌀맞게 굴지는 못하시고 오가는 사람편으로 대답해 주시겠다, 겐지는 더욱 번민으로 몸부림칠 수밖에 없었다. 밤은 점점 깊어가고 바람소리도 요란해졌다. 겐지는 외로움에 흐르는 눈물을 훔치면서 말했다.

쌀쌀맞기만 한 그대를 잊지 못하니
이 삶의 괴로움은 더해만 갑니다.

"이것이 제 솔직한 마음입니다."

이 모습을 가엾게 여긴 시녀들이 아사가오 아씨를 설득하자 어쩔 수 없이 답가를 지어 부르셨다.

마음은 변하는 거라고 세상은 말하지만,
이제 와서 새삼스레 얼굴을 보일 수는 없어요.

"한번 정한 일을 바꿀 수는 없습니다."

아씨의 말씀을 시녀가 전했다.

맥이 풀려 멍해진 겐지는 그래도 할 말은 해 놓고 돌아갔다.

"어리석은 사내의 본보기라고 소문날지도 모르니, 이 일은 남한텐 말하지 말아줘요."

겐지는 궁녀들에게 당부해 두었다.

"제가 더 송구스럽지 뭐예요. 어찌 그토록 꿋꿋하게 버티시는 걸까요. 조금 가까이 나오셨다 해도 진짜 구혼하신 게 아니어서 실례되는 일이 일어날 염려가 전혀 없을 텐데, 측은하기 짝이 없네요."

나중에 그런 말을 하는 시녀도 있었다.

아사가오 아씨는 겐지의 인품을 잘 알고 있어서 애정을 느꼈지만, 겐지의 외모만을 사랑하는 일반 여성들과 동일시되는 건 싫었다. 아씨는 애써 숨겨왔던 자신의 애정을 계속 겐지를 만남으로써 그가 알게 될까봐 괴로워했다. 우정으로 보내온 편지에는 우정으로 보답해야 하니, 겐지가 오면 사람을 시켜 말을 전하는 정도로만 하고 싶었다. 그녀는 자신이 신(神)을 섬기는 동안 게을리했던 불공을 예전처럼 부지런하게 드릴 수 있는 착실한 비구니가 되리라고 소망하였다. 그러나 갑자기 그렇게 하는 것도 겐지에게 미안했고, 반항적인 행위라는 소리를 듣게 될지도 모른다. 항간에서 만들어내는 소문이라는 게 얼마나 괴로운지, 경험으로 알고 있었기에 그렇게 조심하셨다.

시녀들이 겐지에게 매수되어 어떤 행동을 할지도 모르겠다는 걱정에 아사가오 아씨는 그들에 대해서도 방심하지 않으셨다. 그리고 차츰 신앙생활에 열중하셨다. 아씨는 남자 형제도 몇 분 계셨는데, 배다른 남매라서 친절하게 접촉해 오는 사람이 없었다. 친정 형편도 여의치 못한 이때 겐지가 열렬한 구혼자로 등장한 셈이니, 누구라 할 것 없이 결혼이 성립되기만을 빌었다.

겐지는 본디 결혼하고 싶은 마음이 간절하지는 않았다. 하지만 아사가오 아씨가 너무 고집을 부리며 쌀쌀맞게 나오자 화가 나기 시작했다. 그는 분별력도 생기고 예전보다 많은 경험을 쌓아 이제는 새삼스레 연애에 골몰하는 무모함도 줄었으며, 세상사람들로부터 비난 받을 염려가 있음도 잘 알고 있었다. 그러나 이 일에 성공하지 못한다면 더욱 불명예스러울 듯해 이조원에서 묵는 밤도 드물게 되자 무라사키 부인은 못내 섭섭했다. 슬픔을 누르는 힘도 한계가 있는 법이어서 무라사키는 참다못해 겐지 앞에서 눈물을 흘릴 때도 있었다.

"왜 그렇게 뽀로통해 있소? 영문을 모르겠군."

겐지는 이마에 흘러내린 머리칼을 쓸어주기도 하고, 측은하다는 표정으로 부인의 얼굴을 바라보았는데, 그런 그들의 모습은 그림으로 그려보고 싶을 만큼 아름다운 부부로 보였다.

"여원마마가 세상을 떠나신 뒤 상감께서 적적해하시는 모습이 보기에 송구스럽소. 또 현재 태정대신이 부재중이라 정무(政務)를 내가 보아야 하니, 집에 들어올 틈이 어디 있겠소? 이제까지는 이런 일이 없었으니 섭섭하게 생각하는 것도 무리는 아니지만, 당신이 불안해할 일은 아무것도 없단 말이오. 마음을 탁 놓으라니깐. 어른이 다 돼가지고도 어린애처럼 배려를 할 줄도 모르고 날 믿지도 않으니, 오히려 귀엽기까지 하구려."

겐지는 그런 소리를 하며 다정하게 위로해 주었으나, 부인은 더욱더 얼굴을 다른 쪽으로 돌리고 아무 말도 안 했다.

"이렇게 어린애같이 고집만 피우는 것도 내가 길러준 나쁜 버릇인가 보오."

부인은 사랑하는 사람에게 이렇게까지 원망을 받는 일도 괴로운 노릇이구나 싶었다.

"아사가오 재원과 사귀었대서 당신이 시기하는 게 아니오? 그건 예전 연애와는 별개란 말이야. 이제 자연히 알게 될 거야. 예전부터 그 여자는 그런 생각을 못하는 어딘가 색다른 여자란 말이오. 내가 심심할 때 편지를 띄우면, 저편은 한가해서 가끔씩은 답장을 주곤 하거든. 성실하게 상대해 주지 않는 게 흠이지만, 그런 건 당신한테 불평할 일이 못되기에 하나하나 얘기하지 않았을 뿐이오. 부질없는 근심 걱정은 하지 말아요."

그런 소리를 하면서 겐지는 하루 종일 부인을 달랬다.

수북이 쌓인 눈 위에 또 눈이 내리고 있어서, 소나무와 대나무가 색다른 풍취를 자아내고 있는 저녁때, 겐지의 미모(美貌)는 찬란하게 눈부셨다.

"봄이 좋아지는가 하면 가을이 좋아지고, 사람의 취향은 제각각이지. 그 가운데서도 난 겨울의 청아한 달빛이 눈 위에 비친 무색 풍경이 사무치게 그립구려. 그럴 땐 이 세상 밖의 커다란 세계가 상상되어, 그것은 인간이 느끼는 극치의 경지가 아니겠는가 싶은데, 이를 보고 흥이 깨진다는 사람들의 천박성이 미워지는군."

겐지는 그런 말을 하면서 발을 걷어 올리게 했다. 달빛이 환히 방에 비춰들어 온 세상이 새하얀데 그 속에, 나무숲이 덩그러니 움츠린 모습은 애처롭고 물소리마저 흐느껴 우는 듯했다. 번쩍이는 연못의 빙판도 몹시 처량했다.

겐지는 동녀(童女)들을 뜰에 내보내 눈장난을 시켰다. 아름다운 머리 모양이 달빛에 한결 또렷하게 보였고, 그 가운데 좀 더 큰 아이들은 여러 가지 속옷을 겹쳐 입고 윗도리는 벗어버린 간편한 옷차림이었다. 길게 자라서 옷단 아래로 늘어진 머리카락은 눈 위에서 곱다랗게 보였다. 작은 아이들은 어린애답게 기쁜 듯 뛰어다니다가 부채를 떨어뜨리기도 했다. 좀더 크게 만들고 싶어도 아이들 힘만으로는 눈덩어리가 움직이지 않았다.

나머지 어린아이들은 동편 쌍바라지에 모여 서서 그 모습을 보다 자기들이 나가지 못하는 걸 안타까워하면서 웃고 있었다.

"예전에 후지쓰보 중궁이 뜰 앞에 눈산을 만드신 적이 있었지. 누구나 하는 일이지만 그런 경우에 꼭 알맞은 일을 하는 분이셨지. 그만큼 완전한 귀부인은 달리 또 있을 것 같지 않구려. 부드럽고 연약한 듯하면서도 거룩한 기품이 그분의 특색이셨거든. 하지만 당신은 친척이라서 그런지 그분을 꼭 닮았어. 물론 당신은 좀 질투하는 게 흠일지도 모르지만 말이야. 그런데 아사가오 아씨의 성격은 또 아주 딴판이지. 내가 심심할 때면 편지를 띄울 수 있는 교제 상대로서 경의를 표할 만한 분인데, 그런 분은 이제 그분만 계신다고 해도 틀리지 않을 거야."

"상시(尚侍)만 해도 귀부인 자격이 충분한 분이죠. 경망스러운 티란 조금도 나지 않는 분이시니. 그런데도 당신과 그런 일이 있지 않았나요? 도무지 이해할 수가 없어요."

"그야 그렇지. 그분은 아름다운 여성의 본보기로 지금까지 손꼽히는 사람이거든. 나는 그분을 생각할 때마다 내가 한 일이지만 남을 해친 셈이 되었으니

죄송스러울 뿐이야. 하물며 바람기 많은 생활에 빠져든다면 나이를 먹고 난 뒤에는 얼마나 후회하게 될까. 남처럼 경솔한 짓은 안 하는 사내라고 생각했던 나도 이 꼴이니."

겐지는 상시의 이야기를 할 때 눈물을 조금씩 흘렸다.

"당신이 관심도 갖지 않고 멸시하고 있는 산장의 여자만 하더라도 귀부인 자격을 다 갖추고 있는 여자란 말이오. 자존심이 강하면 오히려 좋아 보이는 사람도 있는 반면에, 난 그 점이 그 사람에겐 군더더기가 아닌가 보고 있지. 나는 아직 그보다 더 낮은 계층의 여성들은 사귀지 않았지만, 내가 본 범위에서 뛰어난 사람은 좀처럼 없었소. 동원(東院) 사람의 신랄함은 젊은 시절부터 지금까지 매한가지이지. 사랑스러운 사람이야. 저렇게 하기란 어려운 일이지. 우리는 청춘시절부터 서로 믿어 왔고, 다정한 사랑을 계속해 왔다오. 이제 와서 헤어져 살 수는 없소. 난 깊은 애정을 느끼고 있어요."

이런 이야기를 하는 도중에 밤은 깊어갔다. 달은 더더욱 맑고 아름다웠다.

바위 틈 물은 얼어붙어 흐르지 못하는데
저 하늘 맑은 달은 유유히 흐르고 있군요.

그렇게 말하면서 바깥을 내다보려고 약간 고개를 밖으로 기울인 무라사키 부인의 얼굴은 아름다웠다. 머릿결하며, 얼굴 생김새가 그리운 옛 비구니마마를 닮은 것 같아 겐지는 더욱 반가웠다. 이제까지 어느 정도 바깥으로 나돌았던 마음도 이제 다시 무라사키 부인에게 되돌아온 듯싶었다. 원앙새 우는 소리를 들은 겐지는 이렇게 말했다.

눈 내려 지난 모든 일들이 사무치게 그리운 밤에는
연못 위에 떠다니는 원앙이 정취를 더한다.

겐지는 침실에 들어서도 중궁마마 생각을 하면서 잠들었다. 비몽사몽 순간에도 마마의 모습이 어렴풋 떠올랐다. 그분은 몹시 원망스러운 표정으로 이렇게 말씀하셨다.

"그토록 비밀을 지킨다 하시더니, 끝내 우리가 저지른 잘못이 알려지지 않았습니까. 저는 부끄러움과 괴로움에 견딜 수가 없어요. 당신이 원망스럽기만 합니다."

겐지가 가위 눌린 모습을 보고 화들짝 놀란 무라사키 부인이 물었다.

"아니, 웬일이세요."

그 소리에 겐지는 불현듯 눈을 떴다. 터질 듯한 가슴의 고통을 누르고 있자니 눈물마저 흘러내렸다. 꿈이 아주 깨고 난 뒤에도 겐지는 울음을 그치지 못했다. 어떤 꿈을 꾸었기에 저럴까 하고 생각하니, 무라사키는 자기만 따돌림을 당한 듯싶어 쓸쓸함을 느끼고, 가만히 움직이지도 않고 그저 누워만 있었다.

이리 뒤척 저리 뒤척 시름 많은 겨울밤에
꾸는 그 꿈조차 짧기만 하여라.

겐지가 노래했다. 꿈속에서 죽은 연인을 보았기에 마음은 설렜지만 오히려 그리움과 슬픔이 더해진 것 같았다. 겐지는 그렇게 일찍 일어나고 말았는데, 겉으로는 조금도 내색하지 않고 절간에 불공드릴 것을 부탁했다. 쓰라린 모습을 보여 부인의 원망을 듣고 싶지 않아서였다. 불공을 드렸을 뿐만 아니라 백성을 위해서도 공덕을 많이 쌓으신 여승마마가 그 한 가지 잘못으로 이승에서의 죄업을 벗지 못한 게 아닐까 이런 생각이 깊어지니 겐지는 더더욱 슬펐다. 그리고 자기가 어떤 고행을 해서라도, 쓸쓸한 세계에서 속죄하고 계실 중궁의 죄업을 대신 치러 드려야겠다고 생각했다. 그러나 중궁을 위해서는 아무리 간단한 불공이라 하더라도 자신이 드리면 세상의 의심을 받는 게 아닌가. 또 상감께서 그 기미를 알아차리신다면 그 또한 좋지 않으리라 싶어, 겐지는 혼자 마음으로 아미타불을 염송했다. 틀림없이 연화대(蓮花臺) 위에 태어나게 해 주십사 기원했으리라.

이제는 찾을 길 없는 그분을 보기 위해
그림자조차 없는 삼도(三途)천 냇가를 서성거려야 할까.

그런 생각을 하면 한없이 애통하기만 했다.

무희*1

봄이 되어, 후지쓰보마마의 1주기가 지나고 관원들이 상복을 벗었다. 이윽고 4월이 오자 봄옷으로 갈아입어야 하는 때가 되어 화사한 분위기가 넘치는 초여름을 맞았다. 하지만, 전 재원인 아사가오 아씨는 더욱 쓸쓸해하며 무료한 나날을 보내고 계셨다. 뜰에 있는 계수나무에는 새 잎에서 향기가 풍겼지만 젊은 시녀들은 마마께서 재직하고 계실 때 가모(賀茂) 제사가 있었던 무렵의 일을 그리워했다. 그때 겐지가 '신령님께 올리는 재계(齋戒)의 날도 요즘에는 조용하시겠군요.' 이런 안부 편지를 보내 왔다.

여울물이 거슬러 올라오리라 생각이나 했겠습니까.
재원이었던 그대가 상복을 벗는 재계를 하실 줄이야.

자줏빛 종이에 써서 다시 흰 종이로 감싸고 위아래를 가지런히 접은 편지가 등나무 꽃가지에 매달려 있었다. 아사가오 재원은 왠지 모를 울적한 심정으로 답장을 쓰셨다.

이 상복을 입은 날이 어제인 것만 같은데
벌써 오늘 재계를 하니 여울처럼 빠른 이 세상.

'참으로 덧없는 세상입니다.'
그렇게 씌어진 편지들이 대개 그러하듯 겐지 또한 그리운 마음으로 오래오래 바라보았다. 재원이 아바마마 상을 끝내시고 상복을 갈아입으실 때에도 겐지는 귀한 선물을 보내왔다. 아사가오 재원은 그것을 받으시는 게 민망하다고

---

*1 무희(乙女) : 겐지 32세 여름부터 35세 시월까지 이야기. 춤 추는 무희(舞姬)를 뜻하는 말.

말씀하셨지만, 서신에 구애를 하는 내용이 들어 있는 것도 아니었기에 물리칠 수도 없었다. 이제까지 지내오면서도 무슨 일이 있을 때마다 공공연하게 선물을 보내왔던 겐지였고, 친절한 마음에서 우러나 보내오는 선물인 만큼 굳이 돌려보낼 필요가 없다고 시녀들이 말하자 아씨는 몹시 난처해했다. 다섯째마마에게도 늘 이런 식으로 돕던 겐지였기 때문에 마마께선 그를 깊이 사랑하셨다.

"겐지 나리라고 하면 언제나 아름다운 소년이 생각나지만 이렇게 어른스럽게 친절을 베풀어주시거든. 얼굴이 아름다운 데다 마음씨마저 남다른 분이시지."

이렇게 칭찬하시는 모습을 보고 젊은 시녀들은 웃었다. 재원 아씨를 만나실 때도

"겐지 대신께서 간절히 구혼을 하시니 좋지 않은가요. 처음 겪는 일도 아니고 훨씬 전부터의 일이니 말입니다. 돌아가신 아버님께서도 당신이 재원이 되셨을 때, 결혼하실 수 없게 되어 낙망하셨거든요. 전에 아버님께서 그 일을 옮기려 하셨을 때도 당신이 마음 내켜 하시지 않았기에 이야길 그대로 중간에 그만둔 것을 후회하시면서 곧잘 말씀하셨으니까요. 좌대신(左大臣) 댁 아오이 부인이 살아계셨을 때에는 그 어머니이신 셋째마마께 미안스러워서 두 번째 결혼을 권하기는 난처했지요. 하지만 당신의 사촌동생인 아오이 부인은 이제 돌아가셨고, 결혼하셔도 좋지 않을까 하는 참에 겐지님께서 다시 열심히 구혼하고 계시다니 이는 전생부터 약속한 일이 아닌가 싶군요."

그렇게 케케묵은 투로 권고하시는 말을 아씨는 쓴웃음으로 듣고 계셨다.

"아버님도 그렇듯 고집 센 자식이라고 여기셨던 저인데, 이제 새삼스레 겐지 대신의 명성이 높다 해서 결혼한다는 것은 쑥스러운 일이라고 생각해요."

이런 식으로 어림없다는 듯 말씀하셨기 때문에 마마께서도 더는 권하지 않으셨다. 위에서 아래까지 모든 집안사람들이 그렇게 되길 바라고 있음을 아씨는 알고 조심하셨지만, 겐지 자신은 정성을 다해서 아씨를 감동시킬 날을 기다리고 있었다. 그러나 굳이 힘으로 결혼을 성취하고 싶지는 않았으므로, 아씨의 마음을 존중했다.

고(故) 태정대신 댁에서는 겐지 아드님의 성인식을 올릴 준비를 하고 있었다. 겐지는 이조원에서 식을 올리고 싶었으나, 아들의 외조모 되시는 분이 당신

눈으로 꼭 보시겠다고 하셨기에 이제까지 손수 길러 내신 그 궁에서 식을 올리기로 했다. 우대장을 비롯한 백부님들이 모두 훌륭한 관직에 있으므로, 미리부터 온 도읍이 들썩일 만큼 화려한 축하행사가 준비되었다. 겐지는 아드님을 애초부터 사위(四位)에 올리려 했으나, 생각을 바꿔 육위(六位)에 올리고 그에 맞는 예복인 청포(靑袍)를 입게 했다. 모든 일들이 자기 뜻대로 되는 이 시기에 아직 어린 아들에게 과분한 지위를 마련해 주는 것은 세속적인 인간들이나 하는 짓이라고 생각했기 때문이다. 외조모가 말이 안 된다고 이를 한탄하신 것도 당연한 일이었다. 겐지는 외조모를 찾아뵙고 그 문제를 차근차근 이야기했다.

"현재로서는 굳이 낮은 지위에 둘 필요가 없을지도 모릅니다만, 저에게도 다 생각이 있어서 그리하였습니다. 대학 과정을 공부하여 마치게 하려는 뜻입니다. 저는 궁중에서 자라나서 세상사를 알지 못하고 어떤 일이든 무척이나 애를 쓰면서 부지런히 노력한 적이 없기에 시 짓기나 음악에서 소양이 부족함을 안타깝게 여기지 않을 수 없었습니다. 귀족 자제로 태어나 쉽게 승진함으로써 가문의 권력을 자랑으로 알고 우쭐대기만 하는 청년이 된다면, 학문에 몸을 담아 고생하는 길은 필시 부질없는 노릇이라고 생각하겠지요. 아무리 그래도 학문이 제일입니다. 아무리 세상물정에 밝아도 그것을 바르게 활용하기 위해선 근본적으로 학문이 있어야 되는 일인 줄 아옵니다. 현재는 육위밖에 가지지 못해 서운함이 드실지도 모르겠지만, 장차 국가의 기둥이 되기 위해 교양을 쌓아 두는 편이, 죽은 뒤에도 아비로서 안심할 수 있는 일이 아닐까 생각합니다."

겐지가 하는 말을 잠자코 듣고 계시던 외조모는 탄식하시면서 하소연을 하셨다.

"지당한 말씀 같소이다만 우대장 같은 사람도 괴상한 취미라고 의아해한다오. 그러니 그 애 자신도 퍽 섭섭한 모양이지 뭡니까. 대장이나 좌위문독(左衛門督)의 아들들, 자기보다 낮은 줄 알았던 그들의 벼슬자리는 자꾸만 위로 올라가는데 자기만 청포를 입고 있으니 답답할 수밖에요. 난 너무 측은해서 못 견디겠다는 말씀이에요."

"제법 어른스럽게 이 아비를 원망한다는 말씀이군요. 허, 그 조그만 녀석이."

겐지는 귀여워 못 견디겠다는 듯이 아들을 바라보고는 말했다.

"학문을 열심히 해서 사리 분별이 서게 되면, 그런 원망도 자연스레 사라지겠지요."

도련님에게 스승이 자(字)를 붙여주는 의식을 거행하기 위해 동원(東院)에 식장이 마련되었다. 고관들은 모두 이 의식을 흥미롭게 생각하여 앞 다투어 참석했다. 박사들은 너무나 화려한 광경에 오히려 기를 펴지 못하고 주눅이 들 것 같았다.

"정해진 대로 엄격하게 해 주십시오."

이렇게 겐지로부터 당부를 받았기 때문에 일부러 담담한 태도를 보였다. 그들은 빌려 입은 옷들이 몸에 맞지 않아도 전혀 부끄러워하지 않고, 얼굴 표정이나 목소리에 일부러 학자티를 내보이면서 자리에 앉아 있는 게 정말 우스웠다. 젊은 관원들은 웃음을 참지 못했다. 그러므로 함부로 웃지 않는 점잖은 사람들이 술병 보는 일에 뽑혔다. 모든 일들이 예사 경우와는 사뭇 달랐다. 우대장이며 민부경은 정중하게 잔을 받았지만 박사들은 예의범절에 어긋난다며 꼬투리를 잡아 호되게 꾸짖었다.

"접대하는 사람이 너무 많아 좋지 않단 말이야. 당신들은 학계에서 내로라 하는 나를 모르고 어찌 조정에 나아가 일할 수 있겠는가. 그건 안될 일이야."

이런 말을 듣고는 견딜 수가 없어서 웃음을 터뜨리는 사람이 있으려 하면 이렇게 잔뜩 겁을 줬다.

"시끄럽소. 예의가 전혀 없군요. 그만 나가시오."

대학 출신 고관들은 뿌듯한 미소를 지으며, 겐지의 교육방침이 좋다고 경의를 표했다. 조금이라도 그들 앞에서 이야기하려고 하면 박사들은 꾸중을 했고, 무례하다면서 아무것도 아닌 일까지 따졌다. 시끄럽게 멋대로 지껄이는 학자들의 얼굴은 밤이 되어 불이 켜지자 한층 더 우스꽝스러웠다. 참으로 이상한 모임이었다.

"나처럼 예법에 익숙지 못하고 흐릿한 사람은 잘못을 저지르고 꾸중만 듣게 될 테니까."

겐지는 그러면서 늘어뜨린 발 속에 숨어서 가만히 보고 있었다. 식장의 자리가 모자랐기에 늦게 왔다가 그냥 돌아가는 학생이 있다는 말을 듣고, 겐지는 그 사람들을 따로 연못가에 마련된 방에서 대접했다. 그리고 선물도 듬뿍 안겨 주었다. 또한 식이 끝나 나가려는 박사와 시인들을 머물게 해서 시를 짓기로 했다. 그 방면에 재능이 있는 고관과 전상관들은 율시(律詩)를, 겐지와 그 밖에 다른 사람은 절구(絶句)를 지었다. 멋있는 제목은 문장박사가 선정했다. 밤이 짧은 때였기에 날이 밝고 나서야 시의 공연이 시작되었다. 좌중변(左中辨)이 강사를 맡았다. 말쑥한 풍채인 좌중변이 정중한 투로 진지하게 시를 읊는 모습이 보기 좋았다. 이 사람은 남달리 깊은 학식을 가진 박사였다. 이렇듯 대귀족 집안에서 태어나 영화 속에서 즐겁게 놀고만 있을 사람이, 형설(螢雪)의 노고를 쌓아 학문에 뜻을 두어 여러 비유를 들며 찬미한 작품은 구절마다 흥미가 있었다. 중국 사람에게도 보여 비평을 시켜보고 싶을 만큼 훌륭한 시들이었다. 겐지의 작품은 더할 나위 없는 걸작이었다. 자식을 걱정하는 어버이의 정이 잘 드러나 그 자리에 있던 사람들은 모두 눈물을 흘리며 시를 읊조렸다.

얼마 뒤 입학식을 올렸다. 겐지는 동원에 아드님 공부방을 마련하고, 성실한 학자 하나를 붙여 주었다. 도련님은 이제 외조모에게도 자주 가지 않았다. 외조모는 밤낮으로 응석만 받아주고 언제까지나 어린애로만 다루었기에, 거기 가서는 제대로 된 공부를 할 수 없으리라고 겐지는 생각했다. 그리하여 한 달에 세 번만 외조모 방문을 허락했다.

어린 도령은 꼼짝 못하고 학문소에 틀어박혀야 하는 고통스러움에 아버님을 몹시 원망했다.

'너무 심한걸, 이렇게 고생하지 않아도 출세하여 세상에서 존대를 받는 사람이 없지 않을 텐데'

그러나 본디 성실한 성격이고 경박한 데가 없는 소년이라서 잘 견뎌 주었고, 읽어야 할 책들은 다 읽었다. 네댓 달 동안에 《사기(史記)》를 모조리 읽어버렸다.

이제 요시(寮試)*²를 보게 해도 좋을 듯하여 겐지는 시험을 보기 전 자기 앞에서 아들의 실력을 한번 시험해 보았다. 예의 외삼촌인 우대장, 그리고 좌대변(左大辨)·식부대보(式部大輔)·좌중변(左中辨) 등을 초청하고, 스승인 대내기(大內記)*³를 시켜 《사기(史記)》의 어려운 대목, 요시에 출제될 만한 대목들을 읽게 하였다. 도련님은 난해한 대목을 썩 명료하게 읽고 의미를 능숙하게 설

---

*2 요시(寮試) : 대학료(大學寮) 학생들이 치던 시험.
*3 대내기(大內記) : 궁중 기록을 관장하던 관원. 대·중·소 각 2명씩 있었다.

명했다. 스승이 한 군데도 흠 잡을 데가 없다고 하자, 사람들은 도련님이 지닌 학문의 자질에 매우 기뻐했다. 외삼촌인 우대장은 특히나 감동해서 물었다.

"네 외할아버지만 살아 계셨던들."

겐지 또한 냉정한 태도를 지어보일 필요가 없었다.

"세상 어버이들이 자식을 너무 사랑한 나머지 정당한 판단을 하지 못하는 모습을 저도 보았습니다. 하지만 정작 내가 경험해보니 자식이 어른이 되듯 부모의 머리가 둔해져 가는 세상의 이치는 어쩔 수 없는 노릇인 것 같군요. 물론 내가 나이를 많이 먹지는 않았지만 역시 그런가 보군요."

그렇게 말하면서 눈물을 흘리자 스승은 매우 기뻐했고 명예로운 일이라 생각했다. 벌써 얼큰하게 취한 우대장이 술잔을 넘기자 황송해하는 그의 얼굴은 불쌍하리만큼 삐쩍 말라 있었다. 그는 별난 사람 취급을 받는 사내로, 그 학문에 걸맞은 지위도 얻지 못한 채 후원자도 없이 가난하게 지내고 있었다. 그런 사람을 일찍이 알아본 겐지는 그를 자기 아들의 스승으로 불러들였다.

도련님이 대학에 시험을 치르러 가는 날 기숙사 문 앞에는 고관들의 수레가 무수히 머물러 있었다. 조정 신하는 모두 다 이곳으로 모여 들었는가 싶을 정도로 참석자들은 요란하게 줄지어 있었다. 시종의 안내를 받으면서 들어온 도련님은 언뜻 대학생으로 보이지 않을 만큼 품위있고 앳된 얼굴이었다. 예의 가난뱅이 학생들이 많은 말석에 앉아야 하냐며, 그가 거북살스러운 표정을 짓는 것도 그럴 만했다. 일반 시험장이기에 꾸짖는 자와 위협하는 자가 한데 모여 있어서 불쾌했지만 도련님은 조금도 겁내지 않고 당당히 나아가서 시험을 치렀다.

옛날 학문이 성했던 시대 못지않게 대학이 번성했던 때라, 상중하 각 계층에서 학문적 견식을 갖춘 학생들을 두루 배출했다. 문인과 의생(擬生)[*4] 시험도 도련님께선 좋은 성적으로 통과했기 때문에 스승과 제자는 한층 분발해서 학업에 열중했다. 겐지 자택에서는 늘 시회가 열렸고, 박사(博士)[*5]나 문사가 뜻을 펼치는 시대가 온 것 같았다. 우수한 자는 인정을 받는 시대였다.

황후 책봉이 머지않아 있을 예정이었는데, 겐지는 육조궁의 보살핌을 받은 재궁여어를 어떻게든 추천해야겠다고 결심했다. 그녀의 어머니도 황녀라 어떤

---

*4 의생(擬生) : 요시(寮試)에 합격한 자. 의문장생(擬文章生)의 준말.
*5 박사(博士) : 특별한 학위를 말하는 것이 아니고, 여기서는 석학(碩學)이라는 뜻.

이들은 같은 가문에서 또 다시 황족의 황후가 나온다면 이는 지나친 처사라고 비난을 하고는 했다. 그런 사람들은, 홍휘전 여어가 먼저 후궁으로 들어갔으니, 그 사람이 황후가 되어야 한다고 주장했다. 쌍방으로 편드는 사람들이 나타나서 어떻게 될까 불안했다. 병부경친왕은 현재 식부경(式部卿)이신데, 상감의 외척으로서 존대를 받는 그분 따님도 후궁으로 들어가서 재궁여어와 마찬가지로 왕여어로서 곁에 머물러 섬기고 있었다. 그를 돕는 사람들은 이 여어가 남도 아니고 가까운 친척관계이니, 모후 대신 황후가 되는 게 마땅치 않느냐고 거듭 주장했다.

이렇게 세 여어 사이에 벌어진 경쟁의 결과로 우메쓰보에 계신 예전 재궁이 황후로 책봉되셨다. 이 여왕의 행운에 세상사람들은 깜짝 놀랐다.

그리하여 겐지가 태정대신이 되고, 우대장은 내대신이 되었다. 그리고 겐지는 관백(關白)의 임무를 내대신에게 양보했다. 이 사람은 정의감이 넘치며 학문을 많이 한 사람이라서 공무를 현명하게 처리했다. 처첩에게서 낳은 자식은 열 명 정도 되는데, 아들들은 장성해서 벼슬길에도 올라 연달아 승진했지만 딸은 홍휘전 여어를 제외하곤 하나밖에 없었다. 이 딸의 어머니도 황족 소생으로 존귀하여 정실 소생에 못지않았지만, 그 모친은 지금 안찰사대납언(按察使大納言)의 부인으로 되어 있다. 그래서 남편과 그 사이에 몇 명의 자녀를 두었는데, 계부 아래 보호를 받는 건 가엾다 해서 내대신이 따님을 직접 데려다가 그 조모한테 맡겼다. 내대신은 홍휘전 여어만큼 이 따님을 사랑하지는 않았으나, 성품이나 용모가 누구보다 아름다운 소녀였다. 그런 까닭으로 겐지의 아드님과 내대신의 따님은 한 집에서 성장하여 두 사람이 열 살을 넘을 즈음부터는 각각 다른 방에 거처하게 했다. 내대신이 딸을 훈계하여 접근을 막자 겐지의 아드님은 이를 불만스럽게 여겼다. 그러나 꽃이나 단풍잎을 선물하거나, 놀이 동무로 인형놀이를 함께하면서 그 자리만은 여전히 지켰다. 게다가 소녀도 이 사촌 동생을 사랑하여, 사내에게 얼굴을 보여선 안 된다는 일반 예절을 무시하고 있었다. 유모나 다른 후견인들도 이 소년과 소녀에게는 어려서부터의 습관이 남아 있으니, 갑작스럽게 둘의 사이를 갈라놓아서는 안 된다고 너그러이 대해 주었다. 그러나 순진한 소녀와 달리 소년의 감정은 앞서 있어서, 나이에 걸맞지 않게 어느새 애인 관계로 발전해 있었다.

학문을 위해 동원 쪽에 갇힌 신세나 다름없는 소년은 그 일로 번민에 쌓였다. 아직 어린 티가 가시지 않았지만 미래의 능필을 짐작하게끔 하는 글씨로, 아이들은 서로 연서를 주고 받았다. 그러나 철없는 아이의 행동이었기에 빈틈이 있어, 소녀의 시녀에게 편지를 들키고 말았다. 그 편지를 읽고 두 사람의 애정이 얼마나 깊은지 짐작하는 사람도 있었지만, 그런 일은 남한테 말할 게 못되었기에 남몰래 가만히 덮어두었다.

황후 책봉과 두 대신 댁의 큰 잔치도 끝나고 세상이 조용해졌을 무렵에, 내대신은 모당(母堂)의 처소를 방문했다. 내대신은 따님을 조모의 거실로 불러 거문고를 뜯게 하였다. 조모는 여러 가지 기예를 갖추신 분이어서, 손주따님도 잘 가르치고 계셨다.

"여자가 비파를 연주하면 조금 건방져 보이지만, 솜씨가 좋아서인지 들을만 합니다. 오늘날엔 속임수 없이 바른 주법으로 비파를 뜯을 줄 아는 사람이 그리 많지가 않지요. 친왕이나 겐(源)씨들뿐입니다."

내대신은 이렇게 지적한 다음 말했다.

"여자 중에서는 겐지님께서 오이의 산골에 거처를 마련해주신 부인이 굉장히 잘하신다면서요. 거슬러 올라가 말씀드리자면 음악 천재가 나온 가문이었지만, 도읍에서 벼슬을 지내다가 낙오하는 바람에 지방으로 갔던 사람에게 어쩌면 그토록 훌륭한 솜씨를 지닌 딸이 나왔는지 모르겠습니다. 겐지대신께서는 퍽 기특하게 여기시는 듯하고, 기회가 있을 때마다 그 여인에 대한 이야길 하시니 말입니다. 음악은 다른 예술과는 기질이 다른 만큼 많이 듣고, 많은 사람과 합주해 봐야 진보하는 법인데, 스스로 익혀서 그런 경지에까지 이르렀다니 흔치 않은 일이지요."

이런 이야기도 했는데, 내대신은 노부인께 한 번 거문고를 타시기를 권했다.

"이젠 줄을 퉁기는 것도 내 마음대로 되질 않아요."

겸손히 말씀하시면서도, 노부인의 거문고 타는 솜씨는 훌륭했다.

"그 부인은 복을 받은 사람일 뿐 아니라, 빼어나게 총명한 여인이더군요. 그 여인에게서 여자아이가 태어난다면 얼마나 좋을까 생각했었는데, 딸을 낳아 자신이 직접 키우지 않고 그 아이의 미래를 생각해서 지체가 높은 부인에게 넘겨주었다니, 정말 기특한 일이지 않습니까."

노부인께서는 그렇게 말씀하셨다.

"여자란 머리가 좋으면 그에 따라 얼마든지 출세할 수 있지요."

내대신은 남의 말을 하고 있었지만, 이내 자기 집안에서 겪은 불행한 이야기로 옮겨 갔다.

"저는 여어를, 완전하지는 못하지만 남보다 못한 아이로 길러낸 기억은 없었습니다. 하지만 홍휘전 여어는 뜻밖의 사람에게 밀려나 쓴잔을 마시게 되더군요. 인생은 이다지도 예상을 뒤엎는 것인가 하고 저는 무척 비관에 젖었습니다. 그래서 이 아이만은 동궁비로 삼는 행운을 잡게 하고 싶었고, 마침 동궁의 성인식이 머지않으니, 속으론 희망을 조금 품고 있었지요. 그런데 아카시부인의 소생이 황후 후보자로 마구 밀고 성장해 오지 않겠습니까. 그 아이가 후궁이 된다면 장차 누가 경쟁할 수 있겠는가 그 말입니다."

아들 내대신이 깊이 탄식하는 모습을 본 노부인은 이렇게 말했다.

"반드시 그렇다고 할 수는 없어요. 이 집안에서도 황후가 나오리라고 나는 생각해요. 그러시려고 돌아가신 이 아이의 할아버님도 여어를 위한 뒷바라지를 도맡다시피 하신 게 아닌가요. 그 양반이 살아 계셨다면 이런 가당찮은 결과는 일어나지 않았겠지만요."

이 문제에서 노부인은 겐지를 원망하는 어투였다. 소녀는 조그맣고 예쁘장한 모습을 하고 거문고를 연주하고 있었다. 내대신은 그 얼굴과 머리칼이 맞닿은 우아한 선(線)의 아리따움을 가만히 들여다보았다. 그런 기미를 느꼈는지 수줍은 듯 몸을 조금 움츠리고 있는 옆얼굴이 어여쁘고, 거문고 줄을 누르는 손놀림은 그림 속 사람처럼 보여 조모도 사랑스럽게 여기는 눈치였다. 소녀는 잠깐 줄을 고르는 정도로 그치고 거문고를 앞으로 밀어놓았다. 그리고 내대신은 6현금인 화금(和琴)을 끌어당겼다. 명수인 내대신이 현대적 기법으로 자유롭게 화금을 타는 모습은 매우 흥취 있어 보였다. 밖에서 나뭇잎이 팔랑팔랑 떨어질 때, 나이 먹은 시녀들은 눈물을 흘리면서 휘장 그늘 아래 몇 사람씩 모여 앉아 이 음악에 귀를 기울이고 있었다. 내대신은 '바람의 힘이 약한 듯하니' 하고 《문선(文選)》의 구절을 읊조린 다음 소녀에게 몇 곡을 더 청했다.

"화금 탓은 아닐 터인데 어쩐지 이상하게 슬프게 느껴지는 저녁이군. 좀더 연주하지 않겠느냐."

그리고 자신은 추풍락(秋風樂)에 맞추어 노래하기 시작했다. 노부인은 이 자리에 있는 손녀뿐만 아니라 어른인 내대신마저 귀엽게 보였다. 거기에 한결 분위기를 돋우려는 듯 겐지의 아드님이 왔다.

"이리 오세요."

외조모는 그렇게 말하고, 거실 안 휘장을 친 자리로 소년을 불러들였다.

"요즘에는 도련님을 만나보기가 어렵군요. 어찌하여 그렇게 애를 쓰며 학문에만 정진하시는 겁니까? 아버님께서는 너무 학문을 잘하셔서 불행을 자초하셨는데 그걸 몸소 경험했음에도, 도련님에게 공부를 강요하는가 보군요. 까닭이 있겠지만 그렇게 갇혀 있는 도련님이 측은합니다."

내대신이 말했다.

"가끔씩은 색다른 일도 좀 해보세요. 피리란 오랜 역사를 지닌 악기라 풍취가 있답니다."

내대신은 그렇게 말하면서 피리를 꺼내어 소년에게 건네주었다. 싱그럽고도 낭랑하게 불어대는 피리 소리는 과연 특별한 재미가 있었다. 대신은 호들갑스럽지 않게 가만가만 장단을 맞추면서 '싸리꽃 물들인 내 옷'이라는 민요를 노래했다.

"아버님 태정대신도 음악 같은 예술을 좋아하셔서, 바쁜 정치에서 잠시 벗어나 있곤 했지요. 인생은 실로 멋없는 것이니 마음 내키는 오락이나마 즐기면서 지냈으면 하지요."

내대신은 이렇게 말하며 술잔을 기울였다. 그러는 동안 날이 어둑해졌다. 곧 등불이 들어오고 더운 물에 만 밥과 과자가 들어와서 식사가 시작되었다. 따님은 벌써 저쪽으로 돌려보낸 뒤였다. 내대신은 두 사람 사이를 가로막고, 소년에게 거문고 소리조차 들려주지 않았다. 그런 기미를 보고 노부인의 시녀들은 수군거렸다.

"저러다간 머지않아 불행한 일이 일어날 것만 같네요."

내대신은 돌아가는 척했지만, 정인(情人)의 방에 몰래 들어가려고 살며시 복도를 빠져나오다가 시녀들이 쑥덕거리는 방 앞을 지났다. 의아스러운 마음에 멈춰서서 들어보니 소녀와 나눈 사랑을 문제 삼아 자신을 비난하는 소리였다.

"똑똑하신 체하시지만 어리석은 게 부모이지 않습니까. 어처구니없는 일이 자기도 모르게 벌어지고 있는데도 말이죠. 자식은 어버이가 잘 안다는 말도 모두 거짓이라니까."

그런 소리를 수군거리고 있는 게 아닌가. 기막힌 노릇이었다. 내가 두려워하던 바가 사실이 되었구나. 제멋대로 하라고 내버려 둔 건 아니었지만, 어린애이

거니 하고 방심했었다. 내대신은 서글픈 인생을 생각하면서 모든 일을 알았음에도 슬그머니 그냥 나가버렸다. 하인들이 지르는 요란한 벽제 소리에 시녀들은 그제야 이 시간까지 대신이 이곳에 머물러 있었다는 사실을 깨달았다.

"나리께서 이제야 돌아가시네요. 어느 구석에 들어가 계셨던 걸까요. 저 나이신데도 여전히 난봉을 피우시다니."

시녀들은 볼멘소리를 하며 난처해했다.

"아까 아주 좋은 향내가 우리 곁을 지나가지 않았나요. 도련님께서 지나가신 줄로만 알았는데, 이를 어쩐담, 우리가 한 험담을 듣지나 않으셨을까. 가뜩이나 성미가 까다로운 분이신데, 심술 사나운 일이라도 벌이시면 어떡하지요."

내대신은 수레 안에서 내내 깊은 생각에 잠겼다. 사촌 간 결혼은 흔한 일이라지만, 세상사람들은 야합(野合)이니 뭐니 하며 떠들어댈 텐데 참으로 괴로운 일이었다. 후궁 경쟁에서 자기 큰 딸 여어를 눌러버린 겐지가 원망스러웠기에 저 딸만은 꼭 동궁의 비로 만들어 갚음하려 하였다. 그런데 그마저 깨졌다고 생각하니 허무하기 짝이 없었다.

겐지와 내대신과의 사이는 친밀한 편이었으나, 내대신은 예전처럼 지지 않으려는 성미가 여전히 강했다. 그리하여 그 일을 불쾌하게 여겨 아침까지 잠을 이루지 못했다. 노부인도 낌새는 알아채셨지만, 너무나도 귀여운 손자라 멋대로 하게끔 내버려두고 못 보신 체한다고 시녀들이 수군대어, 내대신은 노모님까지 원망하기에 이르렀다. 화가 나면 안으로 누를 수 없는 게 내대신의 성미였다.

한 이틀 지나 내대신은 다시 노부인을 방문했다. 대신이 자주 들를 때면 노부인은 기분이 좋으셨으며 기뻐하시는 기색이 완연했다. 내 자식이지만 영광스러운 내대신이었기에 이마를 머리칼로 덮고 화장도 곱게 하셨을 뿐만 아니라, 단정한 옷으로 갈아입으셨다. 그리고 휘장을 내리고 아들 대신을 맞이하였다. 그러나 내대신은 시무룩한 표정이었다.

"이곳에 올라와 있으면 전 창피한 느낌이 드네요. 시녀들이 어떤 비난을 할지 마음이 안 놓입니다. 언행이 불량하여 어머님을 원망하게 되었습니다. 그렇게까지 심각하게 원망할 게 아니라고, 저 스스로도 마음을 누르려 합니다만 쉽게 되지 않는군요."

내대신이 눈물을 꾹꾹 눌러 닦자, 화장을 한 노모님의 얼굴빛이 달라지고 눈도 커다래졌다.

"무슨 일이 있었기에, 이 나이에 그대한테 원망을 듣는단 말인가?"

노모님 말씀에 내대신은 가슴이 쓰라렸지만 계속해서 말했다.

"어머니를 깊이 신뢰하고 있었기에, 저는 자식을 맡겨둔 채 아무것도 돌보질 않았습니다. 다만 곁에 됬던 딸아이가 후궁이 되었음에도 몸꼴이 좋지 않아 혹여 지치지는 않을까 걱정하며 시중들었을 뿐이었죠. 하지만 제가 여기서 신세지고 있는 이상 아무리 소홀히 여겨도 당신께서는 딸아이를 어엿한 숙녀로 키워주시겠거니 기대했는데, 뜻하지 않은 결과가 나타났으니 저는 분합니다. 겐지대신께서는 천하제일로 일컫는 훌륭한 분이시지만 거의 집안식구나 진배없는 사람과 한 짝이 된대서야, 남이 들어도 경솔하다고 여길 일이 아닙니까. 신분이 낮은 사람들 사이에서도 그런 짓은 이웃에 부끄러워 차마 말하지 못하는 법인데, 그분으로서도 거북한 일이지요. 아주 동떨어진 집안에서 의젓하게 사위를 맞아들이는 편이 얼마나 행복한 일인지 모릅니다. 겐지대신께서 사촌 간 결혼을 불쾌하게 여기실지도 몰라요. 결혼을 시키셔도, 미리 저에게 알려주셨다면 저대로 또 무슨 방도가 있었을 게 아닙니까. 바른 격식이라도 밟았으면 그나마 남들이 듣기에 좋았을 수도 있었을 터인데, 당신께서는 그저 아이들이 하는 거리낌없는 행동을 그대로 내버려두셨다니 저는 참으로 유감스럽게 생각합니다."

내대신의 자세한 이야기를 듣고 비로소 진상을 알게 된 노부인은 꿈에도 상상하지 못했던 일이라 그만 놀라고 말았다.

"그대가 그렇게 말하는 것은 당연하지만, 나는 두 아이가 무엇을 생각하고 무엇을 하는지 전혀 몰랐소. 나야말로 분해 죽겠는데, 아이들과 똑같이 죄를 뒤집어쓰라니 원망스럽군요. 난 그 애가 내 곁에 왔을 때부터 너무나 귀여워서, 그대가 생각지도 못할 만큼 소중히 돌봐주었소. 그리고 난 그 애한테 여자로서 가장 행복한 삶을 누릴 수 있도록 해주려고 했지요. 손자가 아무리 예뻐도 이렇게 어린 나이에 결혼을 허락한다는 것은 생각할 수조차 없는 일이오. 그건 그렇고, 대체 누가 그대에게 그런 이야길 귀띔했다는 건가요. 세상사람들의 쓸데없는 헛소문을 듣고 화를 내는 일은 좋지 않을뿐더러 없는 사실로 딸의 이름에 흠을 남길까봐 걱정됩니다."

"아니, 없는 사실이라고요? 시녀들도 돌아서면 손가락질하며 비웃고 있는데,

제 속이 편할 수 있겠습니까."

그러더니 내대신은 휑하니 나가버렸다. 사정을 이해하는 사람들은 파국에 맞닥뜨린 소년 소녀들을 가엾게 여겼다. 간밤에 남들 모르게 이야기를 나눈 시녀들은 아찔하니 애가 탔고, 어째서 그런 비밀을 화제로 삼았을까 하며 후회하고 괴로워했다.

딸은 아무것도 알지 못했다. 거실에 아름다운 얼굴로 다소곳이 앉아 있는 딸의 모습을 애처롭게 바라보던 내대신의 가슴에는 부성애가 울컥 솟아올랐다.

"네가 아무리 철이 안 들고, 나이가 어리다 해도 이럴 줄은 몰랐다. 남들만큼 어엿하게 자라나기를 바란 나야말로 어리석었구나."

대신은 그렇게 한탄하면서, 이번엔 유모를 꾸짖었다. 유모는 내대신에게 한마디 변명도 하지 못했다.

"옛날이야기에도 내친왕들께서 실수를 저지른 비슷한 일이 있었지만 누군가가 그분들의 믿음을 배신해서 남자분을 끌어들인다거나, 뜻하지 않게 방심을 해서 그렇게 된 거지요. 그런데 이번 일은 몇 해 동안 뛰놀며 함께 지낸 사이에서 벌어진 일이 아닌가요? 아직 두 분은 어리기도 하고, 할머님께서 너그러이 대하시기에 감히 우리는 막을 수 없겠다 싶어 그대로 보고만 있었던 겁니다. 지지난해부터 일상적인 일에서는 둘을 완전히 떼어놓은 듯했는데, 나이가 어려 단정치 못한 행동을 하는 이도 있지만 도련님은 그런 행동을 조금도 하지 않으시는 것 같아 아주 마음을 놓고 있었습니다."

다만 그렇게 저희들끼리 한탄하고 있을 뿐이었다.

"그럼, 이 일은 당분간 비밀로 해두자꾸나. 어떻게든 소문은 나기 마련이지만, 그렇더라도 자네들이 사실이 아니라고 부정해 주게. 이제 곧 내 집으로 데려갈 테니까. 어머님의 따스한 손길이 부족했기 때문이지. 설마 자네들이 아무리 한들 이렇게 되라고 바랐던 것은 아닐 테니까."

내대신이 그렇게 말하자, 유모들은 그런 대접을 받으시는 노부인을 가엾게 생각하면서도, 자기들의 잘못이 없다고 밝혀지자 그제야 마음을 놓았다.

"마땅히 그래야지요. 대납언 댁에 들어갈 소문도 저희들은 다 생각하고 있습니다. 아무리 인품이 훌륭하더라도, 왕족이 아닌 분과 짝지어지시는 일을 저희들은 바라고 있지 않습니다."

딸은 정말 순진해서, 아무리 타이르거나 가르쳐도 알아들을 듯하지 않아 내대신은 눈물을 글썽이며 말했다.

"이 아이한테 흠이 가지 않게 하려면 어떻게 체면을 세워야 할까."

내대신은 몇몇 사람들과 몰래 의논했다. 그들은 노부인의 태도가 옳지 못했다고 들먹거렸다.

노부인은 두 손녀 손자의 불상사를 몹시 슬퍼했는데, 그러면서도 소년을 사랑하는 마음이 깊어, 벌써 그렇게 연애를 할 만큼 컸냐고 내심 귀엽게 여기셨다. 내대신의 어림없는 이야기를 곧이듣지 않았고 그럴 수도 없었다. 본디 그다지 애정을 가지지 않은 자식을 내가 소중히 길러주었기에 동궁의 후궁이라는 야망도 품지 않았던가, 만약 그 희망이 실현되지 못하고 평범한 결혼을 해야 하는 운명이라면 겐지의 아드님 이상으로 훌륭한 사위가 어디 있겠는가. 용모를 비롯해서 무엇을 말하더라도 그만한 귀공자가 따로 있을 수 없다. 도리어 더 지체 높은 집안의 아가씨와 맺어져도 손색이 없는 아이라며 겐지 아드님의 역성을 들고 내대신을 원망했다. 그러나 노부인의 이런 심정을 알았다면 대신은 더욱 원망했으리라.

자기 일로 해서 이런 소동이 있는 줄도 모르고 소년이 왔다. 그저께 밤에는 사람들이 많아서 소녀를 볼 수 없었다. 하지만 오늘은 참을 수 없이 그리워서 저녁부터 찾아온 모양이다. 외조모는 평소 이 아이를 맞아들이면 무척 기쁜 얼굴을 하고 반가워했었는데, 오늘은 아주 엄한 태도로 이야기했다.

"도련님 때문에 내대신이 와서, 나한테 실망스럽다는 말을 하기에 너무나 민망했습니다. 도련님이 좋지 못한 일을 저질러서 그 때문에 다른 사람이 불행해지는 게 아닐까요? 난 잔소릴 하고 싶지 않지만, 그런 일이 있었다는 걸 도련님도 아셔야 합니다."

짚이는 데가 있었던 소년은 이내 외조모의 말뜻을 알아차렸다.

"무슨 말씀이십니까. 조용한 곳에 틀어박힌 뒤로는 누구와도 왕래하지 않았는걸요. 외삼촌 감정을 상하게 한 적은 없습니다."

그러면서 얼굴이 새빨개진 소년이 수치스러움을 못 견디겠다는 태도를 보이자 외조모는 측은한 마음이 들었다.

"뭐 별일은 아니지만 이제부터는 조심해야 해요."

그렇듯 짧게 말하고 다른 이야기로 옮겨버렸다.

이제부터는 편지 왕래도 한층 어려워졌다고 생각하니 도련님의 마음은 착잡해졌다. 만찬이 나와도 별로 먹지 않고 일찌감치 잠든 척하면서 어떻게든 소녀를 만나려는 생각에 골몰했다. 도련님은 집안사람들이 잠들었을 즈음 소녀의 방 장지문을 열려고 당겼다. 평소엔 따로 자물쇠를 잠근 적이 없었던 문이었지만 오늘 밤은 꼭 잠겨 있었고, 저쪽에서는 사람 소리도 들리지 않았다.

도련님이 외로운 모습으로 장지에 기대서서 있으니 아가씨도 눈을 뜨고 잠을 이루지 못하는 모양이었다. 바람 소리가 뜰 앞 대나무에 머물러 살랑거리는가 하면, 하늘을 날아가는 기러기 소리가 어렴풋이 들려오기도 했다. 천진난만한 아가씨도 사무치는 심정이 들었는지, '구름너머 기러기도 나를 닮았는가' 하고 읊조리고 있었다. 그 풍정이 소녀답고 매우 사랑스러워 보였다. 도련님은 더욱 쓸쓸한 마음에 이렇게 말했다.

"여길 열어주세요. 소시종(小侍從)은 없나요?"

그러나 저쪽에서는 아무런 대답도 없었다. 여기서 말한 소시종이란 유모의 딸이다.

혼자서 중얼거린 소리를 들었구나 싶어, 부끄러운 아가씨는 이불을 얼굴에 뒤집어썼으나 그래도 아주 어린애는 아니라 소년의 마음을 모르지는 않았다. 유모가 옆에서 자고 있었기에 꼼짝할 수도 없었다. 그렇게 두 사람 다 잠자코 있었다.

기러기는 친구를 부르며 한밤에 우는데
갈대숲 시린 바람만 야속하게 불어오네

이렇게도 가슴에 사무치는 것일까 하고 도련님은 생각하면서 거실 쪽으로 돌아섰는데, 탄식하는 숨소리에 외조모가 잠에서 깨어나시지는 않을까 해서 몸을 뒤척이는 것마저 조심스러웠다.

도련님은 괜스레 부끄러워 일찍 일어나 자기 방으로 가서 편지를 썼다. 그러나 두 사람 편인 소시종과는 만나지도 못했고, 아가씨 방으로도 갈 수 없어 번민만 하고 있었다. 소녀도 아버님한테 야단맞고, 사람들 수군거림이 부끄러워서 장차 자기가 어떻게 되고 그 사람이 어떻게 될 것인지는 깊이 생각지도 못했다. 둘이서 나란히 앉아 사랑 이야기를 하는 일이 어째서 나쁘고 추악한 짓인지 헤아릴 수 없었다. 그저 그 아름다운 장면만이 그리웠다. 유모한테 심한 꾸중을 들은 뒤라 편지를 써서 보내는 일조차 엄두가 나지 않았다. 어른이라면 그런 상황에서도 기회를 잡아낼 수 있겠지만, 도련님은 소년이라 다만 안타깝게 여길 뿐이었다.

내대신은 그 뒤로도 방문하지 않았고 노부인을 몹시 원망하고 있었다. 집에 가서도 부인에게 이번 사건에 대해서는 이야기하지 않고, 신경질적으로 불쾌하다는 태도만 보였다.

"우메쓰보 중궁(中宮)이 화려하게 황후 책립식을 치른 이 마당에, 같은 대궐인데도 우리 여어는 쓸쓸하게 지내는 걸 생각하면 나는 견딜 수가 없구려. 차라리 퇴출하게 해서 집에서 마음이나 편히 쉬게 하고 싶소. 그나마 폐하께서는 곁에서 놓칠까봐 애지중지하시는 모양이지만, 덕분에 시녀들은 늘 긴장하고 있어야 할 판이라 견뎌내기 힘들 것 같소."

그렇게 부인에게 이야기한 내대신은 갑자기 여어의 퇴궐을 상감께 아뢰었다. 하지만 상감은 자신이 깊이 총애하는 여어의 퇴궐을 허락하지 않으셨다. 그러나 이런 말 저런 말로 내대신이 자기 뜻을 관철하려 하기에 상감은 하는 수 없이 윤허하셨다. 자택으로 돌아온 내대신은 여어에게 말했다.

"심심할 터이니 할머니 댁에서 아가씨를 불러다가 같이 놀도록 해라. 그 아이는 할머니한테 맡겨두는 게 안심이 되지만, 그 집에는 조숙한 도련님도 계시지 않느냐. 함께 어울려 몸가짐이 흐트러질 염려도 있고, 이젠 그런 점도 생각해야 할 나이가 되지 않았느냐."

그런 말을 하면서, 소녀를 사가로 데리고 가려고 하자 노부인은 몹시 낙담하여 이렇게 말했다.

"단 하나 있던 딸이 죽은 뒤로 나는 마음이 약해져서 적적하기만 하던 참에, 그대가 손녀를 데려왔기에 한평생 바라보면서 쓸쓸함을 달래도록 보배처럼 소중히 여기고 보살폈습니다. 그랬는데 이 나이가 되어 그대한테 믿음을 잃었다고 생각하니 섭섭하구려."

하고 말씀하시자 내대신은 황송해서 이렇게 말했다.

"유감스럽다고 한 말은 그 자리에서 그대로 전해드린 솔직한 심정입니다. 제가 어머님을 믿지 않다니 감히 그런 일이 있겠습니까. 대궐에 있는 딸에게 좋지 않은 일이 있어서 요즘에는 집에 돌아와 있습니다만, 심심해하는 모습이 가엾기 짝이 없습니다. 같이 놀면서 지내는 게 좋을 듯싶어 얼마 동안 데려가는 것입니다."

그러고는 또 이렇게 말했다.

"오늘날까지 키워주신 은혜는 결코 잊지 않겠습니다."

한번 마음먹은 일은 말려도 돌이키지 않는 내대신의 성미를 잘 알고 계셨던 노부인은, 그저 안타깝게 여기실 뿐이었다.

"사람이란, 내가 바라는 만큼 이쪽을 헤아려 주지는 않는 법이구나. 두 젊은 이가 그랬지 않았던가, 나 몰래 그런 큰 사건을 일으키고. 그건 그렇다 쳐도, 내대신은 훌륭하고 분별있는 사람이면서도 나를 원망하고 이렇게 손녀를 데려간단 말인가. 저쪽 집으로 간대도 여기보다 더 안심이 되지는 않을 거야."

노부인은 울면서 그렇게 시녀들에게 말하고 있었다. 마침 거기에 도련님이 와 계셨다. 조금이라도 기회가 없을까 해서, 요즘엔 곧잘 나오고 있었다. 멈춰 져 있는 내대신의 수레를 보자 스스로 쑥스러움을 느낀 도련님은 살그머니 들어와서 자기 거실에 숨었다.

내대신의 아들들인 좌소장(左少將)과 소납언·병위좌(兵衛佐)·시종(侍從)·대부(大夫)도 이 댁으로 왔는데, 그들은 발 너머로 들어갈 수는 없었다. 내대신의 배다른 형제인, 좌위문독이나 권중납언들은 고인인 태정대신의 유언대로 노부인을 친어머니처럼 정성껏 모셨다. 그런 관계로 그들은 자주 문안인사를 드리러 왔으며 그 아이들도 드나들었는데, 아무도 겐지의 아드님만큼 아름다운 얼굴을 가진 사람은 없었다. 노부인께서도 비할 데 없이 귀여워하시는 손자였다. 그러다 아씨를 곁에 두고 키우며 갖은 애정을 쏟았는데, 노부인은 별안간 이렇게 떠나보내게 된 허전함을 한탄하고 계셨다.

"잠깐 대궐로 들어갔다가 저녁녘에 마중하러 오겠습니다."

내대신은 그렇게 말하고 나갔다. 차라리 내대신은 원만하게 이야기해서 결혼이라도 시킬까 생각했다. 그러나 그 또한 수긍이 가지 않았다, 겐지의 아드님이 관리로서 경력을 어느 정도 쌓았을 즈음, 딸에 대한 애정이 깊은가 얕은가도 볼 것이며, 허락하더라도 형식을 갖춘 결혼을 시키리라. 만약 엄중히 감독한다 하더라도, 젊은 두 사람을 함께 둔다면 청춘 남녀들끼리 방종한 짓을 할 게 뻔했다. 노부인도 굳이 말리려고는 하지 않으실 게다. 이렇게 생각하며 여어(女御)가 심심해한다는 것을 핑계 삼아, 어련무던한 말로 노부인을 설득하여 둘째 딸을 자기 집으로 데려가고 말리라 마음먹었다.

노부인은 아씨에게 편지를 써 보냈다.

'내대신은 나를 원망하실지도 모르지만, 내가 너를 얼마나 사랑하는지 너는 알고 있겠지. 이리 와서 나를 좀 보자꾸나.'

노부인의 분부를 받고 곱게 차려입은 아가씨가 찾아왔다. 나이는 열네 살로 아직 어른이 되지 않아 앳되게 보였지만 고매한 기품이 있었다.

"늘 너를 내 곁에 두고 바라보는 게 인생의 더없는 낙이었는데, 네가 가버리면 쓸쓸해서 어떻게 살겠니. 나와 헤어져 네가 가는 곳이 어딜까 생각하면 불쌍해서 못 견디겠구나."

그러면서 노부인은 울기 시작했다. 아씨는 얼굴을 들지도 못한 채 덩달아 울었다. 자신의 사랑 때문에 조모가 한탄한다 생각하니 부끄러움을 금할 길이 없었다.

도련님의 유모가 나오더니 속삭였다.

"앞으로도 영원히 도련님과 함께 할 아씬 줄 알았는데 이렇게 가버리신다니 정말 섭섭할 따름입니다. 대감님께서 다른 분과 결혼을 시킨다 하시더라도 절대 따르지 마세요. 네?"

그러자 아가씨는 더욱 수줍어서 아무 말도 못했다.

"그런 복잡한 이야긴 안 하는 게 좋겠다. 연분은 누구나 전생부터 정해진 것이니 알 수 없는 게야."

노부인은 말했다.

"하지만 대감님은 도련님이 초라하다고 깔보시는걸요. 그렇지만 아가씨, 어디 두고 보세요. 우리 도련님이 어느 누구한테 뒤질 분인가요?"

유모는 분해서 그런 소리까지 씩씩거리며 하고 있었다. 도련님은 휘장 뒤로 들어와서 아가씨를 바라보았는데, 남부끄러워하는 마음도 사태가 급박하지나 않았을 때지, 지금은 그런 것도 생각할 겨를 없이 울음을 터뜨렸다. 유모가 이를 가엾게 여겨 노부인께는 그럴싸한 말로 얼버무리고, 저녁녘 어스름에 두 사람을 다른 방에서 만나게 했다. 쑥스러움에 두 사람은 아무 말도 하지 못한 채 울기만 했다. "외삼촌 태도가 너무 원망스러워 차라리 당신을 잊어버리고도 싶지만, 만나지 않으면 얼마나 괴로울까 하고 벌써부터 걱정이 돼요. 만나고자 하면 만날 수 있었을 때 왜 난 더 자주 오지 않았던 걸까."

그렇게 말하는 도련님의 앳된 모습이 아가씨의 마음에 와 닿았다.

"저도 괴롭겠죠. 틀림없이."

"그리울 거라고 생각하오?"

도련님이 묻자, 아가씨는 앳된 얼굴로 가만히 고개를 끄덕였다. 사랑채에는 등불이 켜지고, 대문 앞에선 내대신의 하인들이 호들갑스럽게 외치는 벽제소리가 들려왔다.

"자, 어서요. 내대신께서 오셨나봐요."

시녀들이 웅성거리자 아가씨는 겁을 먹고 오들오들 떨었다. 소년은 이젠 될 대로 돼 버리라는 태도로 아가씨를 돌려보내려 하지 않았다. 아가씨의 유모가 찾으러 오자 비로소 두 사람의 밀회가 들키고 말았다. 이 무슨 망측한 짓일까. 예상대로 노부인께서 알고 하신 일이었구나 생각하니 유모는 노부인이 정말 원망스럽지 않을 수 없었다.

"아니, 이게 무슨 짓입니까? 이 광경을 보면 대감님께서 얼마나 화내시고 또 무슨 말씀을 하실지. 더군다나 안찰사 대납언 댁에서도 이걸 아신다면 어떻게 생각하시겠습니까? 아무리 귀공자라지만 서방님 되시는 분의 신분이 청포(靑袍) 입은 육위(六位)라니."

바로 두 사람이 있는 병풍 뒤에서 유모가 한탄하는 소리가 들려왔다. 도련님은 자신의 낮은 벼슬을 모욕하는 줄을 알고, 갑자기 인생이 싫어지고 사랑도 조금 식은 느낌이었다.

　　붉은 눈물로 젖은 소매 빛을
　　어찌 푸르다며 놀리십니까.

"창피해서 견딜 수가 없군요."

도련님이 말하자 아가씨가 답가를 불렀다.

　　같은 빛깔 옷을 입는다 하여도
　　입은 사람에 따라 다르게 보입니다.

그러나 미처 그 말을 채 맺기도 전에, 벌써 내대신이 집 안으로 들어왔다.

그리고 아가씨는 그대로 일어섰다.

혼자 처져 앉은 몰골이 사나워 보일까봐, 슬픔에 가슴이 터질 듯한 도련님은 자기 거실로 돌아와서 잠을 청했다.

수레 셋에 나눠 탄 아가씨 일행이 이 집에서 살며시 빠져나가는 소리가 들려왔다. 그 소리를 듣는 것만도 도련님은 너무나 괴로웠다. 외조모의 거실로부터 도련님을 맞으러 시녀가 왔을 때에도, 도련님은 잠든 척 움직이지 않았다. 눈물이 그치지 않은 채 한 잠도 이루지 못하고 날이 샜다.

하얀 서리가 드리운 이른 아침에 도련님은 급히 서둘러 집을 나섰다. 울어서 퉁퉁 부은 눈을 남이 볼까 창피했는데, 외조모께서 오라고 또 부르실 듯해서 자유로운 곳으로 몸을 피하려 했다. 수레 속에서도 깨져버린 사랑의 슬픔을 뼈저리게 느꼈는데, 날씨마저 몹시 흐리고 어두운 쓸쓸한 새벽녘이었다.

　얼어붙은 찬 서리마저 굳게 닫힌 새벽에
　하늘도 어둑어둑 흐르는 눈물이여.

이런 노래를 떠올렸다.

올해 겐지는 고세치[五節]*6 축제에 무희(舞姬) 하나를 내보내기로 되어 있었다. 대단한 채비랄 것도 없었지만, 날이 다가오면서 따라나설 어린 시종아이의 옷 따위를 마련해야 했다. 동원(東院)의 하나치루사토 부인은, 무희가 궁중으로 들어가는 날 밤에 따라갈 시녀들의 옷을 손수 짓고 있었다. 이조원에서는 모든 여인들이 의상 만들기에 바빴다. 중궁도 동녀와 시녀 몇 사람이 입을 옷을 화사하게 만들어 보내주셨다. 지난해에는 상중이라 고세치 축제가 없었던 탓으로, 올해는 다가오는 그날을 누구나 부푼 가슴을 안고 기다렸다. 무희 다섯 명 가운데 하나씩 맡아서 바치기로 되어 있었는데, 누가 더 호화롭게 해내느냐가 평가기준이었다.

안찰사대납언과 좌위문독의 딸들이 이 경합에 나가기로 했다. 그리고 전상관 가운데에서는, 지금은 오우미 태수(近江太守)이자 좌중변인 요시키요[良淸] 대감의 딸이 예정되어 있었다. 올해부터 무희는 그대로 궁녀가 될 수 있었기

---

*6 고세치[五節] : 고세치 축제를 위한 무희 임명식, 또는 그 무희를 이르기도 한다. 궁정에서 여는 환영회 등에서 춤을 춘다.

때문에, 각 집안에서는 귀여운 따님들을 기꺼이 참가케 하라는 소문이 있었다. 겐지가 내는 무희는 세쓰태수(攝津太守)겸 좌경대부(左京大夫)*7인 고레미쓰(惟光)의 딸로서 미인이라는 평판이 자자한 아이였다. 그러나 고레미쓰는 선뜻 마음이 내키지 않았다.

"대납언 첩의 소생마저 무희로 내려는 판인데, 자네가 아끼는 딸을 내놓으니 부끄러울 게 있겠는가."

결국 주위에서 억지로 권하는 바람에, 궁녀가 될 수 있다면 그리 나쁘진 않겠다며 주군의 분부에 따르기로 했다. 고레미쓰는 집에서 딸에게 무용 연습을 완벽하게 시키고, 무희를 직접 돌봐주는 시녀 몇 사람을 정해 첫날 저녁녘에 이조원으로 보냈다. 겐지도 어린 아이와 잔심부름을 할 사람 몇몇이 필요했으므로 이조원과 동원(東院)의 우수한 자들 가운데에서 골라내기로 했다. 다들 여기 뽑히면 영광이리라 생각하고 모여 있었다.

겐지는 상감께서 고세치 동녀를 보시게 될 그날을 대비해 그들에게 툇마루 위를 걸어 보라고 시켰다. 하지만 떨어뜨릴 만한 아이는 하나도 없었다. 제각기 특색 있는 얼굴과 아름다운 자태를 지녀서 겐지는 오히려 난처했다.

"차라리 시중들 동녀를 한 사람 더 내줄까."

겐지는 웃었다. 마침내 태도가 좋고 품위 있는 동녀가 뽑혔다.

대학생인 도련님은 실연으로 인한 슬픔에 가슴이 꽉 막혀 무엇에도 흥미를 느끼지 못할 만큼 풀이 죽어 있었다. 책도 읽고 싶지 않은 울적한 기분을 어떻게 하면 달랠 수 있을까 하고, 고세치의 밤에 그는 이조원으로 갔다. 풍채도 좋고 의젓한 소년의 멋진 모습을 젊은 궁녀 모두가 사모했다. 아버지 겐지는 도련님이 무라사키 부인이 있는 발 앞에도 앉지 못하도록 신경을 썼다. 자신의 경험으로 미루어 아들을 경계했기 때문이다. 때문에 궁녀들도 감히 접근하지 못했는데, 오늘은 그런 도련님이 북새통을 틈타 여자들 방으로 끼어 들어가 있었다.

쌍바라지가 있는 사랑방에는 병풍 칸막이로 둘러친 임시 휴게소가 마련되었고 수레에서 내린 무희가 그곳으로 들어갔다. 그런데 그 병풍 뒤에서 도련님은 살그머니 무희를 엿보았다. 무희는 고단한 듯 길게 누웠는데 꼭 아가씨와

---

*7 좌경대부(左京大夫) : 교토의 주작대로 동쪽인 좌경(左京)의 사법·행정·경찰 업무를 담당했던 좌경직(左京職)의 장관, 종사위(從四位) 관직.

같은 나이 또래로 보였다. 물론 그녀보다는 조금 키가 크고, 산뜻한 아름다움은 그 사람 이상이었다. 어두워서 잘 보이지 않았지만 나이가 비슷해서 사랑하는 아가씨 생각이 절로 났고, 변심은 아니지만 어쩐지 이쪽에도 관심이 가기 시작했다. 도련님은 넌지시 무희의 옷자락을 잡아당겨 보았다. 무희가 의아한 얼굴로 물끄러미 쳐다보자 이렇게 말했다.

풍요의 여신을 모시는 천녀님, 부디 잊지 마세요.
이미 제가 마음속에 당신을 점찍어 두었답니다.

"전부터 마음에 두고 있었습니다."
그러자 그녀야말로 아닌 밤중에 홍두깨라는 표정이었다. 음성은 앳되고 아름다운데, 무희는 누구인지 도무지 생각해 낼 수 없었고, 어쩐지 무서워졌다. 그때 시중드는 여자들이 화장을 고치러 우르르 몰려들었기 때문에 도련님은 미련을 남긴 채 나와버렸다.

지금까지 도련님은 푸른 관복이 싫어서 대궐에 가지 않았지만, 축제 동안만은 노오시 차림으로 입궐할 수 있으므로 푸른 옷을 입지 않아도 되었다. 그래서 도련님은 그날 밤부터 대궐에도 들어갔다. 아직 몸이 자그마한 이 미소년은 젊은 귀공자답게 대궐 안을 뛰놀고 다녔다. 상감을 비롯해서 이 소년을 사랑하지 않는 분이 없었기에, 도련님은 비할 데 없을 만큼 큰 은총을 입고 있었다.

고세치 무희들이 입궐하는 의식에는 모든 무희들이 아름답게 차려입었는데, 젊은 관원들은 겐지의 무희와 대납언의 무희가 출중하고 아름답다며 저마다 칭찬했다. 사실 둘 다 예쁘긴 했지만, 우아함은 겐지의 무희가 뛰어났다. 현대적이면서도 세련된 고세치 무희는 보기 좋은 자연스러운 꾸밈새를 칭찬받았다. 옛날 무희보다는 조금 어른스러운 편이었으나 기대에 어긋나지 않는 무희들이었다. 겐지도 입궐해서 두루 구경했는데, 고세치의 무희에 눈길을 빼앗겼던 옛날이 생각났다. 용날(辰日) 저녁에 겐지는 대이(大貳)의 고세치에게 편지를 썼다. 그 사연은 짐작할 만하다.

선녀처럼 춤추던 그대도 나이를 먹었나요.

어느새 옛 벗도 이렇게 나이를 먹었으니까요.

겐지는 흘러가는 세월을 생각하고 쓸쓸한 심정으로 옛사랑을 떠올리며 써 보냈던 것인데, 이를 받은 옛날 고세치의 무희는 여전히 가슴이 설레니 그런 자신이 못마땅할 뿐이었다.

아침 햇살에 녹는 서리처럼 이끌렸던 그날이
아직도 오늘처럼 뚜렷하게 떠오릅니다.

쪽으로 물들인 편지지는 무희가 입었던 쪽빛 당의에 색을 맞춘 듯 멋스러웠다. 누구인지 알 수 없도록 글씨체를 바꾸어 군데군데 짙고 엷게, 초서(草書)를 많이 섞어가며 흘려 썼는데 신분에 어울리지 않게 훌륭했다.

도련님도 눈에 띄는 아름다운 무희를 보고선 만나서 얘기할 기회를 만들고 싶었다. 그는 무대 뒷방 언저리로 가보았으나 가까이에 얼씬도 못하게끔 경비를 하고 있어서, 부끄럼 많은 도련님은 탄식만 할 뿐 더는 나서지 못했다. 무희의 아름다운 얼굴을 잊을 수 없었던 도련님은 차라리 원망스러운 애인을 만나지 않고 그 무희를 만났으면 하는 생각이 간절했다.

고세치 무희들은 그대로 궁중에 머물며 궁녀로 섬기게 되어 있었으나, 모두 한 번 퇴출하기로 했다. 오미태수의 딸은 가라사키*8에서, 세쓰태수의 딸은 나니와*9에서 재계(齋戒)를 하려고 자신의 집으로 돌아갔다. 대납언도 때를 보아 자신의 딸을 궁으로 들여보내겠다고 아뢰었다. 좌위문독은 제 딸이 아닌 아이를 딸이라 속여 고세치로 내놓았기에 문제가 됐으나 그 아이도 궁녀로 뽑혔다.

고레미쓰는 전시(典侍) 자리가 하나 비어 있음을 알고 그 자리에 자기 딸을 채용해 달라며 부탁했다. 겐지가 그렇게 해준다는 말을 듣고 도련님은 무척 서운해했다. 자신이 소년도 아니고 또 육위(六位) 계급만 아니었다면, 그 무희를 궁녀로 들여보내지는 않을뿐더러 내대신에게 간청해 첩을 두는 일을 묵인하게 할 수도 있겠지만, 지금으로선 불가능했다. 그리운 심정을 차마 알리지 못하고 단념하려 했으나, 아가씨를 생각하는 동시에 무희를 떠올리자 눈물이

---

*8 가라사키 : 지금의 시가현(滋賀縣) 비와호(琵琶湖) 서안(西岸)에 있는 곳.
*9 나니와 : 지금의 오사카.

절로 나왔다. 도련님에게 신하의 예의를 깍듯이 지키는 고레미쓰의 아들을 만난 어느 날, 도련님은 평소보다 더 다정하게 말을 걸며 물었다.

"너의 누님은 언제 대궐로 들어가지?"

"올해 안에 입궁한다고 합니다."

"미색이 고와 난 그 사람이 마음에 들었다. 넌 누님을 날마다 볼 수 있으니 부럽구나. 나한테 그분을 다시 한 번 볼 기회를 만들어주지 않겠나?"

"저도 누님을 자주 보지는 못합니다. 제가 사내 형제이기에 너무 가까이가진 않는답니다. 그러니 도련님은 어림도 없지요."

"그럼, 편지나 전해 주게."

도련님은 고레미쓰의 아들에게 편지를 주었다. 여태까지 이런 심부름을 한 뒤 늘 집에서 야단을 맞아 온 그였다. 그 아이는 난처했지만 어떻게든지 편지를 전해 달라는 도련님이 가여워서 그것을 갖고 집으로 갔다. 무희는 나이보다 조숙해서 그런지, 도련님의 편지를 반가워했다. 싱그러운 초록빛 접종이에 쓰인 글씨는 아직 어린 티가 났지만, 장래성이 보이는 솜씨로 신선했다.

빛나는 햇살 같은 무희에게 또렷이 드러났겠지요.
소맷자락을 나부끼며 춤추는 모습에 빼앗긴 내 마음.

누이와 동생이 이 편지를 함께 읽고 있는데 아버지 고레미쓰가 느닷없이 나타났다. 너무 무서워서 편지를 숨기지도 못한 두 남매였다.

"그 편지는 누가 보낸 거냐?"

아버지가 편지를 집어들자, 남매의 얼굴은 홍당무가 되었다.

"못된 심부름을 했군."

야단맞고 달아나려는 아이를 얼른 붙잡아 고레미쓰는 캐물었다.

"누가 시켰지?"

"겐지 대감님의 도련님이 부탁한다고 하시기에."

그 소리를 듣자, 이때까지 노여운 얼굴을 했던 고레미쓰는 금세 미소를 띠면서 도련님을 칭찬했다.

"참 귀여운 장난을 하시는구나. 너희들은 같은 나이이면서도 아직까지 철이 들지 않았구나."

아내에게도 그 편지를 보이며 말했다.

"이런 귀공자의 사랑을 받을 수 있다면, 궁녀살이를 시키느니 차라리 도련님께 드리고 싶은걸. 겐지마마의 성격을 보아하니, 일단 연애가 성립되면 먼저 상대방을 버리는 법은 절대로 없었지. 나도 아카시 법사가 되어 볼까."

그러나 아무도 고레미쓰의 말은 상대도 하지 않은 채 무희를 궁궐로 보낼 준비를 서둘렀다.

도련님은 아가씨께 편지를 보낼 수도 없었다. 두 사랑을 하고 있는데, 더 소중한 그 사람이 마음에 걸렸기 때문이다. 시간이 가면 갈수록 그리워 눈앞에서 떠나지 않는 아가씨의 환영을 다시 한 번 만날 수는 없을까 한탄스러워했다. 조모님 댁으로 가려 해도 까닭없이 슬퍼져서 자주 가지도 못했다. 그 사람이 거처하던 사랑방이며 어릴 적부터 함께 놀던 방을 보면 안타까움이 더해갈 뿐, 그것마저 원망스러웠다.

도련님은 다시 공부방에만 틀어박혔다. 겐지는 같은 동원에서 지내는 하나치루사토 부인께 어머니로서 도련님을 보살펴 달라고 부탁했다.

"노부인은 나이가 많아서 언제 어떻게 되실지 알 수 없습니다. 그러니 세상을 떠나신 뒤를 생각해서 지금부터 곁에 두고 보살피는 게 좋겠소."

겐지는 그렇게 말했다. 여자는 겐지의 말이라면 순종하는 성품이라 도련님을 사랑하는 마음으로 친절히 보살폈다. 도련님은 양어머니의 얼굴을 어렴풋이 보기도 했는데 잘생기지 못한 얼굴이었다. 아버지는 이런 사람을 아내로 받아들였는가. 야속한 아가씨의 얼굴에 집착해 그녀를 잊지 못함은 자기 마음이 미숙하기 때문이 아닌가. 이렇게 마음씨 고운 여자와 부부가 된다면 얼마나 행복할까. 그러나 아름답지 못한 얼굴을 마주 대하면 정이 갈 수 있을까. 이렇게 오랫동안 관계를 가지면서 용모는 빼어나지 못했지만 아름다운 성품을 인정한 아버님은 부부생활은 둘째치고 아내로서의 대우에 한껏 호의를 베풀고 계셨으며 그 점은 합리적이었다.

이 소년은 그런 것까지 관찰하고 있었다. 노부인께서는 여승 차림을 하고 계셨지만 여전히 아름다웠고, 소년이 보아온 시녀들은 모두가 미색이 고왔다. 그래서 소년은 여자 얼굴은 누구나 예쁜 줄 알고 있었는데, 젊었을 적부터 어여쁘지 못했던 하나치루사토는 여자로서 한창 나이까지 지나 깡마르고 초라했다. 심지어 머리숱마저 드물어 소년은 더더욱 그녀의 흠이 잡혔다.

노부인은 도련님을 위해 새해 옷가지들을 마련하셨는데, 아름다운 봄옷이 몇 벌이나 준비되었다. 하지만 도련님은 그 푸른 관복을 보는 일조차 역겨워하셨다.

"설날이라 해도 저는 반드시 대궐로 들어갈 것도 아닌데, 무엇 때문에 이렇게 마련하시는 겁니까?"

"그게 무슨 소리. 마치 다 기운 빠진 늙은이 같은 말을 하시는군요."

"늙은이는 아니지만 전 기력이 없는걸요."

도련님은 혼잣말을 하면서 눈물을 머금었다. 이 모습을 바라본 노부인도 도련님이 실연을 비관하고 있구나 싶어 측은해졌다.

"남자는 아무리 신분이 낮을지라도, 마음가짐만은 높게 가져야 해요. 너무 울적한 모습은 보이지 마세요. 그렇게 고민할 필요는 없답니다."

"걱정하지 마세요. 사람들이 제가 육위(六位)라 업신여기는 게 싫어서 그렇습니다. 이것도 한때뿐이라고 생각하지만 마음이 무거워 대궐에 들어가기가 내키질 않아요. 만일 할아버지께서 살아 계셨다면 남들이 속으로야 어찌 생각하든 대놓고 저를 무시하지는 못했을 텐데요. 아버님께서도 피가 이어진 부자 사이에 거리를 두고 딱딱하게만 대하시니 섭섭합니다. 그분은 이조원에서는 저를 한 가족으로서 친밀하게 대하지 않고, 동원(東院)에 들어서야만 아들 대접을 해주십니다. 그래도 서쪽 별채에 계신 어머님만은 제게 다정하게 대해 주십니다만, 그럴 때마다 친어머님이 계시다면 얼마나 좋을까 생각합니다, 할머님."

도련님이 흐르는 눈물을 얼버무리는 모습을 보자, 외조모님도 주르륵 눈물을 쏟으면서 우셨다.

"어미를 여읜 자식이란 어느 집안에서든 모두 서럽기 마련이지만, 누구에게나 운명이 있는 법입니다. 그에 따라 출세하게 되면 멸시하는 사람이 없어지니 마음 쓰지 마세요. 할아버님께서 조금만 더 살아 계셨더라면 좋았겠지요. 그래도 아버님께서 계시니 할아버님만큼은 사랑해 주시리라 믿었지만 좀처럼 뜻대로 되지 않네요. 내대신도 세상에선 훌륭한 인격자처럼 이야기 하지만, 나에겐 지난날 평화와 행복이 없어져가기만 하니 어찌된 까닭일까요. 나는 명이 긴 게 죄라고 체념하고 있는데 나이 어린 도련님에게도 쓰라린 세상이라니 참으로 원망스럽군요."

노부인은 울고 계셨다.

설날에도 겐지는 외출할 필요가 없었으므로 마음이 한가했다. 예전 관례대로 이조원에서는 초이렛날 백마(白馬)를 끌어들여 궁중에서 여는 격식과 똑같은 장중한 의식을 올렸다.

2월 스무 며칟날, 주작원으로 상감의 행차가 있었다. 벚꽃은 아직 활짝 피지 않았으나, 3월은 후지쓰보 모후의 제사이기에 그 달을 피했다. 철 이른 벚꽃은 벌써 피어나 봄 경치는 아름다웠다. 마중하는 주작원 쪽에서도 여러 가지 준비가 있었다. 행차를 수행하는 현관(顯官)이나 친왕들도 그날 복색(服色)에 대해서 고심하고 있었다. 그들은 모두 청색 밑에 연분홍 속옷을 겹쳐 입었는데, 상감은 적색 어의(赤色御衣)를 입으셨다. 겐지 태정대신도 부르심을 받고 입궐했다. 상감과 같은 붉은 옷을 입었으므로 얼핏 같은 사람으로 보였는데, 겐지의 미모가 한층 더 찬란했다. 잔치에 참여한 사람들마다 모양새와 태도가 매우 세련돼 보였는데 상황에서도 더욱 우아한 모습으로 계셨다.

오늘은 시인을 초대하지 않고, 시재(詩才)가 보이는 대학생 열 명을 초청한 잔치였다. 식부성(式部省) 시험을 대신해 시제를 그들에게 주었는데 이는 겐지의 장남을 위해 일부러 마련하신 자리였다. 기가 눌린 학생들은 벌써부터 머리가 텅 빈 듯, 어려운 시 짓기에 정신을 차리지 못했다. 거기에 뜰 연못 한가운데로 배에 사람을 태워 보내자 어쩔 줄을 몰라 했다. 어느덧 저녁이 가까워지자 악사(樂士)들을 태운 배가 물 위를 오가면서, 산바람에 곁들여 음악을 연주했다. 도련님은 이렇게 고달픈 길을 걷지 않고서도 자신의 재능을 발휘할 길이 달리 있을 텐데 하면서 원망스러워했다.

'춘앵전(春鶯囀)' 무악(舞樂)이 벌어졌을 때, 예전 꽃잔치를 추억하신 상황은 겐지에게 말씀하셨다.

"이젠 그때처럼 흥취 있는 행사를 볼 수 없을 것 같소."

겐지는 그 말씀을 듣고 젊은 날 연애를 떠올리며 서글픈 마음에 젖어들었다. 춤이 끝나갈 즈음, 겐지는 상황께 술잔을 올리고 노래를 읊조렸다.

휘파람새 지저귀는 소리는 옛날 그대로인데
즐거이 놀던 꽃그늘은 모두 변하고 말았네.

상황이 답가를 불렀다.

옛 사람 사는 두터운 안개 덮인 궁궐에도
봄을 알리는 휘파람새 소리가 울리는구나.

지금은 병부경친왕인 전 태재부 태수도 한 수 읊었다.

그 옛날을 전해주는 피리 소리에
새소리 지저귐도 변함이 없구려.

병부경친왕이 멋진 솜씨로 상감에게 차례를 넘기자 폐하께서도 술잔을 들고 노래를 읊으셨다.

휘파람새 옛일을 그리며 지저귐은
벚꽃 빛이 예전 같지 않아서일까

상감께서는 겸손하게 자신을 낮추셨다. 친지들이 모인 허물없는 자리라 모두가 노래하지는 않아서 그랬는지, 아니면 그저 적어두지 않아서 그랬는지는 모르지만 알려진 노래는 이것뿐이다.

주악소가 멀어서 음악을 잘 알아들을 수 없었기 때문에 상황은 악기를 앞으로 가져오게 했다. 병부경친왕에겐 비파, 내대신에겐 화금(和琴), 쟁(箏)은 주작원 상황 어전에 바쳐지고, 거문고는 여느 때처럼 겐지가 맡았다. 모두가 명수였으며 절묘한 합주가 이루어졌다. 노래 부르는 사람으로는 전상관이 뽑혀 처음엔 축하곡을 부르고 이어서 관앵곡(觀櫻曲)도 불렀다. 달이 어렴풋이 떠서 정취가 한층 더해질 무렵 밤 뜨락 연못 한가운데 섬 언저리에 여기저기 화톳불이 피어올랐다. 그리고 합주도 어느새 끝이 났다.

밤이 깊었지만, 이럴 때 황태후를 찾아뵙지 않으면 냉담한 일이라 생각하셔서 폐하는 돌아가시는 길에 그쪽 궁전을 들렀는데, 겐지도 뒤따랐다. 태후께선 무척 기뻐하시면서 두 분을 반가이 맞으셨다. 꽤나 늙으신 황태후를 보자 상감은 돌아가신 모후가 생각나셨다. 그리고 이렇게 오래 사시는 분도 계시는데,

하며 모후를 서글프게 여기셨다.

"이제 나 같은 건 늙어버려서 온갖 지난날을 잊어버렸는데, 황공하옵게도 방문해 주시니 선황이 살아계셨을 때가 떠오릅니다."

그러면서 태후는 우셨다.

"어버이께서 일찍 돌아가신 뒤로 봄도 쓸쓸했습니다만, 오늘에서야 비로소 봄을 충분히 즐기게 되었습니다. 머지않아 다시 찾아뵙도록 하겠습니다."

상감은 말씀하시고, 겐지도 인사를 드렸다.

"또 다른 날에 찾아뵙겠습니다."

백관이 둘러싼 임금의 화려한 가마가 요란스런 소리를 울리며 돌아가시는 모습을 보고 태후는 지난날 자신의 태도를 뉘우치셨다. 그러면서 겐지가 자신의 옛일을 생각하고 계실까 싶어 부끄러웠고, 한 나라를 다스릴 운명이란 어떤 저주보다도 강함을 깨달았다.

으스름달밤, 상시(尙侍)도 조용한 궁내에서 살았는데, 과거를 회상할 때마다 겐지와 사랑했던 옛날이 가장 서글펐다. 물론 요즘에도 인편에 부쳐 겐지와 글월을 주고받곤 했다. 태후는 정치적인 주문이 계실 때나, 당신이 추천권을 가진 관직 운용문제에 대해 뜻이 통하지 않으실 때마다 오래 살아서 말년에 고생한다는 등 말씀 하시면서 불평도 하셨다. 나이가 더하심에 따라 성미만 지나치게 강직해져서 상황께서도 난처해하셨다.

겐지의 맏아들은 성적이 좋아 마침내 진사(進士)에 합격했다. 석학 몇 명이 답안을 심사했는데, 급제는 단 세 명뿐이었다. 그리하여 도련님은 가을 임관식에서 시종(侍從)으로 임관되었다. 아가씨를 한시도 잊을 수가 없었으나, 아버지 겐지가 엄중히 감시했기 때문에 무리해가면서까지 만나고 싶은 생각은 없었다. 형편을 봐가면서 편지를 띄워 두 사람은 괴로운 사랑을 계속해 오고 있었다.

겐지는 육조궁 처소가 있던 곳에서 평온한 생활을 할 수 있도록 풍취 있는 집을 널찍하게 지어 근처에 혼자 사는 사람, 오이 산장 사람들과 함께 지내고자 했다. 장인인 식부경친왕은 내년으로 50세, 무라사키 부인은 그 축하잔치를 위해 채비를 단단히 하고 있었다. 겐지도 꼭 해야 한다 말했고, 그런 경사는 되도록 새로 지은 집에서 하는 게 좋다며 준공을 서둘렀다. 동원(東院)에서도 일을 나누어 맡아 도왔다. 그리고 하나치루사토 부인과 무라사키 부인은 서로 연민을 가지고 아름다운 교세를 하고 있었다.

온 세상 사람이 이 때문에 떠들썩했는데, 대대적인 축하잔치에 대한 소문은 당사자인 식부경친왕 귀에도 들어갔다. 지난날 원망스러운 일로 그 시절의 겐지 내외에게 미안했지만, 뜻밖에 늙어서 이런 영광을 받게 되었으므로 친왕은 무척 감격했다.

8월에 육조원(六條院)*¹⁰이 준공되어 겐지는 이조원에서 이사하게 되었다. 남서쪽은 중궁(中宮)의 옛 처소가 있던 곳이라 중궁 거처가 될 예정이었고, 남동쪽은 겐지의 거처였다. 북동쪽 일대는 동원(東院)의 하나치루사토, 북서쪽은 아카시 부인(明石夫人)의 거처로 정한 구조였다.

원래부터 있던 연못이나 동산은, 안 좋을 건 아예 없애버리고 냇물이며 산의 풍취도 새로이 해, 들어가 살 사람 취향을 여러 가지로 살린 정원을 거창하게 만들었다. 남동쪽은 높은 동산에 봄꽃나무가 무수히 심어져 있었다. 특히 못물이 자연스럽게 만들어졌으며, 뜨락에는 오엽송·홍매화·벚꽃·등나무·황매화·진달래처럼 봄에 피는 꽃나무를 주로 심고 가을 초목들을 군데군데 섞어 놓았다.

중궁의 거처는 가을이 되면 아름답게 물드는 단풍나무를 작은 동산에 심고, 맑은 샘물 소리가 멀리 들리도록 신경을 써서 만들었으며, 냇물에는 고운 소리를 내도록 조약돌을 깔았다. 폭포를 떨어지게끔 하고, 한 곳에는 가을철을 위한 풀밭이 넓게 펼쳐져 있었다. 마침 그런 철이라서 사가(嵯峨)의 오이 들(大井野) 미관마저 무색해질 지경이었다.

북동쪽에는 시원한 샘물이 흐르는 뜰이 있었다. 사랑채 앞뜰에는 담죽을 듬뿍 심었는데, 여름이면 대숲에서 시원한 바람이 불리라. 그 안쪽에는 높고 몸집이 큰 나무들이 숲을 이루고, 산골 느낌의 병꽃나무 울타리는 일부러 만들어 놓은 태가 역력했다. 옛 생각이 절로 나게 하는 귤꽃·패랭이·장미·모란과 봄가을 초목도 종종 섞여 있었다. 동쪽은 특히 승마장으로 꾸며 뜰에 말뚝을 둘러치고 5월의 놀이터로 삼았다. 창포가 무성하고 맞은편 마구간에는 명마(名馬) 여러 필을 길렀다.

서북쪽 저택 위에는 북쪽을 향해 창고가 죽 섰는데, 사이에 참대와 소나무

---

*10 육조원(六條院) : 본디 우메쓰보 중궁(梅壺中宮)의 모친 육조원마마의 옛 저택. 겐지가 물려받아 이곳에 새 저택을 지었다.

를 많이 심어 설경을 즐길 수 있도록 해 놓았다. 초겨울에 첫 서리 맞은 모습을 보기 위해 국화 울타리를 만들었고, 훤히 트인 참나무며 떡갈나무, 그 밖에도 가지가 무성한 이름 모를 산나무들을 옮겨 심었다.

가을 즈음 겐지는 육조원으로 옮겨 왔다. 모두가 일제히 옮길까 생각했으나, 너무 떠들썩할 것 같아서 중궁의 이사만은 조금 미루기로 했다. 너그럽고 소박한 하나치루사토는 같은 날 무라사키 부인과 이사해 왔다. 봄철을 위한 거처라 가을인 지금과는 어울리지 않았지만, 이 모두를 통틀어서 가장 나아보이는 곳은 여기였다. 큰 수레만 해도 15채, 수행원들은 사위·오위(四位·五位)가 많았으며, 육위로는 특별한 연고로 참가한 자들뿐이었다. 겐지는 호들갑스러워질까봐 얼른 피했다. 또 하나치루사토 부인의 길 안내자들

도 그다지 격을 낮추는 행동을 하지 않았다. 시종(侍從)이 된 도련님이 그 부인 아들이므로 그것은 마땅한 일이었다. 시녀들의 궁방 배치가 자잘하게 나누어져 방 숫자가 많다는 점은 새집 건축의 특징이었다.

대엿새 뒤에 중궁이 대궐에서 나오셨다. 그 의식은 아무래도 화려할 수밖에 없었다. 겐지가 후원하시는 분이라는 행복 말고도, 인격이 우아하고 고결하시어 명성과 신임 두터운 훌륭하신 황후마마이셨다.

이렇게 넷으로 나뉜 주택은 울타리를 나눠진 곳과 복도로 연결한 곳이 얼기설기 뒤섞여, 하나의 커다란 풍경을 이루었다. 9월에는 벌써 단풍이 군데군데 물들어, 중궁 처소의 앞뜰은 제법 아름다웠다.

저녁녘 바람이 일기 시작한 날, 중궁은 가지각색 단풍잎을 상자 뚜껑에 담아가지고 무라사키 부인 앞으로 보냈다. 몸집이 조금 큰 여자아이가 진홍빛 속옷 위에 자줏빛 옷을 입고 적갈색 한삼(汗衫)을 위에 걸친 차림새로, 복도 툇마루를 지나 대청의 둥근 다리를 건너 가지고 왔다. 원래 황후가 동녀를 부리는 일은 없었지만, 마마는 그들의 귀여운 모습이 다른 심부름꾼보다 낫다고 생각하셨다. 대궐에서 일해 온 이 아이는 여느 동녀와는 달리 세련된 몸가짐을 보였다. 편지 사연은 다음과 같았다.

봄동산 좋다시고 기다리는 마음에
꽃보다 고운 단풍 바람결에 전하네.

젊은 궁녀들은 심부름 온 동녀를 붙잡고 왁자지껄 야단들이었다. 이쪽에선 그 상자 뚜껑에 이끼를 깔고 자갈을 수석처럼 꾸며 답례했다. 그리고 오엽송 가지에는 무라사키 부인의 노래를 붙여 놓았다.

바람에 흩날리는 단풍잎 이보다도
바위에 저 소나무 푸르른 그 봄빛.

보면 볼수록 만든 솜씨가 훌륭했다. 그 자리에서 이런 생각을 해낸 부인의 재간에 중궁은 감탄했다. 궁녀들도 모두 재미나게 여겼다. 이 이야기를 전해들은 겐지는 무라사키 부인에게 말했다.

"단풍 선물로 가을 자랑을 하시는 모양이니, 그대는 봄에 꽃이 필 땐 자랑을 해 드려봐요. 요즘 단풍을 깎아 내리는 건 다쓰타히메〔立田姬〕*11께 실례되는 일이니 다른 날 벚꽃을 배경삼아 말하면 큰소리칠 수 있을 거예요."

이렇게 언제나 젊은 기분으로 지내는 겐지 내외는 육조원 주민으로 중궁과 서로 풍류놀이를 즐겼다.

오이〔大井〕 부인은 다른 부인의 이사가 완전히 끝난 다음에, 살그머니 이사하리라 하여 시월이 되어서야 육조원으로 옮겨오게 되었다. 실내 설비와 이삿날 채비 등, 겐지는 다른 부인 못지않게 해주었다. 그것은 따님의 장래를 생각하면 마땅한 일이었으며, 맞아들인 뒤에도 소중히 대해주었다.

＊11 다쓰타히메〔立田姬〕: 가을을 다스리는 여신(女神).

추영현(秋泳炫)

서울대학교 사범대학 사회학과·서울신문학원 졸업. 조선일보·경향신문·한
국일보 편집위원 역임. 한국가톨릭대사전 편집부장. 율리시스학회 간사. 지
은책《그리운 아내 김계숙》옮긴책 야마오카 소하치《대망》다니자키 준이
치로《싸락눈》베네딕트《국화와 칼》이사벨라 비숍《조선여행기》등이 있다.

World Book 292
紫式部
源氏物語
겐지 이야기 I
무라사키 시키부/추영현 옮김

1판 1쇄 발행/2020. 5. 1
발행인 고정일
발행처 동서문화사
창업 1956. 12. 12. 등록 16−3799
서울 중구 마른내로 144(쌍림동)
☎ 546−0331∼6 Fax. 545−0331
www.dongsuhbook.com
사업자등록번호 211−87−75330
ISBN 978−89−497−1742−5 04080
ISBN 978−89−497−0382−4 (세트)